中央编译局文库编辑委员会

主　　任：贾高建

委　　员：贾高建　俞可平　魏海生　陈和平　柴方国　杨金海
　　　　　王学东　何增科　季正聚　郗卫东　张文成　曹荣湘
　　　　　卿学民　刘明清　薛晓源

中央编译出版社文库编辑中心编辑小组

刘明清　薛晓源　谭　洁　尹承东　董　巍　贾宇琰　冯　章
苗永姝　邓　彤　侯天保　盛菊艳　李媛媛　薛迎春　董　妍

国家"十二五"重点图书

国际共产主义运动历史文献

第44卷

主　编　王学东
副主编　戴隆斌(常务)　童建挺

共产国际执行委员会第七次扩大全会文献(2)

本卷主编　邢艳琦

《国际共产主义运动历史文献》顾问委员会

贾高建 俞可平 顾锦屏 高 放 张中云 殷叙彝 胡文建
宋洪训 顾家庆 洪肇龙 沈志华 杨光远

《国际共产主义运动历史文献》编辑委员会

主　　编：王学东
副 主 编：戴隆斌（常务） 童建挺
编　　委：（以姓氏笔画为序）
　　　　　　王　瑾 吕瑞林 邢艳琦 许宝友 张文成 张文红
　　　　　　陈新明 林德山 胡振良 姚　颖 彭萍萍 薛晓源

参加本卷译校工作的有
范国恩 邢艳琦 赵永穆

参加本卷编辑出版工作的有
李媛媛 苗永姝 董　巍

丛书编务统筹
苗永姝 李媛媛 董　妍

总　序

国际共产主义运动，是由以马克思主义为指导的无产阶级政党领导的国际性的无产阶级革命运动，其宗旨是推翻资产阶级统治和一切剥削制度，建立和发展社会主义制度，进而最终实现人的彻底解放，建立共产主义社会。

国际共产主义运动迄今已有一百六十多年的历史。19世纪40年代，马克思、恩格斯在创立科学社会主义理论的同时，努力把它与当时西欧无产阶级的革命实践相结合，于1847年6月创建了第一个国际性的无产阶级政党——共产主义者同盟，亲自拟定并于1848年2月公开发表了同盟纲领《共产党宣言》。这标志着国际共产主义运动的兴起。

自从共产主义者同盟建立以来，历经第一国际（国际工人协会）、第二国际、第三国际（共产国际），国际共产主义运动由小到大、由弱到强，从西方推进到东方、从欧洲扩展到全球，终于突破资本主义链条上一个又一个薄弱环节，取得了社会主义由一国到多国的胜利。二战后社会主义阵营的建立、民族解放运动的胜利进军、社会主义国家革命与建设的重大成就，为国际共产主义运动史书写了辉煌的篇章。20世纪末，由于东欧剧变、苏联解体，国际共产主义运动遭遇了严重挫折。但是，历史并没有因此而终结。由《共产党宣言》奠基的国际共产主义运动仍在曲折中前进。各资本主义国家中的共产党、工人党仍在不断探索无产阶级取得解放的道路；中国等社会主义国家仍继续高举社会主义伟大旗帜，为完善社会主义、最终实现共产主义而不懈奋斗。

国际共产主义运动一百六十多年跌宕起伏的发展历程，积累了卷帙浩繁的文献档案，留下了丰富的历史遗产。深入发掘和充分利用这些文献档案，对于我们准确地了解和把握国际共产主义运动的发展进程及各个时期的特点，科学地研究和总结国际共产主义运动丰富且宝贵的经验教训，具有极其重要的意义。特别是无产阶级国际组织，作为国际共产主义运动的重要载体，其文献档案对于国际共产主义运动史研究更是具有特殊的重要意义。

早在1984年春，中国国际共产主义运动史学会就发起编辑出版《国际共产主义运动史文献》。当时由中共中央编译局、中国社会科学院马列主义毛泽东思想研究所和近代史研究所、中共中央党校和中国人民大学等单位共同组建了编辑委员会。编委会商定：这套文献主要收编共产主义者同盟、第一国际、第二国际、第三国际、共产党和工人党情报局这五个国际组织已发表的全部文献档案，包括历次代表大会、代表会议和其他重要会议的记录、决议和有关文件；收编材料力求齐全；凡外国有选编完整的版本者，根据外国版本翻译；凡文件散见于外国不同出版物者，尽力搜集完整，组织力量统一编译；文件完全按照原件翻译，译文力求准确，不作修改删节，以便读者根据完整、准确的第一手材料了解这些国际组织的历史。在当时代管全国哲学社会科学基金的中国社会科学院科研局的资助下，经过编辑委员会、编译工作者和中国人民大学出版社的共同努力，这套文献于1986年开始陆续出版，截至1997年共出版了21卷。

到上世纪末，文献的编辑出版工作遇到了巨大困难。首先是编委会发生了重大变故，主编林基洲、副主编王颖和校纪英相继谢世；其次是出版经费难以为继。为继续出版这套文集，中国国际共产主义运动史学会多方努力，组成以会长顾锦屏为主编的新编委会，从全国哲学社会科学规划办公室争取到一笔资助，于1999—2001年又出版了两卷。此后，因缺乏经费，编辑出版工作完全陷于停顿。

2010年，在中共中央编译局和中国国际共产主义运动史学会的鼎力支持下，中央编译出版社以这套文献申报国家出版基金项目，获得立项资助。中共中央编译局对此项目高度重视，在国家出版基金资助的基础上，给予了相应的资金支持，组建了新编委会，成立了专门机构负责文献整理和编辑工作，并将这套文献纳入"中央编译局文库"出版规划。

经新编委会研究决定，这套文献定名为《国际共产主义运动历史文献》，在其前身《国际共产主义运动史文献》的基础上重新编辑出版。通过进一步广泛搜集资料和适当改变编辑方式，新《文献》的资料更详尽、收文更齐全。例如，在原《文献》的某些卷次中，对已出版的马克思主义经典著作中译本只列目录，不收正文，而新《文献》则全部依据最新的中译本收录，以方便读者查阅。此外，《国际共产主义运动历史文献》扩大了文献资料的搜集和选材范围，采用开放式结构，规模暂定60卷，约2500万字。

中共中央编译局和中国国际共产主义运动史学会对这套文献的编辑出版工作给予了强有力的支持，中央编译出版社为这套文献的立项和出版做了大量艰苦细致的工作，文献的前两任编委会和编译工作者在十分困难的条件下为这套文献奠定了良好的基础，中国人民大学出版社为这套文献的重新编辑出版提供了帮助，在此一并表示衷心感谢。

《国际共产主义运动历史文献》
编辑委员会
2011年12月20日

编辑说明

共产国际执行委员会第七次扩大全会于1926年11月22日召开。全会及其各工作委员会的工作继续进行到1926年12月16日。出席全会的各国共产党代表共191人，其中有表决权的代表100人，有发言权的代表91人。全会讨论并解决了国际政治和国际工人运动中的一些最重要的问题，对世界资本主义状况作了全面评价进而提出各国共产党最近时期的任务与策略。在震撼英国的罢工运动之后，在中国的革命斗争广泛开展之际召开的这次全会，对上述问题给予了极大的关注。1926年，联共（布）党内反对派联盟的派别发动把所谓的"俄国问题"提上全会的议事日程，全会就这些问题以及许多其他问题作出了对发展各国共产主义运动极为重要的决定。

共产国际执行委员会第七次扩大全会文献分两卷编排。本卷包括全会第17—28次会议的速记记录。本文献译自《世界革命的道路（共产国际执行委员会第七次扩大全会）（1926年11月22日—12月16日）速记记录》第2卷（国家出版社1927年版）(Пути мировой революции－Седьмой расширенный пленум Исполнительного комитета коммунистического интернационала, 22 ноября －16 декабря 1926. Стенографический отчет)（Государственное издательство, Москва－Ленинград, 1927)，书中除译者所加的译者注外，未注明的脚注为原书或者原作者加的注释，本卷主编加的注释标明为编者注。

本书还收录了共产国际执行委员会于1927年5月18—30日召开的

第八次全会和1928年2月9—25日召开的第九次全会的决议，以附录的形式附于本卷后。因为这两次全会的会议记录在国外也没有编辑出版过，俄罗斯国家档案馆存有这两次全会的会议记录，但鉴于该馆各种严格的规定，无法在短时间内复制完全，所以本套文献未能收录这两次全会的会议记录。

  本卷主编依据中共中央编译局编译马列经典著作的标准重新进行了人名、地名、组织机构名、报刊名等专用名的统一，并对本卷译文进行了重新校订。

目 录

共产国际执行委员会第七次扩大全会记录

（1926年12月7—16日） ………………………… 1

第十七次会议（1926年12月7日）………………… 3
  斯大林作关于联共（布）党内问题的报告 ……… 3

第十八次会议（1926年12月8日）………………… 46
  讨论斯大林的报告 ………………………………… 46

第十九次会议（1926年12月8日）………………… 80
  讨论斯大林的报告（续） ………………………… 80

第二十次会议（1926年12月9日）………………… 135
  讨论斯大林的报告（续） ………………………… 135

第二十一次会议（1926年12月10日）…………… 177
  讨论斯大林的报告（续） ………………………… 177

第二十二次会议（1926年12月10日）…………… 220
  讨论斯大林的报告（续） ………………………… 220

第二十三次会议（1926年12月11日）…………… 277
  讨论斯大林的报告（续） ………………………… 277

第二十四次会议（1926年12月11日） …… 317
　讨论斯大林的报告（续） …… 317
第二十五次会议（1926年12月13日） …… 366
　讨论斯大林的报告（续） …… 366
第二十六次会议（1926年12月13日） …… 415
　库西宁就政治委员会报告和提纲作说明 …… 415
　斯大林同志的总结发言 …… 421
第二十七次会议（1926年12月15日） …… 486
　关于俄国问题的决议 …… 486
　加米涅夫的声明及对声明的讨论 …… 486
　讨论并通过共产国际执行委员会活动的报告 …… 491
　谭平山作中国委员会的工作报告 …… 491
　讨论并通过共产国际领导机构组织问题的决议 …… 493
　登格尔作关于农业问题的报告 …… 496
第二十八次会议（1926年12月16日） …… 526
　通过中国问题的决议 …… 526
　埃尔科利作工会委员会的工作报告 …… 526
　审理并通过关于马斯洛夫、鲁特·费舍等人案件的决议 …… 532
　通过关于德国问题的决议 …… 543
　讨论并通过关于英国的决议 …… 544
　讨论并通过关于荷兰问题的决议 …… 546
　讨论并通过关于苏瓦林问题的决议 …… 549
　讨论并通过关于布兰德勒和塔尔海默案件的决议 …… 551
　塞马尔致闭幕词 …… 552

共产国际执行委员会第七次扩大全会提纲和决议 557
关于国际形势和共产国际的任务（提纲） 559
  - 一、世界资本主义的经济 559
  - 二、大国重新组合和国际政策的基本方针 560
  - 三、阶级力量的重组和内部政策的基本方针 562
  - 四、资本主义合理化的措施 564
  - 五、当前的一些重大问题 566
  - 六、资本的进攻和工人阶级的进步 568
  - 七、共产国际当前的主要任务 570
  - 八、共产党和工会 573
  - 九、一些国家共产党最主要的工作总结、错误和任务 574
  - 十、争取列宁主义路线的斗争和领导的问题 579
关于共产国际执行委员会活动总结的决议 581
托拉斯化、合理化和我们在工会中的任务（提纲） 583
  - 一 583
  - 二 584
  - 三 584
  - 四 585
  - 五 585
  - 六 586
  - 七 586
  - 八 587
  - 九 588
  - 十 588
  - 十一 589

十二 …… 590
十三 …… 590
十四 …… 591
十五 …… 592
十六 …… 592
十七 …… 594
十八 …… 594
十九 …… 595
二十 …… 596
二十一 …… 596

关于英国局势的决议 …… 598
  一、前　言 …… 598
  二、经济形势 …… 599
  三、总罢工以来的政治形势 …… 601
  四、共产党的政策 …… 604
  五、罢工的一些主要教训 …… 607
  六、前　景 …… 609
  七、英国共产党的任务 …… 611

关于中国局势的决议 …… 615
  一、帝国主义和中国革命 …… 615
  二、中国革命的总的前景 …… 619
  三、民族革命与农民 …… 621
  四、共产党和国民党 …… 624
  五、中国革命的任务及革命政府的特点 …… 625
  六、共产党和无产阶级 …… 626

七、中国共产党的组织任务 ························· 627
关于"俄国"问题的决议 ····································· 629
共产国际向荷兰无产阶级发出的呼吁书 ··················· 644
关于德国共产党党内状况的决议 ··························· 647
关于将马斯洛夫、鲁特·费舍、乌尔班斯和施万开除出
　　德国共产党的决定 ······································ 652
关于取消共产国际主席制的决定 ··························· 657
关于布兰德勒和塔尔海默案件的决定 ······················ 658
关于鲍里斯·苏瓦林问题的决定 ··························· 659

附　录 ·· 661

第八次全会（1927年5月18—30日）················· 663
　　共产国际在反对战争和战争危险的斗争中的任务（提纲）··· 664
　　英国共产党的任务 ·· 703
　　关于托洛茨基同志和武约维奇同志
　　　在共产国际执行委员会全体会议上的讲话 ··········· 717

第九次全会（1928年2月9—25日）····················· 723
　　托洛茨基反对派 ··· 723
　　工会问题 ·· 727
　　英国问题 ·· 735
　　法国问题 ·· 739
　　中国问题 ·· 745
　　西乌克兰共产党的分裂 ··································· 749

共产国际执行委员会第七次扩大全会会议记录

(1926年12月7—16日)

第十七次会议

(1926 年 12 月 7 日)

主席：雷梅尔

斯大林作关于联共（布）党内问题的报告

再论我们党内的社会民主主义倾向

1. 几点预先的说明

同志们！在讲到问题的实质以前，让我先作几点说明。

党内发展的矛盾

第一个问题就是我们党内斗争的问题，这个斗争不是昨天才开始的，而且现在还没有停止。

如果考察我们党自诞生以来，自 1903 年布尔什维克派形成以来的历史，并探讨我们党从那时起直到今天的各种阶段，那么，可以毫不夸大地说，我们党的历史就是党内各种矛盾斗争的历史，就是克服这些矛盾并在克服这些矛盾的基础上逐渐巩固我们党的历史。也许有人以为俄国人太好吵架，喜欢争辩，爱闹意见，所以他们的党是通过克服党内矛盾而发展的。同志们，这是不对的。这里问题不在于好吵架。这里问题在于存在着原则上的意见分歧，这些分歧是在党的发展的过程中，在无产阶级阶级斗争进程中发生的。这里问题在于：只有为一定的原则、为一定的斗争目标、为达到目标的一定的斗争方法而斗争，才能克服矛盾。在当前政策问题上，在纯属实际性质的问题上，可以而且应该和党内抱有不同想法的人作各种妥协。但是，如果这些问题和原则上的意见分歧有关，则任何妥协、任何"中间"路线都无济于事。在原则性的问题上没有而且不能有"中间"路线。应当成为党的工作基础的不是这些原则，便是另一些原则。原则问题上的"中间"路线是引起思想混乱的"路线"，是掩饰意见分歧的"路线"，是使党在思想上蜕化的"路线"，是使党在思想上灭亡的"路线"。

西方社会民主党目前是怎样生活和发展的呢？他们有没有党内矛盾，有没有原则上的意见分歧呢？当然有。他们有没有在党员群众面前诚恳坦白地揭露这些矛盾并竭力克服这些矛盾呢？没有，当然没有！社会民主党的实践是要把这些矛盾和分歧掩盖起来，隐藏起来。社会民主党的实践是要把自己的代表会议和代表大会变成空洞的粉饰太平的集会，竭力隐藏和掩饰内部的意见分歧。但是，这除了引起思想混乱并使党在思想上贫困化外，是什么也得不到的。这就是过去是革命的而现在是改良主义的西欧社会民主党堕落的原因之一。

但是，同志们，我们是不能这样生活和发展的。原则上的"中间"路线政策不是我们的政策。原则上的"中间"路线政策是衰颓的和蜕化的党的政策。这样的政策不能不使党变成空忙一阵和脱离工人群众的空洞的官僚主义机构。这条道路不是我们的道路。

我们党的过去的一切都证实了这个原理：我们党的历史就是克服党内矛盾并在克服这些矛盾的基础上不断巩固我们党的队伍的历史。

拿第一个时期，即《火星报》时期，亦即我们党的第二次代表大会时期来看，当时在我们党内第一次发生了布尔什维克和孟什维克之间的意见分歧，我们党的上层终于分裂成两部分，一部分是布尔什维克（列宁），一部分是孟什维克（普列汉诺夫、阿克雪里罗得、马尔托夫、查苏利奇、波特列索夫）。列宁当时是孤立的。你们要知道，当时对于那些离开了列宁的"了不起的人物"曾发出了多少叫喊和呼号！然而斗争的实践和党历史表明，这种意见分歧是有其原则基础的，这种分歧是真正革命的和真正马克思主义的政党诞生和发展所必经的阶段。斗争的实践当时表明：第一、问题不在于量而在于质；第二、问题不在于形式上的统一，而在于统一的要有原则基础。历史表明列宁是对的；而那些"了不起的人物"是不对的。历史表明，如果不克服列宁和"了不起的人物"之间的矛盾，我们就不会有真正革命的党。

拿下一个时期即1905年革命前夜的时期来看，当时布尔什维克和孟什维克，作为两个政纲完全不同的营垒，仍然在一个党内处于相互反对的状态，当时布尔什维克正处于党的正式分裂的前夜，他们为了坚持我们革命的路线，不得不召开自己的单独的代表大会（第三次代表大会）。党的布尔什维克部分当时何以占了上风，何以博得了党内多数的同情呢？这是因为它没有掩饰原则上的意见分歧，并且用孤立孟什维克的办法来为克服这些分歧而斗争。

其次，我还可以举出我们党发展的第三阶段，即1905年革命失败以后的时期，亦即1907年的时期，当时有一部分布尔什维克，即以波格丹诺夫为首的所谓"召回派"，背弃了布尔什维主义。这是我们党生活中的一个危急时期。这个时期有许多资格很老的布尔什维克离开了列宁和列宁的党。孟什维克当时大叫布尔什维克要灭亡。然而布尔什维主义并没有灭亡，短短一年半的斗争实践表明，列宁和列宁的党为克服布尔什维主义队伍中的矛盾而斗争，是正确的。这些矛盾之被克服，并不是由于掩饰了它们，而是由于揭露了它们，由于进行了有利于我党的斗争。

其次，我还可以举出我党历史的第四个时期，即1911年至1912年的时期，当时布尔什维克已恢复了几乎被沙皇反动势力击溃的党并驱逐了取消派。这时，也像以往各个时期一样，布尔什维克之恢复并巩固了党，并不是由于掩饰了和取消派之间的原则上的意见分歧，而是由于揭露了并克服了这些分歧。

再其次，我还可以指出我党发展的第五个阶段，即1917年十月革命前夜的时期，当时以布尔什维克党几个著名领袖为首的一部分布尔什维克动摇了，不想举行十月起义，认为这是一种冒险。大家知道，布尔什维克之克服这个矛盾，也不是由于掩饰了意见分歧，而是由于为十月革命进行了公开的斗争。斗争的实践表明，如果不克服这些分歧，我们就会使十月革命陷于危急的境地。

最后，我还可以指出此后我们党内斗争发展的各个时期，即布列斯特和约时期，1921年（工会问题的争论）时期以及其他各个时期。这些时期你们都是知道的，我在这里就不多说了。大家知道，在所有这些时期中，也像过去一样，我们党是通过克服内部矛盾而成长和巩固起来的。

由此得出的结论是什么呢？

结论就是：联共（布）是通过克服党内矛盾而成长和巩固起来的。

结论就是：以斗争来克服党内意见分歧是我们党的发展规律。

可能有人会说，这是联共（布）的规律，而不是其他无产阶级政党的规律。这是不对的。这个规律是一切较大政党的发展规律，无论苏联无产阶级政党或西方无产阶级政党都是一样。如果在小国中的小党内可以用某种方法掩饰意见分歧，用一个人或几个人的威信把意见分歧掩盖起来，那么在大国中的大党内，通过克服矛盾而发展，就是党成长和巩固所必不可少的因素。过去如此，现在还是如此。

我想在这里引证和马克思一起领导西方无产阶级政党达数十年的恩格斯的一段有权威的话。这是19世纪80年代的事情,当时德国施行反社会党人非常法,马克思和恩格斯侨居伦敦,而德国社会民主党的国外秘密机关报《社会民主党人报》实际上指导着德国社会民主党的工作。伯恩施坦当时是个革命的马克思主义者(他还没有变成改良主义者),恩格斯常常和他通信时讨论德国社会民主党政策中最迫切的问题。下面就是他当时(1882年)写给伯恩施坦的一段话:

"一个大国的任何工人政党,只有在内部斗争中才能发展起来,这是符合一般辩证发展规律的。德国党就是在爱森纳赫派和拉萨尔派的斗争中变成现在这个样子的,在这种斗争中连吵架本身也起了重要的作用。只是在被拉萨尔特意豢养起来充当其工具的一帮恶棍垮下来以后,合并才有可能,即便在那时从我们这方面来说去争取合并也是过于匆忙了。在法国,有些人虽然抛弃了巴枯宁的理论,却继续运用巴枯宁的斗争手段,同时还想为了自己的特殊目的而牺牲运动的阶级性质,这些人也必须先垮下来,然后重谈合并才有可能。在这种情况下宣传合并就是十足的愚蠢。道德说教对于反对目前情况下不可避免的幼稚病是没有帮助的。"①

在另一个地方(1885年)恩格斯说:

"矛盾绝不能长期掩饰起来,它们总是以斗争来解决的。"②

首先必须这样来解释我们党内矛盾的存在并说明我们党是以斗争方法克服这些矛盾而发展起来的。

---

① 《马克思恩格斯文集》中文版第10卷第483页。
② 《马克思恩格斯全集》中文第1版第36卷第359页。

党内矛盾的根源

可是，这些矛盾和意见分歧从何而来，其根源何在呢？

我想，无产阶级政党内矛盾的根源在于两种情况。

这两种情况是什么呢？

第一，就是在阶级斗争的环境中资产阶级和资产阶级思想对无产阶级及其政党使用压力，无产阶级最不坚定的阶层和无产阶级政党中最不坚定的分子往往受到这种压力的影响，不能认为无产阶级是完全与社会隔离而站在社会之外的。无产阶级是社会的一部分，它和社会各种不同的阶层有千丝万缕的联系。而党是无产阶级的一部分。因此，党也就不能和资产阶级社会中各种不同的阶层断绝联系并摆脱他们的影响。资产阶级及其思想对无产阶级及其政党的压力表现于：资产阶级的观念、风俗、习惯和情绪，往往通过某些和资产阶级社会有一定联系的无产阶层而渗透到无产阶级及其政党中来。

第二，就是工人阶级的庞杂性，工人阶级内部存在着各种阶层。我认为无产阶级作为一个阶级来说可以分为三个阶层。

第一个阶层就是无产阶级的基本群众，它的核心，它的固定部分，就是那些早已和资产阶级断绝联系的"纯血统的"无产者群众。这一无产阶级阶层是马克思主义的最可靠的柱石。

第二个阶层就是那些不久以前才从非无产阶级，即从农民、小市民队伍、知识分子中分化出来的人。这批出身于其他阶级的人，在不久前才加入无产阶级队伍，并把自己的作风、习惯、犹豫和动摇带到了工人阶级中来。这个阶层是滋长各种无政府主义派、半无政府主义派和"极左派"最好的土壤。

最后，第三个阶层就是工人贵族，工人阶级的上层分子，无产阶级生活中最有保障的一部分,他们力求和资产阶级妥协,极爱巴结有权有势的人物,喜欢"出人头地"。这个阶层是滋长露骨的改良主义者和机会主义者最好的土壤。

工人阶级的这后两个阶层虽然在外表上有所不同,或多或少是培养一般机会主义的共同园地,在工人贵族的情绪占上风时,养成公开的机会主义,而在和小资产阶级还没有完全断绝关系的工人阶级半小市民阶层的情绪占上风时,则养成"左的"词句在掩盖着机会主义。"极左的"情绪和公开的机会主义的情绪往往是一致的,——这个事实一点也不奇怪。列宁不止一次地说过,"极左的"反对派是右的、孟什维克的、露骨的机会主义反对派的另一面。这是完全正确的。如果说"极左派"主张革命仅仅是因为他们盼望着革命在明天就胜利,那么很明显,如果革命一旦受到阻碍,如果革命在明天不能胜利,他们一定会悲观失望的,对革命丧失信心。

自然,每当阶级斗争发展到转折点的时候,每当斗争尖锐化和困难加重的时候,无产阶级各个阶层在观点、作风和情绪上的差别,必不可避免地表现为党内某些意见分歧,而资产阶级及其思想的压力必然使这些分歧尖锐化,使这些分歧通过无产阶级政党内部的斗争来解决。

这就是党内矛盾和意见分歧的根源。

能不能避开这些矛盾和意见分歧呢?不,不能。以为能避开这些矛盾,就是欺骗自己。恩格斯说得对,长期掩饰党内矛盾是不可能的,这些矛盾是以斗争来解决的。

这并不是说,党应当变成一个争论俱乐部。相反地,无产阶级政党是而且应当始终是无产阶级的战斗组织。我仅仅想说,对党内的意见分歧,如果这些分歧是原则性的,就不能把手一挥,把眼一闭,置之不理。我仅仅想说,只有为马克思主义的原则路线而斗争,才能使无产阶级政党摆脱资产阶级的压力和影响。我仅仅想说,只有克服党内矛盾才能使党健全和巩固起来。

2. 联共（布）党内反对派特点

现在让我从几点预先的说明进而谈到联共（布）党内反对派的问题。

首先，我想指出我们党内反对派的几个特点。我指的是它表面上的显而易见的特点，而暂不涉及意见分歧的实质。我想这些特点可以归结为三个主要特点：第一，联共（布）党内的反对派是**联合起来的**反对派，而不是什么"简单的"反对派；第二，这个竭力以"左的"词句掩盖自己的机会主义，以"革命的"口号炫耀自己；第三，反对派由于自己没有一定的原则，往往抱怨别人不了解他们，反对派首领们实质上代表着"不被了解的人们"的派别组织。（笑声）

先从第一个特点谈起。反对派在我们这里是作为一个**联合起来的**反对派，作为过去受过党的谴责的种种派别的联盟而出现的，并且它不是怎样"简单地"出现，而是在托洛茨基主义领导下出现的，——这一事实用什么来说明呢？

这要用下面的情况来说明。

第一，结成联盟的一切派别，无论是托洛茨基派、"新反对派"、"民主集中派"残余或者是"工人反对派"的残余，在一定程度上都是机会主义派别，它们不是从产生时起就和列宁主义作斗争，便是近来才开始和列宁主义做专门斗争。不用说，这个共同特点一定促使他们结成联盟进行反党斗争。

第二，目前这一时期是个转折时期，这个转折时期重新直截了当地提出了我国革命的基本问题，因为这一切派别在某些革命问题上是和我们党有过意见分歧而且继续有意见分歧的，所以很自然，在目前这个时期所具有的总结性质,要清算我们的一切意见分歧,一定会推动这一切派别结成一个联盟,结成一个反对我党基本路线的联盟。不用说,这种情况不能不促进各色各样的反对派别联合成一个共同的营垒。

第三,一方面是我们党的强大有力和团结一致,一方面是一切反对派别的软弱无力和脱离群众,这就不能不使这些派别的分散的反党斗争成为显然无望的事情,因此,各反对派别必然要走上把力量**联合起来的**道路,以便以各种集团的结合补救它们的弱点,这样至少从表面上可以增加反对派成功的机会。

为什么领导反对派联盟的正是托洛茨基主义呢?

第一,因为托洛茨基主义是我们党内现有一切反对派别中最完整的机会主义派别(共产国际第五次代表大会认定托洛茨基主义是小资产阶级的倾向,这是对的)。

第二,因为在我们党内没有一个反对派别能像托洛茨基主义那样灵活而巧妙地以"左的"和最最最革命的词句掩饰自己的机会主义。(笑声)

在我党历史上,托洛茨基主义领导各种反对派别来反对我们党,这并不是第一次。我想举出我党历史上一个人所共知的前例,这是在1910年—1914年间发生的。当时成立了以托洛茨基为首的各种反党的反对派的联盟,即所谓八月联盟。我之所以要举出这个前例,是因为它是目前反对派联盟的某种原型。当时托洛茨基把取消派(波特列索夫、马尔托夫等)、召回派("前进报派")和它自己的集团联合起来一同反对党。而现在他又企图把"工人反对派"、"新反对派"和他自己的集团联合成一个反对派联盟了。大家知道,列宁当时反对八月联盟历时三年之久。在八月联盟形成的前夜,列宁就这样写道:

"因此,我们**代表全党**声明:托洛茨基在执行反党的政策,他在**破坏党内合**

法性，他走上了**冒险**和**分裂**的道路……托洛茨基对这个不容争辩的真相之所以默不做声，是因为这个真相同他的政策的**实际**目的不相容。而这些实际目的越来越明显，甚至连那些最没有远见的护党派分子都看清楚了。这些实际目的就是托洛茨基所支持和组织的**波特列索夫之流同前进派集团结成的联盟**……这些联盟当然要支持托洛茨基的'基金'和他要召开的反党的代表会议，因为波特列索夫之流和前进派先生们在这里得到他们所需要的东西：他们的派别组织的活动自由，派别组织的神圣化，对派别组织的活动的掩护，在工人面前为这种活动所作的辩护。正是从'原则基础'的观点来看，我们不能不认为这个联盟是千真万确的**冒险主义**。托洛茨基**不敢**说他认为波特列索夫和召回派是真正的马克思主义者，是社会民主主义原则性的真正维护者。冒险主义者的立场实质也就在于他不得不经常躲躲闪闪……正是从'原则基础'的观点来看，托洛茨基同波特列索夫和前进派集团的联盟是一种冒险行为。从党内政治任务的观点来看，这样说也同样是对的……全会后一年来的经验用事实证明：**体现**这种资产阶级对无产阶级的这种影响的正是波特列索夫集团，正是前进派这一派别组织……最后，第三，托洛茨基的政策是**组织上的**冒险行为，因为，正如我们已经指出的，它破坏党内合法性，而且以一个国外集团的名义（或者以呼声派或前进派这**两个**反党的派别组织的联盟的名义）筹备代表会议，直接走上分裂的道路。"[①]

这就是列宁对以托洛茨基为首的第一个反党派别联盟的批判。

对目前还是以托洛茨基为首的反党派别联盟，基本上也必须给予更加严厉的批判。

这就是我们的反对派目前作为一个联合起来的反对派出现，并且不是"简单地"而是在托洛茨基主义领导下出现的原因。

反对派第一个特点就是如此。

现在谈谈第二个特点。我已经说过，反对派的第二个特点就是力图

---

① 参看《列宁全集》中文第 2 版第 20 卷第 55—62 页。——编者注

以"左的"、"革命的"的词句掩盖自己的机会主义的行为。我认为，在这里不必多举事实去证明在我们反对派的实践中经常是"革命的"词句和机会主义的行为不一致。只要看看联共（布）第十五次代表会议所通过的论反对派的提纲，就足以明了这套把戏的秘诀。我只想从我们党的历史上举出几个例子来说明我们党内的一切反对派别，在取得政权以后的时期中，竭力以"革命的"的词句掩盖自己的非革命的行为，不断"从左面"批评党和党的政策。

例如，拿"左派"共产主义者来看，他们在布列斯特和约时期（1918年）是反对党的。大家知道，他们"从左面"批评党，反对布列斯特和约，并认为党的政策是机会主义的、非无产阶级的、对帝国主义者妥协的政策。事实上却是这样："左派"共产主义者在反对布列斯特合约时，妨碍了党获得"喘息"以组织和巩固苏维埃政权，帮助了当时反对布列斯特和约的社会革命党人和孟什维克，是帝国主义易于在苏维埃政权萌芽时就把苏维埃政权消灭。

拿"工人反对派"（1912年）来看，大家知道，"工人反对派"也"从左面"批评党，百般"攻击"新经济政策，把列宁的要恢复工业必先发展供给工业以原料和粮食的农业这一论点"痛骂"得"体无完肤"，"痛骂"列宁这一论点是忘记了无产阶级的利益，是一种农民的倾向。事实上确实这样：如果不实行新经济政策，如果不发展供给工业以原料和粮食的农业，那我们就不会有任何工业，而无产阶级就会丧失阶级性。此外，"工人反对派"以后向哪个方向发展，向右还是向左，这是大家都知道的。

最后，拿托洛茨基派主义来看，它"从左面"批评我们党已有好几年了，而且如共产国际第五次代表大会所正确指出的，它是一种小资产阶级倾向。在小资产阶级倾向和真正的革命性之间能有什么共同点呢？"革命的"词句在这里不过是小资产阶级倾向的掩盖物，这难道还不明显吗?

至于用"左的"的叫喊来掩盖自己做了托洛茨基主义的俘虏的"新反对派",我就不谈了。

这些事实说明什么呢?

他们说明用"左的"假面具来掩盖机会主义的行为,是取得政权以后我们党内所有一切反对派别的最显著的特征之一。

产生这种现象的原因是什么呢?

这是由于苏联无产阶级的革命性,由于我国无产阶级内部留下来的伟大的革命传统。这是由于苏联工人根本仇视反革命分子和机会主义分子。这是由于我国工人不会轻信露骨的机会主义分子,因此,"革命"的假面具就是反对派用来至少在表面上吸引工人注意并使工人信任他们的诱饵。例如,我国工人不能了解,为什么英国工人直到现在还没有想到把汤姆斯这样的叛徒溺死,把他们扔进井里去。(笑声)凡是知道我国工人的人都很容易了解,像汤姆斯那样的人和那样的机会主义者在苏联工人中间简直是无容身之处的。然而大家知道,英国工人不仅不打算把汤姆斯这帮先生溺死,而且一再把他们选入总委员会,同时不是平平淡淡地选举他们,而是在选举时还举行游行示威。显然,对于这样的工人是用不着以革命的假面具掩盖机会主义的,因为他们本来就不反对把机会主义者吸收到自己的队伍里去。

这是由于什么呢?这是由于英国工人缺乏革命的传统。这种革命的传统目前正在产生。它们正在产生和发展,而且没有理由怀疑英国工人正在革命战斗中受到锻炼。但是当这一点还不具备时,英国工人和苏联工人间的差别是依然会存在的。这也就说明了这一事实:我们党内的机会主义者如不戴上某种"革命的"假面具便去接近苏联工人,那是很冒险的。

反对派联盟使用"革命的"假面具的原因就在这里。

最后，谈谈反对派的第三个特点。我已经说过，这个特点就是反对派联盟没有一定的原则，它没有原则性，它像变形虫一样地善变，因此，反对派首领们经常抱怨"人们不了解"他们，"曲解了"他们，把他们"没有说过"的话硬加在他们的身上等等。这的的确确是"不了解的人们"的派别组织。无产阶级政党的历史告诉我们，这个特点（"人们不了解！"）是一般机会主义最平常和最普遍的特点。同志们，你们应该知道，在90年代末和20世纪初，德国社会民主党队伍中著名的机会主义者伯恩施坦、福尔马尔、奥艾尔等人"遭遇"完全与此相同，当时德国社会民主党是革命的，这些顽固不化的机会主义者曾经在好几年内抱怨"人们不了解"他们，"曲解了"他们。大家知道，当时德国革命的社会民主党人曾骂伯恩施坦的派别组织是"不被了解的人们"的派别组织。人们把反对派联盟列入"不被了解的人们"的派别组织一类，这一事实不能认为是偶然的。

反对派联盟的最主要的特点就是如此。

3. 联共（布）党内的意见分歧

现在谈谈意见分歧的实质。

我想，我们的分歧可以归结为几个基本问题。我不打算详细讲这些问题，因为时间很少，而报告又已拉得很长了。何况你们有了关于联共（布）问题的材料，这些材料在翻译上虽然有些错误，但对我们党内意见分歧基本上仍能提供一种正确的观念。

社会主义建设的几个问题

第一个问题。第一个问题就是关于社会主义在一个国家内胜利的可能性的问题，关于胜利地建设社会主义的可能性的问题。这里所说的当然不是切尔诺戈里亚，也不是保加利亚，而是我们的国家，是苏联。这里所说的是这样一个国家，那里有过而且发展过帝国主义，那里有一定数量的大工业，那里有一定数量的无产阶级，那里有领导无产阶级的政党。这样，社会主义在苏联的胜利是否有可能呢？靠我国内部力量，靠苏联无产阶级所拥有的条件，在苏联建成社会主义是否有可能呢？

如果用具体的阶级语言解释这一公式，建成社会主义是什么意思呢？在苏联建成社会主义就是在斗争进程中用本身的力量战胜苏联本国的资产阶级。所以问题归结起来就是苏联无产阶级能不能战胜苏联本国的资产阶级。因此，当人们说在苏联有没有建成社会主义的可能性时，也就是说苏联无产阶级能不能用本身的力量战胜苏联的资产阶级。在解决我国建成社会主义的课题时，问题就是如此，而且只能如此。

党对这个问题的回答是肯定的，因为党所持的出发点是：苏联无产阶级、苏联无产阶级专政有可能用本身的力量战胜苏联的资产阶级。

假如这是不正确的，假如党没有理由断定说，虽然我国在技术上比较落后，但苏联无产阶级能够建成社会主义社会，那么，党就没有理由继续掌握政权，它无论如何都应当放弃政权并转到在野党的地位。

因为二者必居其一：

或者是我们能战胜本国"民族"资产阶级，能建设社会主义，并终于把它建成，那么党就应该继续掌握政权，领导国内社会主义建设，以期社会主义在全世界获得胜利；

或者是我们不能用本身的力量战胜本国的资产阶级，那么，鉴于不能立即得到外援，即其他国家革命胜利的支持，我们就应当老实地和公开地放弃政权，而采取在苏联组织未来的新革命的方针。

党能不能欺骗自己阶级即工人阶级呢？不，不能。这样的党是要被肢解的。正因为我们党没有权利欺骗工人阶级，它就应该直截了当地说：对我国建成社会主义的可能性缺乏信心，就会使我们党放弃政权，使我们党由执政党的地位转到在野党的地位。

我们争得了无产阶级专政，从而为走向社会主义奠定了**政治**基础。我们能不能用自身的力量建立社会主义的**经济**基础，建成社会主义所必需的新的经济基础呢？社会主义的经济实质和经济基础是什么呢？是不是在人间创造"天堂"使大家都心满意足呢？不，不是这样的。这是对社会主义经济实质的庸俗的、市侩的见解。建立社会主义的经济基础，就是把农业和社会主义工业结合为一个整体经济，使农业服从社会主义工业的领导，在农产品和工业品交换的基础上调整城乡关系，堵死和消灭阶级首先是资本赖以产生的一切孔道，最后造成直接消灭阶级的生产条件和分配条件。

对于这一点，列宁同志在我国施行新经济政策的时候，在建立国民经济的社会主义基础的问题整个摆在党的面前的时候，曾这样说道：

"以粮食税代替余粮收集制，这一代替的根本意义就是从'战时'共产主义转向**正常的**社会主义基础。不是余粮收集制，也不是粮食税，而是用大工业（'社会化'工业）的产品来交换农民的产品，这就是社会主义的经济**实质**，社会主义的基础。"①

列宁对于建立社会主义**经济**基础问题的看法就是如此。但是，为了把农业和社会主义工业结合起来，首先必须有巨大的产品分配机关网，巨大的合作社机关网，即消费合作社和农业生产合作社机关网。列宁在他的小册子"论合作制"中说到下面一点时，正是从这个原理出发的：

"在我国的条件下合作社往往是同社会主义完全一致的。"②

---

① 《列宁全集》中文版第 2 版第 41 卷第 376 页。战时共产主义，学术界也译为"军事共产主义"。——编者注

② 《列宁选集》中文第 3 版第 4 卷第 772 页。——编者注

那么，在我国被资本主义包围的条件下，苏联无产阶级能不能用自身的力量建立社会主义的经济基础呢？

党对这个问题的回答是**肯定的**。① 列宁对这个问题的回答是肯定的（只要看看他的《论合作社》就可知道）。我国建设的全部实践对这个问题作了肯定的答案，因为我国经济中社会主义部分比重，无论在生产力方面或流通方面，都由于私人资本比重的减少而逐年增加，同时我国经济中的私人资本的作用和社会主义成分的作用比较起来却在逐年减低。

可是反对派怎样回答这个问题呢？

他们对这个问题给出了**否定的**回答。

可见社会主义在我国取得胜利是可能的，可以认为建成社会主义经济基础的可能性是有保证的。

这是不是说可以把这种胜利称为社会主义的完全胜利、最后胜利，这种胜利能保证正在建设社会主义的国家免除任何外来的危险，免除帝国主义武装干涉以及与之相关联的复辟的危险呢？不，不是这个意思。在苏联建成社会主义的问题是战胜本国"**民族**"资产阶级的问题，社会主义的最后胜利问题是战胜**世界**资产阶级的问题。党告诉我们，一个国家的无产阶级单靠自身的力量是不能战胜世界资产阶级的。党告诉我们，为了使社会主义在一个国家获得最后胜利，就必须战胜世界资产阶级或至少使之中立。党告诉我们，这样的任务只有靠几个国家的无产阶级才能完成。因此，社会主义在某一个国家内的最后胜利就意味着无产阶级革命至少在几个国家内的胜利。这个问题在我们党内没有引起特别的意见分歧，因此，我就不多讲了。对这个问题感兴趣的同志可以参看前几天发给共产国际执行委员会扩大全会各个委员的我党中央的材料。

---

① 见联共（布）第十四次代表会议决议。

"喘息"的因素

第二个问题。第二个问题是关于苏联目前所处的国际地位条件问题，关于我国开始和开展社会主义建设工作的这一"喘息"时期的条件问题。我们能够而且应当在苏联建设社会主义。但是要想建设社会主义，首先必须生存。必须有一个摆脱战争的"喘息时机"，必须没有武装干涉企图，必须争取到为生存和建设社会主义所必需的某些起码的国际条件。

试问，如果已经证明武装干涉的危机存在着而且将来还会存在，证明这个危机只有在几个国家的无产阶级革命胜利以后才能消灭，那么，目前苏维埃共和国所处的国际地位建立在什么基础上呢？就与资本主义国家关系而言的我国目前这种"和平"发展时期是由什么决定的呢？已经争得的、使资本主义世界没有可能立即进行严重的武装干涉的、并为我国社会主义建设造成必要的外部条件的这个"喘息"或"喘息"时期，是以什么作为根据的呢？

目前的"喘息"时期至少是以下面四个基本事实为根据的。

第一，帝国阵营存在矛盾，这些矛盾没有减弱，这些矛盾使他们难以勾结起来反对苏维埃共和国。

第二，帝国主义和殖民地国家之间的矛盾，殖民地国家和附属国解放运动的发展。

第三，资本主义国家中革命运动的发展和全世界无产者对于苏维埃共和国的同情在日益增长。资本主义国家的无产者还无力直接进行革命来以反对本国资产阶级来支持苏联的无产者。但是，帝国主义国家的资本家已经无力推动"自己的"工人来反对苏联无产阶级了，因为全世界无产者对苏维埃共和国的同情正在增长而且不能不日益增长起来。而现在没有工人是不能进行战争的。

第四，苏联无产阶级的强大有力，苏联社会主义建设的胜利，苏联红军的组织力量。

诸如此类的条件结合起来，便造成一个成为苏维埃共和国目前国际地位的特点的"喘息"时期。

革命的"民族"任务和国际任务的一致性和不可分割性

第三个问题。第三个问题是关于某一个国家内无产阶级革命的"民族"任务和国际任务的问题。党所持的出发点是：苏联无产阶级的"民族"任务和国际任务融合为一个共同的任务，即从资本主义压迫下解放各国无产者的任务；我国社会主义建设的利益和各国革命运动的利益完完全全融合为一个共同的利益，即社会主义革命在全世界的胜利。

假使世界各国无产者不同情和不支持苏维埃共和国，那会怎样呢？苏维埃共和国就会受到武装干涉，就会被摧毁。

假使资本得以摧毁苏维埃共和国，那会怎样呢？在一切资本主义国家和殖民地国家内最黑暗的反动时代就会到来，工人阶级和被压迫的民族就会受到摧毁，国际共产主义阵地会被摧毁。

如果各国无产者对苏维埃共和国的同情和支持加强和增长起来，那将如何呢？那将根本有助于苏联的社会主义建设。

如果苏联社会主义建设的胜利不断扩大，那将怎样呢？那将根本改善世界各国无产者和资本做斗争的革命阵地，将摧毁国际资本和无产阶级作斗争的阵地，将使世界无产阶级有更多的机会取得胜利。

因此，应得出结论说，苏联无产阶级的利益和任务同各国革命运动的利益和任务交织在一起并不可分割地联系着的。反过来说，各国革命无产者的任务是同苏联无产者在社会主义建设战线上的任务和胜利不可分割地联系着的。

因此，把某个国家无产者的"民族"任务与国际任务对立起来，就是在政治上犯了极严重的错误。

因此，把苏联无产者在社会主义建设战线上的那种勤奋和热忱说成"民族闭关自守"和"民族狭隘性"的表现，像我们的反对派有时所做的那样，这不是失去了理智，就是害了幼稚病。

因此，把一个国家无产者的利益和任务跟各国无产者的利益和任务的一致性和不可分割性确立起来，乃是各国无产者的革命运动获得胜利的最可靠的道路。

正因为如此，一个国家的无产阶级革命的胜利不是最终目的，而是各国革命的发展和胜利的手段和助力。

因此，在苏联建设社会主义，就是从事各国无产者的共同事业，就是不仅在苏联而且在一切资本主义国家内逐步造成对资本的胜利，因为苏联革命是世界革命的一部分，是世界革命的开端及其发展的基础。

关于社会主义建设问题的历史

第四个问题。第四个问题是关于所讨论的问题的历史。反对派硬说，在一个国家内建设社会主义问题是 1925 年才在我们党内第一次提出的。至少托洛茨基在党的第十五次代表会议上曾直截了当地声明："为什么要求在理论上承认一个国家能建成社会主义呢？这个前途从何而来呢？为什么在 1925 年以前谁也没有提出这个问题呢？"

这样来说，在 1925 年以前这个问题没有在我们党内提出过。这样说来，只有斯大林和布哈林在党内提出了这个问题，并且是 1925 年才提出的。

这对不对呢？不，不对。

我肯定地说，在一个国家内建设社会主义经济的问题还在 1915 年就由列宁第一次在党内提出了。我肯定地说，当时反驳列宁的不是别人，正是托洛茨基。我肯定地说，从那时起，即从 1915 年起，在一个国家内建设社会主义经济的问题在我们报刊上和我们党内就会多次地论述过。

我们看看事实。

（1）1915 年。布尔什维克中央机关报《社会民主党人报》上列宁的论文《论欧洲联邦口号》。列宁在这篇文章中说道：

> "然而把世界联邦口号当做一个独立的口号未必是正确的，第一，因为它是和社会主义交融在一起的；第二，因为它会造成一种曲解，以为社会主义不可能在一个国家内获得胜利，并且会使人曲解这样的国家和其余国家之间的关系。经济和政治发展的不平衡是资本主义的绝对规律。由此就应得出结论：社会主义可能首先在少数甚至单独一个资本主义国家内获得胜利。这个国家的获得胜利的无产阶级既然**剥夺了资本家并在本国组织起了社会主义生产**①，就会奋起同其余的资本主义世界**抗衡**，把其他国家的被压迫阶级吸引到自己方面来，在这些国家中发动反对资本家的起义，必要时甚至用武力去反对各剥削阶级及其国家……"，因为"没有各社会主义共和国对各落后国家的比较长期而顽强的斗争，便不可能有各民族在社会主义下的自由联合。"②

而托洛茨基于同年（1915 年）在他所领导的《我们的言论报》上反驳道：

> "'经济政治发展的不平衡是资本主义的绝对规律。'（《社会民主党人报》，1915 年布尔什维克中央机关报，列宁的上述论文就是在该报上发表的。——斯

---

① 黑体为本人所加。——约·斯大林
② 《列宁选集》中文第 3 版第 2 卷第 554 页。——编者注

大林注）由此得出结论说，社会主义可能在一个国家内胜利，因而每一个国家的无产阶级专政无须以建立欧洲联邦为其先决条件……任何一个国家都不应当在自己的斗争中'等待'其他国家，这是一个浅显的道理，为使国际间同时行动的思想不致为国际间消极等待的思想所代替，把这个道理加以说明是有益的，而且是必要的。我们不等待其他国家而在本国的基础上开始斗争并继续下去，深信我们的倡导者推动其他各国的斗争；假如事实并不如此，**就休想革命的俄罗斯能在保守的欧洲面前站得住脚，或社会主义的德意志能在资本主义世界中孑然独存**，这是历史上的经验和理论上的推论证明了的。在民族范围内观察社会革命的前途，就意味着变为构成爱国主义实质的**民族狭隘性**的牺牲品。"①

可见，"组织社会主义生产"的问题，早在1915年，在俄国资产阶级民主转变为社会主义革命的前夜，在帝国主义大战时期，在资产阶级民主革命的问题摆到日程上的时候，就由列宁提出来了。

可见当时反对列宁的不是别人，正是托洛茨基同志，他显然知道列宁论文所指的是"社会主义的胜利"和"在一个国家内组织社会主义生产"的可能性。

可见关于"民族狭隘性"的责难，早在1915年就由托洛茨基第一次提出来了，而且这个责难不是用来反对斯大林或布哈林，而是用来反对列宁的。

现在季诺维也夫也常常发出关于"民族狭隘性"的可笑的责难。但他大概不了解，他是在重复并从而恢复托洛茨基旨在反对列宁和列宁的党的论点。

（2）1919年。列宁的论文《无产阶级专政时代的经济和政治》一文。列宁在这篇文章中写道：

---

① 托洛茨基《1917年》第3卷第1部分第89—90页。

"不管各国资产者及其公开的和隐蔽的帮凶们（第二国际的'社会党人'）怎样造谣诬蔑，有一点是不容置疑的：**从无产阶级专政的基本经济问题来看，共产主义战胜资本主义在我国是有保证的**。全世界资产阶级之所以疯狂地拼命地反对布尔什维主义，组织军事进攻，策划阴谋活动等等来反对布尔什维克，正是因为他们十分清楚，**若不用武力把我们压倒，我们就必然会在改造社会经济方面获得胜利。但资产阶级要想这样把我们压倒是办不到的**①。"②

可见列宁这篇论文中说的是"无产阶级专政的经济问题"，是为了"共产主义胜利"而"改造社会经济"的问题。什么是"无产阶级专政的经济问题"和在无产阶级专政的条件下"改造社会经济"的问题呢？这无非是在一个国家即我们国家建设社会主义。

（3）1921年。列宁的小册子《论粮食税》。关于我们能够而且应当建立"我国经济的社会主义基础"这一著名的论点。（见《论粮食税》）

（4）1922年。列宁同志在莫斯科苏维埃会议上的发言。他在发言中说道："我们把社会主义拖进了日常生活"，并说："新经济政策的俄国将变成社会主义的俄国。"③ 1922年托洛茨基在其《和平纲领》的"跋"中加以反驳，而没有直接指出他在和列宁进行论战。托洛茨基在这篇"跋"中说道：

"在《和平纲领》中一再重复的关于无产阶级革命不能在民族范围内胜利完成的论断，在某些读者看来也许已被我们苏维埃共和国将近五年的经验推翻了。但这样的结论是没有根据的。工人的国家在一个国家而且是一个落后的国家里抗住了全世界，这个事实证明无产阶级有雄伟的力量，这种力量在其他比较先进、比较文明的国家里是真能做出奇迹来的。可是，我们虽然在政治上和军事

---

① 黑体为本人所加。——约·斯大林
② 《列宁选集》中文第3版第4卷第62页。——编者注
③ 《列宁全集》中文第2版第43卷第302页。——编者注

上保持为一个国家,但是我们并没有达到甚至还没有走近建立社会主义社会的阶段。这个时期为革命的国家的自卫而进行的斗争引起了生产力的异常低落;只有在生产力发展和繁荣的基础上,社会主义才是有可能的。同资本主义阶级国家进行的商务谈判、租让、热那亚会议等等,**是不可能在民族国家范围内孤立地进行社会主义建设的极其明显的证据……俄国社会主义经济的真正高涨只有无产阶级在欧洲几个最重要的国家内获得胜利以后,才会是有可能的**①。"②

托洛茨基在这里所讲的"不可能在民族国家范围内孤立地进行社会主义建设"是反驳谁呢?当然不是反驳斯大林和布哈林。托洛茨基同志在这里是反驳列宁同志,并且他所反驳的不是别的问题,而是一个基本问题,即关于"在民族国家的范围内进行社会主义建设"的可能性的问题。

(5) 1923 年。成为列宁的政治遗嘱的小册子《论合作制》。列宁在这小册子中写道:

"情况确实如此,国家支配着一切大的生产资料,无产阶级掌握着国家政权,这种无产阶级和千百万小农和极小农结成了联盟,这种无产阶级对农民的领导得到了保证,如此等等——难道这不是我们所需要的一切,难道这不是我们通过合作社,而且仅仅通过合作社,通过曾被我们鄙视为做买卖的合作社的——现时在新经济政策下我们从某一方面也有理由加以鄙视的——那种合作社建成完全的社会主义社会所必需的一切吗?这还不是建成社会主义,但这已是建成社会主义所必需而且足够的一切。"③

看来不能说得更明白了。

在托洛茨基看来,在"民族国家范围内进行的社会主义建设"是

---

① 黑体是本人加的。——约·斯大林
② 托洛茨基《1917 年》第 3 卷第 1 部分第 92—93 页。
③ 《列宁选集》中文第 3 版第 4 卷第 768 页。——编者注

不可能的。列宁则肯定说，我们苏联无产阶级，现在在无产阶级专政时期，具有"建成**完全的**社会主义社会""所必需而且**足够的一切**"。这两种观点是完全对立的。

事实就是如此。

由此可见，在一个国家内建设社会主义的问题还在 1915 年就已经在我们党内提出来了，这个问题是列宁亲自提出的，在这个问题上和列宁争论过并以"民族狭隘性"责难列宁的，不是别人，正是托洛茨基。

可见从那时起直到列宁同志逝世为止，这个问题并未从我们党的工作日程上取消。

可见，这个问题会几次被托洛茨基以某种形式，即以掩蔽的但分明是和列宁同志争辩的形式挑起来，而且托洛茨基每次都不是本着列宁和列宁主义的精神，而是以反对列宁和列宁主义的精神来解释这个问题的。

可见，托洛茨基硬说在一个国家内建设社会主义的问题在 1925 年以前谁也没有提出过，这是**公开的撒谎**。

目前苏联社会主义建设问题的特别重要的意义

第五个问题。第五个问题是关于目前社会主义建设任务的现实性的问题。为什么社会主义建设问题唯有在目前，唯有在近来具有特别现实的性质呢？为什么在 1915 年、1918 年、1919 年、1921 年、1922 年、1923 年，苏联社会主义建设问题只是偶然在个别的文章中讨论过，而一到 1924 年、1925 年、1926 年，这个问题却在我们党的实践中占了特别突出的地位呢？其原因何在呢？

在我看来有三个主要原因。

第一，近几年来，其他国家的革命速度缓慢下来了，所谓"资本主义局部稳定"到来了。由此便产生一个问题：资本主义局部稳定是否会削弱甚至消灭我国社会主义建设的可能性？由此人们对我国社会主义和社会主义建设的命运问题的注意就增加了。

第二，我们施行了新经济政策，容许私人资本存在并实行了某种退却，以便重新部署力量，再行进攻。由此便产生一个问题：新经济政策的施行是否会削弱我国社会主义建设的可能性呢？由此人们对我国社会主义建设的可能性问题就更加注意了。

第三，我们在内战中取得了胜利，赶走了武装干涉者，争取了摆脱战争的"喘息时机"，保证了和平，保证了为消灭经济破坏状态、恢复国内生产力和从事我国新经济建设提出有利条件的和平时期。由此便产生一个问题：应该把经济建设导向哪一方向，导向社会主义方面还是导向别的方面呢？由此便产生一个问题：如果把经济建设导向社会主义方面，是否有根据指望我们在新经济政策和资本主义局部稳定的条件下有建设社会主义的可能性呢？由此便引起了全党和整个工人阶级对我国社会主义建设的命运问题的莫大注意。由此党和苏维埃政权机关便从增加工业、商业和农业方面的社会主义经济成分的比重这一观点上每年对各种统计材料加以总结。

这就是说明社会主义建设问题对于我们党和我国无产阶级以及对于共产国际都是最迫切问题的三个主要原因。

反对派以为苏联社会主义建设问题只有理论上的意义。这是不对的。这是极糊涂的。这种论述问题只能说明反对派完全脱离了我们党的实践，脱离了我国的经济建设，脱离了我国的合作社建设。现在，当我们消灭了经济破坏状态、恢复了工业，并进入了在新的技术基础上改造整个国民经济时期以后，社会主义建设问题便具有莫大的实践意义。经济建设时期的事业应导向哪里，朝哪个方向建设，建设些什么，我们建设的前途应当怎样，这些问题如不解决，忠实的和细心钻研的经济工作人员就一步也不能前进，假使他们愿意真正自觉地和细心地来对待建设事业的话。我们从事建设是为了给资产阶级民主制度施肥，还是为了建设社会主义社会——这就是现在我们建设工作的根本问题。现时，在新经济政策的条件下，在资本主义局部稳定的条件下，我们是否有建设社会主义经济的可能，——这就是现在我们党和苏维埃的工作中最重要问题之一。

列宁对这个问题的回答是**肯定的**（只要看看小册子《论合作社》就可以知道）。党对这个问题的回答是**肯定的**［见联共（布）第十四次代表会议的决议］。而反对派呢？我已经说过，反对派对这个问题的答案是**否定的**。我已经在联共（布）第十五次代表会议上的报告中说过，而现在不得不在这里重复一遍：反对派联盟的首领托洛茨基，还在不久前，即1926年9月，曾在其人所共知的告反对派声明中称，他认为"一个国家的社会主义建设理论"是在理论上为民族狭隘性辩护①。

把托洛茨基这段话（1926年）同他在1915年所写的论文（在那篇论文中，他就社会主义在一个国家内胜利的可能性问题和列宁进行论战，第一次提出了关于列宁同志和列宁主义者的"民族狭隘性"问题）比较一下，你们就会懂得，托洛茨基对于在一个国家内建设社会主义的问题，依然是站在自己原来的社会民主主义的否定的立场上的。

正因为如此，党认定托洛茨基主义是我们党内的社会民主主义倾向。

关于革命的前景

第六个问题。第六个问题是关于无产阶级革命的前途问题。托洛茨基在党的第十五次代表会议的发言中说："列宁认为在20年内我们无论如何也不能建成社会主义，由于我们农民国家的落后性就是30年也不能建成。最低限度也要在30年至50年。"

---

① 斯大林在联共（布）第十五次代表会议上的报告。

同志们，我应当在这里声明，托洛茨基臆造的这个前途和列宁同志指出的苏联革命前途毫无共同之处。过几分钟之后，托洛茨基本人就开始在他的发言中和这种前途作斗争。不过这是他自己的事情。但我应当声明，不论是列宁或党都不能对托洛茨基所臆造出来的这种前途和由此得出的结论负责。托洛茨基捏造了这种前途，然后开始在自己的演说中和他自己的捏造作斗争，这个事实只能说明托洛茨基糊涂至极并使自己陷入可笑的境地。

列宁根本没有说过在30年或50年内"我们无论如何不能建成社会主义"。其实列宁说的是：

"只要在10—20年内和农民保持正确的关系，就能保证全世界范围内的胜利（甚至在发展着的各国无产阶级革命延迟的情况下），否则就会遭到20—40年白匪恐怖的苦难。"①

能不能从列宁这一论点得出我们"在20年至30年或者50年内无论如何也不能建成社会主义"的结论呢？不，不能。从这一论断只能做出如下结论：

（1）在和农民保持正确关系的条件下，我们可以保证在10年至20年内取得胜利（即社会主义的胜利）；

（2）这个胜利将不仅是苏联的胜利，而且是"全世界范围内"的胜利；

（3）如果我们在这个时期内没有取得胜利，这就说明我们被击溃了，无产阶级专政制度已被白色恐怖制度代替了，白色恐怖制度可能延长20年至40年之久。

当然，对列宁这个论点以及由此得出的结论是可同意可不同意的。

---

① 《列宁全集》中文第2版第32卷第313页。

但像托洛茨基那样地歪曲它是不行的。

"全世界范围"的胜利究竟是什么意思呢？这是不是说，这样的胜利和社会主义在一个国家内的胜利意义相同呢？不，不是这个意思。列宁在自己的著作中把社会主义在一个国家内的胜利和"全世界范围内"的胜利严格地区别开来的。列宁谈到"全世界范围内"的胜利，他的意思是说，我国社会主义的成就，我国社会主义建设的胜利具有如此巨大的国际意义，它（胜利）不能局限于我国范围内，它定要在各资本主义国家中引起强大的社会主义运动，如果它在时间上和其他国家无产阶级革命的胜利不能一致，那么，它无论如何都将掀起其他国家无产者倒向世界革命胜利的强大运动。

如果指的是革命胜利的前途，则列宁所说的革命前途就是如此，其实我们党内所谈论的也是如此。

将这个前途和托洛茨基的 30 年至 50 年的前途混淆起来就是污蔑列宁。

实际上问题是怎样的

第七个问题。反对派对我们说，好吧，但究竟和谁联盟好些，和世界的无产阶级还是和我国的农民呢？选择谁做联盟者最好呢，是世界的无产阶级还是苏联的农民呢？于是事情被描绘成这样：好像在苏联无产阶级面前有两个同盟者，一个是世界无产阶级，它准备立即推翻自己的资产阶级，但等着我们对此欣然同意；另一个是我国的农民，他们准备帮助苏联无产阶级，但不完全相信苏联无产阶级会接受这种帮助。同志们，这是问题幼稚的提法。问题的这种提法，无论与我国革命的进程或与世界资本主义和社会主义之间斗争战线上的力量对比，都是毫无共同之处。请原谅我这样说，这样提出问题的只能是贵族女学生。可惜事业并不像一些反对派向我们描绘的那样，而且没有理由怀疑这一点；我们会乐意接受两方面的帮助,假使这仅仅取决于我们的话。不,在实际生活中问题不是这样的。

问题是这样的:**既然**世界革命运动的速度缓慢下来,在西方还没有取得社会主义胜利,而苏联的无产阶级已掌握政权,一年年地巩固这样的政权,把基本农民群众团结在自己周围,在社会主义建设战线上已经取得重大胜利,并且顺利地巩固着自己与全世界无产者和被压迫民族的友好联系,那么,是否有理由否认虽然资产主义包围存在,但苏联无产阶级能够战胜本国的资产阶级并在我们国内继续胜利地建设社会主义呢?

当然,当然不像反对派联盟那样从虚幻出发,而是从社会主义和资本主义斗争战线上的实际力量对比出发,那么现在问题就是这样。

党回答这个问题说,苏联无产阶级在这种条件下能够战胜本国"民族"资产阶级并胜利地建设社会主义经济。

反对派却说:

"没有欧洲无产阶级直接的**国家**①援助,俄国工人阶级就不能保持政权,就不能把自己暂时的统治变成长期的社会主义专政。"②

托洛茨基这段话是什么意思呢,"欧洲无产阶级的**国家**援助"又是什么意思呢?这就是说,西方无产阶级不**预先**取得胜利,西方无产阶级不**预先**取得政权,苏联无产阶级不仅不能战胜本国的资产阶级,社会主义甚至不能保持政权。

问题就是这样的,我们的意见分歧的根源就在这里。

托洛茨基这个立场和孟什维克奥托·鲍威尔的立场有何区别呢?

---

① 黑体为本人所加。——约·斯大林
② 托洛茨基《我们的革命》第278页。

可惜一点也没有。

关于胜利的机会

第八个问题。反对派说：好吧，可是谁有更多的胜利的机会呢，是苏联无产阶级呢，还是世界无产阶级？

托洛茨基在联共（布）第十五次代表会议上的发言中说："能不能设想欧洲资本主义会腐朽30年至50年，而无产阶级还没有能力完成革命呢？我要问：为什么我应当接受这个只能称之为对欧洲无产阶级怀着毫无根据的极端悲观心理的前提呢？……我断言，我没有任何理论的和政治的根据来设想我们和农民一起建成社会主义要比欧洲无产阶级夺取政权容易些。"①

第一，应当毫无保留地抛弃欧洲要停滞"30年至50年"的前途。谁也没有要托洛茨基从西方资本主义国家无产阶级革命的这个前途出发，这个前途与我们党的前途是毫无共同之处的。托洛茨基同志本人既然把自己和这个臆造的前途联在一起，自己就应当对这种做法的后果负责任。我想，如果指的是西方无产阶级革命的真正的前途，这个期限至少应该缩短一半。

第二，托洛茨基毫无保留地决定西方无产者战胜现在执政的世界资产阶级，要比苏联无产阶级战胜在政治上已被打垮的、已被赶出国民经济指挥所的、在经济方面不得不在无产阶级专政和我国社会主义经济成分的压力下退却的本国"民族"资产阶级有更多的机会。

我认为这样提问题是不正确的。我认为托洛茨基这样提问题恰好露了马脚。难道孟什维克在1917年10月异口同声地大叫时，不也是向我

---

① 托洛茨基同志在联共（布）第十五次代表会议上的发言。

们说西方无产者推翻资产阶级和夺取政权要比技术不太发达、无产阶级人数不多的俄国的无产者有更多的机会吗？不管孟什维克怎样痛哭流涕，俄国无产者在1917年10月比英国、法国或德国的无产者有更多的机会推翻了资产阶级并夺取了政权，这难道不是事实吗？难道全世界革命斗争的实践没有表明、没有证实，不能像托洛茨基那样提问题吗？

谁有更多的机会迅速获得胜利的问题，其解决办法不是拿一个国家的无产阶级和其他国家的无产阶级相对比，或者拿我国农民和其他国家的无产阶级相对比。这样的对比是把比较当儿戏。谁有更多的机会迅速获得胜利的问题，是要由现实的国际环境、资本主义和社会主义斗争战线上的实际的力量对比来解决的。在我们还没有来得及建成我国社会主义经济基础时，也许西方无产者就已战胜自己的资产阶级并夺取政权。这并不是不可能的。反之，在西方无产者还没有推翻自己的资产阶级时，也许苏联无产阶级就已建成本国的社会主义经济基础。这也不是不可能的。

谁有机会迅速获得胜利，是以资本主义和社会主义斗争战线上的实际情况为转移的，而且只是以这种实际情况为转移的。

实际政策上的意见分歧

以上就是我们意见分歧的基础。

从这些基础中产生了一些在对外内政策方面和在纯粹党内政策方面的实际政策性质的意见分歧。这些分歧就是**第九个问题**的题目。

（1）党从资本主义局部稳定这个事实出发，认为我们正处于两个革命之间的时期，在资本主义国家里我们正走向革命，各国共产党的基本任务是开辟接近群众的道路，加强自己和群众的联系，掌握无产阶级的群众组成，使广大的工人群众做好准备去迎接即将到来的革命搏斗。

可是反对派不相信我们革命的内部力量，惧怕资本主义局部稳定这个事实会毁灭我们的革命,认为(或者曾经认为)可以否认资本主义局部稳定这个事实,认为(或者曾经认为)英国罢工是资本主义稳定已经结束的标志。但当终于发现稳定这个事实的时候,反对派却强词夺理说,那就该事实倒霉,那就可以跳过事实,同时他们装腔作势地提出修改统一战线的策略、与西方工人运动分裂等耸人听闻的口号。

可是不顾事实,不顾事物的客观进程,这是什么意思呢?这就是离开科学的基础而站到巫术的基础上去了。

由此就产生了反对派联盟在政策上的冒险主义。

(2)当从工业化是社会主义建设的基本道路而我国的国内市场又是社会主义工业的基本市场出发,认为应当在不断改善基本农民群众(更不用说工人)的物质生活基础上实行工业化,认为工业和农业间、无产阶级和农民间的结合以及无产阶级在这个结合中的领导,正如列宁说,乃是"苏维埃政权的全部"和我国建设胜利的全部,因此,我们的一般政策,其中包括税收政策和价格政策,应当符合这个结合的利益。

可是反对派不相信有吸引农民参加社会主义建设事业的可能性,显然他们认为可以损害基本农民群众的利益来实行工业化,因而走上资本主义工业化方法的道路,走上把农民当做"殖民地"、当做无产阶级国家的"剥削"对象的道路,而且提出一些只能瓦解工业和农业的结合、损害贫农和中农的经济地位、破坏工业化基础的工业化办法(加紧对农民的捐税压榨,提高工业品的出厂价格等等)。

由此就产生了反对派对无产阶级和农民联盟以及无产阶级在这个联盟中的领导权这一思想的否定态度——这是社会民主党所特有的态度。

(3)我们的出发点是:党,共产党是无产阶级专政的基本工具;**一个党的领导**(这个党不与其他政党而且不能与其他政党分掌这种领导权)是无产阶级专政的基本条件,没有这个条件就不可能有任何巩固的和发展的无产阶级专政。因此,我们认为在我们党内不容许有派别存在，因为显而易见，在党内存在着各种有组织的派别，就会使统一的党分裂成一些平行的组织，就会在国内形成一个或几个新党的萌芽和细胞，也就是说，会瓦解无产阶级专政。

反对派虽然不公开反驳这些论点，但他们在自己实际工作中所持的出发点却是：必须削弱党的统一，必须有在党内成立派别的自由，也就是说，必须创造建立新党的因素。

由此就产生了反对派党内"制度"的号叫，其实这正是国内非无产阶级分子反抗无产阶级专政制度的反映。

由此就产生了关于两个政党的问题。

同志们，我们和反对派的意见分歧总括起来就是如此。

4. 在工作中的反对派

现在来谈谈这些意见分歧是怎样表现在实际工作中的。

那么，我们的反对派在其实际工作中，在其反党斗争中究竟是怎样表现的呢？

大家知道，反对派不仅在我们党内为非作歹，而且在共产国际其他支部，如德、法等国党内为非作歹。因此，问题就应该这样提出：反对派及其追随者们在联共（布）党内以及在共产国际其他支部内的实际工作究竟是怎样的呢？

（1）**反对派及其追随者们在联共（布）党内的实际工作。**反对派是从对党发出的最严厉的责难来开始其"工作"的。反对派说党正在"滑向机会主义的道路"。反对派说党的政策"与革命的阶级路线背道而驰"。反对派说党在蜕化并走向"热月政变"。反对派说我们的国家"远非无产阶级的国家"。这一切不是在反对派代表的公开宣言和发言（1926年中央监察委员会七月全会）中发表过，就是在反对派追随者们所散发的反对派的秘密文件中发表过。

反对派对党发出这些严厉的责难，从而为在党内组织平行的新支部、组织平行的新的党中央、成立新政党奠定基础。反对派的追随者之一奥索夫斯基先生在其文章中曾直言不讳地说，现有的党即我们党是保护资本家利益的，因此，必须组织一个新党，即与现有的党一同存在和活动的"纯无产阶级政党"。

反对派可以说他们对奥索夫斯基的立场不负责任。但这是不对的。反对派对奥索夫斯基先生的"行为"要负完全责任。大家知道，奥索夫斯基公开自命为反对派的追随者，反对派对这一点也从未试图加以反驳。其次，大家知道，托洛夫斯基在中央七月全会上曾经袒护奥索夫斯基而反对莫洛托夫同志。最后，大家知道，虽然党一致反对奥索夫斯基，但反对派在中央表决时却反对把奥索夫斯基开除出党。这一切都说明，反对派对奥索夫斯基的"行为"负有道义上的责任。

结论：反对派在联共（布）党内的实际工作，已经表现在奥索夫斯基的立场上，表现在他所持的必须在我国成立一个与联共（布）平行并反对它的新党这一立场上了。

不这样也不可能。因为二者必居其一：

或者是反对派在对党发出这些严厉的责难时，自己并不相信这些责难的严重性，提出来仅仅是为了示威，那么，他们及时把工人阶级引入迷途，这是犯罪；

或者是反对派过去相信而且现在仍然相信自己的责难的严重性，那么，他们就应当采取打垮党的领导干部和组织新党的方针，他们也真的采取了这个方针。

1926年10月以前，我们的反对派在其反对联共（布）的实际工作中的面貌就是如此。

（2）**反对派的追随者们在德国共产党内的实际工作。**以科尔施先生为首的德国"极左派",从我们的反对派对党的责难出发,做出了自己的"进一步的"论断并说得更加露骨。大家知道,德国"极左派"的思想家科尔施硬说我们的社会主义工业是"纯粹资本主义的工业"。大家知道,把我们的党叫做"富农化了的党",而把共产国际叫做"机会主义的组织"。其次,大家知道,科尔施因此就鼓吹反对苏联现存政权的"新革命"的必要性。

反对派可以说他们对科尔施的立场不负责任。但这是不对的。反对派对科尔施先生的"行为"要负完全责任。科尔施说的话,就是从我们的反对派首领以众所周知的对党的责难的形式传授给自己追随者们的那些前提得出的自然的论断。因为当既然在爬上机会主义的道路,党的政策既然与革命的阶级路线背道而驰,党既然在蜕化并走向"热月政变",而我们的国家又"远非无产阶级的国家",那么从这里只能得出一个结论:进行新的革命来反对"富农化了的"政权。此外,大家知道,德国的"极左派"包括维丁派在内,会反对取消科尔施的党籍,因而对科尔施的反革命宣传负有道义上的责任。可是,谁不知道"极左派"是拥护联共(布)党内的反对派的呢?

(3)**反对派的追随者们在法国的实际工作**。关于法国的反对派追随者也必须这样说。我指的是苏瓦林及其在法国一个著名的杂志上活动的集团。从我们的反对派在其对党的责难中所提出的前提出发,苏瓦林得出结论说,革命的主要敌人是党内的官僚,是我们党的上层领导集团。苏瓦林硬说:"生路"只有一条,就是进行新革命,反对党和苏维埃政权中的上层领导集团,首先是反对联共(布)中央书记处。在那里,在德国,是反对苏联路线现存政权的"新革命"。在这里,在法国,是反对中央书记处的"新革命"。那么,怎样组织这个新革命呢?没有一个适合于新革命的目标的特殊政党,能不能组织这个新革命呢?当然不能。由此便产生了建立新党的问题。

反对派可以说他们对苏瓦林的言论不负责任。但这是不对的。第一，大家知道，苏瓦林及其集团是反对派的追随者，特别是托洛茨基那一部分反对派的追随者；第二，大家知道，不久以前反对派还计划把苏瓦林先生安插到法国共产党中央机关报编辑部去。诚然这个计划没有成功。但这不是我们的反对派的过失，而是他们的倒霉！

由此可见，如果不看反对派自己所描绘的外貌，而是看他们在我们苏联以及法国和德国的工作过程中的表现，那么我要说，反对派在自己的实际工作中已经就要走到打垮我党现有干部并组织新党的地步了。

5. 无产阶级专政的敌人为什么称赞反对派

社会民主党人和立宪民主党人为什么称赞反对派呢？

或者换句话说，反对派反映着哪种人的情绪呢？

你们大概已经注意到，所谓"俄国问题"近来已经成为西方社会民主党和资产阶级报刊极为注意的问题了。这是偶然的吗？当然不是偶然的。苏联社会主义的成长和西方共产主义运动的开展，不能不在资产阶级及其在工人阶级中的代理人——社会民主党的首领们——当中引起极度的惊慌。革命和反革命间的界限，现时就截然表现在一些人对苏联无产阶级政党采取深恶痛绝的态度而另一些人则采取同志友好的态度上。目前"俄国问题"的极伟大的国际意义已成为共产主义的敌人不能不加以重视的事情了。

围绕着"俄国问题"形成了两条战线，一条是苏维埃共和国的敌人的战线，一条是苏维埃共和国的奋不顾身的朋友的战线，苏维埃共和国的敌人所希望的是什么呢？他们力求在广大民众中造成对无产阶级专政的思想上和精神上的前提。苏维埃共和国的朋友所希望的是什么呢？他们力求在无产阶级广大阶层中间造成支持和保卫苏维埃共和国的思想上和精神上的前提。

现在我们来看一下，社会民主党人和俄国资产阶级的流亡分子中的立宪民主党人为什么称赞我们的反对派。

例如，德国著名的社会民主党首领保尔·莱维说道：

"我们一向认为公认的特殊利益归根到底就是社会主义的利益，它是与农民私有制的存在相矛盾的，工农利益的一致只是表面的现象，俄国革命进一步的发展将使这个矛盾更加尖锐、更加鲜明。我们认为利益相同的思想是一种变态的联合思想，如果一般说来马克思主义还有一点根据，如果历史是辩证地发展着的，那么这个矛盾一定会粉碎联合的思想，正如它在德国已被粉碎是一样……我们这些从旁边观察西欧苏联事态的人看得很清楚：**我们的观点和反对派的观点是一致的**……当前的事实是：在阶级斗争的口号下，独立的、反资本主义的运动又在俄国开始了。"①

在这里，在这段引文中，对于工农利益"一致"的问题存在着糊涂观念，这是显而易见的。但保尔·莱维因我们的反对派与工农联盟思想作斗争而称赞他们，这也是毋庸置疑的。

"俄国"社会民主党首领、主张在苏联复活资本主义的"俄国"孟什维克的首领、并非无名之辈的唐恩关于我们的反对派说道：

"布尔什维克的反对派现存制度的批判几乎是逐字逐句地重复着社会民主党的批判，他们正以这种批判**进行**……**思想上的准备**来接受社会民主党的优良的纲领。"

往下又说：

"反对派不仅在工人群众中间而且在工人共产党员中间培养这种思想和情绪

---

① 1926年7月30日《莱比锡人民报》。

的幼苗，这种幼苗若是好好地加以培植，很容易**结出社会民主主义的果实**。"①

看来是很明白的了。米留可夫的反革命资产阶级中央机关报《最近新闻报》关于我们的反对派写到：

"今天，反对派在破坏专政，反对派的每一种新的刊物都在发表越来越'可怕'的言论，反对派自己正在向愈益猛烈抨击统治制度这方面演变，在目前这已足以令人感激不尽地把反对派当做自己政治上的不满的广大居民阶层的喉舌来看待了。"②

往下又写道：

"对苏维埃政权来说，现在最可怕的敌人就是悄悄地靠近苏维埃政权，用自己的触角从各方面把它包围起来，并在他没有发觉之前就把他消灭的那些人。苏维埃的反对派所扮演的正是这种在我们还没有度过的准备时期中所不可缺少的角色。"③

我想，这里是用不着解释的。

由于时间有限，我只引用了这几段话，虽然这样的引证可以举出几十段、几百段来。

这就是社会民主党人和立宪民主党人称赞反对派的原因。

这是偶然的吗？不，不是偶然的。

由此可见，反对派所反映的不是我国无产阶级的情绪，而是不满无产阶级专政、仇视无产阶级专政、急切期待无产阶级专政瓦解和崩溃的非无产阶级分子的情绪。

---

① 《社会主义通报》第17、18期合刊。
② 《最近新闻报》第1990号。
③ 《最近新闻报》第1893号。

这样，我们的反对派的派别斗争的逻辑，实际上就是使得我们的反对派的战线与无产阶级专政的反对派和敌人的战线在客观上合而为一了。

反对派是否愿意这样呢？也许他们不愿意这样。但是这里的问题不在于反对派愿意怎样，而在于他们的派别的斗争在客观上会引起怎样的后果。派别斗争的逻辑胜过某些人的愿望。正因为如此，反对派的战线实际上便与无产阶级专政的反对者和敌人的战线合而为一了。

列宁曾教导我们说，共产党员的基本义务就是保卫和巩固无产阶级专政。然而事情却颠倒成这样：反对派由于采取派别政策而堕落到无产阶级专政的敌人阵营中去了。

正因为如此，我们说反对派不仅在理论上而且在实践上也脱离了列宁主义。

不这样也是不可能的。在资本主义和社会主义斗争战线上的力量对比是这样的：工人阶级队伍里现在只能有一种政策，不是共产主义的政策，就是社会民主主义的政策。反对派企图在反联共（布）的斗争尖锐化的时候采取第三者的立场，这必然要以反对派被派别斗争的进程抛到列宁主义的敌人的营垒中去而告终。

从上述事实来看，结果也正是如此。

这就是社会民主党人和立宪民主党人称赞反对派的原因。

6. 反对派联盟的失败

我在上面说过，反对派在其反党斗争中对党发出了种种严厉的责难。我已说过，反对派在其实际工作中就要走到分裂党和组织新党的地步。由此就产生一个问题：反对派在这个分裂的立场上能够维持多久呢？事实告诉我们，反对派在这个立场上才维持了几个月。事实告诉我们,到今年10月初,反对派已不得不承认自己的失败,已不得不退却了。

反对派退却的原因是什么呢?

我认为反对派退却的原因有以下几种。

第一,反对派在苏联没有自己的政治军队。很可能,建立新党是一种吸引人的事情。但是在争论以后既已发现没有可资建立新党的人,那么很明显,退却便是唯一的出路了。

第二,在派别斗争进程中,不论我们苏联的或国外的各种卑鄙龌龊分子都和反对派结成一伙了,而社会民主党人和立宪民主党人则竭力称赞反对派,同他们接吻,使他们在工人眼中大丢其脸。因此,反对派应该有所选择:或者接受敌人的这种称赞和接吻,视为理所当然;或者幡然悔改,使粘附在他们身上的肮脏尾巴自动地掉下来。反对派既已退却而且承认了自己的退却,也就是承认了第二条出路是他们唯一可走的道路了。

第三,苏联国内状况要比反对派所预料的好些,而党员群众的觉悟程度和团结程度也要比反对派在斗争开始时所看到的高些。当然,假如国内发生了危机,假如工人日益不满,假如党表现得不够团结,那么反对派就会走上另一条道路,他们是绝不会退却的。但是,事实表明反对派在这方面的打算也落空了。这就是反对派失败的原因。

这就是反对派退却的原因。

反对派的失败经过了三个阶段:

第一个阶段,这就是反对派1926年10月16日的"声明"。反对派在这个"声明"中放弃了派别自由的理论和实践,放弃了派别斗争的方法,公开地毫不含糊地承认了自己在这方面的错误。但反对派所放弃的不止于此。既然反对派在自己的"声明"中同"工人反对派"以及一切科尔施分子和苏瓦林分子划清了界限,从而他们也就放弃了不久以前还使他们和这些派别接近的思想立场。

第二个阶段，这就是反对派事实上放弃了不久以前对党发出的种种责难。应该承认这一点，而且在承认以后就应该着重指出，反对派在联共（布）第十五次代表会议上已不敢重复自己对党的责难了。如果把中央委员会和中央监察委员会七月全会的记录与联共（布）第十五次代表会议的速记记录比较一下，那就不能不指出，以前的种种责难，说党是机会主义，是"热月政变"，是背弃了革命的阶级路线等等，在第十五次代表会议上连一点影子也没有了。此外，如果注意到这种情况，即好多代表向反对派提到过去的种种责难的问题，而反对派对此仍然默不做声，那就不能不承认反对派实际上已经放弃他们过去对党的种种责难了。

是否可以把这种情况看做反对派事实上放弃了自己一系列的思想立场呢？可以而且应该。这是反对派在失败面前自觉地卷起了自己的斗争旗帜。不这样也是不可能的。发出责难是打算建立一个新党。既然这种打算落了空，这些责难至少暂时要收起来了。

第三个阶段，这就是反对派在联共（布）第十五次代表会议上的完全孤立。应该指出，反对派在联共（布）第十五次代表会议上连**一票**也没有得到，因而完全陷于孤立。你们回想一下反对派在今年9月底向党发起进攻、发起公开的进攻时所发出的叫嚣，并把这种叫嚣和反对派在第十五次代表会议上可以说处于孤立无援状态的事实比较一下，你们就会懂得反对派的失败真是"无以复加"了。

反对派实际上放弃了他们对党的责难，虽然有代表要求，他们也不敢在第十五次代表会议上重复这些责难，这个事实能不能否认呢？

不，不能，因为这是事实。

反对派为什么走上了这条道路，他们为什么卷起了自己的旗帜呢？因为反对派思想旗帜的展开必然地和不可避免地意味着组织两个党的理论，意味着所有的卡茨分子、科尔施分子、马斯洛夫分子、苏瓦林分子及其他卑鄙龌龊的分子的活跃，意味着我们国内一切反无产阶级的力量的蠢动，以及俄国流亡分子中的社会民主党人和自由资产者对反对派的称赞和同他们的接吻。

反对派的思想旗帜害了反对派。同志们，这就是问题的所在。

由此，反对派为了不致彻底腐败起见，便不得不退却并抛弃掉自己的旗帜。

反对派联盟失败的根源就在于此。

7. 联共（布）第十五次代表会议的实际意义和作用

同志们，我要结束我的讲话了，现在我只从联共（布）第十五次代表会议的各项决议的意义和作用方面来把几个结论谈一谈。

第一个结论就是：这次代表会议总结了第十四次代表会议以后的党内斗争，正式肯定了党对反对派的胜利，孤立了反对派，结束了反对派在第十四次代表大会以前硬在我们党内造成的派别混乱局面。

第二个结论就是：这次代表会议在我国建设的社会主义前途的基础上，在为社会主义建设的胜利而向我们党内一切反对派别、向我们党内一切倾向作斗争的思想的基础上，使我们党达到了空前的团结。

现在我们党内最迫切的问题就是在我国建成社会主义的问题。列宁说得对；全世界都看着我们，看着我们的经济建设，看着我们在建设战线上的胜利。可是为了这个战线上取得胜利，就必须使我们党——无产阶级专政的基本工具——有进行这个事业的决心，使它意识到这个任务的重要性，使它能成为我国社会主义建设胜利的杠杆。第十五次代表会议的意义和作用，就在于它正式地和最后地用我国社会主义建设胜利的思想武装了我们党。

第三个结论就是：这次代表会议坚决反击了我们党内所有一切思想上的动摇，从而促进了列宁主义在联共（布）党内的完全胜利。

如果共产国际执行委员会扩大会议批准了联共（布）第十五次代表会议的决议并承认我们党对反对派的政策是正确的（我没有理由怀疑这一点），那就可以得出第四个结论说，第十五次代表会议为使列宁主义在整个共产国际、在世界各国和各族人民的革命无产阶级队伍里获得胜利准备了若干必需的重要条件。（热烈鼓掌，全场欢呼）

第十八次会议

(1926年12月8日)

主席：雷梅尔

讨论斯大林的报告

主席雷梅尔：

现在开会。我们转入对俄国问题的讨论。请塞马尔同志发言。（鼓掌）

塞马尔（法国）：

同志们，由于联共（布）关于俄国的辩论，法国党向扩大全体会议的代表们首先介绍了苏桑·吉罗的一封信和政治局的复信；其次，在莫纳特和罗斯梅尔的机关刊物《无产阶级革命》介绍了苏瓦林的声明。

为了帮助了解这场辩论，我向全会介绍一下法国党对俄国问题的看法以及我国反对派在这个问题上所扮演的角色。

中央三次确定自己对俄国反对派的看法：第一次是紧随联共（布）中央七月全会之后，当时中央赞同了对反对派成员所采取的组织措施，并重申对联共（布）中央的信任；第二次是在9月初，当时中央完全赞同对反对派成员采取的措施，并表示希望由共产国际执委会全体会议审议关于共产国际主席问题和关于季诺维也夫同志继续担任这一职务的问题；第三次是在10月反对派投降之后，当时我们党中央重申联共（布）中央把清除反对派的斗争进行到底的做法是合乎情理的，更何况国际资产阶级在这一时期加强了对苏联的攻击；那时我们就指出了苏联尽管遇到了内部性质和外部性质的困难，仍继续乘胜建设社会主义。中央的决议除此之外还着重指出反对派遭到了大多数基层组织抵制，他们的行动证明联共（布）第十五次代表会议采取的路线是正确的。决议包括了关于这条反对反对派的政治路线的动机说明。但我们的党中央保留了今后根据我下面将谈到的动机对问题实质进行分析的权利。政治局一致赞成多数人立场，并且开始在巴黎地区召开通报会，在全党开展辩论。这是10月的事。

同志们，是什么妨碍了法国党在联共（布）内辩论爆发之时就开展辩论呢？问题就在于政治局在扩大全会之后，考虑到党内不利局势以及我们党内从基层到中央都存在着某些意见分歧，决定首先把全党以及中央团结起来。今年7月里尔代表大会前夕，鉴于我们党存在右的倾向，并且从外部得到来自苏瓦林—罗斯梅尔—莫纳特集团的支持，我们决定首先清算这个右派，然后再瓦解其立场混乱、政治纲领完全缺失的中派——一个只局限于要求实行党内民主的派别，并粉碎极左分子，只有在这之后把党团结起来再开展关于俄国问题的辩论。

里尔代表大会标志着在加强法国党团结方面迈出了重大一步，这次代表大会之后我们才决定开展辩论，但是要审慎行事，强调这个辩论不应当妨碍党的工作，其宗旨是提升党员的思想水平。就在这个时候我们产生了一种印象：反对派在整个共产国际特别是在德国，都编织了关系网。但我们设想，他们在法国找不到适合他们的人。我们曾经以为只有少数极左分子和右派分子才会出来袒护俄国反对派，并且也只是迟疑不决地袒护他们，而在我们内部没有人进行有计划的派别工作。

同志们，我们在这上面犯了错误，原来法国党驻共产国际执委会前代表雅各布同志在里尔代表大会上曾经进行过派别工作；他曾在大会幕后为维护俄国反对派的纲领工作。接下来我们了解到，雅各布不仅仅只在幕后讨论这个问题，他还游说右派分子、大会代表戈蒂埃，此人大家也许还记得，他曾签署那封著名的250人致执委会书信。雅各布同这个右派交谈，鼓动他在里尔代表大会上发言。戈蒂埃发言中令我们惊讶的是，他在某些问题上比我们这些政治局委员更知情。对于最近一次中央全会上中央委员们之间的辩论，他了解得比我们更详细。我在答复时指出他手眼通天，证明他和俄罗斯反对派当中的朋友们有联系。

但是真见鬼，后来发现戈蒂埃的信息是直接从法国党驻共产国际执委会代表雅各布那里得来的。而雅各布的信息是季诺维也夫和托洛茨基两位同志提供的，他们指示他在法国应当如何行动。

雅各布与托洛茨基的会面是在雅各布返回法国的前一天，而托洛茨基当时顺便提议，由他提出恢复苏瓦林党员资格问题。这件事我们是在这里才知道的。

由此可见，派别工作在法国虽然扎根不深，却至少长出了幼芽，也就不足为奇了。

雅各布百分之百地同情反对派，我们对此并不感到奇怪。我们早就熟知他的立场。

他在表决时反对法国党中央最近一次全会的决议，这项决议虽然没有深入研究问题的实质，但阐述了联共（布）的纪律和团结问题。他同安格莱尔这个右派和苏桑·吉罗一致投票反对。

根据组成情况，我国的反对派与俄国的反对派相似：在他们之间右派分子和极左分子沆瀣一气。

苏桑·吉罗也属于这个反对派联盟。在对前两项决议进行表决时，苏桑·吉罗对纪律问题决议投弃权票，理由是没有向她提供季诺维也夫进行的反对派工作的足够证据。

请向我提供季诺维也夫进行反对派工作的证据,我就无保留地同意你们的决议。由于我这里没有这种证据,由于联共(布)中央无法更加明确地说出季诺维也夫曾经进行过反对派工作,我不能无保留地赞同对反对派包括对季诺维也夫采取的纪律处分。

当反对派投降时,苏桑·吉罗对我们的决议投了反对票,声称没有相关的信息,她不会就实质性问题进行表决。

然而,可以有把握地说,在法国党内有两位同志比其政治局委员们对俄国反对派了解得更多。我指的是雅各布和苏桑·吉罗两位,前者在这里现场观察一切,后者通晓俄语,能阅读俄文书刊特别是《真理报》。

那时我们认识清楚了法国反对派策略的实质:他们使出浑身解数拖延问题的解决,阻挠全党和党中央对这个问题发表意见。

我国反对派从雅各布同志那里得到的情报使他们产生了希望:俄国将发生从根本上扭转局面的事件。他们以为,反对派当中的同志们和雅各布所预言的经济形势不利将有助于反对派从辩论中胜出。

雅各布夸大现有的困难和俄国无产阶级内部的不满。至于苏桑·吉罗,在拟定各党参加扩大全会的代表人选时征询她所持立场,她声称自己75%同情反对派。

她在写给政治局即你们手上都有的那封信中说,必须向少数人提供表达意见的自由,并以柔和而又委婉的语气为反对派行为进行辩解,从而急转直下地滑向苏瓦林在莫纳特—罗斯梅尔那本《无产阶级革命》杂志上所推行的瓦解共产主义政策。

我不打算在这里弄清楚苏桑·吉罗的立场和苏瓦林的反革命政策之间的直接关系,但我说,苏桑·吉罗阐述联共(布)党内民主问题的方法和苏瓦林在《无产阶级革命》杂志上阐述这个问题时所使用的庸俗而卑劣的方法,在客观上证明这是在协调党内外的努力以反对联共

（布）和法共中央。

苏桑·吉罗在说什么呢？她认识到反对派在党的决议面前已经就范之后声称：

"我同情反对派的行为。"随后她立即改口说："对错误所采取的措施不适当，多数人所采取的方式不当，因为这种方式妨碍少数人表达意见。"

她拒绝赞同中央采取的措施。

她否定联共（布）有权撤销季诺维也夫驻共产国际代表证书，她抗议禁止反对派、特别是禁止季诺维也夫在两次世界代表大会之间为自己的观点进行辩护。

她完全无视执委会的权利，要求给季诺维也夫及其朋友们提供在最近一次世界代表大会之前为自己观点进行辩护的充分可能。

诚然，她又加上句"在章程的框架内"，但我们知道这意味着什么，也知道反对派是如何执行联共（布）第十五次代表会议决议的。

我们认为执委会应当从这个讲坛的高度向苏桑·吉罗和雅各布提出严重警告，他们正从一条坡道上滑，这条坡道很可能把他们投进苏瓦林、鲁特·费舍、乌尔班斯之流的怀抱。

我想把苏瓦林这个明目张胆的小资产者的反革命活动介绍一二。

苏瓦林和反对派集团采取的是同一立场，他像一个道道地地的反革命一样无耻而被逼地为反对派辩护。如今他又为季诺维也夫辩护。他为季诺维也夫，也和梅德维捷夫一样，都是为了托洛茨基取胜而助他一臂之力。苏瓦林在《无产阶级革命》杂志上刊登了一篇令人倒胃口的文章，为了搞清楚他的立场实质，不妨谈一谈这篇文章的几个地方。我不打算再重复发到各位手上那份文件引用过的引文，我只谈谈其中三处。

苏瓦林对联共（布）中央委员和政治局委员的看法如何呢？

"……政治局里这些陶醉于权力的新贵们闭目塞听，自以为他们在克服困难，而实际上他们只不过在制造更多的困难而已，并且由于心怀刻骨仇恨而无力通过内部辩论解决问题。另一些是门客和狂徒，由他们豢养着。第三类人昏聩得无以加，对他们顶礼膜拜、阿谀奉承。我们对他们当面说真话，是对他们和对革命做出宝贵的贡献。我们今后还要这么做。"

苏瓦林如何阐述基层组织的辩论和基层组织对反对派派别工作的抵制呢？苏瓦林如何评价这一切呢？

他讽刺挖苦，他歪曲工人同反对派领袖斗争的情景，他指责多数人照搬意大利法西斯分子的手段。

他写了下面这段话：

"这些手段都是模仿意大利法西斯：由一些极端狂热、兽性大作的人组成的机动小分队，乘着大卡车穿梭于各个集会之间，他们奉命吹口哨起哄、大声咆哮干扰表达不同意见的声音，如果吵闹和恐吓不足以奏效，他们就殴打反对派的拥护者，把他们拖出会场。说实在的，就差没有穿呢子制服①了：大概是因为那样代价太昂贵了吧。"

请大家再听一听这个地方，苏瓦林在这段话里分析了联共（布）党内形势和共产党员的情绪：

"由党的干部做出榜样的非道德主义和反道德主义，无疑使腐败现象变本加厉。既然前布尔什维克践踏党章、党纲和党的决议、国际章程和决议，践踏苏维埃宪法，践踏法律，践踏《真理报》所报道的一切，就没有理由不让共青团员在街头糟蹋少女。毋庸赘述，《真理报》现在揭发的共产党员恶棍多数都主要支持'官方路线'。这些人轮番举手赞成对布兰德勒、博尔迪加或罗斯梅尔进行谴责和给托洛茨基抹黑的决议。在这些'流氓'帮助之下，列宁党内那些党的真

---

① 此处系指法西斯分子的制服。——译者注

正缔造者在十月革命九周年之际竟被封住嘴巴。"

同志们，我不打算全部引述苏瓦林的文章，我只是提醒各位，第五次世界代表大会在开除这个反革命小资产者之前还曾经有一点动摇呢。我想，这次全会将毫不犹豫地把他彻底开除。

同志们，反对派在法国采取的是什么策略呢？首先，他们的最近目标当然是恢复苏瓦林和罗斯梅尔以及反革命的《无产阶级革命》杂志其他活动家们的党籍。这个行动怎样实施呢？首先托洛茨基建议由雅各布去设法恢复苏瓦林的党籍。季诺维也夫建议由安贝尔-德罗做这件事，而普列奥布拉任斯基则建议由我来做这件事。由此可见，他们曾多次尝试谋求恢复苏瓦林的党籍并保证他担任领导职务，至少也要吸收这位"出色的文学家"到《人道报》供职。我们倒是真的握有证据证明他是一位何等出色的文学家呢。（笑声）

同志们，这种把反对派集零为整的策略具有国际性质。他们在所有各国都曾试图组建反对派集团。然后还曾尝试协调派别工作：为了准备向国际和向党进攻，雅各布在里尔向右派分子做了通报，这证明他们是在协调力量和派别工作。在苏联，反对派的策略显然是保持沉默，表决随大流；在法国，反对派的策略是拖延实质性决议的通过，换句话说，法国反对派的策略和这里相同。反对派在苏联干得轰轰烈烈，而在法国则表现得温文尔雅，言行平和得多。大家会看到这一点的，雅各布为了回应我的报告他在巴黎地区也做了一个报告。你们可知道，他是如何阐释内部困难、最近一个麦收时期的经济困难的吗？雅各布声称：

"进口减少了；由于纺织工业遗憾地被迫向美国、英国购买棉花和羊毛，而出口又达不到预期规模，所以工业发展速度缓慢了。必要的进口没有了。纺织工厂和其他工厂被迫在复活节期间关闭了数周，而且整个7月都关闭了，我担心这些工厂在年终前还要再次关闭。预算收入比预期要少。不得不提高税收（塞马尔:他没有指明是哪些税收。)昂贵的生活用品价格上涨了20%—50%。实际工资与此相应地下降了。这带来了什么后果?不言而喻,工人阶级当中产生了某种不满。工会制定的集体协议中规定了提高工资。这些协议被废除了。这样一来,工资没有提高,因而使工人们感到失望。"

同志们,根据雅各布的看法,谁应该对全国出现的这种经济形势负责呢?客观困难?没有这回事。不是别人,正是党中央。雅各布解释说:"这一切都是因为多数人对富农的危险估计不足,而把矛头指向那些最先对这个危险发出警报的人。"这里指的是季诺维也夫、托洛茨基及其同伙。

这是对无产阶级状况夸大其词的悲观评价,对经济性质困难的增加及其给无产阶级带来的影响大肆渲染。而且结论是:如果听了反对派的话,这些情况根本不会发生。只有反对派的路线才是正确路线。雅各布就是这样来描绘苏联局势的。

俄国的反对派认输之后雅各布采取了什么样立场呢?当然雅各布也在口头上认输了,他发表的声明同反对派在这里发表的声明如出一辙。

苏桑·吉罗不认输,她保持谨慎,话不说到100%,只说到75%,她说:

"请等一等,等我得到通报再说,到那时我将发表自己的看法。阅读《真理报》让我相信反对派是正确的,因为中央领会了反对派的路线。"

她的策略显然是拖延。雅各布没有这样做的可能,因为他毅然决然地采取了明确立场,但苏桑·吉罗无论在中央还是在全党都还有回旋余地。她说:

"请把全部文字材料,以及没有收入联共(布)中央记录的反对派提案,都提供给我们吧。"

苏桑·吉罗拿到全部文件才能发表明确意见。

由此可见，党内有派别活动企图，同时又有苏瓦林在外部进行分化瓦解工作。苏瓦林百分之百地同情资产阶级。我曾经指出过苏瓦林的分化瓦解工作，而且我坚持这一点。有一段时间，苏瓦林在《共产党人公报》上刊登自己的文章。这个刊物在扩大全会之后停刊。

阅读《共产党人公报》的有少数党员和非常少的工会工作人员，但阅读莫纳特—罗斯梅尔《无产阶级革命》的则是工会会员群众。这个刊物不仅仅帮助资产阶级同共产主义和共产国际进行斗争，它的危险性还在于它在那些同情我们的工会干部当中制造动摇和怀疑。

《无产阶级革命》原来每月出两期，现在改为每周出一期，如果这个刊物每月都登出苏瓦林在最后一期发表的那种文章，那么十分清楚：这项工作比起苏瓦林先前做过的工作，要更加危险得多。

国际不应当放任苏瓦林肆意从事肮脏的勾当：必须采取措施，让法国工人搞清楚这些文章作者所扮演的角色和他们的反革命纲领。

我们也认为不可容忍的是留在我们队伍里的那些假共产党员在《无产阶级革命》上刊登自己的文章。不允许党员以笔名为掩护为《无产阶级革命》撰稿：必须采取果断措施，把他们从我们的队伍中驱逐出去。

十分显然，苏瓦林的立场并没有改变，正相反，他把赌注压在俄国反对派身上，特别是托洛茨基身上，认为后者是唯一天才领导人，后者的路线在他看来最正确。

苏瓦林把反对派与俄国工人阶级混为一谈，认为反对派应当位列于无产阶级先锋队之内。根据苏瓦林的意见，先锋队并不是联共（布）中央，而是反对派。

这次全会必须对反革命分子的小资产阶级攻击，予以应有的痛斥，对联共（布）表示充分信任。

法国代表团队斯大林同志的报告表示支持。

代表团最后要求，凡是在国际及其各支部担任领导职务而又从事派别工作的党员，立刻辞去他们的职务。

我们要求将苏桑·吉罗从执委会候补委员职务上召回。

我们请求全会公开谴责莫纳特——罗斯梅尔的《无产阶级革命》，并为此通过一项专门决议，在法国党所有刊物上公布；决议中必须提到，《无产阶级革命》披着工会和共产党机关刊物的外衣，实际上却是一份反革命刊物，它的那些论点都是从旅法的俄国反革命刊物上搬过来的。

我们请求彻底开除苏瓦林。

以上这些是法国代表团的实际建议。（鼓掌）

翁德拉契克（捷克斯洛伐克）：

我受捷克代表团之委托，必须作如下声明：当资本主义国家报道了联共（布）内的辩论时，不仅仅只有资产阶级报刊狂喜，就连社会主义报刊也在狂喜，他们都企盼这场辩论将导致俄国党垮台，因而动摇并击败苏联。资产阶级报刊，社会主义报刊都完全公开地站到了反对派一边。

我们捷克斯洛伐克党从一开头就注意到具有重大意义的两件事，一是作为共产国际核心的苏联布尔什维克党的统一后受到了威胁，二是社会主义在苏联取得胜利。每一位共产党人都意识到，这个问题与其他一些问题紧密相关。对于仍在捷克斯洛伐克的我们而言，突出一国实现社会主义的问题十分重要，因为我们的德国社会民主党受到奥地利马克思主义的影响，一直在预言布尔什维克在苏维埃俄国的实验很快即将失败。我们在同德国社会民主党的斗争中观察到，许多日耳曼裔工人被社会党牵着鼻子走，很难把他们争取到我们共产主义观念这一边来。

当日耳曼裔工人得知俄国反对派那套把戏之后，我们斗争更加艰巨了，因为德国社会民主党说：你们都看见了，我们是正确的。布尔什维克的试验长不了，苏联垮台为期不远了。联共（布）第十四次代表大会之后，捷克党立即对这些问题表明态度，一致站在联共（布）代表大会决议的立场上。捷共中央政治局和中央全会于今年1月一致通过了相关决议。

当得知反对派在第十四次代表大会之后仍在继续搞他们的组织活动，从而试图在其他支部制造混乱时，我们感到极度不安。然而，当弄清了反对派集团的组成人员全都是右派分子、取消派分子和"左"派分子时，每个同志都明白，这个集团的日子长不了，必将因为内部矛盾而遭到溃败。捷克斯洛伐克的革命工人说，反对派搬出所谓当今苏维埃国家不具备无产阶级性质、党正在蜕化变质等等论据，是不可能公正对待党的。

昨天斯大林同志在他的报告中说联共（布）内的反对派是一切摇摆不定分子、丧失立场分子、小资产阶级分子们的传声筒。关于捷克斯洛伐克，我们也可以这样断言。如同在苏联一样，我们这里反对派也是把那些充当小资产阶级层和丧失立场阶层传声筒的分子们全都聚拢在一起。例如，格利希右派集团和诺伊拉特集团当年彼此相互残杀，却期待他们的愿望在第十四次党代会之后将会得以实现。我们在捷克斯洛伐克立即弄明白真理在联共（布）多数派一边，而不在反对派一边。我们很清楚，打垮联共（布）就等于打垮共产国际，会给整个国际无产阶级带来无法形容的灾难。

反动报界在他们的文章中表达这样一层意思：俄国反对派集团的这一"活动"将导致领导人之间发生内讧。他们得出结论说：一般而言一切革命的规律都如此，并举法国革命的结局为例，说法国革命就是由于领导人们相互倾轧而遭到失败。

把这些事件总括起来我们还明确认识到，捷克党内两个集团在反对党的队伍团结、反对党的决议这一共同纲领方面走到了一起。捷克党内派别活动，在赖兴贝格具有了严重的、具体的表现形式。赖兴贝格州的某些同志在诺伊拉特同志的鼓舞下，认为可以仿效俄国反对派，在派别活动中施展他们的影响。同志们，我可以声明，当赖兴贝格的工人们一旦得知这个派别的工作，他们一致站到了党的立场上来，而不肯拿党的统一冒险。赖兴贝格的工人和捷克的工人原本就牢记倍倍尔的话："既然敌人在夸奖我，那就是说我干了蠢事，我必须改正自己的错误。"当资产阶级报界和社会主义报界开始兴风作浪，当资产阶级和社会党开始夸奖反对派时，我们的工人明白了，反对派是错误的，他们走上了一条捷克工人不能追随其后的道路。赖兴贝格州的实际派别活动在极短时间内就被完全消除了，所以从此再没有人谈及反对派了。

我可以代表捷克党说，我们的工人骄傲地注视着苏联的建设，并竭尽全力帮助联共（布）做好它必须做的艰巨工作，以便帮助它在最近的将来实现建成社会主义目标。

汤姆·贝尔（英国）：

同志们，斯大林同志的报告向本次全会提出两个极其重大的课题。第一个课题涉及党的统一问题。党的统一是布尔什维主义和共产国际发展的主要根基。第二个课题涉及一国建成社会主义问题。非常重要的是，要使每个共产党在这两个问题上都采取十分鲜明而确定不移的立场。

我们的兄弟党联共（布）统一问题并不单纯是组织问题。这是一个政治性问题，必须把它当做这样一个问题去探讨和解决。党的统一是共产国际的主要特征。组建一个拥有统一领导的统一国际党，无疑是共产国际创始人的初衷。

我以为在这里提到第二国际和共产国际之间的差别是恰当的。带领第二国际的也是许多有才能的人。但第二国际没有一个总领导，没有政党意义上的集中管理。

第二国际一向由这样一种常规状态所主宰：所通过的具有国际性质的决议在相关国家必须按照其本国传统和国情去贯彻执行。这就给各个国家的领导人决定是否应当贯彻重要的国际性决议提供了可能。共产国际创始人正是为反对这种集中制党领导现象而斗争，当时他们给自己规定的目标是，团结一切愿意为组建一个不重蹈第二国际覆辙的新国际而工作的人们。

在共产党国际内，最杰出的人物都是服从党的。党本身才是真正的领导人。党大于个人，党高于个人，这不仅在苏联各种反对派运动时期（这个国家时不时发生反对派运动）有多次表现，即在共产国际其他支部也有多次表现，这些支部在较小的规模上重复联共（布）对待反对派集团的经验。在所有的案例中，党都从斗争中胜出。

集体领导是党的领导人作用的必要补充。集体领导是共产国际本质性特征，是维护对国际无产阶级实行革命领导所必需的和不可或缺的。在集体中个人被吸收参与共同领导，我想说我们党在这方面是特别幸运的。当然，英国共产党自成立之日起，可以说我们一直富有成效地努力争取在贯彻我党政治路线时保证实行共同的集体领导。

我们曾经揭露第二国际把本国传统置于重要地位的做法。这当然并不意味着我们在共产国际内不注重本国条件，以及各个国家特定的历史和经济状况。但我要强调，我们是在共产国际领导之下在这些条件下从事我们的工作的。这是在任何时期和任何状况下都必须遵循的根本原则。

在这个领导是统一的前提下，党的领导地位才会得到保证。这里所说的统一不仅仅是指领导党的日常工作，而是指最后夺取政权的斗争。

由此可见，党高于一切反动派。虽然我们与反对派的斗争经验相对有限（或许有朝一日我们将不得不和强硬的政治反对派打交道），然而即使这有限的经验也鼓舞我们全力支持联共（布）对反动派采取的那些措施。

斯大林同志说，在无产阶级专政时期，统一尤为必要。允许党内存在派别，允许集团自由，势必导致建立新党和重叠组织。如果苏联存在两个党，必然意味着无产阶级专政完结和苏联革命开倒车。除此之外，这意味着被压迫的殖民地人民希望破灭，而且世界无产阶级，确切地说，瞩目苏联和共产国际具有阶级觉悟的那部分世界无产阶级，他们的全部希望将落空。

因此我们党毫不动摇地于今年8月坚决赞同了联共（布）中央委员会的观点，宣布完全同意对反动派所采取的纪律措施。但正如我已经说过的那样，党的统一与消除派别和反动派问题，尽管在很大程度上是组织问题，但究其实质，却具有重大的政治意义。

联共（布）内全部辩论的核心是关于单独一国可以还是不可以建成社会主义的问题。斯大林对这个问题提得十分具体。他说，我们所谈的不是关于在保加利亚（或者比如说在智利或秘鲁）建成社会主义，而是关于能否在苏联、在苏联境内建成社会主义。

对于这个问题，每个党都应该根据本国特殊国情给出一个确定不移的答案。每个党都应该回答得像联共（布）那样具体。这个答案将确定我们各兄弟党必须遵守的共同政治路线。

有人已经在这里指出，列宁在1915年就提出了这个问题。但在英国，关于在我国能否建成社会主义的问题，就像我国的社会改良运动一样老旧。这个问题早就由改良主义者提出过。那些创建了独立工党的人们讨论过这个问题，社会民主党和那些反对马克思主义、说它是"灾祸"理论的工联领导人也讨论过这个问题。我国的改良主义者一直在反对马克思主义,说它是什么"灾祸理论"。他们断言,即使在争取到最适宜大多数的条件下,即使在具有议会民主的情况下,英国的革命虽然在政治上具有可行性,却注定遭遇饥荒,因为英国是从国外和殖民地获取粮食的。

我们在关于反对派思想统一问题上,也完全同意斯大林同志的意见。联共(布)内的反对派是由一些彼此毫无共同之处的不同派别组成的。反对派在苏联刚一抬头,英国的独立工党、社会民主党人、工联领导人和共产主义叛徒都精神抖擞,恢复了对我们党的攻击。我以为指出这一点是合乎情理的:如果苏联不能建成社会主义,则显然我们的兄弟党也就没有资格坚持继续专政了。

这个问题也关系到我们,因为如果英国不能建成社会主义,那么继续进行吸引群众投身共产主义的工作就等于欺骗他们。如果英国不能建成社会主义,那么共产党在英国的存在也就没有必要了。如果英国建不成社会主义,那么我们这些致力于改造英国社会制度的人们,也只有步工党之后尘的份儿了。

我们许多同志得知如下状况将会很感兴趣:在英国,饥荒死灭论即英国革命将使我国与外部世界隔绝、粮食供应中断、人民将因饥饿而毙命的理论是工党的帝国主义倾向之基础。列宁同志针对俄国说过:"我们拥有在苏联建成社会主义所需要的一切。"我想我们有理由说,我们拥有在英国建成社会主义所需要的一切。的的确确,英国是一个工业相当发达、农业落后的国家。这一状况让社会改良主义者望而生畏,他们试图从这里为自己的理论找到根据,他们的理论说,必须为大英帝国保存它的殖民地,才能保证英国居民的粮食供应。但即使饥饿毙命论在1913年是正确的(尽管我决不这样认为),那么我们在现在却无法为这一理论找到一条理由、一个论据。我们声明,英国现如今存在着无产阶级运动的经济基础。

我们一向把殖民地看做是粮食供应的可能来源。可以指出爱尔兰，它能保证供应英国粮食和支援英国。这种关于殖民地的论点只有一种含义：它是帝国主义资产阶级用来对工人阶级领导人进行有效诈骗的手段。

然而我们必须指出，当我们讨论英国无产阶级革命问题时，我们没有理由忽略苏联的存在这一因素。如果排除殖民地（虽然如果不把殖民地考虑在内，我们当然无法构想英国无产阶级革命的任何前景），哪怕只在须臾之间排除殖民地，我们就能够指出英国无产阶级革命的经济基础由于苏联的存在而有可能大大加强。

在谈到苏联建成社会主义时，斯大林同志说，我们正处于帝国主义干涉长期威胁之下，但这条干涉的道路上横着许多障碍。他指出了四大障碍：

第一，帝国主义列强之间的矛盾；

第二，各殖民地动荡；

第三，其他国家工人阶级的革命运动；

第四，苏联本国的成就，特别是组建红军方面的经验。

斯大林同志指出的一些因素，在英国革命斗争时期也具有意义，我认为特别是其中前两个因素，即帝国主义集团之间存在矛盾和殖民地动荡。而且最后一个状况，是一切无产阶级革命绝对不可缺少的因素，而英国有可能发生无产阶级革命。

至于说到第三个因素——其他国家工人阶级的革命运动，那么这里必须提到伦敦。英国同中欧多数国家之间存在这强大的财务联系。众所周知，多数波罗的海国家都或多或少是英国及其帝国主义盟国的债务国。葡萄牙、奥地利和中欧许多其他国家都被这种金融债务缠身。一旦英国爆发无产阶级革命，废除这些债务无疑会导致危机。废除债务将激发和推动工人阶级的革命运动，而这种革命运动又将给予英国革命运动相当大的支持。这样一来，在干涉问题上我们必须指出，这些个别因素在英国的形成肯定对我们有利。

除此之外，我们能否掌握英国工业的组织和管理，这一问题也很重要。对这个问题我们果断回答说，是的，我们能够。苏联十月革命之后，由于这个国家工业落后，必须克服极大的困难。其中许多困难在英国不会发生或者不会起很大作用。

我们在英国拥有技术上组织精良的工业，是资本主义世界最古老的工业之一。我们在英国拥有技能水平很高的工人阶级，他们受过良好训练，头脑很开化。我们这里还有组织良好的工会运动以及工会领导人，这些领导人作为职能干部不仅在工资问题上拥有与企业主谈判的经验，即使在需要了解和研究价格和原料、总之在正确组织经营方面起重大作用的一切因素的问题上，也具备与企业主谈判的经验。对于建成社会主义非常重要的是，我们在英国工人当中拥有从徒工到生产组织者各类人才，拥有一支技术人员大军，这些技术人员决不属于知识阶级，他们就本质、出身和共同工作环境而言是无产者。

我们在英国将有能力跨越若干发展阶段，而苏联无产阶级绝对必须经过这个发展过程，才得以走上建设社会主义的康庄大道。

下述状况也很重要：在英国人人都公开承认，农业没有按照最大效率发展，而是受到工业发展制约。学者们早就声言，通过对农业进行更加集约化管理，在英国粮食可以保证供应比现在多一倍的人口。如果注意到这一点，再考虑到我们不能忽略苏联以及地球的六分之一站在我们一边这个事实，那么我们就会看到我们在保证自己经济基础方面拥有何等巨大的能力。

鉴于此，还必须审视一下我们对殖民地的看法。对于英国而言，工人阶级夺取政权，建立无产阶级专政无疑意味着其殖民地将与它脱离。而殖民地脱离英国又意味着大片农民居住的领土将获得解放，它们可能同英国无产阶级结成联盟。例如我已经指出的爱尔兰,就是一个广阔的地域,那里的农业有可能得到大规模发展。

离开了印度完全脱离英国,离开了建立独立印度,我们很难设想英国的无产阶级革命。由此可见,这里所谈的不只是本国农业集约化和来自苏联方面有保证的支援。为万全之计,我们在爱尔兰、在印度拥有基地,或许在我们的另一些殖民地也拥有基地。这是英国无产阶级革命的主要盟友,当我们谈到在英国建成社会主义时,必须注意到这些盟友,永远不要忽略他们。我重申,产业工人阶级与农业工人和苏联联合起来,可确保革命和专政的胜利果实长存。

列宁同志已经提醒我们注意合作运动在苏联革命发展中的意义。我们在英国拥有组织良好的合作运动,这个运动不仅可供应原料和粮食,而且拥有把这些原料加工成成品的大型企业。这个运动还拥有分销成品的大型组织,不过这一点也是合理的:我们的合作运动就意识形态和领导而言是纯粹资本主义的,但它毕竟有相当大的无产阶级基础作为支撑,在无产阶级领导下能够成为支持我国无产阶级革命有益而强大的工具。

然而这里发生一个问题:英国的社会主义胜利将是最终胜利吗?对这个问题,我们可以回答说,英国的斗争将快速发展,这场斗争将是决定性的和残酷无情的。鉴于此,我们不应忘记英国资产阶级手中掌握着一支海军。为了保证对英国无产阶级革命的支援,为了建成社会主义,组织一支红色海军是万分重要的。说到组建这样一支海军,必须指出,我国资产阶级为他们的海军而自豪。他们以为他们的海军彻里彻外是爱国的,可以用来对付一切革命运动。我们还必须进行大量宣传工作才能够谈到组建红色海军,这话完全正确,但如果对海军个别部队在革命期间将转到无产阶级方面的可能性估计不足则是一个错误。

这方面我们倒是掌握一些证据,不过范围较小,是大战时期的。我们曾经是海军士兵中间大规模极端性质冲突的见证人。我们必须强调这种情况：没有一支红色海军，英国的革命是不可能的。

正如我已经指出，无产阶级夺取政权意味着解放殖民地，并为他们提供支援社会主义的可能性。英国资产阶级将撤退到这些殖民地中的一个，并把这个殖民地打造成一个进行反革命活动的新基地。但我们完全确信，大英帝国的明珠——印度，对英帝国主义而言将会丢失，它将为我国无产阶级革命提供最有力的支援。

由此产生一个问题：英国的革命将如何发生，我们必须指出，第二国际在大战前后积极从事歪曲马克思主义的工作。这种歪曲的典型实例是第二国际的如下理论：革命首先在高度发达的资本主义国家爆发，没有高度发达的资本主义，革命就无法成功。这正是第二国际赖以反对布尔什维主义以致整个共产国际的理论基础。

然而我们的经验证明，革命可能在资产阶级帝国主义整个链条中最薄弱的环节爆发。我们可以指出，殖民地现在正在发生的动荡，殖民地的完全独立自主要求就是大英帝国链条中最薄弱的环节。为此我想指出，我们不完全同意加拿大勃克同志的意见。

关于加拿大是否将跟着美国一起走的问题，在颇大程度上取决于我们将给加拿大的分裂运动提出的原则，将取决于我们的共产主义运动发展，而它必将组建工农联盟，这是加拿大独立的唯一切实保障。如果我们消沉下去，如果我们随波逐流，加拿大有可能走上别的道路。但如果我们积极起来，如果我们把作为工农共和国的加拿大自主独立放在我们纲领首要位置，那么我们就能够做到使加拿大在反对英、美帝国主义的斗争中成为英国无产阶级革命的盟友。

斯大林同志是对的，他指出［而且不仅针对联共（布）而言］，我们不可以逍遥自得地坐等建成社会主义过程将以纯自动和机械的方式发展。我们必须为在相关国家建成社会主义而去奋斗，假如我们真诚而认真地相信社会主义能够建成的话。如果要说我们在英国无法建成社会主义，这就意味着完全背离社会主义，那样一来我们只有转而投入改良主义阵营了。那样一来我们以及支持反对资本主义斗争的人们就别无他路可走了。

在资本主义刚一被推翻，而英国无产阶级刚一掌握政权，我们就必须说我们将建设并将建成社会主义。然而要为了引领工人阶级走向社会主义，无论苏联、英国或者其他哪个国家，都必须拥有一个集中制的政党和统一的领导。不如此，则无论苏联还是任何其他国家，都无法建成社会主义。为了给集中制政党和统一的领导提供支持，必须使工人阶级对自己的事业具有坚定不移的信念。我们必须下决心不惜任何代价维护工人阶级专政，消除一切为对无产阶级发动新的阶级攻击开道的集团和反对派，因为这对任何一个国家建成社会主义都是绝对必要的。

这样，依据我在讲话中提出的那些看法，我想指出以下几点：首先不允许对中央委员会、对苏联的党、对英国的党、对共产国际任何一个支部怀有二心；在任何一个党或共产国际内拉帮结派，都是对革命和国际无产阶级犯罪。这样，我们代表英国共产党郑重地谴责反对派试图使苏联革命开倒车，拥护为镇压这个反对派而采取的纪律措施。

对于英国是否能建成社会主义这个问题，我们经过充分考虑后回答说：是的！在英国无产阶级专政帮助下，在本大陆苏联的支援下，在拥有殖民地农民庞大后备军的条件下，我们郑重声明：是的，我们能够在英国建成并且将一定建成社会主义。

主席：

在请下一位发言者讲话之前，我必须向全会传达俄国代表团的通告：

联共（布）驻共产国际代表团常务局通告

季诺维也夫同志在11月22日代表团常务局会议上提出关于可以由季诺维也夫同志在共产国际执委会扩大全会上发言对联共（布）内反对派观点作出"解释"的建议，为回应他的建议代表团常务局做出决议如下：

"联共（布）代表团常务局认为，季诺维也夫同志在共产国际执委会扩大全会上发言，实际上是向共产国际执委会申诉联共（布）决议，助长派别斗争进一步发展。鉴于此，代表团常务局认为这样的发言是不适当的。然而代表团常务局也并不认为，可以禁止季诺维也夫同志做这样的发言，因为每一位共产党员都有权向共产国际执委会上诉本党的决议。"

这项决议经联共（布）中央批准。

在通过这项指出每个党员有权向最高级（国际）组织申诉的决议时，代表团常务局还以下述无可争议的论断作为出发点：季诺维也夫同志的发言不可能不意味着对联共（布）决议的申诉。季诺维也夫同志在第五次代表大会上也正是这样审查问题的，那次大会讨论了"俄国问题"，在那次大会上，季诺维也夫同志为答复大会主席团关于他是否认为有必要在大会发言的问题，向大会主席团寄出一封信，信中有一处谈到：

"关于您以主席团名义向我提出的我是否希望在讨论俄国问题时发言的问题，我请求您向主席团转达如下：

关于构成我们党内辩论内容的那些问题，已由第十三次代表大会做出专项决议。辩论从而结束了。据我所知，没有一个俄共党员向第五次代表大会申诉十三大决定。可见没有人对这些决定的效力提出争议，因为它对所有党员都具有约束力。在这种情况下，在国际代表大会上，对党的十三大已经解决的问题重新展开辩论就意味着为我们党的协调工作制造额外困难。"

这样，关于反对派同志发言问题只能由他们自己来决定了。

下面请登格尔同志发言。

登格尔（德国）：

同志们，作为我们俄国兄弟党内辩论内容的那些问题，具有极其重大国际意义：具有国际意义的不仅仅只是关于单独一国可以建成社会主义问题、无产阶级国家中中农的作用问题、新经济政策性质问题、社会主义类型国营工业问题，具有国际意义的还有一些问题，特别是无产阶级国家中党的作用问题以及一般而言党的性质问题。可以大胆地说，这场辩论当中不得不重申解决布尔什维克党的基本问题和整个列宁主义的基本问题。如果说上一次辩论时也曾经提出过重大的原则问题，但那次辩论毕竟是在具体情况下发生的，起因是苏维埃国家建设的困难和西欧国家共产党的成长，而这些年轻的共产党正在患着幼稚病，既有右派幼稚病，又有极左派幼稚病。当前这场辩论是修正主义打开共产国际缺口的一次认真尝试。这场已成为过去的争斗是修正主义分子搞的，又是以修正主义者彻底失败而告终的。

现在这场辩论，就其方式本身而言，与布尔什维克党内上一次辩论完全不同。季诺维也夫、加米涅夫等同志同托洛茨基同志以及同所谓的"工人反对派"（施略普尼柯夫等人）结成同盟，这不仅证明在这些或那些问题上存在着分歧，还证明他们试图全线出击，以便破坏联共（布）统一，夺取布尔什维克党的领导权。反对派的领导权逐渐集中在托洛茨基手里，这一点具有重大意义。这个托洛茨基自1917年10月起毫不松懈地反对列宁主义的学说，自1917年10月起几乎在我们俄国兄弟党发生的所有问题上都站在反对派一边，这个托洛茨基在对农民阶级看法这样一些根本性问题上从来没有放弃他的孟什维克理论，却突然和两年前那些曾经疯狂反对他、甚至曾经领导那场斗争的人们结成了联盟。

然后，反对派于1923年同德国右派领导人拉狄克、施略普尼柯夫、取消派分子结成了联盟——至少几个月前这些人曾经采取昭然若揭的取消主义立场。在这场斗争中，在这场以反对派遭到惨重的、直至身败名裂的政治失败而告终的辩论中，在共产国际中享有崇高威信和名望的季诺维也夫同志却滥用了他的威信和名望，从而威信扫地。从来还没有谁像季诺维也夫同志那么快地挥霍掉了自己的信誉和威望资本。在共产国际中我们曾经信任过季诺维也夫同志，在我们的心目中，他是一位为反对托洛茨基而斗争过的同志，是一位曾经帮助德国党并在第五次代表大会上对1923年10月做出基本总结的同志，是一位曾经在法国为反对右派、反对苏瓦林而进行过斗争的同志，是一位在法兰克福代表大会之后给当时的德国党中央指出它过去的严重极左错误的同志，是一位曾经以共产国际执委会公开信方式极力帮助德国党实现健康化的同志。

由于他和联共（布）所提供的帮助，季诺维也夫同志曾在德国党内赢得了声望，却由于同不吸取任何教训，没有任何改变的托洛茨基、施略普尼柯夫这些人拉拉扯扯，共同攻击联共（布）的列宁主义政策，攻击共产国际，又丧失了这个声望。

现在我来谈谈俄国反对派对德国反对派的影响。就实质而言，德国反对派是凭借德国党的缺点起家的。左派在法兰克福代表大会上夺取了党的领导权之后，也把极左余毒带了进来。鲁特·费舍和马斯洛夫领导的党中央非但不和这些极左派划清界限，反而把新的极左小集团拉了进来，推出具有极左特点的新概念。同志们，请大家回忆一下，他们为在共产国际组建反对派，为支持俄国兄弟党内的反对派，曾进行过怎样系统的工作，这种事连那些老左派都没干过。只是在他们的破产已经昭然若揭时，马斯洛夫和鲁特·费舍才开始急转弯，从而导致严重的机会主义倾向。有一部分工人没有弄清楚这个急转弯，而转向了反对派。可以确有把握地说，在公开信发表之后，当德国党中央委员会领会了该信中的政策之时，本来可以轻而易举地清除反对派。可以自信地说，如果不是德国反对派有俄国反对派作靠山，除了几个可能投奔反革命阵营的败类，除了一些小集团之外，德国党本来仍旧会是一个统一的党，会很快完全走向健康化。

德国反对派不遵循布尔什维克原则；他们当中有许多冒险分子，诸如卡茨以及聚集在科尔施和施瓦尔茨周围的那帮人。在德共实际政策问题，他们这些人同鲁特·费舍，同马斯洛夫，同韦伯反对派毫无二致，都没有任何政治纲领。他们拼命寻求政治纲领，从俄国反对派的思想中找到了这个纲领。应当说，德国反对派从俄国反对派那里学到了许多东西。他们使俄国反对派的观点和思想达到了逻辑上的完备。试以科尔施和施瓦尔茨的理论为例吧。就是这个科尔施，曾在德国共产主义工人党的报纸上炫耀，他是在德国提出红色帝国主义的第一人，就是这个科尔施，大谈特谈共产国际和德国共产党瓦解和破产是必不可免的，就是这个科尔施，公开鼓吹发动武装暴动反对无产阶级专政，就是这个科尔施，始终不渝地执行俄国反对派的路线。如果说俄国反对派只把组建与布尔什维克党平起平坐的第二党主张拿来戏耍，那么，科尔施竟然斗胆地为俄国反对派遮遮掩掩、含含糊糊提出的那些东西张目。

我在这里宣布一下科尔施的拥护者们先后在基层组织和党内积极分子大会上推出的决议内容。这是从前的同志希万的决议。这份决议里内含什么要求？它鼓吹"在苏联发动激烈的阶级斗争和第二次革命以推翻富农政权和新经济政策资产阶级"。

德国反对派中的同志们或许会说：我们和科尔施的决议有什么相干？俄国反对派中的同志们也会这样问：我们和希万的决议有什么相干，这难道是我们的路线吗？我跟你们说吧，其一，你们在俄国问题辩论中提出的理论，归根结底可归纳为希万决议中所包含的那些论点；其二，当和你们保持直接联系的乌尔班斯—马斯洛夫反对派发表含有科尔施纲领的声明时，你们对这个反对派竟然没有采取一项措施。相反，你

们提议与科尔施结成联盟。你们主张同科尔施和施瓦尔茨成立统一的德国"左派"党,以便向现在的德国党中央夺取领导权。

我现在简略地谈一谈俄国反对派在德国的直接盟友。他们与科尔施有本质上的区别吗?绝对没有鲁特·费舍在柏林发表了什么声明?她在夏洛滕堡最近召开的一次宗派大会上说,在苏联最近一次大选中获胜的是反动派,她在另一个场合说,苏联早已不存在无产阶级专政了。

韦丁反对派在主要问题上同科尔施的纲领也没有原则区别。韦伯的决议中公然声称无产阶级专政在城乡资产阶级的威逼下行将取缔。如果认为苏联的无产阶级专政正在慢慢地消亡,因而革命正在被叛卖,那么在这种情况下就必须像科尔施那样鼓吹推翻促成这一切的党,倾心全力从党的手中夺过权力。这样做意味着采取革命行动。鲁特·费舍—马斯洛夫和韦伯反对派的路线与科尔施坚决执行的那条路线没有原则上的区别,对这条路线其他集团都没有足够勇气进行全面思考。

假如反对派在共产国际内成功地找到了立足点,那么共产国际势必走进最严重的危机时期。反对派在共产国际拥有立足点,他们在共产国际拥有某种势力,那就意味着极端的取消主义分子在共产国际站稳了脚跟,意味着共产国际内孳生了分裂毒菌。共产国际万幸的是,俄国的无产阶级,俄国的工人共产党员有足够的内在力量同心同德地弃绝反对派这个取消主义的伪革命理论。可以大胆地说,这不仅仅是苏联的万幸,而是所有欧洲其他各党、特别是德国党的万幸。我们现在就已经看到了,俄国反对派被迫投降之后,反对派在德国的声望一落千丈。在他们投降之后,我们在德国成功地拿下了反对派的主要阵地。我们收复了新科隆区,并从反对派那里夺取了一系列市区。但能够做到这一点只是因为曾经属于反对派的那些工人共产党员在这次投降之后认识到,他们此前一直信赖的季诺维也夫同志正在干着很不体面的勾当,俄国反对派的路是一条毁灭之路。反对派在德国资产阶级和社会民主党当中引起的广泛反响，使我们的工人共产党员得以明白反对派蓄意把他们引向何处。

例如，旅外白色侨民对反对派的行为有何反应呢？**旅外白俄侨民**兴高采烈地响应辩论。人们知道，俄国自由派侨民的几位主要领导人物曾提出这样的口号：现在无须在苏联安插非法的布尔什维克党反对派，而要支持联共（布）内的反对派。这就是自由派侨民的口号。资产阶级报刊，特别是自由派资产阶级报刊，为俄国党内发生的事而欢呼雀跃。更加卖力奉承这个反对派的是所有社会民主党的派别。为他们唱赞歌不仅仅是《莱比锡人民报》上的保尔·莱维，同样还有《前进报》。这个道理极其明显。反对派的理论推断，与第二国际左翼的奥托·鲍威尔和右翼的考茨基的著述可谓如出一辙：单独一国建设社会主义是不可能的。他们二人也在说，苏联的无产阶级革命正在消亡，而苏联正在演变为资产阶级农民国家。托洛茨基和季诺维也夫提出了同样的理论。关于声援苏联，不仅韦丁反对派在谈论，那位鼓吹保卫俄国资产阶级农民革命以防可能的外来干涉的奥托·鲍威尔也在谈论。持这种观点的还有里泽同志，他声称：我们在德国讨论俄国党内正在辩论的问题，只是为了苏维埃国家的利益，因为我们是声援苏维埃国家的。

不，里泽同志，这里的问题不是声援这个或那个国家的比如经济斗争。在这件事上必须明白，苏联是无产阶级革命最坚强的堡垒，而联共（布）是共产国际的一部分。问题不在于一般意义上的声援，而在于理解苏联在组织和领导世界无产阶级革命方面不可或缺的作用。

考茨基是怎样提出问题呢？考茨基认为，苏联的发展不是沿着社会主义方向，而蜕化变质的无产阶级政党施行恐怖并不是为了建设社会主义，而只是为了保住政权。这个叛徒硬说，无产阶级的成长甚至受到了这个变了质的布尔什维克党的牵制。他由此推论说，必须以流血的暴动方式，以内战方式推翻这个党。叛徒科尔施的立场也如此。当然，社会民主党，从莱维到《前进报》、到《汉堡回声报》和其他更右倾的报纸,尽管有细微差别,都在给俄国反对派以及德国反对派唱赞美歌。

这个反对派的实质和底蕴如何?斯大林同志昨天对无产阶级运动中的三大派别作了分析:(1)无产阶级中的小资产阶级派;(2)无产阶级中广大的真正革命派;(3)工人贵族。当前的"左倾"反对派是从无产阶级当中的小资产阶级派别滋长起来的,而小资产阶级派在各个革命党内都有代表。

小资产阶的实质表现在哪里?表现在不相信无产阶级运动的力量,表现在惧怕困难,表现在由此引发的失败主义和悲观主义。联共(布)当前的反对派,其底蕴也是如此:不相信俄国无产阶级和最贫苦农民的力量,不相信他们有能力克服社会主义建设过程中出现的阻力和矛盾,不相信无产阶级在经济建设过程中有可能在一定限度内控制富农分子和新经济政策资产阶级,最后,不相信西欧无产阶级在共产党领导的革命发展过程中有力量阻止帝国主义正在准备对苏联的干涉,有力量一旦干涉发生时在本国实现革命。由此可见,反对派的底蕴就是不相信,而这种不相信是用关于国际革命发展的"左"的词句掩盖起来的。他们不仅不相信全世界无产阶级的革命发展,还不相信列宁关于殖民地和半殖民地国家革命发展的学说。在中国问题上,一部分反对派要求我们的中国兄弟党退出国民党。这又如何解释呢?他们用革命的言词做掩护,但真正的底蕴是不相信中国的革命运动。

由此可见,反对派所阐发的这些理论,其基础就是不相信无产阶级的革命力量。为什么这种不相信恰恰在当前增强了呢?因为我们在社会主义建设过程中遇到了困难和矛盾。从恢复工作转向新的社会主义经济建设谈何容易;必然会遇到困难,这在无产阶级某些部分有所反映。

至于说到德国党内反对派之所以得势于一时,可以从下述原因得到解释:首先,德国无产阶级在一连串大规模的革命战役中被击溃,于1923年10月遭到了虽非决定性的失败,但却是相当大的失败。这次失败为德国资本主义、德国资产阶级的稳定打下了基础。德国资产阶级这种稳定，德国资本主义经济这一振兴，自然也影响到了德共，影响到了这个党内的小资产阶级阶层。德国反对派膨胀一时，其原因应当从这个客观环境中寻找。

如果说当前科尔施和费舍—马斯洛夫要求开展斗争，反对"蜕化变质的共产国际"，反对在苏联占统治地位的党，而科尔施完全公开地鼓吹暴动、革命，反对俄国的现存制度，这意味着，这些人经历了小资产阶级的机会主义彷徨之后已经投入反革命和帝国主义阵营了。共产党内小资产阶级反对派充当着正在抬头的德帝国主义的应声虫。当从苏联回国的社会民主党工人代表团兴高采烈地向成千上万社会民主党工人和无党派工人讲述苏联发生的事时无产阶级群众当中对苏联的同情激增，就在这当口共产党内部却产生了如此仇视苏联的心理和理论，这种事绝不是出于偶然。这一状况的发生适值德国资产阶级在政策上转向西方，力求与西方签订和约，以便藉助帝国主义西方和某一个帝国主义大国集团从事自己的帝国主义建设。

一部分德国反对派已经跳槽到德国资产阶级阵营；客观上，所有反对派，从克特尔和韦伯到科尔施，都支持德国的帝国主趋势和整个西方的帝国主义趋势。须知叛徒科尔施声称，共产国际岂止是正在准备走上8月4日道路，它早就这样做了。1914年8月4日，这是国际社会民主党骇人听闻地叛卖全世界无产阶级的日子。个别的社会民主党是如何解释他们的叛卖动机呢？法国社会民主党拿普鲁士反动容克地主阶级说事，德国社会民主党以亚洲野蛮人、哥萨克匪兵说事，说他们使德国的良田遭到毁灭威胁。当前科尔施试图掩盖他叛逃到帝国主义者阵营和资产阶级阵营的事实，指责共产国际说它走上了8月14日道路。这个变节分子，以及追随其后的其他变节分子将以无产阶级叛徒、无产阶级革命叛徒的身份载入无产阶级斗争史册。

同志们，联共（布）反对派的致命惨败是列宁主义的决定性胜利。为什么我们这样认为？首先，我们但愿这次失败等于是同托洛茨基主义彻底划清界限。其次，我以为在我们俄国兄弟党以及共产国际一大批共产党当中进行的艰苦斗争有助于列宁主义的最后定型。主辩论过程中，随着所有列宁主义根本问题被提出讨论，西欧共产党不得不也提出这些问题并重新加以思考。由于这场辩论，由于所有这些问题的讨论，全世界的共产党壮大了。第三，辩论之所以意味着列宁主义的胜利，是因为如今共产国际内的小资产阶级分子将长期受到约束。多年来由小资产阶级分子带进个别共产党和共产国际的腐败，如今可以清除了。再者，在这场辩论过程中无产阶级的革命力量和各个党内的干部已经成熟，今后他们自己也能够清除这些小资产阶级分子了。第四，反对派的失败之所以等同于列宁主义的胜利还因为共产党不仅比从前更好地学会了战胜极左的小资产阶级分子，还更好地学会了克服稳定时期重新抬头的机会主义危险。必须兼顾所有这四种情况，才能认识到我们俄国兄弟党进行这场辩论的国际意义。

客观形势是这个反动派不会东山再起的保证，是他们被彻底击败的保证，这个保证就生于与俄国反对派的愿望相反，苏联的经济困难尽管没有完全克服，但克服的程度超出了反对派的想象。苏联的社会主义建设正在迎着经济困难和发展中的矛盾向前迈进。托洛茨基同志早在半年前做出的预测并没有应验。面对重重困难，不仅苏联在壮大，中国革命也在齐头并进，英国无产阶级凭着他们所进行的艰苦卓绝斗争的经验，正在大踏步地走向革命化。除此之外，西欧的无产阶级革命力量也在壮大。就拿德国来说吧，萨克森州的选举证明共产党的影响在增强。我们的劳动者代表大会到会代表有2000名，其中有137名社会民主党工会干部和工厂干部。相当大的一部分无产阶级热烈欢迎这次代表大会，十分关注大会进程。仅此一点就证明德国无产阶级当中的革命力量正在迅速壮大,尽管由于资产阶级当中存在经济协作和经济进步而开始出现稳定。但矛盾也同时在发展,西欧无产阶级的革命力量也同时在壮大。这是反对派不会东山再起的真正保证,即使在那些有小集团追随反对派的地方,在那些反对派拥有少量拥护者的地方,在今后发展进程中和贯彻真正列宁主义的共产主义政策过程中,反对派将彻底覆灭。

主席:

下一位登记发言的是里泽同志,但他放弃了发言权。(会场出现骚动)

里泽(德国):

关于会议日程。我曾经登记就这个问题发言,受韦丁反对派之托宣读一份声明。当我听说季诺维也夫同志将要讲话,我曾向主席咨询,并对他说:

"如果季诺维也夫同志被批准,我就放弃发言,我将在季诺维也夫同志之后讲话。如果季诺维也夫同志不讲话,那我当然不放弃发言。"

主席:

这个申述是多余的。这本是理所当然的事,里泽同志如此再次报名,即使季诺维也夫同志不讲话,也会得到发言机会。

这并不能改变里泽同志撤销发言这个事实。现在请博德曼同志发言。

赫什克(德国):

关于会议日程。我只想指出一点,在德国代表团昨天的会议上,尽管呼吁他就这个问题发言的同志们提出邀请并做出决定,里泽同志却始终说他不讲话，只宣读一份韦丁反对派的声明。如今当人们知道了季诺维夫同志将要发言时，里泽同志却又声称他讲话。这叫做国际联络吧！

（场内有人说："辩证法嘛！"）

博德曼（瑞士）：

同志们，我首先想指出依我的看法，在声讨俄国反对派的运动中国际范围内暴露出来的某些失误。曾经犯过的一个错误是，联共（布）第十四次代表大会之后，共产国际内其他各党没有开展辩论，虽然在联共（布）第十四次代表大会上已经暴露出党的多数人和新反对派的深刻分歧，虽然我们看到了新反对派是用怎样的手段"酝酿"大会和怎样在大会上表现。如果当时立即在资本主义国家各党内就苏联社会主义建设问题开展一场大辩论，肯定是正确和重要的。我坚持认为，如果资本主义国家各党内部开展了这种声讨运动，那么就拿德国党来说吧，克服极左倾向就会容易得多；这些极左派没有能力独立发展自己的理论，这些吃社会代表俸禄的极左"革命家"依据的是俄国反对派的论点。不仅仅在德国，在整个共产国际范围内，党员群众对季诺维也夫同志的信任，都被他们用来进行反党斗争。反对派的发展恐怕可以说无法预料，但整个共产国际应当立下一条规矩，如果这种分歧一旦露头，一旦像联共（布）第十四次代表大会上那么强烈地暴发出来，就必须开展反对这种倾向的思想斗争。

第二个错误是，各党没有充分得到关于联共（布）内部矛盾激化的通报。在联共（布）第十四次代表大会和联共（布）七月中央全会之间这个时期，反对派与托洛茨基、梅德维捷夫和施略普尼柯夫结成了新的联盟。人人都清楚，这种结盟意味着千方百计进行反党斗争。此后七月全会召开了。其他国家情况如何我不得而知，但我们这里关于全会决议的报道最先见于资产阶级报刊。资产阶级报刊在报道全会决议时，已经能够历数所谓绿林兄弟集会的详情细节了。我们的报刊第二天把这种报道说成是资产阶级记者胡编乱造的货色。直到第四天、第五天各党的中央机关刊物才收到相关材料，才不得不肯定资产阶级报刊比我们信息灵通。

第三个错误，根据我的看法是各党在七月全会之后仍然信息不够通畅。七月全会后每当和同志们谈起俄国党内分歧，每当我们指出季诺维也夫、加米诺夫及其一伙同托洛茨基的盟友。他们也无法理解，曾经以列宁遗训捍卫者自许的季诺维也夫怎么竟同希望取消共产国际的梅德维捷夫和施略普尼柯夫拉上了关系。我们建议这些同志读一读布哈林、斯大林和李可夫同志的讲话稿，那上面对此白纸黑字写得明明白白。人家却回应说：那么又在什么地方白纸黑字写着季诺维也夫同托洛茨基结盟、同梅德维捷夫和施略普尼柯夫结盟呢？假如我们拿到了季诺维也夫在七月全会上关于国际形势的讲话稿——这篇讲话是由一连串矛盾构成的，情况就会好些，我说这些是为了今后吸取教训。如果这篇讲话发表了或者发到党中央，我们讲解联共（布）内状况本来会容易一些。

上面是几点开场白。

关于问题的实质，我必须声明我们完全拥护联共（布）的立场。反对派不仅仅只在社会主义建设问题上表现出他们完全丧失原则性——他们在我们党的建设问题上也是站在错误观点之上的。季诺维也夫同志在共产国际第五次全体会议上发表了一篇关于实行布尔什维克化的精彩讲话。这个有关布尔什维克化的提纲在全体会议上获得通过。关于共产国际的统一是布尔什维克化的前提。这一观念像一条红线贯穿着整个提纲。事后还是这些同志，还是这些标榜自己是共产国际传统捍卫者的同志，还是这些以布尔什维克预言家身份亮相的同志，他们自己却违背列宁主义原则，在共产国际最强大的支部——联共（布）内搞起派别工作，使自己党的统一受到威胁。

从季诺维也夫同志在七月全会上关于国际形势的讲话中，我认为没有一个人能看清楚，季诺维也夫同志是承认行将过去的局部稳定呢，还是认为革命情势迫在眉睫了。还有一点也无须怀疑的是，如果俄国同志自己主动打掉了英俄委员会，那么争取工会团结的斗争岂不就动摇了嘛。到那时每个取消派工会干部都可以说：你们干嘛还谈论工会团结呀？你们这不是自己在取消这个运动嘛。我们瑞士这边，那些和德国共产主义工人党站在同一观点上，鼓吹退出工会（不过最近这种现象不见了）的工人，从中得出了相应的结论。他们说，俄国工会必须退出英俄委员会，还必须退出改良派领导的工会。根据我的看法，反对派表现得惊惶失措，他们感到脚下无根了，因此不相信无产阶级力量。任何一位普通工人现在来到苏联，如果他曾经有机会到过苏联两三次，他就会看到苏联的社会主义建设正在向前迈进。就连那些访问过苏联并继续按照自己观点进行着反对共产党的激烈斗争的社会民主党领导人和改良派工会领袖，也不会否认苏联社会主义建设的存在。当然，失误和困难是存在着，但反对派只看到负面东西，他们夸大这些负面东西，他们不做任何尝试来帮助党消除这些负面东西，相反，他们试图把反党斗争建立在这个基础上；可见他们站到了社会民主党在反苏斗争中所采取的立场。

我认为（而且这也是我最重要的一条反对意见），我们首先必须从这场辩论当中吸取一定教训，在讨论国际形势时，我们坚持强调，是对抗资本主义稳定最强有力的因素。接下去我们都声称，苏联还是使我们有可能冲破把我们同社会民主党工人和非党工人隔离开的那堵墙的因素。社会民主党对此非常了解。社会民主党领导人们十分清楚，随着俄国社会主义建设向前推进、随着工人阶级处境改善，工人也越来越靠近我们。但社会民主党和工会掌控着庞大的机构。我说的不是资产阶级报刊，我说的是工会上层和社会民主党的报刊。这些改良派分子，正如库西宁同志已经说过那样，他们了解自己该干什么：从整体上抽取一些枝节，经一番添油加醋处理之后奉献给工人，并对他们说：请你们瞧瞧，苏联这个无产阶级专政国家是怎么生活的吧。直到目前为止，他们用这种高超而巧妙的宣传手法往往能对工人群众成功地施加影响。

我们共产党人当然要维护共产党在苏联实行的措施。我们之所以维护这些措施，是因为我们对苏联共产党抱有坚定不移的信任；但我想我们应当从这场争论中学会一个道理：维护这些旨在发展苏联社会主义建设的举措，不应当仅仅只立足于对联共（布）的坚定信任。我们必须在所有各党进行关于苏联社会主义建设问题的大辩论，好让我们的同志能够不只是从信任角度去维护这些措施，而是自觉地、用心地去维护这些措施，从而更富有成效地抵制社会民主党的宣传。我想，扎扎实实地阐述所有这些问题是必要的——这也是我们必须从当前这场辩论当中得出的首要结论之一。我们看到了，最近这场辩论加强了联共（布），我们看到了，这场辩论强化了党的领导和无产阶级群众的联系。因此，我认为，如果资本主义国家各党利用这个理由开展一次扎扎实实的关于苏联社会主义建设的思想运动，那么我们就会做到连资本主义国家工人也将迅速得多地背弃社会民主党和改良派官僚们，更加紧密地靠近苏联和革命运动。

（会议闭幕）

第十九次会议

(1926年12月8日)

主席：雷梅尔

讨论斯大林的报告（续）

主席雷梅尔：

现在开会。在进入讨论之前我要宣布一个通知。

应主席团邀请，被开除德共而提出申述的人今天到达。他们请求主席团允许他们以来宾身份出席全会。主席团一致决定驳回这个建议。由于他们不是共产党员，不可能被允许参加执委会会议。不过他们声称，既然如此他们就离开。主席团认为，他们有权自由安排自己的活动。共产国际在委员会中讨论他们的案件并没有侵犯章程赋予他们的权利。主席团提议为审议这个问题成立一个由下列人员组成的委员会：

主席：库西宁

秘书：德罗

委员：加拉赫（英国）、塞马尔（法国）、加肯（捷克斯洛伐克）、贝尔奇（美国）、皮亚特尼茨基（苏联）、普鲁赫尼亚克（波兰）、埃尔科利（意大利）、菲吕博滕（斯堪的纳维亚）、片山潜（日本）。

有人反对委员会人员组成吗？

没有反对意见，由这些人员组成的委员会获得一致批准。

下面按照报名次序继续讨论。

由维索茨基同志发言。

维索茨基（波兰）：

我代表波共表示完全支持联共（布）。波共中央就在几天前在全体会议上一致赞同联共第十五次代表会议的决议。我不仅仅可以代表党中央表示这种支持，我还可以代表所有地方党组织，既包括波兰党组织，也包括乌克兰、白俄罗斯、犹太党组织，这些党组织在了解反对派联盟的立场之后，全体一致反对他们的立场。许许多多正在遭受牢狱之苦并以激动心情关注共产国际领导党所发生的一切的同志们，也对反对派的进攻做出了同样的回击。唯一例外的是一小撮与鲁特·费舍之流勾结在一起的极左分子，他们在波兰本地招募拥护者的企图彻底落空了。

联共（布）内反对派翻来覆去地谈论的那些问题，对于我们在波兰广大无产阶级群众当中进行宣传鼓动工作而言，具有重大意义。的确，苏联工人在十月革命当中夺取了政权，在国内战争中镇压了资产阶级和地主，打退了外国干涉，如今是在建设社会主义还是在搞其他什么呢？工农联盟取得了什么结果？政权掌握在谁的手里，掌握在工人阶级手里还是掌握在富农和耐普曼手里呢？通过艰苦卓绝的努力而恢复起来的苏联工业是注定将要衰落凋敝还是大有发展前途呢？我们的苏联是蒸蒸日上，还是走向万丈深渊呢？所有这些问题都使波兰的每个工人感到极度担忧。无怪乎波兰的资产阶级报刊和妥协派报刊没完没了地谈这些问题，无怪乎他们天天为反对派大肆宣扬，让他们充当见证人，证明苏联是被资本主义的剥削制度主宰，苏联的工业注定衰亡，苏维埃政权正在解体、变质。波兰根本就没有共产党的合法报刊，资产阶级报纸和社会民主党报纸天天给苏联泼脏水，他们垄断了向人民群众传播新闻的权利。无怪乎波兰政府至今都不曾允许任何一个工人代表团访问苏联，不曾允许在波兰发表西欧工人代表团的任何一份报告。因为他们知道，没有比传播有关苏联真实情况更强大的革命宣传武器了。

我们共产党人通过传单和报纸把这个真实情况原原本本地告诉给工人阶级，这种真实情况通过千百条渠道深入到工人群众当中，这是对付资产阶级流毒的强效解毒剂。工人把这种真实情况拿来与他们在自己国家所见所闻进行对比，从中汲取革命斗志。

苏联的工人把工业恢复到了战前标准，他们不靠资产阶级，自己管理工业，继续发展工业；在波兰，工业生存本身都成了问题，因为波兰农民在一小块土地上苟延残喘，没有钱买工业品。苏联面临的问题是国家工业化速度，波兰面临的问题是它的工业将要解体、是它将要走向的农业化。苏联的失业现象随着工业的发展而缓解，波兰的失业现象是长期性的。在苏联没有来自外国资本的贷款，工农联手向前迈进，虽然缓慢，但毕竟是在前进；在波兰，资产阶级打算把整个国家连同天然资源和劳动力拱手交给并不急于收买的外国资本去奴役。在苏联，工人阶级通过自己的革命政党进行治理；在波兰，是由资产阶级和地主的走狗——法西斯分子皮尔苏茨基执政，把革命工人和农民都关进监狱。苏联所有民族都享有充分的平等；而在波兰，乌克兰人、白俄罗斯人、犹太人、德意志人、立陶宛人遭受极其严重的迫害。

在苏联，工人和农民摆脱了资产阶级和地主的奴役，正在尽最大努力建设社会主义，这是苏联的真实情况，通过我们在波兰工人和农民中间传播，成为皮尔苏茨基反苏军事阴谋最大的障碍。苏联的真相也是推动波兰自身革命的强大杠杆。

我们全党都欣羡地关注着航空仪表工厂、普梯洛夫工厂等企业的普通工人、联共（布）党员，对那些散布恐慌和不信任者，对那些党的统一破坏者，给予了强有力的、同心协力的反击。工人群众自己这样热情地捍卫列宁主义和党的统一，工人群众自己这样支持自己的党中央，对于全世界无产者而言，是无产阶级革命事业掌握在忠心耿耿的人们手中最好保证。

卡瓦利（意大利）：

意大利共产党代表团在执行委员会第七次扩大全会上听取了斯大林同志的报告，审议了有关联共（布）当前形势，特别是有关党中央和反对派联盟分歧的文件之后，声明拥护联共（布）中央的政治路线。

这条路线是依据第十四次党代会决议和此后各级党领导机关的决议而制定的，它是列宁为联共（布）和苏维埃国家所立遗训的直接继承和践行。例如，联共（布）中央坚持执行列宁在共产国际第四次代表大会上最后一次讲话中指明的路线，现在正在辩论的主要问题，当时在苏联经济生活和政治生活中已经显露出来。放弃这条路线，或者改变这条路线，意味着与列宁主义根本原则和实际内容背道而驰，给革命事业带来危害。

该党面临着工人国家掌权而产生的重重困难仍然坚决执行这条路线，对此意大利代表团表示赞同。

我们认为，在党中央与反对派联盟辩论的各种问题当中，苏联在革命节节胜利的政治基础上和工农业重建过程行将结束的经济基础上能够建成社会主义这一问题特别重要。关于这个问题的纲要符合实际情况和列宁的直接教导，应当以最鲜明的方式向各国共产党和全世界工人群众着重指出。自1917年起直到今天，俄国共产党和俄国革命对各国革命力量而言一直是推动因素和组织因素。俄国革命至今影响到无产阶级先锋队和工人群众的观念和情绪，他们确信无产阶级一旦夺取政权就能够建设社会主义，他们深信苏联正在建设社会主义。

反对派在这个问题上采取的立场，是对列宁主义的典型偏离（即托洛茨基主义），是对俄国革命和世界革命运动的公开敌人的根本性退让。

伴随这种立场而来的是危险而极端不相信革命力量的表现，是悲观主义和失败主义的表现。反对派路线，在联共（布）内以及整个国际内部都必须公开、果断地摒弃。

了解最凶恶的敌人如何议论我们，对我们是有益的。意大利代表团认为，应该让全会了解一下俄国反对派在意大利的反应，意大利的法西斯报刊过去和现在一直利用局势来对抗俄国革命给意大利人民群众造成的巨大影响；他们曾利用俄国反对派来抵制意大利的革命团结。在意大利，国家机关和法西斯党曾借助闻所未闻的恐怖手段虐杀广大工农群众任何一点点独立自主的表现；极其典型的现象是，在这个国家，特别是外省，法西斯报纸充斥着大量文章，"从客观上"证明苏联如今肯定无疑地正在蜕变为一个纯粹资本主义的国家，说这是最显要的反对派领袖们所肯定的，因而在法西斯主义和布尔什维主义全世界大决战中获胜的将是法西斯主义。

这种宣传运动证明，意大利广大人民群众对苏维埃国家仍然抱有何等深厚的同情心，证明法西斯正在设法利用俄国反对派来抵制意大利工人对墨索里尼政府的强烈敌意，来制造这样一种观念：法西斯虽然给他们带来种种灾难，但必须把它当做不可避免的历史必然加以接受。

我们从这件事得到的启示是：背离列宁主义学说和实践不可能不同时在实际上无意中为我们的敌人效劳。意大利共产党人处在得天独厚的地位，能够就那些在联共（布）辩论中起到重大作用的问题发表自己的见解。我们指的是关于工人阶级与农民阶级关系问题，即工人国家在夺取政权后和过渡时期为了保持无产阶级专政在这方面应当执行什么样政策的问题。

我们党要进行工作的这个国家，大多数工人和农民人口面临着一系列课题，与俄国共产党夺取政权之前所必须解决的课题是相类似的。我们党在革命胜利之后必将面对同样一些经济问题和社会问题，当前这些问题需要俄国无产阶级及其先锋队予以关注和政治预见性。我们清楚地认识到，对联共（布）而言，偏离列宁拟定的路线该是多么危险。

除了苏联在社会主义建设领域取得令我们欢欣鼓舞的成功和业绩之外，我们也清楚地看到俄国革命道路上存在的困难和障碍。我们明白，为了克服这些困难，为了加强自己的领导作用，苏联无产阶级正在承担更大的牺牲。我们感到，只有在党的可靠领导之下才能克服这些困难，而党教导工人把本阶级的长远利益和共同利益与个别人群的局部利益和行业利益区别开来，党正在带领无产阶级沿着这个方向前进。这符合革命的马克思主义和列宁主义精神。

然而，面对上述困难和问题，社会民主主义传统和工团主义传统在反对派联盟的理论和实践中又死灰复燃，这种传统牵制着西方无产阶级思想上和政治上的发展，至今妨碍西方无产阶级组织成为领导阶级。我们在这里看到，反对派的思想在同左派极端主义和右派靠近的同时，是如何阻挠西欧各国共产党实现布尔什维主义化进程的。

因此，联共（布）中央在思想和政治上对反对派联盟取得的胜利，同时也是各国共产主义运动和工人运动的胜利。针对反对派联盟误入歧途的思想斗争是共产国际各支部都必须开展的反对左右两方面偏离革命马克思主义和列宁主义路线运动的组成部分。

联共（布）为反对反对派联盟企图破坏列宁党的统一、把派别斗争带进党内而进行了斗争，意大利共产党代表团无保留地赞同这场斗争。

为了保证过渡时期的无产阶级专政，联共（布）的团结和铁的纪律是必不可少的。为了世界革命的发展和胜利，联共（布）的团结和铁的纪律是必不可少的。工人群众特别是我们的党员群众看到并且愿意看到，苏维埃共和国及领导它的党是为实现社会主义而工作着的战斗整体。对于企图分裂这个团结的反对派联盟的领导人们，共产国际执委会应当像联共（布）最高机关所做的那样，对他们严加追究。

最后，意大利代表团认为，经过不久前的辩论，联共（布）在思想上和组织上更加紧密团结，必须让它在共产国际中承担起领导作用，因为它作为世界革命运动先锋队和列宁学说的直接继承者，这项历史使命非它莫属。我们确信，共产国际内的领导党对反对派及其各种倾向所取得的胜利，对于所有兄弟共产党，对于已经成为统一、完整、盘石般团结的党的世界布尔什维主义政党的共产国际而言，也将具有决定性意义。我们认为俄国共产党在共产国际中的领导作用是世界革命胜利最坚实的保证。

季诺维也夫（苏联）：

同志们，在今天的执委会扩大会议上宣读了联共（布）中央委员会的决议，上面说，关于我在共产国际执委会扩大会议上发言或不发言的问题由我本人决定。对这个问题考虑之后，我得出的结论是我应当发言。

我在这里、在执行委员会扩大会议上的发言可能会进一步激起派别斗争，这个危险在事实上是否存在呢？我认为这个危险的确无法完全排除。但我在发言中将会十分小心谨慎地尽量避开可能导致这一后果的一切内容，派别斗争并非我所愿，派别斗争我是不会去搞的。

我还必须顾及到第二个可能的危险。

台尔曼同志代表共产国际执委会主席团，在12月4日会议上宣布（我根据速记稿摘录）：

"季诺维也夫同志和托洛茨基同志作为共产国际执委会成员，只要他们愿意，有权利、也有可能在任何时间、任何时刻前来这里发言。"

共产国际执委会主席团另一位委员——埃尔科利同志在回应里泽同

志提出的关于我的发言或许被视为派别斗争继续的反对意见时发表了如下声明（根据速记稿摘录）：

"我们认为，里泽同志的论点是错误的。大家知道，俄国反对派的同志们在他们1926年12月16日发表声明之后，仍在联共第十五次代表会议上为自己的观点进行了辩护，并没有人想到发表声明说他们的发言是违背了他们10月16日承担的义务。相反，从来没有人认为，反对派同志在党代表会议这个俄国党的最高级别的会议上可以不发言。对于我们（即共产国际执委会扩大会议）而言，也同样存在这个问题。在10月16日声明之后，他们（即反对派同志们）有权来到这里并在这里为自己的观点进行辩护。"

这话十分清楚，毫不含糊。这件事《真理报》也有报道。所以，在这些声明之后我如果保持沉默，那么，共产国际必然会把这解释为我本人没有向共产国际澄清的意愿。

共产国际第五次代表大会在类似情况下——不过第五次代表大会不是在俄共（布）代表会议之后，而是在俄共（布）代表大会之后召开的——曾经直接谴责这种保持沉默。

从第五次代表大会决议中我们读到：

"俄共内部反对派代表人物，虽然共产国际征得俄共代表团的同意，邀请他们向代表大会陈述自己的观点并加以认证，他们却托词拒绝了。"①

鉴于所有这一切，我决定在执委会扩大会议上发言。同志们，大家会看到，我只限于陈述我的**原则性**观点。我坚决表明：从我这方面不会向共产国际就我党的决议提出**任何申诉**。我完全服从这些决议。但我感到自己有责任向共产国际做出若干说明，我自从共产国际建立之日起就

---

① 《共产国际第五次世界代表大会提纲、决议和决定》第176页。

极极参与其领导机关工作。我的党并没有禁止我这样做。

我想谈谈以下一些问题：（1）关于资本主义的稳定；（2）极左派和右派；（3）对社会民主主义的看法；（4）单独一国的社会主义；（5）对农民问题的原则看法；（6）关于蜕化变质危险；（7）对托洛茨基主义的看法；（8）关于两党制。同志们，大家都明白，在当前事态下，我认为比较适宜的做法是把自己的讲话几乎全部写下来，拿到这个会上宣读。

我从**社会主义在单独一国胜利**谈起，这是我们分歧的关键问题。鉴于主席团只给我一个小时的时间，我希望能够允许我延长一点时间，因为我无法在给我的这段时间内讲完。

（一）关于单独一国社会主义

首先产生一个问题：马克思和恩格斯是否谈过这个题目？
是的，谈过！

1. 马克思

马克思在期待法国工人革命时曾提出，法国工人革命胜利后第二天的国际局势会是什么样的问题，他在《新的一年——1849年》一文里是这样回答这个问题的：

"但是，英国这个把许多民族变成自己的雇佣工人，并用巨手来扼制整个世界，并且一度担负欧洲复辟费用的国家，这个在自己内部阶级矛盾发展尖锐最明显的国家，好像是一座使革命巨浪撞得浪花四溅的岩石，它想用饥饿来扼杀还在母腹中的新社会。**英国统治着世界市场**。欧洲大陆的任何一个国家甚至整个欧洲大陆在经济上的变革，如果没有英国的参与，都不过是杯水风浪。每个国家内的工业和贸易关系都这依赖该国和其他国家的交往,都受该国和世界市场的关系的制约。但是英国统治着世界市场,而资产阶级又统治着英国。"①

马克思接下去说:工人阶级的任务(即社会主义革命)"在法国解决不了,但它在法国被预告来临。**它在任何地方都不可能在一国内解决。**"

由此得出如下结论:(1)马克思认为单独一个国家也可以(而且必须)开始;(2)这个国家不必是最工业化的国家(当时的法国就不是);(3)社会主义革命可能在单独一个国家宣告即将来临,但在单独一个国家最后取胜是不可能的。"**它在任何地方都不可能在一国内解决。**"

正如我们下面将看到的,这也是列宁后来在新历史时期以研究成果形式提出的问题提法。

马克思在给恩格斯的信(1858年10月8日)中写道:

"资产阶级社会的真正任务是建成世界市场(至少是一个轮廓)和确立以这种市场为基础的生产。因为地球是圆的,所以随着加利福尼亚和澳大利亚的殖民化,随着中国和日本的门户开放,这个过程看来已经完成了。对我们来说,困难的问题是:大陆上革命已经迫在眉睫,并将立即具有社会主义的性质。但是,由于在广大得多的地域内资产阶级社会还在走上坡路,革命在这个小小角落里不会必然被镇压吗?"②

马克思认为甚至整个欧洲大陆(即英国除外)也仅仅是一个"小小角落",并担心社会主义革命可能被资本主义还在走上坡路(指当时还在走上坡路)的三个地区的资本主义打压下去。

---

① 《马克思恩格斯全集》中文第1版第6卷第174—175页。——编者注
② 《马克思恩格斯全集》中文第1版第29卷第348页。——编者注

从这里，马克思绝对没有得出无产阶级不应当在大陆或单独一个国家夺取政权的"结论"。从这里，马克思当然也没有得出无产阶级在单独一个国家夺权后不应当在这个国家着手进行社会主义建设的"结论"。但马克思同时也知道，甚至整个大陆的社会主义革命在某些条件下也有被打压的危险，假如"资产阶级社会运动"在一个广大得多的地域内继续走上坡路的话。（这里所指的当然不只是武装干涉——马克思的问题提得更宽泛些。）

社会民主党人评估世界资本主义当前的状态是在走上坡路。这和他们对资本主义稳定所做的乐观评价（对资产阶级而言）密切相关。正因为如此，他们才乐得判处苏联死刑，照他们看，苏联不是灭亡就是变质。

我们布尔什维克依据列宁的评价，认为当前的资本主义是**腐朽的**资本主义，当前的时代是世界社会主义革命的前夜。这与我们的观点有关：我们认为稳定是局部的、脆弱的、时间不能持久的。这使我们对世界革命和苏联的最终胜利产生了坚不可摧的信念。

马克思在《哥达纲领批判》（1875年）中写道：

"同《共产党宣言》和先前的一切社会主义相反，拉萨尔从最狭隘的民族观点来理解工人运动……"①

不言而喻，为了获得斗争的可能性，工人阶级应当首先在本国组织起**阶级**；不言而喻，他们自己的国家是他们最近的战场。在这个意义上正如《共产党宣言》所说，阶级斗争是"民族的"，**只是就"形式"而言，而不是就"内容"而言**。

但"当代民族国家"的范围，即德意志帝国的范围，经济上又属

---

① 《马克思恩格斯选集》中文第2版第3卷第308页。——编者注

于"国际市场范围",政治上则属于"国家系统范围"。

因此,无产阶级革命政治的基本路线不能只局限于民族前景范围。

2. 恩格斯

恩格斯就这一问题发表的看法与马克思完全一致。在《共产主义原理》(《共产党宣言》初稿)中,在回答"这个革命能否发生在单独某一个国家"这一问题时,他说:

"不能。单是大工业建立了世界市场这一点,就把全球各国人民,尤其是各文明国家的人民,彼此紧紧地联系起来,以致每一国家的人民都受到另一国家发生的事情的影响。此外,大工业的发展使所有文明国家的社会发展大致相同,以致在所有这些国家里,资产阶级和无产阶级都成了社会上两个起决定作用的阶级,它们之间的斗争成了当前的主要斗争。因此,共产主义革命将不是仅仅一个国家的革命,而是将在一切文明国家里,至少是英国、美国、法国、德国同时发生的革命。在这些国家的每一个国家中,共产主义革命发展得较快或较慢,要看这些国家是否具有较发达的工业,较多的财富和比较大量的生产力。因此,在德国实现共产主义革命最慢最困难,在英国最快最容易。共产主义革命也会大大影响世界上其他国家,会完全改变并大大加速它们原来的发展进程。它们是世界性的革命,所以将有世界性的活动场所。"①

从恩格斯的全部阐述看得很清楚:他所指的并不是关于单独一国可否发生社会主义革命。在这一点,他无疑是支持马克思的。

恩格斯历数了12项重大措施,是获胜的无产阶级首先将要实施的。

"无产阶级就要被迫继续向前迈进,**把全部资本、全部农业、全部工业、全部运输业和全部交换都越来越多地集中到国家手里。……最后,当全部资本、**

---

① 《马克思恩格斯选集》中文第 2 版第 1 卷第 241 页。——编者注

全部生产和全部交换都集中在国家手里的时候,私有制将自行灭亡,金钱将变成无用之物,生产将大大增加,人将大大改变,以致连旧社会最后的各种交往形式也能够消失①。"②

从恩格斯这些话当中可以看得清楚,说我们在苏联(在新经济政策下)已经把恩格斯的这个计划实现了十分之九,这是错误的。新经济政策还不是社会主义。列宁说过,新经济政策的俄国还必须转化为社会主义的俄国。很遗憾,这个任务到了1926年还远远没有完成十分之九。

恩格斯正是说了这些话之后才提出问题:"这个革命能否发生在某一个单独国家呢?"而答案是"不能"。

从这里可以看得清楚,当恩格斯谈到英、美、法、德四国的同时社会主义革命时,他决不是说这四国将在同一时刻发生无产阶级夺权。恩格斯决不是认为这四个国家当中哪怕一个国家也不能够"发生"。只有第二国际的领导人们才会如此庸俗地提出问题,他们试图用口头上的"国际主义"掩盖自己的叛卖,为自己的不作为辩解,为自己转向"自己的"资产阶级祖国方面而辩解。恩格斯本来想要说的是,**社会主义制度**战胜资本主义之时,也就是社会主义在四周(当时最先进的国家)落地生根之日,从历史的角度而言,也就是发生在同一个历史时期。

1885年恩格斯写道:

"像公开的协会一样,秘密的同盟不久也具有了巨大的国际性;起初这种国际性还是有限的:在实践上是由于盟员的民族成分复杂,在理论上,是由于认为**革命要取得胜利,都必须是欧洲规模的**。当时还没有超出这个范围,但基础已经打下了。"③

---

① 黑体为原编者所加。
② 《马克思恩格斯选集》中文第2版第1卷第240—241页。——编者注
③ 《马克思恩格斯选集》中文第2版第4卷第194页。——编者注

由此可见，1885年恩格斯对这个问题的看法与1847年一样。

3.《共产党宣言》

马克思和恩格斯在《共产党宣言》中写道：

"随着资产阶级的发展，随着自由贸易的实现和世界市场的建立，随着工业生产以及与之相适应的生活条件的趋于一致，各国人民之间的民族分隔和对立日益消失。

无产阶级的统治将使它们更快地消失。联合的行动，至少是各文明国家的联合的行动，是无产阶级获得解放的首要条件之一。"①

正如我们下面所见，列宁不止一次地重述和发挥这个想法。

4. 马克思和恩格斯对无产阶级革命国际性质的观点过时了吗？
不平衡规律

说上面援引的马克思和恩格斯对社会主义革命国际性质的观点过时了，因为马克思和恩格斯没有活到帝国主义时期，这话大错。列宁写道：

"当代工人运动中的两种倾向，甚至是**两个党派**，在1914—1916年间显然已经在全世界分道扬镳。**马克思和恩格斯在数十年内**，大约从1858年到1892年，**在英国仔细地考察过**这两个党派。

马克思和恩格斯两人都没有活到世界资本主义的帝国主义时代，因为这个时代最早也只能说是在1898—1900年间开始的。但是英国的特点是，它从19世纪中叶起至少就具备了帝国主义的**两大特征**：（1）拥有极广大的殖民地；

---

① 《马克思恩格斯选集》中文第2版第1卷第291页。——编者注

(2）拥有垄断利润（因为它在世界市场上拥有垄断地位）。就这两点来说，英国当时是各资本主义国家中的一个例外，恩格斯和马克思在分析这一例外时非常明确地指出了这种现象和机会主义在英国工人运动中的胜利（暂时的胜利）之间的联系。"①

如今从中得出许多错误结论的"不平衡规律"被列宁描述为不仅仅只是帝国主义的规律，而是整个**资本主义的**规律。

列宁写道："经济和政治发展不平衡是资本主义的绝对规律。"②

这个规律，马克思和恩格斯当然很了解。断言科学共产主义奠基人马克思和恩格斯不了解资本主义发展不平衡规律，是绝对错误的。

马克思对资本主义生产方式的全部分析，贯穿着这个资本主义生产个别组成部分发展不平衡的规律。这种状况不可能不如此：因为由生产无政府状态、竞争体制必然会引发出不平衡发展规律，更有甚者，甚至引发出矛盾发展规律，对抗发展规律。马克思那里有一系列关于资本主义不平衡发展规律的表述。

马克思在《剩余价值理论》中《积累与危机》一章分析再生产问题时以"英国生产和意大利生产"、"英国供给和意大利需求"举例。

> "但是，因为在一定的条件下资本主义生产只能在某些领导下无限制地自由发展，所以，如果资本主义生产必须在一切领域同时地、均匀地发展，那就根本不可能有任何资本主义生产。"③

从另一方面说，我们再重复一遍，列宁从来就不把帝国主义看做"不平衡发展之根源"。对于列宁来说，发展不平衡是"资本主义绝对

---

① 《马克思恩格斯选集》中文第 2 版第 2 卷第 710 页。——编者注
② 《列宁选集》中文第 3 版第 2 卷第 554 页。——编者注
③ 《马克思恩格斯全集》中文第 1 版第 26 卷第 2 册第 607 页。——编者注

的规律"……

"发展的不平衡和民众半饥半饱的生活水平,是这种生产方式的根本的、必然的条件和前提。"①

列宁写了一部论述帝国主义的书,把腐朽资本主义时代的特征描述得淋漓尽致。该书辟有垄断、银行、资本输出、瓜分世界、寄生性等许多章,却没有一节提到不平衡。假设列宁把这条似乎马克思都不了解的规律当做自己的一个重要"发现",这种状况能出现吗?

在帝国主义时代,资本主义全部矛盾都极度激化。"激化"意味着什么?这意味着:**由深刻的矛盾导致更加深刻的矛盾。**

在帝国主义时代,为几个先进国家生产社会化创造了全部客观前提,这些国家在这方面不相上下;这几个先进国家在世界经济中起着决定性作用,所以它们建立了无产阶级政权之后肯定带动所有其他国家走向社会主义,也就是说在全世界取得社会主义彻底胜利。

鉴于上面所述,马克思和恩格斯认为无产阶级革命是国际革命的观点只会更加适用于资本主义的帝国主义时期。

列宁在联共(布)纲领中写道:

"共产国际……不但在名称上回归到共产主义,而且在思想和政治内容上、在行动上也实现了马克思的革命学说,摒弃掉资产阶级和机会主义歪曲的学说。"

资本主义如何过渡到帝国主义阶段,联共(布)(列宁)党纲作了如下描述:

---

① 《列宁选集》中文第3版第2卷第627页。——编者注

"资本的积聚和集中过程消灭着自由竞争,在20世纪初造成了下列情况:资本家的强大的垄断同盟——辛迪加、卡特尔、托拉斯建立起来,在全部的经济生活中具有决定的意义;银行资本与大量集中的工业资本融合在一起;资本加紧向外国输出。最富裕的国家已经把全世界的领土瓜分完毕,包罗整个资本主义列强集团的托拉斯开始从经济上瓜分世界。这个使资本主义国家间的斗争不可避免地日益尖锐化的金融资本时代就是帝国主义时代。"①

列宁公正地揭发考茨基"超帝国主义论"是反革命理论,是欺骗工人和帮助资产阶级的理论。与此同时,列宁抓住了希法亭(考茨基门徒)的言论破绽,此人在《金融资本》一书中证明,"即使在今天占领6家柏林大银行,也相当于占领大工业最重大的领域,在资本主义会计方法还合用的过渡时期,这样会大大有助于社会主义政治迈出最初几步。"②

恰恰是在列宁的主要著作《帝国主义是资本主义最新阶段》中我们读到:

"**近几十年来,在大工业、交换和金融资本的压力下,世界的均等化,即各国经济条件与生活条件的平均化,虽然进展得很缓慢**③,但差别还是不小的。在上述6个国家中,我们看到,一方面有年轻的进步非常快的资本主义国家(美、德、日),另一方面有近来进步比前面几国慢得多的老的资本主义国家(法、英),另外还有一个经济上落后的国家(俄国),这个国家的现代资本帝国主义可以说是被前资本主义关系的密网所缠绕着。"④

"金融资本和托拉斯不是削弱而是加强了世界经济各部分在发展速度上的差

---

① 《列宁全集》中文第2版第26卷第402页。——编者注
② 《金融资本》俄文版第567—569页。
③ 黑体为原编者所加。
④ 《列宁选集》中文第3版第2卷第644页。——编者注

异。……资本主义在殖民地和海外国家发展得最快。在这些国家中出现了新的帝国主义大国（日本）。全世界帝国主义之间的斗争尖锐起来了。"①

"……因为在资本主义制度下，各个企业、各个托拉斯、各个部门、各个国家的发展不可能是**平衡的**。如果拿半个世纪以前德国的资本主义实力同当时英国的实力相比，那时德国还小得可怜；日本同俄国相比，也是如此。是否'可以设想'一二十年之后，帝国主义大国的实力对比**仍然**没有变化呢？绝对不可以。"②

"……如果以为这一腐朽趋势排除了资本主义的迅速发展，那就错了。不，在帝国主义时代，某些工业部门，某些资产阶级阶层，某些国家，不同程度地时而表现出这种趋势，时而表现出那种趋势。整个说来，资本主义的发展比从前要快得多，但是这种发展不仅一般地更不平衡了，而且这种不平衡还特别表现在某些资本最雄厚的国家（英国）的腐朽上面。"③

同时列宁又写道：

"在任何一个最先进资本主义国家中，为数不过三五家的最大银行实行工业资本同银行资本的'从事结合'，集中支配着占全国资本和货币收入很大部分的几十亿几十亿资金。金融寡头给现代资产阶级社会中所有一切经济机构和政治机构罩上了一层依附关系的密网，——这就是垄断的最突出的表现。"④

从"资本主义规律"（发展不平衡）可以得出正确结论，只要你时刻不忘记这个过程的第二个方面，即帝国主义意味着**垄断**资本主义，帝国主义时代**不仅仅意味着**资本的**聚集**，还意味着资本的**集中**，金融资本时代是资本和货币收入集中在少数人手中的金融寡头时代。

---

① 参看《列宁选集》中文第 3 版第 2 卷第 658—659 页。——编者注
② 《列宁选集》中文第 3 版第 2 卷第 680 页。——编者注
③ 《列宁选集》中文第 3 版第 2 卷第 685 页。——编者注
④ 《列宁选集》中文第 3 版第 2 卷第 684 页。——编者注

垄断资本主义的环境，帝国主义环境，使得**一国无产阶级更容易**实现向**社会主义突进的可能性**，甚至一国**向权力突进并发动社会主义革命的可能性**（而且**不一定**是在工业化国家的内部）。

资本主义创造了**世界**经济——包括个别国家经济发展相互依存性和相互制约性。帝国主义时代就是战争和革命时代。**一个国家的无产阶级也可以"突进"、"发动"**。正因为"全世界无产阶级共产主义革命时代开始了"[列宁在联共（布）纲领中语]，一个国家的无产阶级会保证得到其他国家无产阶级革命**一般而言**及时的、尽管不是立刻的援助。如果资本主义"在一片广阔无比的领土上"（马克思语）而且又是**在地球的一些决定性点上**仍然沿着"上升曲线"向上发展，那么单独一个国家、而且又是一个落后国家的社会主义革命注定要覆灭，而且不仅仅是因为资本主义会用武装的手（干涉）把这个孤立的、被资本主义国家四面包围的国家挤垮，还因为世界市场规律会发挥效用（低廉的价格、优良的技术等等）。

帝国主义致使现在**多数**国家对社会主义而言在经济上比马克思和恩格斯时代成熟了。正因为这样，帝国主义总的来说是世界社会主义革命的前夜。

单独一个国家的无产阶级不仅可以夺取政权，而且**应当夺取政权**，因为我们拥有"合乎科学的信心"（列宁语），相信胜利能够在**世界范围**内得到保证，相信社会主义的客观前提一般而言成熟了，相信在世界范围内，大工业和技术的发展足以带动整个农民经济，相信无产阶级掌握政权已经不可能是为时过早的。

这么说，马克思和恩格斯在无产阶级革命国际性质问题上的观点的确"过时了"吗？

马克思主义当然不是教条，而是行动指南。但上面援引的马克思和恩格斯的论点当中所谈的并非一句随口说出的话，而是**马克思主义的基**

本原理。是马克思主义的（因而也是列宁主义的）**革命核心**。

人们知道，伯恩施坦和其他修正主义者及其"同路人"（沙尔·阿德勒），都恰恰是从试图"证明"《共产党宣言》"过时了"开始他们的修正主义"工作"的。而正统的马克思主义者（首先是列宁）对此进行了最坚决的斗争。

上述马克思和恩格斯的观点，百分之百是正确的。直到现在我们也必须完完全全地捍卫这些观点。"修改"这些观点是不允许的。

5．列宁

当然，每一个真正有助于巩固一国无产阶级革命胜利果实的实际步骤，都胜过一打"泛泛谈论"国际革命利益的提纲和纲领。在这方面，国际无产阶级应当更多地向列宁这位第一次获胜的无产阶级革命的第一位领导人学习。我们越向列宁学习，就越加确信，列宁在一国社会主义胜利的问题上是完全维护马克思和恩格斯论点的。

在布尔什维克夺权之后，列宁曾经常回到一国社会主义问题上来。下面仅引述他的几点最重要言论。

"既然我们孤立无援，我们的任务就是在其他国家的革命到来之前，在其他部队到达之前把革命坚持下来，哪怕为革命保持一座不够坚固的规模不大的社会主义堡垒也好。"①

"……要在世界范围内取得彻底的最终的胜利，单靠俄国一国是不行的，这至少需要一切先进国家或者哪怕几个先进大国的无产阶级取得胜利。只有在那个时候，我们才能满怀信心地说：无产阶级的事业胜利了，我们的第一个目的即推翻资本主义的目的达到了。"②

---

① 《列宁全集》中文第 2 版第 34 卷第 232 页。——编者注
② 《列宁全集》中文第 2 版第 36 卷第 36 页。——编者注

"我屡次说过:与各先进国家相比俄国人**开始**伟大的无产阶级革命是比较容易的,但是把它**继续**到获得最终胜利,即完全组织起社会主义社会,就比较困难了。"①

"只有所有的或至少几个最主要的先进国家都进行革命的时候,革命才能获得最后胜利,难道有哪一个布尔什维克在什么时候否认过这一点吗?"②

"我们在许许多多的著作中,在我们所有的讲话中,在所有的报刊上都一再强调说,俄国的情况不同,这里产业工人仅占少数,而小农则占大多数。在俄国这样的国家里,社会主义革命只有具备两个条件才能获得彻底的胜利。第一个条件是及时得到一个或几个先进国家社会主义革命的支援……

另一个条件,就是实现自己专政或者说掌握国家政权的无产阶级和大多数农民之间达到妥协……

我们知道,在其他国家的革命还没有到来之前,只有同农民妥协,才能挽救俄国的革命。"③

由此可见,列宁认为取得胜利的条件不是一个,而是两个,即不仅仅只是同农民联合,还有国际革命。

"情况确实如此,国家支配着一切大的生产资料,无产阶级掌握着国家政权,这种无产阶级和千百万小农极小农结成了联盟,这种无产阶级对农民的领导得到了保证,如此等等——难道这不是我们所需要的一切,难道这不是我们通过合作社,而且仅仅通过合作社,通过曾被我们鄙视为作专卖的合作社的——现时在新经济政治下我们从某一方面也有理由加以鄙视的——那种合作社建成完全的社会主义社会所必需的一切吗?这还不是建成社会主义社会,但这已是建成社会主义社会所必需而且足够的一切。"④

---

① 《列宁全集》中文第 2 版第 36 卷第 293—294 页。——编者注
② 《列宁全集》中文第 2 版第 36 卷第 352 页。——编者注
③ 《列宁选集》中文第 3 版第 4 卷第 445 页。——编者注
④ 《列宁选集》中文第 3 版第 4 卷第 768 页。——编者注

"如果不是因为国际关系，不是因为必须为我们在国际范围内的阵地进行斗争，我真想说，我们的重心转移到文化主义上去了。"①

"你们大家自然都知道……资本是一种多么强大的国际力量，全世界最大的资本主义工厂、企业和商店之间有着多么紧密的联系，从这一点当然就可以明显地看出，按事情本质来说，要想在一个国家内战胜资本是不可能的。"②

"我们总是明确地说：没有西欧无产阶级革命的支持，这个胜利就不可能巩固；只有从国际的观点出发，才能正确估价我们的革命。"③

"我们懂得，没有国际上世界革命的支持，无产阶级革命是不可能取得胜利的。还在革命以前，以及在革命以后，我们都是这样做的：要么是资本主义比较发达的其他国家立即爆发或至少很快爆发革命，要么是我们灭亡。尽管有这种想法，我们还是尽力而为，做到不管出现什么情况无论如何都要保住苏维埃制度，因为我们知道，我们的工作不仅是为了自己，而且是为了国际革命。"④

这样的列宁语录还可以引用多达几十倍。

何谓社会主义？

"但是，我们连社会主义经济的基础也没有建设完成。仇视我们的垂死的资本主义势力还有可能把这夺回去。必须清楚地认识到这一点，公开地承认这一点，因为再也没有什么比产生错觉（和冲昏头脑，特别是在极高的地方）更危险的了。承认这一痛苦的真理根本没有什么'可怕'，也决不会使人有正当的理由可以有一丝一毫的灰心失望，因为我向来笃信并一再重申马克思主义的一个起码真理，即要取得社会主义的胜利，必须有几个先进国家的工人的共同

---

① 《列宁选集》中文第 3 版第 4 卷第 773 页。——编者注
② 《列宁全集》中文第 2 版第 40 卷第 318 页。——编者注
③ 《列宁全集》中文第 2 版第 40 卷第 22 页。——编者注
④ 《列宁全集》中文第 2 版第 42 卷第 40 页。——编者注

努力。"①

"社会主义就是**消灭阶级**。为了消灭阶级,首先就要推翻地主和资本家。这一部分任务我们已经完成了,但这只是任务的一部分,而且**不是最困难的部分**。为了消灭阶级,**其次就要消灭工农之间的差别,使所有的人都成为工作者**。"②

"**全体**公民都成了国家雇用的职员。全体公民都成了一个全民的、国家的'辛迪加'的职员和工人。全部问题在于**要他们在正确遵守劳动标准的条件下同等地劳动,同等地领取报酬**。"③

关于技术的作用,列宁说过下面的话:

"显然,全部工业不按照大机器生产的要求来改造,社会主义建设就只能是一大堆法令,只能是工人阶级同农民在政治上的一种联系,只能使农民挣脱高尔察克和邓尼金的统治,只能给世界各国提供一个榜样,**然而却没有自己的基础**④。共产主义是以苏维埃政权这一能使被压迫群众完成各项事业的政治机构为前提的,否则共产主义便是不可想象的。"⑤

"这是政治方面的保证,但是经济方面,只有当建立在现代技术基础上的大工业机器的一切脉络真正布满无产阶级的俄国时,才算有了保障。"⑥

关于在俄国实行社会主义制度的期限,列宁是这样说的:

"组织的道路是一条漫长的道路,社会主义建设的任务要求顽强持久地工作和具备我们所缺乏的相应的知识。"⑦

---

① 《列宁选集》中文第 3 版第 4 卷第 640 页。——编者注
② 《列宁选集》中文第 3 版第 4 卷第 64 页。——编者注
③ 《列宁选集》中文第 3 版第 3 卷第 202 页。——编者注
④ 黑体为原编者所加。
⑤ 《列宁全集》中文第 2 版第 40 卷第 31 页。——编者注
⑥ 《列宁全集》中文第 2 版第 40 卷第 31 页。——编者注
⑦ 《列宁全集》中文第 2 版第 34 卷第 243 页。——编者注

"共产主义是社会主义发展的最高阶段，那时人们从事劳动都是由于觉悟到必须为共同利益而工作。我们知道我们现在还不能实行社会主义制度，希望我们的儿辈或者孙辈能把这种制度建成就好了。"①

在另外一些场合（如共青团代表大会上），列宁考虑到社会主义发展和巩固的各个不同阶段，提出了比较短一些的时间。

列宁下述言论极为重要：

"只要我们苏维埃共和国还是紧挨着整个资本主义世界的一个孤立地区，那种认为**我国经济完全可以独立**和各种各样的危险已经消失的想法，就是十分可笑的幻想和空想。"②

斯大林同志在引用这一段时（在第十五次党代表会议的讲话中），却略去了我们加了重点号的那些词句。其实这恰恰是问题的实质。列宁的这些话明确地说明，这里不只是指武装干涉，这里还指进行经济包围，借助世界市场规律剥夺我们的"充分经济独立"。

人们通常把列宁写于1915年8月23日的一篇短文中一个短短的片断拿来与马克思、恩格斯、列宁的完整观点体系对立起来，这些观点在这几位经典作家上述大量引文中做了阐述。人们依据这个片断，试图把事情说成似乎列宁的学说并不是关于国际无产阶级革命的学说，而是关于社会主义在一国胜利的学说。就让我们分析一下这个片断吧。上面提到的那篇文章标题为《论欧洲联邦口号》，列宁在文章中写道：

"政治和经济发展的不平衡是资本主义的绝对规律。由此就应得出结论：社会主义可能首先在少数甚至在单独一个资本主义国家内获得胜利。这个国家的

---

① 《列宁全集》中文第2版第32卷第367页。——编者注
② 《列宁选集》中文第3版第4卷第344页。——编者注

获胜的无产阶级既然剥夺了资本家并在本国组织了社会主义生产,就会奋起同其余的资本主义世界**抗衡**,把其他国家的被剥削阶级吸引到自己方面来,在这些国家中发动反对资本家的起义,必要时甚至用武力去反对各剥削阶级及其国家。无产阶级推翻资产阶级而取得胜利的社会所采取的社会形式将是**民主共和国**①。它将日益集中该民族和各该民族的无产阶级的力量同还没有转向社会主义的国家作斗争。没有无产阶级这一被压迫阶级的专政,便不可能消灭阶级。没有各社会主义共和国对各落后国家的比较长期而顽强的斗争,便不可能有各民族在社会主义下的自由联合。"②

人们通常从这个片断中摘出"社会主义可能首先在少数甚至在单独一个资本主义国家内获得胜利"这句话,并由此下结论说列宁的学说是关于社会主义在一国胜利的学说。

让我们深入探讨一下所援引的这个片断。毫无疑问,"社会主义获得胜利"几个字在这里的含义是指**无产阶级夺取政权**。

列宁在这个片断中甚至没有说苏维埃共和国,而说**民主共和国**。

但列宁不是说"在本国组织社会主义生产等等"嘛。因此,他在这儿说的不仅仅只是无产阶级夺权,他说的恰恰是社会主义生产,这还不清楚嘛——人们这样反驳我们。不,恰恰是不清楚!另外一点倒是很清楚:"剥夺资本家并在本国组织社会主义生产"在这里意味着:夺取资本家的权力,使工厂开始在社会主义无产阶级的管理之下运营,也就是说为组织社会主义生产**奠定基础**。在夺取政权之后,必须剥夺资本家,着手组织社会主义生产。与此同时还必须准备好同资产阶级国家打一场战争(或多场战争),把其他国家被压迫阶级吸引过来——这才是列宁的真实思想。如果不是从着手做这件事的意义上,而是从真正建立

---

① 黑体为原编者所加。
② 《列宁选集》中文第 3 版第 2 卷第 554 页。——编者注

起社会主义制度的意义上来说，组织社会主义生产是需要许多年的。关于这一点没有争论。莫非真的可以把这样一种"思想"硬加在列宁的头上：似乎他建议先剥夺资本家，再用十年时间组织社会主义生产，**然后才**动用武力去反对剥削阶级及其国家，把其他国家被压迫阶级吸引过来。这简直是无稽之谈，这等于是马尼洛夫式的痴人说梦，相信资本家及其国家会情愿和平地坐等十年，让无产阶级在单独一国夺取政权，在本国安排好社会主义经济，然后再跟资产阶级开战。要么就是硬塞给列宁另一个"思想"：仿佛列宁认为，可以在几周内或几个月内神话般地"组织起社会主义生产"。我们的对手舍此别无其他选择了。这是对列宁的错误"诠释"。

如要正确理解列宁在 1915 年是如何提出**俄国**革命问题的，就必须去研读列宁在关于"欧洲联邦"口号**前后**不久写作的一些极其重要的纲领性文件。例如，在 1914 年帝国主义大战之初，列宁在党中央一份著名宣言中写道：

"由于俄国落后，由于它还没有完成资产阶级革命，这个国家的社会民主党人的任务仍然是实现彻底的民主改革所要求的三个基本条件：建立民主共和国（其中一切民族都享有充分的平等和自决权）、没收地主土地、实行八小时工作制。但在一切先进国家，战争已把社会主义革命的口号提到日程上来。"①

这写于 1914 年 10 月。1915 年 8 月写了《论欧洲联邦口号》一文。列宁在当时我们的中央机关报提纲上写道：

"俄国无产阶级的任务就是把俄国的资产阶级民主革命进行到底，以便点燃欧洲的社会主义革命。这第二个任务现在已经非常接近第一个任务，但它仍然

---

① 《列宁选集》中文第 3 版第 2 卷第 409 页。——编者注

是另一个任务，是第二个任务，因为这里牵涉到同俄国无产阶级实行合作的**不同阶级**：在实现第一个任务时，合作者是俄国的小资产阶级农民，在实现第二个任务时，合作者是其他国家的无产阶级。"①

1917年3月，俄国二月革命胜利后，列宁说："这一纲领已经为革命所证实。"

1917年二月革命以后，列宁在离开瑞士时，曾给瑞典工人发出一封信，显然这封信是写给整个国际的。列宁在这封信中写道：

"俄国是一个农民国家，是欧洲最落后的国家之一。在这个国家里，社会主义不可能立刻**直接**取得胜利。但是，在贵族地主的大量土地没有触动的情况下，在有1905年经验的基础上，俄国这个国家的农民性质**能够**使俄国资产阶级民主革命具有巨大的规模，并使我国革命变成全世界社会主义革命的**序幕**，变成进到全世界社会主义革命的一级**阶梯**……

俄国无产阶级单靠自己的力量是不能**胜利地完成**社会主义革命的，但它能使俄国革命具有浩大的声势，从而为社会主义革命创造极好的条件，这在某种意义上说意味着社会主义**革命的开始**。这样，俄国无产阶级会使自己**主要的**、最忠实的、最可靠的战友——**欧洲和美洲的社会主义无产阶级**易于进行决战。"②

这当然并不意味着，列宁哪怕只在短暂时间认为应当把革命局限在资产阶级民主革命框架内。

本人在拙著《列宁主义》一书中曾提示说：

"列宁早在他那些关于'临时政府'的名篇中（1905年），曾写到必须'努力使俄国革命成为许多年的运动，而不是数月的运动'，使它'彻底推翻当权者的权力'，彻底清除专制制度的烂摊子。如果这件事成功，到那时……到那时革

---

① 《列宁全集》中文第2版第27卷第54页。——编者注
② 《列宁全集》中文第2版第29卷第90—91页。——编者注

命的烈火将点燃欧洲；备受资产阶级反动折磨的欧洲工人将挺身而出，向我们展示'这件事怎么做；到那时欧洲革命的高潮将反过来对俄国产生作用，而使数年的革命时代成为数十年的革命时代。'（第6卷第129页）。'我们将立即开始由民主革命过渡，而且恰如其分地依据我们的实力，依据有觉悟的、有组织的无产阶级的实力，过渡到社会主义革命。我们主张不断革命。我们决不半途而废。'（第6卷第449页）。'在资产阶级革命当中，无产阶级轻蔑地唾弃庸俗改良主义：我们感兴趣的是**斗争的自由，而不是庸俗幸福的自由**。'（第9卷第563页）

'结果正像我们说过的那样，'后来列宁在《叛徒考茨基》中这样写道。"（参阅《列宁主义》第54页。）

试问，为什么列宁本人在1916年、1917年、1917—1923年以来没有一次像现在人们所解读的那样解释他那篇写于1915年的文章（《论欧洲联邦口号》）呢？试问？为什么斯大林同志本人在1924年以前（参看斯大林：《论列宁与列宁主义》）没有在这篇文章中发现人们现在强加给它的那些东西呢？为什么他也像我们大家一样阐述列宁对革命的国际性质所持的观点呢？试问，为什么布哈林同志1922年起草的共产国际大纲草案中只字不提"一国社会主义"（也只字不提似乎马克思和恩格斯都不了解不平衡规律）呢？毋庸置疑的是，如今共产国际纲领由斯大林同志的拥护者来写，不可能不从一国社会主义理论这一角度来写。这一理论恰恰是整个大纲的基石。1923年，列宁在世时，这份纲领草案对此**未提一个字，未说一句话，未留一丝痕迹**。试问，这是出于偶然吗？最后试问，为什么直到1926年才有人第一次向共产国际提出一国社会主义观点？共产国际存在已经7年了啊！为什么列宁在世时没有人向共产国际提出这一点？为什么只是在列宁去世后才冒出了一国社会主义论？

我们曾经阐述过列宁的观点。其中是否有悲观论调呢？

没有！从来不存在任何悲观论调，更不存在对社会主义不相信，更不要说惊慌失措了。更可能的是，不肯承认列宁发表的论点倒是惊慌失措使然。悲观主义和不相信只有在这种情况下会产生：如果我们当中有人断定当前的资本主义"稳定"会持续数十年之久，断定我们的时代已经不是世界革命的时代，断定世界无产阶级革命胜利靠不住了，而这恰恰是对列宁观点的修正，特别是对他关于帝国主义学说的修正。我们至少在这方面没有过错。

是否可以、是否必须现在**在我国建设社会主义**，是否可以、是否必须突破资产阶级的包围去建设，不辞辛劳地去建设，发奋努力、满腔热情地去建设，——如果对这些产生怀疑，那么便会出现前途无望、消极低沉的情结。但这种情况恰恰是子虚乌有。当然我们能够并且必须在苏联建设社会主义。我们也正在建设社会主义，在其他国家无产阶级革命的援助下，我们也一定会建成社会主义。关于这一点，我们自己所撰写的《列宁主义》一书中写得很详细。我们恰恰是从这个角度出发，在我们党内**为争取提高我国工业化速度而斗争**。

我们竟然遇到个别外国共产党人抱有这种情结：我们这里（德国或捷克斯洛伐克等等）无产阶级革命没有到来，那就让他们（俄国人）在他们自己那里建成社会主义，**即使没有我们的援助**也好嘛。这才是消极悲观情结呢。有些社会民主党人竟会同意这些见解。而在一些个别的俄国共产党人那里，这种态度事实上表现为对世界无产阶级革命悲观失望，促使他们一厢情愿地把**新经济政策当做社会主义**。这里恰恰隐藏着对列宁无产阶级革命国际性质观点进行修正的危险。

因此我们的立场是：我们建议（1）不要宣布马克思和恩格斯对这个问题的观点过时，（2）对于列宁在这个问题上的观点，仍旧保持我们大家在1924年以前的共识。我们不提出任何别的东西。

直到1924年春天，斯大林同志（参阅他的《论列宁与列宁主义》

一书）阐述列宁在这一问题上的观点时和我们是一致的，也就是说在这个意义上是一致的；只有通过世界革命、即至少通过数国无产阶级革命，社会主义制度的彻底胜利才有可能。

为了便于向读者介绍斯大林同志的观点是如何改变的，我们将他在一国社会主义胜利问题上的新旧观点作一对比。

"'可是，在一个国家推翻资产阶级政权，建立无产阶级政权，还不等于保持社会主义的完全胜利。社会主义的主要任务即组织社会主义生产的任务尚待解决。没有几个先进国家中无产者的共同努力，能不能解决这个任务，能不能在一个国家内获得社会主义的最后胜利呢？不，不能。为了推翻资产阶级，一个国家的努力就够了，这是我国革命的历史给我们说明了的。为了获得社会主义的最后胜利，为了组织社会主义生产，单靠一个国家的努力，特别是像俄国这样一个农民国家的努力就不够了，——为了达到这个目的，就必须有几个先进国家中无产者的共同努力。'① 因此，发展和援助其他国家内的革命是获得胜利的革命的重大任务。因此，在一个国家内获得胜

"可是，在一个国家内推翻资产阶级政权，建立无产阶级政权，还不等于保证社会主义的完全胜利。革命获得胜利的国家的无产阶级既然已经巩固自己的政权并领导着农民，就能够而且应当建成社会主义社会。但是，这是不是说，它这样就能获得社会主义的完全胜利即最后胜利呢？换言之，这是不是说，它单靠一个国家的力量就能够最终巩固社会主义并完全使国家免除外国武装干涉，也就是免除复辟呢？不，不是这个意思。为了达到这个目的，至少必须有几个国家内革命的胜利。因此，为了达到这个目的，至少必须有几个国家内革命的胜利。因此，发展和援助其他国家内的革命是获得胜利的革命的重大任务。因此，在一个国家内获得胜利的革命不应当看

---

① 斯大林《列宁主义问题》人民出版社1964年第1版第156—157页。——编者注

利的革命不应当把自己看做独立自在的东西，而应当看做用以加速他们国家无产阶级胜利的助力和工具。

列宁用一句话说明了这个意思，他说，获得胜利的革命的任务就在于'尽力做到在一个国家内所能做到的一切，以便发展、援助和激起世界各国的革命'。列宁主义的无产阶级革命论的特征大体上就是这样。"①

做自己独立自在的东西，而应当看做用以加速他们国家无产阶级胜利的助力和工具。

列宁用一句话说明了这个意思，他说，获得胜利的革命的任务就在于'尽力做到在一个国家内所能做到的一切，以便发展、援助和激起世界各国的革命'②。列宁主义的无产阶级革命论的特征大体上就是这样。"③④

关于"一国社会主义胜利"的问题以其现在的提法，直到1924年底才浮现出来。然而在第十四次代表大会上，大多数代表并**没有**把它直截了当地提出来，大会也没有通过决议。

人们有时说：一国社会主义论即使与马克思和列宁的学说相抵牾，它现在在政治上也是适宜的，因为它给俄国无产阶级指出了前途。

这种提法危害很深。这是一种最糟糕的机会主义。从科学社会主义角度而言，理念上错误的东西，不可能是政治上适宜的东西。前景对于社会主义建设是绝对必要的。**但这个前景为什么必须是本国的而不是国际的呢？**这就是问题的根本所在。

当我们的无产阶级意识到世界革命问题对他们是生死攸关的问题时是一回事，而如果他们被灌输不管世界革命进程如何也要建成社会主义的观念就又当别论了。

所以，**我们的前景就是世界革命的前景**。苏联的苏维政权不会覆

---

① 《列宁全集》中文第1版第28卷第269页。——编者注
② 《列宁全集》中文第1版第28卷第269页。——编者注
③ 《斯大林全集》中文第6卷第95—96页。——编者注
④ 黑体为原编者所加。这些地方标志着斯大林同志观点的演变。——编者注

灭，它会把社会主义事业进行到底，因为第一，苏联工人阶级和农民阶级联盟完全可以得到保证；其二，其他国家的革命必然会到来，尽管会姗姗来迟，但还是相当及时的。

在俄共（布）第十五次代表会议上我们曾说过：

> "当人们问我们会建成社会主义吗，我们说，是的，我们会建成。当人们问我们怎样建成时，我们说，我们联合其他国家工作来建成，联合世界革命来建成，当然还要联合本国的农民阶级和殖民地人民。"

大家看到，我不是一个悲观论者。我 1925 年在拙著《列宁主义》中写道：

> "我们在俄共十二大（1923 年）上是乐观派。1925 年之前，这方面理由要多许多。
> 苏联正在开展规模空前的建设——经济建设、文化建设和一般政治建设。共产主义的犁铧把土地耕得越来越深，我们将通过自己的建设工作发动更深层的人民"底层"。相信人民群众，相信人民"底层"的创造性，是列宁最出色的特征。这种信念由全党全盘继续下来。党能够在几年之内发动数百万工农群众。党能够在工人阶级领导下建设社会主义。党能够领导人民走向无阶级社会。党能够利用每寸土地、每一个实际途径来进行社会主义建设。党能够带领日益成长起来的年轻一代走上真正的社会主义建设道路和社会主义文化道路。但正是为了富有成效地完成这一切，党将反对对列宁主义进行任何修正，尤其是反对各种倾向和民族局限性。正是为了完成这些具有世界历史意义的伟大任务，**党必须首先能够自始至终成为世界无产阶级政党。**"

这难道是悲观主义吗？

显而易见，我非但没有"否定"苏维埃政权所取得的重大成就（特别是在经济领域的成就），而像所有布尔什维克一样，为这些成就而自豪。我们并不是为了取得这些成就出力最少的人。而且尽管有分歧，我们还是希望和全党一道为提高苏联的社会主义经济和社会主义文化而辛勤劳动。

6. 全世界范围无产阶级与农民阶级的比例关系

在一国社会主义问题上，作为反对我们立场的一个"关键"论点提出的论据是：在世界范围内无产阶级和农民阶级的比例关系与俄国相同，即农民阶级是大多数。

这个论据至少忽略了以下四个情况：

（1）在世界范围内大工业科技发展已经足以带动农民经济。列宁曾说过：

"……但是，我们还是有理由说，就世界范围而论，这种工业是有的，世界上有些国家是拥有能够立刻向亿万落后的农民提供产品的先进大工业的。**我们就是在这个基础上作出自己的估计的。**"①

（2）要想取得胜利，不一定要到处都拥有多数。只需"在关键时刻和关键地点"（列宁语）拥有多数就行。让我们回忆一下列宁关于立宪会议选举结果的那篇名作吧，列宁在那篇著作中非常直观地解释了布尔什维克之所以取得胜利，是因为他们在**关键**时刻和**关键**地点（圣彼得堡、莫斯科、主要的陆海军、贫农）拥有多数，虽然选举结果表明，从俄国总体而言，拥有相当可观多数的还有社会革命党人。

（3）当谈到农民在世界上占多数时，也是指**殖民地和半殖民地以及附属国**的农民人口。中国、印度、埃及等国数以亿万计的农民属于这个范围。当然，这些身受帝国主义压迫的亿万农民的地位，他们在无产

---

① 《列宁全集》中文第 2 版第 42 卷第 334 页。——编者注

阶级革命时代将要起到的作用，不能与欧洲或美国农民的地位和作用同日而语。列宁在谈到伟大的民族革命运动同无产阶级革命合流时，恰恰注意到了这一点。从另一方面说，殖民地因统治国的无产阶级革命而获得解放，将开创全新的局面。最主要的殖民地国家的解放，恰恰是以再有两三个帝国主义大国取得社会主义革命胜利为其前提的。

（4）在苏联，无产阶级夺取了政权之后，无产阶级和农民阶级的关系完全是一种特殊的关系。我们看到世界上其他各地现在还是三个阶级：无产阶级，农民阶级和作威作福、骑在工人农民脖子上、用欺骗手段拉着一部分农民和工人跟他们走的资产阶级。我们现在（在苏联）被资产阶级国家包围着，即被由资产阶级左右政治、由资产阶级掌握陆海军和工厂的国家包围着。这完全，完全不同于明天将出现的情况，即不同于全世界范围内推翻资产阶级（或至少几个关键国家推翻资产阶级）、只留下无产阶级和农民阶级这两个阶级时将要出现的情况。如果明天，比如说，德国无产阶级革命同我们汇合，后天英国无产阶级革命同我们汇合，则对整个局势将会立刻改观。那样一来，我们就在欧洲的两个关键性国家铲除了资产阶级统治。这两个国家的无产阶级和农民阶级是实际关系立刻改变，虽然统计学上的对比仍然保持不变，在全世界的无产阶级和农民阶级之间的关系也会发生决定性的变动。尽管在世界其他地区农民继续构成统计学意义上的多数，尽管在世界其他地区资产阶级继续骑在工人和农民脖子上，局势将彻底改观。

正因为如此，列宁说，社会主义革命从它哪怕在几个国家取得胜利之时起，其胜利将会得到牢固的保证。

（二）对社会民主党的看法

对社会民主党的看法。"一个国家官方的社会民主党越强势，其无产阶级的境况就越糟糕。这一点如今可以视作既定的公理，在其他同等条件下，肯定如此。"我们在共产国际第一次代表大会后第二天在《社会民主党是反动派的武器》①一文中这样写道。我们在共产国际第五次代表大会上说，官方的社会民主党上层是资产阶级的"第三党"，是"资产阶级的左翼"，是"法西斯主义的一翼"。我们现在依然坚持这一评价。这一点可以解释如下事实：社会民主党领导人和社会民主党刊物（其中包括俄国孟什维克的刊物），当然是别有用心地利用我们的分歧的那些继续穷凶极恶地对我进行攻击（和世界上最重要的资产阶级报刊以及旅居国外的白俄报刊的做法如出一辙）。

有人说，莱维和别的社会民主党人"同情"我。也有许多另外一类事实，下述情况可以证实这一点：

在林茨刚刚闭幕不久的奥地利社会民主党代表大会上，凯特·洛伊希特代表社会民主党维也纳市区组织发言，建议对奥托·鲍威尔制定的纲领草案进行修改，修改方案要求"为国际内部的工人党合并而斗争"。在论证时，这位女社会民主党人说：

"我们认为，俄国最近的事件对此有非常强大的促进作用，无论怎样评价斯大林主义方法，有一点是肯定无疑的——如今在俄国取胜的一派，只要今后仍将始终如一，必将导致**与社会民主主义越来越接近**。"②

几乎全体社会民主主义者都是这样评价我们的分歧的。全世界、全欧洲和美国的资产阶级报刊和资产阶级政客，走得更远。

---

① 《共产国际》1919年第181—182页。
② 1926年11月2日《维也纳工人报》。

（三）对极左派和右派的看法

对极左派和右派的看法。我的看法仍旧是原来的看法，即列宁多次阐述的看法。

共产国际对极左错误和右倾错误的共同看法，依我看，应当根据下述列宁指示加以确定。

在《共产主义运动中的"左派"幼稚病》中列宁写道：

"首先是而且主要是在反对机会主义的斗争中。机会主义在1914年彻底转向社会沙文主义，彻底倒向资产阶级方面反对无产阶级。这自然是布尔什维主义在工人运动内部的主要敌人。"①

列宁的回答是：列宁在共产国际第二次代表大会的报告中说：

"机会主义是我们的主要敌人……这是我们的主要敌人，我们必须战胜这个敌人。经过这次代表大会，我们应该下定决心，把各国党内的这一斗争进行到底。这是主要的任务。"②

如果看一下共产国际最主要的支部在最近几个月的做法，就可以看清，对"左派"采取的不是治病救人的政策，而是**斩尽杀绝的**政策，对右派（波兰、英国）所采取的政策则过分软弱了，依我看这是错误的。

资本主义局部稳定时期，必然是某些共产党内机会主义滋长的时期，是右派集团和"领导人"强势化的时期。如果我们忘记了这一点，

---

① 《列宁选集》中文第3版第4卷第142页。——编者注
② 《列宁选集》中文第3版第4卷第271—272页。——编者注

而以全部重压去冲击极左派,将会给共产国际造成重大危害。

无论右派当中还是极左派当中,的确都有和共产主义决裂的分子。

毋庸赘言,凡是不为苏联进行宣传鼓动的人,就不是共产党人。凡是对待组团访问苏联的社会民主党工人冷淡的人,就是无产阶级革命的罪人。这种人是共产主义的敌人。必须跟他们斗争,就像跟明火执仗的敌人斗争一样。

凡是走上这条道路的,他就不再是什么"右派"或"极左派"了,他那是叛逃到营垒的另一面了。

不仅仅是对苏联和共产国际的栽赃陷害,即便是非善意的批评,无论它来自极左派中什么人,我都加以谴责,并且,我当然随时准备以最激烈的方式公开谴责。如果极左派方面继续派别活动,我认为会对事业造成极大的危害。我们在10月16日的一份声明中,对此讲得十分果断。

原来的小团体没有全部存留下来。一些过去的右派及极左派当中的同志有能力走上正确的列宁主义路线上来。对于他们,当然不宜照搬前一段时间过于放手的那种放弃工作等方式,而今天的右倾危险无疑很严重。

右倾派别,无疑起到重大作用:例如,在捷克斯洛伐克共产党(党中央机关刊物"突然"登出一篇在无产阶级专政问题、暴力问题等方面与奥托·鲍威尔观点**一致**的文章)。具有社会民主主义倾向的文章(关于总统大选问题)并不罕见。尽管对于前者党中央纠正了作者——这决不是偶然现象,在挪威共产党(主张取缔党的派别),在荷兰共产党(由于爪哇岛爆发起义,荷兰共产党与社会民主党共同提议派出联合委员会调查案件),在波兰共产党(皮尔苏茨基政变时期的策略),在英国共产党(在最近一些事件的过程中发现党内有一个小集团,其右的倾向无疑相当顽固;恰恰是在英国这种右的危险可能变得极端有害)。

德国右的危险是一个不容置疑的事实。

我想，没有人敢说我在路线方面同上述真正右倾派别或他们的代表人物有什么思想政治上的相近性吧。所有这些小集团都是联共（布）的凶恶敌人。

同志们，有人指责我，说好像我建议接纳苏瓦林回到党内。关于这件事，只有下述情况是确切的，我在出席法国共产党第五次代表大会之前，安贝尔—德罗同志就今后如何对待苏瓦林一事同我谈过话。我谈了这样的意见：如果苏瓦林按照共产国际执委会第六次全会的要求把他那份派别杂志停刊，或许较好的做法是让党给他一个机会前往中国或美国一年（比如当新闻记者），然后，如果他遵守纪律，就提出接纳他返回党内的问题，因为他原本恰恰是被除名一年嘛。不言而喻，我和苏瓦林的独特观点毫不相干，我过去和现在都与他没有任何交往。

（四）关于蜕化变质危险问题

新经济政策在资产阶级包围的环境中越是向前发展，国际革命越是明显放慢速度，富农以及整个新资产阶级越是凸显滋长，就越是必须更多地关注蜕化变质危险问题。

这个问题并不是新问题——列宁曾多次提过它。

但如今要在新的形势下提出它。

当然，这里所说的仅仅是危险倾向。而不是既成事实。

"他们"——社会民主党人、资本家的奴仆——不敢、也没有权利批评我们苏维埃的缺点。而我们共产党人不仅仅有权利，而且有义务实行自我批评。

这是列宁教导的。

关于蜕化变质问题，可以像科尔施先生那样提出，或者像马尔托夫先生在1920年到1921年那样提出，就是以诋毁和中伤苏联为目的。但也可以而且必须像列宁那样提出。

列宁在新经济政策推行之后特别执著地谈到这种危险。

"布尔什维克的新经济政策是什么，是演变还是策略？"

1922年春天列宁是利用乌斯特里亚洛夫教授一次突然袭击来提出这个问题的。

"路标转换派议论说：'但是这个苏维埃政权在建设什么样的国家呢？共产党人说是共产主义国家，并要人相信这是一种策略……布尔什维克可以爱怎么说就怎么说，但实际上这并不是策略，而是演变，是内部的蜕变'。"①

著文论述这个问题的还有其他一些布尔什维克，特别是我们现今的对手布哈林同志。

"……不可否认的是，这种状况隐藏着极大的危险，对无产阶级革命而言是不可避免的危险，用哲学语言表达是无产阶级革命'内在'的危险。**我们指的是无产阶级国家和无产阶级政党的蜕化变质的危险**②。

……工人群众本身文化落后，特别是由于普遍贫穷，拨给行政干部以及所有领导干部的消费品数量要比一般普通工人多出许多，**会产生就连由工人从他们自己人当中推举出来的那一部分干部也大大脱离群众的危险**。"③④

"显然，"布哈林接下去写道，"这种悲惨结局的机率会更加增大，如果无产阶级政权，由于国家经济落后和外部环境不利而向资本主义做出很大的让步，不去阻止新资本主义社会生产中心及与之相关的人员团体膨胀的话。（正像俄罗斯在它不可避免的'新经济政策'体制下所发生的那样）。在这种情况下，处于

---

① 《列宁选集》中文第3版第4卷第677—678页。——编者注
② 黑体为布哈林所加。
③ 黑体为布哈林所加。
④ 布哈林《攻击》第237—239页。

童贞状态的新兴阶级是组成为社会的一个**基本**阶级，还是它本身将成为'耐普曼'寡头统治之附庸，所谓'旁出'的新兴资产阶级之附庸，实际上并无多大差别了。"①

这是我们今日的对手布哈林同志于 1922 年以及 1924 年（为悼念列宁逝世）所写的。

这些危险也许不是凭空臆造的，不必夸大，但记住这些危险是**必要的**。

这些危险源出何处呢？

1. 国际上的资产阶级包围，资本主义暂时局部稳定。当然，任何人对此没"过错"。但是，如果否定这种环境必然产生"稳定"心态，造成对国际资本主义的力量进行过高估计，那是很可笑的。

2. **新经济政策**的负面。**新经济政策**是必不可少的。在苏联我们只有通过新经济政策而不是通过其他途径走向社会主义，我们在**新经济政策**的道路上已经取得巨大成就。但是，否定我们所允许的部分恢复资本主义之举具有危险性，是可笑的。列宁经常提示这种危险。

3. 小资产阶级的自发势力。工人阶级是在一个大量人口为农民的国际掌权。小资产阶级自发势力隐藏着何种危险——列宁曾不厌其烦地提示这一点。

4. 我们党的垄断地位。无产阶级专政不可能离开党的专政。我们现如今的对手布哈林同志在共产国际第三次代表大会上曾经就这个如今有争议的问题也说过：

"作为马克思主义者和正统共产主义者，我们确信，一个阶级的专政只可能是这个阶级的先锋队专政，即工人阶级专政只有通过共产党专政才能实现。我

---

① 布哈林《攻击》第 239 页。

们早就摒弃了阶级专政与政党专政对立的荒谬理论。"

无产阶级专政与允许其他政党并存是不相容的。我们党的垄断地位绝对是必不可少的。但必须看到，我们党的垄断地位也有其负面。对这一点，列宁在世时并在他完全赞许的情况下，在一些党代会（如第十一次党代会）的文件中曾经指出过，特别是第十一次代表大会指出，我们党的垄断地位势必会使一批批本来会跻身于孟什维克和社会革命党的政治工作者涌向我们党，从而把非布尔什维克的心理和观点带进党内。

5. 国家机关。不消说，要把它按照真正的无产阶级精神改造过来，在短时间内是不可能的。但必须记住列宁对我们的国家机关所做的负面评语。要记住，不仅仅是党在影响着国家机关，国家机关也在影响着党。国家机关的官僚主义，则具有更大的负面意义。

6. 同路人。专家、高级职员和知识分子，对我们的事业来说是不可或缺的。但毫无疑问，通过这几类工作人员，会把非无产阶级的影响带入我们的机关——国家机关、经济管理机关，有时也会带入党的机关。

看到这些危险，是必要的——不是为了屈服于危险或者夸大危险，而是要像列宁所教导那样，运用相应的手段同这些危险作斗争。

在城市滋生私人资本、乡村出现富农的时期，党必须特别审慎地关注环境中隐藏的危险，以便动用我们能够动用的手段同它们斗争。

在正确的政策指导下，党完全能够成功地做到这一点，因为抵制上述倾向和危险的力量非常强大。无产阶级革命激发了无比强大的力量。我们的革命，我们的党十分健全。

（会议主席对季诺维也夫同志说，他的发言时间已过）。

季诺维也夫（苏联）：

同志们，我请求再给我 5 分钟或 10 分钟，谈一谈极左派和托洛茨基主义。

主席：

季诺维也夫同志请求再给他 10 分钟。有反对的吗？没有。请季诺维也夫同志接着发言。

（五）关于两党

现在我谈两党问题。

有人指责我说，我对在我国实行两党制的主张采取容忍态度。这不确切。拿不出任何证据证明这一点。

我第一个站出来反对修改，关于**党的专政**的提法。这是一个否定不了的事实。十分明显，凡是赞成俄共（布）专政的人，他不可能对两党制主张采取容忍的态度。

在俄共（布）第十二次代表大会（1923 年）上，曾经根据我的报告通过了一项决议，重申了列宁主义的基本论点之一，即无产阶级专政只能通过共产党专政才能实现。十二大过了一年之后，斯大林针对这一说法发表意见，他说，列宁说的是无产阶级专政，并**不是党的专政**。

十二大决议相关段落是这样说的：

"工人阶级专政只有通过其先锋队的专政即共产党专政的形式才能得到保证。"

对此斯大林同志反驳说：

"我记得，我们的大会一项决议，好像就连十二大的一些决议中曾经使用这个词语，当然是由于疏忽所致……

……那就是列宁错了，他说的是无产阶级专政，而不是党的专政。"①

这当然不是列宁对问题的提法。列宁说：我们这里是无产阶级专政，因此我们这里是共产党专政。我们中央核心一致认为，斯大林同志在这个问题上犯了一个原则性大错误。

针对斯大林同志这个错误声明，我曾写过一篇文章（《关于无产阶级专政和党的专政问题》）作为**编辑部文章**发表在中央机关刊物上（《真理报》1924 年第 190 期）。事先曾召开了一个 25 名中央委员会议，参加会议的是列宁主义者（其中包括除托洛茨基同志之外的全体政治局委员），他们以压倒多数的投票谴责了斯大林同志的原则性错误，赞同了季诺维也夫的文章（托洛茨基同志也不止一次在他的著述中发表观点，认为无产阶级专政只有通过其先锋队专政即党的专政形式，才是切实可行的）。

当然，我现在也完全坚持常胜不败的只有在党的专政条件下无产阶级专政才是可能的这个观点。单凭这一点，我将永远运用我所能运用的一切手段反对最微小的两党制倾向，反对削弱布尔什维克党专政以利于资产阶级民主的任何企图。

（六）团结和派别活动问题

关于派别活动的弊端和危险，特别是对执政的共产党而言，我们多年来所写东西，我们连一个字也不收回。既然联共（布）内部斗争的总进程导致我们对原则观点的捍卫具有派别斗争性质，我们在 10 月 16

---

① 斯大林《在俄共（布）第十三次代表大会所作的结论》1924 年俄文版第 22 页。

日的声明中公开承认了自己的错误,并且一直呼吁志同道合的同志们放弃派别活动。然而让我们重温一下联共(布)第十三次代表大会决议如下论述:

"只有经常性的、生动活泼的、富有思想性的生活才能够使党保持它在革命之前和革命之间形成的本色,包括经常检讨自己的过去,修正自己的错误,集体讨论重大问题。只有这样的工作方法才能够提供切实的保障,防止偶尔发生的分歧转变成带来上述种种后果的派别小集团。

为了防止这一点,要求党的领导机关倾听广大党员群众的呼声,不要把一切批评都当做派别活动的表现,不要因此把那些勤勤恳恳、遵守纪律的党员推上关进小圈子、从事派别活动的道路。"

我们在10月16日声明中所承担的义务,我们将全部履行。我们对共产国际也表明了这一点。

联共(布)和整个共产国际的团结必须得到保证。

(七)关于联盟

列宁认为联盟是可以允许的,他曾和孟什维克普列汉诺夫结盟,反对取消派孟什维克(1910年—1912年)。1920年我党九大上列宁说过:"联盟,就得象个联盟的样子!不要怕它,而应当欢迎它,应当在党的各个中央机关中更坚定地、更广泛地实践它。"① 列宁在1917年10月起义之前,就红军建设问题、经济管理问题、民族问题、外贸垄断问题,曾不止一次与托洛茨基同志结盟。

共产国际执委会在各国共产党内部,如德国、法国、捷克斯洛伐

---

① 《列宁全集》中文第2版第38卷第305页。——编者注

克、意大利、美国等国共产党内部也不止一次地批准并组建由两个（或两个以上）小团体结成的联盟。现在的多数派代表人物也曾一度寻求与托洛茨基同志结盟。

过去的分歧具有很大的意义。但判断一个联盟，必须依据构成其基础并在几份准确的文件中加以阐述的那些理论观念和政治任务。从这个观点出发，我们平静地将我们所维护的观念和口号交给未来去检验——用我们党提供给我们的办法和手段。

（八）关于托洛茨基主义

1917年之前将历史上的托洛茨基主义同列宁主义分开的那些东西，托洛茨基同志本人也并不维护它，它也决不是联盟的财富，当然永远会遭到我们最坚决的反击。特别是，我们绝对不同意不断革命论，并曾经为反对这个错误理论作过足够的斗争。

托洛茨基同志本人曾声明：

"我们的出发点是，只要我们当中有人在原则性问题上与列宁发生分歧，经验证明，真理肯定是在弗拉基米尔·伊里奇一边……

……在无产阶级和农民相互关系问题上，我们完完全全依据列宁根据1905年革命和1919年革命经验以及社会主义建设经验所制定的理论学说和策略学说……"

如果我们对以前的争论作一次回顾性评价，那么，在此多半会发现，在过去的一些重大问题上存在着严重分歧。但认为把任何与评估革命动力有关的问题都可以归结到以前有关"不断革命论"等等的争论，那么从根本上就错了。对革命动力（以及反革命动力）在每一个新阶段都要依据全部以往的经验进行具体的马克思主义评估。关于国营工业在国民经济中所占比例，关于无产阶级在苏维埃系统所占比例，关于党和阶级的相互关系、关于农民阶级分化程度、关于国内资本主义倾向与外部资本主义势力的结合——所有这些问题都应当依据事实、数字、新经验来处理，而不是依据人为煽动起来的关于原先争论的回忆来处理。

无论是以前还是现在，我当然完全坚持**列宁主义立场**。

根据可以理解的原因，我远远没有把对我提出的全部指责一一列举出来。我只择取了最重大的原则问题。

我对我们在下列问题上的分歧并未置一词：（1）关于苏联工业化速度；（2）关于必须对私人资本实行更多限制、对其征收更多捐税；（3）关于对富农采取同样做法；（4）关于必须为工人保持实际工资并逐步提高工资；（5）关于必须贯彻党内民族基础；（6）关于必须进行更加有效的反官僚主义斗争；（7）关于必须更加坚决地回击扩大农村上层各种权利（选举权、土地出租期限、财产权）的倾向以及关于我们建议免除农民40%（贫农）人口的税赋；（8）关于价格政策（**我过去和现在从没有提过提高价格的建议**）；（9）关于新经济政策和国家资本主义；（10）关于我们党的社会成分。

但是我自信我说过的话足以看出，我没有犯任何"社会民主主义倾向"。

由于和联共（布）大多数人发生分歧，我无法参与共产国际的领导。这一点我在十四大就已经清楚了。我在十四大的发言中谈到了这一点。十四大之后召开的第一次联共（布）中央全会上，我就通过书面形式申请解除我的共产国际执委会主席工作。

如今迫于形势，即将离开共产国际时，我要和大家一起高呼：

共产国际万岁！

共产国际和各国共产党的团结万岁！

苏联万岁！

列宁主义万岁！

世界革命万岁！

佩珀（共产国际执行委员会）：

同志们，季诺维也夫同志在这个讲台上说出的第一句话就含有对**新的派别斗争**的提示，我认为这并非偶然。联共（布）代表团常务局决议中说，代表团允许反对派领袖们在扩大全会上发言，但并不认为这种发言是受欢迎的，因为它隐含着新的派别斗争危险。虽然季诺维也夫同志本人承认"**新的派别斗争危险并没有完全消除**"，他依然决定在这个会上发言。反对派联盟最知名的领导人在这个会上的表现，依我之见，不能作别的表述，只能表述为**试图在国际范围内继续进行联共（布）内部的派别斗争**。季诺维也夫同志声称，他要求发言是为了"说明"反对派的观点，但他实际上阐述了反对派的纲领。他的讲话并**不是辩论会中的一般性发言，而是一份副报告**。这就是季诺维也夫同志发言的政治含义所在！这个发言不是别的，而是企图在共产国际内部**打造一个国际反对派的共同平台**。这个发言是企图提供一个思想基础，把共产国际内明晃晃的反对派分子或半隐蔽的反对派分子联合起来，组织起来，他们是我们当中四分之一、二分之一或四分之三的共产国际敌人。这个讲话是企图把他们联合起来反对共产国际的路线和政策，反对共产国际领导党——联共（布）的路线和政策。

季诺维也夫同志声称，他感兴趣的、当然共产国际也感兴趣的问题，是**一国建设社会主义问题**。的确，这是一个根本问题，这是联共（布）、也是整个共产国际生死攸关的问题。我恐怕季诺维也夫同志和反对派其他领导同志没有认识到这个问题对所有共产党的生死攸关意义。他们的行为证明，他们仍旧没有认识到，否定苏联建设社会主义可能性，就使他们自己处于整个共产国际的反对派地位。

"共产国际没有纲领，"季诺维也夫同志说，纲领草案也只字未提一国建设社会主义问题。认定我们没有纲领这一事实，听起来像是对共产国际的指责。耐人寻味的是，仅仅几天以前，我们收到了一份由马斯洛夫、鲁特·费舍、乌尔班斯、肖勒姆、希万签名的被开除党籍的德国极左派备忘录。极左派备忘录向共产国际提出同样指责。这些前党员得出结论说，共产国际是一个连纲领都没有、由腐化的机会主义者组成的组织。当然，季诺维也夫同志在他自己的结论中还不像这几位前党员走得那么远，但至少令人感到有些奇怪的是，不久前还身为共产国际主席的季诺维也夫同志也向共产国际提出这样的指责，说它没有纲领。要知道季诺维也夫对此是负有责任的，至少和我们在莫斯科这里参加共产国际工作或参加共产国际某个支部工作的每一个人负有同等责任吧。

季诺维也夫同志的讲话对解决单独一国建设社会主义可能性问题是否有多少有所助益呢？他甚至没有做出一点尝试来对这些课题进行实际分析。**他没有进行分析，而是提供了一些引文**。他那是不折不扣地玩弄引文。这种方法当然不可能解决复杂的经济和社会问题。为了反驳单独一国建设社会主义可能性，他甚至试图利用马克思和恩格斯。我现在不去过分深入讨论建设社会主义的核心问题，但有几点意见还是必须在这里提出的。季诺维也夫同志引用了马克思和恩格斯写于40年代的著作，并且想要不加任何评论地把它们运用到当前时期。

但今天的形势与40年代相比有着实质差别。对于建设社会主义，甚至对于整个无产阶级胜利，那时并没有最重要的基本条件，没有经济和社会前提。1848年革命危机时期没有一个地方的无产阶级掌握政权，难道是偶然吗？当然不是偶然。不可能不如此，因为那时不具备物质条件，无产阶级在数量上、思想上、组织上都没有成熟。欧洲不具备社会主义革命发展经济基础。这种状况证实了马克思和恩格斯的论断是正确的：欧洲大陆革命如果没有英国革命，只不过是一件没有多大意义的事。这在40年代无疑是正确的。那时欧洲大陆工业很弱，无产阶级更弱。那时不存在真正的无产阶级群众性政党。英国的状况略有不同。英国当时已是一个较大的工业国，无产阶级人数早在40年代已相当多，无产阶级革命群众运动通过宪章运动的形式发展起来。因而英国具备了某些无产阶级革命的先决条件，英国革命已经能够在许多方面改变当时欧洲的革命运动面貌。**但如果把40年代时期与当今帝国主义时期相提并论，即如果把1848年资产阶级革命之前的欧洲与世界大战之后和俄国第一次社会主义革命之后的欧洲相当并论，则是完全错误的**。今天的欧洲是一个社会主义物质前提、包括资本聚集和集中、垄断组织均已具备的大陆；今天的欧洲是一个无产阶级在几个主要国家占人口多数的大陆，是一个存在着已经具有革命传统的工人阶级群众性政党的大陆。只搬弄引文而无视这两个时期的根本差别，意味着不是运用马克思主义，而是亵渎马克思主义的方法。

季诺维也夫同志涉及了新经济政策，可惜的是他说得含混不清，他并没有回答共产国际向他提出的问题，即新经济政策究竟是**什么**，是否像季诺维也夫同志曾一度表述的那样，新经济政策真的是一次**"最大规模的退却"**，并且仅此而已，还是像列宁当年对新经济政策表述的那样，它含有力量重组的因素和为沿着社会主义方向发起一次新的经济大进军进行准备的因素呢？季诺维也夫没有回答这个问题。但他用先前的行动已经对这个问题给出了十分明确的否定答案。说来奇怪，季诺维也夫同志在今天的发言中试图对争议问题给出比俄国反对派先前的发言更加模棱两可、更加含混不清得多的答案。他一反先前对联共（布）进行**气势汹汹的指责**，如今却使出**半遮半掩的暗讽手法**。他没有采取公开进攻方式，而是试图以暗讽、暗示、耍花腔来诋毁联共（布）和共产国际。这种奇怪的方式其实是季诺维也夫同志今天发言的主要特点。

例如，季诺维也夫同志试图"**证明**"**社会主义革命是国际革命**。

他动用了重型炮兵，引用马克思和恩格斯，罗列一大堆列宁语录，以证明世界革命实际上是国际革命，证明我们生活在一个世界经济时代，证明世界市场已由资本主义建成。这一切看起来很学术。但这种学术后面隐藏着一个政治目的。这些引文用来做什么？季诺维也夫同志该不是将断言联共（布）或共产国际曾经声称社会主义革命不是国际革命吧？我们当中有谁说过，我们是生活在民族有限革命时期呢？为了什么目的向联共（布）中央和共产国际执委会扩大全会证明资本主义已经建立世界市场，资本主义国家在国际范围内经济上连结成一体已是事实？论证这些有什么用？有谁否定这一点？这种"旁征博引"并无助于澄清理论问题，而是有着完全特定的政治目的。这个目的就是挑起不信任，引起猜疑，造成一种印象，似乎有人［指联共（布）中央］走上了民族有限革命立场，否定国际联系的存在。这种影射手法意在挑起某些人的不信任，但它永远不会导致真正具有原则性的辩论。

下一项。季诺维也夫同志在这里提到了**资本主义不平衡发展规律**。他断言，这个规律还是马克思提出的，说这是资本主义发展的普遍规律，说这个规律不仅仅在帝国主义时代起作用。这些话都正确，但又有谁唱反调呢？季诺维也夫同志试图制造假象，似乎斯大林同志说马克思不了解资本主义不平衡发展规律。但斯大林同志实际上说了什么呢？他曾断言，这个规律在列宁学说中，在列宁的分析方法中起着根本性作用，从这方面说甚至可以把它称为列宁规律。但他这话是否想说马克思没有见过这个规律呢？绝对不是。斯大林同志是否曾断言这个规律只在帝国主义时代起作用呢？根本没有说过。要知道列宁曾斩钉截铁地、而且不止一次地写到（我就不引述条文了），这个规律是资本主义发展的普遍规律。季诺维也夫同志的论战目的何在？其目的就是**掩盖真正的矛盾**。真正的矛盾在哪里？在托洛茨基和季诺维也夫同志在联共（布）第十五次党代表会议上的言论当中，他们说资本主义不平衡发展规律的作用在帝国主义时代表现更加弱化。斯大林同志断言，恰恰相反，资本主义不平衡发展规律在帝国主义时期正在加剧。斯大林同志的这个论断是否符合列宁的观点？根据季诺维也夫同志今天如此频繁引用的列宁著作中的一系列引文，无可辩驳地证明，资本主义国家在经济上连成一体，垄断组织和金融资本的统治地位，跨国托拉斯的出现，不但没有削弱、反而强化了资本主义不平衡发展规律。

季诺维也夫同志的讲话就是这样，**一个暗讽接着一个暗讽**。季诺维也夫同志推出一个论断，说我们提一国建设社会主义可能性的前景，就是**限定无产阶级斗争只有一个民族前景**。如果把这个论断由暗讽语言翻译成政治含义明确的语言，它意味着什么？它不折不扣地意味着联共（布）暴露出民族主义倾向，意味着它具有民族狭隘性，意味着它隐藏着民族愚钝症（Borniertheit）的危险。

这又是一个暗讽！季诺维也夫同志声称，**必须维护马克思和恩格斯，而不许修正马克思主义**。说得好极了！但我要问，是谁在这里攻击马克思主义，是谁试图修正马克思主义？这个论断意味着什么？这又是半遮半掩的暗讽、半遮半掩的攻击方式。

下一个暗讽是：季诺维也夫同志在这里为我们献上了一项伟大发现：**要假以时日才能建成社会主义**。他得意洋洋地说，**用几个星期或几个月的时间是干不成这件事的**。这是什么意思？季诺维也夫同志打算同谁进行论战？有什么人在什么时候说过？似乎可以用几周或几个月的时间就能组织起社会主义这种荒诞不经的话吗？季诺维也夫同志能否从联共（布）或共产国际的文献中摘出相关的引文呢？不能，季诺维也夫同志这一次在论战中所使用的依然是通过半遮半掩的暗讽来进行诋毁的手法。

下一个暗讽是为了在国际范围内变换花样而采取的。季诺维也夫同志讲述了类似某些德国同志和捷克同志坚持这种看法：**在俄国建成社会**

主义之所以很重要,是因为其他国家的共产党人现在反正什么事也干不成。我认为,季诺维也夫同志有责任用引文来证实这个论断。他引述了那么多马克思、恩格斯和列宁的话,为什么他不摘录**确有其人的**德国同志或捷克同志的看法,为什么他不指明他摘录这一论断的出处?对我们这两个重要的群众性政党提出取消主义情绪和失败主义情绪这样令人发指的指控而又不提出具体证据,是否可以这样做呢?这个论断是对德国和捷克两党提出的无中生有的暗讽,我认为,共产国际应当坚决予以否决。

另一类暗讽也是针对联共(布)的。季诺维也夫同志援引了一份社会民主主义派的报纸,那上面说**斯大林主义的胜利其实不是别的什么,而是更进一步地靠近社会民主主义**。资产阶级报刊也做了同样的报道,——季诺维也夫这样说。这个论断意味着什么?它只意味着,联共(布)由于99%党员的坚强斗志和坚定信念而战胜了反对派,却正在中央的领导下通过这个胜利向社会民主主义靠近。季诺维也夫同志这话是公开说的吗?当然不是。他只不过是引用了别人的话。他同那个社会民主党骗子的引文和文章划清界限了吗?**丝毫没有**……他只是宣读了那篇文章的内容,让我们来下结论。但他这话的意思是说,只有可怜的、受迫害的反对派才代表联共(布)内真正的布尔什维主义。

季诺维也夫同志在他的讲话中还提到了**联共(布)蜕化变质的危险**。他说的是种种趋势,而不是既成事实。没有人否定存在蜕化变质的危险。当然,在联共(布)这个执政党内,在共产党占主导地位的国家内,这种危险是有可能的。但是让我们回忆一下反对派在第十五次党代表会议上的发言吧。反对派在会上的发言中说的不仅仅是**趋势**,而是**既成的事实**。但联共(布)的蜕化变质却不折不扣地意味着:

(1)它已经不再是一个真正的无产阶级政党;

(2)它已经不再为社会主义而奋斗;

（3）它已经不适合在共产国际中起领导作用。

这话十分清楚。**既然联共（布）内出现的"偏差"比我们所有人的偏差都大，它怎么能继续担任共产国际的领导党呢**？共产国际某一个支部所犯的天大错误，比起联共（布）的"资产阶级蜕化变质"、"资产阶化"，也不过是没有什么危险的幼稚病罢了。为此，季诺维也夫同志说，必须进行**自我批评**。他想用这句话缓和一下他提出的令人发指的指控。自我批评是好事，但不是**自杀**。自我批评——请便，但不要自残、自虐。来自反对派的"批评"，如果做到季诺维也夫所要求的程度，就会导致党自杀，它不是"医治"子虚乌有的蜕化变质，而是会葬送党，取消党在共产国际中的领导作用。

季诺维也夫同志指控共产国际，说它不再同右倾斗争了，而只是迫害极左派。季诺维也夫同志断言，他依然故我，从前和现在都一直为反对这些倾向而斗争。季诺维也夫同志说他依然故我，恐怕这话不对。遗憾的是，他变了很多。在这方面，他的讲话也暴露出一连串的错误观点。**第一**，他说列宁教导我们，共产国际应当首先反对机会主义，**机会主义是我们的主要敌人**。这是完全正确的。但如今，当我们在所有国家都拥有共产党之际，在第二国际分裂之后，还可以说机会主义这个主要敌人跻身于我们队伍当中吗？机会主义是我们的敌人，是我们最大的敌人，但它现在不是跻身于共产国际队伍之中，而主要是跻身于第二国际队伍之中。**第二**，因此，要这样提出问题：在共产国际队伍中，必须既反对右的倾向也反对极左倾向。不要把"我主要反对右的危险"或者"我主要反对极左危险"当做"原则"，而必须针对每一种情势和每一个国家而具体地审视最大的危险隐藏在何处，如何同这个危险做斗争。**第三**，季诺维也夫同志是否可以断言，他确实曾经反对过右的危险呢？是的，季诺维也夫同志可以断言，他多年来甚至十分勇敢地反对过这一危险。但就他最近一个时期的活动而言，却必须做出相反的判定。难道季诺维也夫同志不是长期以来拒绝同梅德维捷夫和施略普尼柯夫这些联共（布）内右的危险进行斗争吗？难道他不是长期以来拒绝与德国极右派划清界限吗？因而不能断言季诺维也夫同志最近一个时期同这一危险进行了真正的列宁主义意义上的斗争。**季诺维也夫同志对共产国际领导提出指控，说他们不反对右的危险**，据我看，这一指控对共产国际前领导作了令人匪夷所思的描述。如果说，季诺维也夫同志不再担任共产国际领导的短短几个月之内，共产国际果真变成了机会主义分子团伙，那么，这就是季诺维也夫同志长期担任领导工作的一份很糟糕的成绩单了。但这个指控没有任何根据。难道我们的提纲只字未提右的危险吗？

季诺维也夫同志断言我们没有谴责**波兰党**右的错误。不过，**布哈林**同志关于波兰的提纲是这样说的："波兰的同志们在皮尔苏茨基政变期间犯了极大的、原则性的机会主义错误。"难道这不是对这些错误激烈、极其激烈的谴责吗？难道季诺维也夫同志，或者说，难道仅仅只有**布哈林**同志在提纲中揭发了**捷克报刊**上关于无产阶级专政的错误那篇文章了吗？提纲谴责了这篇文章并呼吁捷共中央采取措施防止这种错误。季诺维也夫同志断言，英国党似乎存在着**顽固**的右倾。但布哈林同志的提纲已经谈到英国党一连串的错误和失误。英国党内的这些错误可以说是"**顽固的**"右倾吗？我看不可以。英国党自己已经认识到大部分错误，在这里公开承认了这些错误，早在它向英国委员会提交的提纲草案就分析并承认了这些错误，难道这不是确有其事吗？然而令人奇怪的是，在可以发现真正"顽固"右派的地方，季诺维也夫同志却突然完全软下来了。他在这里不能否认，**他曾进行过谈判，以争取将已被开除党籍的共产国际危险的右派敌人苏瓦林接纳到共产党内**。令人奇怪的是，正是那个在这里断言共产国际不再反对机会主义危险的季诺维也夫同志发现了反对联共（布）政策的盟友，便立即打算接纳到共产党内。即使作为盟友，苏瓦林对他而言也不算**过分**右倾。这种自相矛盾是没有人敢于承当的。

最后我想讲下面几句话。

即使季诺维也夫同志说我们将建成社会主义（他甚至说我们将满腔热情地建成社会主义），我担心，这个结论作为他在讨论中发言的结束语，对他也只是一句空话而已。**第一**，既然你从理论上论证今日苏联无法建成社会主义；**第二**，既然你断言应当领导这项建设工作的联共（布）开始蜕化变质；**第三**，既然你提出论断，说共产国际本应当领导欧美工人——没有他们支持，建设社会主义是不可能的，——而这个共产国际已陷入机会主义，以致根本无法指望它能够带领无产阶级群众走上革命的康庄大道，既然如此，怎么可以"满腔热情"去建设社会主义呢？季诺维也夫同志给自己那篇讲话定下的基调不是满腔热情，而是悲观主义。怀抱着悲观主义，不相信革命力量，不相信无产阶级力量，对联共（布）的历史性领导作用丧失信心，如此居心叵测地批评共产国际，即不可能在苏联建成社会主义，也不可能带领欧美无产阶级战胜资本主义。

我们这些在季诺维也夫同志领导下长年累月地进行斗争的人们，在他与托洛茨基主义联合起来的时刻，必须同他划清界限。和托洛茨基主义联合的人也不可能再成为共产国际领导人，他不再是列宁主义的代表，他背弃了列宁主义旗帜。（鼓掌）

（会议休会）

第二十次会议

(1926 年 12 月 9 日)

主席：柯拉罗夫

讨论斯大林的报告（续）

主席：

我宣布第二十次会议开幕。

现在讨论斯大林同志报告，由什麦拉尔同志发言。

什麦拉尔（捷克斯洛伐克）：

同志们，我不打算针对季诺维也夫同志引用的大量语录再引用别的语录，我也不打算对他那满篇语录的讲话作理论分析。别人会更好地指出他的论据在理论上站不住脚的地方。我想利用给我的有限时间毫不夸大地谈一谈反对派的活动对外国同志和外国党的影响。

首先我想谈谈我个人的一些印象。我在莫斯科生活和工作已经十个月了。我在这里观察了反对派派别活动的各个阶段。总的印象是：反对派给联共（布）党、无产阶级专政和整个共产国际带来了严重危害。一年来反对派所采取的以及在这里共产国际扩大全会上再次采取的一系列做法违背了反对派发表的十月声明，违背了俄国上次党代会做的决议，严重扰乱了党的业务工作。如果允许反对派继续采取这些做法，那将直接威胁到党的统一。即使在当前这个阶段,这些做法也极其严重地妨碍了党和党的领导机关的正常工作。在社会主义建设开始的这种关键时期,这些做法削弱了无产阶级专政。反对派的发言损害的不仅是联共(布)党和苏维埃政权。反对派攻击并竭力要破坏的是那种能鼓舞全世界无产阶级,即使在客观形势不利的情况下,在资本主义相对和暂时稳定的情况下给他们力量,使他们满怀热情地高举革命斗争的旗帜,坚定忠诚地、毫不动摇地、忘我地、怀着坚定的信念跟随共产国际的旗帜前进的那种精神。

近九个月来,情况并不总是像现在这样。现在人们可以心平气和地谈论反对派。自从莫斯科飞机仪表厂工厂的工人和列宁格勒普梯洛夫工厂的工人给予反对派以坚决反击后才有了这种可能。但是请设想一下,假如俄国无产阶级群众没有经受住这一次考验,假如他们表现得不够成熟,假如跟着反对派走的哪怕只有三分之一的党员和产业无产阶级,那么联共(布)党、无产阶级专政和整个共产国际会陷于何种境地呢?反对派不只是有意识地采取蛊惑人心的手段,它还肆无忌惮地利用生产发展的经济困难和执政过程中的政治困难,利用工人们所真正关注的具体需要来扑灭工人的热情,而这种热情正是为了解决重大任务,为了伟大的牺牲和伟大的目标所不可缺少的。对伟大目标的信心,这也是能给群众和党以力量去克服巨大障碍以达到宏伟目标的现实因素,我们设想一下,在国内战争年代,当14个资本主义国家向苏联发起武装干涉反对无产阶级革命、反对立足未稳的无产阶级政权的时候,我们设想一下,在那种时刻,共产党队伍中出现一些有影响的人物,他们开始破坏群众对胜利的信心。在没有红军、只有由满腔热情的无产阶级队伍组成的志愿军,在领土极其有限以致整个资本主义支持的敌人已经迫近列宁格勒的大门口,来到距莫斯科300俄里的时候,在那个时候谈论坚持和胜利的可能性的话,要对付占有优势的敌人,简直是不可思议的。当时的这种想法就像现在要承认在世界六分之一的土地上建设社会主义一样，可以称之为空想。

（下面有人喊道："完全正确！"）

如果当时有人要扑灭工人炽热的信心所燃起的热情，他就会成为革命的掘墓人。同志们，现在我们大家、全体群众、整个党、整个苏维埃国家、整个国际工人运动也感到需要极大的信心，他们需要极大的勇气。信心和勇气是思想要素，它们必然会化为真正的力量，因此，由于有了坚定的决心和布尔什维克的意志，那些看来类似空想的东西，实际上可以变成伟大的释放性因素，会变成现实的。（鼓掌）

同志们，在莫斯科的九个月里，我有机会看到反对派的手段是如何每日每时地渗透到党的现实生活和十分迫切的日常工作中。我的印象是：甚至不如联共（布）党重要的党、不对世界上大国无产阶级政权的命运和进一步存在负责的党、不担负领导共产国际责任的党，甚至不大重要的党都不能长时间容忍反对派采取这些手段。一部分有影响的同志下定决心要领导反对派来反对党中央。他们不顾任何原则结成联盟。他们不顾任何原则，在每个问题上都提出独特的纲领。只要政治局说某个东西是白的，他们便说那是黑的。为了攻击党内制度，他们把所有被无产阶级专政制度逼得走投无路的人统统网罗起来。他们在工厂里蛊惑人心地说，党中央要提高工资是很容易的，但党中央不想这样做。在目前情况下，为了社会主义建设，提高劳动生产率、劳动纪律、厉行节约是绝对必要的。可他们却说，这样做没有一点社会主义的味道，说在党的领导下根据党的决定和计划所建设的工业带有资本主义性质。他们对工人说，党在工厂里建立的是"行政专制"，说党变成了富农党，党正处于"热月政变"中，等等。反对派的领导同志不考虑党及其领导机关最起码的发挥作用的要求。他们不帮助完成具体任务，不帮助进行日常的实际工作，而只是为了达到派别目的而进行恶毒的批评。他们本来应当团结全党的力量去实现已通过的决议,可他们却一而再、再而三地就党的领导机关已经解决了的问题挑起争论。他们违反中央全会和共产国际中央的决定。他们不断地粗暴地破坏纪律。他们不考虑自己的行为给队伍带来了严重的政治上的困难,产生了组织上的危险。如果他们不是在飞机仪表厂工厂和普梯洛夫工厂完全被孤立,如果他们能够网罗到三分之一的党员和无产阶级,根据我在莫斯科所观察到的情况,我相信,在这种情况下,他们会毫不犹豫地、十分尖锐地把党的统一问题提上议事日程。这些同志没有用联共(布)规范来约束他们破坏组织的活动,他们企图把这些活动扩展到共产国际的其他支部中去。我再重复一遍,没有一个党能长时间容忍这样的反对派;特别是在历史上第一次号召在世界上最大的国家里实行无产阶级专政和建设社会主义的党,更不能容忍这样的反对派。

同志们,这就是一个居住在莫斯科的外国同志对反对派及其所作所为的印象。反对派对外国党有什么影响?这不仅是我个人的意见。我这里有一份书面文件,里面陈述了我国代表团出席全会的一名**成员多布罗沃尔纳**同志的印象。我只选一小段但很典型的话。**多布罗沃尔纳**同志在这个文件中指出,反对派在第十四次代表大会上的发言,受到捷克斯洛伐克个别同志的欢迎,特别是反对派关于富农危险问题的发言。由此可见,我们对反对派没有任何成见。但是,通过进一步了解,主要是反对派后来的派别活动,过去不了解问题实质的这些同志改变了对反对派的观点。多布罗沃尔纳的话是这样说的:

"我们相信,联共(布)拒绝争论、不允许反对派进行派别活动的做法是正确的。我们开始明白,在德高望重的同志的领导下,在联共(布)党内进行的派别活动会葬送无产阶级专政,同时也会丧失在苏联建设社会主义的前提条件。这就会使整个资本主义世界的资本主义和帝国主义的资产阶级大大地增强信心。整整一代的无产阶级会悲观失望并遭受极大的苦难,因为无产阶级专政在苏联失败后,在一段时间内,人们会失去对社会主义建设的可能性和对整个社会主义的信心。到那时再重新组织力量将是十分困难的,情况将会艰难得多,无产阶级的解放将无限期地推迟。反对派的发言在客观上为反革命阵营(从社会民主党人到资产阶级反动派)点燃了强烈的希望"。

同志们,这段话是很典型的。多布罗沃尔纳同志是我们最大的支部之一的中央机关刊物的主编。他密切联系群众,深入群众生活。如果连他对俄国反对派的活动都本能地担心,这是否会导致在苏联推翻我们的政权,如果连他一想到这一点,在他面前就展现出因政权被推翻而给全世界无产阶级带来的恐怖后果,那么依我看,这对于全体同志,特别是对于反对派来说,应当是比最热情的言词更为严重的警告。

我看,这段话已经充分说明了反对派的活动在外国同志和外国党中所造成的情绪。

最后我应当说:这一切应当结束了。共产国际是各个支部的上级机关。反对派的领导同志对自己党的上级机关的决定不满意,他们向国际上级机关发出呼吁。我相信,在全会上也会像在联共(布)党代表大会上那样给予一致坚决的打击。确实,反对派的派别活动应当结束了。联共(布)党的工作、威信和团结,无产阶级专政的利益,共产国际的利益,这不是反对派可以随便当儿戏的小事。反对派不要指望在全会后会有人鼓励他们继续耍派别手腕,不要在反对派纲领基础上加强团结,从而企图在国际范围内组织新的派别活动。反对派在本国党的队伍里已经遭到彻底失败。共产国际全体人员也将给予有力的打击和驳斥。我希望共产国际必定会一致通过决定,对反对派发出最后的严重警告。我再重复一遍:到了永远、坚决地结束这一切的时候了。

托洛茨基（苏联）：

同志们！首先我要求不要限制我的时间。日程表上的问题完全是围绕着所谓托洛茨基主义这个轴心转的。有一位年轻同志恰巧统计了在这个大厅里发言反对所谓托洛茨基主义的发言人名单（这个名单还不全）——布哈林、库西宁、特兰、佩珀、贝尔奇、施特恩、布兰特、雷梅尔，更不用说斯大林同志长达三个小时的报告了。

在这里即将结束的争论是十分独特的。今年1月我党中央曾致函各兄弟党，信中写道：

"联共（布）中央**完全一致地**认为，不希望把俄国问题的争论带到共产国际里来"。

因此，这次共产国际内的争论没有进行，至少我们没有参加。有人想在这里以指责托洛茨基主义来结束这场没有正式公开的争论。

托洛茨基主义的理论是违背我的意愿、我的信念和我的真实观点的，是人为地臆造出来的。为了向大家证明，我并不是强加给我的托洛茨基主义学说的政治上的责任编辑，我请求不要给我限制时间（至少两个小时）。

（给托洛茨基同志一小时时间。）

同志们，我现在就这个重要问题发言，虽然在今天我们党中央的机关报《真理报》上可能看到一篇社论。社论中只有一点是事实，即季诺维也夫同志在这里发了言。这件事被说成是企图进行派别活动。我认为这是不对的。共产国际扩大执委会根据里泽同志的建议〔让联共（布）反对派的代表发表意见〕所做的决定完全是根据另一种精神制定和通过的。台尔曼和埃尔科利同志发言的意思完全不一样。今天宣布的我们党中央的信中并没有说，我们的发言违背了十月十六日的声明。不，不是这样的。然而，如果中央委员会发表了这样的声明，我也就不要求主席团让我发言了。是的,党中央说过,我们的发言可能会重新挑起派别斗争。但是**党中央让我们自己作决定**。党中央的声明中指出,在第五次代表大会上,尽管向我直接提出建议,但我仍拒绝发言,因为我已经就我们党第十三次代表大会上对有争议的问题发表过意见。但是,同志们,在这个问题上我应当指出一个事实:**第五次代表大会在决议中指责我,恰恰是因为我不想发言**。决议中说,我以冠冕堂皇的理由拒绝在共产国际上级机关面前陈述自己的观点。

如果说季诺维也夫同志和我声明,说我们的发言并不是控诉,那么,我们只是借此表明一个相当明确的思想:第一,我们不作任何决议,既然说到我们的意图和我们的行动,我们就力争做到,我们所表达的思想不致将共产国际里同情我们的人推到派别斗争的道路上,恰恰相反,我们要提醒他们,不要参与派别活动,说我们的发言本身就是违背了我们十月十六日声明中所承担的义务,这是不正确的。因为十月十六日声明所承担的义务以及党中央的答复为我们提供了通过党章所允许的正常途径来捍卫我们思想的充分的可能性。

同志们,我已经说过,争论的轴心是所谓托洛茨基主义。我们尊敬的主席错误地解释了我的意思。他把事情说成,似乎我自己要求成为争论的中心,完全不是这样的。这里谈的是政治问题,而绝非个人问题。但是如我所说,这个政治问题是违背我的意愿,是完全不正确的,是人为地强加给我个人和我的名字,不是由我而是由批评我观点的人强加上去的。

斯大林同志的报告,至少是第一部分(遗憾的是,我只看到今天《真理报》刊载的第一部分),这个报告,我认为完全是**把反对派归罪于托洛茨基主义**。这些责备的根据是从几十年来政治活动和新闻活动中摘出的语录,并企图用各种逻辑推理的诡计,从早已在事件进程中解决了的旧的争论中,找出当今经济生活和社会生活中崭新的阶段里,我们和整个共产国际所面临问题的现成答案。而这个人为的臆造所依据的仍然是这一事实：我多年来的政治生活和政治活动是在布尔什维克党外进行的，在某些时期曾激烈地反对布尔什维克党和列宁的极其重要的观点。这对我是不公正的！我加入了布尔什维克党，当然是"无条件的"，因为布尔什维克党的纲领、策略、组织和党所固有的属性都是无条件的，仅这一事实就可以证明，我与布尔什维主义格格不入的东西已留在党的大门之外了。

（雷梅尔喊道："怎么可能把这种东西留在党的大门之外呢！"）

当然了，同志们，不能像雷梅尔同志那样从字面上来理解这一点。我的意思是，我在政治生活的过程和经验中消除了意见分歧，我本人活动中的非布尔什维克的因素，当我跨进党的大门之前，已经被事实和由事实得出的思想经验克服掉了。当然，我非常赞同雷梅尔同志（以及所有其他的同志）有权自认为是优秀的布尔什维克、最革命的共产主义者，但是问题不在这里。我要对自己的政治生活道路负责。党了解我仅仅是作为自己的党员，我也仅仅是以这个称号在这个讲坛上捍卫某些思想的。

我在布尔什维克党外时期，我们的意见分歧是相当大的。这里只举出主要的几点。这些意见分歧涉及对俄国社会阶级关系的具体看法，以及由此产生的对近期革命前景和革命由民主主义阶段向社会主义阶段过渡可能性的具体看法。与此有关的是所谓不断革命的问题。另一方面，意见分歧涉及党的建设和如何看待孟什维主义的方法和手段。在这两个问题上（我就此发表过书面声明），不是所有在这里反对我的同志是正确的。但是列宁、他的学说和他的党反对我是绝对正确的。为了回答在这方面有怀疑的同志，我曾写过：

"我们的出发点是：经验确凿地表明，无论在多少个原则问题上，不管是谁在什么地方与列宁发生分歧,正确的绝对是弗拉基米尔·伊里奇"。

我接着写道:

"在无产阶级与农民的关系问题上,我们完完全全站在列宁根据1905年和1917年革命经验和社会主义建设经验所创立的理论学说和策略学说的基础上"。

当前人们完全人为地、违反事业利益地挑起争论的那个理论——不断革命论,在我没有看到这个理论的缺点时,我不能把它理解为是一门对任何革命都适合的放之四海而皆准的学说,用马克思在一封信中的话说,是超历史的理论。我的不断革命的观点在当时是与俄国历史发展的某一阶段有关。我只知道唯一的一部文学著作(而且还是最近几个星期才知道的)。这部著作企图从这一理论出发创立一门放之四海皆准的学说,赋予它修改列宁的理论观点的特点。我给你们谈一下这段话。没有必要说明,我同这种解释绝对没有任何共同点:

"……在1905年—1906年具有民族局限性的革命条件下产生的俄国布尔什维主义,应当经过宗教洗礼清除掉民族独特性的典型特点,以便获得国际思想的公民权。1905年列·达·托洛茨基对布尔什维主义的民族特性做了理论上的清洗工作,他试图用欧洲不断革命的思想将俄国革命与整个无产阶级的国际运动结合起来。"

这不是我写的,不是的。这是1918年一位名叫曼努伊尔斯基的同志写的。

(曼努伊尔斯基喊道:"我写的是蠢话,可你却重复它。")

蠢话?完全同意你说的话。(笑声)但是,同志们,你们无论在什么情况下都不应对曼努伊尔斯基表示担心,虽然他被迫把自己的意见说成是蠢话是不愉快的。然而,曼努伊尔斯基同志毫无根据地给我写上一

笔伟大的英雄业绩,他还会马上给我写上二三个同样受之有愧的错误,这样一来前后就平衡了。(笑声)

同志们,近年来我又一次遇到了不断革命这个理论,而且正是以后来经常强加给我的那种可笑的形式遇到的。这是在第三次代表大会上。请回忆一下就我关于国际形势和共产国际的任务的报告问题展开的那场争论。当时人们责备我,说我好像为取消派辩护,虽然我为他们辩护是完全与列宁一致而不同于大多数同志。大多数同志认为,战后资本主义的危机将不断发展和日益尖锐化。我的看法是,我们应当考虑到可能出现的稳定趋势,考虑到暂时的变化,也就是说,考虑到资本主义经济的暂时好转,我们应当由此得出策略上的结论,我的看法当时几乎被某些极左派分子斥为是半孟什维主义。这样做的首先就是佩珀同志,我记得他当时在国际舞台上的初露头角。

(佩珀喊道:"你们当时是迫不得已才采纳了我对决议的建议!")

是这样?因为佩珀同志(尽管给我的时间有限)在主席团的座位上打断我的话,那么我应当提醒大家,我知道佩珀同志的三个福音。他在第三次代表大会上宣布的第一个福音是:俄国革命需要不间断的革命,即在西方有不断革命的积极性。因此佩珀就捍卫了马尔托夫行动(1921年在德国)的错误策略。

后来佩珀同志到美国去了,从那里给我们带回了第二个福音:共产国际应该支持拉福莱特的资产阶级政党,因为美国的革命据说将不是由工人,而是由破产农场主来完成。这就是他的第二个福音。

他的第三个福音,我们是现在才听到的。就是说俄国革命既不需要美国的农场主革命,也不需要德国的马尔托夫行动。因为俄国革命本身,从它的内部就可以建成完全的社会主义。总而言之,仿佛有一种适合在俄国建设社会主义的门罗主义。这就是佩珀同志的第三个福音。尽管我满头白发,我仍准备向佩珀学习,可是我无论如何也不能每隔两年就像这样彻底地从头学来。

　　同志们，我基本上不认为看履历的方法可使我们解决原则问题。毫无疑问，我在许多问题上犯过错误，尤其是在我反对布尔什维主义的时候。但是，难道可以由此得出结论说，不应当根据其内涵，而是根据履历来观察政治问题，因为不然的话，就要求**全体**代表填写履历表了……我个人就可以举出许多先例。有一个叫弗兰茨·梅林的人，他在德国生活和斗争过，他与社会民主党（几年前我们都叫做社会民主党人）进行了长期坚决的斗争，变得相当成熟后才加入社会民主党。起初他作为敌人（不是资本的走狗，而是思想上的敌人）撰写了德国社会民主党的历史，后来他作为一个忠实的朋友将这本历史书改写成一部关于德国社会民主党的优秀著作。另一方面，考茨基和伯恩施坦从来也没有公开地反对过马克思，他们两个人都长期受到弗里德里希·恩格斯的鞭笞。此外，我们还知道，伯恩施坦是恩格斯遗嘱的执笔人。然而，弗兰茨·梅林死后作为马克思主义者、共产主义者被埋葬，而另外两个人（考茨基和伯恩施坦）直到现在还像改良主义的狗一样活着。一个人历史上的因素固然重要，但它本身什么问题也解决不了。

　　我们任何人都没有无可挑剔的清白无瑕的历史。列宁在世的时候犯的错误比谁都少，但是他也有错误。而我们只要反对列宁，我们总是不对的，因为这是重要的原则问题。

　　斯大林同志在这里列举了别人的错误，却没有谈自己的错误。如果说，由于"不断革命论"不同于列宁的根本观点，是不正确的，那么，其中也有一些观点是正确的、使我有可能达到布尔什维主义的东西。尤其是在取得与布尔什维主义进行斗争的经验之后，"不断革命论"并未妨碍我1917年在美国制定出一条与列宁向党提出并贯彻实行的大体上相同的路线。斯大林同志在二月革命之后制定了一条错误的策略（在《真理报》上发表的文章中以及关于有条件地支持临时政府的决议中），列宁称之为考茨基倾向。斯大林同志后来在民族问题、垄断对外贸易问题、党的专政问题以及其他问题上犯了重大错误。但是，我认为，他在这里所犯的最大的错误是他的一国社会主义理论。

这个问题的来龙去脉季诺维也夫同志已转述得非常好。我完全相信，每一个想下功夫认真研究问题的人（当然不是形式地、仅仅根据语录，而是根据摘用语录的那些著作的精神），都必然会得出结论：**马克思主义和列宁主义的传统完全在我们一边**。然而，单靠传统是解决不了问题的。可以说：根据马克思主义的观点，我们认为有必要重新考虑（修正）以前关于一国是否有可能建成社会主义的决定。让人们这样去说吧！可是我看不到任何根据。依我看，原来的决定仍具有其意义。我认为，这个题目越是讨论下去（而这是对整个共产国际非常重要的问题，而且我正是因此才认为有责任在这里发言），这个题目越是讨论下去，这个新理论的预言家们就越会与我们学说的基本真理产生矛盾，与我们工作的政治利益产生矛盾。

同志们，这个理论的前提是**帝国主义发展不平衡的规律**。斯大林指责我不承认或不充分承认这条规律。不对！发展不平衡的规律不是帝国主义的规律，这是整个人类历史的规律。资本主义发展在其第一个时期就在各民族经济与文化发展水平之间拉大了距离。帝国主义的发展即资本主义的最高阶段没有加大这个距离。相反，在某种程度上促进了这些差距的消灭。这种差距任何时候也不可能完全消灭。发展速度的不同将一次次地阻挠这种差距的消灭，这就使得帝国主义在一定水平上保持稳定是完全不可能的。列宁把不平衡规律概括为两点：一是**速度**；二是各国经济和文化发展**水平**。说到速度，帝国主义已经使这种不平衡发展到相当的高度；说到各资本主义国家的发展水平，恰恰是由于不同的速度导致了某些均等化的趋势。谁不懂得这一点，谁就不懂得整个问题的根源。就以英国和印度来说吧。印度某些地区的资本主义发展比英国最初资本主义发展要快得多。但是今天英国与印度的差别，经济上的差距与50年前相比，是扩大了还是缩小了呢？缩小了。再以加拿大、南美、南非为一方，英国为另一方进行比较。加拿大、南美、南非最近一个时期发展速度十分迅猛。英国的"发展"是停滞不前，甚至是倒退。因此，速度比历史上任何时候都不平衡。但是，与30年或50年前相比，如今这些国家的发展水平是接近了。由此得出什么结论呢？非常重要的结论。最近一个时期，一些落后国家的发展速度很快；另一方面，一些老牌资本主义国家的发展速度减缓乃至倒退。正是这一事实使得考茨基关于有计划地组织起帝国主义的假想完全没有实现的可能。顺便说一下，这也是因为，既然这些国家在水平上接近（然而绝不会达到平衡），它们就有同样的发展需求（销售市场、原料等方面）、同样的竞争，也正因为如此，战争的危险重新变得更加尖锐，战争本身就应该达到极大的规模。但也正是这一点使无产阶级革命具备和加深了它的国际性质。

同志们，世界经济不是一个简单的概念，而是近二三十年来落后国家和各个大陆加速发展的现实。这是一个基本的事实，也正因为如此，**企图割断某一个国家与整个世界经济之间的联系和相互关系来研究这个国家的经济命运和政治命运，是完全错误的**。发展不平衡规律完全是针对一国社会主义的理论的。

帝国主义战争是什么？这不仅是生产力对资产阶级所有制形式的反抗，而且也是生产力对资本主义国家规范的反抗。帝国主义战争意味着这样一个事实：生产力已经忍受不了国家规范的束缚。我们总是强调，资本主义没有力量控制其发展起来的生产力。只有社会主义才能把超越资本主义国家规范的生产力引导到更高的经济整体中来。回到孤立的国家是没有出路的！

革命前、战争前的俄国是什么国家呢？它是一个孤立的资本主义国家吗?不,它是资本主义世界经济的组成部分。这是问题的根本。谁忽略这一点,谁就会忽略整个社会和政治利益的基础。为什么俄国经济落后,还参加了世界大战?因为俄国通过金融资本把自己的命运与欧洲资本主义的命运牢牢地联系在了一起。俄国当时没有别的出路。同志们,我要问你们:是什么使俄国工人阶级掌握了政权?首先当然是农业革命。没有农业革命、没有"农民战争"(列宁天才地预见到这一点并从理论上加以论证),无产阶级在我们国家掌握政权是不可想象的。但是,难道在其他革命中农民革命能使无产阶级掌握政权吗?充其量只能是资产阶级掌权。而我国资产阶级为什么没有掌权呢?因为它是世界资产阶级的组成部分,因为它在掌权之前就同帝国主义资产阶级一道走了下坡路。也就是说,资本主义俄国是世界帝国主义的组成部分,因而是帝国主义链条上最薄弱的一环。如果旧俄国是孤立的,如果俄国处在世界发展之外,处在帝国主义之外,处在世界无产阶级运动之外,如果金融资本没有在俄国经济中占统治地位,马克思主义没有在其无产阶级先锋队的精神方面起统治作用,俄国就永远不能"用自己的手段"如此迅速地走向社会主义革命。如果认为工人阶级掌握政权后可以像切断电源那样切断本国与世界经济的联系,那么,这样想是根本错误的。

社会主义的前提是重工业和机器制造业,这是社会主义最主要的推动力,我希望大家都同意这一点。我们问问自己:我国工厂的技术装备情况怎么样呢?据这个问题的专家瓦尔扎尔的统计,战前俄国工业装备中进口机器占百分之六十三。只有三分之一的装备是国产的。而且这三分之一都是简单机器,因为复杂的和重要的机器是从外国购买的。如果你们观察一下我国工厂的技术设备,你们就能亲眼看到,俄国(也是苏联)在物质上是依赖世界经济的。谁若不注意问题的这个方面,议论这个问题时忽视它的经济技术基础和世界经济政治关系,谁就必然要被单纯的抽象概念和偶然摘引的语录所左右。

近十年来，我们几乎没有更新我国工业的固定资本。国内战争时期和军事共产主义时期我们完全没有进口机器。显然，这就使某些人以为，我国工业的技术装备是我们的天然财富，以为在"天然的"基础上可以继续孤立地将社会主义完全建成。然而这是幻想。我们处在所谓恢复时期的末期。我们已接近战前水平。但是，**恢复时期的结束，同时就是恢复我国与世界经济物质联系的开始**。我们应当恢复我们即将度过危机的固定资本。谁要是认为，我们能够在最近几年内依靠自己的力量生产全部或大部分装备的话，他就是幻想家。党的第十四次代表大会提出，党的最重要的任务是国家工业化，这意味着在最近和相当长的一段时期内不是减少，相反地，而是增加我国与外部世界的联系，因而也就意味着我国更加依赖（当然是相互的！）世界市场、依赖资本主义、依赖资本主义的技术和经济的独立性，意味着同世界资产阶级的斗争日益加剧。这就是说，不能把我国建设社会主义的问题与这段时期内资本主义经济中出现的情况割裂开来。这两个问题是相互联系的。

如果有人对我们说："但是，亲爱的朋友们，你们自己也能生产机器"，那么我就回答："当然，如果今天整个资本主义世界崩溃了，那我们再过二十年就能比现在生产出更多的机器"。如果我们想从资本主义世界（然而资本主义世界是存在的）"得出抽象概念"，如果我们给自己提出在近期用自己的双手生产全部机器，或者至少生产出最主要的机器的任务，也就是说，如果我们想要忽视世界经济中的劳动分工、跨越我国建成目前这种工业的前一个经济阶段，如果我们要走上面提到的门罗主义和社会主义道路，想用自己的双手创造一切，那就意味着我国经济发展的速度必然要大大减缓。因为不去利用世界市场来补充我们设备的缺陷，就会使我国的发展变得十分缓慢，这是很自然的。同时，**发展的速度是决定性的因素**，因为我们在地球上不是一个。孤立的社会主义国家暂时只存在于新闻撰稿人和决议起草人的幻想之中。实际上，我们的社会主义国家总是（直接或间接地）在一定程度上处于世界市场的监督之下。问题的根本就在于此。发展的速度不是任意规定的。速度是整个世界经济为我们决定的，因为世界经济最终要监督它的每一部分，即使这一部分是处在无产阶级专政下或正在建设社会主义经济。

为了使我国实现工业化，我们需要进口机器。农民则需要出口粮食和其他产品。如果不出口，就不能进口。另一方面，国内市场消化不了农民生产的全部产品。因此无论是农民的需求还是工业的需求都再次迫使我们融入世界经济。因此，我们与世界经济的联系，也就是斗争将日趋激烈。我们将逐渐摆脱军事共产主义时期的孤立状况，逐渐融入世界经济联系和相互关系的体系。谁要是避开我国经济与世界资本主义经济"合作"和斗争这一事实来谈论一国内建设社会主义的理论，谁就纯粹是在搞形而上学。

同志们，迄今围绕这个问题所进行的相当片面的争论还是取得了好的结果：这一争论使斯大林同志较明确地阐述了他的思想，因而也就暴露了他的观点不是完全站得住脚。就拿斯大林同志报告第一部分最主要的一点来看，站不住脚的论据就像白纸上写黑字一样清楚。斯大林同志说：

"社会主义在苏联的胜利是否可能呢？如果用具体的阶级语言解释这一公式，建成社会主义是什么意思呢？在苏联建成社会主义就是在斗争过程中用本身的力量战胜苏联本国的资产阶级。……（请注意这个思想！——列·托）因此，当人们说在苏联有没有建成社会主义的可能时，也就是说苏联无产阶级不能用本身的力量战胜苏联的资产阶级。在解决我国建成社会主义的课题时，问题就是如此，而且只能如此。党对这个问题的回答是肯定的。"[1]

---

[1] 《斯大林全集》中文版第9卷第20页。——编者注

因此这里问题就归结为，我们是否能战胜**本国的**资产阶级，似乎解决建成社会主义问题的关键就在于此。不，不是这样。建成社会主义的前提是消灭阶级，是用社会主义的方法来组织生产和分配，代替阶级社会。问题在于克服城乡之间的矛盾，这就首先要求使农业本身高度工业化。而且这一切是在资本主义继续包围的条件下进行的。不能把这个问题与只是战胜国内资产阶级的问题混为一谈。

在不同的情况下我们对"社会主义的胜利"这几个字的理解是不一样的。例如，1915年列宁谈到西欧时说，个别国家的无产阶级可以取得政权、组织社会主义生产。然后同其他国家的资产阶级进行斗争。他这里所说**组织社会主义生产**指的是什么？近几年来，我们所有的一切——大大小小的工厂都是从资产阶级手里夺过来的。我们采取了一些必要的措施，以确保由国家来安排生产，因此人民才能够生活、建设、保卫自己不受资产阶级国家的侵犯等。这也是社会主义的胜利，也是组织社会主义生产，只不过是初步的胜利。然而，这离建成社会主义社会还很远。我再重复一遍，因为真正建成社会主义意味着消灭阶级，然后是国家的消亡。而斯大林同志说，我们能够保证在我国建成社会主义正是指通过仅仅战胜我国国内资产阶级这个意义而言。但是，同志们，我们需要国家和军队来抵御外部敌人。也就是说，只要存在世界资产阶级，就无论如何会存在这个因素。那么，能不能以为，我们可能**在欧洲无产阶级取得政权之前**，仅凭我国自己的经济和文化资源使无产阶级和农民融入统一的社会主义计划经济之中呢？上面已经说过，为此我们必须大力发展技术，其前提就是不断增加粮食出口，不断增加机器进口。**机器在世界资产阶级手中，而世界资产阶级是我国粮食和原料的买主。**世界资产阶级暂时还操纵着世界价格，因此我们在某种程度上还依赖它，要同它斗争。为了克服这种依赖性，仅仅战胜本国资产阶级无论如何是不够的，因为这里问题指的不是资产阶级的政治压迫（政治上我们已于1917年在我国将它推翻），问题指的是在资本主义包围中，也就是在同世界资产阶级的斗争中（经济的、政治的和军事的斗争中）建设孤立的社会主义国家。只能通过这种办法来使这个孤立的、暂时还非常落后的国家的生产力变得比资本主义的生产力更强大。因为，既然谈到要完全建成社会主义社会不是一年、十年，甚至不是二十年，而是好几十年，那么，只有当我国的生产力超过资本主义的生产力时才有可能达到这一点。因此，问题不在于民族无产阶级与民族资产阶级的斗争，而在于**一个孤立的社会主义社会与世界资本主义体系的你死我活的斗争**。只能这样提出问题。

现在我们接着往下看：

"假如这是不正确的，假如党没有理由断定说，虽然我国在技术上比较落后，但苏联无产阶级能够建成社会主义社会，那么党就没有理由（理由？——列·托）继续掌握政权，它无论如何应当放弃政权并转到在野党的地位。"①

斯大林接着重复说：

"因为二者必居其一：或者是我们能战胜本国'民族'资产阶级，能建设社会主义，并终于把它建成，那么党就应该继续掌握政权，领导国内社会主义建设，以期社会主义在全世界获得胜利；

或者是我们不能用本身的力量战胜本国的资产阶级，那么，鉴于不能立即（为什么立即？——列·托）得到外援，即其他国家革命胜利的支援，我们就应当老实地公开地放弃政权，而采取在苏联组织未来的新革命的方针。党能不能欺骗（为什么欺骗？——列·托）自己的阶级即工人阶级呢？不，不能。这样的党是要被肢解的。正因为我们党没有权利欺骗工人阶级，它就应当直截了当地说：对我国建成社会主义的可能性缺乏信心（不是失败，而是失去信

---

① 《斯大林全集》中文版第9卷第21页。——编者注

心？——列·托）就会使我们党放弃政权，使我们党由执政党的地位转到在野党的地位。"①

这完全是错误的。同志们，列宁关于这一点是怎样说的呢？

（主持会议的柯拉罗夫提醒发言人他时间已到。）

但是你们对我说，我可以像季诺维也夫同志那样有一个小时的时间。何况季诺维也夫延长到 1 小时 35 分钟。（笑声）我希望也给我这么多时间。

我恐怕还没有说到我想说的一半。当然，你们完全可能不让我把话说完。但是我现在正准备谈最关键的问题。

同志们，我们经常说我国革命是世界无产阶级革命的组成部分，世界无产阶级革命可能推迟一段时间，但世界无产阶级革命的胜利是有保障的，因而我们的胜利也是有保障的。我们经常痛斥那些爱国的机会主义者，他们极力主张社会主义的命运似乎与他们个别的国家相联系——不管这些爱国主义者是否在向革命献媚，还是像他们大多数人那样彻底放弃了革命而站在改良主义的纲领上。另一方面，我们经常说，如果情况使一个国家的无产阶级有机会向前迈进、掌握政权、进行社会主义建设或者武装进攻的话，或者更准确地说，具备所有这些条件的话，那么，这个国家的无产阶级就没有权利等待另一个国家，因为世界革命就是这样进行的。**我们党作为无产阶级的领导者掌握了政权，我们正在建设社会主义，我们在这方面为世界无产阶级作出了伟大的榜样，我们在社会主义道路上使我国在经济和政治上更加强大，——所有这一切对我们大家来说都是自然而然的事。难道争论的是这些吗？** 但是，正因为如此，我们以自己的建设参加到世界革命的胜利的发展之中，组成了世界

---

① 《斯大林全集》中文版第 9 卷第 21 页。——编者注

无产阶级和世界革命的一部分,正因为如此,我们不能要求什么特别的保证,说我国的建设社会主义**不依赖于世界革命**。那么说,如果要求(谁?)作出这样的保证而得不到的话,我们就应当退位,制造部长危机,转到苏维埃国家在野党的地位。这样提问题难道不是极端错误的吗?

斯大林本人未必像他在自己报告中所说的那样考虑问题。否则他也早就退位了。要知道,直到昨天以前情况是怎样的呢?季诺维也夫同志已经在这里引用过1924年斯大林的讲话,可是我还要再引用一次。如果不事先作出有可能在单独一个国家中建成社会主义的保证,我们就应当自愿让出政权,那么我要问的是：1924年斯大林同志自己的情况又是怎样的呢?1924年不是在基督诞生之前,也不是在帝国主义时代之前,当时好像还不知道发展不平衡的规律,而仅仅是两年之前。我再次提醒一下,斯大林同志当时是这样写的：

"为了推翻资产阶级,一个国家的努力就够了,这是我国革命的历史给我们说明了的。为了获得社会主义的最后胜利,为了组织社会主义生产,单靠一个国家的努力,特别是象俄国这样一个农民国家的努力就不够了,——为了达到这个目的,就必须有几个先进国家中无产者的共同努力。"①

是的,可是1924年我们并没有准备交出政权,也并没有转向工人国家在野党的地位。好好想一想这个问题吧!如果我们党的传统、布尔什维主义、列宁主义过去和现在确实经常要求人们相信,没有国际革命,有可能在一个国家,而且是落后的国家里建成社会主义,如果不承认这一点就是"社会民主主义者"的话,那么,斯大林根据他个人的经验应当知道我们党的思想传统,他又怎么能在1924年写出这样的话

---

① 《斯大林全集》中文版第8卷第60—61页。——编者注

呢？请给我解释一下！

这里还有一个谜。现在我给你们看一本小册子，里面写着列宁共产主义青年团的纲领和章程。如果有人想看的话，我可以把它放到主席团的桌子上。这个纲领是 1921 年 9 月我们党为了领导和教育我国整个青年运动所通过的。共青团纲领的第四章是这样写的（我请你们注意地听，尤其是青年共产国际的同志们，因为我们苏联共青团是青年共产国际的一个支部）：

"在苏联，国家政权已经掌握在工人阶级手中。经过三年**反对世界资本的英勇斗争**，工人阶级捍卫并巩固了自己的苏维埃政权。俄国虽然拥有丰富的自然资源，却仍然是一个工业落后、小资产阶级居多数的国家。**俄国只有通过世界无产阶级革命，在我们进入世界无产阶级革命发展的时代才能走向社会主义。**"

这是什么？悲观失望？缺乏信心？也许是托洛茨基主义？我很难回答。可是这一切写进了现在拥有 200 万年轻工人、农民的我国青年组织的纲领。人们为社会主义在一个国家内建成这个新理论辩解时说："我们应当给我们的青年一代指出前景"（这是斯大林同志最喜欢用的论据），"否则，没有这个前景青年一代就会陷入悲观失望、缺乏信心，甚至会陷入托洛茨基主义"（做梦也没想到，时至今日竟会陷入托洛茨基主义）。那么试问：既然共青团有了这种"托洛茨基的"纲领已经 5 年了，怎么还没有发生这些不幸的事呢？

（主席摇铃示意发言人时间已到。）

我总是在最有意思的地方被打断。请主席团和全体会议为我提供哪怕是上面提到的那 35 分钟时间。

（主席：您已经超时了。）

你们不听完发言就对你们提出的决议进行表决，我感到相当遗憾，但是除了顺从以外，我无能为力，可是，我正准备讲的基本论点，虽然没有讲出来，但客观上具有说服力。这还不是我们共产国际的最后一次会议。尽管你们将一致通过决议（这是毫无疑义的，尤其是在今天什麦拉尔同志发言之后，他十分熟练地指责我们是社会民主主义倾向），然而事实俱在。事实将具有说服力，我们的论点也会从事实的力量中汲取新的力量。这个问题还会在我们共产国际的会议上提出，我毫不怀疑，如果不是我，还会有另外的人在共产国际面前阐述你们今天没有让我讲完的、然而对于这个最重要的问题是具有充分说服力的那些论据。

布哈林（苏联）：

同志们！我首先想对托洛茨基同志的发言简单地发表几点意见。我结合季诺维也夫同志的发言仔细分析了托洛茨基提出来的最重要的问题。我指的是，托洛茨基同志说季诺维也夫同志"出色地证明了"我们的观点是错误的。

首先说一点带有**形式主义**性质的小意见。托洛茨基同志在这个讲台上说，他不准备向共产国际控诉，他只是想捍卫自己的"思想"。但是，关于这些"思想"存在着一定的政治分歧；我们的党已经解决了这些分歧的大部分。**现在捍卫这些"思想"就意味着违反我们党的决定去捍卫它们**。自然，托洛茨基同志在形式上有权利这样做，但是这在德语里以及其他各国语言里都叫做**控诉**。

谈到第五次世界代表大会上的情况，那么，**第五次代表大会邀请了托洛茨基同志讲话**。因为他没有发言，所以他的沉默在一定程度上受到了谴责。但本次全会和全会主席团没有邀请托洛茨基同志。因此，从形式上说，情况完全不同。如果托洛茨基同志一般地提到第五次代表大会，那么，他最好不要在这次代表大会所通过的决定上沉默，尤其在托洛茨基主义问题上。托洛茨基同志指责第五次代表大会，无论如何是没有好处的。

第二个意见是关于**不断革命论**。托洛茨基同志在这里声明，在列宁与其他同志的各种重要分歧上，列宁在原则上总是正确的，这是对的。我们认为，在所有那些发生意见分歧、而且列宁完全正确的那些问题中也包括不断革命论。但是，托洛茨基同志在今天的发言中说他只发现不断革命论的一些"缺陷"。他说，以前他没有发现不断革命论的这些毛病。客气地说，这相当不清楚，如果您讲的只是一个本质上正确的理论的一些"缺陷"和一些毛病，显然，这个理论总的来说仍旧是没有受到触动。不错，托洛茨基同志说，经验证明，这个理论有一些缺陷。但这只是**缺陷，仅此而已**。可以说，托洛茨基同志是作了个说明。但我认为，承认这一点还远远不够。**托洛茨基同志全面评价这个理论时，从未声明过这个理论是不对的**。我们过去没有听到这样的声明，我认为在托洛茨基同志今天的发言中我们也没有听到。这是第二点意见。

我的**第三个**意见可以一带而过。托洛茨基同志在这里说过，研究个别同志的个人历史没有意思。但他说完此话后就立即叨叨不休地谈论起曼努伊尔斯基和佩珀的历史。谈到佩珀同志的历史，尤其是谈到他鼓吹将门罗主义理论用于苏联的社会主义建设时，在这里托洛茨基同志影射的当然不只是佩珀同志，而是另外一些同志。但是假如我们在社会主义建设的范围内，在苏联将生活得像"门罗主义真理"下的美国那样（从资本主义的观点来看），那倒也不错，那我们现在就该考虑我们的扩张政策了。

谈到托洛茨基的历史，他的生活和事业，顺便说，他说他在美国时就支持过列宁的路线，差不多是走在这条路线前面。这是不对的，可以说，我恰恰是提出相反意见的证人。托洛茨基同志（我想他不会反驳这一点）在美国是**齐美尔瓦尔德左派的激烈反对者**。他曾多次带讥讽口吻地问我：你们北极有没有齐美尔瓦尔德左派（虽然大家知道，美国不在北极）。托洛茨基同志的这一立场是最重要的分界线，说明托洛茨基同志在美国是齐美尔瓦尔德左派的坚决反对者。可现在把这说成是"贯彻列宁的政策"。还是客气一点说,这与吹了一个不太小的牛皮相比,是"与事实稍有偏差"。

现在谈一谈**发展不平衡**的问题。托洛茨基同志在发言中说,我们这里也有消灭差别和世界经济增长过程,等等。这就像二乘二等于四这个众所周知的真理一样。谁也不会有争议。接着,托洛茨基同志把问题说成是,好人斯大林同志在他的报告中完全**忽略**了消灭差别的趋势。这是不对的,任何人也不会这样看。

由于托洛茨基同志这样过分简单地对待这个问题,他在评论我们苏联的形势时又是过分简单地来说明这个问题。他的主要论点是:我们越发展得快就越多地依赖世界经济。在这里他划了句号。这只有**一半正确**,因此是**不正确的**。为什么?我国发展的这一过程与世界市场的关系是完全矛盾的:一方面,我们**越来越依赖**世界经济,而另一方面(看来似乎是反常的),我们变得**更加独立**,由于利用了我们国外资本主义的联系,我们的经济基础变得更牢固了。这是辩证的矛盾。不能看到过程的一半而完全忘掉另一半。这样提出问题是**不正确**的。如果我们只抓住托洛茨基同志对苏联形势看法的一半,我们将会得出什么前景?

这个前景就是**苏联将变成世界资本主义经济的组成部分和附属品**。

(下面有人喊道:"说得对!")

不会是别的什么前景。可这是托洛茨基同志整个逻辑体系中决定性的因素。当然,旧俄国是依赖于外国资本的,这是绝对正确的,二二得四嘛!我们进口了各种机器,二二得四!我们出口了粮食,二二得四!听托洛茨基的演说是很愉快的,但对他所说的严肃性则全然不能相信。

然而,托洛茨基同志又举出一个论据。他说,**不应当贬低我国的经济史**。一个革命者能不能说出这种话?十月革命时我们确实相当坚决地"贬低了我国的经济史。"(笑声)那种情况有什么意义呢?只有一点,就是说在经济发展中不能随意"跨越",不能改变发展方向。自然,我们绝对不能从历史中"抽象出来"。因为我们是从我们的过去向前迈进。但是如果有人将我们"引向"这样的论点,说什么我们不应"贬低我国的经济史",那么这就"太过分了",这(是的,这)是否定革命的转折,这是倒退到已经过去了的历史阶段。这样提出问题的方法太简单了,因而也是不正确的。

现在谈谈对托洛茨基同志发言的最后一点意见。托洛茨基同志对斯大林同志的论点提出异议。他说,在我们国家建设社会主义就意味着"用自己的力量战胜我国资产阶级"。而且他对我们说,我们已经战胜了我国资产阶级。托洛茨基同志的这种说法中有点"小毛病",即他漏掉了"**经济上**"这个词。斯大林同志不是说政治上战胜,不是说**推翻**资产阶级——这一点我们早在十月革命的时候,不顾某些同志的反对,是在托洛茨基同志帮助下做到了。要证明这一点仍然是毫无意义,二二得四。但是问题不是指**这一点**。问题指的是用自己的力量从**经济上**战胜资产阶级。这就意味着在我们工业中,在我们的批发和零售贸易中,在这一切方面将资产阶级排挤出去。甚至这还意味着,我们将战胜在农民的小资产阶级经济基础上重新产生的不断增长的资本主义趋势。如果我们完成了这项任务,难道这不意味着社会主义的胜利吗?它还能意味着什么呢?托洛茨基同志犯了一个"小错误","小小的错误"——遗漏了"经济上"这个词。可这个词恰恰是决定性的。斯大林同志这样提出在我国不断取得胜利的建设社会主义这个问题,他是完全正确的。这是同一问题的不同提法。社会主义在我国建成的可能性。或者:用我们自己的力量战胜我国资产阶级。或者:社会主义革命在我国胜利的可能性,也就是说关于我国革命的**性质**问题。我们再重复一遍:这些都是同一个问题的不同提法。因此,斯大林同志在这里是完全**正确**的。

在托洛茨基同志反驳的意见中还有另一个错误。他谈到国家消亡,谈到国家不复存在这种情况是**社会主义**的基本特点。但是这不是社会主义，而是完全实现了**共产主义**。但是我不准备谈构成社会主义与共产主义之间区别的这些"细微差别"和"小事情"，虽然托洛茨基同志应当好好地"搞清楚"。

假如我们，比方说，纯粹从理论上设想，我们在实现共产主义事业上取得很大成就，我们的国家已经处在消亡的阶段；例如我们国家目前这种情况是在**资本主义**国家存在的条件下出现的，因此就需要有军队，自然这将是一支极其**特殊的**军队，**没有阶级基础的**军队。这支军队的职能可以说是社会的义务，而不是国家的工具。它将是"武装的人民"，而不是国家的军队。

这就是我认为有必要针对托洛茨基同志讲话谈的几点意见，因为他选择了"自己的"题目，而不是发挥季诺维也夫的讲话。对于他那些实际是争论方法的问题的论点，我将结合对**季诺维也夫**同志讲话的答复详细地给予回答。

现在我来谈谈季诺维也夫同志的讲话，并多少谈谈托洛茨基同志讲话的最主要的部分。在这之前，我首先又要讲几点**形式上的**意见。

遗憾的是，我没有能像其他同志那样**看完**季诺维也夫同志的讲话速记稿，尽管大家都看到季诺维也夫是在**读讲话稿**，可见他的讲话是事先准备好的。但是手稿没有拿出来，显然是不让我们有机会进一步了解他的发言并准备回答他的讲话的。这可以说是**对待小事情上的伪善态度。但是这种模棱两可的态度也表现在一些更重大的问题上。**

季诺维也夫同志，有时托洛茨基同志也说他们"不是控诉"。实际上不是这样的。在这里他们是针对俄国中央决定的。然而，在决定中白纸上写着黑字说，我们中央认为**这种发言就是控诉**，虽然从形式上说同志们当然有权利发言。**事实上他们在控诉，其实同时是"在形式上"声明："我们不是在控诉"**。这完全不是"端正的"态度。

现在谈谈发言的**政治**方面。季诺维也夫同志在这个讲台上说:"我不进行派别斗争"。事实上怎么样呢?在这次全会上的发言不是别的,而是**派别斗争在国际范围内的继续**。季诺维也夫同志在他的开场白中说,他在这里发言,似乎是因为他多年来一直是共产国际的主席,似乎是如果他保持沉默有点不大体面。好吧,就算这是"论据"吧。而托洛茨基同志说明他发言的理由是托洛茨基主义问题非常"迫切"。加米涅夫同志也在发言人名单上签了字。是否因为他是内务人民委员部的负责人呢?

准备发言的还有其他的反对派同志。现在一幅总的图景已经勾画出来了。同志们,可以说,他们写好了**整个反对派的纲领**。**第一部分**是季诺维也夫同志根据打印稿宣读的。**第二部分**是托洛茨基同志宣讲的。**第三部分**可能由加米涅夫宣读或者宣讲。而其余的人再作各种"补充"。这次发言追求的是什么目的?其用意是什么,这是毫无疑义的。在共产国际中仅次于我们党反对派的最大的反对派要算德国党的反对派了。德国党出色地证明了自己在思想方面是完全无能的,它需要国际支持。这完全是合乎逻辑的。没有"来自联共(布)党反对派方面的国家援助",(笑声)没有这种援助,德国党的反对派是"注定要灭亡的",这些无产阶级落后的、非布尔什维克阶层(部分是小资产阶级)的代表就会在那里被取消资格。不断革命论在这一点上也胜利了。**同志们说,他们不进行派别斗争是"为了装样子",实际上我们看到,他们正准备在更大范围内进行一次更尖锐的派别斗争。**这种斗争是否有好结果,那是另一个问题。但**这种企图在这里是存在的,这是毫无疑问的。**

这又是伪善,是**政治上的伪善**。这是外交手腕,这不是公开的政治路线。

在其他方面我们也发现同样的情况。我可以说:**在讨论第一个不同程度的重大政治问题时情况都是如此**。总是这样模棱两可、闪烁其词。

就拿**稳定的问题**来说吧，我们已经不止一次地向季诺维也夫同志指出，他在一次讲话中同时提出了**两个不同的观点**。一方面，他"承认"相对稳定，另一方面他又"不承认"。我们不止一次地就这一点向季诺维也夫提出问题，他不止一次地有机会回答这个问题，但他没有这样做。

我们应当怎样理解这一切？这把戏是什么意思？它的意思就是，本着尊重事实的原则，反对派分子不得不承认局部稳定，同时又装成"左派"**否定它**。将来，根据情况的变化，季诺维也夫可以说："我以前就说过，任何稳定性都没有。"或者说："我以前就承认存在资本主义稳定性。"或者说："我们曾正确地预言"，等等。这非常巧妙，但太露骨了。因此，反对派在这个问题上也采取了**政治伪善的态度**。

现在我来谈谈**苏联建设社会主义**这个众所周知的问题。托洛茨基同志，有时还有季诺维也夫同志在这个问题上也像在几乎其他所有问题上那样，在更大的程度上运用了某种**战术**，他们的战术就是**提出问题的本身，在争论时不提出重要的根本分歧**，而是提出争论**之外**的问题。他们干得"惊人地"巧妙，我认为有责任揭露这种手法并且指出：我们对待任务的态度是完全正确的，我们有坚定的信心、正确的**路线**。然而我们的反对派分子却在这个问题上**耍模棱两可的把戏**。我将用一段语录来说明这一点，并且认为出席全会的人应该感谢我，因为我在整个报告中只引用了一段语录，而且就是季诺维也夫同志的语录。

是怎样用一个问题来替换另一个问题呢？我们正需要谈谈这一点。

第一，我们都无一例外地**承认俄国革命的国际性质**，它是**世界革命**的组成部分。我们党内任何人都不会对此提出异议的。季诺维也夫同志，有时还有托洛茨基同志，**硬要把一种完全相反的观点强加给我们**。他们的手段就是如此。可这是最起码的道理。宣布我国革命是、也应当是世界革命的组成部分这个论点，这就像二二得四一样的定理。**在这个问题上没有任何分歧**。他们给我们强加上一些与我们完全格格不入的东西。这就是对我们全党的诽谤。

第二，我们也承认另一条定理：**没有其他国家和世界革命的帮助，社会主义在我国的最后的实际的胜利是不可能的。**苏联和资本主义国家之间的根本矛盾可能由世界革命来解决。这是最起码的道理。把一条相反的意见强加给我们，这又是对我们全党进行诽谤。因为**在这个问题上我们党与反对派没有任何意见分歧。**那么，为什么把相反的意见强加给我们呢？是为了把同志们的注意力从争论的根本问题转移到另一些根本没有争议的问题上。他们的把戏就是夸耀语录。语录是好东西，特别是引用得正确的话。（笑声）还应当指出一点。语录本身是极好的东西，但遗憾的是，引用语录是为了证明我们谁也不曾否定的事情。反对派分子说，列宁主张把我国的建设与国际革命联系起来，说列宁认为，没有世界革命，社会主义的最后胜利是不可能的，说列宁主张国际的观点。这一切都非常好，好极了，我们完全同意这些论点中的每一条，完全同意列宁所有的语录。但不幸的是，所谈论的根本不是这个问题，为了弄清谈的是什么问题，我试着**逐条地**进行分析，并尽可能清楚明确地提出问题。为了说明问题，应当弄清三个基本问题：

（1）**资本主义的武装干涉或反苏战争。**
（2）**世界资本主义经济，世界经济与苏联。**
（3）**由苏联国内矛盾引起的日益增长的国内困难。**

我试着从这三个方面来分析这个问题，你们就会确信我们是正确的。

我从**武装斗争、战争和武装干涉**这方面来分析这个问题。我已经说过，在我们和资本主义世界之间有着**根本的**原则上的矛盾。虽然我们相对地依赖于外国资本主义国家，但是，我们变得**越来越独立**。社会主义在我国将日益发展。与此同时，我们与包围着我们的资本主义世界的矛盾原则上将日益尖锐化。我国革命为世界革命打下了基础。但是我们的国家，我们的经济（由于我们管理它），是全世界无产阶级革命的结晶。世界革命是一个过程，这个过程相当长。这是整个一个时代。当然，我希望，我也知道，这个时代将比资产阶级革命的时代短得多。但是应当记住，英国革命发生在17世纪，法国大革命发生在18世纪末，其他一些资产阶级革命发生得更晚一些，更不用说地中海沿岸的意大利共和国、西班牙等资本主义的萌芽了。我国的革命时代要短得多。但是，在革命过程加快的情况下，也不能使许多国家的革命**立即**和**同时**发生。有更多的理由可以认为，革命还会在某一个国家或某一些国家开始。在社会主义与资本主义国家之间将进行斗争、发生战争等等。例如，在中非建立社会主义之前，在社会主义国家与各个大的资本主义同盟国之间还要进行长期的战争。发展的过程是不均衡的。这个过程将占据很长的历史时代。但是历史会直截了当地提出这样的问题：谁将取得最后胜利？**世界**或将属于**我们**，或将属于**资产阶级**。这是最简单不过的道理。这就是说，**社会主义的最后胜利就等于是社会主义在全世界建立起来**。只能这样提出问题，**只能这样**。资产阶级将用武装斗争反对每一个苏维埃国家，反对每一个无产阶级国家。能使我们在某一个国家里和平地建设社会主义而免于资本主义国家武装干涉的保障在哪里？自然，没有这样的保障。无产阶级组织和资本主义国家永远共存也是空想。这种共存是**暂时**现象。这自然是容易理解的。那为什么我们与资本家之间的武装斗争是不可避免的呢？我坚决地声明，社会主义的最后胜利就是世界革命的胜利，或者至少也是无产阶级在所有主要资本主义实力中心的胜利。我们十分明确地说：没有世界革命，**没有无产阶级在资本主义国家主要中心的胜利，谈论社会主义的最后胜利是不可能的**。这个问题就这样解决。

　　第二个问题——**世界资本主义经济和苏联**。这是一个特殊的问题，**另一个方面**的问题。我国国民经济和我国国营工业是否在某种程度上依赖于世界资本主义经济，或者不是？当然是。这种依赖性表现在哪方面？第一，进出口即商品交换方面；第二，信贷关系；第三，租让。这就是我国对外国资本主义国家相对依赖的三个主要途径。这是否影响我国的国内形势？当时是影响的。谁也不会否认这一点。但是在这里，对问题的**看法比起前一种情况应当有所不同**。我们来看一看，假设苏联在经济完全孤立的情况下，也就是在我国经济遭到**全面封锁**的情况下会怎样？实际上，依我看，没有反对我们的**战争**，这种全面的封锁是不可思议的。但是，就拿实际上不可思议的情况——**没有战争的最全面的封锁**的情况来看吧。我倒希望反对派分子同志们在这个问题上给我十分明确的回答。在具备这种条件下我们会怎样？我们能否坚持得住？我们是否一定要灭亡？我们有没有足够的力量？**在这种情况下**困难是否不能克服。

具备了这些条件，**我们是否不可避免地要灭亡**？对这个问题反对派分子**没有给予明确的回答**。然而这是具有决定意义的。我看，我们在这种情况下**不会灭亡**。反对派分子最好在这个讲台上向我们**公开地**回答这个问题。这会有助于说清情况。但同志们在这个问题上动摇不定。季诺维也夫同志在昨天的讲话中使用了这样的说法："我们应当随时戒备着"等等。我们应当随时"戒备"，这可以说是我们党的特点。但是"做得过分"也是绝对不应该的。季诺维也夫同志所描绘的危险、我国形势的复杂化、困难增大的前景并不是了解他对上述问题态度的关键。在这种条件下，我们的灭亡是否不可避免呢？

当然，我们一定会碰到很大的困难。

无疑，我国发展的速度会减缓。但我绝不能相信，**在这种条件下我国的发展速度不会比资本主义国家速度更快**。托洛茨基同志仅仅是涉及到这个问题，但他忽略了一些情况。在没有封锁和孤立的情况下，我国的经济和其他各方面的发展会更快。这里我们是比较一下在各种条件下我国的发展速度。另一方面是将我国的发展速度与**资本主义**国家的发展速度进行对比。这就是为什么我认为,在这种情况下我国的发展速度会比资本主义国家更快。无论如何这是绝对不能排除的。因为我们有社会主义专政,因为我们有资本主义国家所没有的计划经济。我国的城乡关系不同。

我不能详细地谈论这个问题,这是一个专门的问题。然而我敢说,而且随时都可以证明,我国所建立的全新的城乡关系势必带来**更快的发展速度**。**我国的工业化非但没有使我国的农业破产,相反,它还是促进我国农业大发展的手段**。这种情况使城乡之间产生了另一种全新的关系。考虑这些问题的时候,我应当说:我们知道一个资本主义国家,它的发展速度最快,这就是美国。这是因为,那里没有发达的封建主义,那里工资较高,因为那里的城乡关系与古老的欧洲不完全一样,这就是那里发展速度最快的原因。在我国有社会主义专政,这里社会关系完全不同,工业化不是使农业破产,而是使农业大发展,在这里工业化不是使农业市场缩小,而是相反,使其迅速扩大,因此在我国发展的速度将比资本主义国家快。我国农业,是我们手中掌握着的决定着更快发展速度的法宝。当然,我们会碰到许多困难。在封锁的情况下,我们的生产部门不得不完全按另一种方式来组织,我们很难解决所谓商品匮乏的现象。这一切都非常正确,还产生了一系列的社会困难。这一点我完全同意,但与此相反,困难不是不可克服的。季诺维也夫想引用我的《**共产主义 ABC**》,但他引用得不对。在《共产主义 ABC》中发挥了三点主要思想,我们现在仍然为这些思想辩护:一、国际革命是防止战争和武装干涉的保障;二、国际革命能使我们**更容易**从事经济建设的事业;没有国际革命建设将非常困难,但这些困难不是不可克服的;三、国内**存在**建成社会主义社会的条件。

季诺维也夫同志责备我忘掉了《共产主义 ABC》。我非常愉快地把这些恭维的话回赠给季诺维也夫同志。

还有一点，季诺维也夫同志到我们这里来说：你们干什么？你们把世界市场这么重要的因素都否定了！马克思早就说过，国内市场的价格取决于世界市场的价格，等等。

季诺维也夫颇有勇气地说，马克思的这些话在运用到当前形势下应当逐字逐句地去理解。但情况并不这么简单。无论如何也不能从它的单纯字面的意义上去了解。季诺维也夫同志有点忘记了我国的**对外贸易垄断**。应当提醒您：马克思这样说是以**自由竞争**作为前提。与季诺维也夫同志志同道合、主张取消对外贸易垄断的索柯里尼科夫尚未如愿以偿的时候，季诺维也夫同志理论建设的前提就已不复存在了。我再强调一遍：在存在对外贸易垄断的情况下，我们对世界市场的价格也**有一定程度的依赖**。这是没有任何异议的。**但是如果在现在的情况与过去那种既没有无产阶级又没有对外贸易垄断的时代之间划等号，那就是按音节来拼读马克思的书，仅此而已**。季诺维也夫同志没能弄清现在这个公式的独特性，对他在这里"阐述过"的下一个政治问题也同样没能弄清。季诺维也夫同志引用了马克思的语录，说他曾经说过，没有英国革命的欧洲革命是"杯水风浪"。因而你们便硬说我国的革命，比方说，还有德国革命是杯水风浪吗？在这种情况下我们是非常"正统的马克思主义者"。记得，这是马克思1849年写的。从那时起过了许多年了。我们不应该修改马克思主义，但是如果我们不用马克思主义的方法来分析新的情况，而是像季诺维也夫那样引用马克思的语录，说马克思说：欧洲大陆的革命是"杯水风浪"，那将会怎样呢？季诺维也夫同志**忘掉**了当时欧洲大陆的资本主义还不发达。他**忘掉**了，英国当时垄断了世界市场，而现在失去了这种垄断。季诺维也夫**忘掉了**，当时在俄国没有无产阶级。季诺维也夫同志**忘掉了**，当时资本主义在向前进，而现在处于倒退阶段，等等。所以这一切对季诺维也夫同志来说都"不值得一提"，所以他提出了完全不正确的结论。

因此在这个问题上，在世界经济为一方，我们苏联的经济为另一方的相互关系这个问题上，我们可以说，即使在最尖锐的冲突中（封锁、孤立），我们绝不是必然要灭亡。会给我们造成很大的压力，从而会造成很大的困难，但这些困难不是不可克服的。至于资本家合伙向我们发动战争，我们不能保证我们一定能顶得住。资本主义在其他国家的动摇和被颠覆将第一次提供这种保证。

第三个问题，就其实质来说，是全部争论的中心。这个问题可以这样来说：在目前国内情况下可能或不可能胜利地建设社会主义；或者在没有"西欧无产阶级的国家援助"的情况下，由于我国技术与经济落后，我们不可避免地注定要灭亡。这样提出问题有什么不明确的吗？没有，这种提法非常清楚。按我的说法，这是一个俄国革命性质的问题，或者用斯大林同志的说法，是在经济上战胜我国资产阶级可能性的问题。能否认为这是一个多余的问题？不能。党的第十四次代表大会前加米涅夫同志也说过，由于我们技术和经济落后，没有西欧国家的援助我们注定要灭亡。托洛茨基同志的不断革命论中（而托洛茨基同志至今仍在信奉这一理论）也说过，由于我国经济落后，没有世界革命，我们不可避免地要灭亡，这方面还有一些"在一条街上"、"一幢房子里"建设社会主义之类的议论。这是社会民主主义观点的衣钵。试问：我们实际上是否具备社会主义建设的前提？这里产生了一些客观物质方面的问题（建设的经济基础以及这些基础对建设来说够不够的问题），也产生了一些社会阶级之间相互关系的问题。

在经济形式的相互关系与阶级的相互关系之间是有联系的。社会民主党人公开声称：在具备这种前提的条件下，比如在俄国，工业在经济中居弱势、农民经济在数量上居优势的情况下，在国内想要建成社会主义，这就是说，成了反马克思主义者，成了空想主义者。因此，社会主义革命在我国是不可能的。即使革命发生了，那么，发展的客观规律也必然会（社会民主党人的观点）**在无产阶级专政的面具下真正产生新的资本主义并得到巩固**。难道这不是社会民主党人的观点吗？我们也希望我们的反对派对这个问题拿出十分明确的答复。**在我国是否能胜利地建设社会主义，还是不能？这是一个有争议的问题**。问题不在于我国的革命是"民族"革命，还是国际革命的一部分。为此进行争论完全是**白费口舌**。只有非共产党员才会反对我国革命是国际革命的组成部分这种提法。但是我们希望对我们的问题给予答复，而且是**明确的答复**，而反对派**没有**给我们明确的答复。

恰恰是我国革命性质的问题具有决定性意义。列宁在这一问题上的观点很明确，而且是相当明确。斯大林在报告中引用了两段列宁的语录。第一段是关于我国拥有"为建成社会主义所必需的一切"。难道这不是十分明确吗？在另一处列宁说，如果武装干涉和战争没有使我们窒息，我们一定在经济斗争中取得胜利。列宁就是这样解答问题的。反对派硬说，不能这样把问题**分割**开来，说这是"繁琐哲学"。但是，如果这是繁琐哲学，反对派的同志们，请你们去问列宁吧，他提到"**如果**"（**如果并**没有使我们窒息），也就是说他显然将问题"分割开来了"。这又作何解释呢？反对派的同志们中对伊里奇的这些**有决定意义**的语录谁也没有提过一个字。

我懂得，引用导师的话（"导师说"）还不是有分量的论据。为了饶恕**自己**的错误，托洛茨基同志"顺便"指出，列宁有时也"犯错误"。但是在当时列宁是**完全正确的**，中间立场是不可能有的。**由于我国技术和经济落后，我们在社会主义建设过程中是否面临灭亡、蜕化变质**？另一方面，如果我们能建成社会主义，那么请给我们指出社会主义建设**可能**开始变为**不可能**的那个界限、那个时刻。如果社会主义建设事业具备了先决条件、出发点、充分的基础，甚至还有一定的成绩，那么这一切"开始走向反面"的界限在哪里？这种界限是**没有**的。

季诺维也夫同志在这里指出，"没有讨论过"这个问题，等等。但这是**不对**的。我们正式地讨论过这个问题，我们在第十四次代表会议上讨论过，**包括季诺维也夫和加米涅夫同志在内的全体**同志通过了符合我们精神的有关决议。

但是这只不过是个开端，精彩的还在后面呢。我来引用一段季诺维也夫同志在十四次代表会议发言时所讲的话。季诺维也夫同志在引用了一段列宁的语录后千真万确地说过下面这段话：

"非常清楚，弗拉基米尔·伊里奇认为，**如果**我们保证不受到国际的武装干涉，即使单凭合作化，在我们这样一个国家完全建成社会主义也是可能的。"①

这是季诺维也夫同志的说法。关于稳定性的问题也同样有这种情况。每一个好的领导人都应当是好的预言家。正因为如此，他们预言一切可能的机会，列举出所有的"同意"和"反对"，所有的"一半同意"和"一半反对"，他们事先就充分相信，"可能性"中的一个无论如何总归是一定要实现的。若干年后人们会说：我对稳定性的问题作了正确的预言；我"有机会"预料到在一个国家里建成社会主义可能性问题路线，等等。因此他们提出各种说法，甚至意见截然相反的说法，以便事后有可能引证其中的一个。他这是脚踏两只船。我们绝对不敢保证过若干年后季诺维也夫同志不会跑来对我们说："我过去一直是这样说的。是否方便看看我的这条语录呀！"

（主席对布哈林同志说他的时间快到了。）

我尽可能快一些把这个问题讲完。

如果我国反对派所鼓吹的这个近似于社会民主主义理论的关于社会

---

① 《联共（布）第十四次代表大会报告速记记录》第237页。

主义建设的问题正确的话,那么他们**关于我们必然要蜕化变质**的理论也就是正确的了。如果我们建设社会主义的力量还太弱,而国际革命还不能及时赶上我们,我们就会被迫做出越来越大的让步。起初是一个让步,然后是另一个,然后第三个;我们会被迫越来越退却;而无休止的退却是不行的。量变总要达到质变。蜕化变质的时刻总会到来。这就是**我们反对派的理论基础**。

季诺维也夫同志引用了我关于蜕化变质的汇编《进攻》中的一篇文章。我现在仍旧完全赞成这篇文章中的每一句话。但这与这个问题无关。我在那篇文章里读的完全是另外一些问题,而不仅是我们可能蜕化的问题,我读的是**每一个无产阶级革命的内在趋势、每一个**无产阶级革命可能引起的危险。我们讨论的不是这个问题。太好了!季诺维也夫同志、托洛茨基同志发言,大概明天加米涅夫就要给他们作补充,他们**只字不提他们以前的观点**。这在理论和政治方面都是不诚实的。"热月政变"——**闭口不谈**,"富农政策"——**闭口不谈**,"人民群众的利益与我党政策之间的分歧"——**闭口不谈**。而我们这里需要明确的答复。季诺维也夫同志在我党第十五次代表会议上想用沉默来回避这一点。我们当时就同他进行了辩论。大概季诺维也夫还没有忘记这一点。可为什么他在**这里**不作任何答复?这显然又是我国反对派的不可告人的隐患。

我接着往下讲。我国反对派反对党中央的最有力的论据是什么(我是指1925年秋)?他们当时说:矛盾急剧地增长,而党中央不明白这一点。他们说:富农手中几乎掌握了全部余粮,向我们进行"粮食罢工"。这就是为什么粮食搞得这么糟的缘故。大家都听到了这些。因此提出了:"富农的粮食罢工";加米涅夫同志说富农根据他们的利益来"调整"我们的计划,**这里**看得出主要的危险。反对派认为,其余的一切仅仅是这一**主要**现象的政治表现。后来那些同志又接着发言说:富农更加强了,危险更增大了。同志们,如果第一个和第二个断言是正确的话，我们这里今年将会有**更大规模的**反对无产阶级的"富农罢工"。实际情况是：今年10月份粮食收成数字超过了去年，11月份的数字比去年的数字增加了整整5万普特；总储备量比去年增加35%，这是经济领域显著的**成就**。可是按照反对派的说法，这一切本应**完全相反**。反对派诽谤说我们帮助富农发展，说我们总是让步，说我们帮助富农组织粮食罢工，而实际结果证明**完全相反**。人们大概会认为这是奇迹。其实，难道"垄断资本主义时代"不就是奇迹的时代吗？

总之，错误的**不是我们，而是反对派**。是**反对派**不正确地估计了阶级力量、经济力量。反对派在这里同他们在"飞机仪表厂"一样，都打错了主意。反对派主要的经济理论基础**崩溃了**。在这方面反对派的伪善的思想和主要的振振有词的论据完全破灭了。

现在简单谈谈"热月政变"。**反对派对我国发展的这种态度中蕴藏着反革命思想的萌芽**。我说得很尖锐，但确实如此，而且我说得很谨慎："萌芽"。第二，为这个理论辩护的同志们自然闭口不谈**他们修正马克思主义经济学的基础**。可这又是与我国建设社会主义的问题有关。简单谈谈"热月政变"。马尔托夫早在1921年就谈过这个问题。让我们忘掉世上所有的马尔托夫吧！但是反对派却又旧话重提。因为马尔托夫已经死了，可他需要人们常说的"接班人"。我们看看这个问题的实质吧。**为什么法国大革命时期"热月政变"取得了胜利？**"热月政变"在法国大革命时期胜利了，也**本应取得胜利**，**因为**大资产阶级手中掌握着更大的王牌；大资产阶级是**大生产的**代表，雅各宾派专政捍卫的是小生产的利益。而小资产阶级在大革命中的政治作用及其与小生产理想之间的矛盾必然导致**大资产阶级的胜利**，因为当时无产阶级觉悟还不太高，不能以独立的领导革命的力量出现。而我们的情况呢？那些大谈特谈"热月政变"的同志们，请你们给我解释一下！请给我解释最进步的经济原则是在**谁的**一边？在我们这里谈论"热月政变"是荒谬绝顶的，是经济上的**文盲**。只要对法国大革命和我国历史有最起码的了解就可以认识到,在我国谈论"热月政变"是荒谬的,这说明简单化、庸俗化作风,说明完全是文盲。另一个问题是富农危险的问题。据说富农会推翻我们等等。自然,这是一个极端重要的问题。但是我请那些责备我们"修正马克思主义"的同志们给我解释下面一点:**大**的工业生产掌握在**我们**手中;中等生产的一些部分掌握在私人企业者手中;在贸易方面,批发贸易掌握在我们手中,而私人资本手中只掌握零售部分。苏维埃经济、合作化的基本的杠杆、命脉掌握在我们手中。我很想知道大谈特谈我国**小**生产者战胜**大**生产的可能性极大、几乎是不可避免的那些同志的出发点是什么,政治经济学的理论**是什么**。另外还有一些问题,同志们,例如季诺维也夫同志多次和我发生过争论。我说过,例如富农把他们的钱放在我们的储蓄所里,这对我们并不危险,因为我们会合理地利用这笔钱。而同志们说这是"长入理论",是修正主义,因为在这个过程中富农很容易战胜我们,等等。但是,同志们,请回忆一下**伯恩施坦**首创的所谓"资本民主化"的理论,现在美国资产阶级的思想家正在大力宣扬它。伯恩施坦说,由于厨娘会把自己攒的钱存入资本家的银行或用这笔钱购买股票,资本就会民主化,换句话说,社会下层人民将越来越靠近资本,并将削弱大资本,从而和平地掌握经济。

大工业掌握在我们手中,我国所有的银行都已社会主义化了。现在**无产阶级**掌握着大生产。那么,请给我解释一下,我国的反对派分子是否会按自己的方式来利用"资本民主化"的理论。只是他们所说的不是小人物反对资本家,而是民主的富农和小商人向无产阶级的大生产"渗水"。我认为,在**这方面胜利也是在大生产一边**。集中起来的力量必然是要胜利的。另一种态度完全是修正主义的条件产生的。反对派这样提出问题,是由于他们连最起码的马克思经济学原理都不懂。**我们对胜利的信心是扎根在马克思关于大生产优越性的学说之中的**。况且,我们是有计划地管理工业,这是资本主义世界根本没听说、也不能理解的。这就是我们确信自己立场正确的根据。

因此,谈到所有这些理论的基础,那么这个基础不仅是社会民主主义的再现,它还渗透着伯恩施坦主义的因素。因此,只需给我国反对派同志们递上一面镜子,他们就会看到真正的修正主义在什么地方了。

我不想多谈关于我们蜕化变质危险的问题。我们蜕化变质的危险,依我看,同我国经济机构各种官僚化现象有着特别密切的联系。而提高价格的政策**仅仅促进了官僚化**,季诺维也夫同志声称,他绝不赞成提高价格。可是皮达可夫同志则坚持提价,普列奥布拉任斯基同志则支持他。要知道他们是联盟:如果他们在某个问题上不一致,就应当直说。因为这是我国经济政策**最重大的**问题。但他们不敢说,唯恐让人知道他们为建立联盟费尽了心机。

我不想再谈其他问题,如玩弄列宁语录的问题。只简单谈几句。比如,战争初期列宁说过,我们面临着资产阶级革命。于是季诺维也夫同志就硬说,列宁赞成民主共和国,打那以后,就作出一副什么都没发生的样子。这是在**掩饰**季诺维也夫和加米涅夫同志所犯的**十月革命的错误**,仅此而已。

(座位上有人喊道:"完全正确。")

如果你们就是这样想的,那么由于国家落后必然蜕化变质的理论就不是别的,而只能是在新形势下重犯这些错误。

我就要结束我的发言了,虽然我还应当谈其他一些问题,诸如对待农民的态度等问题。

季诺维也夫同志谈到一些共产国际的特别问题。他谈到"左派分子"被击退,而对待右派分子则"很赏识"。我在这个问题上想说几句话。季诺维也夫同志是否同意德国党的"公开信"?有一天他说,"公开信"是共产国际最好的文献之一。难道在"公开信"中(我也是公开信的作者之一）没有指出所谓"极左派"在对待苏联的态度上的倾向是资产阶级对"西方"方针的反映吗？当时季诺维也夫认为这是完全**正确的**，再也没有比这更**成功的**了。

现在我问您：这个强烈地反映过德国资产阶级西方方针的趋势是加强了，还是削弱了？当然是**加强了**。它的反映呢？无疑，**反映**也加强了。由此得出**什么结论**，这是不难理解的。由此得出：**过去我们党组织内能够容忍的所谓极左派倾向，现在已经不可容忍了**。我是指科尔施、施瓦茨以及与他们同路的那些相当"体面的"人物。如果看不到这些变化，那将是很愚蠢的。现在的情况是，不得不谈谈反对苏联的最强有力的资本主义集团。我们坚信，苏联是整个世界无产阶级力量的结晶。由此产生了我们对待这些极左派倾向的鲜明态度。我们可以心安理得地说，**在无产阶级的共产党内决不能容忍科尔施分子和半科尔施分子，因为"左"倾在这里会变成真正的反革命**。（鼓掌）

至于右派倾向，试问：是否真地可以责怪我们迁就右派倾向？不，不能。我们最尖锐地批评了波兰党，比批评季诺维也夫同志更尖锐。我们批评过英国党的一些错误，英国党也承认了这些错误。由于我们向同志们指出了他们的错误，说服了他们，从而避免了冲突，这是好事还是坏事？这当然**非常好**。假使鲁特·费舍及时地、真诚地、彻底地承认了错误，我们就不会开除她。但是她过去和现在都不想承认自己的错误，她也没有承认错误。同样，德国的所谓极左派领导人也是这样，我们也将他们开除了。鲁特·费舍等人继续执行自己的"路线"，他们逐渐**向科尔施的方向**发展。这是事实。我们批评了所有的左派倾向并在这方面取得了成绩。可是季诺维也夫同志关于**苏瓦林**这个**右派**叛徒的说法完全是站不住脚的。他说，我"只是"建议不要把苏瓦林派往英国，而把他派往中国。可是孩子虽小，可活下来了。为什么季诺维也夫同志不建议我们，比方说把考茨基派往爪哇呢？爪哇正在发生暴动，可能考茨基先生能够纠正爪哇共产党人所犯的错误？他们建议把苏瓦林派往中国。从何时起中国成了流放地了？我从未听说过。中国面临着我们这次全会上指出的整个世界革命的问题。**应当把最革命的、最能干的、最忠于共产国际的同志派往中国。**（鼓掌）而季诺维也夫同志却说：我不建议把苏瓦林派往英国，而是派往中国。我们太感谢这项建议了！

季诺维也夫同志就是这样惩罚人和大发慈悲的。

最后我想说几句。我们的情况是，我们党内反对派的同志们有机会在这里发表了意见，当然，他们想"就季诺维也夫同志留任共产国际主席问题"发表声明。但是问题并不在这里。问题的症结是：**反对派的同志竭力为整个反对派，包括被开除的人制定出周密的纲领。**这就是昨天季诺维也夫同志发言的目的，我们应对此作出自己的回答。我认为执委会会作出答复。决议会作出答复。党现在成熟了，布尔什维克化了，它们对苏联革命运动的可能性不是抱有一线希望，而是抱有**坚定的信心**，它们已经团结起来，不能容忍反对派在共产国际内发起进攻。同志们，这个问题直截了当地提出来，因为只有这样我们才能使共产国际走上国际革命的道路。

这就是我们的目的，我们的任务。只要我们坚持进一步发展革命直至取得世界无产阶级胜利的方针，我们一定能完成这项任务。（雷鸣般的掌声）

（会议休会）

第二十一次会议

（1926 年 12 月 10 日）

主席：罗易

讨论斯大林的报告（续）

主席罗易：

现在由多里奥同志发言。

多里奥（法国）：

同志们，我代表法国代表团在这里发言，代表我们在国际列宁学校学习、居住 7 个月并特别关注联共（布）党内争论的全体同志。

我对待争论有自己的看法。反对派在全会上发言的时候，我问自己：西欧国家和整个资本主义世界对托洛茨基和季诺维也夫的这几次演讲将有什么反响呢？正确的说，不是几次演讲，而是分成几个部分，在这里由几位反对派的首领分别发言的一次演讲。

对这个问题，我想分下面五个部分来分析：

一、派别斗争；

二、责备共产国际修正马克思主义；

三、在一国内建设社会主义；

四、反对派反对共产国际右派分子的斗争；

五、资产阶级和社会民主党报刊对反对派的报导。

同志们,季诺维也夫同志在演讲中忘了说明促使他作出停止进行派别斗争的十月十六日声明的原因。他说他不再进行派别活动(他昨天的讲话表明他没有认真对待他许下的诺言)。他只捎带提到了这一点。同志们,大家都知道,实际上不是别人,正是俄国工人(普梯洛夫工厂的工人和莫斯科的工人)击败了反对派并使它不能继续进行派别活动。苏联反对派的失败说明,俄国工人和为维护团结而奋斗的大多数党员的团结意志胜利了。可以大胆地说,西欧的工人,而且我相信,一切关注苏联所发生事件的资本主义国家的工人的情况也都是这样。他们也像俄国工人那样希望党团结。

我们注意到法国也是如此。工人,无论是党员还是同情者,都在捍卫布尔什维克党而斗争,他们都是反对派别活动的。

我们没有想到,反对派会在全会上提出新的纲领,会向布尔什维克党和共产国际发动进攻。代表团认为联共(布)党彻底地清算了反对派。我们实指望反对派会一反常态地表现出积极性并在这里采取新的策略。我们以为反对派的同志们在这里会声明:是的,我们犯了错误,我们向党进行了斗争,发起了派别活动;一系列的事实证明我们是不正确的;我们承认我们的错误,我们认为党是正确的,而我们是不正确的,我们的党根本不是富农的党,也不是"热月政变"的党。而反对派关于这一点却只字未提。非但如此,它还向联共(布)党发起了新的进攻。

反对派这次新的发言对我们的工作将发生怎样的影响呢?他们的发言当然会挑起新的斗争。10月16日以后所有的反对派组织,其中包括我们法国的小反对派都投降了。但是由这里发出的号召将唤起他们重新起来斗争,我们将面临新的困难。但我们相信我们的工人、共产党人和党的同情者的思想是健全的,我们相信,我们确信他们是不允许向布尔什维克党和共产国际发起新的进攻的。反对派在苏联的尝试是相当惨痛的：它被击败了。假如它指望将斗争推向国际舞台，指望从西方工人那里得到俄国工人拒绝给予他们的支持，那么它就是打错了算盘。它从我们各国党这全得不到任何支持，各国党会团结一致同它进行斗争。（鼓掌）同志们，我们希望反对派的第二次失败将比第一次更加惨重。

现在我来谈谈托洛茨基和季诺维也夫同志向共产国际多数人提出的指责。当然，没有直接这么说，但是他们发言的本身，引用马克思甚至列宁语录的做法本身证明，联共（布）和共产国际大多数人似乎完全忘却了马克思的教训，并准备修改马克思。好像季诺维也夫同志是这样说的："我们不允许对《共产党宣言》作任何修改"。同志们，难道对共产国际的这种责难很新鲜吗？不，一点也不新鲜。我们已经多次从鲍威尔、阿德勒和龙格嘴里听到过了。我们总是在同各国社会民主党进行的斗争中听到同样的话："布尔什维克是一些很可爱的人，但他们不懂得马克思主义。"德国和奥地利社会民主党也不止一次提出过这种指责。不是别人，正是季诺维也夫同志在这个讲台上声色俱厉地指责说："不对，列宁主义是帝国主义时代的马克思主义，任何其他理论都配不上马克思主义的称号。列宁主义是我们时代的马克思主义"。而现在，同志们，他完全改变了自己的纲领，首先他指责共产国际修正了马克思主义。有两种运用马克思主义的方法：列宁把马克思主义看做能够为新形势下的斗争指出明确方向的分析方法和斗争方法。季诺维也夫同志认为，马克思主义是根本不考虑世界上发生的变化，只重复老一套的结论。

然而，季诺维也夫同志在他的讲话中喜欢反复地说马克思主义"不是教条"。可是他自己却步入了教条主义方法的道路，随心所欲地断章取义。季诺维也夫同志极力引用马克思的语录来证明革命应当是国际革命。这一点谁也没有异议。但他引用马克思的语录是想要证明在一国内不能建成社会主义。他从马克思著作中抽出一些当前不适用的论据。他说:"没有英国革命是不可能的,这是杯水风浪。"马克思当时说这番话时是考虑到什么情况的呢?当时英国是唯一的一个发达的资本主义国家,在其他国家里工业刚开始兴起。当然,没有工业基础是不能完成革命的,所以没有英国,欧洲的无产阶级革命的确是杯水风浪。然而在当前,工业在欧洲所有的国家里都发展起来了,甚至在俄国也有相当发达的工业。马克思过去所说的这个论点是不适合的。季诺维也夫同志还说,"如果没有世界上其他地方的革命,欧洲的革命最终要被其他的资本主义力量消灭,因为欧洲仅仅是世界上的一个小小角落。"难道能这样提出问题吗?

欧洲有工业化的德国、意大利和法国,有已经发生了革命的俄国,此外还有正在进行革命的中国,难道可以说欧洲是"世界的一个角落"吗?这简直是匪夷所思。

在分析1926年的情况时引用马克思与1848年有关的语录,而不考虑欧洲无产阶级的产生和工业发展这一事实,这就是对情况不具体分析,完全是教条主义地对待马克思的著作。

我们要摒弃这种对待马克思主义的方法。我们说,马克思主义应当有助于分析具体的情况,不能不适当地引用马克思1848年和后来所说的话。

马克思1848年所写的文章不能解答一切问题。应当运用马克思的方法,但要借助这种方法来分析具体实际,不要随意引用一些不能说明情况的文字。谈论革命时,不能把欧洲说成是世界的一个小小角落。而季诺维也夫同志恰恰就是这样做的。

列宁总是告诫我们不要使用这种方法。但是季诺维也夫同志提出指责的具体后果是什么呢?对于我来说后果是很明显的。每当同社会民主党人交谈时,我都感觉得出这种后果。他们对我们说,"你们不是马克思主义者"。现在他们更会补充说:"季诺维也夫现在也这么说,你们不会运用马克思主义。"

举例说,鲍威尔的一个十分得意的说法是:"列宁主义是一小块马克思主义,然而是带有军国主义倾向的。"他们总是说我们根本不懂得阶级斗争,说我们使用叛乱的理论。季诺维也夫用与鲍威尔类似的责难和结论来损害俄国革命并在客观上帮助社会民主党。他为了掩盖自己的变节行为给社会民主党递过去一些多余的王牌。

我想谈谈另一个问题——一国建成社会主义的问题。

关于这点已经谈得很多了。我同意布哈林同志以及在他之前斯大林同志在这里的提法。

我认为这个问题至少有两个方面。

国际方面和党内方面。

同志们!我们已经看到季诺维也夫同志是怎样利用马克思和恩格斯的。

他在这里以捍卫《共产党宣言》的身份发言,却忘记指出,恩格斯是如何理解社会革命的,而这是在具体纲领中写明的。斯大林在第十五次代表会议上引用了这些文献。我认为,这对整个争论具有决定性的意义。

恩格斯清楚地表明他是如何理解社会革命的。斯大林说我们实现了这个纲领的十分之九,某些阶段已经超越了,某些点对俄国情况和当前国际形势不适用。现在的情况是:在当前世界力量均衡的条件下(讲均衡,不能理解为资本主义国家为一方,苏维埃国家为另一方。而应当理解为,一方面是资本主义国家及其内部无产阶级,有世界无产阶级的联合,殖民地人民的斗争,资本主义正处于困难境地;另一方面是资本主义世界)我们已经实现了恩格斯纲领的十分之九。

能否在苏联实现恩格斯纲领其余的十分之一呢?

我认为，谁也不会否认，恩格斯纲领其余的十分之一会实现。而且，俄国的无产阶级会走得更远。

昨天布哈林正确地提出一个问题：

"在当前情况下，俄国无产阶级与最贫困的农民、中农结成联盟能否在经济上孤立和战胜俄国的资产阶级和富农？"

依我看，这样提出问题就意味着解决问题。对这个问题应作出肯定的回答。

由于反对派对形势产生怀疑，他们说："我们太落后了。"现在我们来看，他们由此得出了什么结论。

在社会民主党人的理论和我们反对派同志的理论之间存在着客观的联系。是什么联系呢？

自1917年起，社会民主党就反复地强调，俄国无产阶级在俄国这样一个落后的、没有可能建成社会主义的国家夺取政权是没有意义的。

他们说布尔什维克把俄国破坏得使后继者简直无法恢复的程度。

社会民主党人就是一直这么说的。而现在季诺维也夫同志发言说："我们在经济上无法战胜苏联的资产阶级。我们无力建成社会主义。"由此可见，他宣扬的也是社会民主党的理论。

我想举一个有代表性的例子。我常听到孔佩尔-莫雷尔介绍盖得对俄国革命的看法。

盖德反对布尔什维克革命，因为他认为，布尔什维克革命是注定要失败的冒险行为。他反对这种冒险行为，企图以此来挽救社会主义的名声。

孔佩尔-莫雷尔在1925—1926年间又补充说，但是，如果确实是在俄国建设社会主义，许多社会党人会改变对俄国革命的看法。

同志们，孔佩尔-莫雷尔是什么人？与其他法国社会党人相比，他更善于掌握和使用左的词句。他是最狡猾的社会党人。他比别人都更善于发现社会党的群众的演化。假如孔佩尔-莫雷尔这样讲，那就是说，许多社会党的工人已经开始想别的了。许多社会党工人说：俄国工人掌握政权整整十年了；他们利用政权击溃本国资产阶级；现在他们利用政权建设社会主义和新社会。

社会党工人是这样议论的：一年来你们可以看到俄国革命对西方无产阶级群众的吸引力。可以大胆地说，这种吸引力还在不断增长。西方工人不是第一次对俄国工人表示同情。当俄国工人取得政权的时候，在全世界无产阶级队伍里掀起了巨大的同情浪潮，无产阶级中最革命的阶层纷纷涌进共产党。现在情况有所不同。现在转向我们一边的不是那些不惜一切代价渴求革命的人，而是那些曾经反对共产主义、反对无产阶级、反对恐怖手段、反对解散立宪会议和反对取消"虚伪的民主自由"、在1919—1920年曾是改良主义者的那些工人，是那些现在仍受到改良主义方法和领导人影响的工人。这些工人不是共产党人。到这里来的工人代表团向你们诉说他们同本国共产党人的争执。然而，他们通过莫斯科走向共产主义，他们相信这里正在建设社会主义。这些工人从季诺维也夫和托洛茨基嘴里听到的这一切都是谎话，他们会这么想。同志们，他们会得出对俄国革命非常不利的结论。显然，反对派把这些论调教给孔佩尔-莫雷尔，并且说苏联不是向社会主义发展，给俄国的革命事业帮倒忙。他们的发言削弱了俄国革命的影响、各国共产党的影响，削弱了共产国际的影响，因为一个党的影响不仅取决于它在本国的斗争，而且取决于俄国革命的威望。

当前形势下这种政策是否会引起严重的危险？同志们，危险是严重的，因为所有的资本主义国家都企图对苏联进行武装干涉。谁能阻止法国和英国发动突然袭击？法国和英国无产阶级对俄国革命寄予极大的同情。

我国代表团在启程之前认真地讨论过法国和其他国家之间可能发生战争的问题。我们认为，不能排除法国与法西斯意大利之间发生战争的可能性。在法国无产阶级队伍中埋藏着对法西斯极大的仇恨，本国的资产阶级会利用这种仇恨为他们的利益服务。一旦发生对苏联的武装干涉时，情况又会怎样呢？情况就完全不同了。假如法国帝国主义企图向俄国革命发动突然袭击的话，它是不可能得逞的。

法英帝国主义向中国革命发动进攻要容易一些，因为中国的运动在广大群众中没有像俄国革命那样广泛。

如果说存在向苏联武装干涉的危险的话，那么会是间接的，通过一些小国进行的武装干涉。

但是，反对派的发言对无产阶级的情绪有什么影响？同志们，当你们说我们不能建成社会主义，我们的国营企业是资本主义性质时，你们没有觉察到你们给俄国革命带来的危害。你们反复说国际革命、西方无产阶级的援助，但你们的策略，你们的纲领，你们的理论实际是使国际无产阶级疏远你们，疏远俄国革命。

季诺维也夫同志肯定地说："你们总是把我们与社会民主党人相提并论，但我们决不会把马克思的理论解释成不应当在不能建成社会主义的国家夺取政权。"假如季诺维也夫同志在无产阶级专政存在10年之后声称不应当夺取政权，那实在是太出乎意料了。人们简直不会去听信他。

但是，同志们，社会民主党人经常说：既然不可能建成社会主义，那又为什么在落后的国家里夺取政权呢？

1917年起义时季诺维也夫和加米涅夫就是这样说的。现在他们已经不能再这样说了。但他们硬说："在这个国家里不能建成社会主义"。而整个社会民主党则附和说：那为什么要夺权？

同志们，现在的情况更严重得多。季诺维也夫同志的理论会造成什么后果？

实际上他的理论归结为：

"俄国革命后，应当在发达的资本主义国家里夺取政权，而不应当在那些既无发达的资本主义又无有觉悟的无产阶级的国家里夺取政权。"

但是，同志们，我们认为也不能排除中国的无产阶级在日益激烈的民族斗争中掌握领导权的可能性。我们认为，如果无产阶级掌握领导权，工农的胜利是可能的。当前中国的力量对比是怎样的呢？1000万工人和4亿农民。

季诺维也夫的理论会造成什么后果？

其后果是：夸大中国革命和俄国革命内部的矛盾。我们应当承认，在中国是不应夺取政权的，因为这个国家不太发达。西方的所有农业国家也是如此，"不能首先夺取政权"。这就是从季诺维也夫的理论中必然得出的结论。

我们清楚地知道，帝国主义战线往往是在最薄弱的地方被突破。在中国可能要早于英国突破这个战线。

无产阶级应当在中国取得政权，因为这样能减轻西方无产阶级斗争的压力。而反对派的悲观论调却得出相反的结论。

还有一个国际范围的问题。

同志们，殖民地人民的无产阶级给予俄国革命的援助，俄国革命给世界资本主义造成的困难，俄国革命与全世界革命力量结成的同盟说明了俄国革命的国际性质。

它的表现形式是什么？这一趋势将发展到什么程度？

这在一定程度上将取决于你们本国革命力量发展到什么程度。列宁常说，不仅应当给其他国家的无产阶级以道义上的援助，而且要给予军事上的援助。列宁预见到所有这一切情况：俄国革命要援助其他国家的无产阶级,就应当向资本主义国家进行革命的战争。这说明什么?说明列宁相信苏联革命的政治经济力量会迅速增长,预见到苏联能给予其他国家无产阶级以积极的援助。

依我看,每一个共产党员都应对这个问题作出肯定的答复:俄国革命能否援助其他国家无产阶级反对他们国家资产阶级的斗争。

但是,这种援助是以什么原则的名义来提供?

能否以富农国家、资产阶级国家或资本主义国家的名义来援助?同志们,我的答复是:不能。

如果你们作为资产阶级国家来援助,你们在其他国家的广大群众中将得不到支持。这只能以正在建设社会主义并力争在全世界建立社会主义的国家的名义来做。

只有在后一种情况下才能依靠其他国家的广大工农群众。

托洛茨基关于资本主义世界和苏联之间发生的武装冲突可能带来的后果是怎样谈论的呢?

资本主义和资产阶级的技术优势会使我们被击败。

是的,同志们,资本主义国家的工业可能比苏联的工业要发达一些,但托洛茨基忘却了这些国家的无产阶级。

不难预见千百万工人群众在反俄战争中将发挥的作用和态度:工人不会帮助本国的帝国主义,而是帮助革命军队和俄国革命。这是很显然的。反对派仅仅从苏维埃国家和资本主义国家之间的相互关系提出问题,他们犯了错误,因为他们忘记了无产阶级这样重要的革命因素。

从上面所说的可以清楚地看到:反对派客观上不仅支持了西方社会民主党的理论,而且加强了右派阵营。

记得几个月前季诺维也夫同志说蒙穆索和我是法国的右派倾向。大概他责备我们要耍派别手腕。

与此同时,季诺维也夫建议安贝尔-德罗恢复苏瓦林《人道报》编辑的职务，并把他以记者的身份派往中国。

同时，托洛茨基建议让雅各布恢复苏瓦林的党籍。我认为，应该把苏瓦林和我、蒙穆索联合的办法来避免右派加强力量。

托洛茨基同志不主张采用回顾个人履历的方法。但请准许我简略地回顾一下苏瓦林同志的履历。我将引用季诺维也夫同志的话。

在扩大全会的上一次会议上，季诺维也夫同志在法国委员会上指出，苏瓦林要组织一个白里安党，这个党甚至有可能取得一些成绩，几名代表会进入议会。过去我国斯托雷平时期社会民主党人也曾经有过这种情况。列宁说他们是"斯托雷平的支柱"，他还说他们是"反革命分子"。

我记得，季诺维也夫同志在这个讲台上的总结发言中，是怎样声色俱厉地指责苏瓦林所写的那篇关于伏龙芝之死的卑劣的文章。几个月后季诺维也夫同志却提出将苏瓦林派往中国，因为据说他举止温顺。

中国革命不需要苏瓦林，它需要另外的人。苏瓦林从何时起成了纪律性强的人呢？是否是自他写了那篇关于伏龙芝的卑劣的文章时起呢？或者可能是从季诺维也夫同志与托洛茨基同志订立反对派联盟时起？

苏瓦林在订立托洛茨基—季诺维也夫联盟中肯定起了辅币的作用，在交易中大概他起了作用。

这一次季诺维也夫同志谈到苏瓦林时没有使用上次扩大全会上那样激烈的言辞。为什么他没有向我们谈到对苏瓦林那篇文章的意见呢？

塞马尔已经引用了这篇文章的几处。我也来引用这篇文章中的另外几段：

"无所不能的派别组织没能用恐吓和贿赂的粗暴手段制服反对派，就采取了挑衅的策略，实指望给以打击，以此作为血腥镇压的借口（大家都记得捷尔任斯基关于秋天要保持'火药干燥'那句话和政府委员们其他威胁的话）。——

（苏瓦林尤其擅长诬蔑过世的革命领导人。）——这里使用的不能说是独出心裁的阶级的方法，一旦成功，就能确保前布尔什维克们活上几个月或几年。完全丧失了生存权利的反对派不得不在暴动和投降之间作出抉择。为了避免流血牺牲，反对派投降了，但没有放弃自己的观点。"

于是，我国党的多数派打算谋害不幸的武约维奇的生命。

同志们，这就是苏瓦林的话。他这篇文章的其他段落也是值得宣读一下的。这篇文章值得一阅，我奉劝没读过这篇文章的同志们读一读，看看苏瓦林值多少钱。

托洛茨基同志没有提到苏瓦林，他只字未提苏瓦林。

季诺维也夫同志没有告诉我们他对这篇文章的看法。我紧接着向反对派的一位同志提出了这个问题；我把文章给武约维奇看后，问他对这篇文章有何看法。

"我什么都不想，因为说出自己的想法太危险"。

对这方面什么都不想，在这种攻击面前无力捍卫自己的党，这就意味着武约维奇同志在滑向深渊。

（武约维奇："不对。"）

同志们，我们赞成彻底开除苏瓦林同志。我认为全会通过这个决定不会遇到阻力。

最后，季诺维也夫同志指出，有一个社会民主党人承认社会民主党有"同斯大林进行国际联合的可能"。同志们，西方报刊上确实发表过这些东西。在法国，某些资产阶级报纸在反对派与中央斗争的一开始就写过："如果中央真的是耐普曼的中央，中央是富农的中央，是热月政变的中央"，那又怎么样呢？那我们就"同中央在一起，中央万岁"。同志们，资产阶级报刊有它的"视错觉"。他们还是用昨天的眼光来看季诺维也夫同志,他们看不到季诺维也夫和其他反对派同志的细微变化。

但是我们密切地注视着资产阶级报刊,我们有一个工人说:"请看,资产阶级报刊的文章是怎样支持中央的。"情况不太妙。应当从实质上展开争论。我们展开了争论,除了雅各布、苏桑·吉罗外,我们说服了大多数人。现在情况怎样呢?由于斗争的发展,资产阶级了解了反对派的纲领后,立即抛开了中央,抓住反对派不放。在后来的整个斗争过程中,资产阶级越来越愿意支持反对派。俄国的白卫军在巴黎产生了影响。反对派享受着令人生疑的特权:反对派垄断了资产阶级报刊。报上只谈反对派,只支持反对派;大家知道,反对派投降时资产阶级报刊是多么失望啊!因为资产阶级报刊把全部希望都寄托在反对派的斗争上,认为反对派能瓦解苏维埃共和国。

同志们,我这就要结束我的发言了。我们认为,反对派在这次全会上的发言非但不能证明他们服从纪律,反而是纵容了西欧各国党的派别活动。同志们,如果他们今后还要在暗中进行派别进攻,我们将给予反击。

其次,我们说,反对派的纲领会使社会民主党的力量加强,使群众涣散。当然,我们是不会让群众涣散的,因为我们要针对反对派所宣扬的论调进行宣传。

第三,反对派10月16日投降后在全会上针对中央和共产国际的发言,也不会在我们的队伍中引起什么反应的。

最后,我代表我们的党,代表我们党的大多数人声明:我们要团结在俄共中央周围,因为只有俄共中央才能维护列宁党的统一,只有俄共中央在当前情况下有旗帜鲜明的纲领,能清楚地看到苏联以及全世界革命发展的前景。季诺维也夫同志发言结束时高喊:"共产国际的团结万岁!"我们高喊:"**共产国际万岁!打倒悲观主义,打倒派别分子!**"(鼓掌)

里泽（德国）：

同志们，如果说我们是代表韦丁反对派要求俄国反对派的同志们得到在全会上发言的机会的话，那我们要充分说明我们提出建议的理由。在台尔曼同志以及埃尔科利同志发表声明之后，俄国的同志将按日程安排就这一问题进行发言，这已经很清楚了。因为，坦率地说，台尔曼和埃尔科利的发言本身具有号召性。埃尔科利和台尔曼同志说，不能禁止反对派的同志在这里为他们的观点辩护。但我们曾预言，尽管台尔曼和埃尔科利同志发表了声明，俄国同志的发言仍将被看做是新的进攻，违背了十月十六日反对派声明中许下的诺言。佩珀和布哈林同志的讲话完全证实了我们的推测。

我不得不再指出一点。作为德国代表团成员，我本人对此感到很羞愧。所有的代表在听俄国反对派同志们的发言时都表现得很有头脑、有分寸，唯独德国代表团出了格，对他们发言的态度十分不理智，不礼貌。

（格施克："里泽是一位高调的教员！"）

我是在客观地表述这件事的。在托洛茨基同志讲话结束时对他喊"打倒"是十分不礼貌的。我认为这是每个同志都懂得的，难道格施克同志不懂得这点吗？

关于登格尔昨天在全会上发表的讲话，我认为，我有责任对韦丁反对派提出的几个问题作出明确的答复。登格尔同志在报告中声称，德国反对派的产生是由于德国党表现出了弱点。同志们，说党的弱点是反对派产生和活动的原因，这是完全不对的。我们是布尔什维克，我们有足够的力量能同党中央一起克服弱点。但当我们看到，真的是犯了错误，我们看到，执行的政策向着十分明确的方向发展（请想一下我关于第一项议事日程的讲话，想一想在萨克森和梅克伦堡的政策），这就是说，问题不是弱点，而是不正确的路线。一年前反对派提醒注意的同样也不是弱点，而是错误，而反对派把这一点归罪于极左派倾向和荒谬的见解。

（格施克："难道这些错误没有纠正？"）

这些错误是一年以后纠正的。

错误是这样纠正的：反对派关于失业者问题的建议是一年前提出来的，而实行却是在现在；关于组织委员会和共产党在失业者运动中发挥独立作用的建议只是在现在、一年之后才实行。人们指责我们，似乎我们对在德国党内建立所有反对派小组的统一联盟感兴趣。我坚决主张，如果在党内存在三个反对派潮流的小组，那是很悲哀的。

（下面有人喊道："六个小组。"）

是的，如果加上中央的小组，那就是六个小组。

（格施克：如果你再加上你的朋友——鲁特·费舍、乌尔班斯等人，那就更多了。）

现在我来谈谈我的朋友鲁特·费舍和乌尔班斯等人。如果有人说存在着一个由科尔施、施瓦茨，有些同志甚至说由卡茨到韦伯即韦丁反对派的统一联盟的话，那么我要声明，任何人也不能证实这一点，包括登格尔同志也不能。登格尔在发言的最后作了让步，说根据这些小组客观的思想意义来看，都属于反革命。

"幸运的是"，我们韦丁反对派之中没有犯我们顺便批判的那种错误的议员。我们从来都不打算在德国建立无原则的反对派组织联盟。

韦丁反对派是由一些在革命中表现好的正直工人组成的。它过去和现在都忠于共产国际，它过去和现在对与我们的观点即韦丁工人的观点相矛盾的路线的领导人结成无原则的联盟不感兴趣。

假如韦伯想和乌尔班斯和马斯洛夫订立无原则的联盟的话，韦丁工人是不会允许的。假如订立了联盟，我们都会退出。我们感兴趣的不是领导人和个人，只是我们的原则。如果说我们在某些方面接近了鲁特·费舍—马斯洛夫小组的话，那我们所依据的原则也是同在苏联的反对派与所谓"右倾改良主义者"托洛茨基订立联盟的原则一样。在德国以及我们韦丁都展开了对俄国问题的讨论,而且我们深信,不是托洛茨基接近了季诺维也夫,而是季诺维也夫接近了托洛茨基并且改变了自己的观点。这是一个有力的论据,因为正直的工人以及全体德国工人不会支持托洛茨基及其1923年所主张的政策。我们韦丁反对派在第五次代表大会上同托洛茨基同志进行了斗争,如果托洛茨基同志要为他过去的政策辩护的话,我们还要同他进行斗争。托洛茨基同志昨天发言后,我完全确信,德国共产党中央关于俄国反对派的看法是完全不正确的。正如托洛茨基同志所说,他确信列宁是对的,他确信自己在农民问题上犯了错误。而这不仅对于韦丁工人,而且对一切反对原来的托洛茨基主义的工人,都是一个决定性的问题。

如果说在某些问题上我们接近了鲁特·费舍小组,那是因为,不是我们追随鲁特小组,而是建立了……

(格施克:"是鲁特接近了你们。")

谁也不能否认,在讨论俄国问题时,是韦丁反对派第一个在柏林—勃兰登堡代表会议上提出了决议案,是乌尔班斯附议的。乌尔班斯没有提出自己的决议案,因此表示同意韦丁反对派的意见。我们是否应当如此愚蠢地表示拒绝,并且说:"乌尔班斯,你用不着附和我们的决议案。"

(格施克:"是谁推出了七百人的决议案,谁和谁?是谁接近谁?")

我们在各次代表会议上对俄国问题的发言都是意见一致。但没有无原则的联盟,在柏林(10月20日)举行的党员工人代表大会上的发言证实了这一点。我们在那里看到了什么?我们看到,韦丁反对派没有同鲁特·费舍小组联合发言,而是对10月16日俄国反对派的宣言递交了一份声明,与此同时费舍小组通过乌尔班斯和施曼斯基递交了另一份声明。因此,在当时,当他们不再捍卫我们的观点的时候,我们就同他们分道扬镳了。大概每个人都知道10月20日鲁特·费舍的声明。因此我认为没有必要再谈这个问题。如果说埃贝莱因在德国代表团会议上将我们的声明与鲁特·费舍的声明混淆了的话,那么这就证明,连在这个问题上同我们争论的最出名的工作人员的消息都不准确。

关于我们同科尔施小组的关系,我们不必多谈。德国的工人知道,我们是如何对待科尔施的,我也认为,在韦丁,没有一个正直的工人赞成科尔施和施瓦茨的思想和观点。

(格施克:"但是他们极力想在党内保留这种思想。")

只有希万一个人在韦丁赞成施瓦茨的观点并坚决主张俄国只有经过一次新的革命才能走向社会主义。韦丁对公布这项决议案说了些什么呢?

(诺伊曼:"他在党委会的会议上反对开除希万。")

韦丁对提出这个问题是怎样回答的呢?决议案在柏林—勃兰登堡党委会书记处放着。韦丁坚决不能接受(喊声:"开除希万。")希万的这些观点并将坚决反对这些观点。

我们曾一致通过反对开除希万。

(下面有人喊道:"你们听啊!你们听啊!")

大概我比你们任何人都更懂得,不能把希万与这里提到的那些人相比。有人说,希万要求来一次新的革命是为了在俄国消灭富农政府等。考茨基也反对俄国的中央委员会,反对十月革命。但这里应区别下面一个问题:考茨基说这种话,他纯粹是个反革命分子,(下面有人喊道:"希万是革命者!")而希万当时(诺伊曼在座位上说的话听不清)。①亲爱的诺伊曼同志,你如果了解希万和其他的同志们,你也能看出这个区别。希万是有错误认识的同志,但他是一位正直的工人(我现在也这样认为,因为我同他一起工作多年),他被施瓦茨错误的敌对理论弄糊

---

① 话未说完,原文如此。——译者注

涂了。我们坚持把希万留在党内的理由是：还可以把希万拉回到党的道路上来，可以把他由施瓦茨完全敌对的立场吸引到苏联方面来。我们反对开除他，但我们不赞成他的政策。我认为，势力强大的韦丁反对派的每一个同志，普法尔茨的每一个同志，西萨克森的每一个同志，亚琛、杜塞尔多夫和比勒菲尔德的每一个同志在任何时候都不会赞成希万在他的决议案中坚持的那些观点。因此，有关从科尔施到韦伯的无原则联盟完全是不可信的。

（格施克："七百人的声明说的就是无原则联盟。"）

同志们，假如提出这个问题的人企图自始至终地从逻辑上研究一下各种反对派小组的话，他是肯定不会成为胜利者的。

（格施克："你为什么不谈谈七百人声明？"）

同志们，七百人联盟是鲁特·费舍的派别分子和拥护者和韦丁工人们按照韦丁反对派观点订立的联盟。

（格施克："按鲁特·费舍和希万的原则。"）

我认为，不是所有人都知道，当格施克还在为鲁特·费舍唱赞歌的时候，韦丁和莱比锡的同志们就反对她，反对她的人民联盟的理论，反对她拒绝让自己的候选人参加总统竞选。因此，现在批评我们的那些同志没有考虑到，他们当时同鲁特·费舍一起反对的是所谓的韦丁反对派的极左倾向。于是，他们在那些既反对我们又反对鲁特·费舍的人的支持下，千方百计地为此痛骂我们。

此外，我还想谈谈下面这个问题。俄国反对派在资产阶级和社会民主党的报刊上得到怎样的评价？必须指出，资产阶级和社会民主党报刊完全不同意俄国反对派的观点。我偶然弄到一份《法兰克福报》，这份报纸为季诺维也夫被撤职感到欢欣鼓舞。

"世界革命的捍卫者终于失败了，而明智的斯大林将实行更切实的政策。"

在《前进报》上也能看到这一类东西。谁若不相信，可以费点儿事去读读那份《法兰克福报》，上面白纸上写着黑字，清清楚楚。《法兰克福报》是赞成发展重工业观点的。

（格施克："列维、泰奥多尔·沃尔弗、《前进报》呢？"）

佩珀同志在季诺维也夫同志发言之后接着说，必须不仅反对极左派，而且要反对极右派倾向。应当明确，什么倾向是最主要的，最危险的倾向。佩珀同志得出结论说，极左倾向是当前比较严重的危险。我想要问一下，梅克伦堡和萨克森的德国政策具有什么倾向？是极右的还是极左的倾向？

（诺伊曼："难道中央没有反对过这些倾向？"）

我认为，近一年来没有极左的错误。只有为自己观点辩护的反对派。有过一些倾向，但是，是非常右的倾向。然而能在极左派分子中发现危险，尽管他们什么倾向的错误也没犯。

（格施克："他们'仅仅'是想分裂党而已。"）

现在我来谈谈韦丁反对派委托我来解释的有关俄国反对派的问题。

布哈林同志在结束语中极力号召我们阐述对俄国问题的意见。我们确实应当这样做，也一定要这样做。

听过季诺维也夫和托洛茨基同志的报告，我首先声明，我们像以往一样赞成俄国反对派的观点，虽然有人把它看成是"社会民主党倾向"。

（下面有人喊道："因为有人赏识它。"）

我们相信，把俄国反对派说成是社会民主党倾向，只是一种策略手段。如果把它当做右的倾向，而不是当做左的潮流来反对，是很容易的。这种手段是针对西欧广大党员群众中那种根深蒂固的反对党的各种右倾方针的成见。因此，党现在的右的方针装扮出是反对反对派"右倾机会主义"倾向的左的潮流。我们再重复一下在讨论布哈林同志报告的发言中已经强调过的话，我们对大多数俄国问题的消息不很清楚，因为消息太片面了。因此我们在这里只谈一谈我们认为最重要的几点，特别要谈谈俄国革命的性质和前景的问题。这里我想就台尔曼在第一项议事日程的发言，回答台尔曼同志。台尔曼同志说，如果德国反对派在俄国问题的争论中胜利了，那么德国无产阶级就会成为反对苏维埃共和国的敌对因素。

关于这一点我想要说的是：我们声明并强调，我们从不怀疑俄国革命的性质。对我们来说，俄国革命过去、现在和将来都是无产阶级社会革命。正因为如此，我们不能接受台尔曼同志的蛊惑性宣传，他声称如果极左派（即韦丁反对派）胜利了，德国无产阶级就会成为敌人，站在苏联的对立面。也是由于同一原因，我们不能接受布哈林同志的论断，他说如果在这个问题上我们不持多数派的观点，那就意味着站在敌视苏联的立场。这种论证的方法除了把俄国反对派说成是苏联的敌人，不会有别的意思。

我在这里表达的不是我个人的观点。

（诺伊曼："是拉狄克的观点。"）

我昨天见到拉狄克同志感到很愉快，但诺伊曼同志在莫斯科比我待得更久，因此他最有机会同这些同志谈话。有趣的是，有人主张诺伊曼同志不理解或不符合他的观点的思想，但是这些思想却符合韦丁工人的观点。我来到这里不是为了要弄清方向（诺伊曼："而是为了让别人帮你弄清方向。"），而是为了在这里阐述韦丁工人的观点。我们在此坚决反对科尔施的理论。如果说我们反对开除希万，那么，正如前面所说，不是因为我们同意他的观点，而是因为我们反对任何机械的斗争；我们主张从思想上克服工人分子中非列宁的倾向。把希万同考茨基比较是不正确的。考茨基是蓄意进行反革命的人，而希万是受到科尔施影响的正直的革命的工人，然而他是可以摆脱这种影响的。

这是我的意见，我想这不是拉狄克同志的意见，这是我们在韦丁区委所主张的意见。

如果诺伊曼同志当时在场,他现在就可以证实这一事实。

但是,对俄国无产阶级革命性质的看法,正像多数人所认为的那样,并不等于承认在一个国家内社会主义胜利、完全实现社会主义的可能性。革命,就其性质来说,可能百分之百是社会主义的,而社会主义由于各种不同的客观原因不能在一个国家内完全实现。这些客观原因是什么呢?大多数人只谈论武装干涉,即忽略了反对苏联的经济战争。但是马克思早就说过,虽然大炮不能击穿中国长城,廉价的欧洲商品却很容易做到。在世界市场的时代谈不上闭关自守的经济形式。列宁说,我们不仅是生活在一个国家里,而且也是生活在国家的体系中,苏维埃共和国长期与帝国主义国家共存是不可思议的。最终取胜的非此即彼。

(有人喊道:"这一点已经引用过了。")

如果别人谈到过这一点,那也无妨,这只是证明我们与俄国反对派的意见一致是正确的。

(诺伊曼:"甚至在校订你们的观点方面。")

这连斯大林在党第十五次代表会议上也强调指出,他只承认社会主义建设,只是"建设完全的社会主义社会",而不是"社会主义的最后胜利"。因此,斯大林同志在这里指出了建设完全社会主义和社会主义最后胜利的区别。但是,如果没有社会主义的最后胜利,建设社会主义社会还有什么意义呢?列宁谈到社会主义的最后胜利时说:

"只有在全世界范围内,只有靠各国工人的共同努力,才能够最终取得胜利。"[1]

斯大林说:"只要我们还处于资本主义的包围之中,只要无产阶级

---

[1] 《列宁全集》中文第 2 版第 34 卷第 313 页。——编者注

至少在一些国家中没有取得胜利,我们就不能认为我们的胜利是最后的胜利"。

如果是这样的话,那么至少在几个先进的国家里的无产阶级革命取得胜利以前,就谈不上在一个国家里完全建成完全的社会主义社会。所有这些东西都很清楚,关于这一点我们在德国讨论俄国问题时就曾说过。同样清楚的是,斯大林同志在他的《论列宁主义基础》一书中在这个问题上所持的观点与现在反对派的相同。他在这本书中写道:

> "可是,在一个国家推翻资产阶级政权,建立无产阶级政权,还不等于保持社会主义的完全胜利。社会主义的主要任务即组织社会主义生产的任务尚待解决。没有几个先进国家中无产者的共同努力,能不能解决这个任务,能不能在一个国家内获得社会主义的最后胜利呢?不,不能。为了推翻资产阶级,一个国家的努力就够了,这是我国革命的历史给我们说明了的。为了获得社会主义的最后胜利,为了组织社会主义生产,单靠一个国家的努力,特别是像俄国这样一个农民国家的努力就不够了,——为了达到这个目的,就必须有几个先进国家中无产者的共同努力。"① 因此,发展和援助其他国家内的革命是获得胜利的革命的重大任务。因此,在一个国家内获得胜利的革命不应当把自己看做独立自在的东西,而应当看做用以加速他们国家无产阶级胜利的助力和工具。②

(诺伊曼:"这里有拉狄克的味道。")

不,亲爱的诺伊曼同志,如果你在韦丁待过,你就会确信,在那里就是这样提出问题的。

列宁用一句话说明了这个意思,他说,获得胜利的革命的任务就在于"发展、援助和激起世界各国的革命"。如果说现在反对派指责这个

---

① 斯大林《列宁主义问题》人民出版社 1964 年第 1 版第 156—157 页。——编者注

② 《斯大林全集》中文版第 6 卷第 95 页。——编者注

观点是社会民主党的倾向，那就是说，1924年斯大林同志持这一观点时，全党的特点就是社会民主党的倾向。由这一段引语也可得出（而且列宁总是强调这一点）获得胜利的革命的最重要的任务就是组织社会主义生产和解决这一任务，也就是说，为社会主义最后胜利创造前提条件对农业国来说特别困难。

正是从这个观点出发，我们认为反对派要求加快工业化的速度是完全正确的。

还有一个问题：既然谈到俄国革命的前景，关于这一点，我们谈谈下列观点。大部分人认为：

一、否定社会主义在一个国家内胜利的可能性就意味着在俄国和国际无产阶级队伍中散布悲观情绪；

二、否定这一点也就是否定俄国革命的无产阶级和社会主义的性质。

关于这个问题，我们声明：

一、社会主义可能在一国内胜利的理论是由于承认资本主义能连续稳定几十年。这就不免在对待欧洲革命方面产生隐蔽的取消主义，这是我们坚决不能接受的。

二、国际无产阶级认为苏联的意义在于它是能使国际无产阶级更容易取得胜利的因素。另一方面，国际无产阶级知道，只有其他国家革命的胜利才是保证革命在俄国取得完全胜利的先决条件。国际无产阶级斗争的促进因素不是社会主义在一个国家内胜利的理论，只有马克思和列宁关于无产阶级革命至少必须在几个国家内取得胜利的理论，才是一国内胜利和整个国际无产阶级斗争的共同前提。社会主义在建设中，至少随着几个主要国家的国际无产阶级的胜利（这个胜利应该也一定会到来），社会主义才能完全建成。我们认为社会主义可能在一国内胜利的问题是最重要的一个问题，正因为这样，我们对这个问题非常关注。

其他问题我不详细谈了。至于农民问题,我们充分意识到,俄国革命(为了坚持到国际革命的胜利并向着社会主义的方向发展)必须与无产阶级和劳动农民密切结合。我们是这样理解俄国反对派在农民问题上的观点的,它丝毫不想削弱这种结合,相反主张以列宁主义的精神来巩固这种结合。列宁主义教导我们,无产阶级应当用坚决反对富农的方法,把作为无产阶级专政在农村的主要支柱的绝大部分贫农争取到自己一边来。

我们把俄国反对派在农民问题上的斗争看做是反对党的政策,偏离列宁既定路线的斗争。我们认为,反对派在这个问题上的批评已为最近中央的多数派所采取的一系列措施特别是新的选举法所证实。

现在再谈一谈与托洛茨基同志的联盟。在托洛茨基同志发言的时候我就确信,这不是一个有原则的联盟。

(有人喊道:"在哪儿?")

我坐在你后面听到的。我想,你不明白这一点或是不想弄明白这一点。

韦丁反对派一向反对托洛茨基主义。我认为,现在站在我的对立面的那些同志不会否认这一点。正是韦丁工人最坚决地进行了反对托洛茨基的斗争。我开始时已经谈过,我们在第五次代表大会上同俄国中央委员会一起反对托洛茨基的观点。如果反对派与托洛茨基当前结成的联盟是以完全成为俄国工人运动的明确的历史方向的托洛茨基主义为基础的话,我们肯定是会反对这个联盟的。但是情况并非如此。昨天托洛茨基发表了声明,说他修改了自己的意见,说他认为自己过去与列宁背道而驰的观点是完全不正确的。(笑声)看来我能正确地了解托洛茨基同志,但与德国代表团的大多数人理解的完全不同。(笑声)对于作为德国反对派的一名代表的我来说,最主要的问题在于,托洛茨基联盟的问题对于德国反对派来说是最大的障碍。然而,当我听了托洛茨基关于倾向和右的趋势的声明之后，我开始明白了，不是季诺维也夫向托洛茨基接近，而是恰恰相反。（笑声）毫无疑问，托洛茨基同志重新考虑了自己的观点。这一情况将有助于在德国的争论中弄清问题。

再简单谈一下派别活动问题。这是在不久的将来应当讨论的最重要的问题之一。昨天布哈林同志也是这样说的。

我们在德国中央非常明确、非常清楚地提出了这个派别活动和消灭派别的问题。我认为，共产国际中没有一个同志会在原则上认为派别的存在是正确的。我也不认为是正确的。我想顺便问问登格尔，他在什么地方发现韦丁反对派召开过派别会议，在什么地方发生过这样的事。

（登格尔：“我没有肯定地这样说。”）

不能肯定韦丁反对派有自己的派别。（笑声）

如果我们像中央那样有自己的机关，那我们就不需要派别了。（笑声）

例如，我们在韦丁，无论在区委会还是在整个党员中占绝大多数，我们就不需要派别，因为我们可以在区委会上公开地阐述我们的观点并为其辩护。人们在那里可以就党的问题展开争论。比方说，如果在普法尔茨大区有大多数人站在自己一边，为自己的反对派观点辩护，那么这不能叫做派别。

（格施克：“你们为什么需要派别的通函呢？”）

如果上西里西亚的同志们请我们到他们那里去作补充报告，那我们也就不需要派别；我们会应邀前去参加大区会议并在那里发言。

为了结束这个原则问题，我声明：如果德国党中央想要贯彻一条正直的布尔什维克的党内方针，派别就不会存在下去，依我看，在德国党内也不应该存在下去。台尔曼同志在韦丁区委会上已经向我们允诺过这一点。他说：是的，不管什么地方邀请你们，在报刊上，无论在那里，你们都有权为你们的观点辩护。

（雷梅尔："甚至在共产国际全会上。"）

我认为，如果给我们发言权，如果我们确实有社会民主党倾向，那德国无产阶级听到后宁可离开我们，也不会让党对个别的同志进行非法的不愉快的党内斗争。如果我们将来在德国贯彻这样的党内方针（我想，台尔曼同志是会遵守诺言的），那么派别活动将宣告结束。我们将讨论对党的利益至关重要的党的一切问题，我们将看到，所有的问题特别是俄国问题，我们都认真地考虑过，而我们讨论这些问题不是作为苏联的敌人，而是作为苏联的捍卫者，作为苏维埃国家最炽热的拥护者。

我也像季诺维也夫同志一样，在结束我的发言时声明：共产国际未来的统一是我们最重要的任务之一。

斯密斯（英国）：

同志们！听完季诺维也夫同志的讲话，英国代表团对他发言的目的没有得出十分明确的意见。季诺维也夫同志要使我们相信，不能把他的发言看做是控诉，可是听他讲话时，我们感到不可能有别的解释。但是，我们姑且假定，季诺维也夫同志到这里来仅仅是为了阐述他的观点，因为他认为，以前似乎没有为他提供向共产国际述说他在俄国党内斗争的目的的机会。我们假定，他想向我们发表声明纯粹是为了通报。至于季诺维也夫同志，如果采取书面声明的形式，将会使他的通报获得更好的效果，这一点我们就不说了。我想提请诸位注意的是，季诺维也夫同志对上次争论时受到的谴责的两个主要问题的看法是怎样解释的。

关于在一个国家——苏联可能建成社会主义的问题，我们知道下面三个声明。这些声明或是季诺维也夫同志自己发表的，或是他在发言的不同部分中表示同意的。首先，差不多在他发言的一开始时说，仅仅在苏联一个国家是不可能建成社会主义的。这是很明确的声明，任何人也不能用其他的方法去解释。季诺维也夫同志接着引用列宁的话说，在俄国很容易夺取政权，但巩固政权却难得多，然而在国外夺取政权难得多，巩固政权却容易得多。季诺维也夫同志同意他所引用的话，他只是说困难很大，但仍然指出了通过某些特别的努力有可能维持政权。因此，我们理解他是在回避清楚明确地声明社会主义在一个国家内不能建成。

第三，季诺维也夫同志引用了列宁的声明，说这一代人无论如何也不能完成社会主义的建设，说有可能下一代人才能完成。这里向我们指出了有可能建成社会主义的时期。

英国代表团认为，季诺维也夫同志阐明了他对建设社会主义问题的观点，他对争论没有提出任何一点新的东西。

在对待争论的第二个重要的题目——派别活动和党的统一问题上也同样是这样。季诺维也夫同志一开始就声明他反对派别，说他对待派别采取绝对不可调和的态度，但是他却赞成党内分派。我们姑且不谈派别与分派之间的细微差别，我们来看看季诺维也夫稍后的声明，他说，他不会从他以前关于派别和党内团结所发表过的那些讲话中退后一步。我想，凡是来这里参加会议的同志都能记得，1923年季诺维也夫同志发言反对托洛茨基的一个主要问题，恰恰就是把派别与分派对立起来这个问题。1923年季诺维也夫同志说了不少漂亮的言词来解释，说分派只是派别的一种合法的形式。因此，在这个问题上我们看到，季诺维也夫过去的声明与现在的声明之间是不一致的。而且后来季诺维也夫同志偶尔或有意地用了下面的说法：

"我们承认我们十月十六日宣言中所说的错误，但是我们当时应该组织我们的派别，这是党中央的做法所逼出来的。"

如果说这个声明不是为派别活动辩解的话，那我不知道，这个声明还有什么意思。我们可以从中得出这样的结论：季诺维也夫同志未能在派别问题上阐明自己的观点,直到他讲话的最后,我们对他在派别问题和建成社会主义问题上的观点还不是很清楚。因此,他出席全会不可能仅仅是为了阐述这些问题。

可能应当认为,季诺维也夫同志到这里来是为了在讨论中通过实际的建议和认真的批评给我们提供某些帮助?就拿在一国建成社会主义的问题来说吧。季诺维也夫同志讲话中谈到一国建成社会主义可能性的那一部分的特点是,他对自己及其反对派同志们近几个月来为极力主张社会主义在一国不可能建成而掀起的那场运动的实际问题只字未提。关于苏联向资本主义方向、向违反社会主义的方向发展,我们没有听到一个字。关于国家工业化事业的挫折,我们没有听到一个字。关于"我国远非无产阶级国家",我们没听到一个字。关于苏联的工业远非社会主义的工业那个出色的声明,我们没有听到一个字。关于季诺维也夫同志伙同其他反对派分子为他的社会主义不能在苏联建成这个观点辩解而掀起的那场政治运动的一些实际问题,我们没有听到一个字。

如果我们用联共(布)党争论的观点来看问题,那么,季诺维也夫同志本该向我们谈到建成社会主义的问题对联共(布)党以及对其他党的直接意义。由于世界六分之一土地上的社会主义国家的出现和巩固,引起了无产阶级革命。他本应从这个角度来提出国际形势根本改变的问题。季诺维也夫同志在这个问题上给过我们什么实际的援助吗?一点也没有。相反,季诺维也夫同志在争论中采取了英国代表团认为是极其危险的一种手法。这是我们应极力反对的。季诺维也夫同志引用了列宁1914年所写的一篇文章中的话,企图以此证明,俄国当前面临民主共和国的问题,而其他国家的当务之急则是面临社会主义共和国的问题。季诺维也夫同志把这段引语当做他为自己的理论辩解的论据。季诺维也夫同志只字不提列宁及时提出的这个切合时局的实际口号。季诺维也夫同志只字不提列宁在二月革命后不止一次提出过的真理,而且奇怪的是，连季诺维也夫同志现在反对派的战友加米涅夫也提出过这个真理。这个真理是：在俄国，争取民主共和国的斗争应当转化为争取社会主义共和国的斗争，争取社会主义共和国的斗争没有意义。正像其他发言人已经指出的那样，我们一时还不能清楚地意识到，我们不仅是夺取政权，不仅是建设社会主义，而是准备建成社会主义。像季诺维也夫那样提出问题，这意味着为一种最普通的、纯粹是货真价实的孟什维主义奠定基础，而这种孟什维主义正是我们在各国共产党内应当与之斗争的。

现在我们来谈一谈季诺维也夫同志在我们的争论中想要用来帮助我们的那个声明。他列举了他认为有右的倾向的那些国家。我们容许别的党自己为自己辩解，但是我们一分钟也不能容忍指责我们的党是什么右的倾向。我们希望全会现在制定和通过一项真实地反映英国情况的英国问题的决议。我们认为，我们党的领导人在总罢工后的某些时候和在矿工同盟歇业时可能出现过些许动摇，这些动摇带来了一定的错误，我们已经极力在克服这些错误。我们希望我们的党在研究矿工斗争中所发生的这些策略上的错误的过程中能向前发展，希望整个共产国际从这个经验中汲取教益。

但是，季诺维也夫同志为改正我们这个时期的错误表现得怎样呢？表现在两个方面。第一、季诺维也夫同志一直赞成那项出色的建议。根据这项建议，俄国工会本当退出英俄委员会。我认为，没有必要详细谈这个问题或发挥那些论据来证明这个建议是非常荒谬的，因为当时英国工联的改良主义领导人在罢工之后，在他们的日常斗争中，在群众面前暴露了自己，当时不仅有必要把完全正确的和必要的批评与他们的策略进行对比，而且也有必要把苏联工会领导人为争取团结而进行的直接的斗争以及苏联工会继续为争取国际工会的统一而进行的努力与之相对比。

季诺维也夫同志对英国事务的干涉表现在,他允许托洛茨基同志在《共产国际》杂志上发表文章而没有一句批评的话,也没有表示丝毫的反对。我们党对这篇文章的(非常缓和、非常有节制的)评论是:"与那些主张取消我们党的人的观点没有太大差别"。在这篇文章中有这样一句话:英国党是阻碍革命前进的机器中的一个部件。然而,问题还不仅在于这一句话。这篇文章喋喋不休地说我们的党是不存在的,不要理睬这个党,说我们的党不是共产主义的党。比方说,有这样一句话:"只有经常进行揭露左翼及其倾向和错误的斗争,只有在这种情况下才可以谈得上英国真正的革命的(即共产主义的)党"。托洛茨基同志在总罢工后用来抨击我们的就是这样一篇文章。而季诺维也夫竟然没有表示任何抗议,没有加任何注释就允许这篇文章发表。这篇文章受到围绕在《平民》、兰斯伯里等周围代表共产主义叛徒的所谓左翼的赞扬,并被他们利用来反对我们。这就是季诺维也夫同志参加争论的实际表现的第二个例子。

因此,英国代表团可以从季诺维也夫在一次声明时的讲话中得出这样的看法:无论是从说明或叙述原来观点的角度,还是从实际建议的角度来看,我们都认为季诺维也夫同志的这次讲话对共产国际是不利的。我们肯定地说,他谴责的唯一目的就是企图对联共(布)和共产国际的现任领导发起攻击,而没有认真地提出任何有益的意见。因此,尽管季诺维也夫同志发表了声明,我们还是不得不把他的讲话看做是控诉,不得不指出,共产国际应当毫不犹豫、毫无保留地对他的控诉作出明确的答复。

至于在苏联建成社会主义的问题,我们应当说,只有一切共产党都履行自己职责的情况下才可能建成。一旦出现武装干涉的企图,工人阶级会比以往任何时候都更有力更坚决地起来为反对侵犯苏联而进行斗争。当然,我们应当指出,英国和德国革命会促进苏联的社会主义的建设。但是为了论证使苏联夺取了政权并且使无产阶级专政进行了9年统治的我们的日常政策，我们也应当表明：我们相信群众的创造力，相信工人阶级和农民在建设社会主义事业中的创造力。共产国际应当十分明确地向联共（布）和其他党内反对派的同志指出，共产国际在理论问题和实际问题上绝不允许蛊惑性宣传，同样也绝不允许任何对待联共（布）党领导人的不负责任的蛊惑煽动。

第二，在派别问题上，针对反对派的指控我们应当指出，无论在联共（布）党或是在共产国际中都不允许存在派别。无论是正式的派别或是尚未形成的"分派"都允许。我们允许为了纠正党的路线而提出批评，但要采用适当的方法，绝不能用破坏领导的方法。共产党的领导应当始终是统一的，而且比任何时候都更加坚强。共产国际更不能允许任何破坏苏联领导的活动。英国代表团想再次以英国共产党的名义表示：我们完全拥护我们8月6日提出的完全支持联共（布）党领导机关对反对派所采取的措施的郑重声明。

第三，关于倾向问题。我们应当承认，由于革命发展中遇到了阻力，革命的党面临着相当大的困难。无产阶级的各个阶层处于不同的发展阶段，因此就出现了各种倾向。我们希望我们能及时发现这些倾向并加以纠正。然而我们应当指出，在进行这一斗争的同时，应开展使党能接近群众并能加强党的力量的实际工作，而不能像季诺维也夫同志，尤其不能像他在各国党内的同盟者所采取的那种手段来同各种倾向进行斗争。不能采取我们过去的同志鲁特·费舍在群众中经常进行暗中破坏的方式，也不能采取苏瓦林为了瓦解和涣散党而经常向法国共产党进攻的方式，也不能采取托洛茨基不断向党发动进攻并同时组织派别的方式，尽管他不止一次表示悔过。必须经常开展群众工作，这样能使党更好地避免各种倾向。在英国代表团看来，这就是全会应该给予季诺维也夫同志的回答。

最后，关于托洛茨基同志，我想简单说几句。托洛茨基同志仿佛十分真诚地向我们声明，他过去犯了两个大的错误：在对革命动力的估计方面和对待布尔什维克党的建设方面。他说得十分恳切，显然影响了里泽同志。然而英国代表团想要问托洛茨基同志："1923年你犯了什么错误？难道那些错误不正是重蹈革命前那一时期的错误吗？难道那些错误不是由于错误估计农民的意义和不正确地对待党的团结吗？托洛茨基同志，你对你1926年的观点是怎样想的呢？难道近三四个月的运动不正是重犯革命动力问题和党的团结问题的错误吗？"由于问题涉及英国代表团，英国代表团认为：党内任何人都无权一方面宣布摒弃自己过去的错误，然后又重犯这些错误。托洛茨基同志及其追随者们对外国同志的批评照例是借少先队员之口来说我们要向少先队员学习共产主义。然而，我们认为，连少先队员都很难只作出这样的回答："我们对所犯的错误追悔莫及，我们下次再也不犯这个错误了。"

现在我们再谈谈社会主义建设的问题。托洛茨基同志讲话中在谈到社会主义"最后"胜利的时候回避这个问题。他说，他从未否认过我们在建设社会主义。英国代表团（我们想还有整个全会）想问托洛茨基同志，对他的声明"我国的工业不是社会主义的"，"我们的国家不是无产阶级的"等等，应给予如何的评价？

英国党对反对派提出的两个主要问题特别感兴趣：对待农民的问题（在我国条件下就是对待帝国的问题）和党的问题。在这两个问题上，我们的主张是与英国一切所谓左派分派的观点相反。这些分派存在的唯一的意义就是为取消共产党而斗争。他们像昔日托洛茨基攻击列宁那样，指责我们党，说我们党利用群众中的一切落后分子。这些运动中的首领、共产主义的叛徒以及所谓左派分子也对托洛茨基对党和共产国际的攻击拍手叫好。托洛茨基的政策，客观上帮助了这些首领，而我提到的那篇文章则积极地支持了他们。我们想说，我们佩服托洛茨基的文学才华，而且无论如何也不能低估他对革命的贡献。但是我们不能允许他像二十年来对待俄国党那样使英国党瓦解和民主化的任何企图。我们绝不能无动于衷地听凭他去干那种破坏联共（布）党的领导，有利于取消派和改良主义者的事。这就是英国共产党对托洛茨基同志的回答。

埃尔科利（意大利）：

在我国代表团已就此问题发表声明之后，我只能作简单发言。季诺维也夫和托洛茨基同志讲话之后意大利代表团声明：意大利代表团完全同意第三天宣读的宣言中对俄国问题表述的观点。但是考虑到反对派首领们发言后俄国问题的讨论情况，我们有必要再谈一谈几个问题。

在接触问题实质之前，请允许我先就季诺维也夫和托洛茨基同志发言这一事实本身说几句话，尤其是因为他们讲话的一部分是根据我上星期与里泽争论时在会议上发表的声明。

同志们，我和共产国际执行委员会委员和候补委员一样，完全同意俄国反对派的首领有权参加我们的争论。然而我认为，有权利是一回事，如何使用这种权利又是另一回事。

我们说他们"有权利"，同时我们认为，我们应向他们指出他们的责任，指出他们在当前情况下，在他们的党中央向他们提出劝告之后，他们应对使用这一权利负责任。

季诺维也夫同志在这方面是有经验的。难道他作为俄国共产党中央政治局委员，就有权在党的第十四次代表大会上作补充报告吗？权利他是完全有的，但使用得如何，正确还是不正确？

尤其是对党的影响如何，好的影响，还是坏的影响？你们都知道，季诺维也夫同志在联共（布）党内掀起了一场最严重的派别斗争。

至于季诺维也夫同志这次的发言，由于其他同志在我之前已经谈到了，我就不准备再从联共（布）党内和共产国际内派别斗争的观点来谈他的讲话是什么性质的了。

是的，共产国际的章程为一些同志提供了某些权利，但是也有另一些东西在章程中是找不到的。例如，章程里未提到俄国党在共产国际中的地位，未提到联共（布）党在国际工人运动中的领导作用。任何人也不会怀疑，像季诺维也夫和托洛茨基同志这样的发言是企图破坏俄国党的领导作用。各国共产党的回答只能有一个："面对你们这种企图，我们要团结在俄国党的周围，团结在联共（布）党中央周围，并再一次在全世界无产阶级面前强调指出，俄国党是站在共产国际和世界无产阶级之前列，党的这个领导作用是我们革命胜利的最可靠的保证。"

下面谈谈实质问题。季诺维也夫同志给我们引用了一系列的语录。可能我们这些现在刚开始关心联共（布）党内争论的外国同志对这种方法还不大了解，然而这些语录并未使我们惊慌。

我通过季诺维也夫同志的讲话速记稿仔细研究了他引用的语录并得出结论：这些语录可分为三类。第一类是不证明任何问题的语录；第二类证明太多的问题；最后，第三类由引用得很"愚蠢"的三条语录组成（我也使用昨天晚上托洛茨基同志在这里所说的话）。

季诺维也夫引用的第一类语录是马克思、恩格斯和列宁的语录，从中可以看到类似这样的观点，如：

"共产主义革命不会是民族革命。"

或者说：

"共产主义革命是将在世界范围内进行的世界革命。"

这些最重要的观点在《共产党宣言》里，在我们的圣经里，对我们来说是原理。但这些语录说明了什么？因为有一些真理是任何人、任何时候却不会提出争议的。然而，我应当说，把一些毫无争议的普遍真理作为基础,然后在这个基础上提出一些完全错误的论据,这种方法在任何地方都不适用。我想提醒季诺维也夫同志,他经常使用这种方法:提出一些非常普遍的真理,为的是得出不正确的结论。季诺维也夫利用共产主义革命的"国际的"和"世界的"性质的普遍性的原理来否定有可能在苏联建成社会主义的前景。

1917年10月11日季诺维也夫和加米涅夫写文章反对主张起义的中央时就是使用的这种方法。在这篇文章中有这样的论调:

> "我们从来没有说过,俄国工人阶级可以**单凭**自己的力量将当前的革命进行到底。"

然而,季诺维也夫和加米涅夫同志就是根据这样一个普遍原理,在同一篇文章里得出了在当时必须进行"防御"的结论。换句话说,当中央作出进攻和夺取政权的关键时刻,他们提出列宁斥之为失败主义和"工贼"的观点。当时他们使用的就是今天的这种推理方法。可是,若要彻底弄清问题,我们必然会发现,相同的方法与相同的政策是相符合的。

1917年10月季诺维也夫和加米涅夫同志所主张的防守政策,完全符合他们在社会主义建设方面的观点,即他们否认胜利的前景。

第二类语录是一些证明太多问题的语录。

关于马克思的语录"不包括英国的革命是杯水风浪",其他同志已经说过了,我现在不再重复了。

关于列宁论及俄国革命的"民主"性质的语录,其他同志也说过了,我也不谈了。

假如像季诺维也夫同志那样从字面上来理解这些语录,那我们就得否定已经实现的事实。这恰恰说明,我们应当把这些语录中的原理与他们写这些原理的当时情况联系起来理解,而不应理解为纯粹的原理。

第三类是引用得很"愚蠢"的语录。这是一些马克思和恩格斯用来证明当时具体革命前景的语录。

我们来看一下关于共产主义革命只能在至少两个国家（英国和德国）进行时才能胜利的那段文字。季诺维也夫同志是否想通过总结这条语录来确立在两个国家建设社会主义的理论呢？要知道，马克思和恩格斯是根据他们那个时期革命发展的具体的直接的前景得出这个原理的。难道在我们这个时代，我们应该胸怀这样的前景来工作？我想，不应该这样。相反，我认为，假如我们仔细研究马克思和恩格斯的著作，我们就会发现，他们总是重新考虑前景，使这些前景和他们的说法适合新出现的形势。从1890年恩格斯为《共产党宣言》所写的序言来看，《共产党宣言》过去不适合美国，也不适合俄国，然后说明为什么。恩格斯接着说，现在情况变化了，他分析了新的形势，指出了新的前景，最后写到俄国有可能进行共产主义革命的一些形势。

还可以以列宁的《国家与革命》一书为例。在这本书中，列宁力图准确地阐明马克思和恩格斯是通过什么方法来确定无产阶级专政的概念是夺取国家政权的形式，是必须用无产阶级革命来消灭资产阶级国家机构。列宁根据1848年革命和巴黎公社经验论证了马克思和恩格斯是如何逐渐地使他们的观点更明确、更准确，以及如何改变了他们最初的理论的提法。在对待农民问题上也是如此。关于农民与工人阶级之间的关系问题，马克思、恩格斯在《共产党宣言》中与在稍后的著作中的提法是不同的：特别是在1872年的一个文献中（马克思致库格曼的信），首次提到"人民革命"。以前马克思从未使用过这个提法，在那个地方出现了这种提法是因为，它与公社经验之后所开始的具体的历史时期的条件相适应，同样也适应当时欧洲各国工人运动的进程。

我举这些例子是为了证明，如果在引用每一条语录时不把每条原理的意义同具体情况进行对比分析，就不能引用马克思、恩格斯的语录，尤其是不能引用他们所写的那个具体的革命前景的语录。季诺维也夫没有进行这种分析而向我们抛来几十条语录的做法只能使我们迷惑不解。因此，只有剔除一切不需要的或引用得不恰当的语录，我们才能转入实质性问题。

只要指出下面一点就足够了：当时，在列宁看来，俄国革命和世界革命的情况大致与我们现在的情况相同的时候，关于这个问题在他的著作中所写的唯一的一句话，便是谈到俄国具备了建成社会主义的一切必要条件的那段话。

其他一切问题都归结到一个最主要的问题，这就是在一国内建成社会主义的可能性问题。这个问题对共产国际的意义不亚于我们第三次代表大会上关于共产国际策略的争论。我们现在进行的争论，对共产国际、对我们党以及对整个无产阶级将具有同样的意义，因为现在同当时一样，谈论的是要在我们所处的形势下指出世界革命发展的前景。

首先，难道有人会认为联共（布）党中央所主张的观点是否定和不顾俄国革命的国际性质吗？我想，没有哪一个同志会怀疑这一点的。有谁会怀疑我们在西方为号召工人阶级起来斗争而进行的全部工作都会促进俄国革命的成功？比如，当我们在意大利建立地下党，动员群众与法西斯进行斗争时，难道我们不是为了用我们工作的成果来直接援助正在建设社会主义的俄国无产阶级吗？难道我们在那里和这里不是为解决同一任务而努力吗？这是相互的关系。难道在苏维埃国家为了俄国革命、为了社会主义建设所做的一切不也同样是为了促进世界革命，促进意大利、德国、法国以及我们正在准备夺取的一切国家革命的成功吗？我们之中有谁会怀疑红军不是革命的军队？各国共产党的队伍中有谁会怀疑俄国革命和世界革命的利益和事业不是一致的？我声明，如果什么人有这种怀疑，他就不应当在我们之中。（鼓掌）

然而，我应当更详细地谈谈这个问题。我现在就要来谈谈季诺维也夫同志提出的问题。季诺维也夫同志说：如果你们硬要说，在俄国一个国家里有可能建成社会主义，那你们就是在西方党和工人阶级队伍中散布悲观情绪和失败主义。那里人们会说："好吧，既然你们在干革命，并且相信你们能够完成革命，那我们就等着吧。"对季诺维也夫论据的回答是非常简单的。列宁主张革命可以在一个国家内取得胜利，主张在一个国家内可能也应该夺取政权，难道列宁是在为失败主义的理论辩护吗？不是，当然不是。应当完全换一种方式提出问题。应该从俄国革命和俄国共产党的策略对全世界革命力量产生影响的角度提出问题。如果我们从这个角度提出问题，我们就应当承认，俄国党和俄国革命是在战后时期在全世界组织和发展革命力量的最有力的因素。各个国家的工人团结在各国共产党的周围，实际上就是团结在俄国革命周围。为什么？因为，俄国革命向全世界无产阶级证明，工人阶级可以将政权掌握在自己手中，从而推动全世界整个工人运动，整个革命运动，为他们指出前景。

这个因素是否在全世界工人阶级中继续发挥作用？当然，是在继续发挥作用。但是为了保持和加强这种作用，必须使国际工人阶级意识到另一个要素，即相信俄国无产阶级掌握政权后能够建成社会主义，坚信俄国现在正在建设社会主义。（鼓掌）也正因为各国工人阶级在思想上和政治上意识到这一点，俄国革命才能发挥它的作用。因此应当彻底推翻季诺维也夫同志的论据。实际上与他说的相反的才是正确的。

现在来谈最实质的问题。显然，托洛茨基同志最明确地公开地提出了一些根本的问题。我是指他在这里讲的话，尤其是指他自己翻译的讲话。有可能在这篇译文中他更准确地表达了自己的思想。

他的论点的根据是：任何人也不会怀疑，在我们这个时代，全世界各国经济之间存在着密切的联系，苏维埃经济与世界资本主义经济之间也是如此。然后，季诺维也夫同志向我们提出了三个设想。他说，第一个设想是"西方近期即将发生革命的理论。在这种情况下,我们都同意,因为这使我们看到出路"。第二个设想是:西方的革命要经过50年才能完成。最后,第三个设想是:50年后也不会有革命。

然而对于托洛茨基同志来说,第二和第三个前景都是一回事。在这两种情况下,就是说,如果我们需要再斗争50年,那时西方革命会到来还是不会到来,反正都是一样,因为到那时,苏维埃国家会成为资本主义经济的一个组成部分。根据托洛茨基的意见就会得出这样的结论:俄国革命的前景是与社会主义发展的前景不一致的。根据他的这一理论,只有在西方很快爆发革命,爆发取得政权的工人阶级能给俄国无产阶级提供援助的革命时,社会主义发展的前景才能存在。那么,如果说这不是"不断革命论",那又是什么呢?我肯定地说,这就是托洛茨基一贯为之辩护的传统形式的"不断革命论"。昨天托洛茨基同志在谈到"不断革命论"时声明:

"我发现这个理论有一些错误,我要对这些错误进行批评。"

实际上他昨天还在这个讲台上为他至今仍认为正确的这个理论辩护。因此,我们应当像在我们共产国际历次代表大会上那样,反对他的思想并更加坚决地驳斥他的观点。

必须对托洛茨基和季诺维也夫同志的联盟谈谈我的看法。当然,为了达到某种直接的目的,总是可以与过去曾反对过的同志结成联盟。但问题是,1923—1924年季诺维也夫不是为了某些一时的或次要的问题而反对托洛茨基同志。他当时认为,这是在进行一场反对党内主要思想倾向的斗争。不是别人,正是季诺维也夫声称,"托洛茨基,这绝不是一种偶然的临时的政治观点,这是一种我们应与之斗争的一贯的学说。这就是与我们的列宁主义学说背道而驰的托洛茨基主义。"

可是过去就是这样提出问题的,而后来在你们面前又出现了昨天的那个对手，很显然，他一点也没有放弃，一点也没有改变自己的观点，而且还强调了你们批评过的那些主要思想特点。而最后，你们正是在这一思想基础上同他结成联盟。那么，同志们，谈论联盟已经不合适了，只能够谈论让步。

托洛茨基主义在反对派思想上的胜利对联共（布）党和共产国际中反对派在各个问题的观点有决定性的影响。托洛茨基同志昨天为他过去的思想进行了全面辩护之后，现在这一点是毫无疑问的了。

反对派缺少的是什么呢？他们看不到发展的前景和俄国革命的胜利。即使这不是立即进行革命的前景，然而也不会是像托洛茨基所说，只有"50年后"才可能有的革命前景。现在需要的是使我们在当今资本主义局部稳定时期可能继续进行宣传和动员群众起来反对资本主义制度而工作的前景，需要的是使我们可能将这种工作和斗争与苏联的社会主义建设事业联系起来的前景。由于反对派缺少这种前景，缺乏对在苏联可能建成社会主义的信心，他们便狂热地抓住各种立即能成功的前景，在分析形势和制定策略方面犯了愚蠢的错误。反对派在英国罢工问题的错误是：反对派偏离到极左的方面，主张让英俄委员会分裂。然而，英俄委员会的这种分裂将意味着并将导致各个国家中取消统一战线的策略，即取消在当前形势下唯一能使我们继续争取群众的策略。

反对派的这个主要错误使他们产生悲观失望、怀疑态度，使他们从极左的政策转而与右派分子结盟，使他们束手无策、思想混乱。他们在各个问题上的表现就是这样。因此季诺维也夫现在不应该教训我们，要我们一面反对左派，一面又同右派斗争，他不能责备我们，说我们没有像列宁指出的那样在两条战线上进行斗争。

季诺维也夫同志，我们一面反对你，一面进行反对右派分子的斗争。（鼓掌）

我始终认为，左的倾向是一种走得太远的观点和策略，它企图在群众中加强革命工作的作用。我认为，左派分子是这样一些同志，他们走得太快，提出的前景和战斗口号过分地加快了速度，使我们跑步前进，从而使我们产生脱离群众的危险。但是我们从季诺维也夫和托洛茨基那里听到的却相反。他们提出的观点不是左的观点。这是一种降低我们在群众中工作效率的观点。

他们在与联共（布）党政策有关的问题上也是如此。这些问题只有在社会主义建设的可能性的前景中提出和解决。只有在相信建设能成功时才能够去建设。只有反对派没有认识到的那种前景才有可能将无产阶级和联共（布）党正在从事的社会主义建设事业联系起来。如果缺少这种前景，就不能理解，用什么东西才能把无产阶级的全部活动和党在当前解决重大任务和克服困难所进行的全部工作联系起来；就不能理解，在俄国共产党的政策中，如何使工人的个人利益和小团体利益服从工人阶级的共同利益。既然缺少正确的前景，当然就很容易去责备党中央及其路线是衰败，是"热月政变"的思想，是失败主义等等，应该说，反对派在这里没有说完他们对联共（布）党中央的全部指责，但是我们听到，他们声明说中央的路线是违背工人阶级利益的。发表这样的声明只能解释为：反对派看不到俄国革命的前景，忘却了列宁制定的俄国共产党的政策的基本路线。在这个声明的基础上，在共产国际反对派的周围组成的"无原则的联盟"也正在联共（布）党内形成。

以工人反对派联盟来说吧。什么是工人反对派？

工人反对派是工团主义倾向，是反列宁主义的。这个派别企图将工人的个人利益与革命的共同利益割裂开来，不是把工人看做是一个阶级，而是看做团体，把个别的范畴和组织的狭隘利益置于革命发展的共同利益之上。既然产生了这种倾向，既然失去了革命发展的共同前景，那就必然要继续滑下去。季诺维也夫同志在一个工厂里说过，为了改善工人的命运，应该从农民、官僚和新资产阶级那里夺取几十亿。他这个讲话是什么意思？遗憾的是，（我们也知道）在苏联有些工人，即属于掌握政权的那个阶级的人生活得并不十分好。要把改善他们状况的任务当做社会主义建设的共同任务之一来提出和解决。季诺维也夫和整个反对派的做法则相反：他们巧妙地利用工人的个人利益，使他们在应该克服的困难和为了能够继续斗争应该作出的牺牲面前忘记革命的共同利益。请看反对派所干的事。反对派到工人那里对他们说：你们看，这就是耐普曼，这是富农，他们比你们中一些人生活得更好，他们战胜了革命。然而，这不是别的，正是回到了社会民主党和工团主义的手段，正是回到了改良主义者为了使工人阶级忘记他们的革命任务，为了不让他们去争取革命的共同利益而支持工人贵族所采取的手段。这样提出改善工人阶级状况的问题，完全是置革命的马克思主义和列宁主义的学说于不顾。这样提问题是工团主义和改良主义的复活。因此我们认为，联共（布）党中央指出反对派的错误是社会民主主义的倾向，这是完全正确的。

同志们，我最后想提醒大家注意，托洛茨基关于拿个人履历做文章的方法所说的那番话。托洛茨基同志在这里提到了梅林，说他出身小资产阶级、死的时候是一个优秀的共产主义者，提到考茨基和鲍威尔，说他们是直接受教于马克思和恩格斯的学生，而现在他们还像社会民主主义的走狗那样活着。同志们，在政治上说话是必有所指的。我们应当祝愿托洛茨基和他的社会民主主义倾向长命百岁，但是托洛茨基同志也应当说清楚，哪个"直接受教于"列宁的"学生"会像社会民主主义的走狗那样活着。

在此请允许我回忆一下季诺维也夫同志在上次共产国际执委会的会议上所说的与这个问题类似的话。当时谈的是将舍恩兰克开除出德国党的问题。季诺维也夫责备德国极左分子，说他们反对开除舍恩兰克。肖勒姆当时声明说："我们弃权是因为我们不再相信中央了。"对此，季诺维也夫同志曾反驳说：

"你们到了何种地步了，难道你们不明白，不能因为不信任中央而听信社会民主党走狗的意见吗？"

联共（布）党开除明目张胆的社会民主党人奥索夫斯基时也是这样。季诺维也夫和托洛茨基同志表决时不同意开除他，因为他们不相信自己党的中央。因此，我们有权像季诺维也夫同志那样说：请多加小心，到目前为止，只有你们是与社会民主党的走狗意见一致的。我们是不会忘记你们履历中的这一页的。（经久不息的掌声）

（会议休会）

第二十二次会议

(1926年12月10日)

主席：雷梅尔

讨论斯大林的报告（续）

曼努伊尔斯基（苏联）：

我想谈一个重大原则性问题——关于一国建设社会主义问题。我之所以想这么做，第一，是因为反对派的全部火力都主要集中在报告人斯大林同志对这个问题给出的提法。第二，是因为这个问题对联共（布）具有极其重大的意义。当前我们的十月革命以及领导这场革命的政党——联共（布）依然是整个世界共产主义运动的支柱，我国社会主义革命提出的问题不可能不具有国际性质。最后，第三，这个问题的提法是有其缘由的，因为这里涉及一个旨在提高那些处于不同国家中我们各党的积极性的口号。关于建设社会主义问题，依我之见，对于兄弟党在他们推翻本国资产阶级政权的斗争中而言，其意义并不小于对联共（布）。我非常想要回避论战，因为反对派特别是托洛茨基同志所采取的这种论战方法，有把争论实质淹没在无关宏旨的积怨中的危险。但既然我们大家不是在科学院里，而我又不是倡导贤明恭顺和勿以暴力抗恶的基督教伦理的拥护者，我还是不得不对攻击给予某些回击。在转入问题的实质内容之前，我想预先就托洛茨基同志的讲话谈几点意见。

首先谈我的第一点个人意见。托洛茨基在这里引用了我1917年底发表在《真理报》并于1918年由党的"波涛报"出版社出版的系列文章中的一段文字,这段文字对不断革命论作出了不确切的评价。在政治斗争中,当有人从文献档案资料中摘录出先前的错误观点时,被指控犯有这类错误的人通常试图用这些观点发表时的背景来加以解释,说是对方歪曲了这些观点,并从同一系列文章中接引另一些段落,而这些段落可以给听众造成作者没有被正确理解的印象,如此等等。我们的反对派经过最近几个月党内辩论,在这方面创立了一个学派。我认为这种方法不正派。我坦率地声明,我发表的观点是一个理论性政治错误。我在与召回派为伍的政治生涯中曾经犯过更严重的错误。党清楚我的错误;党在需要的时候作出了全部相关结论。但党也同样了解我从来不把我的错误观点强加于党。我希望托洛茨基同志对待自己的错误。也采取我所表现的这种态度。

第二点意见有关托洛茨基同志对什麦拉尔的攻击。托洛茨基对什麦拉尔的讲话冷嘲热讽,影射他的社会民主党过去。说什么轮不上什麦拉尔同志给托洛茨基这位十月革命活动家上革命热情课。什麦拉尔同志从来没有否认他和许许多多国际工人运动老活动家们一样,是从第二国际走出来的。他从来不否认他过去曾犯过政治错误。但托洛茨基同志难道就没有社会民主党的过去吗?对待什麦拉尔,他能够充当如此武断的终审法官角色吗?我提醒大家,我头脑中记起的第一个故事,那是关于取消派提出结社自由口号的故事。这件事发生的时候,我们党正在与孟什维克取消派进行殊死战斗,而孟什维克取消派拼命力争使俄国工人运动顺应沙皇政权的条件,使其合法化。当时托洛茨基是跟极右的孟什维克走在一起,不仅反对布尔什维克,他甚至反对左派孟什维克,反对普列汉诺夫派。当然,我们过去的确同什麦拉尔同志有过战斗。就在这个大厅里我们曾反对过什麦拉尔同志的一些错误,但自从什麦拉尔同志对共产国际作出保证之后，哪怕找得到一个人能够断言什麦拉尔同志没有履行这些保证条件吗？1920年什麦拉尔同志和其他捷克同志一起把捷克党不加分散地、连同年轻一代和年老一代的工人，带入了第三共产国际，而现在捷克党是共产国际最强大的支部之一。在与布勃尼克的名字相关的那场危机之后，什麦拉尔同志像一名遵纪守法的士兵，"俯首帖耳"，执行本党和共产国际的一切决议。托洛茨基同志能够对他自己做出同样的评论吗？下面对托洛茨基同志党的工作重大事件作一简要介绍。1921年，喀琅施塔得叛乱前夕，小资产阶级自发努力威胁要推翻我国无产阶级专政，就在这时托洛茨基挑起关于工会辩论。他建议我们把工会与国家"结成一体"，继续推行军事共产主义，从而使无产阶级与农民联合的命运受到威胁。

1923年，当最早的经济困难发生时，托洛茨基向党发动新的进攻，就党内民主问题挑起辩论。托洛茨基同志今天的盟友加米涅夫当年说得真对：党内民主是通过托洛茨基同志的手指叩击我党的大门的。

1924年就托洛茨基如今否认的"十月的教训"问题掀起一场新的辩论。轻狂地把党和国家搞乱，为的是两年之后把先前关于"十月教训"的观点丢进废纸篓——这就是那次辩论的"教训"。

1926年10月发生了"飞机仪表厂"事件。

最后，1926年12月9日，绝望地试图将辩论引入共产国际。反对派于10月16日放弃辩论。

什麦拉尔同志从来没有这么干过。什麦拉尔同志是打了终点站车票到达共产主义的。别的人要倾向于购买往返车票。如果我说我们更敬重向共产主义走来的人而不是离它而去的人，我想我是表达了大家共同的意见。（鼓掌）为什么托洛茨基对什麦拉尔冷嘲热讽，但他为什么对苏瓦林不置一词？因为托洛茨基感到苏瓦林比什麦拉尔更亲近。

我想说的第三点意见，与托洛茨基就其不断革命论的错误向共产国际执委会扩大全会所做的解释方式本身有关。托洛茨基在这里向大会甩出这样一句话：在关于不断革命论的争论中，正确的是列宁和我们的党，而不是共产国际执委扩大全会全体成员，因为一般来说他们当中许多人走向共产主义运动都比较晚。这种和全会谈话的姿态意味着什么呢？在旧时沙皇俄国，破落贵族现身平民百姓的社交场合，都毫不含糊地亮明自己的优越身份。不论托洛茨基过去的资本有多么雄厚，但在今天已经被挥霍殆尽，因而他没有任何理由对共产国际执委扩大全会成员采取这种态度。如果说年轻一代革命者战后才加入共产主义运动，这并不是他们的罪过。在采取这种态度之后，托洛茨基向"崇高的会议"提出的上诉听上去简直就像是一种嘲弄。共产国际执委会扩大全会的与会者是一些普通人。他们把自己当做当今世界共产主义运动艰苦环境中的社会革命勤杂工。他们最不喜欢接受诸如拿"崇高会议"唱高调这一类的议会手段。这种哗众取宠的花招或许适用于资产阶级议会，但不适用于共产党人的会议。

关于不该如此引经据典

我现在转入问题的实质。季诺维也夫同志为了论证单独一国不可能建成社会主义，援引了一大堆马克思、恩格斯和列宁的语录。伟大共产主义导师们关于世界工人运动重大问题所思考的东西，对于我们具有巨大意义，特别是在我们面临的这个新问题之上，特别是在共产国际解决这个问题所处的独特环境之中。季诺维也夫同志在选取引文时使用的方法，无视作者写作这些著作的时期无产阶级所面临的具体环境和任务，是完全错误的，有害的，缺少说服力的。为了说明我的想法，我仅仅以恩格斯的一段引文为例。1847年弗里德里希·恩格斯写了《共产党宣言》初稿，后来以《共产主义原理》为题再版。在这部初稿第19节，恩格斯提出下面这个问题：

"这种革命能不能单独在一个国家发生？"①

对这个问题，恩格斯回答说：

"不能。……共产主义革命将不是仅仅一个国家的革命，而是将在一切文明国家里，至少在英国、美国、法国、德国同时发生的革命。"②

这段引文说的是什么呢？它不仅仅说一国建设社会主义是不可能的，它还说暂时孤立的无产阶级革命也是不可能的。由此引申出结论，季诺维也夫同志不仅仅在一国建设社会主义问题上是正确的，他在1917年10月前夕也是正确的。10月犯错误的不是他季诺维也夫同志，而是俄国无产阶级，他们在至少四个文明国家没有同时发生革命的情况下竟胆敢夺取了政权。（鼓掌）

我国十月革命是推翻恩格斯观点的历史事实。如果恩格斯生活在我们这个时代，十分清楚，恩格斯在这个问题上会和季诺维也夫同志划清界限的，因为恩格斯从来就不是死啃马克思主义书本的人，他是马克思主义天才的创造者。我们知道，全体社会民主党人后来都利用这段引文针对我国的十月革命。很显然，季诺维也夫同志为论证一个与马克思主义精神毫无共同之处的论点，不得不步社会民主党人的后尘。季诺维也夫同志在引用列宁的文字时采用了更加恶劣的手法。俄国革命发展经历了三个连贯的阶段。根据这三个阶段，无产阶级和联共（布）所面临的任务提法也不同：（1）第一个阶段是十月革命前夜。当时我们党和我国无产阶级面临的问题如下：一下经济落后国家的无产阶级，能否利

---

① 《马克思恩格斯选集》中文第2版第1卷第241页。——编者注
② 《马克思恩格斯选集》中文第2版第1卷第241页。——编者注

用战区内最大的资本主义强国之间的帝国主义矛盾,依靠渴望土地的农民和要求和平的军队,来夺取政权呢?十月革命对这个问题给出了肯定的回答。(2)第二阶段由10月持续到喀琅施塔得叛乱为止,这是革命争生存的时期。它不得不击退国内外反革命的疯狂进攻。我们当时没时间考虑社会主义建设,俄国无产阶级当时面临的主要任务是**坚持到**世界工人运动的后备军到来。德国1918年革命减轻了这项任务。(3)最后进入第三阶段,这时社会主义经济建设成为无产阶级政党的注意中心。我们以深入迂回的方式给自己立下目标,彻底击垮我国资本主义。建成社会主义社会。列宁在逝世前一天,用颤抖的手写下给我们党的遗言:"和农民保持20年的正确关系,将确保革命胜利。"

我们可以从我国革命发展这第三阶段中给季诺维也夫同志援引数千条引文,驳斥他对这个问题的整个提法。这一点他也知道,他知道恰恰是在我们击败了反革命势力之后,在发现历史给我们提供了若干年从事我国社会主义建设之后,不是别人,正是列宁为这若干年制定了我党的路线,如今党中央委员会正在执行这条路线。无论是1918年还是1919年,我们都没有直接面临社会主义建设问题。当时我们的主要任务是争取得到欧洲无产阶级任何形式的刻不容缓支援,以防止在国内战争中遭到失败。如果今天不顾及这些状况,而罗列列宁同志著述中的引文,加上自己的联接词和感叹词,或者加上随心所欲出的结论,那么我们得出的就是季诺维也夫同志在他那本书中呈献给党的"列宁主义"——他在与托洛茨基同志结盟之后放弃了该书的四分之三。正是因为这个缘故,我们认为这种引经据典的方法是亵渎列宁、恩格斯和马克思的在天之灵。

关于悲观主义倾向及其由来

同志们,如果你们根据俄国革命这三个阶段考察一下我们党内各种倾向的发展状况,你们将会看到,尽管这些倾向外表各异,但其实质都同样是信心缺失和悲观主义;它们反映的首先是自身的小资产阶级自发势力的压力,其次是从外部渗透进来的国际社会民主主义观点的影响。十月革命前夕,当列宁提出无产阶级在俄国能否夺取政权并维持政权问题时,全体社会民主党人结成统一战线反对列宁对这一问题的提法。在他们看来,无产阶级绕过民主主义革命在一个落后的国家夺取政权,就意味着强暴历史。我们的党不是一个革命的马克思主义政党,而是一个践踏马克思遗训的冒险家政党。我们的革命不是无产阶级革命,而是一场迷失阶级本性的兵痞革命,一场大规模暴乱和土地平分社的革命。这就是社会民主党报刊对十月革命报道的中心思想。这种评价在我们党内部得到了间接反映吗?毫无疑问。它反映在那些在十月激战的关键时刻瑟瑟发抖的人们的错误中。

并非出于论战的考虑,我们认为季诺维也夫同志和加米涅夫同志今天的错误根源必须追溯到他们在十月前夕所犯的错误。同样的悲观主义倾向,我们后来从俄国革命的英雄时期也可以看到。全体社会民主党人在布列斯特立陶宛和约期间指控我们不够左,不够彻底,说我们同德国帝国主义签订了妥协。奥托·鲍威尔和考茨基预言我们的革命必将蜕变为纯资产阶级革命。他们论证我们国家必然走上资本主义复辟之路。我们又看到,这些观点在我们党内和某些西方共产主义小组内得到了哈哈镜般怪模怪样的反映。在左派共产主义以及取代它的工人反对派中,我们都发现这种思想因素。就连为德国共产党奠定基础的斯巴达克联盟这样的组织,在这个问题上也曾偶尔马失前蹄。例如,斯巴达克联盟1918年9月的一封信中写道:

"在**单独一个**被资本主义反对派包围的**国家**建立无产阶级专政并进行社会主义改造,**是一个无法破解的难题**。任何一个社会主义政党,无论它的政策灵感是来自对国际社会主义的信念还是来自对原则的背弃,都必然垮台和灭亡。"

接下去说:

"俄国无产阶级专政,一旦国际无产阶级革命不能及时前来援助,它注定遭到可怕的失败,与这个失败相比,巴黎公社的遭遇不过是一个玩具而已。"

但如果说德国同志这个评价是受到了必须给予俄国无产阶级以紧急支援这种认识的启发,同时又是德国生产主义运动先锋战士国际主义情感的表达,那么今天这种评价就是对俄国革命力量失望和不信任的表现了。

恰恰是现在我国无产阶级和联共(布)不得不经受来自国际社会民主主义更加疯狂的攻击。我国革命的当前时期对整个国际工人运动而言,是学习如何建设社会主义的课堂。所有各国的社会民主党人都千方百计地压制工人对我国社会主义建设正在增长的同情。社会民主党早已宣称我们进入了"热月政变"时期,说我国社会主义大规模经济是"官营"垄断,说我国不存在任何社会主义,有的只是国家资本主义加上贪得无厌、臃肿不堪的官吏机构。我国的工人阶级不是新社会关系的主人和建设者,他们是被剥削的奴隶。城市和乡村资产阶级充斥着上层和下层。最后,我们党正在蜕化变质。只要回忆一下达林这位著名的孟什维克在他的《战争和革命之后》一书中写了些什么,就可以看出我们如今在联共(布)和德共两党某些反对派小组当中所观察到的悲观主义之风来自何处了。我国反对派在这个会上不敢照搬他们在第十四次党代会上给出的关于我国工业性质问题、关于同工人阶级相互关系问题的全部提法;他们仿佛只是就一国建设社会主义问题发动了一场无可非议的理论攻击。但我断言,这场理论争论后面却隐蔽着我国反对派的全部

"热月政变"观念。

一国建设社会主义问题的国际意义

这个"热月政变"观念不仅仅只针对我国革命,而且是针对整个工人共产主义运动。它不仅破坏对我国社会主义建设的信念,还破坏对社会主义整体的信念。在这方面,它对欧洲无产阶级更加危险,欧洲无产阶级与我们隔着国界,不可能每日每时观察到我国社会主义的建设成就。如果说,对我们苏联无产阶级而言关于工人阶级是否能够夺取和掌权问题,是已经经历过的阶段了;如果说,对我们而言,当前只有建设社会主义问题具有生死攸关的意义,那么,对西欧各共产党而言情况就不同了。在欧洲无产阶级的意识中,这些问题是彼此不可分割的,它们是社会主义概念的统一整体。你从这个概念抽去一个环节,你就会怀疑整个宏伟的社会主义纲领。怎么可以走到无产阶级面前对他们说:"我们相信俄国无产阶级在十月夺取政权做得正确,我们认为取胜的无产阶级革命能够应付国内外反革命势力,但自从无产阶级着手进行社会主义建设那一刻起,我们的疑惑便开始了。"我们的反对派就是这样提出问题的。任何一个对这些引文和论战的奥妙吃不透的工人会不会这样问自己:"我现在为共产主义事业做出牺牲,是不是竹篮子打水一场空呀?"每一个有觉悟的无产者都不能不考虑夺取政权之后的明天,他们是否能够应付所有的经济困难,他们的社会主义经济是否会比他们周围的资本主义世界更强大、更稳定。这是欧洲工人在每一个革命情势下都会对自己提出的问题。这些问题并非凭空而来。它们是近几年整个局势进程提出来的。它们既是英国罢工提出的,也是中国革命提出的,又是德国1923年革命提出的。就拿英国这个国家来说吧。英国革命在无产阶级夺取政权之后第二天的困难,比俄国无产阶级的困难更大。我们俄国没有海外领地，苏联的领土绵延数以千俄里计。我们拥有巨大的、不饱和的国内市场，拥有大量的原料和粮食储备。英国的状况则不同。英国资产阶级现在就已经伙同英国改良主义者拿英国解体的幻影恐吓无产阶级了：自治领脱离英国宣告独立，殖民地分裂出去，欧洲反英联盟东山再起，美国将对胜利了的英国无产阶级以武装干涉相威胁。贝尔同志在他的讲话中已经向共产国际执委会扩大全会提出了这个问题。怎么回答他呢？托洛茨基在他那本关于美国和欧洲的书中给出了答案；他认为成立欧罗巴社会主义合众国是英国无产阶级胜利的保证。但这个欧罗巴社会主义会众国是以整个欧洲革命为前提的，而且毫无疑问，这是一个几率最高的前景。英国在欧洲经济中占据过于核心的地位，以致它的革命不会不像1848年革命那样在欧洲大陆引起立即回应。但假如欧洲无产阶级的革命行动暂时延缓，假如欧罗巴社会主义合众国建立姗姗来迟，那我们将给英国无产阶级一个什么样答案呢？英国无产阶级能够同时顶住美国和欧洲资本主义吗？我们通过自己对单独一国建设社会主义问题的提法做出回答：是的，正像布尔同志代表英国共产党对这个问题也做出了肯定回答一样。

其次，我们以中国为例。中国的经济比革命前的俄国更加落后。中国对国际帝国主义的依赖程度比战前俄国更有甚之。因此，国际帝国主义反对中国革命的斗争所采取的形式将比对俄国革命更加残酷。中国革命可是打破世界资本主义经济局部稳定最强大的因素。中国革命的工农结合道路将使世界资本遭到惨重失败。但面对中国革命的全部国际困难，是否可以在今天的形势下让中国革命过渡到社会主义轨道而又对苏联社会主义建设提出怀疑呢？

1923年德国革命向共产国际提出了同一个问题。帝国主义列强包围圈在占领鲁尔区之时，对革命的德国比对十月之前的我们收得更紧。德国没有煤炭，其工业受到解体的威胁，德国没有俄国那样可供回旋的广阔领土,德国农民群众没有像1917年10月俄国那样与德国无产阶级紧密结合。在这种条件下,德国无产阶级是否应当依靠与苏联无产阶级联盟投身于反对整个帝国主义世界的战斗,是否应当克服对明天的恐惧情绪?只有凭着我们对问题的提法,我们才有资格对这个问题做出肯定回答。1920年的意大利**同样如此**。意大利改良主义在投降之后,端出经济方面的困难为自己开脱。意大利没有自产的煤炭,也没有自产的铁。它对欧洲资本主义经济的依赖程度,比起沙皇俄国对西欧资本主义的依赖程度要更大得多。必须直截了当地指出,对于意大利改良主义者这种疑虑和重重犹豫不决,托洛茨基同志在昨天会议上所阐发的观点倒是从思想上给了了辩护。意大利改良主义者也过高地估计了欧洲资本主义对付革命意大利的力量,正像托洛茨基同志在他的讲话中过高估计了欧洲资本主义对付苏联的力量。托洛茨基同志关于我国社会主义经济依赖世界资本主义的全部理论就是过高地估计了资本主义稳定的持久性。我们之所以相信我国社会主义建设会取得胜利,正是因为我们知道社会主义因素必将克服资本主义因素,苏联及其经济是打破资本主义经济稳定的因素。托洛茨基同志的新理论是资本主义长期、持久稳定的理论。季诺维也夫同志在一次扩大全会上说,高估我们敌人的力量,低估自己的力量是机会主义的突出特点。他的本派别同道者托洛茨基同志充分印证了这个表述。

甚至诸如保加利亚、爱沙尼亚这样一些小国,尽管它们的国际地位各有不同,也都向共产国际提出了这个问题。综观这些实例,我们应当说,一国建设社会主义问题同世界革命前局部突破帝国主义阵线可能性问题是极其密切相关的。在我们共产主义者当中有一种非常流行的看法,认为无产阶级新的取胜战役只由于发生新的世界大战才会爆发。很可能是这样,新的世界大战将在一连串国家引发无产阶级革命暴动。但把这个设想为通向社会革命的唯一道路,未免陷入极端宿命论。我们所处的这个时代可能与整个资本主义世界投入浴血厮杀之前发生的局部战争有关联。其次，更有可能的是，在新的世界大战之前我们会有一些与资本主义世界进攻苏联、进攻中国以及进攻一些起义的殖民地人民有关联的革命战争。在单独一个资本主义国家帝国主义阵线任何新的局部突破都必然引发这个国家与其余资本主义世界之间的武装冲突。这些条件纷繁复杂，假如给国际革命发展规定一个统一模式，把它描绘成在托洛茨基和季诺维也夫所确定的资本主义国家发展整齐划一法则基础上发生的同一时间过程，那是极其危险的。在这种情况下，一国建设社会主义的口号意味着什么呢？它意味着革命创举观念。它实际上是在对我们共产国际每一个支部说："勇往直前，不怕困难，不仅不怕夺取政权和维持政权的困难，也不怕建设社会主义经济基础的困难。不要用国际工人运动其他支队还没有成熟来掩饰自己的消极，用革命的首创精神去激励其他国家的无产者，必将胜利。"难道列宁在帝国主义战争期间不是这样提出问题的吗？他那时教导一代又一代年轻人说，各国无产者的义务首先是打倒本国的资产阶级。只有无产者在这条道路上通力协作才能形成真正的国际主义革命行动纲领。真正的国际主义涵盖在我国无产阶级和西欧无产阶级所面临的双重任务之中。共产国际对西欧的工人说："选择帝国主义阵线最薄弱、最脆弱的环节，推翻本国资产阶级。竭尽全力支持第一个社会主义国家苏联，因为它的事业是国际无产阶级的事业。"对于我们苏联的无产阶级，共产国际则要求他们在社会主义建设事业中、在世界革命据点创建和巩固事业中，作出最大的牺牲。苏联无产阶级取得的成就是服务于世界革命利益的。

左的词句伪装下的消极

与此相反,托洛茨基和季诺维也夫两位同志的全部"国际主义"令人想到国际社会民主党人在1914年前夕就战争问题给出的问题提法。他们以各国必须在同一时间、在同等程度上开展反战行动为托辞,而在实际上摒弃了对资本主义阵线施行局部突破。法国社会党人把他们反战斗争的可能性同德国社会民主党同等程度行动这一前提条件联系在一起;后者又提出他们的行动取决于俄国社会主义者的同等程度和积极行动,如此等等。但由于历史并没有提供无产阶级行动整齐划一的现成模式,那么由此可以得出结论,这个问题提法的后面隐藏着的就是国际机会主义。资本主义不平衡发展规律与国际无产阶级革命行动中的"程度不均等"是密切相关的,谁不懂得这一点谁就对列宁主义一无所知。革命形势不需要拍脑袋瓜去凭空想象,而是需要实事求是地对待它。我们的任务是要把任何革命行动都变成所有各国同一时间的行动。但决不应当由此下结论说反对派有权以"国际主义"为借口诋毁第一个突破资本主义阵线的无产阶级的业绩,托洛茨基同志在战争时期的国际主义反映在他那个"不胜不败"的口号中,实际上是社会民主党关于国际无产阶级行动"程度均等"概念的老调重弹。这种温和的国际主义公式之所以说无用,是因为它无视活生生的现实及其所有矛盾。不就是因为列宁的一个与"首先打倒本国资产阶级和本国统治阶级"这个口号相关的问题提法,托洛茨基同志当初站在他那个"国际主义"立场高度指责列宁犯有民族狭隘性吗?但这并不是社会主义的全面胜利,反对派对我们这样说。就算是这样吧。但紧随所有资本主义国家无产阶级起义胜利之后而来的胜利就是全面胜利吗?即使欧洲和美国无产阶级取得了胜利,我们也不能说我们取得了社会主义全面胜利。社会主义全面胜利要以阶级消灭和国家消亡为前提。但资本主义生产方式出现很久之前就产生的阶级和国家，在无产阶级于公开的阶级战斗中打败本国资产阶级之后依然存在下去。它们将一直存在下去，直到所有类型的经济都实现公有化。所有国家在无产阶级劳动胜利之后都必须经历新经济政策时期。新经济政策要持续多久呢？这取决于一连串附带状况：第一，取决于该国经济对社会主义生产方式和分配方式而言成熟到什么程度；第二，取决于该国何时跨入革命进程。显而易见，那些在最大的资本主义各国革命完成之后卷入革命的国家，比最先突破帝国主义阵线的国家走完新经济政策时期要快得多。这一切人所共知，对于这一切，我们的共产主义书刊曾不止一次写到过。那么，为什么托洛茨基和季诺维也夫这两位同志还要论证这些无可争辩的真理呢？显然是为了把我们的辩论引向有利于他们的轨道，给读者造成印象，似乎有人对这些无可争辩的公理提出异议。

关于社会主义经济与世界资本主义经济的依赖关系

同志们，我现在谈谈托洛茨基同志昨天在这里给出的关于我国社会主义经济与世界资本主义依赖关系问题的提法。说我国经济对外贸易、信贷关系、租让政策领域一定程度上依赖于世界资本主义经济，对此无须提出异议。假如托洛茨基同志仅仅局限于这样确认事实，那我们与他之间的辩论就是白费唇舌。但托洛茨基同志走得更远，他在自己的讲话中确定了我国社会主义经济与沙皇俄国经济之间存在历史承袭性。托洛茨基同志的论据是战前沙皇俄国经济构成世界资本主义经济的有机部分，我们本国的帝国主义是世界帝国主义的组成因素。说什么十月革命不能像关掉电灯那样，使革命后的经济脱离资本主义关系总体系。托洛茨基同志确定的这个历史承袭性规律，错在哪里呢？首先，在于他只从形式上提出这个问题,对于造成革命前时代俄国经济依赖世界资本主义的那些关系没有做具体分析。其次,在他那里,我国社会主义制度因素与世界资本主义经济因素的冲突之后隐藏的阶级斗争因素完全消失不见了。战前沙皇政权同欧洲资本主义经济和帝国主义列强的帝国主义之间的联系表现为四个主要形式:第一,是金融依附关系。西欧资本家,首先是法国资本家多年来向沙皇政权提供了数以十亿计的贷款。这种状况促使西欧资本家通过榨取大量利息的方式剥削我国劳苦大众;然后他们又在国际政治领域牵制俄国的官僚阶层。这种关联方式保留下来没有呢?大家知道,它被十月革命废除了。我们国家获取的新贷款太微不足道了,在"历史性承袭"这种依赖方式方面起不了什么作用。第二,境外资本控制沙皇俄国的办法是把大型工业把持在自己手中。法国、比利时和德国资本参与我国经济各个领域是众所周知的。我国十月革命的第一举措就是把所有企业,包括属于境外资本的企业都收归国有。现在状况如何呢?我们知道,租让制企业在我国并不是非常普遍。领导租让委员会的托洛茨基同志不能夸口说这方面的工作成效非常显著吧。第三,沙皇政府同大国帝国主义的联系,在对外政策领域表现在诸如达达尼尔条约这一类国际条约方面,在这些条约中俄国沙皇政权充当同盟国帝国主义的代理人。这个联系也被十月革命取缔。只有科尔施们能够断言我国国际政策总是在某种程度上充当西欧资本主义国家的工具。至少,我国反对派至今不敢用这个公式确定历史性承袭现象。最后,第四,是沙皇的军国主义的作用。沙皇军队是西欧帝国主义者在他们的冲突中所利用的炮灰后备军。各位都知道,还没有哪一个疯子把我们党所起的作用同西欧资本主义国家这个或那个联盟的帝国主义斗争联系在一起。因此,说得委婉些,托洛茨基同志未免有点夸大了他那个历史承袭规律。他在这里滑到了国际社会民主主义道路上,看不到我国经济、我国政治同资本主义国家经济和政治的根本区别。按照社会民主党早就在为之辩护的这个历史承袭论,我国的政策,比如对华政策,不是别的什么,而是俄国远东扩张的历史承袭形式。托洛茨基同志的历史承袭规律之所以危险,就在于它给这种政治评价提供了经济方面的依据。如果探讨一下这个问题的经济方面,那就不得不承认托洛茨基同志未免有点搞错乱了。当然,在世界价格方面,在工业化前景方面,我们都在一定程度上依赖于世界资本主义经济。但还是没有必要盲目崇拜这种依赖关系,过高估计其威力。没有必要陷入惊慌失措,并用走这条道路可能遭到挫败来恫吓共产国际执委会扩大全会。首先,我们认为,我们对世界资本主义经济的依赖程度,要比后者对我们的依赖程度低得多。就拿原料产地问题来说吧,这是当代资本主义世界的主要联系方式。在这方面我们处于有利地位;我国各种原料储量之巨大,服务于我们发展中社会主义工业的疆域之辽阔,可谓举世无双。资本主义各国为之疯狂争夺至发动战争的东西,构成他们的国防主要神经系统的东西,我们极其丰足。这种状况也为我们提供了强大的武器以克服我们对资本主义世界的依赖状态。下面我们再看看市场问题。市场也是当代资本主义致命的软肋。资本主义世界会因为市场缺乏而窒息。他们利用战争重新瓜分已经瓜分的领土,他们相互之间你争我夺,奴役巴尔干化的欧洲。然而我国的社会主义经济在这方面也处于极为有利的地位。我们的困难并非来自生产过剩,而是来自生产不足。我们的市场有保证,是举世无双的。在这方面,我们的地位相当于不久以前美国所处地位。托洛茨基同志尽管可以拿一国建设社会主义问题进行讽刺挖苦,把这比作门罗主义。但托洛茨基同志不愿意明白一个事实,门罗主义反映了美国资本主义在全世界经济体系中的优势地位。北美合众国拥有自己的原料产地,自己的巨大国内市场,它的这种优势地位是美国资本主义繁荣的决定性因素之一。只有对社会主义建设的创造力患了疑心症,才会想到我们在这条道路上会比利用自己优势地位的资本主义经济软弱。按照托洛茨基的看法,倒是资本主义世界由于它力量强大而无所不能,而我们只不过是整个资本主义体系一个面临着蜕化变质威胁的附庸。托洛茨基同志把我们的经济体系看做资本主义世界的一个有机组成部分,从而陷入经济改良主义,经济改良主义在政治上给出的是反对派以社会主义建设事业不信任态度;他看不到物化的经济范畴之后是一个个活生生的阶级,看不到关于我国经济对世界资本主义经济较大依赖性问题乃是阶级斗争问题,是我国经济的社会主义成分和私有成分之间的关系问题,他看不到我们之所以稳操胜券正是因为资本主义稳定局面很脆弱,很不牢固,会被资本主义矛盾打破。

我们的乐观主义并非一时感情冲动的乐观主义,而是建立在资本主义世界正在瓦解,而我们已经真正跨入世界社会革命时期这一分析之上的乐观主义。托洛茨基同志怎么可以一脸正经地论证资本主义已经日薄西山而同时又拿我国经济可能蜕变的话来恐吓我们呢?逻辑何在,条理何在?一方面,季诺维也夫讲话说资本主义的局部稳定局面已是强弩之末,另一方面又对资本主义力量做出如此骇人听闻的过高评价。他们一手写出"相信世界革命",另一只手又写出"苏联经济开始蜕变"。恰恰是你们把苏联与世界革命前景割裂开来,恰恰是反对派把这两个过程看做是彼此互不相干的现象。如果苏联真的进入了"热月政变"时期,那么这对世界共产主义运动意味着什么呢?这就会意味着世界共产主义运动既没有能力向俄国无产阶级提供切实有效的援助,又没有能力防止俄国无产阶级政党犯致命的错误,更没有能力在必要的时刻敲响警钟。这就会意味着,不仅对联共(布)而言,即对整个国际共产主义运动而言,"热月政变时期"已经到来了。当拉狄克在共产主义科学院谈到共产国际的"8月4日"时,这意味着他已破釜沉舟,把话说绝了。他说的话是你们所思所想却又羞于说出口的话。而共产国际扩大全会能够对这种"热月政变"哲学做出恰如其分的评价的。你们向俄国党发难,你们被击败，你们想把辩论引向共产国际，——这个赌注也将在共产国际执委会扩大全会一致的投票声中告输。

诺伊曼（德国）：

同志们，我想尝试一下对我们辩论的某些特殊的国际问题加以澄清。请允许我先谈一点意见作为开场白。

1. 关于里泽同志的讲话。里泽同志讲话的立意是：俄国党反对派之所以实现结盟，不是因为季诺维也夫同志转变到托洛茨基同志的观点上来，而是托洛茨基同志采纳了季诺维也夫同志的观点。

我想引用一份文件，从中可以了解托洛茨基同志在关于托洛茨基主义问题方面所持立场。我指的是托洛茨基同志就不断革命问题给出的解释。托洛茨基同志在他那本 1924 年的小册子《新方针》中写道：

"说到'不断革命'，我根本看不出有什么理由要否定我于 1904—1905 年、1906 年以及晚些时候为此所写的东西。我直到现在还是认为我当时阐发的主要思路比起当年一批布尔什维克所写的许许多多东西都更多地接近列宁主义的实质。"①

我不认为这个表白意味着他对他在不断革命问题上的观点做了修正；相反，这段表白意味着回复托洛茨基主义，全面坚守托洛茨基主义，并且不是在 1917 年，而是在 1924 年。

季诺维也夫同志的立场却不然。他在今年七月全会上，就他对托洛茨基主义、对 1923 年托洛茨基反对派的看法发表了如下声明：

"我们说，正像领导派（中央委员会的多数派。——诺伊曼）已改变的路线

---

① 托洛茨基《新方针》俄文版第 50—51 页。

所清楚表明的那样，1923年反对派的基本核心已经向**右转**，毫无疑义，关于**偏离无产阶级路线**的危险、关于对官僚体制膨胀危险提出的警告是正确的。"

季诺维也夫同志这个声明发表于**今年**，并非关系到反对派的党内要求，而是关系到"偏离无产阶级路线"理论，即关系托洛茨基反对派的政治基础及其思想内涵。

从这两段引文中，可以得出十分明显的结论，里泽同志错了，因为不是季诺维也夫同志把托洛茨基同志拉到了自己这一边，而是季诺维也夫同志自己彻头彻尾转到了他从前曾经和其他党一起反对过的托洛茨基主义立场。

2. 联共（布）内反对派的代表们在这里发言并没有完全袒露胸怀，他们没有重提他们在俄国党代表会议及在苏俄各地所宣扬的东西。他们曾经说过联共（布）蜕化变质，说过苏维埃政权富农化，说过革命的"热月政变"，说过党内压制一切思想生活，说过党脱离工人群众；他们在这里只字不再重提他们在所有集会上哗众取宠宣讲的主题，而只局限于所谓无关痛痒的一般性问题。他们谈到社会主义建设，而不敢放开大谈反对派联盟的口号。他们宁愿避而不谈他们在实际政治领域中的真实立场。此外还要必须补充一句，反对派，特别是在托洛茨基同志的讲话中，表明了他们背离列宁主义有多么遥远，他们同布尔什维克党之间的矛盾有多么深刻。

托洛茨基同志在他昨天的讲话中，就一国建成社会主义问题竟然说了下面这些话（我根据速记记录摘引）：

"随着这个题目进一步阐发，新理论宣告者们也越加与我们学说的基本原理发生抵牾。"

他针对反对派补充了一句：

"马克思主义和列宁主义的传统完全在我们这方面。"

反对派竟用这种语言讲话,而他们可是签署了 10 月 16 日的文件,并在那上面郑重地宣称:我们承认联共(布)的所有决定,我们遵守党代表大会的一切决议。如今他们签署文件的墨迹未干,他们就声称,联共(布)中央委员会的政策以至第十四次党代表大会和第十四次代表会议的政策都与马克思主义和列宁主义最基本的原理发生了抵牾。他们说什么马克思和列宁都站在他们那一边,反对布尔什维克党。

我认为,托洛茨基同志这个声明证明,跟反对派的斗争是不可能通过某些让步消除的,必须动用全部思想斗争手段把它进行到底。这里不可能有任何折中:要么是反对派,要么就是党与列宁主义最基本原理相抵牾。

我现在讲**第一个**问题,我们全会上这个问题在与反对派辩论中起着极其重要的作用。托洛茨基同志在与斯大林同志论战时特别**谈到资本主义发展不平衡规律**。早在第十四次党代表会议,他在反对中央委员会报告人的论战中,同样对这个问题采取了特殊立场。

布尔什维克党教导说,在帝国主义时代资本主义发展不平衡具有特别激烈和尖锐的形式,托洛茨基同志针对这一点提出另一种观点。托洛茨基同志在第十四次党代表会议上对这个问题采取的立场如何呢?他说:

"发展不平衡规律存在时间比帝国主义更久远。资本主义直到目前在各个不同国家也发展得极其不平衡。**但 19 世纪时这个不平衡比 20 世纪更有甚之**……正因为金融资本是资本的最古老形式,帝国主义比帝国主义之前的资本主义发挥着更加强劲的'趋平'趋势。"

这段话的结论什么呢?从这段话中必然得出这样结论:19 世纪,

即资本主义自由竞争时代,资本主义发展的矛盾比20世纪更突出,在垄断金融资本主义时代产业资本主义的发展与资本主义发展不平衡减弱有关,与资本主义发展矛盾减少有关。

托洛茨基同志昨天在全会上的讲话中很委婉地声称:

"帝国主义发展即最新型的资本主义,不是拉大了这个水平的差距,相反,是大大促进了水平的差距。"

季诺维也夫同志也以同样方式发表了意见。我认为,这个有争议的问题,无论对无产阶级革命前景,还是对共产国际将要给出的当代世界局势分析,都具有决定性意义。

列宁同志站在与托洛茨基同志不同的观点上,站在相对立的观点上。固然,托洛茨基同志和季诺维也夫同志昨天都断言,列宁对帝国主义时代发展不平衡规律没有制定出专门的定义,也没有在任何地方给出这种定义。季诺维也夫同志甚至还援引这样的事实:列宁同志在他那本关于帝国主义的小册子中没有辟出专门章节论述发展不平衡规律。季诺维也夫同志肯定比别人更熟知列宁这本小册子,而且多半早已特别细心读过其中标题为《帝国主义是资本主义特殊阶段》的第七章。我们从这一章当中读到:

"金融资本不是削弱而是加强了世界经济各部分在发展速度上的差异。既然实力对比发生了变化,那么在资本主义制度下,除了用实力来解决矛盾,还有什么别的办法呢?"[①]

列宁在那本小册子中说的哪些话是与托洛茨基最新理论相对立呢?

[①] 《列宁选集》中文第3版第2卷第658页。——编者注

"考茨基关于超级帝国主义的毫无内容的议论还鼓舞了那种**十分错误的**、为帝国主义辩护士助长声势的思想,似乎金融资本的统治是在削弱世界经济内部的不平衡和矛盾,其实金融资本的统治是在加剧这种不平衡和矛盾。"①

在这个问题上,谁在维护马克思主义和列宁主义的基本原理,谁站在敌视我们学说的立场,很容易判断。是托洛茨基同志在这里反对马克思和列宁。在导致引用上述列宁小册子的争论中,这种偏离会造成非常严重的后果。列宁在那本小册中第一次系统地阐述了自己的理论。那场论战是反对考茨基和那些否定帝国主义发展不平衡加剧的人。在生产资料集中程度和劳动社会化程度相对拉平意义上的"趋平"趋势无疑是存在的。列宁把这个趋势表述为形成单一的全世界统一托拉斯的抽象化趋势,但这个趋势恰恰是通过不平衡、比例失调、极其强烈的疯狂冲突而发展的,正像列宁所说,这个趋势是通过跃进式发展方式而推进的,其间一个国家在赶超另一国家所达到的水平。如果听信托洛茨基同志的话,趋平的趋势在不平衡不断减弱的条件下简直就会导致天下太平了。那么按照他的理论又如何解释帝国主义正在导致越来越大的冲突呢?列宁曾为反对考茨基而斗争,可如果认真思考一下托洛茨基的议论,你就会轻而易举地得出考茨基当年所下的结论,他在1919年曾写了下述这段文字:

"必须考虑到,不能排除现代帝国主义政策被新超级帝国主义政策取而代之的可能,新超级帝国主义政策将以国际联合金融资本共同操纵世界来取代各国金融资本自相残杀的做法。"②

既然不平衡状态正在缩小的说法是正确的,那么为什么全世界就不

---

① 《列宁选集》中文第3版第2卷第656页。——编者注
② [德]《新时代》杂志1915年4月30日第144页。

能由国际金融资本来操纵呢？既然矛盾在减弱，那么比如国际联盟为什么就不能成为资本主义世界共同的中心组织呢，而且既然如此，又如何理解国际卡特尔没有使帝国主义国家相互接近，而是加剧了他们的竞争。

同志们，让我们举一个当代现实中的实例，比如说法德钢铁托拉斯——蒙塔那跨国托拉斯。它不是趋平趋势的产物吗？当然是。它是否标志着不平衡状态削弱了呢？德国党在分析这个国际集中过程时一再重申，德国的更强势、更快速的发展正在使这个卡特尔四分五裂，争夺份额的斗争越演越烈，不平衡状态将导致爆炸。我认为，在这个问题上托洛茨基同志也和无条件附和托洛茨基同志观念的季诺维也夫同志一样，决不是拉出列宁来反对联共（布）中央，而是叛逆到了超级帝国主义理论方面。结果是抹杀了、低估了帝国主义矛盾，而不是揭露其尖锐程度。结果不是捍卫马克思主义，而是倒退到资产阶级改良主义，是社会民主主义倾向。

我现在来谈在辩论中起主要作用的**第二个问题**，即**社会主义建设问题**。在这个问题上，全体反对派也和联共（布）观点明显对立。值得关注的是，关于一国建成社会主义的议论直到第十四次党代表大会之后才在辩论中被提到显著地位。

在第十四次党代会上，反对派的路线就是否定苏联国民经济的社会主义性质，否定工业、银行、国家财政和信贷、合作社等等的社会主义性质。但在第十四次党代会之后，在反对派观点被第十四次党代会批驳之后，反对派没有修改自己的观点，而是得寸进尺，把自己的观点加以发挥和概括，变成了一个完整的体系，并发起一场新的运动反对第十四次党代会决议。反对派搞这个运动不仅仅是反对党，并且反对列宁的观点。这一点从托洛茨基同志虽然在这里没有公开讲出的前景看得最清楚不过了。他是为了别的原因提出这个前景来与苏联社会主义建设前景这一无产阶级专政发展的可能结果相对抗的。托洛茨基同志1922年在他那本《战争与革命》书的后记中对这一前景描绘得最为清晰。托洛茨基同志在书中对无产阶级专政发展未来结果做了如下描述:

> "……医治好这种或那种创伤,向前跨出这一步或那一步,但俄国社会主义经济的真正崛起,只有在欧洲主要国家的无产阶级取得胜利之后才有可能。"①

由此可见,他不仅否定建成社会主义的可能性,甚至还否定社会经济真正崛起的可能性。他给胜利后的无产阶级规划的"宏伟"目标是:医治好这种或那种创伤,向前跨出这一步或那一步。托洛茨基同志1922年发表的这个声明,包含了反对派在苏联经济发展领域的真实前景观。这个前景观往好了说是漫无目的的建设,往坏了说就是资本主义复辟。无产阶级夺取了政权,剥夺了资本家,正在沿着社会主义建设的道路前进,而托洛茨基主义给他们指出的任务却是医治一点点创伤之类。显而易见,这个观点是第一个无产阶级专政国家的无产阶级无法领会的。其次,显而易见,这个观点在共产国际的国际无产阶级那里是无法通过的,必须予以驳斥。

针对这一点而言,托洛茨基同志另一个对问题的提法,也是耐人寻味的。他在同一本书中谈到一个民族国家范围的孤立的社会主义建设之不可能。他在这个全会会场上就社会主义建设之不可能所谈的话,与他的其他观点并不矛盾。至于托洛茨基同志不说苏联的社会主义建设是不可能的,而着力强调"孤立的"社会主义建设是不可能的,并顽固地重复"孤立的"这个字眼儿——这一情况暴露了反对派在社会主义建设问题上其观点的根本错误。他们把无产阶级国家苏联看成是一个"孤立的"国家,不像多数派和列宁所说的"单独一个国家",而是除此之

---

① 托洛茨基《战争与革命》第2卷"后记"。

外还是一个孤立的国家。当然,我认为在**单独**一个国家建成社会主义等同于在一个**孤立**的国家建成社会主义。苏联并不是孤立的国家;托洛茨基同志使出九牛二虎之力来证明苏联处在资本主义包围和控制之中,或者用他昨天的话说,它是资本主义世界经济体系的一部分。这样一来,他认为苏联是与资本主义世界不可分割地联系在一起的,但从无产阶级革命角度而言是孤立的,我想这正是反对派关于社会主义建设理论的根本性错误。这里明显地暴露出反对派想要通过进攻来掩盖的东西,即下述这种情况:反对派不是根据资本主义各国革命渐进状况把苏联看做国际革命的组成部分,他们不是把苏联与资本主义国家的无产阶级联系起来,只是把苏联看做资本主义世界经济的一个部分,孤立于能够对抗资本主义的国际无产阶级力量之外。

……列宁同志说过,苏维埃政权如果没有国际无产阶级的支持,支撑不了两个月。但托洛茨基同志只把这理解为国家性质的支持。共产国际的全部任务,共产国际和各国共产党以其影响加速革命进程的全部历史性工作,——这一切对于托洛茨基同志来说都不存在。在他看来,只要还没出现来自胜利了的西欧无产阶级方面的支持,苏维埃政权就是完全孤立的。他不会区别一般的无产阶级支持和特殊的、国家形态的无产阶级支持,不会区别西方无产阶级在夺取政权之前所做出的努力和他们依靠已夺取的国家政权所提供的支持。

如果不是中断了布列斯特和约的德国革命于1918年阻止了西欧资本主义,苏维埃政权能够留存下来吗?德国革命是不是来自国际无产阶级的支持呢?是的,德国革命给苏维埃政权的孤立打开了缺口。如果没有来自以总罢工相威胁并已建立起行动委员会的英国无产阶级方面的支持,难道波兰战争结局不是可能更糟吗?难道当前的局势形成不是取决于国际无产阶级运动吗?为什么此时此刻帝国主义者不敢进行武装干涉?为什么波兰按捺不住自己不采取入侵行动?不仅仅是因为有红军,还因为惧怕国际无产阶级，因为后者经历了第一次帝国主义战争并且拥有自己的共产党。为什么英国资产阶级在英国总罢工之后不敢进攻俄国？为什么他们在中国必须做出让步？这其中的原因不仅仅在于帝国主义之间的角逐，而在于对国际无产阶级干预的畏惧。

这一切是不是国际无产阶级努力的结果呢？这对于孤立状态是不是一个打击呢？正在这里召开的共产国际全体会议本身就体现着"多个"国家无产阶级的努力……

孤立状态早已被西方无产阶级以及全体国际无产阶级在他们还无力提供国家级援助之前就打破了。这是托洛茨基同志看不见的事实。托洛茨基同志的错误就在于他一方面高估全世界资本主义经济的影响、帝国主义的影响，另一方面又低估无产阶级的力量、工人阶级和共产国际的革命力量。他从一个孤立的民族国家的角度观察一切。他以门罗主义作类比的意见是这一状况的经典性写照。我不知是否只该把这看做哗众取宠，也或许这个类比确实是为托洛茨基同志解释自己的见解而服务的。门罗主义在它诞生之际曾经是新生的、旭日东升的美国资本主义之象征。如今强盗成性的帝国主义，极力对南美洲实行奴役和掠夺，却用这个主义来掩饰他们的野心。所以，为了诋毁单独一国建成社会主义理论，托洛茨基同志认为把它比做门罗主义就足够了。

这种诋毁只证明民族狭隘性。不但如此，恰恰是用门罗主义作比较，恰恰是藐视国际革命的观点使我有理由断言，反对派的立场隐含的**不是什么民族狭隘性，简直是民族浅薄性**。

我现在来谈另一个问题——别的国家社会主义建设问题；因为说到底，苏联建成社会主义只是单独一国社会主义建设的个案。比如说，尽管是相对稳定状态，我们期望迟早将在德国夺取政权。到那时将是一个什么样局面呢？我们将拥有两个苏维埃共和国。托洛茨基同志早在1922年对此做出预言。我指的是下述他的名言：

"我们不坐等别人，就开始并继续在本国国土上进行斗争，充分相信我们的创举将推动其他国家的斗争……"

这话说得非常好。但如果这种情况不发生又该如何呢？

"假如这种情况没有发生，正像历史经验和理论推测所证明那样，比如说革命的俄国面对保守的欧洲无望站得住脚……"

这句话在辩论中已经阐述得够充分了。但这句话的第二部分很有意思，是这样说的：

"或者说社会主义德国无望在资本主义世界中孤立生存下去。"①

所以结论如下：让苏联在孤立状态中站得住脚是无望的。让无产阶级专政的德国在资本主义世界当中孤立生存下去是无望的。如果德国成为一个无产阶级专政的国家，这无疑会使苏联感到轻松。但在这个问题的原则提法中会有什么改变吗？什么也不会改变。苏联的无产阶级政权会更加强有力，但德国的困难也会雪上加霜。在政治和军事方面，从武装干涉角度来看，德国会遭受比苏联大得多的危险。问题因而将变得更加复杂，而在这个复杂的问题上，托洛茨基同志的理论所展示的只是倍加绝望的前景。

从这第二个视角来看，反对派的理论，托洛茨基同志的理论，也同样暴露出对社会主义革命所持的取消主义前景观，并且不仅仅涉及苏联，还涉及所有其他国家，所有其他共产党。因此，在这里，在这个全会上必须对这个理论给予坚决的回击，并且不仅仅是出于对联共（布）的支持。这个问题是提给苏联的，对于德国也同样存在，归根结底是一

---

① 托洛茨基《战争与革命》第 2 卷"后记"。

个国际范围的问题。托洛茨基同志的理论是悲观绝望的理论。他昨天的讲话对此给出了充分证据。

他说：

"这里谈的是在资本主义包围中建成孤立的社会主义国家。这件事只有通过这个孤立的（又是'孤立的'！——诺伊曼）国家其生产力变得比资本主义生产力更强大这一途径来实现。因为，由于这里谈的不是一年或数十年，而是好几十年以致整整一个世纪，只有其生产力超过旧体制生产力的那个国家、那个新的社会形态才能立稳脚跟。"

这个"假说"在估量西方胜利的机遇时不仅谈到了今后几年的前景，还谈到了几乎整整一个世纪后的前景，但它在哪里提到国际革命呢？没有。要想在其中找到国际主义的影子、革命性的影子，那是徒劳的。

下一个问题是在季诺维也夫同志那里起到特殊作用的问题，这就是关于两党制问题。托洛茨基同志以最决绝的语气争辩说，反对派的观点中就连两党制主张的萌芽都没有。

我认为，托洛茨基同志关于联共（布）政策存在对马克思主义最基本原理的偏离倾向，这一理论表述当中已经含有建立第二党的思想。一个偏离马克思主义最基本原理的党，怎么可以和它媾和（顺便提一下，这个论断是在和平宣言之后提出的），怎么可以遵守它的决议呢？反对派怎么能保证执行这样一个党的决议而又不背叛马克思主义最基本原理，或者说不背叛他们自己的思想呢？

比如说奥索夫斯基，他会公然走得更远，不仅在介绍马克思原理时说说，而是要求合法化孟什维克和社会革命党；譬如说施略普尼柯夫和梅德维捷夫，他们要求取缔我们在西方的各党；比如说整个反对派联盟，我们会看到这个联盟正孕育着组建第二党主张的萌芽。

不但如此，这个联盟不仅主张组建两党，还主张组建两个共产国际呢。就拿拉狄克来说吧，从他 1923 年所扮演的角色，从他同德共右翼的关系，从他同布兰德勒和塔尔海默的关系，我们德国党对他格外了解。今年 9 月他在共产主义学院讲话时说：

"当你们必须动员俄国无产阶级和俄国农民阶级来解决国际范围的问题时，你们要留心别让这个主张成为俄国共产党的'8 月 4 日'，别让人家对你们说：我们能够靠自己的力量在我国建成社会主义，我们犯不上卷入国际冒险行动。"

必须指出，拉狄克同志这句话并没有新意，是从科尔施那儿搬过来的，这个科尔施却被季诺维也夫同志称之为科尔施先生，尽管他在某些方面与此人彼此相似。这里解决问题的方法"8 月 4 日"以后发生的事。1914 年不仅仅是单独一个党的"8 月 4 日"，还是整个第二国际的"8 月 4 日"，列宁曾用齐美尔瓦尔德、分裂的口号、新的国际来回应它。

拉狄克同志在共产主义学院提起联共（布）的"8 月 4 日"时，虽然他本人也许并没有做出这种结论，却也像科尔施及其战友一样说的是共产国际的"8 月 4 日"。他这样一来把分裂的问题、组建新的国际问题提上了日程。或许这个新国际将与卡茨在德国建立的新斯巴达组织相似，卡茨、施瓦尔茨、普费姆费尔特均属于这个组织，该组织成立代表大会上曾宣读社会革命党人和孟什维克的贺电。尽管托洛茨基同志断言反对派的声明和观点中没有组建第二个党和第二个国际的主张，但我认为，只要分析一下奥索夫斯基和施略普尼柯夫的观点与托洛茨基、季诺维也夫和拉狄克三位同志的讲话，这个断言便不攻自破了。

还想就这场斗争的客观意义说几句话。人人都看得清楚，这不是一场文学辩论，这里进行的不仅仅是对某一个提纲的争论，共产国际执委会这个扩大全会上展开的斗争具有深刻历史意义和重大实际政治意义。

这场斗争的意义是由当今世界局势决定的。不久前英国官方报刊上登出一篇署名"奥格尔"的有趣文章。文章作者谈到必须对苏联进行武装干涉。他说已经到了为此而聚集全部力量的时候。他首先指望德国和波兰联军以及由英国统帅的欧洲各大国联军对苏联进行武装干涉。显然，德国资产阶级的立场发生了变动，就是说最终确定敌视苏联路线，在加入国际联盟之后采取了战争取向，接受了允许军队过境的条款。德国资产阶级对苏俄立场这种变动的线索集中在柏林，这个变动也影响到德国工人。最近一年来，德国社会民主党当中反苏倾向增强了。这种倾向在所谓的"极左派"那里也有所反映。显而易见的是，这个德国反对派部分自觉、部分不自觉地充当德国反苏情绪帮凶。这不仅仅是指科尔施和卡茨，还指那个比所有形形色色德国反对派都更接近俄国反对派联盟的小集团，这个小集团可谓俄国反对派的宠儿。我所指的就是马斯洛夫—鲁特·费舍小集团。俄国反对派联盟在他们10月16日的声明中被迫与施略普尼柯夫和梅德维捷夫的观点划清界限，但即使在这个声明中他们也只是放弃了派别活动，并没有放弃马斯洛夫小集团的政治口号。这个马斯洛夫—鲁特·费舍小集团最近在吸收帝国主义观点的道路上，在为德国帝国主义效劳的道路上颇有长进。这个小集团被开除出党之后采取了我们先前已经预料到的方针。他们制定了新的备忘录，那里面是最庸俗的反革命口号。其中说道：

"整个共产国际的这些危机征候自1923年前成为经常现象，它们丧失了与成长相关的危机征候特性，而变为明显的衰落和解体征候群。"

这是针对共产国际采取的十足的社会民主党式的取消主义态度。不但如此。在关于苏维埃国家问题上，鲁特·费舍、马斯洛夫和肖勒姆说：

"他们（指共产党人）该不该在言行上仅仅只宣传苏联，宣传苏联这个国家及其全部弊病和错误，或者他们应该在积极支持苏维埃俄国的同时把共产主义原理放在首要地位，拒绝对现存苏维埃国家的新经济政策及其他弊病进行粉饰和美化。"

这种对问题的提法证明是向帝国主义立场转变。帝国主义者及其代理人社会民主党人不是总在不厌其烦地向全体革命工人叫嚷：你们是愿意充当苏维埃俄国这个国家的宣传员呢，还是愿意抛开苏联而捍卫"马克思主义"原理，至少也是捍卫"共产主义"原理呢。这种对问题的提法是无耻之极的社会卖国主义或者说是真正的社会爱国主义。德国反对派现在已经堕落到采取这种观点的地步。

反对派的这个最新的备忘录当中还有一处说：

"要积极支持苏联，但不是通过帮助组织（就是在当前）对各种可能的帝国主义武装干涉的抵抗和反击，而是通过不厌其烦地向无产阶级解释必须推翻本国资产阶级，哪怕他们对苏维埃俄国'极有好感'。"

这就是这个小集团的路线。

声称本国的资产阶级、即德国资产阶级对苏联怀有好感，而此时德国资产阶级已加入国际联盟，已摇身一变反对苏联，并正在消极地筹划武装干涉，——这就意味着叛卖，存心欺骗工人阶级，往革命工人眼里、同时也往社会民主党工人眼里揉沙子。他们说积极支持反武装干涉斗争不是首要任务。被开除出党的极左派小集团顽固地执行这种"方针"。他们同样顽固地反对苏维埃政权，办法是破坏反武装干涉斗争，打出"不为俄罗斯国家，而为'共产主义'原理（马斯洛夫确定的原理）"口号。

俄国反对派同这个小集团结成了联盟。季诺维也夫同志对这个小集团只字不提，只是对不许搞派别斗争等等做了几点指示。我并不想在俄国反对派与德国极左派派别和小集团之间划等号。但联盟是存在的。这个联盟具有其客观意义。俄国反对派背弃革命观点，在城乡资产阶级的威逼下，在苏联经济和政治中的资产阶级分子面前，缴械投降。这种投降行为导致了俄国反对派同德国的极左派结盟，德极左派当中的温和分子向勃兴的德国资本主义缴械投降，而其极端的小集团则恬不知耻地公开支持德国帝国主义。这个俄国反对派联盟产生的根源是：面对他们自己夸大其意义的危险而产生的惊慌失措情绪，各种倾向，思想堡垒崩溃。但这个联盟——这一点必须客观地认定——乃是正在筹划武装干涉的西方帝国主义者与苏联的耐普曼和富农、反无产阶级分子之间联盟的反映。这就是这个联盟的客观意义。共产国际和苏联共产党的任务就是要摧毁这个联盟，就是要使这个联盟中来自布尔什维克党、而非来自产生马斯洛夫和鲁特·费舍的政治圈子的那些组成部分，脱离和退出这个代表我们队伍内部反革命力量的联盟。

　　最后我想就这场辩论对于共产国际的意义，再谈几句。我们从反对派口中听到的一切，都浸透了悲观论调，都是失败经文，都是社会主义建设破产的哀歌。他发言的含义是显而易见的。借用托洛茨基同志的话说，反对派登上这个讲台是为了在国际舞台上寻求他们与布尔什维克党矛盾的解决办法。我们用明确的语言告诉反对派，国际舞台对于他们的观点和倾向而言是关闭的。反对派又在那里没完没了引用列宁的言论，他们又在那里郑重其事地炫耀他们忠于列宁主义。我们德国党在这方面有些经验，比如说和上面提到的马斯洛夫—鲁特·费舍小集团有关的经验。他们在他们一份最重要的文件之一——轰动一时的《七百人备忘录》中写道：

　　　　"我们以最坚决的方式反对修改列宁主义。回归列宁，回归名副其实的、真正的、未经窜改的列宁主义。这应当成为辩论的口号。"（笑声）

我想这种炫耀列宁主义的做法和许多别的"列宁教"相比,并不高明多少。用季诺维也夫同志的话说,反对派的发言就是精心策划,大张旗鼓背离列宁主义,是消除列宁主义对帝国主义发展不平衡的观点,是消除列宁主义关于一国建成社会主义概念,是消除列宁对国际无产阶级运动革命前景的观点,是消除对苏联无产阶级力量的信念。

我以为,对此必须给反对派一个完全明确的答复。全会应当向俄国反对派,首先向无产阶级证明,与反对派观点针锋相对的是全世界共产党坚定果敢、团结一致的力量。共产国际再不能容忍嘲弄列宁的党。辱骂它是蜕化变质的富农组织。全世界的共产党人应当团结在联共(布)周围。我们应当在下述口号下击退反对派这一进攻:联共(布)在历史上永远是全世界国际革命政党。列宁主义永远是当代唯一涵盖全世界的无产阶级学说。(鼓掌)

主席台尔曼:

我宣读一下刚刚收到的意大利共产党中央致共产国际扩大执委会第七次全会主席团的电报:

"法西斯新恐怖浪潮向工人、农民、共产党以及所有反对派袭来时,我们都在坚守自己岗位、做好战斗准备。

我们向正在莫斯科聚会讨论重大问题并将就这些问题通过决议的各国兄弟党致以热诚的敬意。同志们,成千上万身受牢狱之苦的工人们,是和你们心连着心的。

我们的世界党列宁党万岁!

打倒屠杀工人阶级的刽子手!

世界无产阶级革命万岁!

意大利共产党人"

（台尔曼连呼三次"乌拉"向进行地下斗争的意大利党致敬）

库西宁（共产国际执行委员会）：

同志们，大家都知道俄国反对派遭到了来自我们在世界各国的党一致和坚决的反击；这次反击比起例如1923年秋天那次要更坚决得多。这说明什么呢？在确定我们对这个问题立场时如此团结一致，是可能由于哪些原因引起的，对此加以分析我想会是有益的。

这种局面是怎样发生的呢？

我们在各国的支部最先得知的消息是，季诺维也夫同志同他的一些战友在列宁格勒发言反对中央委员会政策。谈了什么呢？原来是单独一个国家（此处指社会主义苏联）在其他国家无产阶级尚未取得胜利之前建成社会主义的可能性受到质疑。季诺维也夫同志否定了这个可能性，单是这一点就让我们感到非常奇怪。除此之外，关于工资问题、关于党内民主问题等等的蛊惑人心的态度也引起我们的一些怀疑。后来我们的同志得知第十四次党代表会议以压倒多数对反对派进行了谴责，并通过了一项反对派几乎无可反驳的决议。第三，列宁格勒党组织确认中央的观点是正确的，非常迅速而又坚决无保留地通过了。

第四，出乎我们的一切预料，我们在俄国党代表会议之后得知季诺维也夫同志打算和他那个小集团继续进行派别活动。这已经给人留下盲目派别狂的印象，而一旦派别斗争找到了适宜土壤，这种派别狂会对苏联共产党的团结形成威胁。但苏联共产党的团结恰恰是我们各党全都出于本能而准备捍卫的东西。从社会民主党敌人的声明中我们立刻明白，他们的确寄希望于反对派，把后者当做分裂联共（布）的工具。我们原本希望，我们敌人的这些声明对俄国反对派领袖们会是一个充分的警示，会唤醒他们放弃继续斗争。然而很遗憾，早在执委会最近一次扩大会议上情况就已经明了，这方面希望很小。我们却仍然怀抱着这个希望，但在扩大的执委会会议之后，不久又出现一个意味深长的意外：季诺维也夫同志同托洛茨基同志、同托派结成联盟。这个举措以其无原则性令我们震惊。我们对待反对托洛茨基主义斗争的态度是认真的。我们与此同时也是在捍卫列宁主义。季诺维也夫同志曾经领导这个斗争，他曾以最不留情面的方式为反对托洛茨基主义而进行斗争。大家回忆一下例如第五次代表大会。早在去年年初，季诺维也夫同志一次在列宁格勒讲话时声称，谁愿意和托派结盟，谁就是修正列宁主义原理。早在去年的扩大执委会会议上，季诺维也夫同志也同样明确提出这个问题，而现在突然与托派结盟。对于我们而言，反托派斗争是一件严肃的事情。季诺维也夫同志却突如其来地宣称他与托派"认真而又长久地"结成了联盟。

在当前季诺维也夫同志显然变得更加接近托派了。前天他在明确表白对待托派态度的那个讲话当中声称，在当前的问题上，他指不出一条与托洛茨基同志观点有分歧的地方。他说，在即将成为历史的问题上，如果我们认为有必要研究一下，也许会发现严重的分歧。他无法接受不断革命论——那是一个伪理论；但他又立即加了一句说托洛茨基同志是这个理论的反对者。在当前的问题上他与托洛茨基同志在观点上没有任何分歧，至少他没有指出一个使他们分开的问题。这证明这里面临的事实是在思想上向托派缴械投降。

与托洛茨基结盟也同时涉及从前的所谓"左派工人反对派"的一些著名极左头目。同志们，据我所见，这至少是一个重大的原则性溃败，不是托洛茨基、梅德维捷夫或施略普尼柯夫的溃败，而是季诺维也夫同志的溃败。此后不久我们又在国外看到数次类似的极左分子和极右分子之间无原则结盟尝试。终于，当我们敌人阵营掀起一片欢呼声时，问题变得完全明朗了。这时真相大白，无产阶级革命的敌人，依靠联共（布）内反对派，到处反对苏联的领导作用，反对俄国革命的领导地位。

至此我们党对事态全然明了；7、8、9三个月所有疑团都烟消云散，到了10月反对派先后在莫斯科和列宁格斯勒转入决战性进攻，这时我们各国共产党，对此已经做出了一致的反应，只有德国的极左反对派，法国、捷克斯洛伐克或许还有哪个国家寥寥无几的声音除外。共产主义的工人们本能地感受到事关捍卫普遍社会主义。

从前，季诺维也夫同志和托洛茨基同志之间曾在各种不同问题上有过分歧，据我们所知，都是一些非常重要和紧迫的问题。我们还没有忘记这些分歧，例如在农民问题方面的分歧。例如，在季诺维也夫同志那部关于列宁主义的著作中这种分歧表现得何等激烈！现在不得不认定季诺维也夫同志在这个问题上已投入托派怀抱。在关于民主和官僚主义问题上，也必须说情况同样如此。大家都记得，1923年秋天托洛茨基同志是何等猛烈地批评党的机关和党的官僚主义，而季诺维也夫同志当时又是如何反对他的。托洛茨基同志的批评当时在他看来毫无根据。但一旦季诺维也夫同志置身于反对派之中，他当即开始要求实行广泛的党内民主。他和托洛茨基同志一起发动了一场反"官僚主义"攻势。然而托洛茨基同志本人也并非一直是多么狂热的"民主"信徒。你们大家知道，例如他在1920年至1921年间那场关于工会的辩论中，以及在实际工作中，经常采取的绝不是民主观点，而更多的是官僚主义观点。托洛茨基主义不能看做是向形式民主或官僚主义简单地后退，这种倾向表现为**官僚主义与形式民主的机械组合**。对于无产阶级民主与革命组织中必然的集中制充分**结合**，托洛茨基同志从来都不理解。

那么，季诺维也夫同志为什么如此看重"党的专政"这一提法呢？这个提法是他在关于列宁主义著作中特别推出的。诚然，他本人也承认把党的专政与无产阶级专政对立起来是不符合共产主义的。但他却又如此顽固强调和推出"党的民主"这一提法，他正是因此把这个提法与

"无产阶级专政"的提法对立起来了。他把党与那些党外的工人对立起来。如今他搬出了几段列宁的引文来向我们进行论证，这些引文本身是好的，但没有充分表达出列宁的思想；与此同时，在回答例如斯大林同志著作中对这个问题有什么言论时，我们却没有听到他说过一句话。这样一来仿佛他从来没有读过斯大林同志如何阐释这个有争议的问题似的。不言自明的是，他读到过，但只字不提罢了。他佯装这个有争议的问题从来就不是辩论对象。他宣读了几段脱离上下文的引文。便以为这样就可以解决整个问题了。斯大林同志根据列宁的本意来制定我们对这一问题的观点，我认为应当把这看做是他的功绩。他阐明了党的领导、共产主义领导的概念。列宁同志在阐述这个概念时经常谈到党应当**教育**无产阶级，**领导他们**，**带领他们**沿着革命活动路线前进。但列宁没有确定党的专政对待无产阶级的态度。在公开的国内战争时期，党在自身队伍中和无产阶级队伍中当然必须保持严格的专政，甚至是军事专政。但是，这样解释正确的共产主义领导这一概念，正像用党的专政公式来解释这一概念，是不够的。

同志们，俄国反对派联盟领导人们感到他们受到羞辱因为他们被指控犯有社会民主党倾向，托洛茨基同志尤其为此气愤，他以轻蔑的姿态声言：即使我犯了错误，我也不承认自己应当对你们在座的各位负责。从我们这方来说，我们也感觉到自己无足轻重。我们曾公开表明我们高度评价季诺维也夫和托洛茨基二位同志的功绩。但我们必须提醒一句，这里的争论首先是对事不对人。从前也有些功绩非常大的革命者，列宁也曾经不得已发言反对他们，例如普列汉诺夫。当事情关乎反对偏离正确路线的斗争时，不可以端出昔日的功绩来否定批评。为了维护列宁主义路线，我们必须反对俄国反对派。我们并不是说这些同志就是社会民主党人。不是的，他们是共产党人，但他们是宣扬社会主义在苏联是不可能的共产党人。那么现在这些共产党人又是**如何**提出他们反党、反列宁学说的斗争呢？对于苏联那些具有右的倾向的同志是可以了解得很清楚的，例如一些人维护夸大了的局部民主要求，或者一些人在其他问题上提出右倾要求，但无论如何这些要求都是具体的、局限性性质。我们可以认定这些同志具有右的倾向。但最近几个月俄国反对派联盟领军人物是如何进行斗争呢，他们是如何在党内和苏维埃国家内为争取扩大民主而战斗呢？他们当时反对党和国家内的官僚主义，玩弄提高工资要求以蛊惑人心。他们是否把自己的要求限定在具体界限之内呢？否。**他们让界限保持着开放**。因此他们的口号和整个他们的宣传，都伪装得和社会民主党人的局部口号和宣传具有同样性质。他们暴露出他们不愿意与共产主义的敌人划清界限；只能逐渐地、通过经常施加压力的途径促使他们或者迫使他们哪怕在某种程度上划清界限。曾多次提醒他们共产主义的敌人在利用他们的声明，但这很少引起他们在一定程度上划清界限。从主观上来说，这里只不过是共产党人之间的分歧，但从客观上来说，他们的活动——因为它总会具有影响——实际上导致了与社会民主党宣传同样的效果；瓦解我们运动的队伍，强化我们敌人的队伍。

季诺维也夫同志说过：社会主义建设的前景是必需的，但为什么只在一国范围内而不是在国际范围内呢？这句话听起来很漂亮，几乎就像社会民主党人口中类似的声明一样漂亮。他们也说过，社会主义只有在国际范围内才有可能，社会主义迟早会来到，但那是在所有国家同时来到。与此同时他们走得当然要比俄国反对派领军人物更远得多，但这类"国际主义"其方针和随之而来的结论在两种情况下都同样虚伪而有害。同志们，即使查明俄国反对派提出的所有问题都**至少被我们的国外支部至少大体上正确理解了**，即使查明例如苏联建成社会主义可能性问题乍一看上去对外国党不过是一个理论问题、只对苏联共产党才是一个重大实践问题，那么这一切也不对头。我们绝对不应该低估在这个问题上托派宣传的有害后果。我深信不疑，这种宣传在党内不会带来多么了不起的危险；我确信，在任何一个资本主义国家共产党内，这场辩论都不会成为组建多少像点样的反对派集团的土壤。就连德国党内的反对派在不久之后也将被消除。但如果说不是在党内，那么这种宣传也将对我们在非党工人和社会民主党工人之中的工作具有极端有害和阻挠的影响。因此我们肩负着向最广大的工人群众解释这一问题的任务。须知，群众当中对社会主义不相信的现象，是我们首先必须克服的。对苏联能够建成社会主义的信念，是西欧以及整个资本主义世界社会主义信念的基石。社会主义苏联单凭它的存在这一事实就对全世界的无产阶级具有革命化影响。然而社会民主党人出来对工人们宣称，不仅他们社会民主党人，就连季诺维也夫和托洛茨基这样一些共产党人都断言社会主义在苏联是不可能的。即使苏联在发生可能的武装干涉情况下遭到失败——这种情况不会发生，我们会用自己的斗争支持它——但即使这种情况发生了，也并不意味着社会主义信念就垮了。但如果真的发现，尽管没有发生任何武装干涉苏联也无法建成社会主义，那社会主义观念就垮了。

俄国反对派的行动在资本主义国家划了一条远远超出共产党范围的分界线。但怎样划呢？工人运动中什么人站在俄国反对派方面，什么人反对他们呢？这一状况非常突出。在国际运动中凡是作为苏联真诚朋友的工人，都本能地站在俄国党一边。右派以及所谓的"左派"社会民主党**领军人物**个个都站在反对派一边。工人世界就这样被一条线分成两大阵营。这里站在俄国党一边的不只是单纯的列宁主义者，而是广泛得多的群众，其中包括大量具有左倾、右倾和旧传统的人，但这些工人有一个共同点：他们都喜欢俄国革命，对苏联的社会主义建设寄托着希望。

季诺维也夫同志在讲话中声称：须知我们对所有追随者们说，进行反苏宣传是犯罪，如此等等。您现在说这话非常好，但您能够阻止吉旺或科尔施之流出面利用您的论点反对苏联吗？您不大能阻止得了，正像您阻止不了社会民主党利用它们一样。从主观上说看这里可能谈的是最美好的事物，但如果从客观角度看这个问题，科尔施毫不含糊地表明情况实际上如何。须知，这里自有其内在逻辑，如果说科尔施前些时候曾指责苏联是"红色帝国主义"，而如今却又在谩骂苏联的和平政策了。在这两种情况下，他都是以帝国主义者代理人身份说话的。而他用的武器是从俄国反对派联盟的武库搬来的。

俄国无产阶级已经用自己的革命魄力在行动上证明，在这里社会主义建设是可能的，要搞托洛茨基主义却是不可能的。（鼓掌）我说过，俄国无产阶级通过他们所建立的革命国家这一事实本身已经给其他国家无产阶级世界带来革命化影响。由此得出什么结论呢？由此得出的结论是，俄国革命的第一个国际主义义务就是不断巩固和日益加强发展自己的社会主义建设。正像十月革命时那样，俄国无产阶级现在必须证明，在许多人眼里，甚至在某些同志眼里看来是不可能的事情，其实是可能的，并且正在实现之中。同时我们身在各个资本主义国家里，虽然力量微薄，也肩负有不断强化我们运动的义务。这也是一项有些"社会主义者"觉得不可能实现的任务。

季诺维也夫同志曾指出我们个别党党内存在着某种思想消极。是呀，如果仅仅限于思想消极，那还不算太糟糕。遗憾的是，在我们的实践中也存在着许多消极。如果季诺维也夫同志想要警告我们防止消极，那我们接受这个警告，正像我们从前也经常采纳他的正确指示那样。我们的确应当提高我们各党的积极性，但尤其是在当前，以便不是在一个国家，而是在一切国家，通过强化宣传的途径使得散布托洛茨基主义以及形形色色"社会主义不能实现论"，成为不可能。（鼓掌）

武约维奇（南斯拉夫）：

同志们，我想首先谈一谈反对派此前发言者没有充分关注的几个具体问题。

因此我不是从一国建成社会主义问题谈起。我先谈英俄委员会，我们在这个委员会里的立场，或许通过英国总罢工和煤炭工人罢工期间的事实得到了最好的验证。

我首先提出下列问题：

（1）英俄委员会是否存在？

（2）这个英俄委员会从事什么工作？

（3）这个委员会中英方代表表现如何？

我认为，对第一个问题不能不做出否定回答，对第二个问题必须给出同样的答案。只有对第三个问题可以做出肯定回答，但这意思并不是说要对这个委员会中英方代表的活动做出正面评价，而是必须确认他们在继续出卖英国工人阶级，而这种叛卖是总罢工期间由工联总理事会领导人开始并一直到现在还没有停止。

这个问题究竟如何？英俄委员会中英方代表出卖了总罢工，同样也出卖了矿工罢工。

（曼努伊尔斯基："说得对！"）

自从总罢工以来，特别是最近几个月，英俄委员会是否在接近群众工作方面给予我们帮助了呢？难道这个委员会是充当了我们面向群众发言的讲坛吗？然而我们加入这个委员会时主要是本着这个目的。

对这最后一个问题必须再一次回答：**不是的！**英俄委员会没有给我们提供这种面向群众的可能性，只是随着我们同这个委员会英方代表斗争的展开，随着同改良派领导人斗争的进行，我们才成功地与英国劳动者群众——煤矿工人及其他工人阶层建立起联系。

最近几个月，我们迫于英国事态的进展采取主要自下而上的统一战线策略，而且只有这个自下而上的统一战线策略才能增强我们同英国工人群众的联系。

同志们，当前，在首先是由于领导人的过错英国矿工失败已成为事实的时候，非常可能的是，托马斯及改良派其他领导人会允许珀塞尔之流的所谓左翼分子登上舞台重又在英俄委员会内部发挥"积极性"，因为这个委员会再也不会像该委员会在巴黎和柏林开会时那样成为叛卖的障碍了。

非常有可能的是，当前英俄委员会将开展一些积极工作。但即使这种状况出现，那么这也不会证实多数派观点是正确的，而将会证明我们在这个问题上的观点是合理的。

英俄委员会，只有当工人们把那些现在领导工联和在该委员会内代表英方的领导人赶走，才能够实施积极活动。

既然如此，我提出如下问题：我们是继续留在英俄委员会、支持和维护这个实际上已不复存在的委员会还是脱离该委员会，才能帮助英国工人尽快摆脱他们那些领导人呢？

如果我们以最具体的方式把这个问题提到英国无产阶级面前，特别是如果在英国工人阶级历史上最重大事件——总罢工和矿工罢工期间提出来，如果我们在那些领导人的叛卖行为昭然若揭、有目共睹的当口这样做了，那么我们此举就会帮助英国工人十分清楚地认识到这种叛卖行为的真正意义并从中得出相应的结论。英国事件的全部经过证明，只有退出英俄俱乐部，才能为支持英国工人阶级、加快驱逐他们那些领导者、改良主义者以及所谓左翼代表的进程，提供唯一的机会。

我们没有这样做。我认为，因为这个使得我们英国党向英国工人解释这个叛卖行为的真实意义的任务更加艰巨了，并且直至现在我们继续承受我们在这个问题上执行的那种策略的致命后果。

这就是我们在英国的策略带来的后果。然而，同志们，我认为如果我们注意一下俄国出现的状况，就会发现我们对英俄委员会的策略只是导致了对某些极端危险的幻想的支持。

我仅仅引用一段文字。

我们党莫斯科市委会编写的供党员学习联共（布）七月中央全会成果使用的学习材料中有下面一段话：

"英俄委员会在反对武装干涉苏联的任何图谋的斗争中能够起到并且肯定会起到巨大的作用……它在反对国际资产阶级发动新战争任何图谋的斗争中，将成为组织中心。"①

这是什么意思呢？意思是说我们应当留在英俄委员会中，首先因为该委员会在发生武装干涉时将会进行反击，其次因为它将成为反对可能的反苏联战争或世界大战的斗争之组织中心。

同志们，我认为，英俄委员会内英国工人运动领导人物在总罢工和矿工罢工期间出卖本国工人阶级时所采取的立场，充分暴露出，这些领导人物一旦发生对苏联武装干涉或世界战争时将会扮演什么角色了。他们将扮演和在英国总罢工期间所扮演的同样角色。

当然，英俄委员会能够起到一定的作用，甚至能够在发生对苏联武装干涉时起到重大作用，但前提条件是什么呢？前提条件是英国工人阶级依靠我们的支持，甩掉那些直到现在还在英俄委员会中代表着我们的那些领导人物。

但即使在这种情况下它也起不到组织中心的作用。只有共产国际能够成为这个反对武装干涉和世界大战的组织中心。我们深信不疑，我们的策略并没有帮助英国工人认清形势并摆脱他们的领导人物。无论在我国还是在其他国家，这个策略支持了一些幻想，这些幻想相当严重，足以证明这个策略导致何种观点以及这个策略对英俄委员会而言是何等错误。

---

① 莫斯科市委《1926年7月中央全会学习材料：争取群众》第5页。

我现在来谈稳定问题。

这个全会上对这个问题谈了很多。布哈林同志昨天又提出这个问题，并且要求给予回答。

这个会上人们极力证明。反对派否定一切资本主义稳定，并且以季诺维也夫同志的讲话为依据，他在讲话中说事实与资本主义稳定的存在是相违背的，而不是说事实与牢固的资本主义稳定的存在是相违背的。

然而，同志们，我们认为，要评论季诺维也夫同志和反对派在这个重大问题上的意见，单凭一篇讲话中的只言片语，正像布哈林同志正确证明的那样，那篇讲话中对季诺维也夫同志多次谈到，而且完全符合共产国际执委会最近一次全会决议的意见也有所表述。如果你们想了解季诺维也夫同志的真实意见，那么就请看由他起草的共产国际执委会最近一次扩大全会决议，请看季诺维也夫同志 1926 年 3 月 8 日给英国共产党的信函以及就英国总罢工给法国共产党的信函，请看季诺维也夫同志在上面援引的那篇讲话之后编写的英国罢工教训提纲草案。

在这些文件中你们可以看到我们对资本主义稳定的看法明确表达。如果说我们强调"相对"这个词超过"稳定"一词是正确的话，那这也绝对并不意味着我们否定资本主义的相对稳定。这只是意味着，根据我们的看法，促使这个相对稳定削弱的因素正在日益加强，正像从英国到中国各国最近的革命事件所表明的那样。

我认为，假如明天形势发生了变化，如果我们面对直接的革命形势，那么我们以及你们都不会再去寻章摘句，而是会竭尽全力去利用这个形势来保证国际革命的胜利。布哈林同志可以完全确信这一点。

但当我们自己队伍内部有一些同志，例如斯滕同志，写稳定连社会民主党的报刊都完全赞同他们的观点；当洛佐夫斯基同志说社会民主党和阿姆斯特丹的工会上层们是能够使稳定巩固数十年的因素，——那么我们就认为这里隐藏着现实的危险，因为这些同志说的话或许正是其他许多人想要说的。

现在我谈谈多奥里同志在今天上午的会上涉及的一个问题。

有人在这个讲台上援引私下谈话并且在转述时完全歪曲谈话内容，我认为自己有责任对此提出抗议。但由于多里奥同志列举了一些事实，我对他做出回答：

（1）我并没有对他说过我对苏瓦林的文章没有任何想法。

同样我也根本没有对他说过拥有个人意见是十分危险的。我只是回答说，目前我在任何问题上都不能说任何话。

（2）多里奥同志忘记说，尽管我说了第一句话，我们的谈话仍继续，而且我对他说我完全谴责苏瓦林的文章。

这些话多里奥同志忘记说了，这些话我对他说过，也和在场的许多同志说过。无论如何我认为，自从俄国党内发生分歧之日起我的立场证明，我并不害怕就所辩论问题发表我的个人意见。

（科多维拉："那么这篇文章是不是一篇反革命文章呢？"）

后来多里奥同志继续……（主席的铃声响了）。我请求再给三分钟时间。

（由于只有贝尔奇同志同意给武约维奇同志三分钟时间，这个提议被驳回）。

沙茨金（青年共产国际执行委员会）：

我想用几句话说明一下青年共产国际在辩论联共（布）问题时所采取的立场。

青年共产国际所有支部，德国的极少数除外，在这个问题上意见完全一致。在所有国家青年共产国际都支持联共（布）立场，忠于列宁主义原则。在现在正在继续的青年共产国际最近一次扩大全会上，反对派执委委员——武约维奇同志和米哈列茨同志处于耀眼的孤立地位。这两位同志被撤销了执委会工作，当然不是因为他们的观点，而是因为他们从事派别活动。

在青年共产国际全会上保持沉默的武约维奇同志如今效仿反对派领军人物要求发言，以便就重大政治问题发表意见。我想对他的一些论点做出答复。

武约维奇同志以为经验证明了反对派坚持分裂是正确的。他试图在这个地方证明英俄委员会根本不是我们可以利用来向英国工人讲话的讲坛。这话不对。委员会在巴黎和柏林两地召开的最近两次会议，为我们在总罢工和矿工罢工问题上充分表达自己的观点提供了可能。其总结报告已在各国公布的这两次会议，帮助我们向英国工人证明了其领导人将他们出卖，不再具备领导无产阶级斗争的能力了。

除此之外，武约维奇同志还说，英俄委员会不可能成为反对武装干涉的工具，只有共产国际能够成为这个斗争的中心。当然后者不言自明，无一人否认，但问题是我们能不能为反武装干涉寻求到补充的据点呢。武约维奇始终在谈论该委员会的英方部分，言外之意这一部分全是工联改良派领导人。但联共（布）和苏联全体工人阶级认为，英俄委员会英方部分不仅仅只是珀塞尔等领导人，而是全体战斗着的英国无产阶级。的确如此。由于英国工人认为英俄委员会是英俄两国无产阶级联合的体现，因此英俄委员会的存在就是增进英国工人对反对武装干涉兴趣的因素。

武约维奇同志没有弄清楚英俄委员会问题的根本所在。完全有可能的是，这个委员会将自生自灭——我们从来没有断言它将永远存在下去。但问题是，在英国工人心目中这个委员会消亡的责任究竟由谁来承担。反对派的策略是让我们来承担这个责任，然而多数派断言这个责任应由造成可能分裂的真正罪魁祸首、即改良主义者来负。武约维奇同志的策略会导致共产党人在英国工人心目中名誉扫地，而正确的共产党政策导致真正的分裂主义者和团结的敌人——改良主义者名誉扫地。

说到**稳定问题**，按照武约维奇同志的说法，季诺维也夫同志在一个什么地方否定稳定的存在，但在其著作的其他地方对这个问题的提法是完全清楚的。然而实际上情况并不那么简单。季诺维也夫同志讲话中关于英国罢工的这段话曾在《真理报》上刊出，季诺维也夫同志在审阅讲话稿时，有充分的机会对它进行修改。除此之外，武约维奇同志还有第二位领导者——托洛茨基同志。托洛茨基同志早在英国总罢工之前于1926年1月在纺织工人代表会议做报告时就曾说过，稳定结束了，局部稳定期比我们预想的要短，如此等等。此后，武约维奇同志却说，反对派只不过是想要强调稳定具有相对性而已。反对派这两位最重要的领导人，其一系列著作中都在那么强调稳定的相对性，以致稳定本身终于不见了。当武约维奇同志指出这两位同志在其他著作中都承认稳定是存在的，他也只不过证明在对我们全部策略所依据的国际形势做出评估的这个重大问题上，季诺维也夫同志的观点是充满矛盾的。

武约维奇同志试图证明党在稳定问题上的路线是错误，依据是社会民主党人支持斯腾同志那本小册子。但首先，斯腾同志并不是联共（布）领导人，季诺维也夫和托洛茨基则是反对派无可争议的领导人。其次，武约维奇同志没有说斯腾同志错在什么地方。只对党说《莱比锡人民报》同情斯腾是不够的，况且这个说法本身也不准确。我们应当认定，在这个重大国际问题上、在资本主义稳定问题上，反对派没有一个明确的观点。

季诺维也夫同志在自己的讲话中指责整个共产国际及其领导支部——联共（布），说自从他不领导共产国际实际工作之后，共产国际在最重大的策略问题之一——**关于对各共产党内左与右的倾向看法**问题上，执行的是一条错误路线。季诺维也夫同志指责共产国际背离列宁主义原则，他这个指责所依据的是仿佛列宁说过**右的危险经常是共产主义运动**

中的**主要危险**。他用来证明自己这个论断的第一条列宁著作引文中说，俄国布尔什维主义在与左的倾向和右的倾向斗争中发展，而且右派经常是主要敌人。但季诺维也夫同志忘记说 1912 年以前**布尔什维克是与孟什维克**同在**一个党内**的。十分清楚，如果在境外有一个由社会民主党人和共产党人组成的联合党，那么这个党内右的危险就会经常是主要危险。季诺维也夫同志引用的第二条引文摘自列宁同志在第二次代表大会的讲话，他在那次大会上说，主要敌人站在右边，左的错误比较容易克服等等。但季诺维也夫同志引用这段文字时只是略去几行字便歪曲了列宁的本意。事实上，列宁在主要敌人是机会主义这句话之后和共产主义中左的错误容易克服这句话之前还说了下面这些话："这一点不仅仅有俄国克伦斯基政权的历史为证；这一点还有德国以社会民主党政府为首的民主共和国历史为证；这一点有阿尔贝·托马对待本国资产阶级政府的态度为证。"由此可见，列宁说的是，**工人运动内部的主要敌人是社会民主党**，但他说这话时并不是指共产党内部、共产主义运动内部的各种倾向。

　　季诺维也夫同志用共产主义运动史来论证他的提纲也不会成功。在第三次代表大会上，列宁的斗争火力主要瞄准左倾。同样，如果我们以联共（布）党史为例，那么 1918 年我们也有一个时期，以"左派共产党人"为代表的左的危险曾经是我们党内的主要危险。意大利共产党历史上在与塞拉蒂分裂之后也曾经有过这样一个时期。由此可见，共产主义运动史与季诺维也夫同志的论断也是矛盾的。

　　共产国际不能按照季诺维也夫同志所要求那样，同样对待德国的极左倾向与波兰共产党和英国共产党所犯的右的错误。这些右的错误不可与现在的极左倾向一概而论。我认为，对那些始终不渝忠实于党和共产国际、承认自己的错误、不进行任何派别分裂工作的人和那些不承认自己的错误、进行派别斗争的人，不可以同样对待。

我必须提醒一下季诺维也夫同志本人在1925年关于执委会全会德国委员会中极左派所说的一番话。他说,而且引用列宁的话说,马斯洛夫比保尔·莱维更坏,马斯洛夫—鲁特·费舍—肖勒姆集团是一个市侩集团,并说大概最近一部分极左派即将现身敌人营垒。可是季诺维也夫同志却想要把这些人与那些在总罢工中和矿工罢工中表现非常好、为工人阶级利益而斗争的英国共产党领导人混为一谈。这办不到。

认为德国极左派代表着名副其实的革命左派,也是错误的。我们在德国有这样典型的实例:极左倾向转变为右倾,而小资产阶级"革命者"对第一个无产阶级国家采取了社会民主党立场。这种人决不可以看做是左派。

我现在谈另一个重要问题。

联共(布)内反对派的行动在客观上是否导致**在苏联组建第二个党**呢?诺伊曼同志在这里已经提到曾经建议使孟什维克合法化的奥索夫斯基。反对派领袖现在试图与他划清界限,说什么"我不是我,那马也不是我的"。① 然而奥索夫斯基无疑是代表反对派联盟的组成部分的。但季诺维也夫同志试图在这里"在理论上"驳斥有关两个党的指责。他说,赞成无产阶级专政的人不可能又赞成两个党的存在。然而这还不能证明反对派没有在行动上导致建立两个党。例如,如果掌握专政的那个党沦为机会主义的党,那么根据列宁的教导,我们就必须与这个党决裂,因为我们不能与改良主义者和机会主义者共处于一个党内。但这里根本无需搞这么烦琐的推理。只要看一看反对派的实际活动就足够了,他们在列宁格勒和莫斯科建立了他们的非法省委和区委,拥有他们自己的非法印刷厂,出版他们自己的文献,等等。托洛茨基有一次说,反对派没有派别,只有"派别成分"。但这并不仅仅是派别,而是第二党的

---

① 俄语俗语,意为"这件事与我不相干"。——译者注

成分。如果说反对派并没有转而直接建立第二党，那也不像季诺维也夫同志想要大家相信那样，是因为这样做与反对派的观点相抵触，而是因为俄国工人共产党员不允许这么做。

说到**一国建成社会主义问题**，昨天有人在这方面试图利用苏联列宁共产主义青年团纲领中的一处文字来反对我们。我必须首先声明，与反对派散布的谣言相反，这个纲领的作者并不是布哈林同志，而是在下敝人。其次，必须指出，反对派利用纲领的这一处是不恰当的，因为它只回答问题的普遍提法。我们现在对问题的提法是多有区别的。我们把社会主义彻底胜利与建成社会主义可能性加以区别，把武装干涉（外部矛盾）问题同建成社会主义的内部阻碍问题加以区别。对这些不同的问题，我们给出不同的答案。因此不能把纲领上给出的答案看做是现在摆在日程上的那些问题的答案。第三，虽此处的表述不够精确，但共青团纲领上讲的和托洛茨基同志近年来所宣传的毕竟不同。纲领中下一项已经谈到**建设新型的、社会主义的经济**是共产党的紧迫任务。而托洛茨基却认为真正的社会主义建设高潮只有在外国无产阶级的国家层面支援下才有可能实现。

我现在谈谈反对派论点的实质内容。反对派同志们在这**引用的列宁语录**可以分为四大类：

（1）谈论社会主义**彻底**胜利的语录。布哈林同志已经说过，毫无疑义，社会主义彻底胜利只有在国际范围内才可能实现，对此无可争辩。

（2）谈论我国社会主义建设**困难**的语录。在单一国家建成社会主义的确困难，其困难程度之大，就连季诺维也夫同志和托洛茨基同志这样知名领导人物都被这种困难吓倒了。

（3）谈关于俄国社会主义建设需要**数国无产者共同努力**的语录。这也是完全无可争辩的。就在这里，在这个全会上，我们目睹了那些对多个国家无产者共同努力帮助苏联建设进行领导的人们。

（4）赞成**一国建成社会主义可能性**的语录。然而季诺维也夫同志却试图把这些语录解释为正相反，说它们是谈这种建设是不可能的。

最后这一大类语录包括例如一条摘自列宁1915年那篇《论欧罗巴合众国口号》文章的语录。季诺维也夫同志断言，列宁关于无产阶级"在本国安排社会主义生产"这句话只意味着工人把工厂控制在自己手中并**把它们投入运行**。季诺维也夫同志这话岂不是咄咄怪事。如果旧的工厂开始工作，就不能建设由社会主义国家设立的工厂吗？难道像季诺维也夫所理解的那样，是列宁主义不允许这样做吗？季诺维也夫同志对列宁语录所做的诠释，是完全错误的。

季诺维也夫同志在这里说过，我们能够在全世界范围建成社会主义，但在俄国单独一国不行。他为论证这一点又引用了列宁的语录：**在全世界范围有能够满足全体农民阶级的需要的工业，然而俄国还不具备这样的工业**。但这里又发生新的问题：苏联能否在某一个其他国家无产阶级胜利之前建立起这样的工业呢？苏联能否实现工业化以便有能力满足农民阶级需求呢？因此季诺维也夫同志的论据不仅仅针对彻底建成社会主义的可能性，并且针对我国工业化的可能性。**工业化是建设社会主义的根本问题**。只有大工业能够作为社会主义基础，只有大工业能够实现农业技术革命，因而能够促进农业通过合作化实现集体化。

托洛茨基同志也时不时地对这个问题也有同样的提法。他说，由于我们没有足够数量的机器，我们被迫从国外进口这些机器。因此，我们没有外国无产者在国家层面上的支援是建不成社会主义的。但我们能不能在国内安排生产这些机器呢？最近一次党的代表会议把在我国建立机器制造工业规定为党的专项任务。这个任务是否能够完成呢？

我认为，无论理论上还是实践上都已经证明了苏联能够实现工业化，当然要比它有外国无产阶级的国家级援助实现得慢一些。（布哈林："它已经在进行工业化了！"）我们现在拥有国有化工业，一定程度的经济计划性、外贸垄断，等等。这一切都在加快积累，加快工业建设，给我们提供着一系列对资本主义国家工业的优越性。我们已经在这方面取得了一系列实际成就，我建起了一系列新工厂、发电厂。沃尔霍夫不仅仅是我国最大的水电站，也是全欧洲最大的水力发电站。反对派同志们说：我们在一个国家永远也不能全面建成社会主义。我请问这里的界限在哪儿？为什么我们能够建成沃尔霍夫，而不能建成更大的水电站——第聂伯呢？为什么我们不能建起新工厂生产农业机器？当然这一切不是用一年时间就能做到的。但实践表明，尽管困难很大，我们能实现苏联工业化。我们具备了生产资料生产的绝对增长，更重要的是它的相对增长，具备了工业在全国经济中作用的增长，具备了社会主义成分在我国经济中巩固和增长。我们开始了建设社会主义，我们正在建设社会主义，没有人能够证明我们不能沿着这条道路继续前进。

有趣的是，托洛茨基同志在他们那本写于第十四次代表大会前的《走向社会主义还是走向资本主义？》一书中认为，苏联将有可能赶上并超过一些大国的经济水平。加米涅夫同志在第十五次代表会议上讲话中也说过类似的话。既然我们能够超过资本主义国家，到那时我们的工业还不足以满足农民阶级的需求、即季诺维也夫所说的建成社会主义吗？

反对派下一个论点牵涉到托洛茨基同志谈论得相当多的**世界经济**。当然，我们依赖于世界经济。但依赖到什么程度？是依赖到不能建设社会主义的程度或者只是虽然有这种依赖关系仍能在我国建成社会主义的程度呢？

托洛茨基同志在这里**仅仅**谈到我们的依赖地位。他在上面提到的《走向社会主义还是走向资本主义？》一书却以全然不同的方式提出问题。在这本写于他与季诺维也夫结盟之前的书中曾论证我们能够在相当大的程度上摆脱世界市场的自发性影响：

"外贸垄断和租让政策是工人国家经济政策的强大武器。这样看来,即使社会主义国家的法则和方法无法强加于世界市场,那么**社会主义经济同后者的联系在极大程度上取决于工人国家的旨意**。"(第 54 页)

完全正确:"在极大程度上取决于工人国家的旨意。"在托洛茨基同志昨天的讲话中,工人国家不见了,我们只看到强大的资本主义及其软弱无力的附庸苏联。

在同本书中另一处托洛茨基同志写道:

"对于世界市场是否单凭其经济优势就能压垮我们这一问题必须这样回答:**我们决不是赤手空拳面对世界市场;我们的经济有运用全面社会主义保护关税政策制度作为屏障**。然而这个制度到底有多大效力呢?在这方面资本主义发展历史对我们会有所教益。长期以来德国或美国在工业方面落后于英国,差距之大似乎无可弥补。由于利用自然和历史条件,这些落后国家后来在保护主义关税的庇护下赶上、甚至超过了先进国家。**国家疆界、国家权力和关税制度,是资本主义发展史中强大因素。对社会主义国家来说尤其如此。**"(第 30 页)

在托洛茨基同志昨天的讲话当中,这个社会主义的关税保护制度全然不见了。然而这正是全部问题的最重要组成部分之一。这个社会主义关税保护制度,使我们有可能在我们与世界市场的关系增长的情况下,回避世界经济的资本主义影响,建设本国的社会主义经济。

反对派下一个重要论点包含在这样一个问题的提法中:**既然我们继续相信世界革命的必然性,为什么要提出关于一国建设社会主义问题呢?**托洛茨基同志说,既然世界革命必将在现时期取胜,为什么还谈论一国社会主义呢?须知社会主义建设持续时间相当长:10 年,20 年,30 年,而世界革命据我们预测应当在最近期间获得胜利。可见那些主张建设社会主义的人,是世界革命的取消主义者。反对派就是这么说的。

首先,布哈林同志在另一场合说过,世界革命是一个旷日持久的时代，包括胜利、失败、国内战争和国际战争等等不同时期。马克思说过以 15 年、20 年和 50 年为期限。这个时间段即使不是 50 年，也仍将是人类历史中整整一个时代。就因为这个，也不能说凡是谈到我国社会主义建设前景哪怕是在最近 20 年即世界革命彻底胜利之前的人都是世界革命的取消主义者。

其次，我们不赞同资本主义相对稳定持续很久的观点。我们认为欧洲的直接革命情势最近几年就有可能发生。但这里可以提出一个问题：我们是否有保证下一次直接革命情势就将导致我们的胜利呢？须知我们在 1919 年以及以后的 1923 年曾经拥有过直接革命情形，然它没有导致无产阶级的胜利。同样，现在关于我们能否在最近一次直接革命情势中取胜的问题，只有通过斗争、通过实践才能解决。为此我应当提醒，为反对资本主义在革命危机时走投无路的观点，列宁在共产国际第二次代表大会上说过这样一番话：

"另一种是革命者有时力图证明，危机是绝对没有出路的。

这是错误的。绝对没有出路的情况是没有的。现在资产阶级活像一个既不讲廉耻又丧失了理智的强盗，接连不断地干着蠢事，使局势尖锐化，加速着自己的灭亡。这都是事实。但是决不能由此'证明'，资产阶级绝对不可能用微小的让步来麻醉一小部分被剥削者，绝对不可能把某一部分被压迫被剥削群众的某种运动或起义镇压下去。企图预先'证明''绝对'没有出路，就是无用的学究气或者是玩弄概念和字眼。在这个问题和类似问题上，只有实践才是真正的'证明'。全世界的资产阶级制度正在经历巨大的危机。现在各国的政党都应该用实践'证明'，他们有足够的觉悟和组织性，他们与被剥削群众有密切的联系，有足够的决心和本领利用这个危机来进行成功的、胜利的革命。"①

---

① 《列宁选集》中文第 3 版第 4 卷第 267—268 页。——编者注

由此可见，按照列宁的说法，胜利与否问题在于我们是否能够利用好直接革命情势，而这只得由斗争实践来证明。如果我们遭到失败——虽然这种机率很小——那么季诺维也夫同志又可能会说那些谈论俄国单独一国社会主义的人都是取消主义者。可是这个建设问题终归还摆在日程上嘛。

我现在仍旧从托洛茨基同志那本小册子中摘引最后几段文字，这几段文字表明他托洛茨基本人就是那个他在联共（布）第十五次代表会议上对其说了如此可怕言辞的取消主义者。在这本小册子中，托洛茨基同志谈到了世界资本主义的两种可能发展前景。根据的看法，第一个前景是这样的：

"在假定最近几年内欧洲将掀起无产阶级革命的情况下，社会主义胜利问题解决起来就再最容易不过了。这个'方案'决不是机率最低的一个。"（第59页）

托洛茨基同志说，这个方案决不是机率最低的那种。托洛茨基同志在这里用词非常谨慎，甚至可能是过于谨慎了。

接下去是另一个方案：

"假定**包围我们的**资本主义世界将再支撑数十年，那么这个问题就会变得异常复杂。然而这种假定本身是空洞无内容的，除非我们再用一系列其他假定把它具体化。在实行这个方案的情况下，欧洲无产阶级将会怎样，美国无产阶级又会怎样呢？资本主义的生产力将会怎样呢？如果由我们虚拟设定的数十年将成为猛烈的潮涨潮落、残酷的国内战争、经济停滞以致经济衰退的几十年，也就是说将成为拖延过久的社会主义临产痛苦过程，那么很显然，**我们的经济**在过渡时期单凭我们的社会基础无比稳定这一点就能**获取优势**。"①

---

① 托洛茨基《走向社会主义还是走向资本主义》第59—60页。

托洛茨基同志在这里亲自确定，并且不认为世界革命推迟数十年的前景是可以排除的：资本主义在这里虽然不是蒸蒸日上，但仍然是国际范围内的主宰力量。托洛茨基自己也认为这种推迟不会导致苏联灭亡。正相反，他确定我们将比资本主义世界经济，具有优势的前景，这种优势只有在社会主义基础建立起来的前提下，即只有在技术高度发达和国家实现工业化的前提下，才有可能。而所有这一切都没有其他国家无产阶级的国家层面援助！如果说我们是取消主义者，那么就只好把托洛茨基同志本人叫做头号取消主义者了。

针对我们对世界革命抱有悲观主义看法问题的第三点意见。我认为，即使我们在最近几年之内哪怕就是在德国取得胜利，德国无产阶级在胜利后的最初几年也不会向我们提供具有实际意义的经济援助。在建立无产阶级专政的情况下，德国将经历国内战争时期，并且极有可能的是同外部敌人战争的时期，所以要恢复到原先的经济水平所需要的时间，可能比俄国长。我们苏联在革命后达到战前经济水平花了将近10年时间，而德国为此需要多少时间却说不好。从这个角度看，谈论我国社会主义建设，我们必须考虑到比两三年更长的时间段；而且我们必须加快我们的建设，因为德国或英国革命胜利后最初几年，**与其说他们将援助我们，不如说我们将援助他们**。（鼓掌）

同志们，最后谈谈季诺维也夫同志最后一个论点，他说，是不是可以设想资本家将等待20年等我们建成社会主义呢？是否可以把这个想法加在列宁主义上呢，季诺维也夫同志针对列宁1915年那段语录这样发问。

当然，资本家不会等待，他们迟早要向我们发动一场战争。但还不能由此下结论说我们在这场争战中必将灭亡。这取决于国际资本主义的状况，取决于我们的经济成就，取决于国际无产阶级的支援，等等。须知我们已经承受住一次武装干涉，并且从中胜出。如果发生新的武装干涉，我们仍将粉碎它，到那时我国建设社会主义的问题将重又被提出。

因此，同志们，在谈论前景时不可以只考虑2—3年。我们应当坚信，只要我们不被武装干涉打垮，我们仍将建成社会主义社会，或许很缓慢，或许遇到很大的困难。这是苏联共产党和全体无产阶级的信念。哪怕某些先前的领导人物宣布这是不可能的，哪怕他们制造恐慌，哪怕他们散布悲观论调——社会主义将会建设起来，苏联工人阶级将沿着这条道路向前迈进！（响亮的掌声）

（会议休会）

第二十三次会议

(1926 年 12 月 11 日)

主席：雷梅尔

讨论斯大林的报告（续）

主席雷梅尔：
请加米涅夫同志发言。

加米涅夫（苏联）：
同志们，我们党内是否存在右倾以及右倾的表现形式问题，就议程的这一点来看，这是共产国际面临的主要问题。

我们党内是否存在右倾？

我可以毫不犹豫地回答，我们党内存在右倾。甚至可以断言，假如不存在对列宁主义的理论和实践进行研究的右倾，那倒是奇怪的。一些非常重要的因素是我们党内右倾存在的基础。第一个事实是，苏联的无产阶级正在实行无产阶级专政，在一个农业国度中建设社会主义。这些倾向发展的第二个有利条件是世界革命发展的速度迟缓。第三个最重要的因素是新经济政策的整个局势对我们党个别环节造成的压力、资产阶级集团及其政治积极性的发展和国家机关造成的压力。我不再列举党内机会主义倾向的其他根源，这已经足够了。当然，我们党的个别环节存在的这些影响以及党内无疑经常表现出来的右倾，根本不能说明，我们党已经出现了热月，也就是说，政权从无产阶级手里转到另一个阶级手里；也不能说明，实现了乌斯特里亚洛夫这些新资产阶级思想家的愿望，布尔什维克已经向资产阶级民主的方向转化。应该对这些说法以及类似的说法给予坚决的驳斥。我们之间没有任何共同之处。支持这种说法的人是与我们党及党的任务坚决对立的。我们现在完全清楚了，对我以及对季诺维也夫同志和托洛茨基同志都一样，我举一个最生动、离大家最近的例子，被开除出德国共产党的人是这样一些人，他们不接受共产国际向他们提出的所谓的严厉条件，也许，他们没有尽一切可能回到共产党的队伍中来。不用说，我们认为，这是一个最大的错误。布尔什维克只有在共产国际的队伍中，只有在与第一个、暂时还是唯一的一个工人国家性质的队伍中工作和斗争，才能给自己的阶级带来益处。要使自己的党服从哪怕是最严厉的要求。想组成单独"政党"或者集团来反对共产党的人，必然会与苏联和共产国际对立，会在最短的时间内被投入敌人的集中营，不管他的主观意愿如何。

毫无疑问，每一位认真的革命者都应坚持他认为对无产阶级革命事业重要的观点，即便他在这种情况下要长期作为少数派，与这一阶段的主流意识相对立。否则，他就不是革命者，而是一个可怜的公务员。可是，不能理解我们在10月16日声明真正含义的人却把我们的想法变成了对布尔什维主义的丑化，我们的声明指出，为了充分信任每个工人和每个党员，党的团结对我们来说、对我们每个布尔什维克来说都至关重要，我们将只和党一道工作，走向未来，没有、也不会有其他的道路。

不过，我还要提出一点反对意见，我们的批评有时也许太严厉了，布尔什维克总是这样，但针对一些同志的意见可以看做是对党的批评，对党的无产阶级核心的批评。我们反对那种偷梁换柱、那种指责和那种荒谬行为。我们的党领导着世界无产阶级运动，它，也只有它才能够领导这场运动走向新的胜利。但要看到现实存在的危险，党现在面临着危险，要看到党内存在的右倾，要公开地与右倾作斗争。列宁就是这样教导我们的，我们也是这样做的。

这种真正的右倾表现在哪里？

我们认为，这种右倾机会主义最重要的表现是与当前资本主义关系的稳定、农民和资产阶级的压力联系在一起的，这是这种右倾最重要的和自然的表现，同时还与我们党的全部传统尖锐对立，麻痹无产阶级的警惕性。首先是，**美化新经济政策，粉饰新经济政策掩盖下的那些矛盾和阶级斗争**，从实行新经济政策的第一天起列宁就警告过我们，阶级斗争是不可避免的。这种美化新经济政策、掩盖困难的企图就是要削弱国内**新资产阶级**及其资本**增长**的意义，排斥并忽略农村**富农增长**的真正意义。这种美化对无产阶级的战斗力是有害的，不能使无产阶级正确认清无产阶级继续进行革命斗争的局势。与资本主义国家相比，我国在技术、经济上的落后，首先表现在世界与我们苏联价格的差距上，也没有对这个因素给予足够的重视，这也是相当有害的。只有把我们党的注意力放在这些现象上，才能顺利解决这些问题，我们完全坚信这一点。美化不会增加无产阶级的干劲，只会传播有害的幻想，这必然会影响到无产阶级的革命警惕性和斗争的坚定性，影响到无产阶级反对一切资产阶级和小资产阶级影响的能力。

右倾的第二个特点是**不能正确评价**我国农民的**作用和意义**，对农民作用的评价可能在针对各阶层农民发出的口号"发财吧"中表现出来，或者是在这样的定义中表现出来，准确的表述是："扩大对富人和富农经济的限制范围"，或者是在富农和平长入社会主义的理论中表现出来。

这些口号、定义和理论阐述的不仅是错误的、非列宁主义的对农民在无产阶级斗争和社会主义革命中作用的判断，而且还会使党走上错误的阶级道路，使党在我国大多数农民这样的民众巨大而不可避免的影响面前解除自己的武装，列宁一直不遗余力地告诫我们，不要忽视农民的存在。

企图掩盖我国阶级斗争的尖锐性，这就是右倾的基本特征。无产阶级专政下的阶级斗争，当然要吸收各种新形式，但存在阶级斗争却掩盖它，只能对无产阶级造成危害。

不过，近来我们看到，有人企图掩盖和抑制农民中间出现的阶级斗争规模，这是一方面；另一方面，苏联建设的这个时代的特点是通过各阶级和集团的激烈斗争以分配国民收入，有人不愿意理解这一点并以此为制定政策的基础。此外，还有一些事实表明，党内个别人还倾向于**依靠工人阶级**争取国民收入份额来解决问题。比如说，遭到我们中央委员会谴责的经济秩序的混乱，这样的经济制度还要靠工人阶级来维系，这并非偶然现象，而是右倾在我们党内必然的、典型的和自然的特征之一。还有一些事实和现象表明，我们对待工资政策的态度是相当错误的。这就是右倾的真实表现。假如再补充的话，就是企图怀疑党的专政这个在第十二次代表大会上确立的一个列宁主义最根本的思想，还有，当前面所说的这个派别在党内已经相当普遍的时候，恰恰是第十四次代表大会的指示指出，思想斗争的**火焰应该向左烧**，这样我们就有了一套严格的只能称为是右倾的观点体系。这种倾向不能不在国际舞台上反映出来。

英俄委员会的右倾评价

我不可能详细地阐述我们政策的一个最重要的问题，针对我们对待英俄委员会的态度问题，我只想指出一点，这也是共产国际的每个成员以及你们这些世界无产阶级运动的领导者所关心的问题。我们在一个最大的共产主义组织的一份文件中可能读到下面这段话："**英俄委员会毫无疑问地能够、也应该在反对苏联的武装干涉斗争中起到巨大的作用。该委员会将成为无产阶级的世界力量反对各种国际资产阶级挑起新的战争的组织中心**"。这是作为英国无产阶级斗争代表的英俄委员会的英国方面所说的。但不管怎么说，很难找到像上面这段话这样违背列宁主义基本原理的文件了。谁都不会怀疑，由我们党的党员组成的委员会的俄国方面最终会完成英俄委员会在刚才那段话里提出的任务。而且毫无疑问，这个委员会的英国方面不但会完成，而且会背叛世界革命的事业，就像背叛矿工罢工一样。

若是在不久前，任何一个布尔什维克都不会怀疑这一点。只是在我们与英俄委员会相互关系的方针上发生重大错误的时候（尽管我们提醒过这一点），这个闻所未闻的、歪曲列宁全部说法的、对国际工人运动这一部分的评价，就像前面引用的那段话，在我们党内也有所反映并完全扩散开来。

列宁也曾谈论过那些人，他们是无产阶级的国际力量与各种"挑起新战争的国际资产阶级的企图"作斗争的组织中心，也就是所说的英国工联主义分子。他在后期的一部谈海牙代表会议问题的著作中，指出共产党代表对待英国工联分子的策略，恰恰是对武装干涉和战争的警告，列宁写道：

"如果我们出席海牙会议的代表中有几个人会用几种外语发表反战演说，我认为最重要的是驳斥这样一种论调：似乎到会的人（我引的那段引文对那些人赋予希望，就好像他们是反战的斗士。——列·加）都是反对战争的，他们都懂得战争可能而且一定会在一个最意外的时刻降临到他们头上，多少能够采取适当的、可能达到目的的办法来反对战争。"①

无产阶级革命家列宁就是这样教导我们的，我们在我引用的文件里也找到了这些东西。这份文件可是相当重要的。我认为，要把列宁在这篇文章里对此讲的话用到这个引用的文件里：

"我认为，对于这种言论，特别是战后发表的这种言论，应当坚决反对，毫不留情地点出说这种话的每个人的名字。对他们的评论可以委婉一些，特别在必要的时候，但是在任何场合都不能缄默不言，因为轻率地对待这个问题是一种最坏的绝不能宽容的恶事。"②

将列宁对英俄委员会的评价与前面引用的评价进行充分对比，是为了让大家明白，右倾到底表现在哪里，右倾在国际工人斗争的问题上到底偏离列宁主义多远。引用的这份文件来自我们党的中央委员会，是一份向莫斯科无产阶级解释中央委员会在英俄委员会问题上大多数立场的声明。

右倾的胜利

我列举了一些右倾的表现。这种右倾不会因为引用某些东西而消失。就当前的历史时刻来说，在当前资本主义稳定阶段，右倾是与我国国际政策领域以及内部政策的某些趋势相关的。

把这些单独的错误连成一个整体的那个理论使他们弹冠相庆，他们从而试图建立起一整套政策方针，在这种情况下，在国际范围内这就是一国社会主义理论。

---

① 《列宁全集》中文第2版第43卷第313页。——编者注
② 《列宁全集》中文第2版第43卷第314页。——编者注

就这个问题的实质来说，我们仍然坚持列宁的观点，而且**我们不认为有任何理由改变这个观点**。列宁在1922年的一篇文章中这样写道：

"但是，我们连社会主义的经济基础还没有建设完成。仇视我们的垂死的资本主义势力还有可能把这夺回去。必须清楚地认识到这一点，必须公开地承认这一点，因为再也没有什么比产生错觉（和冲昏头脑，特别是在极高的地方）更危险的了。承认这一真理的痛苦根本没有什么'可怕'，也决不会使人有正当的理由可以有一丝一毫的灰心失望，因为我们向来笃信一再重申马克思主义的一个起码的真理，即要取得社会主义的胜利，必须有几个先进国家的工人的努力。"①

我们一直坚持这一点，我们没有任何新的建议，我们只是建议，不要把列宁的这个定义抛到一边。我们认为，不存在任何列宁的其他说法能够代替他自己称为"马克思主义最起码的真理"的这些话。列宁这里所说的恰恰不是无产阶级掌握政权，而是社会主义经济和社会主义社会意义上的社会主义胜利，也不需要作任何解释。

似乎我们苏联的苏维埃政权所领导的建设不是社会主义建设，我们要摒弃这个闻所未闻的谣言。谁都不会否认，在苏维埃政权存在的十年里，我和我的志同道合者们为社会主义建设事业，即便在经济战线上所付出的力量和精力不比任何人少。苏联现在所进行的建设事业就是社会主义的建设事业，对此谁都不会怀疑。

关于苏联的社会主义建设

假如你们，共产国际的同志们，读一读研究导致反对派从多数派中

---

① 《列宁选集》中文第3版第4卷第640页。——编者注

分离出去的实际分歧的文章,你们就会相信,在这些分歧中没有指出是否有可能进行社会主义建设的争论。(季诺维也夫:"完全正确!")这对我们大家来说是共同的基础。争论只是在选择确保社会主义以应有速度进行建设的道路和方法这个范围内展开的,对我们来说,这是选择某种实际建议,类似**确保社会主义经济成分在国家发展中无条件获得胜利**的方法时的中心问题和基本标准。正是我们对社会主义建设即将取得成就充满坚定的信心,才使我们以完全开放的心态看待过渡时期严重影响工人阶级的全部困难,看待工资、失业、住宅建设这些日益尖锐的问题,尽管我们近年来依靠我们党领导下工人阶级的艰苦努力取得了巨大的经济成就。正是我们对社会主义建设成就的这种最坚定的信心,使我们发出号召,在其他问题,如农民问题、私人资本及其作用等等问题上,也要正视一切困难,要把困难在工人阶级面前讲清楚。而恰恰是我们的对手和批评我们的人,在针对以最快速度克服这些困难的一些实际建议中表现出了悲观失望和缺乏信心。(季诺维也夫:"说得对!")

(有人喊道:"噢,是这样!那您有什么建议呢?")

这里的问题不是那些不友好的或是不大通情达理的对手企图突如其来地提出的问题,而是**关于苏联建成社会主义社会的条件**问题。我们的对手认为,在我们这样一个有着几百万无产阶级的国家里,**哪怕一些发达的国家发生无产阶级革命**,都应该对百万农民进行领导,应该在新经济政策的基础上,在资本主义的包围中对他们实行领导,这样才能最终建成社会主义。这个观点乐观地寄希望于农民的社会主义能力上,被称做是"乐观主义"。我们认为,苏联建成社会主义应该有其他国家的无产阶级革命的协助。(喧哗声,喊声:"打住吧!")可这不知为什么被称做是"悲观主义"。我们认为,关于农民社会主义能力的乐观主义,在我们对手看来,只是他们对待国际无产阶级革命悲观主义的表现而已。(喧哗声,喊声:"打住吧!")这种"乐观主义"依靠的完全是关于富农长入社会主义、小农的社会主义本性的这个非列宁的理论,我在上面已经作了总结。(喊声,喧哗声)怎么样,同志们,俄国组织的代表们,说到痛处了,是吧?(斯克雷普尼克:"不,我们是说,要严守规则嘛。")的确说到痛处了,是吧?忠言逆耳吧?(喧哗声,喊声:"这不是忠言,是谎言!")

但我们在这里所说的社会主义最终胜利的首要的和本质特征是什么呢?

如果按照马克思和列宁的思想,除了**消灭阶级**以外,再没有任何其他特征。关于社会主义建设事业中无产阶级与农民的相互关系问题,列宁是这样说的:

"领导农民是什么意思呢?这就是说,第一,要实行消灭阶级而不是依靠小生产者的路线。如果我们离开了这条最根本的和主要的路线,那我们就会不成其为社会主义者,就会滚到小资产者阵营,滚到无产阶级当前最凶恶的敌人社会革命党人和孟什维克的阵营里去。"①

所以说,社会主义的最终胜利不可能有其他的表现形式,最起码要消灭阶级。因此,社会主义胜利就意味着把农民变成统一的、社会化的、计划性指导经济的劳动者。而我们的对手则认为,"乐观主义"的意思就是要表明,苏联要早于世界发达资本主义国家的无产阶级完成这个推翻本国资产阶级的任务!你们称之为乐观主义,我们称之为彻底的悲观主义。

这种错误观点使得某些同志作出结论说,我们苏联已经完成了恩格斯在《共产党宣言》中提出纲领的9/10。假如从权力转到无产阶级手里的观点来看,说工业归无产阶级国家所有、土地和交通运输国有化等

---

① 《列宁全集》中文第2版第41卷第312页。——编者注

等（斯克雷普尼克："都是小事嘛。"），那么，这9/10是在1918年中期完成的，可不是到1926年啊！列宁十分清楚这一点，所以4年后他说，"我们连社会主义的经济基础还没有建设完成"。

假如不是从权力和所有权转到无产阶级手里的观点，而是从实际建设即社会主义的实际建设角度，以及把国有土地上的广大农民从小商品生产者和个体经营者变成统一的社会主义经济劳动者的角度来看，完成这个任务的9/10，这是散布不利于俄国无产阶级和国际革命事业的幻想。为了说明这一点，不但要越过马克思主义和列宁主义的全部学说，而且要越过下面这段我们常常忘记的列宁的话。

列宁说：

"只要还存在生产资料私有制（即使土地私有制已经废除，还存在农具和耕畜的私有制）和自由贸易，资本主义的经济基础也就存在。"①

在实行生产农具私有制、取消土地私有制的条件下，我们国家有2500万农户在经营。现在不可能有其他的情形。我们取得了巨大成就，我国无产阶级创造性的经营能力让世界感到震惊，我们还将以社会主义建设领域取得成就的最高速度让世界震惊。但农民的这种状况仍然存在，而社会主义的胜利恰恰预示着，这一切将通过合作化、工业化和电气化得到改变。

1922年列宁说，"我们连社会主义的经济基础还没有建设完成"，可是1926年却有人对我们说，恩格斯《共产党宣言》中提出的纲领的9/10已经完成。

不过，说这个的时候，列宁并不是悲观主义者和信心不足的人。他并不是针对这一点说的，也没有降低苏联建设社会主义的战斗力和热

---

① 《列宁全集》中文第2版第39卷第424页。——编者注

情。相反，这句话成了号召把新经济政策的俄国变成社会主义俄国而努力工作的口号。但列宁认为，必须对无产阶级说出我们现状的真话，用这个真话来激发无产阶级进行建设和阶级斗争的斗志。

散布幻想和不顾事实只会使俄国和世界无产阶级变得涣散。

党没有用自己的信念作出这样的声明。采用这种理论就要取消那些任何人都没怀疑过的一系列党的声明。正因为如此，党才没有把个别同志所作的这些声明当做自己的信念，才没有将其载入史册，我们有权批评和反对个别同志和一些同志的这些意见。我们不能任由这种倾向发展，因为假如任由其在党内和共产国际中发展的话，在不久的将来，这种倾向就会走到不但我们反对、而且估计是我们党和共产国际的绝大多数人共同反对的道路上，（笑声）即用人们所建议的**国家革命的前景代替自十月革命起列宁已经在其中进行全部实际工作的世界革命前景**。我们认为，共产国际这样的无产阶级革命组织能够也应该帮助我们党克服这种倾向。这就是右倾的实践上的和理论上的观点。

我们的阶级敌人对分歧的评价

一些同志试图表明，我们反对这个真正的右倾是受到资产阶级报刊和社会民主党的欢迎的。我要说的是，这是相当错误的，（笑声）恰恰相反，正如自然预期的那样——恰恰是这个右倾赢得了国际资产阶级的欢迎，社会民主党就是把自己的希望寄托在右倾未来的发展上。为了把这件事搞得清清楚楚，我建议共产国际主席团委托某个委员会，用几种语言收集并出版资产阶级和社会民主党的口号，不要有任何删改，（有人喊道：你以为，共产国际会这么做！）这样工人就会看到，这些报刊是欢迎谁了。（喧哗声）我准备为委员会提供帮助，把我手头的一份相当丰富的材料交给委员会。但我只举一个例子。假如引用米留可夫的话是为了表明，好像是资产阶级支持我们，那我就引用这位无产阶级专政彻底的敌人的话，不是别人，正是列宁认为米留可夫是我们彻底的敌人，列宁也不止一次地引用他的话。就这件事，**新资产阶级的真正代表**——乌斯特里亚洛夫在第十五次代表会议后写了一篇文章。他写的题为《联共（布）的危机》一文登载在1926年10月19日的《新生活》报上（黑体是乌斯特里亚洛夫本人加的）。

"假如用'新经济政策'的形象比喻，现在需要的是新的动机和新的动力。从这一点来说就要承认，党不久前向季诺维也夫分子所作的让步，不能不激发重大危险……假如反对派领袖的悔过声明是他们**单方面和无条件**投降结果的话，那就是政治局的胜利。但假如是与反对派妥协的结果的话，那就糟糕了。事态将不可避免地使斗争激化。获胜的中央委员会要拥有与反对派这颗毒瘤斗争的内在动力。要从斗争的失败中总结教训，否则国家将陷入灾难。乌斯特里亚洛夫接着写道，俄国国内的知识分子、实业界和进化思想家应干实事，而不是干革命。

乌斯特里亚洛夫的结论：**'因此，我们现在不但把矛头指向季诺维也夫，而且还指向斯大林'**。"（笑声）

要让那些引用米留可夫这样的同志也不要忘记引用乌斯特里亚洛夫先生这位无产阶级专政最机敏敌人的这段话。（座位上有人问道："是什么时候写的？"）是第十五次代表会议后写的。当然，像米留可夫这样的我们现在的阶级敌人也不会不利用我们的"批评"，但像乌斯特里亚洛夫这样的人，他们都赞成目前执行的与我们观点对立的政策。

同志们，应该说，像乌斯特里亚洛夫这位建议中央委员会从反对派的失败中总结教训并战胜反对派的机敏的敌人，也没有拒绝向中央提建议。比如说，他想起了柏拉图这位老头，还有他关于有损于国家的能人的建议，他还重复柏拉图的建议说：

"给这些人以显赫的地位,给他们戴上花冠,但要让他们远离祖国。"(笑声)

关于对我们的一些指责

同志们,我们认为自己有责任与我所说的右倾进行斗争,并认为自己有权利在党内和党的章程范围内坚持自己的观点。此外,我们还认为,我们目前所进行的这场斗争不可能不对党的政策产生影响,我在第十五次代表会议上已经说过,已经部分地产生了影响。尽管在我们本次全会上的讨论相当激烈,但我们大多数人还是本着善良的愿望,在吸取去年教训的基础上,希望哪怕能找到一些统一的切实可行的工作方针。然而,我们却因此遭到各种各样的无端指责。这些指责所以会越来越多,不是因为指责确实与我们的观点契合,而是因为这些指责对我们的杀伤力最大。我不去一一列举这些指责,我只是简要谈谈其中人为地被认为是最重要的三点指责。

第一点指责是说托洛茨基主义占领导地位。第二点指责是两个党联合行动或者是思想上背叛。第三点指责是价格政策在实际执行中的问题。

说到托洛茨基主义占主导地位,我要说,你们大家都是经验丰富的政治家,假如有人通过叫喊托洛茨基主义占领导地位来偷换或替换我们与托洛茨基在政治和实践上一致的说法,你们就会清楚地看到我们这种建设中的战略思路。这是不正确的。我们过去、现在和将来都不会捍卫历史托洛茨基主义与列宁主义有区别的东西——不断革命论,农民问题的提出,等等。(喧闹声……喊声……)但现在指责的不是托洛茨基同志的这些错误思想,而是使托洛茨基接近列宁的那些特征。现在遭到抨击的思想,不是我们的思想,也不是托洛茨基的思想,而是列宁的思想。我们的对手抨击列宁主义的基本思想,抨击比如说我国革命与世界革命不断联系的被称做"托洛茨基主义"的思想。在共产主义历史上也不止一次发生这样的事情。马克思的思想也不止一次地被称做是布朗基主义思想。现在的共产国际的思想家、反托洛茨基主义的斗士马尔丁诺夫同志就浪费了不少纸张，批评列宁的思想是布朗基主义或者是巴枯宁主义。托洛茨基同志与列宁有区别的东西，我们要反驳，但我们要和他一起捍卫真正的马克思主义和列宁主义，绝不能让当代人对这些思想进行无端歪曲。

这就是一个简单、生动的例子，假如其他情况因某些地质原因消失的话，从这个例子中可以看到事物的真实面目。托洛茨基同志引用了共青团章程。因为你们打断了他的话，就请允许我再重复一下这些话。共青团章程第四章说：

"俄国尽管拥有丰富的自然资源，但仍然属于工业落后的国家，仍然存在小资产阶级居民。**俄国只有通过世界无产阶级革命才能走向社会主义，在世界革命发展的时代我们才能进入社会主义。**"

同志们，这些话无疑是与在你们面前所维护的"一国社会主义"理论相矛盾的。假如你们接受这个理论，那你们就要改变上面黑体所强调的那段话。

我建议要遵循古训——猫就该叫猫。（座位上喊道："托洛茨基主义就叫托洛茨基主义。"）所以，要把那些提出建议修改章程的人叫做修正派，或者用术语叫修正主义者，（喧闹声……喊声……）把那些捍卫旧章程的人叫做正统的人或保守的人，用术语叫做正统派。（喊声……喧闹声，笑声）我要问你们的是：是谁建议从章程中删掉关于世界革命这段话呢？是托洛茨基？假如是托洛茨基的话，我们就反对他。但现在的问题是，不是托洛茨基，而是其他人建议修改章程，把世界无产阶级革命这段话删去的。因此，我们是和托洛茨基同志一起反对这些人的。无论是谁建议进行修改，歪曲这个清晰而明确的列宁主义学说，我们都随时准备加以反对并永远和那些与篡改行径作斗争的人站在一起，你们总不会说，这个纲领不是在列宁的影响下，而是在托洛茨基的影响下写成的吧。我们和托洛茨基在一起是因为，他没有修正列宁类似提出我国革命与世界革命联系的基本思想，可其他人却修正了这个思想。

党的第十五次代表会议说过，似乎我们党近年来的新动向就是，我们转向了托洛茨基主义立场。（有人喊道："说得对。"）这是不正确的。新的动向是，一部分同志在一些事关重大的根本问题上偏离了列宁主义，也就是在我国革命与世界革命之间的联系这样的问题上。（季诺维也夫："说得对。"）

关于两个党的问题。我们坚持的是在我们国家实行无产阶级专政的布尔什维克党员的整体性和主导性观点。在我们写的东西里面，你们找不到一句与此相矛盾的话。（喧闹声。有人问道："那事实上呢？"）相反，你们应该承认，在我们党内出现摇摆的倾向并错误地提出这个问题时，我们就要提出恢复列宁关于党的专政的思想。（喧闹声。有人问道："那奥索夫斯基呢？"）

谈到物价问题，我们在此坚持的观点是反对提高物价的政策。我在六月全会上已经谈过这个问题，后来又写成书面材料，我和托洛茨基共同在这份材料上签了名，以第十五次代表会议备忘录附件的形式提交，这份声明是直接和公开的，我们反对提高物价的政策。尽管如此，我们这份以备忘录附件形式的声明并没有向各位看到备忘录的党员宣读，以后也不会宣读，尽管如此，这份声明仍然是有效力的，不管他们如何把提高物价的政策强加于我们，我也绝不会同意这项政策，而且将一反到底。

我们的真实观点

我们到底都说了什么？我们的观点是什么？我们对这些至关重要问题的回答可以归结为以下观点。当然了，这个答案也不可能涵盖全部的问题。我也不能在这么短的时间里回答全部问题。我只回答最重要的问题。

第一，我们认为，我们不但要与那些彻底从共产主义滑向极左的人，说十月革命将以资产阶级腐败告终的人和滑向工团主义和无政府主义的人，或是由于害怕而投入苏联和共产国际敌人怀抱的人进行斗争，而且还要与那些我前面所说的右倾作斗争，他们都自觉或者是半自觉地认为，稳定已经持续了10年，要把党推向削弱无产阶级专政的道路。

第二，我们认为，对无产阶级的全部政治和教育工作都应有世界革命前景的引领，决不能把我前面说的那段话从共青团章程中删去，也不能把红色工会国际从工会章程中删去。我们要向全体劳动者说，我们正在把我们的国家建设成完全的社会主义，但要有世界无产阶级的援助，在这一点上是不能修改列宁的观点的。

第三，我们认为，这个前景无论如何都不会削弱我们党和共青团在我国社会主义建设事业中的激情和热情，无产阶级和苏维埃政权在社会主义建设事业中的每一项成就都是日益增长的世界革命的最有利因素并接近革命的期限。

第四，我们认为，社会主义建设的条件是工农联盟（以列宁所说的为基础，即保留无产阶级的领导地位）和国家的工业化。工业化没有一定的速度，工农联盟在将来就不可能巩固。工业化目前是工农联盟进一步巩固的前提条件，尤其是也主要是保证工人阶级在这个联盟中的领导地位的保障。因此我们才提出关于工业化速度这个问题。

第五，我们认为，蓬勃发展的社会主义建设事业和保留无产阶级领导地位在经济和政治领域都要求逐步提高无产阶级在国民收入中的比重。在我国现有的经济条件下，在苏维埃政权存在10年的时候，正确的工资政策的出发点应该是，提高工资是提高生产力的前提条件，而不是相反。工人靠近国家、提高工人的积极性，以针对非无产阶级和反无产阶级集团居民明显增加的积极性，应该成为当下主要的政治任务。

第六，我们认为，在农民的各阶层中，贫农是无产阶级革命唯一的坚强柱石。我们还认为，农村的全部政策应该以列宁的话为指导，即"善于与中农达成妥协，任何时候都不要放弃与富农的斗争，要紧紧地依靠贫农"。

第七，我们认为，在国际方面，必须回到列宁的基本方针上来，对苏联在国际运动中只能依靠英俄委员会或总理事会等机构代表这样的言论予以驳斥。

这就是我们真正的观点。这不是社会民主主义，不是"托洛茨基主义"。这是列宁主义。

我们认为，通过我们这些真正观点的阐述，没有任何理由指责我们对列宁观点有任何的偏离。我们认为，必须在党内创造这样的条件，传播这些观点，或者说和其他中央委员的观点一起传播这些观点，不要被视为对党的犯罪。季诺维也夫10月16日的声明对我们来说仍然具有效力，但这是服从党的代表大会、代表会议、中央委员会和中央监察委员会决议的声明，（喧闹声，喊声："我们不相信语言，相信行动。"）但这份声明没有说我们的观点是社会民主主义的观点。

同志们，我们现在服从并将服从党的任何决定。（喧闹声。有人说道："没发现呐。"）你们准备打击反对派吧。我们毫不怀疑，这样的打击会增强我前面所说的那些真正右倾的力量。他们近来必然会暴露自己，这我毫不怀疑，面对他们加强力量的事实，我们这些"反对派"

会与我们党的大多数无产阶级分子团结在一起。

我们服从党的任何决定。然而,我们不能不承认,我们的实际工作,或者说我们的观点无论如何都不能偏离列宁主义。对我们来说,共产国际无论是过去、现在和将来都是我们唯一的无产阶级革命组织,而斗争的唯一指南是列宁主义。

谭平山(中国):

我谈四个最重要的问题:

(1)一国即苏联建成社会主义的可能性;

(2)帝国主义时代资本主义内在矛盾激化;

(3)无产阶级已经取得胜利的国家对世界资本主义市场和世界资本主义经济的依赖减小;

(4)小资产阶级经济转变为社会主义经济的可能性。

党对这四个问题的回答是正面的,反对派的回答则是反面的。我们根据中国目前局势的发展来分析一下反对派的理论。假如反对派是对的,那么,这就意味着,中国革命是不可能的,没有希望的,中国的四万万民众注定将受帝国主义的奴役,殖民地和半殖民地的民族解放运动也是没有希望的;或者,中国革命取得胜利后要走资本主义道路,中国革命胜利后将成为资本主义国际市场,半殖民地民族和殖民地民族的解放运动在世界革命中也就不起任何作用了。但事实恰恰相反。托洛茨基主义刚出现时,中国共产党和中国共产主义青年团立刻一致通过了反对托洛茨基主义的决议。尽管当时共产党在理论准备上还很薄弱,但党立刻意识到,假如托洛茨基主义传到中国的话,无论如何都会给中国革命带来损失。列宁同志说过,中国是最有可能突破帝国主义阵线的国家。中国在这方面有哪些可能性呢?问题在于,帝国主义者之间在中国的矛盾日益增长。帝国主义者之间的这些矛盾到处都有影响,尤其是在中国，这种影响表现得最为明显。但随着中国革命运动的蓬勃发展，一方面，帝国主义的矛盾激化，另一方面，由于帝国主义矛盾的激化，中国的革命浪潮也在日益高涨。帝国主义者阵营内的矛盾和帝国主义者与民族革命运动之间矛盾激化这一事实是中国革命胜利最重要的保障。假如托洛茨基同志的理论是正确的，假如帝国主义时代资本主义阵营的矛盾确实在减弱，这就意味着，现在帝国主义不顾中国民族解放运动的革命性高涨，会像1900年八国联军那样，通过国际联合武装干涉轻而易举地扼杀中国革命。但事实远非如此。

此外，我们都知道，中国的军阀分子是保卫帝国主义者的利益的。张作霖代表日本帝国主义的利益，吴佩孚代表英帝国主义的利益，不过，孙传芳一边是英帝国主义的买办，一边代表着美帝国主义的利益。广东军队北伐之前，这三股军阀势力还是重要的独立因素，他们的力量远远超过革命政府的力量。全中国近五分之四掌握在他们的手中。随着广东军队北伐的推进，革命军队**单枪匹马**地粉碎了这三股军阀势力。他们起初几乎全歼了吴佩孚的军队，现在又粉碎了孙传芳的军队，使其几乎丧失了全部的势力范围，现在看来，也只有张作霖还在苟延残喘。但在张作霖的阵营中还有各种不同的势力。但中国的军阀分子不能团结一致对付中国革命这个事实证明，帝国主义者也不能和他们一致地对付中国革命。事实证明，帝国主义阵营的矛盾存在并且是在日益增加。为使革命顺利进行，我们应该利用这些矛盾。

在1918年—1919年俄国最残酷的卫国战争期间，列宁利用帝国主义者之间的矛盾，他说，这些矛盾使得我们有了喘息的机会，使我们有可能武装组织起来与帝国主义者进行斗争。中国革命正在利用这些矛盾，对这些矛盾决不会视而不见。

现在来谈农民问题。托洛茨基同志说，取得政权的无产阶级不但会与全部资产阶级集团发生冲突，而且会与帮助他们掌握政权的广大农民群众发生冲突。假如这样就意味着，中国的革命是没有希望的。众所周知，中国是殖民地国家，无产阶级在居民中只占少数，国内的经济是小农经济。中国的无产阶级阶级由于具有组织性和阶级觉悟，近年来已经领导着广大农民阶级，捍卫着农民的利益。

当纸老虎发起进攻的时候，在广东省合纵连横之际，在与吴佩孚和张作霖交战之时，在今年广东军队北伐之时，无产阶级始终战斗在最前线，农民兄弟也和他们并肩作战。只要无产阶级在捍卫农民阶级利益，无产阶级能够领导农民并与之结成联盟这一个事实就与托洛茨基的理论相矛盾。列宁同志不但指出工农联盟的必要性，而且还明确指出，无产阶级只要在正确的政策指导下，到一定阶段就会领导农民大众和各阶层的农民，并把农民经济变成社会主义的经济，从而实现非资本主义的经济建设。的确，苏联和中国是不同的。苏联确立了无产阶级专政，但中国革命正确的前景表明，只要无产阶级占领导地位，有农民大众的支持和苏联的帮助，中国革命胜利后就有可能实现非资本主义的经济建设。

第三个问题：无产阶级取得胜利的国家对资本主义世界、对世界资本主义市场的依赖性是否在减弱？在中国目前的革命运动中，反英情绪表现得尤为明显。英帝国主义从一开始企图通过军事武装干涉来扼杀中国革命，但他们没能得逞。后来，他们又在中国独自进行了直接的武装干涉，英国的巡洋舰在万县杀害了5000名当地居民。反对派否认这个观点实际上表明：假如英国的武装干涉没有把中国革命镇压下去的话，那美国资本就能够征服中国。这就是说，假如英帝国主义的炮弹没能粉碎中国革命的话，美帝国主义的廉价商品就会充斥和淹没中国。

假如托洛茨基同志认为，社会主义建设、社会主义经济的建设完全依靠国民的技术、文化和机器的话，那就是完全忘记了，政权掌握在无产阶级手中。苏联的无产阶级取得了巨大成就是因为，政权掌握在无产阶级手中，同样，中国革命也能够通过主要生产资料的合理化来建成非资本主义的经济。

在这种情况下，我们可以明确地说，只要帝国主义的武装干涉没有得逞，一国即苏联建成社会主义就是可能的。列宁说得完全正确，他说，苏联具备建成社会主义的一切必要条件。世界无产阶级从一开始就支持俄国革命，帝国主义者也没有在一天的时间里实现他们武装干涉的野心。他们时时刻刻都在准备着武装干涉，但无产阶级必将彻底粉碎本国帝国主义的阴谋。

最后我要说的是，假如反对派指责党存在民族局限性，是因为党认为在苏联有可能建成社会主义，那就大错特错了。苏联劳动者对英国全国总罢工和英国矿工罢工的支持已经相当清楚地证明，这是一句空话。我们现在来看看苏联对中国革命所给予的支持吧。每一位工人，每一位劳动者都知道，苏联对中国意味着什么。我们的敌人——资产阶级对此也是心知肚明。反对派只是想掩盖这个事实，尽管他们对此相当清楚。假如季诺维也夫同志想开个玩笑，把法国共产党的苏瓦林作为特派员派到中国，我就拒绝理解他的观点。或许是因为苏瓦林同志同情反对派，或许是因为，他是极右分子才把他派到中国，来瓦解中国的革命？我认为，要把他派到中国，是因为他是极右分子，因此加米涅夫同志才指责俄国党是右倾。毫不奇怪，反对派恰恰要求中国共产党党员退出国民党。这个要求意味着什么？这意味着，把中国的无产阶级关在中国革命统一战线的大门之外；意味着使无产阶级政党脱离最广大的革命群众，使无产阶级丧失对民族革命的领导权；意味着消灭中国革命。在中国，每一个反革命分子，每一个我们的敌人，都要求并宣传共产党员退出国民党。例如，张作霖1924年11月就对一个国民党党员说：我支持孙中山，支持国民党，要是国民党把共产党清出去的话，我就跟定孙中山，跟定国民党了。如此说来，张作霖就要求共产党员退出国民党，现在，反对派也提出这样的要求，也许就是出于其他的考虑了。现在，中国所有的反革命分子，从国民党的右翼到反动资产阶级，从军阀者到帝国主义者，无一例外地竭尽全力分化共产党和国民党。我们的反对派同志们也是这样做的。

中国共产党完全同意联共（布）列宁主义的中央委员会的政策，完全支持苏联建设社会主义，完全同意党在与反对派集团斗争中所采取的办法。如果反对派领袖想在这次扩大全会上向世界无产阶级发出呼吁，号召无产阶级和他们一起对无产阶级的历史使命体验失败和悲观的情绪，那我们要告诉反对派，在共产国际领导下革命的无产阶级随时准备着不是支持，而是粉碎和消灭反对派。

恩斯特·迈耶尔（德国）：

俄国反对派领袖的讲话可以总结为：我们的观点终将超越共产国际。如果把季诺维也夫同志的外交语言翻译成通用语言的话就是：我们号召反对俄国布尔什维克党的政策，它已蜕化为资本主义的政策。我们号召在反对派和共产国际党的帮助下与俄国党进行斗争。

俄国反对派领袖的讲话可以归结为，为了使人们对苏联的发展产生悲观主义情绪。曼努伊尔斯基同志昨天提醒我们说，罗莎·卢森堡在俄国革命最艰难的时期，通过写"斯巴达克式信件"的形式号召德国工人去帮助俄国革命。假如罗莎·卢森堡当时在对俄国革命问题的一些观点上是不正确的，那么，她发出号召的目的也是为了加强德国无产阶级的革命力量和革命的敏感性。相反，俄国反对派却对我们说什么，不要过高评价俄国革命的意义，所以还是自己来完成革命吧。这个关于革命的号召与社会民主党和极左分子对苏联革命意义的观点有着惊人的相似之处。

反对派领袖非常了解中东欧的基本形势。他们应当清楚，中东欧的无产阶级对苏联的了解少得可怜，还有不少的奇谈怪论和不实之词。但反对派发言的这些人中，有一个人的结论是为了向群众解释苏联所面临的困难，是为了排除极左的和社会民主派关于苏维埃国家的诽谤之词，或是为了加深对苏联的信任吗？没有，无论是他们讲话的声调，还是发言的内容，都是为了在西欧无产阶级中间加深对苏联未来发展的悲观失望情绪。

我想简要地谈三个问题，一方面想弄清楚反对派发言的意义，另一方面是从他们的发言中总结一下共产国际所应汲取的经验教训。

（1）关于党的团结和党的作用；

（2）关于对所谓党的专政的无产阶级专政；

（3）关于新经济政策，这是无产阶级国家的经济政策，其目的是实现社会主义建设。

到现在为止，所有的党都把俄国党当做思想上精诚团结和组织上坚不可摧的完美榜样。反对派发言的目的就是要毁掉我们这个榜样。所有反对派发言的人尤其是加米涅夫同志，都宣告了派别的自由。这是相当有害的，因为威胁联共（布）就意味着威胁苏联这个无产阶级专政的国家。尽管他们在十月宣言中和在联共（布）代表会议上都保证说，在任何条件下都要确保党的团结，但事实上却公开破坏这一承诺。

加米涅夫同志说，他既然已经拥护党的团结，他也就是党的专政的支持者。这样，他就错误地把党的专政和阶级的专政进行对比。列宁同志在《共产主义运动中的"左派"幼稚病》一文中指出，这种对比是没有任何意义的。

这种错误的对比中还包含一个错误：忽略了列宁所说的无产阶级不只是工业无产阶级的专政，还是无产阶级领导下生产力阶级的联盟。列宁是这样表达这一观点的：

"专政的最高原则就是维护无产阶级同农民的同盟,使无产阶级能够保持领导作用和国家政权。"①

列宁接着写道:

"无产阶级专政是劳动者的先锋队——无产阶级同人数众多的非无产阶级的劳动阶层(小资产阶级、小业主、农民、知识分子等)或同他们的大多数结成的特种形式的阶级联盟,是反资本的联盟,是为彻底推翻资本、彻底推翻资产阶级反抗并完全粉碎其复辟企图而建立的联盟……"②

在季诺维也夫同志所强调的"党的专政"这个术语中明显包含着对工业无产阶级和农民这一同盟的威胁。

与季诺维也夫这个混乱观点相关的观点认为,这种阶级的专政也许会被资产阶级民主所削弱或替代。这是我们常常从德国极左派那里听到的概念。鲁特·费舍—乌尔班斯—马斯洛夫集团企图按照俄国反对派那些模棱两可的概念,使问题改变了方向,本该让那些即将掌握政权的同志有明确的政治方向,却把他们弄得晕头转向。比如说,关于苏维埃选举权问题。

我不打算像现在苏联那样,涉及具体的问题,头脑更加清醒的俄国同志能够做到这一点,我只想谈谈问题的原则方面。在任何情况下,扩大选举权是不是脱离无产阶级专政的方针?

列宁同志在《无产阶级革命和叛徒考茨基》中针对这一问题写道:

"现在应该说,限制选举权的问题是专政在某一民族中的特殊问题,而不是专政的一般问题。应该是在研究俄国革命发展的**特殊条件**和发展的**特殊道路**的

---

① 《列宁全集》中文第 2 版第 43 卷第 49—50 页。——编者注
② 《列宁全集》中文第 2 版第 36 卷第 362—363 页。——编者注

时候才谈到限制选举权的问题。我在以后的阐述中是会这样做的。事先就担保将来欧洲的无产阶级革命一定都会限制或大都会限制资产阶级的选举权,那是错误的。这种做法也许是可能的。在大战之后,在有了俄国革命经验之后,可能会这样做,但这不是实现专政所**必需的**,不是专政这一逻辑概念的**必要**标志,不是专政这一历史概念和阶级概念的**必要**条件。"①

假如已经像反对派所做的那样,向共产国际提出问题,就不能仅仅是庸俗地去阐述列宁主义,而是要尝试从原则上去谈问题,谈列宁与考茨基论战时所论述的这些原则区别。

在德国反对派盲目信奉的俄国反对派的思想中表现出对专政概念的庸俗化解释。他们只是指出使用暴力,而没有考虑资产阶级的经济压力及其应对的措施。

我再谈谈新经济政策问题。这个问题与苏联社会主义建设问题紧密相关。什么是社会主义?布哈林同志说过,马克思区分了共产主义的两种形态,他所理解的社会主义是共产主义的第一阶段即初级阶段。列宁在《国家与革命》中详细阐述了这个问题。他说:

"因此,在共产主义社会的第一阶段(通常称为社会主义),资产阶级权利**没有**完全取消,而只是部分地取消,只是在已经实现的经济变革的限度内取消,即只是在同生产资料的关系上取消。"②

列宁继续明确指出,社会主义并不意味着完全确立共产主义社会制度,而只是从生产资料的私人占有转到无产阶级的国家政权手中。

那么,在这种情况下,在苏联一个国家能否达到这一目标呢?新经济政策是否是通向这一目标的途径呢?托洛茨基在《是走向社会主义还

---

① 《列宁选集》中文第 3 版第 3 卷第 614 页。——编者注
② 《列宁选集》中文第 3 版第 3 卷第 196 页。——编者注

是资本主义?》一书中的结论表明,反对派的行为有多么的矛盾,与托洛茨基关于苏联经济融入世界经济的口头结论相反,他在书中写道:

"其实,资本主义市场——托洛茨基去年11月写道——对我们来说不仅仅是威胁,它为我们开辟了巨大的可能性。我们更有可能取得更高的科技成就和更复杂的科技成果。这样一来,世界市场在吸引社会主义经济的同时,也会带来新的危险,它就会采用大量正确调节社会主义国家流转的手段,以应对这些危险。只有正确利用这个市场,我们才能大大加快有利于社会主义的比较系数的变化过程。"

可托洛茨基同志却在另一个地方写道:

"随着我们日益向前推进,我们的优势越来越明显地表现出来。事实上,我们的任务就是检验我们利用所有这些资源的所有可能性。结果很快就会显现,到那时我们再来看。"

托洛茨基同志在前言中提出问题,哪些观点可以用来反对社会主义国家的经济政策。

"敌人在两方面谴责我们:
(1)他们说,我们在建设社会主义经济(这是托洛茨基同志校改过的德语译文)的同时,会破坏国家;(2)但他们还说,我们在发展社会主义生产力的同时,的确是在走向资本主义。"

他继续说道:

"第一种批评方式是资产阶级思维所特有的。第二种批评方式是社会民主党人即戴着社会主义面具的资产阶级思维所特有的。"

现在我们要问的是:社会民主党说我们在走向资本主义的言论,是不是更接近俄国反对派的观点，而不是布尔什维克党的观点呢？

把这个问题解释清楚不只是有利于苏联顺利进行社会主义建设，对即将面临夺取政权的任务以及巩固政权和国内建设社会主义的所有共产党来说，都很重要。

正是社会民主党以及与他们沆瀣一气的极左派认为，半亚细亚的俄国共产党和西欧共产党之间存在矛盾，西欧的发展条件和规律也不同于苏联。

正因为如此，我们不想让苏联实行的新经济政策和军事时共产主义的经验得不到利用，我们希望，国际无产阶级能利用这个经验，因此我们才强调对与苏联建设社会主义问题相关的问题加以解释的重要性。

我再谈谈俄国反对派发言对共产国际尤其是对德国极左派的影响。俄国反对派在这里说什么，共产国际反对派集团就变本加厉地鼓噪什么。季诺维也夫同志完全用科尔施、鲁特·费舍和马斯洛夫的腔调说什么，不能把新经济政策与社会主义划等号。如果俄国反对派说存在蜕变的危险，那么在科尔施、鲁特·费舍和马斯洛夫的嘴里，这种说法就变成了退到资本主义，而不是融入世界经济了。我们认为，俄国反对派不但是苏联社会主义建设的绊脚石，而且是国外共产党建设的绊脚石，同样也阻碍着世界革命。

但就像季诺维也夫和加米涅夫在1917年秋天夺取政权问题上有关反对派行为的消息没有妨碍"斯巴达克联盟"这个小团体支持布尔什维克党中央委员会和俄国革命一样，反对派当前的进攻也没有影响德国这个大的共产党支持联共（布）及其中央委员会。

季诺维也夫同志发言结束时还信誓旦旦地表示，他要与派别作斗争。实际上，反对派的发言也是企图组成新的国际派别，巩固共产国际内现有的反对派。季诺维也夫同志在这里的发言表示支持派别集团的存在，他说只是和托洛茨基同志结成了联盟，但实际上，季诺维也夫同志和俄国反对派是与德国极左派结成了联盟，其中还包括被德国共产党开除的那些人。其实，俄国同志在10月份的声明中已庄严保证反对派别倾向。他们说：

"……我们认为，在共产国际的个别支部内，直接或间接地支持任何一个集团——不管是法国苏瓦林集团、意大利博尔迪加集团，还是其他什么集团——的派别活动来反对共产国际的政策，不论他们如何看待我们的观点，都是不允许的。我们认为，支持被共产国际开除的鲁特·费舍和马斯洛夫这些人的活动，更是不能允许的。"

有一位反对派领袖哪怕是说了一句反对他们德国支持者的话了吗？他们在这里——能听到他们讲话的共产国际——是否迈出了哪怕是小小的一步，来履行他们的十月声明吗？

季诺维也夫同志，可以说是对这一点给予了论证。他说，他站在列宁主义的观点，与左派和右派同时进行着斗争。我想强调的是，季诺维也夫同志实际上是如何与左派进行斗争的。季诺维也夫同志在发表公开信期间曾说：

"……德国的极左派是最危险的。"

在今年3月的扩大全会上，他把被开除的叛徒卡茨与布兰德勒同志相提并论，这完全是政治上缺乏策略的表现，可现在他却高调同时向左派和右派发起进攻，其实他说的也只是各党假想中的和事实上的右倾。季诺维也夫同志的实际行为说明，他在公开信上的签名就像鲁特·费舍和其他极左派的签名一样，意味深长啊。（鼓掌）德国极左派要的两面派策略也是个别反对派领袖的特长啊。

用季诺维也夫同志和极左派的话来说，他们要与社会民主党和机会主义倾向进行不懈的斗争。然而，假如不是支持季诺维也夫以及季诺维也夫仍然继续与之结成联盟的鲁特·费舍的政策,又是谁在竭力干着巩固德国社会民主党和削弱德国共产党的勾当呢?

反对派集团的无原则还有一个特点,比如说,拉狄克同志一开始表示反对鲁特·费舍的政策,可现在,在共产国际的政策中,他却全身心地转到季诺维也夫那里去了。

俄国反对派所要求的在联共(布)和共产国际内的党内民主,是不是意味着,要回避全部矛盾和全部重大错误呢?这无论如何都是一个由于无原则而走向政治泥潭的集团。

近几个月来,由于我们和极左派进行了斗争,我们的影响得到加强,社会民主党的影响却大大减弱了。

我们知道,只有在这次扩大全会决议的基础上,我们才能加快世界革命的进程。反对派的发言对苏联是有害的,是对国际工人运动的犯罪。

贝尔奇(美国):

同志们,请允许我代表美国代表团宣读一份宣言。

不过,我首先想就四方面的问题作一些解释:一是门罗宣言,也就是托洛茨基同志在昨天晚间会议上提到的"理论";二是苏联对于美国工人运动的意义;三是关于悲观主义;四是关于共产国际内的集团和派别。

托洛茨基同志在昨天晚间的会议上指责说,他所宣传的是类似门罗宣言的苏联新宣言。此后,托洛茨基同志又把攻击的重点转向斯大林同志的苏联社会主义的建设问题。

首先必须指出的是,任何人、在任何时候都没有提到这个托洛茨基同志在我们面前所嘲笑的这个宣言。其次,或者是托洛茨基同志是有意歪曲门罗宣言在不同时期的完全意义,或者是他错误地理解了门罗宣言的全部问题。布哈林同志在谈到门罗宣言时顺便提出了"资本家不要插手苏联!"的口号。

请允许我简要阐述一下门罗宣言的实质。如果要对这个宣言进行全方位的分析,就要找到相当重要的论据,才能发现托洛茨基同志甚至是玩笑里的错误。门罗宣言的目的——托洛茨基同志完全忘记了这一点(下面我逐句引用这个宣言):

"为维护美国的自由与独立,今后不得再被欧洲任何国家视做未来殖民的目标。"

请回忆一下,这个宣言是100年前发表的。现在没有必要去分析北美壮大的资产阶级与南方黑奴之间的阶级利益冲突。我们感兴趣的只是这个宣言当时的意义。现在,这个宣言成了帝国主义者的武器和美帝国主义者用来保证他们在美洲大陆垄断地位的工具。但是,当门罗宣言100年前发表时,它还属于领导反对英国君主制革命的美国资产阶级。美国人当时是针对什么、针对谁制定的这个宣言呢?针对美洲大陆封建势力的殖民统治,针对神圣联盟。这是歪曲事实,按照美帝国主义者的腔调去解释门罗宣言,并企图通过这种手段混淆苏联建成社会主义的基本问题实在是愚不可及。托洛茨基同志会不会说,他是站在资本家的立场上反对把苏联变成殖民地的种种企图呢?托洛茨基同志当然不会这样说。

当托洛茨基同志以僵化和狭隘的思维发言并利用门罗宣言时,当他只用这一宣言在当今时代所体现的那个意义时,当他有意忽视这个宣言产生的基本历史条件和特征即当时年轻的美国资产阶级与封建帝国进行斗争时,我再重复一遍,他或者是不理解这个宣言,或者是不能正确地阐述这个宣言。现在,苏联完全有权利提出口号:"粉碎资本主义和帝国主义强国企图把苏联变为殖民地的狼子野心!"

同志们，苏联对我们美国来说有着相当重要的作用。德国、法国、英国的客观条件对工人运动也相当有利。那里的工人阶级相当壮大，革命的影响也相当广泛。但使工人阶级革命化的力量不足，在这种情况下，苏联的经验和意义恰恰是最革命的因素。

根据与美国工人会见和交谈，我要告诉大家，当10月16日发表宣言时，许多最优秀的工联分子和积极的工人说：

"俄国反对派失败，我们对此欢欣鼓舞并希望，联共（布）继续鼓足干劲建设苏联的社会主义，苏联是美国工人的榜样，因为苏联社会主义建设越深入，我们对共产主义道路正确性的信心就越足。"

当时马克斯·伊斯门还发表了对苏联进行新的"揭露"的信。美国的工人对这封信的反应如何呢？这个不合时宜的企图彻底破产了。当美国的资产阶级确信，他们毁灭联共（布）希望破灭、联共（布）中央委员会的对手遭到失败时，他们就像泄了气的皮球。说到伊斯门的那封信，我倒是想提醒大家，联共（布）中央委员会迫不得已采取一系列措施，迫使托洛茨基同志没有接受伊斯门先生"揭露"联共（布）内的所谓艰难条件的最初打算。

再谈谈悲观情绪。我们现在处于艰难的客观条件下——在我们国家建设群众性共产党的道路上还存在许多障碍。因此，我们必须与我们党个别支部中存在的悲观情绪作斗争。我们要加倍地与悲观情绪作斗争，因为这种倾向会使悲观论调滋生、蔓延，会使人们对革命丧失信心，就像联共（布）反对派所作的那样，他们竭力在各国施加影响。

现在谈谈派别问题。季诺维也夫同志今天发言引用了不少东西。我不想引用什么，以免影响我的发言，我只想向大家宣读一下加米涅夫同志在联共（布）第十五次代表会议上发言的片断。在说到10月16日声明时，加米涅夫同志说道：

"我们的声明赋予我们一系列政治责任。其中一项政治责任就是,我们应当这样为我们的观点辩护,任何人,不论是来自我们党内,还是来自敌人,只要是阐述我们与中央委员会或其他党组织有分歧的观点,都是在挑起冲突或准备继续发生冲突。我们的声明还赋予我们一项责任,拒绝用任何手段方法为那些被看做是对我们党的中央委员会以及对唯一的一个进行社会主义建设的国家的无产阶级专政进行攻击的观点加以辩护。"

不过,反对派在这里的表现不仅是挑起冲突,而且是准备继续在共产国际的其他支部进行冲突。我在读这份声明的时候,想起了列宁同志的话,只有无可救药的白痴才相信言语,因为要根据事实来进行判断。反对派在这里所执行的路线表明,他们的表白都是说空口,他们会继续支持和鼓动其他国家的反对派。

季诺维也夫同志给我们弄来一部分反对派纲领,托洛茨基同志把另一部分发挥了一下。武约维奇讲了纲领的某个具体部分,加米涅夫同志则以各种威胁来掩盖他所阐述的纲领。看来他们是企图有组织地打基础,制定反对派在共产国际的纲领。他们甚至可笑地说什么,我们是拥护联盟,不拥护派别或者说两个共产党。联盟的理论导致派别的理论,而派别的理论则导致两个党的理论,并导致产生分裂的策略。就像联共(布)打压成立四月联盟的种种企图一样,我完全相信,各国共产党也不会允许在共产国际内成立所谓的十二月联盟。

我想代表美国共产党代表团说,尤其是由于我们党还很薄弱,还有我们所遇到的客观困难,我们每个人都能感到,都能想象得到隐藏在联共(布)内的反对派阵地的种种危险。我想补充一点,我们代表团听完季诺维也夫同志、托洛茨基同志、加米涅夫同志和武约维奇同志的发言后,更加坚信联共(布)是正确的,回到美国后我们要更加坚定地武装起来,避免我们党内有任何支持反对派的行动。我们就这个问题从每个支部听取的报告都表明,没有一个支部委员会赞成托洛茨基同志、季诺维也夫同志和其他反对派的。请你们相信我们,在听了反对派的讲话后,我们获得了与他们斗争的武器,我们将付出一切努力,让我们党成为这样的党,任何一个美国共产党员都不会支持季诺维也夫同志、托洛茨基同志及其他反对派所持的失败立场。

请允许我宣读我们的宣言:

"参加共产国际执行委员会第七次扩大全会的美国共产党代表团以全党的名义表示,完全拥护联共(布)第十五次代表会议决议。我们无条件地支持第十五次党的代表会议一致通过的联共(布)中央委员会的政治路线和列宁主义的领导,坚决与反对派的思想和政策作斗争。

我们党从一开始就与国际上的托洛茨基主义和美国托洛茨基主义——以洛尔为代表的影响较大的社会民主主义倾向作斗争。我们党认为,在得到新反对派领袖季诺维也夫同志和加米涅夫同志的支持、反对派纲领开始歪曲列宁主义并向托洛茨基主义投降的时候,我们必须继续与托洛茨基主义进行斗争。在六月全会、十月全会以及最近召开的十一月全会上,我们的中央委员会严厉谴责了新反对派和新反对派集团,因为我们坚信,反对派的政策是错误的,反对派不仅威胁着联共(布)的团结,从而威胁苏维埃共和国的无产阶级专政,而且还损害各国无产阶级的重大利益以及我们美国党的利益。

联共(布)这一光辉的榜样是鼓舞我们党和美国有阶级觉悟的工人奋勇斗争的主要源泉之一。美国共产党就是在俄国革命巨大成就的激励下成立。与其他资本主义正在走下坡路或者革命传统强大的国家不同的是,对于资本主义高度发达(缺乏其他革命因素)、帝国主义势力相当强大、工人贵族极其反动、工人阶级独立发表言论极少、工人阶级还没有群众性政党的美国来说,苏联的存在和顺利建成社会主义有着更为重要的作用,它是我们革命的动力。纠集在俄国反对派内的形形色色反对派分子不相信苏联能够依靠自己国家的革命力量建成社会主义,并且与联共(布)中央委员会的列宁主义领导进行着无原则的斗争。当然,把全部希望都寄托在西欧无产阶级直接的国家援助、仍预言农民与工人之间会不可避免地发生不可调和的残酷斗争的托洛茨基主义,自始至终都彻底否认无产阶级专政的基本前提。现在,只有不健全的悲观主义才无视苏联经济的社会主义成分不断增强这一事实。只有那些对无产阶级领导作用和共产党的革命作用丧失信心的人,倒向托洛茨基主义、反对列宁主义的人,才会宣传一国完全不可能建成社会主义的言论,才会否认依靠俄国内部自身力量在苏联建成社会主义的可能性。季诺维也夫同志之流所说的新经济政策是'最大的倒退',就是倒退,是与列宁主义的基本原则相悖的。把列宁所说的'彻底的社会主义类型的企业'的国有企业说成是国家资本主义企业也是社会民主主义的倾向。反对派所有关于'富农化'鼓噪宣传完全源自他们的机会主义观点,认为农民只有在资本主义条件下才能发展。当反对派集团认为,苏联的资本主义制度在增长,当反对派集团无视苏联经济体制中社会主义成分的不断增长,否认苏联具备建成完全社会主义的一切条件,当反对派集团预言,苏维埃国家已经蜕变并指责联共(布)不再是工人阶级的代表时,他们就与孟什维克的观点接近了。

　　美国共产党摒弃这种对革命事业的不信任态度。我们对第十五次党的代表会议全面战胜反对派而欢欣鼓舞,我们拥护与反对派集团进行思想上的斗争,并希望不要让反对派的支持者成为共产国际的领导。

　　美国共产党面临着巨大困难。工人贵族站到了资本家一边,更多的无产阶级被他们遇到的巨大困难所吓倒,不愿意进行斗争。我们强大的兄弟党——联共(布)的斗争以及他们在社会主义建设事业中所表现出的极大热情,对我们这样一个规模不是很大、没有革命传统、无产阶级进行大规模革命斗争的经验相当薄弱的党来说,是最大的和强有力的支持。悲观主义、怀疑主义、过高估计困难都是美国共产主义思想的主要敌人。懈怠和悲观情绪在我们自己的队伍里也时有出现。挖掉这个毒瘤是我们最主要的任务之一。在一个资本主义强大的帝国主义国家为社会主义事业进行斗争的美国共产党,以赞赏的目光看着伟大的联共(布)党,这个党创立了强大的工人共和国,在另一个社会主义强大的社会里建设社会主义。我们清楚地看到,不相信苏联能够建成完全的社会主义与不相信美国资本主义的最终失败是联系在一起的。美国共产党声明,将与俄国反对派进行不懈的斗争,我们认为,苏联社会主义的增长会极大地推动世界革命和革命力量的发展,而这将最终导致美国资本主义的破产。

反对派领袖在这次扩大全会上的活动只能是企图挑起新的派别斗争,决没有其他的解释。反对派领袖不但'解释了'他们自己的观点,而且还推出了与联共(布)和共产国际相对立的纲领。他们企图使俄国反对派具有国际性并为共产国际内公开或隐蔽的反对派分子创造思想基础。美国共产党坚决反对这些挑起新的派别斗争的种种企图,因为这只对共产国际的敌人有利。经历了长期艰苦的派别斗争、正在加强内部力量的美国共产党表示,完全同意布哈林同志的口号:'消灭共产国际内的派别活动'。美国共产党强烈希望,执行委员会扩大全会能够站在明确的立场上对待反对派在联共(布)和共产国际内挑起的国际派别斗争问题。"

菲亚拉(奥地利):

请允许我宣读声明:

"参加共产国际执行委员会第七次扩大全会的奥地利代表团认为,反对派在全会上的发言是企图把反对联共(布)的斗争扩大到各支部。

不管季诺维也夫同志、托洛茨基同志和加米涅夫同志的愿意如何,反对派的发言都是联合共产国际各支部所有反对派思潮的信号,是危害党的工作的新的派别斗争的开始。因此,必须坚决予以反击。

一些同志的纲领被第十五次党代表会议一致否决,他们毫无政治缘由地重新发起了讨论,把共产国际及其各支部硬拉进来。这些没完没了的讨论没有任何益处,只会使我们的敌人加紧利用工人阶级的失败,阻碍党的实际工作。

反对派同志企图掩盖自己友善发言的理由没有起作用。我们甚至可以假设,他们是出于最善良的愿望。但他们的发言客观上破坏联共(布)和共产国际的团结,妨碍各支部支持的共产主义工作,使无产阶级的敌人得到加强。

在有限的发言时间内,我不可能详尽地解释全部分歧,因此,我只谈全会上两个最重要的问题。

反对派集团的领导人徒劳地把事情说成是，好像大多数人认为，没有世界无产阶级的任何援助，一国完全能够取得社会主义的胜利。斯大林同志的报告从反面证明了这一点。他们这种做法以及毫无根据说共产国际是虚假的右倾的目的昭然若揭。他们试图通过这种战术把大家的注意力从苏联能够建设社会主义这个问题上转移开来。

反对派愚蠢地否认这种可能性并竭力把他们的悲观主义引入到被冠以苏联无产阶级专政和国际共产主义工人运动的一系列理论中。

这种理论的提出只能加深无产阶级队伍中的悲观、消极情绪。工人可能会产生这样的想法：假如我们无论如何都不能建成社会主义，那我们为什么还要作出牺牲，为什么还要帮助人家建设社会主义的工业呢？把这样的事情让资本家来做不是更明智吗？欧洲无产阶级目前面临的问题是：假如革命在苏联这样的国家都不能有什么结果的话，那我们进行革命斗争还图什么呢？可以作出这样的推理，否认苏联社会主义建设的可能性，不但在理论是站不住脚的，而且就像斯大林同志和布哈林同志所证明的那样，也是相当危险的。

否认苏联建设社会主义可能性的那些人，不由自主地滑向了社会民主主义阵营，从苏联建立的第一天起，这个阵营就企图通过反对派提出的那些论据证明，俄国革命是布尔什维克暂时的先锋队，在落后的俄国建设社会主义是不可能的。

季诺维也夫同志引用《工人报》① 中的话证明，奥地利社会民主党巴结俄国党，但季诺维也夫同志忘记引用社会民主党在报纸许多其他地方所强调的话，他们早就理解并预言苏联是不可能建设社会主义的。季诺维也夫同志忘记引用的内容是，反对派代表终于明白，社会民主党的批评是正确的，事实上他们只是在重复社会民主党以前说过的话而已。

反对派集团毫无根据地企图把自己的错误观点强加给联共（布）和共产国际，这实际上是蓄意破坏联共（布）和共产国际的团结。

包括联共（布）在内的任何一个政党，要在一个拥有1.3亿人口的国家实

---

① 《工人报》——奥地利社会民主党的中央机关报。——译者注

行无产阶级专政,并领导全世界的无产阶级,就不可能、也不应该允许自己的队伍存在阻碍党的工作和破坏无产阶级专政的派别或集团,更不能允许存在季诺维也夫和托洛茨基的无原则集团。

看了大量资料,听取了斯大林同志和反对派代表的报告后,奥地利代表团明确了自己的观点,这已经反映在我们向共产国际提交的奥地利共产党中央委员会的决议中。奥地利代表团认为,联共(布)中央委员会和第十五次代表会议的决议是完全必要的和正确的。奥地利代表团完全拥护联共(布)中央委员会,并准备为联共(布)党的团结和苏联社会主义的斗争提供一切必要的人力和物力支持。"

奥地利代表团：菲亚拉,科普勒尼希,齐格列尔,A. 莱因辛格

杜博夫（巴尔干议会）：

组成巴尔干共产党议会的南斯拉夫共产党、罗马尼亚共产党和保加利亚共产党表示,我们完全拥护联共(布)及其中央委员会,并在以下基本政治问题上带领我们党走上真正的列宁主义道路,与反对派的种种企图进行斗争：

（1）关于苏联建成社会主义可能性问题。

（2）关于国家工业彻底的社会主义的性质。

（3）关于新经济政策在当前过渡时期的必要性。

（4）关于苏联工业化的目标。

（5）关于保护对外贸易垄断。

（6）关于加大苏维埃机构的反腐力度、振兴苏维埃以及苏维埃工作中吸收大量非党群众工作。

（7）关于加强无产阶级与贫农和中农的联盟这个无产阶级专政的基础。

（8）关于通过禁止各类派别活动确保党的领导地位以及防止各类

人员成立政治组织。

社会主义国家工业的不断增长，苏联政治和经济的稳定，与增长和稳定相伴随的巨大困难的胜利斗争，参与苏联社会主义建设事业的广大群众的积极性的提高，群众的物质文化水平的不断提高，无产阶级和农民对联共（布）信任的增强，苏联在对外政策方面所取得的无可争辩的成就，等等，这些事实全面证明了联共（布）及其中央委员会所执行的列宁主义路线的正确性，证明党将继续克服前进道路上的重重障碍，领导国家走向社会主义。

各国共产党和巴尔干共产党议会无条件地拥护联共（布）中央委员会的全部决议，特别拥护联共（布）针对企图利用苏联的内外困难，在党内组织反党派别斗争的新反对派所采取一切有力措施。

新反对派通过组织派别活动、制造各种蛊惑宣传或者是乌托邦式的建议来破坏党的第十四次代表大会决议，他们不但歪曲列宁主义党的路线，低估了无产阶级的力量，而且还企图诋毁无产阶级与农民联盟的思想，在党内制造分裂，从而动摇无产阶级专政。

在季诺维也夫同志和加米涅夫这些现在的立场与他们十月革命期间所持的立场之间存在着内在联系。他们现在就像当时一样，对资产阶级的力量和无产阶级革命的信心不足。现在，他们也像当时那样，企图迷惑全党。但如果说在1917年或1918年，革命无产阶级的组织性还不够，没有领导农民的经验，手中的权力不够稳固，还不能最终消灭国内的反革命，他们丝毫不能懈怠，必须继续进行革命工作，不能有任何的恐惧和悲观失望，那么毫不奇怪，现在他们也是这样，只是要加倍地相信自己的力量，下更大的决心。

新反对派寡廉鲜耻地破坏党的团结，给党克服过渡时期的巨大困难制造障碍，联共（布）那些普通的同志对新反对派的无耻图谋给予了坚决的反击，巴尔干共产党对这些同志表示热烈的拥护。

新反对派与托洛茨基同志结成联盟后，完全站在了他的反列宁主义立场上。反对派集团在党内组成了派别后就企图组成新的党，其性质也不是列宁主义的。从国际的观点来看，反对派集团建立了一个中心，所有与联共（布）和共产国际敌对的、离开共产党的或者是被共产党开除的那些人都团结在这个中心周围。这个集团反对联共（布）团结的斗争在当时来说就是企图破坏党及其各支部的团结。它对联共（布）政策的攻击足以破坏国际无产阶级对无产阶级专政的信心，延缓社会民主派工人革命化的过程，并且在帝国主义分子准备坚决地向苏联进攻之际，削弱保护苏联的国际无产阶级的力量。反对派建议解散英俄委员会、退出国民党、开始大规模的讨论，在必须集中全部注意力克服我们建设社会主义道路上的障碍、清除威胁苏联的全部危险时，所有这些建议无疑是在削弱联共（布）和共产国际的立场，加强敌视苏联和共产国际的流派。

反对派的发言在巴尔干国家的资产阶级和改良派中间引起了新的进攻苏联的希望。这样一来，反对派使共产党人遭到的迫害更深了。在最残酷的白色恐怖条件下，巴尔干共产党不得不对巴尔干革命无产阶级敌人的打击予以还击。

尽管反对派没能在巴尔干共产党的队伍中唤起任何同情，但他们的发言还是在工人阶级队伍中引起了骚动，给那些与共产国际为敌的人打了气，从而延缓了建设过程和共产党布尔什维克化的进程。

巴尔干共产党更加欢欣鼓舞的是，反对派集团瓦解，他们的政治观点彻底破产。

他们拥护第十五次代表会议上表现出来的联共（布）坚如磐石般的团结，他们拥护代表会议在各项决议中所坚持的清晰的政治路线。

然而，危险尚未彻底消除。

时刻不能停止与各种反列宁主义倾向的斗争。在列宁主义和各种歪曲列宁主义的理论之间不可能有任何妥协。

反对派的队伍已张皇失措,已被打败,正在撤退,但要像对待其他政治势力一样,要彻底消灭它。

共产党和巴尔干共产党议会向联共(布)保证,在与反对派的斗争中,他们坚决站在联共(布)一边,并继续捍卫共产国际的团结和不可侵犯,捍卫共产国际的列宁主义立场。

(会议休会)

第二十四次会议

(1926 年 12 月 11 日)

主席：柯拉罗夫

讨论斯大林的报告（续）

主席柯拉罗夫：

现在会议开始。请斯图契卡同志发言。

斯图契卡（拉脱维亚）：

同志们！拉脱维亚、立陶宛和爱沙尼亚这三个波罗的海国家的共产党委托我就俄国问题发言。我们只打算问候一下，确切些说，预祝这场已经取得胜利了的针对反对派的内部斗争取得进一步的成就。但反对派代表在上一次全会上的发言表明，他们认为斗争并未结束，并准备在国际范围内继续进行斗争。在托洛茨基的发言中能感觉得到这种危险。既然如此，我们的党承诺：在反对这些派别倾向的斗争中做到我们应该做的一切。的确，我们的党还很薄弱，人数还不多，但这些联合起来的反对派要比我们的党员少得多。联共（布）的党内斗争对我们来说拥有更加重要的意义，因为我们这些规模不大的党当时加入了俄国共产党，我们脱离俄国共产党不是自愿的，是被迫的。然而与联共（布）的感情并没有减弱。我们的党与俄国共产党在反对专制制度和反对资产阶级的斗争中手挽手,这个同盟是用鲜血谱写历史的,这段历史是不会轻易忘掉。我们的党是有着严格的组织性和纪律性的共产党,不久前,我们的党还掌握着政权并且非常清楚,战斗队伍中甚至执政党队伍中缺乏团结意味着什么。这就是我们怀着极大的兴趣关注苏联所发生的一切的原因所在。当然,我们对这里的情况要比西欧各党看得更清楚些。列宁领导的联共(布)中央是我们的同志,我们了解这些久经考验的列宁主义者:他们在斗争中如何表现,现在就如何表现。

我不知道,季诺维也夫和托洛茨基这两个反对派的头号吹鼓手在共产国际就苏联社会主义建设问题所说的过火的话,是不是让人听了有些沮丧。我们党内的少数派社会民主党也很强大。我们这几个国家的情况大都如此。这些党非常善于斗争,在他们的队伍里不仅有考茨基分子和王德威尔德分子,还有奥托·鲍威尔和弗里茨·阿德勒分子。里加经常被冠以国际社会民主党"优秀"代表的桂冠。这些社会的叛徒在宣扬什么?他们的报刊在对苏联的宣传上唱着同一个调子:说苏联已经资产阶级化,苏联不能建成社会主义,苏联只能恢复资本主义,等等。这是在社会民主党的报刊上出现的最强烈的反苏论据。当听到前面提到的两个反对派的头号吹鼓手在这个问题上倾注了全部注意力,你会不由自主地去深入思考。他们是说给欧洲和西方听的,曾有一段时间,里加和科夫诺也把自己作为"欧洲沿海"列入欧洲。我暂且认为,反对派领袖在就这个问题发言时的过激言论是正常的,但我们的社会民主党在这个问题上却完全站到了他们的立场上。他们想削弱西方无产阶级对苏联能够建成社会主义的信心。当然,我们的工人阶级关心的不只是"苏联万岁"这一口号(这个边境站上的标语几乎成为攻击苏联政府的借口),他们还在看着苏联的社会主义建设如何开展,因为他们信仰共产主义,他们坚信,苏联能够建成社会主义。唯一能够阻碍苏联建成社会主义的就是不断取得胜利的武装干涉。如果到了武装干涉这个地步,当然,我们这几个国家的边境当然也会打仗，因此，我受三个国家的党的委托向共产国际表达我们的信任并请相信，我们将坚定地投入战斗。在此我们的口号是："统一的联共（布）万岁！打倒派别活动！统一的共产国际万岁！统一的世界革命万岁！为世界社会主义奠定基础的苏联社会主义建设万岁！"

贝克（加拿大）：

加拿大代表团以加拿大共产党的名义对联共（布）第十五次代表会议的各项决议表示无条件的赞同，就有关在第一个工农联盟共和国建成社会主义的问题上与代表会议保持一致意见。尽管讨论中涉及相当重大的原则性问题，但引起这场讨论的反对派联盟却在讨论中表现得相当没有原则。大致了解了一下组成这个联盟的成员，感觉他们结盟的基础不是在政治上或者在原则问题上拥有统一的立场，而是他们都想破坏联共（布）的团结和磐石般坚不可摧的苏联。

反动派为谁的利益服务，他们是在迎合世界帝国主义的嘴脸，只要看一下资本主义国家的报刊就一清二楚了。但这还不是最糟糕的。反对派联盟的虚假宣传在观望苏联这个社会主义灯塔的广大工人阶层引起了怀疑和动摇。

在当前资本主义相对稳定的局势下，反对派联盟提出了俄国工会退出英俄委员会的建议，英俄委员会曾帮助我们与成千上万的英国工人建立了直接的联系，使英国无产阶级有可能看到新世界里的俄国革命，尽管英国无产阶级中间仍有叛徒企图脱离总理事会，消灭总理事会，建立英国和苏联矿工委员会，但是退出这个在世界革命运动中发挥历史作用的委员会这个建议还是有些不合时宜。

当前，国民党正领导着中国千百万劳苦大众与资本主义和帝国主义进行着斗争，关于退出国民党的建议也可能是那些思维不正常或是轻率的冒险家提出的。反对派联盟针对苏联内部政策的建议（增加农民税赋、超级工业化，等等），以及他们在一些国际问题上不切实际的建议都相当明确地表明，他们对苏联建成社会主义的可能性是持怀疑态度的。季诺维也夫同志、托洛茨基同志以及反对派联盟认为，社会主义是不可能在苏联建成的。共产国际应该一致对这个错误观点加以驳斥。

季诺维也夫同志在阐述一国不可能建成社会主义时说，俄国社会主义革命完全走样了，并由此得出结论说，联共（布）也走样了。以前他在讲话时说过，就是西欧全部国家联合起来也未必能建成完全的社会主义。后来他又说，马克思和恩格斯从未否认这样的事实，即一国有可能建成社会主义。他在这段话的最后发出号召，要在苏联继续进行建成社会主义的工作。这简直是一派胡言。季诺维也夫说，社会主义可以在一国内想象，但绝不可能在一国内建成，甚至在西欧高度发达的国家也未必能建成。但是在当今资本主义呈现稳定前景和客观条件下，我们应当致力于在苏联建成社会主义。我们应当怎么办？在季诺维也夫同志和反对派联盟的观点来看，我们应当采取下列措施：增加农民税赋，相应降低农业的劳动生产率，降低年出口利润和农民的购买力，缩小或消灭工农剪刀差，让社会主义的积累成为不可能的事情。除了这种政策，还要施加一些残酷的国际手段，这只能导致我们与战斗着的西方无产阶级和东方的工人和农民分裂。这种政策是不切实际的，是令人绝望的。

季诺维也夫同志也曾试图与托洛茨基的"不断革命论"划清界限。但从他的讲话中，尤其是从他关于一国不可能建成社会主义的某些言论中可以看到，他认为只有在世界革命之后才有可能建成社会主义。如此看来，这个观点和托洛茨基同志的"不断革命论"没有逻辑上的差别，尽管季诺维也夫本人常常对托洛茨基的这个理论进行有力的驳斥。

季诺维也夫同志也曾试图在反对派联盟和社会民主党之间划清界限。他说，社会民主党从资本主义的稳定发展中捞到了好处，获得了信任,并由此得出结论说,革命是毫无意义的,注定要失败。正如季诺维也夫同志所断言的,反对派认为,资本主义是垂死的,我们应当把政权掌握在自己的手中并且在国际范围内帮助革命。

不过,只要看一下反对派联盟的组成人员就够了,从费舍—马斯洛夫到前俄国反对派残余分子,从苏瓦林到科尔施,再看一眼资产阶级尤其是大资本主义国家的资产阶级报刊就可以确认,中心的问题不是资本主义是否强大,或者资本主义是否已垂死。不是的,在反对派联盟、社会民主党和世界资本主义的报刊之间有一个统一的中心点,即苏联的社会主义是不可能建成的。不管反对派是否愿意,但这个事实是不容置疑的。

谈到一国不可能建成社会主义的问题,托洛茨基同志在讲话中谈到过一点,他说社会主义就是消灭国家。他完全忽略了这样一个事实,消灭国家应该是一个甚至在世界发生革命之后还要持续数十年的过程,在这个过程本身也将会有发展的不平衡。他还忽略了这样一个事实,即这个过程的完结意味着出现的将不是社会主义,而是共产主义。关于联共(布)内部政策问题,托洛茨基同志只字未说,但他明显是与季诺维也夫同志站在一起的,他完全赞同季诺维也夫同志的讲话。

联共(布)应该采取什么样的政策?什么样的列宁主义政策?季诺维也夫同志在这里引用了列宁的话。他现在引用的列宁的话与他作为列宁主义捍卫者与托洛茨基主义作斗争时所用的话是有区别的。这一点表现得相当突出。他现在引用了列宁的话,说现在的俄国是新经济政策式的俄国,我们应当尽一切可能用社会主义的俄国代替它。全部共产主义运动都遵循着这个原则。但如何做到这一点?显然,如果采纳反对派联盟的建议,这个目的是无法达到的,只有逐渐地和平行地发展工业的主要和次要部门,扩大社会主义积累,简化国家工业生产能力与农民需求之间的平衡关系以及通过合作社使工业和农业互相支持,才能达到这个目的,才能使农业和工业联结成统一、和谐的社会主义经济。这是一个宏伟的任务。然而，列宁在讲话和著作中简述的有关新经济政策和合作社的政策，以及列宁关于苏联共产党的政策是与这一任务相符的。

季诺维也夫同志强调了列宁的下面这段讲话：

"既然我们孤立无援，我们的任务就是在其他国家的革命到来之前，在其他部队到达之前把革命坚持下来，哪怕为革命保持一座不够坚固的规模不大的社会主义堡垒也好。"①

我们在此要指出季诺维也夫本人曾引用过的列宁的另一段话：

"社会主义现在已经不是一个遥远的未来，或者什么抽象图景，或者什么圣像的问题了……我们把社会主义拖进了日常生活，我们应当弄清这一点。这就是我们当前的任务，这就是我们当今时代的任务。"②

如何完成这个任务？反对派联盟想让我们先说服自己，说社会主义是不可能实现的，说争取社会主义的斗争是徒劳无益的，他们想让我们对国际局势作出错误的分析。

列宁的政策是共产国际起领导作用的党的政策。这个政策就是在占地球六分之一面积的国土上建成社会主义，就是坚信，无产阶级专政的创造性力量在全世界革命工人的大力支持下是能够取得胜利的。加拿大共产党对反对派联盟的建议毫无保留地加以驳斥，并与联共（布）紧密团结在一起，共同完成联共（布）宏伟的历史任务。

西罗拉（芬兰）：

我代表斯堪的纳维亚国家代表团就联共（布）内部讨论的问题

---

① 《列宁全集》中文第2版第43卷第232页。——编者注
② 《列宁全集》中文第2版第43卷第302页。——编者注

发言。

斯堪的纳维亚国家共产党联合代表团（由瑞典、挪威、丹麦和芬兰组成）一致声明，他们完全赞同联共（布）第十五次代表会议上通过的《关于反对派联盟和党内形势的提纲》。

代表团认为，联共（布）和联共（布）中央的布尔什维克多数执行的政策是完全正确的，这一政策是为了把苏联的社会主义胜利进行到底，直到在全世界取得最后胜利。

斯堪的纳维亚共产党代表团与参加此次执行委员会第七次扩大全会的其他共产党代表团是俄国反对派领袖最新讲话的见证者。我们认为，他们在扩大全会上的讲话是企图在共产国际内外重新挑起党的敌对分子起来斗争，企图为这些人搭建政治平台，并通过自己的讲话使联共（布）和共产国际内部的派别斗争变得更加激烈。从客观角度看，既然反对派能够获得影响的话，他们这种企图就不仅是为了破坏联共（布）的团结，而且还要摧毁无产阶级专政，从而给整个共产国际造成损害。季诺维也夫同志、托洛茨基同志和加米涅夫同志就是通过他们最近的讲话证明，他们已经偏离了列宁主义的坚实路线。

因此，我们不能不作一下提醒，这些同志完全破坏了他们要求共产国际其他成员应该履行的原则。1923年11月，由于加米涅夫同志的背叛，由于季诺维也夫同志的建议，由于托洛茨基同志的支持，这些同志就斯堪的纳维亚某个共产党中央委员会内的分歧作出了下列决定：

"无产阶级的根本利益要求党做到绝对的团结，有鉴于此，我们要提醒同志们，如果将来党的团结面临危险，或者采取使中央委员会分裂的手段，那么，所有在这方面犯错误的同志都要被开除出共产国际。"

我们认为，这个决定是正确的，为了纠正某些搞派别活动的反对派分子和不遵守纪律的同志的行为，这样做是有必要的。但我们也要求季诺维也夫同志、托洛茨基同志和加米涅夫同志不但要回忆一下他们曾亲自参与制定的、针对这些同志的重要决定，而且也希望他们能意识到，这些决定也是适用于他们自己。

我们坚信，我们是在表达所有斯堪的纳维亚共产党的观点，同时要指出的是，所有反对联共（布）团结的行为应该受到坚决的回击和全面的谴责。

鉴于本人有在资本主义国家政党中工作的经验，我想就这个问题再补充几点。我想向大家讲的第一个问题是共产主义，这是一个关于思想团结的问题。在我们同志们中间还存在着社会民主主义观点和传统，尤其是在那些还没有多少革命实践经验的同志中间更是如此。现在，由于资本主义出现稳定的状况，这些观点更是得到进一步强化。因此，必须强调指出的是，马克思列宁主义是完整的世界观，完备的政治体系，它不是僵化的，而是有生命力、辩证和具体的的体系，因此我们全部的宣传工作在思想上就应该是完整的和列宁式的。但在这里，我们却遇到了障碍——托洛茨基同志。其实，他过去对党也是有所隐瞒的，这对同志们来说也不是什么秘密了。当然，他加入布尔什维克党比我们某些人要早一些，那个时候，党的革命行动的统一是相当地重要。他入党时没有说什么，也没要求他说什么，而这恰恰是这种责任重大的政治家应该做的。的确，托洛茨基同志曾不止一次地、包括在最近一次讲话中承认，在某些问题上他是在与列宁唱反调，维护的是错误的方针。但他并不认为自己过去的全部政治表现是要受到严肃批评的。相反，在向我们下达的指示里就有一些文件，比如说《论战争和革命》和《十月革命的教训》的前言等文章，他试图为自己过去的反列宁主义观点进行辩解。所以我们要说，托洛茨基同志针对他本人过去表现所作的详细解释无疑是必须做的。由此可以说，列宁所进行的教育工作，他所确立的共产国际的思想上的统一彻底失败了。与此同时，也该结束全世界的敌人追随和投机利用托洛茨基名义的局面了。

可以说,他们利用了斯大林和布哈林的名义,还企图利用列宁的名义,加米涅夫同志也是这么做的。但是,这些投机分子很快就得交出阵地了。

比如说,美国有一份资产阶级报纸不久前就资产阶级和社会民主主义者希望"布尔什维克再生"发表文章说:"希望他们(布尔什维克)改变得越多,他们不肯改变的可能性就越大。"然而,利用托洛茨基名义的情况仍在年复一年地继续着,这说明,托洛茨基仍然没有改变他的立场。但只要托洛茨基同志不想在解释托洛茨基主义方面进行合作,这种情况就会持续下去,不能让托洛茨基一意孤行,必须让他对自己的观点作出解释,因为这种解释工作对在共产国际内部确立思想的统一是必须的。

现在再谈谈季诺维也夫同志。他作为共产国际主席的地位是至关重要的。当听说季诺维也夫同志转到反对派阵营后,在不赞成布尔什维克化的一些党员中间曾有过一阵狂喜和热望。他们期待着这方面有所放松,做出一些让步,并试图用俄国党内一团糟的状况来证明这一点。驳倒这一点并不难。只要指出俄国革命的重大问题就足够了。他们不得不承认,这些问题确实非常重要,必须在俄国党内进行广泛讨论,才能正确解决这些问题。这和部队的统帅们共同讨论战略战术计划是一样的,区别嘛,就是我们大多数计划都是公开进行讨论的。因为,我们是无产阶级政党,每个党员都应该清楚和明白,什么是党的路线,党是如何制定的这个路线。当我们宣布斗争计划已经制定的时候,每一个诚实的工人都会把这理解成,大家应该团结一心完成任务。还有一点是清楚的,就是接受了其他计划的同志应该指导任务的完成。负责其他任务的同志也应该以协助这些任务的完成为荣。我的经验告诉我,只有这样做才能不费力气地向革命的无产阶级证明,讨论中充分实行布尔什维克式的自由与完成指定的任务是统一的。

假如事态能正常发展的话，这也可以用来解释俄国党内的讨论。我们这些年轻的党员又会重新接受附加理论阐释的精彩的列宁主义课程。我们在这里听到了一些马克思和列宁的精彩引言，我们相信，他们的语录也可能被随意引用。假如某些著名的列宁主义者在各种反对列宁的倾向中不犯错误的话，引用他们的话也没什么不好，当然，他们引用错的话会引起一时的混乱。

但近来联共（布）讨论的教训绝不只是混乱了。近来发生的事情让人很难说清楚。这里说的是纪律。列宁同志早就清楚而明确地提出过这个问题，但我们党遵守纪律却是件非常难的事情。各种个人主义的、小资产阶级的和社会民主主义的习惯在我们党内深深地扎下了根，以至于尽管有些同志"原则上"服从列宁的严格要求，但在所有国家都能找到相当数量的党员，他们把共产党看做是来去自由的集散地，他们根本不清楚，入了党其实就意味着永远要跟党走。我认为，我们中的多数同志都面临着这个严肃的问题，我们特别感谢那些郑重地向我们提出这一问题的老同志，季诺维也夫同志也曾提出过这个问题。有时这也赋予我们力量去要求那些摇摆不定的同志无条件地遵守纪律。

但这次的事情是怎样的呢？季诺维也夫同志，共产国际执行委员会的主席，却严重破坏了纪律。他破坏了列宁主义的基本原则。我认为，我们应当把这个错误看做是联共（布）和共产国际领导的错误，因为他们没有立即采取措施，撤销季诺维也夫主席的职务。这给党的队伍造成了一定的混乱。是的，同志们，很难跟党员讲清楚，一个列宁主义的老党员，怎么能犯这样的错误。当然，布尔什维克总是善于辨清方向并找到答案，不管是外交辞令式的，还是抽象空洞的答案，我们也向同志们作了解释，就像布哈林同志在一些文章中所说的，如果负责任的领导确信，党的领导人，甚至全党都走错了路，那他就有权利、有责任向党员解释自己的观点，他就应该立刻离开领导岗位，也让大家知道，他不想承担责任。但同时，他也没有权利从事派别活动。如果他这样做，就意味着他打算在这条路上走到底，直到成立一个新的党。但不能像反对派同志那样耍外交手腕，他们既不坚持以前的立场，又没有布尔什维克的勇气放弃这种立场。他们在一些问题上停在半路，在另一些问题上又缄默不语，模棱两可。他们像这里的某些权威同志那样，极尽掩饰之能事，继续从事派别活动。

反对派的同志们，我们谴责你们，是因为你们破坏了纪律，因为你们没有原则。由于你们的所作所为，共产国际必须对你们进行谴责。你们本应该给我们年轻的共产党员上布尔什维克化方面的教育，现在却成了反面教材。你们给我们敲响了警钟。同志们，这会给共产主义事业带来损失。假如共产党内出现错误或危机，假如不能尽快杜绝这些错误和危机，我们的敌人就会得到喘息的机会。世界上的共产党当然会战胜危机并且在这个过程中变得更加坚强。一位普通同志对我说："这件事告诉我们，我们的运动不取决于某个个人，最高级别的同志也应该像普遍同志一样遵守纪律。"我们是真正的无产阶级政党。是的，党对纪律的正确理解越迅速，我们应对这种意外情况的保障就越强大。

还有一种说法：认为一些离开或者是被开除出共产国际的政治家现在企图利用这件事情蛊惑人心。他们说什么，现在弄清楚共产国际是什么样的了，领导共产国际的是一些不负责任的人，等等。对这种说法我们应该给予回应，这不是事实，季诺维也夫同志在共产国际执行的不是他自己的政策，是共产国际的政策和党的政策。不论他犯了什么错误——他离开共产国际不意味着共产国际的方针和政策会有重大改变。共产国际过去和现在都是无产阶级的革命政党。共产国际会像以往那样排除异己分子。

共产国际无论在政治上还是组织上都会变得更加巩固。（鼓掌）

主席：请李可夫同志发言。

李可夫（苏联）：

同志们，我没有时间像加米涅夫同志和季诺维也夫同志那样，把自己的发言写成稿子，甚至也没有时间选择必要的材料向大家介绍共产国际全会上的发言。反对派同志在这方面的优势相当明显。（笑声）由于发言准备不太充分，所以我要提前向大家请求原谅。

共产国际全会召开前不久，季诺维也夫同志与联共（布）代表团成员谈过话，说鉴于他作为组织者之一和共产国际前主席的身份，有必要在这次全会上做"告别"讲话。政治局和我们代表团都认为讲话是不合理的，不过季诺维也夫同志还是在这里讲了话。他讲话后，托洛茨基同志讲话，他对自己必须讲话作了这样一番解释，说"讨论的问题像绕圈子一样，围着所谓的托洛茨基主义绕圈子"。托洛茨基讲完后加米涅夫发言。加米涅夫不是共产国际的组织者，也不是共产国际主席，众所周知，围着他没什么圈子可绕的。（鼓掌）不过，加米涅夫同志也认为，他必须在这个国际无产阶级的讲台上发言，而且，有人跟我说，他还提前看了加米涅夫、托洛茨基和季诺维也夫共同签名的那份讲话稿。这意味着，我们在这里听到的是统一派别的讲话。（有人喊道："正确。"）这意味着，反对派在10月16日那份文件中有关解散派别的承诺根本没有兑现。（有人喊道："完全正确。"）这意味着，季诺维也夫、托洛茨基和加米涅夫结成的反对派在共产国际的讲台上公然破坏他们在公开文件里的承诺。我认为，如果联共（布）代表团以及整个苏联共产党能够从联共（布）内部今后针对反对派的政策这个角度看待这件事，共产国际全会认为这种做法是正确的。

加米涅夫同志在发言中说：

"我们过去、现在和将来都不会去对历史上的托洛茨基主义与列宁主义的分歧做解释,比如说,'不断革命论'以及有关农民问题的提法等。"

为了向大家说明不久前加米涅夫同志对托洛茨基主义的态度,我引用一下加米涅夫同志的话,不过我要事先作一声明,我引用这些讲话,绝不是因为我把自己归于主张自己的事情少说为妙的"亚历山大派"。(笑声)我认为,在这种情况下,这是说明加米涅夫同志及其追随者对托洛茨基主义态度变化的最好的和最直观的例证。

在加米涅夫同志《党和托洛茨基主义》一文中,我们能够看到这样的话:"托洛茨基同志成了小资产阶级幻想在我们党内表现自己的渠道……"。

你们以为,这是在很久以前、在"历史上的托洛茨基主义"时期说的吗?这是1924年年底说的。

第二段引文:

"在与党的斗争中,他(托洛茨基)已经成为国内一切反党势力的象征。"

在1924年也是这么说的。

接着还说道:

"我们每个有觉悟的党员都应该清楚,**有托洛茨基主义,也有列宁主义**,对我们大多数布尔什维克和正在走向胜利的国际无产阶级来说,列宁主义已经足够了,我们既不需要**用托洛茨基主义来替代**,也不需要**用托洛茨基主义来'纠正'**。"①

---

① 该引语及下面引语的黑体是我加的,事先专门提到的地方除外。——阿·李可夫

为了更充分地说明问题，我引用一下季诺维也夫同志1924年的讲话：

"变质的核桃即便镀上一层金也不会变好。**作为孟什维克变种的战前托洛茨基主义**也没有因为有人试图给它镀上'列宁主义'这层金而变好。"

季诺维也夫同志在引用时还极尽挖苦、讥讽之能事，把"列宁主义"这个词加上了引号。

他接着说：

"只有他（即托洛茨基）才会成为**党内一切非布尔什维克的表达者**。只有他才会要求党向党内一切非布尔什维克（这个词的真正含义）看齐……

托洛茨基同志本想进这个门，却进了另一个门。他想反对老布尔什维克的极端宗派主义，想与他所认为的'小圈子'作斗争，其实他却是在反对布尔什维主义。事实上，他不自觉地成了阶级敌人不可替代的奴仆。"

加米涅夫同志今天讲话时说，"他们"没有放弃以前对托洛茨基主义的批判立场，但是他们没有对"**历史上的**"托洛茨基主义作充分解释就使用了这个概念。

这些年，加米涅夫同志和季诺维也夫同志一直鼓动我们国家乃至世界上数百万无产阶级起来反对托洛茨基的政治纲领；当我们反对把托洛茨基同志开除出政治局、反对撤销托洛茨基同志领导职务时，在这个讲台上分别讲了一个多小时的加米涅夫同志和季诺维也夫同志却没有向共产国际说明，他们1924年给托洛茨基主义所总结的特点和你们大家根据我前面引用的他们所讲的话概括出的特点，是否属于历史托洛茨基主义这个概念。

荒唐、不可思议、匪夷所思，但这是事实：一年半到两年前说托洛茨基主义是"变质的核桃"、"**孟什维克的变种**"、**党内一切非布尔什维克的表达者**的这些人,却打着"历史"这个幌子,成了狂热的托洛茨基和托洛茨基主义的捍卫者。

反对派企图在这个讲台上把自己装扮成有着明确、坚定、持续性纲领和明确目标的政治家,没有比这再可笑的事情了。

在包括托洛茨基主义的所有政治问题上,季诺维也夫和加米涅夫过去有、现在有、将来还会有摇摆不定的态度。他们是这样一伙人,在近一两年甚至几个月之内,他们就会改变对无产阶级革命最重大和最根本问题的态度,他们是这样一伙人,他们今天说的话和昨天说的话完全是截然相反的。

记得季诺维也夫同志曾主张"面向农村",在各个苏维埃组织的无党派农民派别,把这些派别自下而上地联系起来,向这个无党派的农民政治组织发放报纸,这到现在还不到两年的时间。

季诺维也夫同志的这个姿态没有持续多久。刚有风吹草动,他就从农民那里脱身,并彻底改变了对自己计划的态度。目前他根本没有向前推动这项计划。

再看看加米涅夫同志。他在莫斯科省苏维埃代表大会(1925年4月)上说:

"只有发达的、富裕的和有钱的农民才能成为健康的产品消费者,有了产品我们的工厂的才能支撑下去。因此,我们必须创造这方面的有利条件。(黑体为加工同志所加。——阿·李可夫)"

请注意:"农民……富裕的、有钱的"。加米涅夫今天在这个礼堂里的讲话中谈到我们党内右倾时就用了布哈林说过的"发财吧"这个说法。布哈林同志有足够的勇气公开承认,他这个说法不对,可能不正确,在我们实际执行政策的过程中会出现偏差。我要问一下大家:这个在讲话中要我们党使农民富裕、发财的加米涅夫同志,在哪个地方、什么时候反驳过这个说法?

在对这些话进行评价时必须考虑到,加米涅夫同志当前针对农民经济发展道路和农民中资产阶级——富农阶层增长这种情况是什么样的思想状态。

半年前,加米涅夫同志在全苏代表大会上说,就国家措施而言,我们将全力扩大对农业的财政支持力度。现在,反对派却提出了迅速从农业转向工业的计划。

向工业投资,不管是投 10 亿,还是 11 亿,这个问题是可以讨论的,但很明显,与大量基础工作相关的国家工业化进程意味着要加大对工业和交通的投入。

我再重复一遍,同志们,这些人对这个问题在一年到一年半的时间内,而不是在一两次讲话中讲的都是矛盾的观点,这样的问题在我们党的政策中是很难遇到的。

为了让共产国际执行委员会主席团全体成员都弄清楚,新反对派领袖为什么轻易就投降了,为什么丧失了他们全部的政治权威,为什么悄无声息地、"灰溜溜地"下了台,我必须再指出这些政客们一个极其鲜明的政治特征。在党的第十四次代表会议决议中还有这样一段话:

"由此(即由于遭到资本主义国家的包围,国家的社会主义建设遇到困难)根本不能得出这样的结论,在俄国这样落后的国家里,如果没有技术和经济较发达的'国家的帮助'(托洛茨基),就不能建成完全的社会主义社会。"

季诺维也夫同志和加米涅夫同志都同意这段话的表述。

接着,在这个决议里还说:

"托洛茨基不断革命论的组成部分就是,'**只有无产阶级在欧洲最重要的国**

家**取得胜利后**，俄国社会主义经济才会有长足发展（托洛茨基，1922年）'，这一论断从宿命论的观点认为，苏联无产阶级在当前阶段注定是消极的。（决议中加了着重号）。"

我们在决议的最后看到：

"托洛茨基同志对英美接近所作出的夸大的和不正确的评价，无疑使他必须从根本上重新审视列宁的帝国主义论（超级帝国主义问题）。"

季诺维也夫同志、加米涅夫同志及其在我们党第十四次代表会议上的志同道合者们自始至终参与了目前通过的这个决议的制定工作。现在的反对派们都赞同这个决议。（座位上有人喊道："季诺维也夫就是根据这个决议做的报告。"）是的，这个决议就是根据季诺维也夫同志的报告和建议通过的。我们党的第十四次会议是1925年4月召开的，就在一年半以前。所以，我们党的下层广泛存在着这样一种意见，认为当前联合起来的大多数反对派，尤其是以季诺维也夫同志和加米涅夫同志为表达者的那部分反对派，已经失去了某种思想高度，你们大家对此就不该感到奇怪了。这些人在短时间内对同一个问题给出几种答案，经验表明，无论是在原则性的理论问题上，还是在过去的实践和政策上，这些人的观点都是不可信的。

除了撒谎、在重大的实践纲领上搞机会主义外，这也是反对派在我们党的代表大会上以及企图到党员群众中展开全面讨论惨遭失败的原因所在。

因此，我认为，已经很清楚的是，我们党再也找不到一个工人组织，能够把党的领导权交给一些在短时间内改变自己对我国革命根本问题看法的活动家。

共产国际全会成员们也不应当对广大党员群众和全党对新反对派领

袖的这种态度感到惊讶。每个党都是有尊严感的。

千百万在联共（布）内组织起来的工人和经历过革命斗争严格考验的工人也是有这种尊严感的。这些工人不能允许自己被人牵着鼻子走，或者今天说东，明天说西。

加米涅夫开始讲话时提出了"我们党内是否存在右倾"这样一个问题。他在指出农民在国家经济中起主导作用、世界革命速度放缓以及新经济政策实施后的整个局面对党造成的压力是我们党"右倾"根源之后，又继续说：

"我不再一一列举导致党内出现机会主义倾向的其他原因了。这些已经足够了。当然，这些对我们党各方面的影响以及党内经常出现的右倾完全不意味着，我们党内出现了'热月政变'，也就是权力从无产阶级手里转到了某个其他阶级的手里，也不意味着，党滑离了阶级政策的轨道，也不意味着乌斯特里亚洛夫这样的资产阶级民主倾向的新资产阶级思想家实现了他们的愿望。必须对此类言论和说法给予全面驳斥。我们之间没有任何共同之处。谁坚持这种言论，谁就是坚决站在反党及其反对党的全部任务的立场上。"

听到加米涅夫同志讲的这些话，我认为，以他为代表的反对派终于向党靠近了一步。这种说法似乎意味着要拒绝许多的东西。因为不是别人，正是托洛茨基把我们国家称为非无产阶级国家。不是别人，正是加米涅夫同志叫喊，苏维埃体制的下层"充满"了资产阶级的富农分子。不是别人，正是反对派领袖大张旗鼓地指责党脱离了无产阶级的阶级路线。反对派阵营还鼓噪说，我们党的"上层"和领导机关完全变了样儿。所有这些言论都表明，阶级的转换已经实现，或者说是正在实现。这种情况更加剧了党内正在进行的这场斗争。我宣读的加米涅夫同志的这段话，显然应该意味着拒绝大部分闻所未闻的针对我们党及其领导机关的种种奇怪指责。不过，要得出这种结论，就要剔除加米涅夫同志讲话的所有其他部分，因为这段讲话是要推翻讲话开始提出的那个论断的。反对派同志的一个最典型特征就是，他们"善于"在一段讲话中说"同意"和"反对"，一开始提出一个观点，后来又提出相反的观点。加米涅夫同志的讲话就是这方面的典型例证。

首先我要说的是，中央委员会的每个成员过去和现在都非常清楚地意识到，党内左倾的危险过去存在、现在存在并且还将长期存在。加米涅夫同志在讲话中说，在党的第十四次代表大会上曾有过这样的指示，说"思想斗争要向右开火"。我要说的是，多数支持者从未有过这样的指示。反对派的同志们指责党中央"向右开火"的原因，就是我们针对"军事共产主义政策"在农村的残余和指导农民的相应办法所采取的政策。军事共产主义的成分退出城市后，还将在农村长期存在。不是别人，正是加米涅夫同志当时曾不止一次地在讲话中强调这些残余存在的危险，认为必须尽快消灭这些残余。如果不消灭农村军事共产主义的残余，我们就不能在农村确立革命的法律，正确地进行合作化和地方苏维埃工作。

我们不止一次地试图确认，反对派为克服在他们看来党和国家存在的右倾危险，到底打算做什么。加米涅夫同志今天讲话时说，确保我国社会主义成分与资本主义成分有效斗争的主要原则就是相应加快工业化的速度。

在党的上一次代表大会之前，经济政策的命运在很大程度上取决于联合反对派代表的领导人——加米涅夫、索科里尼柯夫、斯米尔加（有人喊道："皮达可夫！"）和皮达可夫，反对派及其领导人要对近期这一领域的全部后果负责。我不止一次说过，我们要为自己在经济领导方面所犯的错误负责任。现在我要说明的是，对我们所犯的主要错误——让这些同志长期留在领导岗位上——也要负责任。中央的错误就是对反对派过于宽容，只是在其领导人的错误导致了深刻的经济危机这样的危险时刻才免去他们的领导职务。

我要明确的一点是，在党的第十四次代表大会之后，在免去反对派领袖职务后，**我们才顺利地克服了反对派给我们造成的困难，我们找到了更多实现国家工业化的途径，重新审查了我们的税收立法并实行了一系列其他措施**。

加米涅夫同志在这里说，反对派从未执行过提高价格的政策。这种说法是不正确的。众所周知，提高价格的建议是皮达可夫和普列奥布拉任斯基提出的，这一建议在反对派广泛散发的有迈伊兹林正式签名的反对派纲领中进行过详细的阐述，在纲领中提出可以通过提高工业品出厂价格有可能获得10亿卢布用于发展国家的工业化。

党内讨论已持续了相当长的时间，它既是一种思想斗争的形式，又是思想的内容。反对派在最初成立的党的支部以及党的省代表会议和代表大会上阐述自己的纲领，逐渐形成了一个反动的组织。

现在，当反对派在联共（布）各级组织遭到惨重失败后，它又把讨论转移到了共产国际全会上来。反对派研究了在我们党的最高机关以及党的代表大会上争论的问题后，多次试图扩大讨论的规模，这给党和苏维埃的工作造成了极大的困难。

从思想内容的角度说，讨论经过了各种阶段。一开始争论的题目是农村以非资本主义方式发展的可能性问题以及合作化在社会主义建设中的意义，后来又对苏联国家工业的社会性质展开了讨论，争论的焦点集中在，新经济政策是否像反对派所说的，仅仅是退却，或者是当前经济发展和社会主义建设时所赖以推进的一种城乡关系的表现形式。讨论最激烈的问题是一国能否建成社会主义的问题。

正如我所说的，反对派领袖习惯于对同一个问题给出截然相反的答案。然而，从讨论的各个阶段来看，反对派所走的道路很明显是始终朝右即托洛茨基主义方向发展的。托洛茨基主义始终是我们党内反对派的核心，现在它把季诺维也夫、加米涅夫之流联合到自己的周围，这些人没有稳定的政治思想，在对我们国家最重要的实践问题上摇摆不定、纠缠不清，最终走向了托洛茨基主义。

加米涅夫同志在讲话中"愤怒地"指责悲观失望情绪。在上一次党的代表会议上我还专门谈了我报告中的一个部门，就是为了说明，反对派的意识形态就是悲观失望，同时还表达了两层意思，一是如果害怕社会主义建设的道路上这样或那样的困难，失败就可能天天遇到；二是如果实现反对派的纲领就会不可避免地使革命遭到失败，因为这个纲领的基础是扩大税赋、提高价格，这与农民息息相关，这必然会导致工农联盟的破裂。

与反对派的主要战役是今年秋天在党的基层组织展开的。反对派之所以把发言安排到这个时候是因为他们坚信，我们苏维埃秋天会遭遇经济危机。他们所预言的危机必然会引起工人、农民和老百姓不满情绪，他们如此安排就是利用人们的这种情绪，才把他们胜算的企图放在这个时候。托洛茨基同志在中央委员会四月全会上声称，1926年我国工业将会在没有任何商品储备的情况会迎来好年景，这意味着，去年的困难将以更大的规模出现。加米涅夫同志也学着托洛茨基同志的腔调，确认了好年景的"危险性"。托洛茨基同志把他这一思想很好地表达了出来，他说："假如我国农民的购买力小一些就好了。"托洛茨基主义（现在是伙同季诺维也夫和加米涅夫的托洛茨基主义）年复一年地预言，我国将出现经济危机，他们害怕作为一切建设（包括社会主义建设）基础的物质财富的积累。这种观点使得这些同志害怕好年景，他们把农民购买力降低看做是件好事。

这种基于失败主义的观点是胜利了的无产阶级对待农民即资本主义宗主国对待殖民地的一种表现。

"反对派的'实践'纲领,按照季诺维也夫同志在一次支部讲话时权威的说法是,'靠官僚主义减少5亿支出,再从富农和耐普曼那里盘剥,我们又能收到5亿。我们拿到10亿,把它用于工业和发工资。瞧,一两句话就描绘了我们的经济纲领'。"

对于任何一个了解我们联盟经济状况及税收政策的人来说,这个"纲领"显然是毫无意义的,只要反对派在我们党的各级基层组织中提出来,就会遭到普通党员的批判和驳斥。

在联共(布)第十五次代表会议上我引用了向富裕的农民阶层征税的材料,征税已达到一定规模,扩大征税尤其需要小心谨慎,因为这会使农业发展出现萧条。

由于我很了解反对派对我国税收政策的戒备态度,我在党的中央委员会全会上已经就统一农业税问题做了一个报告,当时加米涅夫、季诺维也夫、托洛茨基、索柯里尼柯夫、皮达可夫及其他人都在场。这项法律是在反对派参加的情况下得到通过和确认的,当时他们根本没有提出向中等和富裕农民增加税收的具体修改意见。此后,反对派很快鼓动说,我国的税收政策是剥削富农的政策。事实上这是不正确的,这是其一;其二,反对派总体上说是支持这项法律的,不过他们指责我们说,这项法律应在一年或两年前制定。在这个细节上我们就能看出反对派的两面派嘴脸。

本次全会上讨论主要集中在一国可能建成社会主义的问题。这当然不是偶然的。这不仅仅是因为,在我们国家建设社会主义的问题,尤其是在当今无产阶级国际斗争的条件下,有着尤为重要的实践意义,而且还因为,就其他方面而言,反对派的纲领已经名誉扫地,无论如何都很难对它作出认真的解释。尽管在苏联建设社会主义的问题熟稔于心,但我还要对这个问题加以解释。反对派借这个问题指责党的中央委员会是国家改良主义，说我们忽视了国际义务。应该特别坚决地声明，在这里仅在口头上指责是不够的！我们应要求反对派提出哪怕是一个事实，能够证明我们党没有对国际无产阶级履行自己的义务。一个这样的事实也不可能提出来！

他们指责说，我们苏联社会主义建设的策略在某种程度上是由于我们对世界社会主义革命不信任，对这种无端的粗暴指责，我要坚决予以反驳。我国十月革命本身和苏联国家存在十年之所以成为可能，就是因为我们度过了资本主义社会崩溃的阶段。

事实上应该指出的是，这个问题本身已经被极度混淆了。我认为，把它提到一国建成社会主义，却不提到底是在什么样的国家建成这个抽象的层面是不正确的。当然，假如美国发生无产阶级革命，就有足够的条件建成社会主义社会。毫无疑问，能够找到一些不具备社会政治和经济条件的国家。就不要说那些波斯及东方一些落后的国家了，这些国家由于工业发展缓慢，暂时还不可能出现无产阶级革命，但那些没有足够的物质资源（如煤、铁、燃料、粮食）的国家，也不可能在帝国主义包围的条件下组织社会主义社会。我认为，"完全"社会主义概念本身是有条件的。资本主义在其发展过程中经历了一系列发展阶段和变化。社会主义社会发展无疑也将拥有其丰富的历史。绝对准确地说，我们将在哪里拥有完全的社会主义，就在哪里结束"不完全"的社会主义，我认为完全是不可能的，在这个问题上争来争去也是徒劳无益的。

加米涅夫同志说，在我们正在建设社会主义和我们将建成社会主义这个问题上，我们之间是没有分歧的。这就是说，在世界资本主义处于腐朽和崩溃的时代，我们国家有足够的力量建设社会主义。我们来做个假设，是加米涅夫、季诺维也夫、托洛茨基建设社会主义，而不是斯大林、李可夫、布哈林，前者建成了30%—40%的社会主义。我要问的是，为什么足以建成30%—40%的社会主义的力量，却不足以建设剩下的10%—20%呢？如果他们能够建成50%—60%的话，那为什么他们不能依靠这些力量和社会主义建设的成就继续往前走呢？谁都不能解释清楚这个问题。相当清楚的是，社会主义就意味着消灭阶级。建设社会主义就在于，用进步的社会主义经济形式排挤私人资本主义形式。假如说，加米涅夫在几年的时间内用社会主义经济形式代替了20%的其他私人经济。假如他有足够的力量在第一阶段战胜私人资本，取得20%或30%的胜利，那么谁会禁止他继续往前走呢？除了他的派别预言，（笑声，掌声）还有什么力量能阻止加米涅夫在社会主义建设中进一步取得成功呢？

加米涅夫同志提起了斯大林同志在我们党第十五次代表会议上的讲话，斯大林同志谈到恩格斯提出的对社会进行社会主义改造所必须的条件的性质时说，我们国家的社会主义改造已经实现十分之九。在恩格斯的小册子里谈到了向社会主义建设的过渡，谈到社会主义组织的初级阶段。斯大林同志的这个论断是否意味着，我们国家已经完全具备了社会主义的生产技术基础了呢？当然还没有：我们仅仅是为奠定这种基础有了实质性的进展。

但是恩格斯是怎么说的呢？他说的是逐渐把铁路和工厂等等建设起来，逐步通过部分赎买或部分从私人手里赎买的方式来获得这些基础设施。我们这些事情不是逐渐地做起来的，也没有通过赎买的方式，无疑也就不少于十分之九了。但迄今为止，我们国家还没有足够发达的大工业。

托洛茨基同志说，随着恢复期的结束，我们对西欧大资本的依赖程度会越来越大。果真如此吗？应该承认，这种依赖性是存在的。但不能把这种依赖性说成是，西欧资本是向我们行善事，或者出于对十月革命、对共产党、对党的中央委员会的同情才来买我们的粮食，卖给我们机器的。他们这样做，就是因为这对他们有利。假如我们这样做，那也是因为这对我们有好处。当然，除了商品关系之外，我们与西欧可以有两种关系：一是直接的军事冲突（武装干涉），二是完全抵制，这不能不成为武装冲突的前夜，或某种直接军事行动的替代品。

这样一来，就出现了交换。谁会赢的更多呢？如果托洛茨基同志以为，世界资本主义会从中赢的更多，那么他就应该给出完全不同的定义。这是其一。其二，随着我国逐步工业化和社会主义建设道路，它对外来资本的依赖性会越来越小。在无产阶级专政和计划经济条件下，我们国家的发展速度将会超过西欧国家的发展速度。资本主义世界也都知道发展速度落后的国家赶上其他资本主义国家的例子。德国曾是落后的国家——赶上来了；美国曾经落后——赶上了其他国家；殖民地曾经落后——现在比他们的宗主国发展得还要快。这会使他们（即殖民地）更加依附于资本主义世界的其他部分吗？未必！在我国计划经济和外贸垄断的条件下，对国外技术的依赖性在最近发展阶段将会大大降低。如果资本主义在外贸总额上赚的更多，如果我们通过与国外做贸易而促进了资本主义的稳定，那么就必须全面地重新审视我国的对外经济关系。

最后，我想谈谈加米涅夫同志讲话里谈到的一个问题。加米涅夫同志认为，党及其中央委员会似乎走上了"国家改良主义"的道路，他在讲话结束时说，"我们大多数人只要出于善良的愿望，都能够在实际工作中找到统一的方针。"这是什么意思？一个意思是：或者是国家改良主义，那么加米涅夫同志就应该坚决与之做斗争；或者是实际工作中的统一方针，那么，指责说我们是国家改良主义应该仅仅是掩盖全体反对派在政治上的贫乏。假如中央的确是站在"国家改良主义"的立场上，那么，每个诚实的革命者都应该起来反对这样的中央，而不是与之妥协。假如不是这样，那么，加米涅夫同志的全部讲话就是讹诈。（鼓掌）因为，在这种情况下，"统一的方针"这一建议的出发点是，把共产党及其中央机关看做是各派别集团或组织的联盟，在这个基础上的讲话我们曾予以坚决的驳斥，并且还会给予坚决的批驳。**我们都是统一的共产党的战士，我们绝不能绕过党的代表大会和代表会议，背着党去签订什么协议，隐藏和抹杀主要的原则性分歧。**

加米涅夫同志讲话时抱怨我们联盟针对反对派引用了柏拉图这位哲学家的话。（笑声）柏拉图的确说过有关拥有桂冠和荣誉的有才干的国务活动家。加米涅夫同志自认为是有才干的国务活动家，而且一是不反对戴上桂冠，二是不反对获得荣誉。（笑声）我不知道，加米涅夫同志何曾有过这样的桂冠，但应该指出的是，加米涅夫同志"柏拉图式"的讲话风格掩盖了说明反对派真实处境的非柏拉图式的怨言。对他本人来说，这种处境是全新的。我应该说，不久前，加米涅夫同志和季诺维也夫同志（有人喊道："柏拉图同志。"）作为勤奋的柏拉图"智慧建议"扮演者的时期结束了。季诺维也夫同志在引用这个"柏拉图式的"策略时就遭到失败，比如说，我们反对他把托洛茨基开除出政治局，还有，季诺维也夫同志想在托洛茨基还没有"完成"季诺维也夫同志和加米涅夫同志在反对党及其团结的斗争中的百分之一时，季诺维也夫同志就想使用这些"柏拉图式"的方法。今天出席会议的一些人也许还记得那个时候，当时季诺维也夫同志担任列宁格勒执行委员会主席这个柏拉图式哲学家的角色，他对行政组织"结论"方式的运用比任何时候都多。我认为，今天出席大会的共产国际的成员都会记得，季诺维也夫同志还企图在共产国际各小组里更广泛地运用这些"柏拉图主义"的方法。（鼓掌）季诺维也夫同志和加米涅夫和反对派打交道时比他们的表现更有组织纪律性。我们还记得，在我党的历史上有这样的事情，比如说，季诺维也夫同志去找他的父亲。（笑声）也许，不是所有出席会议的人都知道这件事。我得告诉大家，这件事（有人在座位上喊道："说得对，阿列克谢·伊万诺维奇。"）确实发生过，当时加米涅夫同志去参加政治局会议，安排对10月16日打印好的文件进行编辑加工，他说，反对派是支持和平、反对战争的。季诺维也夫同志这个时候还没到。托姆斯基同志问加米涅夫同志，季诺维也夫同志为什么没来，他听到的解释是，季诺维也夫同志的老爸病重。（笑声）这时，我们得到通知，说在列宁格勒所有最主要的工厂，在季诺维也夫同志直接领导和最积极的参加下，反对派瞒着党偷偷地组织了演讲。

就是在加米涅夫同志与党中央谈判，用一份什么样的文件才能阻止这场在反对派看来会分裂党的派别斗争时，就是在这样的时候，加米涅夫、季诺维也夫和反对所有领导人都像孩子一样欺骗党中央，在列宁格勒所有的大工厂秘密组织了反对派的演讲。

当季诺维也夫同志在实践中运用他的"柏拉图主义"时，我们还不知道他这种两面派手法，也不知道这是在欺骗党和中央委员会。在当前复杂的局势下，即使季诺维也夫同志不抱怨我们，对待不惜对党使用任何手段的反对派，我们也不会拒绝柏拉图曾提出过的建议。（雷鸣般的掌声。全体唱《国际歌》）

主席：请台尔曼同志发言。

台尔曼（德国）：

在发言之前，请允许我做几点说明：

1. 托洛茨基同志在他的结论中说，埃尔科利同志和我根据里泽同志的建议发了言，里泽要求让俄国反对派代表发言，发言的调子不能和第二天季诺维也夫同志讲话后发表在《真理报》上的社论一致。

我要明确的是，恰恰是三位反对派领袖在这里的讲话佐证了《真理报》的文章。反对派领袖的发言是他们的派别演讲，《真理报》说得非常对，他们在筹备着针对共产国际的国际论坛。

2. 我想尝试着分析一些重大问题，但不是像季诺维也夫同志那样，用一些引用的东西,我想用苏联、德国及整个共产国际的实际革命工作经验来分析。

3. 德国共产党由于俄国反对派的破坏性工作而遭受重大打击。我们队伍里的战斗异常激烈,但反对派在这场斗争中被摧毁。

4. 季诺维也夫同志及其他人的堕落,是对多年来季诺维也夫与联共(布)共同受托所保护的共产国际根基的打击,但现在,他完全放弃了这个根基。托洛茨基同志的全部讲话,尤其是加米涅夫同志的讲话,他们的全部讲话清楚地表明,他们想摧毁共产国际的列宁主义基础。但无论如何,没有托洛茨基、加米涅夫等人,这一基础仍会坚如磐石。

讨论已经表明,而发言则更加证实,共产国际的列宁主义基础是坚不可摧的,但反对派的虚伪思想却遭到失败。

所有反对派的同志完全是有意识地反对联共(布)的决定,他们以更猛烈的形式继续进行着以前的斗争,10月16日发表了著名的声明后他们仍然没有停止斗争。

他们向共产国际呼吁反对党的第十四次代表大会、六月全会和党的第十五次代表会议决议,这些决议他们只是口头上服从,事实上,他们从未承认过这些决议。他们向共产国际呼吁并盼望,他们能够对那些要对与俄国问题相关的无产阶级专政的基本问题表态的代表们产生负面影响。

他们不是单独行动,而是按照反对派联盟领导集团的决议统一行动。正像托洛茨基同志本人的讲话所表明的那样,季诺维也夫同志在这里是以托洛茨基和托洛茨基主义的名义发言。季诺维也夫第一次不是像以往在共产国际代表会议和扩大全会上那样,根据党的委托发言,而是公开反对党,反对联共(布)。以全苏共产党员为代表的党表明并在实际工作中证明,它捍卫、保卫、巩固并实现着列宁主义,它已经粉碎了反对派，而反对派尤其是加米涅夫同志却指责全苏共产党，说它错误解释了列宁的学说，说它以最危险的方式偏离了列宁主义。联共（布）内部的反对派利用一切合法手段，企图通过党内的漏洞，动员广大非党群众反对社会主义建设的政策，季诺维也夫、托洛茨基和加米涅夫也想把共产国际的全会当做国际论坛来反对联共（布）。事实上，他们根本不是向共产国际呼吁，不是向共产国际的大多数团体呼吁，不是向无产阶级团体呼吁，而是向鲁特·费舍、向马斯洛夫及其他共产国际的破坏分子和分裂分子呼吁，向各类右的和极左的派别团体呼吁。季诺维也夫同志不久前竟斗胆提出，让苏瓦林作为资产阶级在中国的通讯员，就证明了这一点。以演说家多里奥同志为首的法国代表团相当清楚地表明，苏瓦林与法国劳动总联合会的工联分子勾结在一起，散布流言、诽谤中伤甚至漫骂，这些中心证明这个人的品质，他不但没有任何明确的政治立场，而且还以极其恶毒的、难以用语言形容的方式诬蔑法国共产党和共产国际。这些都使我们看清这个反对派的本质及其无原则的本性，这表明，反对派本身没有可靠的基础，他们不能在共产国际的全会上提出任何正面的纲领。

德国反对派在发表"公开信"之后也充分暴露了他们在各方面都没有主见。针对我们所面临的任务，他们在任何方面非但提不出一个令人满意的方案，反而利用各种拙劣手段，反对党和共产国际的方针。当反对派在苏联攻击联共（布）时，德国反对派在俄国问题上对德国共产党发起了攻击。有意思的是，这两场攻击是同时进行的。俄国反对派在一国建成社会主义问题上发起攻击时，德国反对派就起来抨击我们在西方准备无产阶级革命的工作。这说明，我们今天面临的两个主要问题——社会主义建设和世界革命，是紧密联系在一起的。正像各类反对派分子所说的，这并不矛盾，而是一个革命过程的组成部分。

加米涅夫同志今天在这里粗暴地谈到，联共（布）存在的民族局限性影响到社会主义建设这一任务的提出和实现。我们看到，联共（布）在各方面发展尤其是现在它所做的一切，都是为了唤醒本国沉睡的力量。联共（布）在各国际战役中和其他革命行动中都证明，它是一个真正的国际政党。联共（布）发起、俄国工会实施、任何其他国家都没有做出的对英国罢工矿工的支援和对中国革命的帮助——其本质都表现了联共（布）的国际主义性质。

从反对派尤其是加米涅夫同志提出的论断清楚反映出他们的思想根源，清楚反映出，他们不耻于歪曲事实并诬蔑自己的党。

需要在这里澄清和解决的一个最重要问题是，反对派坚定地认为，只要其他国家的无产阶级尚未掌握政权，苏联就不可能建设社会主义。

我想引用一段列宁的话来说明情况，季诺维也夫同志和托洛茨基同志引用和阐释过，但有些地方不太对头。这就是列宁最精彩的论述社会主义建设的论断，因为他用一句话涵盖了四个阶段。列宁在关于美国的一篇文章中写道（《反潮流》）：

"社会主义可能首先在少数甚至在单独一个资本主义国家内取得胜利。这个国家的获得胜利的无产阶级既然剥夺了资本家并在本国组织了社会主义生产，就会奋起同其余的资本主义世界抗衡。"①

在这一个句子里包含了无产阶级专政的四个阶段。如果托洛茨基同志试图以另一种不同于列宁1915年想表达的意思来引用的话，那我想试试把这段话分成几部分来解释，以使每位代表乃至反对派自己都不会怀疑，一国实现社会主义的可能性是列宁早在1915年这篇文章中曾经证明过的。

季诺维也夫同志还说，这段话仅仅是片断，他试图以此来弱化对这

---

① 《列宁全集》中文第2版第26卷第367页。——编者注

段话的印象，但恰恰是这段话包含了列宁一国建设社会主义的理论基础，并把反对派的悲观主义论调批得体无完肤。

季诺维也夫同志还就这段引语提出了一个问题：为什么我们的联共（布）党，只是在1925年才理解了这篇文章的含义？在这里，季诺维也夫同志无疑犯了一个错误：列宁1915年提出的这个思想的含义，布尔什维克不但理解，而且早在10年前就已经渗入到党的精髓。

整个这段话都说了什么？这段话包括四个重要阶段：第一阶段就是列宁所说的，社会主义可能首先在少数甚至单独一个资本主义国家内取得胜利。无产阶级是否有可能在单独一个国家掌握政权？是的，列宁说，无产阶级能够掌握政权；1917年10月俄国无产阶级就掌握了政权。列宁领导的党和工人阶级拿起武器，摧毁了血腥的专制制度；但季诺维也夫同志和加米涅夫同志在当时却成了无产阶级革命的逃兵。

第二个阶段：无产阶级是否能够保住政权，击退反革命进攻？能够保住。1917—1921年是红军形成、党为社会主义经济长期过渡奠定基础并逐步巩固无产阶级专政的阶段。

第三个阶段就是我们现在所处的阶段，这是社会主义建设阶段，即列宁这段话所表达的组织社会主义生产阶段。

第四阶段，就是列宁所说的苏联的军事力量必须起来与整个资本主义世界斗争，这个问题在我们全会今天的讨论中有着重要的作用，这个问题所涉及的外国武装干涉的危险确实已迫在眉睫，在未来的几年里我们还将要面临这样的问题。从国际的角度来看，共产国际的每个支部都面临着这样重大任务，这些任务，联共（布）在头两个阶段已圆满解决，在无产阶级专政的第三个阶段，这是首要的和事关重大的国际性任务。

1915年出现了一篇文章，两年后的1917年10月，社会主义的胜利已不是以引用的形式，而是国内战争的形式来表现了。当时，个别同志被残酷斗争的困难吓倒了，但是，俄国党和俄国工人阶级在列宁领导下拿起武器，粉碎了沙皇统治。

在无产阶级专政发展的各个阶段，党的队伍中总是会有分歧，而且分歧总是发生在要确保无产阶级胜利的时刻。1917年10月，季诺维也夫同志和加米涅夫同志还是不能相信，布尔什维克党是强大的，不相信它能够顺利实现无产阶级的专政。他们暴露了自己的失败主义，暴露了他们对无产阶级力量的不信任，他们的行动表明，他们对无产阶级领导的无产阶级专政国家能够取得胜利是持怀疑态度的。

到了俄国党和工人阶级与农民群众一起反击反革命进攻的第二阶段时，在与列宁同志以及支持列宁同志的大多数党员的观点上又出现了分歧。我认为，我可以不去提那个布列斯特—里托夫斯克条约，记得当时一些"左翼共产党员"不理解列宁，不明白，革命需要喘息的机会，以便让自己更加强大，重新积蓄力量。俄国党内许多领导同志认为，无论如何都要将这场反对德国帝国主义的战争进行下去。列宁就是为保证无产阶级革命进行了斗争。

我们目前所处的第三阶段，处于社会主义的建设阶段，反对派在党的第十四次代表大会上、第十五次代表会议上和在这里——共产国际第七次扩大全会上的表现，都是他们反对联共（布）斗争最激烈的时刻。

然而，在这三个阶段中还存在另一些，例如，忽视工农联盟的必要性这样莫名其妙的分歧。在第一个阶段，许多同志搞不清楚，只有工农联盟才能粉碎资产阶级。在第二个阶段我们看到，许多同志搞不清楚，党必须支持和平，反对任何形式的战争，因为在签订布列斯特条约期间，农民都从部队开小差了。当时列宁成功地把农民吸引到党和无产阶级这边来。在第三阶段，我们与反对派在农民问题上又出现了种种分歧。我们看到，在当前阶段，一些反对派同志对农民的意义认识得还不充分，甚至认为农民是敌视社会的阶级。

在苏联这个无产阶级专政国家进行无产阶级革命的现阶段，正在从恢复状态向新的建设阶段过渡，反对派害怕建设中的种种困难，不相信革命会取得胜利。他们在危急时刻表现出的畏难情绪和强烈的悲观主义和 1917 年一样，不过是说敌人有多么强大，对自己的力量却估计不足。

反对派在各方面都得出下面的结论：私人资本已全面进攻，富农的影响在加强，党面临着许多困难，党开始重新调整，交出自己的阵地，党在采取其他的方针，等等。这就是反对派的思路，这就是他们对苏联局势所作出毫无出路的、悲观主义的评价。假如反对派对局势作出这样的评价，那就很清楚了：季诺维也夫同志在一国建设社会主义的问题上与布尔什维克党所持的观点是完全不同的。季诺维也夫同志引用了马克思致恩格斯的信，不过，他是这样说的：

"在这个大陆上，革命已不可避免，而且很快会拥有社会主义的特点。那么，随着资本主义社会的运动在更大范围内的蓬勃发展，发生在这个小小角落里的这场革命会不会不可避免地被粉碎呢？"

对这一结论，显然应该予以驳斥，因为资本主义不会继续向前发展（不会增长）了。但我认为，应该利用这一事实来论证一国可能建成社会主义的观点，并明确一点：这种可能性是有其依据的：

（1）资本主义发展不平衡，在其发展到垄断阶段，发展将会更不平衡；

（2）事实上，帝国主义从历史上说就是垂死的资本主义，在世界范围内，在任何情况下，它都是没有生命力的。在当下这个世纪，个别国家是能够（如果具备充足的物质条件）建成社会主义的。

简言之，在资本主义上升期（从历史的角度），在帝国主义时代，只有联合起来的欧洲才能够建成社会主义，不过，这或许还不够。在当前的帝国主义阶段，资本主义已经达到发展的高峰并且成了反动的因素，在这一阶段，资本主义在某种程度上由于无产阶级的进攻开始衰落，社会主义有可能在一国建成。这种情况在马克思那里并未得到确认，因为他没有对资本主义时代进行过分析，他只是对英国的某些帝国主义特征进行过观察，英国当时是唯一的一个帝国主义国家。帝国主义时代的特征就在于，所有的文明大国现在都成了帝国主义国家。可以说，季诺维也夫同志在谈到社会主义经济、社会主义是否可能独立于资本主义世界之外存在以及国家靠什么才能建成社会主义这些问题时，只谈了在各个资本主义国家的生产力发展状况不同于苏联。这是托洛茨基同志讲话中最重要的一点。他在讲话中完全忽略了新生的俄国，他只考虑旧俄国与资本主义经济的联系。可以说，当今世界只有两个国家：美国和苏联，从经济观点来看，这两个国家比任何一个资本主义国家都独立：

（1）因为这两个国家都拥有原材料；

（2）因为这两个国家都有销售市场。

在这种条件下，两个国家的情况是存在差别的。补充一点，它们还拥有优越的地理条件。

比如说，美国正在南美洲、加拿大和一部分欧洲国家寻找销售市场，同时，苏联也在国内，比如说，土库曼斯坦等其他州拥有自己的市场。苏联不但有自己可能支配的销售市场，而且还有原材料以及可以满足居民需求的粮食和生活资料。

假如托洛茨基同志说，当苏联在更大程度上依附于资本主义世界经济，就会面临现实危险时，我们会回答他说，他没有充分认识到苏联所拥有的优越条件，也没有予以充分的分析。资本主义的俄国是世界经济和欧洲资本主义的有机组成部分。托洛茨基同志在这里犯了一个最大的机会主义错误，他忘记了资本主义时期的俄国和现在的苏联之间的差别。战前的俄国获得了许多贷款，外国资本在俄国工业中起过相当大的作用，一系列国际条约与俄国帝国主义倾向的联系如今已荡然无存。

俄国军队曾是帝国主义的武器。现在的情况完全不同了。我们知道，借贷和债务已经全部取消，投资也在国内战争期间被没收，现在签订的条约不会使我们依附于帝国主义，签订条约就是为了使无产阶级更加巩固。

到第四阶段，我们拥有了苏联红军，它不再是帝国主义的武器，而是世界无产阶级革命队伍的一部分。红军不但保卫着俄国革命，而且还与全世界无产阶级一道进行斗争。（赞同声）

托洛茨基同志之所以企图把苏联与资本主义世界生产力的发展进行对比，并且对苏联国内工业的巨大发展估计不足，就是因为，他对社会主义建设持悲观主义观点，当然，他也才会在自己的预言中说，我们的发展速度不是提前了半个世纪，而是提前了整整一个世纪。

我们完全不想掩盖这样的事实，即苏联存在某些困难，在发展过程中针对本国工业采取的某些措施以及不再使苏联依赖资本主义市场的措施都会滋生某些危险。但随着资本主义国家工人阶级的斗争民族革命运动的开展，苏联工业的增长自然会加剧资本主义的冲突和矛盾以及资本主义经济和政治各个方面的分歧。托洛茨基同志所预见的未来，他对苏联生产力发展的观点是反对派对世界无产阶级巨大力量的怀疑，是对俄国革命巨大力量及其领导人——联共（布）的怀疑。维护这一观点的不但有托洛茨基同志，还有季诺维也夫同志，更有今天高调维护的加米涅夫同志。加米涅夫同志在今天的发言中是这样说的：

> "我们决不能对这种倾向视而不见，因为，假如我们任由这种倾向，也就是所说的一国可能实现社会主义在俄国党内和共产国际内存在的话，在一定的时期内，必然会导致世界革命的前途……我们所预见的国家改革的前途发生变化，对此我们不但要强烈反对，而且要团结我们党和共产国际的绝大多数人共同加以反对。"

在加米涅夫同志的这些话里，能感觉到托洛茨基同志和季诺维也夫同志结论中所表现出来的悲观主义和对所有革命运动的怀疑态度。他们没有看到国际形势的发展，没有看到世界规模的运动，没有看到世界无产阶级的力量。今天在这里，在我们认真讨论中国革命和英国矿工起义问题以及世界各国准备革命的全会上谈国家的改革前途，这说明，反对派的同志没有正确的革命前途。同志们，我认为，我们可以说，斯大林同志和布哈林同志在这里所简述的世界的前途将会得到代表们的一致拥护。这不是资本主义稳定的前途，而是社会主义的前途，它证明，苏联社会主义的进一步发展将会由于资本主义矛盾的激化，为革命在另外一个资本主义国家的胜利提供可能性。在帝国主义时代——按照列宁的学说——在无产阶级革命时代，我们的前途是革命和充满生命力的，而反对派的前途则是虚假的、垂死的和反革命的。

反对派提出了这样的论点：只要世界无产阶级尚未掌握政权，苏联是不可能实现社会主义的。顺着这一思路，反对派继续在以下几个方面加紧他们的蛊惑宣传：（1）恐怖活动；（2）党应制定有利于富农的政策；（3）苏联资本主义的发展；（4）苏联经济发展必然会遭遇经济危机，等等。

在这样的定位下，我们今天本应听到反对派引用一些证明联共（布）和共产国际的政策是如何有害的具体事实和数字。但他们并没有这样做，他们给我们摘录了一堆不符合当今实际的东西，而当前世界局势的主要特点不是发达的资本主义和资产阶级革命的时代，而是垂死的资本主义时代，是苏联建设新的社会主义社会的时代，是无产阶级与农民结成同盟军的时代。这是世界革命的时代。

为什么季诺维也夫同志和托洛茨基同志忘记引用列宁、马克思和恩格斯那些对工人阶级的革命力量表现出极大的乐观信任的思想呢？他们忽略了这些细节。

在1921年全俄苏维埃代表大会上列宁说：

"我们是在国家落后这种情况下投入革命的，因此现在没有我们所必需的发达的工业，那我们该怎么办，撒手不干吗？灰心丧气吗？不。我们要做艰巨的工作，因为我们走的道路是正确的。"①

这段话里充满了对一国能够建成社会主义的信心。

还有，恩格斯1892年在《社会主义从空想到科学的发展》一文的前言中这样写道：

"依目前形势来判断，德国难道不可能又成为欧洲无产阶级夺取第一次伟大胜利的舞台吗？"

恩格斯1892年写这段话的时候，《反社会党人法》已被废除，社会民主党刚刚开始合法活动。这就是德国无产阶级取得无产阶级革命胜利的前景啊！为什么托洛茨基同志和季诺维也夫同志却避开这种思路，只引用那些会削弱一国能够实现社会主义的信心的段落呢？

然后，马克思在巴黎公社成立的前8个月给恩格斯的信里曾提醒说，巴黎无产阶级很可能会陷入孤立无援的境地，但当战斗临近时，马克思就坚定地站到公社一边，没有事先提出一国不能进行社会主义革命的问题。马克思当时并没有提出社会主义是否能够实现的问题，他只是看到了能够战胜资产阶级的无产阶级的力量！（鼓掌）

加米涅夫同志在今天的发言中又提出一些在第十四次代表大会上产生过影响但仍然存在争议的问题。他试图避而不谈那些能够证明苏联繁荣的战略性数字，绕开一些重要的方面，他只谈危险和困难，并在此基础上指责联共（布）右倾，以蛊惑人心。

---

① 《列宁全集》中文第2版第42卷336—337页。——编者注

下面这组数字证明，苏联的整体发展趋势是繁荣，而不是衰落：工资近三年来提高了40%，经济恢复到战前水平；1924年增长60%，1925年增长42%。1923年不使用马匹经营方式占全部农民经济的40%，到1926年，这个比例降到26%。这三组正面数字证明，苏联是向前发展的，生产力的发展是有利于社会主义建设的，无产阶级与广大农民的联盟也在日益巩固。这些不多的数字是对托洛茨基同志、加米涅夫同志和季诺维也夫同志及其怀疑社会主义建设论调的有力驳斥。他们根本不相信俄国工人阶级和农民以及领导他们的联共（布）的力量，他们也同样不相信生机勃勃的世界革命的发展和坚信列宁主义的共产党员们。而在左的幌子掩盖下真正执行右倾机会主义的反对派的前景，则完全暴露了他们在论证联共（布）前景时完全是矛盾的。

最后，我要谈几个导致反对派与我们之间在政治问题上产生分歧的问题。

在这些问题中，反对派通过为自己的观点辩护来反对共产国际和联共（布）。他们与中央委员会和联共（布）不仅在例如社会主义建设问题上存在意见分歧，而且在一些极为重要的涉及英国、中国及其他国家的问题上也持不同观点。反对派今天在这里发言的实质再清楚不过地表明，一旦涉及共产国际一些重大的具体决议，就会暴露他们与机会主义政策是沆瀣一气，同流合污。我们以英俄委员会为例。第五次世界代表会议上提出统一全世界工会运动的问题时，就暴露了观点上的分歧。我不想隐瞒的是，德国代表团当时也没有立即理解针对英国所采取的方针策略。在俄国代表团说服了我们之后，我们极其认真地执行了统一全世界工会运动的方针和统一战线政策。

但是，没有专门的各级组织，我们能够把世界工会统一运动这项工作做好吗？无论如何都做不好。有阿姆斯特丹工会国际，还有工会国际。为了削弱强大的西欧社会民主党这个阿姆斯特丹分子的支柱，为了减少他们对群众的影响，瓦解他们的队伍，进而粉碎改良主义集团，我们应该建立这样的组织，依靠这些组织，我们可以把无产阶级大众从改良主义阵营中争取到共产党中间，让他们参加到革命的统一战线斗争中来。

当改良主义领导人、英俄委员会成员在总罢工期间，尤其是英国矿工罢工期间背叛了矿工，我们就面临这样一个问题：在整个共产国际都清楚，当改良主义者的所作所为就是为了尽快瓦解委员会时，是否还要解散英俄委员会？该如何解释英国改良主义者这种匆忙之举？这是因为，尽管托马斯和另外一些人竭尽全力控制委员会的影响，但英俄委员会仍然有其存在的意义，因为这个委员会：首先不会缩小我们自己的阵地，只会使阵地更加巩固；其次，委员会会激化改良主义者的矛盾；再次，委员会将会在未来涉及英国工人群众的经济战役中提升一定的士气；最后，委员会曾经是并且将是反对英帝国主义及其对苏联血腥殖民政策和武装进攻的武器。假如有一位反对派的同志说，英俄委员会现在不是反对英国其他资本主义附属国进攻苏联时大力支持我们的革命武器，那么，这个问题提得就太抽象了。我们任何一个人，任何一位俄国党员，任何一位第七次扩大全会的代表，都不会无条件地承认这一点。但是，证明委员会是帝国主义的武器，反对派也不答应。假如英俄委员会只是一个软弱的武器，那就要继续利用这个软弱的武器，在英俄委员会今后工作期间，在工人大众面前揭穿改良主义者的背叛行径，以及他们是如何破坏统一工会运动的政策的。

还有一个大家讨论时涉及不多的问题，就是中国共产党党员退出国民党的问题。谭平山同志今天早上说，张作霖声称，假如共产党员退出国民党的话，他就加入国民党。从意识形态的观点来看，这是一个很有趣的平行线：张作霖和季诺维也夫反而站到一个立场上了。（笑声）这是不可否认的。假如季诺维也夫同志在共产国际中执行共产党员退出国民党的决定的话，张作霖就会准备加入国民党。所有的中国问题对我们来说都是新问题，也很有意义，这些中国问题很复杂，我们要特别予以关注。英俄委员会与英国共产党的意义，就像国民党与中国共产党这样一个起桥梁作用、支持革命统一战线组织一样，是相当重要甚至是至关重要的。难道反对派看不到这些吗？这些都是我们赖以扩大、巩固和促进革命力量的过渡环节。

这些都说明，反对派领袖的悲观失望和他们对无产阶级的共产党和革命力量缺乏信任。托洛茨基同志战前对列宁同志的态度是明确的，他对联共（布）在无产阶级专政阶段的政策的态度已经不止一次地在这里被揭露出来，近些年来，他仍然坚定地站在共产国际的极右翼。我们德国党是在对1923年十月事件进行评价时才相当清楚地认识到这一点。1923年10月撒克逊失败后，托洛茨基同志支持布兰德勒—塔尔海默派和拉狄克。从托洛茨基同志《1917年》一书中也能清楚看到，他当时是如何紧跟在德国党极右翼的后面亦步亦趋的。在1924年俄国一月委员会提供的提纲草案中有这样一段话：

"执委会坚决驳回了柏林组织提出的、对党在十月的撤退进行审查的请求，他们认为，这场撤退是毫无根据的，甚至是一种背叛行为。假如党像柏林的同志们所说的，在十月宣布起义，那么党现在就已经死掉了。撤退时，党犯了大错，我们要像前面一样，要给予批评。但是撤退这一行为本身是符合客观情况的，因此，执委会表示赞同。"

拉狄克和布兰德勒等人提出了这个提纲并得到托洛茨基的支持。也就是说，按照拉狄克和托洛茨基的说法，撤退是符合客观情况的。但客观情况是极端革命的，只缺少一个革命的因素：真正以列宁主义理论指导的共产党，在目前局势下，只有这样的党才能领导工人阶级，经过一次又一次的进攻，一个月一个月地走向最后的斗争，就像布尔什维克党领导俄国无产阶级从二月革命走向十月革命一样。

在提纲中将资产阶级与无产阶级处于革命的客观形势下进行对比时，对无产阶级的力量表现出极端的怀疑态度和虚伪的评价。拉狄克的提纲草案被驳回，但提纲却获得执委会通过。假如加米涅夫同志敢肯定，那些坚决支持联共（布）中央委员会政策的人，有99%坚决支持党的政策的党员在执行右倾政策，那他只是想掩盖与共产国际的列宁主义政策相对立的托洛茨基主义政策。例如，对德国党来说，1923年的十月份就是一次相当重要的革命教训，有了这个经验教训，我们再也不会让右倾政策渗透到我们队伍中来，接下来我们将执行被当时党的领导人所忽略的列宁的国家理论。我们的党不但从1923年十月事件和近来对俄国问题的讨论中吸取了教训，而且还从德国自1918年起所犯的一些重大错误中吸取了教训。德国党近7—8年的历史是从德国最初的革命战役，而不是从执委会的"公开信"开始的。我们在反对右倾的斗争中成长、壮大，因此我们现在才能够在德国党内讨论俄国问题并作出决定时，把党全部武装起来与反对派进行斗争，而且反对派纲领的本质也表明，托洛茨基、加米涅夫和季诺维也夫的倾向就是社会民主主义倾向。

反对派的错误表现在以下方面：

（1）对正在国内参加社会主义建设的农民的作用估计不足；

（2）支持"不断革命论"——甚至，托洛茨基同志在讲话中试图放弃自己的立场时，还能够从他的结论中看到，他仍然是以不断革命论作为基础；

（3）不相信第十四次代表大会所简述的社会主义前景；

（4）不能正确评价俄国革命的动力问题；

（5）支持奥索夫斯基两个政党的理论；

（6）执行索柯里尼柯夫取消对外贸易垄断的方针；

(7)指责联共（布）——领导共产国际的党——存在民族局限性，等等。

反对派这些各式各样的特点斯大林同志已经在他的报告中讲得十分清楚了。我们能够第一次详细地研究无产阶级专政各个阶段的发展情况，从中汲取相关的信息，各支部对此都感到很有收获。当奥古斯特·倍倍尔在《妇女与社会主义》一书中谈到未来的国家时，当时工人阶级是一个什么样的概念呢？现在我们对世界无产阶级专政的发展已经有了这样的认识：

（1）夺取政权的斗争和持续多年的国内战争；

（2）同时发展军事共产主义；

（3）新经济政策及其任务；

（4）在当前时期建设社会主义。

所有这些阶段、在各阶段产生的巨大困难以及从中吸取的教训都活生生地摆在我们共产国际的面前。

我们的反对派已经在各方面表明，他们实质上在这方面完全是亦步亦趋地跟在俄国反对派的后面。难道党内斗争开始时，我们的反对派就像形形色色俄国反对派那样吗？季诺维也夫同志和托洛茨基同志长期以来因重大的政治分歧进行着斗争；现在，托洛茨基同志仍然没有改变自己的观点，他们也就自然而然地走到了一起。可以想象这样一幅画面：当一位少女走向神甫时，神甫还是神甫，少女还是少女。另一幅画面：当神甫走向少女时，神甫不再是神甫，少女也不再是少女。（笑声）当我们听到他们今天在这里的讲话时，一切都清楚了，季诺维也夫同志和托洛茨基同志之间就发生了这样的关系。托洛茨基主义再也没有了，加米涅夫说，然而，托洛茨基却仍存在，就像他的讲话所证明的，托洛茨基仍然和托洛茨基主义一起存在着。

我们在德国也看到了形形色色的反对派。我想让大家看看，现在我们党内外到底有多少个这样的反对派派别。

第一个派别是被党开除的——卡茨派。这个派别存在时间不长，工人阶级对他们没有多大的兴趣。

第二个派别是科尔施—施瓦茨派，这一派在党外又分成了两派。现在这两个派别都是反革命性质并彼此进行着激烈的斗争。

第三个派别，甚至可以说是第四个派别，是一个极为特殊的领导集团——马斯洛夫—鲁特·费舍—乌尔班斯派，这大家是相当熟悉的。

第五个派别是韦丁派。

第六个派别——凯特尔派。后两个派别还没有与党进行公开的斗争。他们的意识形态方针应该是分裂党和共产国际，搞反革命活动，因为就实质来说，他们支持社会民主党那套反对苏联、反对革命政策的论据。

卡茨、科尔施、施瓦茨、马斯洛夫、鲁特·费舍等人都是反革命的。在德国，在和这些不承认党的革命性质、党的纪律和原则的领导派别进行了相当激烈和艰苦的斗争之后，我们被迫把这些党的公开敌人开除出党。根据这些文件，还有这700个工作人员的声明，以及乌尔班斯和韦丁反对派的备忘录可以看到，在涉及社会主义建设的全部问题上，他们都坚持与社会民主党一致的观点。尽管他们没有像社会民主党那样公开地说，但实际上他们的目标是一致的。在所有的文件中都能看到这一点。在前面提到的700个人的声明中，比如，他们说，德国共产党内主要是：

"充满了妥协、恐怖、涣散和分裂的气氛。"

在苏联：

"会使全世界的工人阶级纪律涣散。"

"共产国际的气氛遭到破坏。"

德国共产党中央委员会执行委员会"公开信"产生的后果是:

"德国共产党遭到全面破坏,已四分五裂,右派已经全面复辟。"

德国共产党指责说,它这是在为理论辩护:

"认为苏联社会主义可以在有限的民族国家内最终建成,而无需文明国家的无产阶级革命首先为这一胜利提供保障。"(韦丁反对派和马斯洛夫—鲁特·费舍—乌尔班斯派别的总备忘录)

假如说这个提纲在作评价时完全罔顾事实,直接给我们的阶级敌人带来益处,完全暴露了他们反党反共产国际的本性,那么,这个派别的社会民主主义的特点在这些被开除的叛徒提交给我们全会的最后一份备忘录中就表现得更加充分了。备忘录中写道:

"整个共产国际内部的危机现象已经不可避免了。这场始于1923年的危机就性质来说,具有明显的**失败和衰落**的特征,而不是繁荣的特征。"

从这些句子中可能看出一定的清算和诽谤的意愿,以及要和苏联、和共产国际以及德国共产党作斗争的想法。要像与所有其他社会民主派代表那样与这些反共头目做斗争。如果加米涅夫同志今天确认,全世界的资产阶级报刊和社会民主主义倾向的报纸都发表文章向联共(布)内部的反对派进攻,那么,从德国共产党方面来说,这是不可能的。《莱比锡大众报》和其他的社会民主主义倾向的报纸会更猛烈地攻击联共(布)中央当前的政策,给工人大众编故事说,苏联正发展资本主义,目的是一方面保护自己的政策,另一方面减少工人代表团的报告给德国工人阶级造成的巨大影响。这样一来,我们就看到了社会民主派和反对派的一个思想路线。自从"公开信"发表以来，我们在与极左派的斗争中克服了相当大的困难，在这种情况下，党在招募工作、鼓动工作和完成革命任务方面被极大地削弱了。但今天，我认为，我可以说，党内外的工人正在逐渐地认识我们革命方针的正确性。还是有许多工人与社会民主党断绝了关系，但他们还没有到我们这边来，因为我们的反对派还在不停地鼓噪说，共产党早晚会沦为社会民主党，说我们正在和社会民主党走在一起，等等。许多工人不来找我们，是因为反对派在工会里、在企业里，到处宣传他们那一套。因此，如果德国共产党要完成自己的革命任务，它就应该把这些极左思潮彻底消灭。德国共产党的处境与俄国社会民主党在1909年布尔什维克派当时的处境一样，列宁当时关于取消派这样写道：

"不坚决取消取消主义，我们党就不能前进。"

我们现在就面临着这样的任务。而清醒认识极左派分子的思想观点则是这个任务存在的前提条件。在这种情况下，我们任何时候都不要忘记，我们还要和现在已经暴露出来的右倾作斗争，这种倾向在我们的发展过程中，在实现统一战线策略出现困难尤其是在反对社会民主党的斗争中仍将继续存在。很清楚，在我们的活动有所发展并呈现积极态势时，我们会遇到各种困难，因为我们的理论大厦建得还不牢固，还不足以抵挡类似的机会主义倾向的出现。

但党的领导集体和大多数党员还是强大并富有活力的，我们清楚地看到，在反对极左派分子的斗争中，他们能够认真地进行工作，无论是在与已经暴露出来的右倾分子的斗争中还是与正在出现的右倾派别的斗争中莫不如此。

需要回答这样一个问题：极右分子比布尔什维克更左，还是他们已经走向反革命的道路？这里所说的并不是列宁主义的个别问题，而是有关无产阶级的一系列问题和主要问题。对于世界工人运动来说，关键问题是对待苏联无产阶级专政的问题。在这个问题上是存在分歧的，而且也应该存在分歧！对苏联的态度问题也是在回答在德国政策上你到底属于哪个阵营这样一个问题：是革命阵营还是反革命阵营。这里只有两种可能：或者是，苏联正在实行无产阶级专政，那么，他们正在建设社会主义，他们需要支援；或者是，苏联是资本主义国家，那么，就要全力与他们作斗争。斯大林同志说得好（对此托洛茨基同志认为应该加以反对），如果反对派确实对建成社会主义的可能性表示怀疑的话，那我们就必须反对无产阶级国家。既然苏联向着资本主义国家发展，党只能作为反对党，那么从这个观点来说，假如党真的要进行革命的话，反对派就是纯粹的反对无产阶级专政的取消派了。苏联无产阶级革命胜利后，反对帝国主义的斗争与保障无产阶级专政的斗争有着同等重要的地位，因为帝国主义所做的一切都是为了消灭统一的无产阶级国家。从逻辑上讲，科尔施、施瓦茨、马斯洛夫之流的观点就是在帝国主义问题上向社会民主党作让步。列宁主义的理论就是反对帝国主义及其帮凶和附庸的理论。谁阻止反对帝国主义的斗争，谁就是在取消德国党、联共（布）和共产国际的作用。

既然反对派的思想路线应该被铲除，那么，第七次扩大全会就要对俄国以及德国出现的这种具有破坏性和腐蚀性的活动加以关注，对这些进攻一致予以反击。反对派在俄国党的突然袭击没有得逞，因为全党都起来反对他们。现在清楚了，俄国反对派领袖根本没有支持者，也没有同盟军；他们本想在这次全会上对一些代表产生影响，甚至想把他们拉过来捍卫他们反列宁主义的理论。遗憾的是，反对派在德国党内还是拉到了一些支持者。

同志们，上一次即第六次扩大全会上在讨论德国问题时有几位反对派的同志发了言，记得有鲁特·费舍、乌尔班斯和肖勒姆，他们今天已经不在党内了，还有托姆斯基同志和其他几位反对共产国际政策的同志。今天他们这些人没有发言，因为他们（除了德国的里泽同志和德林同志）再也不会出现在这里了，今天俄国反对派的领导人在这个讲台上与联共（布）和共产国际进行异常激烈的斗争。我们看到，联共（布）在全党尤其是列宁格勒和莫斯科工人的帮助下，粉碎了派别的进攻，阻止了派别活动，因此正如我所说的，反对派分子在全会上的进攻行动消除了他们在联共（布）以及在共产国际内部影响的最后残余。还要注意的一点是，联共（布）中央委员会即便没有制止反对派的行动，那么让他们至少是遵守纪律和绝大多数党员所通过的决议也是合理的。尽管如此，他们还是在这里进行了派别行动。如果他们不停止活动并继续从事派别活动的话，将会导致党和共产国际的瓦解。在当今时代，在帝国主义和革命力量增长的时代，苏联建立、巩固并增强了对资本主义世界经济的抵抗力量，武装干涉苏联的倾向日趋增强，我们拥有自1919年成立之时基础和政治得到巩固和加强的共产国际，几乎所有的共产党都成立了七八年的时间，此时的反对派却对苏联、执政党和共产国际的强大失去信心，这岂不更让人感到惊讶。更重要的是，全会要坚决地克服和消除我们所面临的一些障碍，也就是我们所面临的关于苏联建设社会主义问题以及在资本主义国家共同作战、扩大统一战线和扩大革命队伍的问题。

因此，最重要的决议应该是：各个共产党和共产国际的团结和统一。（鼓掌）消灭万恶的派别活动，这是团结和统一的前提。但这不是像那些反对派领袖讲话时玩弄辞藻的"团结和统一"，而是**对破坏团结的坏分子像布尔什维克那样毫不留情的**团结和统一。这是本次全会应该作出的决议，和各支部应该制定的方针和政策。这样我们才能坚信，我们充满自信，我们成功找到了解决我们今天所面临的任务的道路。（雷鸣般的掌声）

桑托（匈牙利）：

我宣读一份声明：

"参加第七次扩大全会的匈牙利代表团认为，季诺维也夫同志、托洛茨基同志和加米涅夫同志在全会上的发言不仅企图使联共（布）党内的派别斗争死灰复燃，而且还是对我们兄弟的俄国党的领导集体荣誉的败坏。俄国反对派提出的问题已经在联共（布）党内进行过讨论并已经被俄国广大无产阶级群众以不利于反对派的方式所解决。俄国反对派同志在反对联共（布）方针的斗争中试图引用马克思、恩格斯和列宁的著作，但他们遭到失败，因为他们引用的这些内容反而成了反对他们自己的内容。

斯大林对社会主义建设所下的定义与马克思的定义完全一致。马克思在《法兰西内战》一文中基于巴黎公社制定的纲领，对巴黎公社的政策作了如下论证：

'如果合作制生产不是一个幌子或一个骗局，如果它要去取代资本主义制度，如果联合起来的合作社按照共同的计划调节全国生产，从而控制全国生产，结束无时不在的无政府状态和周期性的动荡这样一些资本主义生产难以逃脱的劫难，那么，请问诸位先生，这不是共产主义、"可能的"共产主义，又是什么呢？'①

马克思又嘲笑那些要把社会主义建成天堂一样的人说：

'工人阶级并没有期望公社做出奇迹。他们不是要凭一纸人民法令去推行什么现在的乌托邦……

工人阶级充分认识到自己的历史使命，满怀完成这种使命的英勇决心，所以他们能够笑对那些摇笔杆子的文明人中之文明人的粗野谩骂，笑对好心

---

① 《马克思恩格斯选集》中文第2版第3卷第59—60页。——编者注

肠的资产阶级空谈家的训诫,这些资产阶级空谈家总是滔滔不绝地宣讲他们那一套无知的陈词滥调和顽固的宗派主义谬论,口气俨如科学真理在手的圣哲一般。'①

不仅在为夺取政权进行着斗争,而且掌握政权四个半月的匈牙利共产党清楚地认识到团结以及党的领导作用的重要性和全部意义。匈牙利苏维埃政权失败的原因之一就是匈牙利没有布尔什维克党。执政仅四个半月就遭到失败,说明没有正确对待无产阶级和农民之间的关系。我们认为,反对派的纲领、政治口号尤其是个别针对农民并威胁到苏联将来发展的一些口号是相当有害的。

我们严厉谴责反对派破坏党的团结的这些手段,可是一旦要他们放弃自己的观点,他们每个人都狡辩说,提出这些危险方案的是别人,不是他自己。

匈牙利代表团再一次强调,俄国反对派是没有原则的,这也表现在匈牙利共产党中央委员会第一份决议里。季诺维也夫同志在他的著作里教导我们,要认清托洛茨基主义的害处,也许他说的是对的,据说,是他靠近了托洛茨基,托洛茨基也靠近了他。但托洛茨基靠近的不是那个与托洛茨基斗争的季诺维也夫,而是1917年10月的季诺维也夫。

匈牙利代表团最强烈地谴责俄国反对派的破坏活动并强调,我们是与联共(布)这个共产国际、这个领导我们的党及其列宁主义的中央委员会团结在一起的。

匈牙利代表团
1924年12月11日"

(会议休会)

---

① 《马克思恩格斯选集》中文第2版第3卷第60页。——编者注

第二十五次会议

(1926年12月13日)

主席：雷梅尔

讨论斯大林的报告（续）

主席雷梅尔：

请伦戈同志发言。

伦戈（青年共产国际）：

同志们，我要代表青年共产国际声明，我们完全赞同斯大林同志的报告，赞同这个报告中的所有重要观点，赞同联共（布）中央委员会与全党针对反对派企图修正列宁主义、给俄国和世界革命的先锋队组织制造混乱和分裂行径所采取的全部措施。

从反对派开始进行派别活动的那一时刻起，青年共产国际就坚决地站到了反对派的对立面。青年共产国际坚决谴责反对派进行派别活动的任何企图，青年共产国际中各最重要的支部已经通过了针对反对派的决议。

可以说，从成立的第一天起，我们青年共产国际就面临着俄国问题，年轻人都紧密团结在联共（布）中央的周围。青年共产国际为能在共产国际执行委员会全会上发表这样的声明而感到自豪。

如果我们还能够记得，反对派企图混到青年人中间，拉拢青年人，让他们与老一辈作对，这一情况就更加重要。

反对派在对青年人的问题上采取了托洛茨基的那套老办法，但在这里我要说的是，反对派这一次的收获可不像以前那么大了。青年们表现出了前所未有的坚定和团结，他们与党结成了统一的整体，谁也不能在年轻人和成年人之间制造分裂。

青年共产国际只有两个个别分子：武约维奇同志和米哈列茨同志。尽管这两位同志，尤其是武约维奇同志，也许曾经很有威信，尽管他们曾企图在青年共产国际中进行派别活动，但他们仍然是孤立的。

武约维奇同志曾受到青年共产国际主席团的谴责。紧接着，米哈列茨同志又受到青年共产国际主席团及其所在联合会的谴责。前不久，他们二人终于因从事派别活动而受到青年共产国际扩大全会的谴责。青年共产国际再一次强调指出，绝不允许打着青年共产国际的旗号，出于派别的目的，进行反对党和反对共产国际的活动。

今天出席全会的反对派的同志提出抗议，说没有以应有的方式让他们进行申辩。托洛茨基同志也想以托洛茨基派领导人的身份为自己作辩护。

我们要回答他的是，完全不需要他再来教训我们那套托洛茨基主义了。共产国际几年前就了解他的这套理论，并且同他作过那么长时间的坚决斗争。如果说现在季诺维也夫同志出于派别活动的种种考虑与托洛茨基主义联合的话，那么，这还不是就这个问题恢复讨论的充足的理由。

我们在这次扩大的全会上，对反对派的种种派别动机表示强烈的抗议。反对派已经以自己的实际行动号召整个共产国际与俄国党进行斗争。这个结论是根据反对派在全会上的发言得出的：加米涅夫同志在发言中公开发出这样的号召，当时他建议各兄弟党"**帮助**"俄国党改正自己的失误。他公开号召共产国际各国党与俄国党以及同共产国际进行斗争。但我们坚信,任何一个党员都不能不对这种号召加以驳斥,各国党和青年联盟会共同团结在联共(布)中央委员会和共产国际的周围,与反对派的种种倾向进行斗争。

在联共(布)进行讨论期间出现的重大政治问题,我们青年人已经学习过了。但我们还不能满怀信心地说,我们大家对这些问题已经认识清楚了。

我们坚信,这次全会以后,必须对可能建成社会主义这个问题的解释进行富有成效的工作,从而打消我们青年队伍中由于反对派的影响而出现的所有疑虑和困惑。

我们认为,我们就这个问题所阐述的不仅是我们的观点,而且是全体青年人的观点。青年人中最积极的分子已经就一些基本问题明确表达了自己的意见。在我们扩大的全会上,所有代表都一致赞同联共(布)中央委员会所采取的方针。

主要分歧在于,苏联是否能够建成社会主义的问题。反对派对这个问题持否定态度。反对派声称,苏联是不可能建成社会主义的。

由此,才出现了反对派指责联共(布)中央委员会偏向富农的种种说法。他们想以此证明,他们所从事的是派别活动和蛊惑宣传,这在他们那些异想天开的所谓建议、在支部会议和本次全会上所做的那些戏剧性表演中充分体现出来。

反对派在一些原则问题上的立场正确吗?不正确。他们攻击联共(布)中央委员会的做法正确吗?不正确。他们的派别活动和蛊惑宣传正确吗?不正确。

反对派在所有问题上都是错误的。从来没有谁打算承认,没有其他任何一个重要国家取得胜利的无产阶级革命的支持,苏联会取得社会主义的**最终**胜利并全面粉碎帝国主义的武装干涉。但问题并不在这里。在这个问题上没有、也不可能存在分歧。

这里的问题是：

苏联的工人阶级是否能够依靠贫苦农民、紧密与中农结成同盟来支撑并巩固无产阶级专政这个确保苏维埃国家战胜所有敌人的可靠保障？

苏联经济的社会主义力量在其发展过程中是否能够完全并永远地战胜资本主义成分，从而为取得胜利的社会主义获得发展空间。

我们对这些问题的回答是：是的，这是可能的。

我们这种对问题的提法是否正确？我们认为，这种提法是完全正确的、准确的和列宁主义的。

列宁在《国家与革命》一文中，用数十页的篇幅详细讨论了社会主义及其各阶段的问题。列宁在引用马克思和恩格斯的著作时说，要分清共产主义的两个阶段：第一阶段，低级阶段即通称的"社会主义"阶段；第二阶段即高级阶段。

当我们说苏联可能建成社会主义时，指的是现在的第一阶段，列宁是这样表述的："把生产资料转归全社会公有（通常所说的社会主义）"①，在当前的俄国就意味着与苏联经济中的资本主义成分作斗争。

这个共产主义的最低阶段与最高阶段存在着差别，最低阶段还有以下特征：

1. 人要服从于按劳分配的原则。
2. 存在脑力劳动和体力劳动的对立。
3. 在这一阶段不可能实行"各尽所能，按需分配"的原则。

既然要服从于"劳动平等，占有生产资料平等"的原则，因此，国家还有必要存在。

反对派今天出现在这里，是为了告诉我们，要把社会主义理解为消

---

① 《列宁全集》中文第3版第3卷第195页。——编者注

灭阶级和国家，当时他们反对国家工业化的社会主义性质，是因为还存在工资差别，那么他们现在这样说，只是为了蛊惑人心，说明他们已经偏离了列宁的方针。

反对派混淆了这两个阶段，讲着冠冕堂皇的话，却根本不去解决当前政策的主要问题，即彻底消除资本主义成分和在苏联建设社会主义的问题。

说到反对派，可以说他们就是列宁在《国家与革命》中所说的资产阶级思想家，关于这两个阶段，列宁当时是这样说的：

"其实，当博学的教授，以及附和教授的庸人和策列铁里先生、切尔诺夫先生之流谈到荒诞的乌托邦，谈到布尔什维克的蛊惑人心的许诺，谈到'实施'社会主义不可能做到的时候，他们指的正是共产主义的最高阶段，但是无论是谁都不仅没有许诺过，而且连想也没想过实施共产主义的最高阶段，因为这根本无法'实施'。"①

托洛茨基同志在这里讲话时，还企图反对斯大林同志的提纲，批驳他在一国可能建成社会主义的问题，以及资本主义发展不平衡问题上的出发点。

他想把"水平"和"速度"这两个概念加以区分，他还有个发明，说当时加拿大向前跳了几步，英国向后退了几步。这样，这两个资本主义国家就接近了。这完全正确，但这个"发明"与这个问题有什么关系呢？没有任何关系！

这里所说的是资本主义发展的不平衡，也就是"速度"问题，因为在研究资本主义的政治力量和内部矛盾时，这方面的问题是很重要的。在比较不同的资本主义制度时，不能只看发展水平这一个方面，还

---

① 《列宁全集》中文第 3 版第 3 卷第 199 页。——编者注

要看表现出来的发展的力量，比较它们的发展"潜力"和可能性。托洛茨基同志跟我们讲，加拿大向前跳了几步，英国向后退了几步，他这个时候更多地是强调资本主义发展的不平衡及其内部的矛盾。

然后，反对派赖以依靠的最有力的论据是俄国对世界市场的依赖性。

首先要说的是，反对派夸大了这种依赖性并在这里发现了危险的小资产阶级倾向。

但是，既然这个论据里有正确的成分，就应该弄清楚，哪一点是为反对派针对一国可能建成社会主义的提纲服务的？难道反对派确实认为，俄国经济对世界市场的这种依赖性能够为富农掌权开辟道路？假如任何一个重要的欧洲国家不取得革命的胜利，这种依赖性在当前就会使俄国无产阶级和苏维埃国家反对苏联现存的资本主义成分的斗争失败？

这正是全部的问题所在！这里所说的是，假如在未来几年里，一些重要的欧洲国家没有取得革命的胜利，我们是否要关上苏联的社会主义"店铺"，一走了之呢？或者相反，苏联在现有条件下，不依靠临近的西方的革命，也可能建成社会主义，就是说巩固无产阶级专政，最终战胜资本主义成分呢？全部问题在于，它关系到对俄国革命和建设社会主义具有决定性意义的前景。

但是，否认苏联可能建设社会主义，否认一国可能建成社会主义，这是在为取消派对待俄国革命态度的辩护。认为其他国家不取得革命胜利，俄国无产阶级就不能走向社会主义，这是在制造混乱，是在蛊惑人心，是不让广大工人群众积极参加专政斗争和在苏联建设社会主义。否认苏联有可能建成社会主义，这是对国际工人运动的直接打击，这是对深受社会民主党和反革命分子影响的群众所参与的波澜壮阔运动的分裂。

从大量工人代表团寄往苏联的邮件中可以看到广大工人群众的这种

新动向。

现在,越来越多的仍然深受社会民主派和小资产阶级反革命影响的各阶层工人群众,在苏维埃政权存在9年后,每天都向往着苏联,都在跟着苏联一起行动,这一事实和他们这些代表团的深刻意义在哪里呢?

我认为,这一事实的意义在于,这些工人群众现在对自己国家领导人的宣传开始产生怀疑,这些人告诉他们,社会主义是乌托邦,革命至少也是愚蠢的。

这些经济状况日益恶化的群众,看到俄国革命已经存在9年这一事实,他们并没有发现任何要灭亡的迹象,他们开始思考,社会主义并不是乌托邦,革命也不是愚蠢的。这些群众把自己的代表团派到苏联来,是为了亲自证实,俄国无产阶级是否都做到了,苏联工人是否真的是国家的主人,他们是不是在建设社会主义。正是可能建成社会主义的想法把这些工人代表团吸引到了苏联。

随着这个想法得到证实,我们也成了群众积极参加革命活动的见证者。

所有来到苏联的代表团都说,苏联是在建设社会主义。反对派却想让我们说,苏联的社会主义是乌托邦,十月革命则像社会民主党人所说的,是愚蠢的。

然而,我们所有的青年人都坚定地认为,苏联是在建设社会主义。同志们,这就是使我们坚定地反驳反对派在苏联可能建成社会主义的问题上观点的原因。

我还想谈谈国际反对派的错误立场和活动所导致的一些实际后果。为此,不能孤立地,而应该把全部反动派的活动联系起来去看待。

反对派联盟用他们的行动表明,他们可以成为整个反对俄国革命的国际战役链条上的一环,这个链条从反对派经由鲁特·费舍和马斯洛夫,再到卡茨和科尔施,从他们这里再到社会民主党和资产阶级,直至法西斯。

今年，反苏运动的主要口号是，苏维埃国家在向资本主义方向发展，并已经落到了富农手中。德国的社会民主党左派提出了俄国二次革命即资产阶级反革命的口号，法西斯则从这一切中捞到好处，他们想借此证明，在他们与布尔什维克进行的这场世界范围的斗争中，最终胜利的是法西斯。

的确，反对派从来也没有公开承认过，社会民主党提出的这些口号也是他们自己的口号。

然而，加米涅夫同志却在这里说什么，他曾经把在他看来是压榨工人的那种经济称为"恐怖"经济？难道，他不是和那些对无产阶级革命无端指责，说无产阶级革命是对工人的专政，是为富农服务的专政的社会民主党人沆瀣一气吗？

只要反对派不改变自己的立场，只要我们不和他们进行坚决的斗争，反对派的所有活动就只会削弱社会革命斗争。

口口声声说想要为世界革命加速的反对派联盟，实际上是在给革命力量的发展和工人群众的活动制造障碍，这些在实现无产阶级专政9年后仍受到经济压榨的工人群众，是在领导国际革命斗争的共产党和俄国革命周围联合起来的。

事实再一次证明，反对派那些左的词句掩盖了其右的本质。

我就讲到这里。

我的结论是，必须对反对派敌视列宁主义的观点加以驳斥，要对反对派的派别活动和发言加以声讨。青年共产国际执委会扩大全会就是在这样的气氛中通过决议的。

托洛茨基同志在开始讲话时说，青年是最好的反映党内和工人阶级状况的晴雨表。我们不接受托洛茨基同志的那一套，但如果他仍一意孤行，那我就要说，青年晴雨表不会为反对派预测最佳时间，而只能是共产国际的晴雨表。

青年晴雨表和青年共产国际晴雨表只会反映同样的指标,因为它是国际无产阶级先锋队的晴雨表。这个晴雨表表明,反对派该停止派别活动和公开或隐蔽的反党和反列宁主义的活动了。

主席:

柯拉罗夫同志发言。

柯拉罗夫(匈牙利):

同志们!首先我想就新反对派的战略说几句话。

我们在这里听取了反对派三位主要代表的发言,我们的印象是,反对派现在的战略是,要表现得平静而随和。的确,这三位发言的同志都像我们俄国所说的,都表现得不温不火。他们表示相信联共(布),并说他们准备遵守党和共产国际的决议。

但这只是他们当前的战略。几个月前,反对派的立场还不是这样。他们利用的完全是另一套战略规则。你们大家都记得他们发起的全面进攻吧。这差不多是对党和共产国际的公开起义。

我还记得,1923年至1924年和反对派斗争的时候,当时反对派领袖是托洛茨基同志,季诺维也夫同志曾提醒各支部注意,苏联本身和革命存在着巨大的危险,这是托洛茨基同志当时的观点所阐明的。

当时季诺维也夫同志对我们说,事实上,反对派破坏了红军和工人阶级的团结,无产阶级专政本身陷入危险境地。他警告俄国党,但同时也在共产国际各支部发出了警告。他是对的。

但同志们,难道一个多月前我们不正处于这种境地吗?难道季诺维也夫同志混入的新反对派的行为不会导致这种危险吗?难道今年年初他没有企图挑起列宁格勒的无产阶级反对党吗?难道我们没有看见,列宁格勒无产阶级这个革命的最初堡垒起来反对莫斯科的无产阶级吗？难道这对革命来说，对无产阶级专政来说，还不是真正的危险吗？难道季诺维也夫同志没有利用自己的威信，企图分裂共产国际的革命队伍吗？难道他自己在共产国际内没有利用过敌视共产国际现行政策的破坏分子的统一战线吗？难道他没有把极左和极右分子团结起来吗？难道我们没有看到他周围的苏瓦林和博尔迪加、科尔施和乌尔班斯吗？

同志们，如果我们要研究受到反对派影响的目前局势，就应该明确一点，客观上讲，反对派只是促进了反革命，在联共（布）和共产国际需要齐心协力团结起来的关键时候，造成了如此危险的局面。

反对派的行动就是为了给我们党制造混乱，为了制造分裂，至少是企图分裂党，激化党内斗争。

可以确定的是，革命的敌人会因反对派的行为而拍手叫好。难道我们没有看到，各国资本家是如何加紧进攻的？难道我们没有看到，帝国主义者已经磨刀霍霍，准备向苏维埃国家进攻了。那社会民主党呢？难道他们没有振作精神吗？

客观上，反对派的行为是对各国革命运动的沉重打击。

在苏联的工人与罢工的英国矿工空前团结时，在代表团的工人受到俄国工人的影响对伟大的工作充满热情，回到自己的国家进行无产阶级专政、社会主义制度和反对社会民主党人诋毁的宣传时，在这样的时刻，反对派却阻挠俄国无产阶级的活动，给工人代表团的宣传制造障碍，给革命队伍制造混乱，让革命的敌人欢欣鼓舞。

同志们，各国的孟什维克和反革命分子对新反对派活动的历史意义可谓是心领神会。然而，是否可以这么说：反革命分子和孟什维克分子对我们来说意味着什么？他们的观点其实对我们来说没有任何意义。但季诺维也夫同志并不总是持这种观点。在第一次对托洛茨基主义进行讨论时，他非常乐意倾听反革命分子所说的话。

孟什维克是我们的敌人，我们在和他们进行着斗争，但他们常常表现出是很有智慧的敌人，我们也要认真地听他们都说了什么，他常常喜欢这么说。季诺维也夫同志在联共（布）第十三次代表大会上作报告时说："谁关心这个（苏联党内状况）啊？"并自问自答说："克伦斯基之流，伊万诺维奇之流嘛"，接着又补充说："这证明，这是我们全部革命的主要问题。我们讨论的不是派别集团，这里说的是党的命运，工人阶级的命运，共产国际的命运。"

看看吧，这些人，我们的敌人现在考虑的是新反对派和他们的活动。在米留可夫8月27日的《最近新闻报》中我们看到对新反对派的最新评价：

"现在苏维埃政权最危险的敌人是，一旦意识到自己即将被消灭，便悄无声息地靠近并从各个方面合围并一举将其扼死的人。在我们尚未进入准备阶段时，苏联反对派恰好充当了这个必然的和有益的角色。"

这就是反革命分子的评价。正像季诺维也夫同志前一段时间所正确指出的那样，这里说的的确是"布尔什维克党、工人阶级和共产国际的命运"。

但是，同志们，反对派的这个策略遭到苏联工人阶级和整个共产国际的一致抵抗。反对派在联共（布）和共产国际的铜墙铁壁前碰得头破血流。反对派在确信联共（布）的稳固既不是部分的，也不是一时的，才改变了他们的策略。他们发出了撤退的信号，并发表了遵守纪律、忠诚于党的声明。但是，同志们，反对派并不是自觉自愿这么做的，他们只是把旗子卷了起来，但并没有扔掉旗子。他们把旗子藏了起来，等待着更有利的时机，等待着联共（布）和共产国际工作中出现新的困难。不过，同志们，我们并不能保证不出现困难；在新的国际革命胜利之前，他们会继续存在下去。反对派在准备着，伺机重新发起进攻。我们在托洛茨基同志发言的语调中听出了这方面的证据。因此我认为，联共（布）和整个共产国际应该准备防止反对派重新发起攻击的原因。

我还记得，托洛茨基同志1924年在谈托洛茨基主义和托洛茨基反对派时曾要求，党的工作中出现的困难，不应被反对派用来当做再次向党发起进攻的借口。他说，党应该确保在困难条件下百分之百的团结。

同志们，我认为，联共（布）会实现季诺维也夫同志的愿望，而且我还认为，整个共产国际都要按照这次针对季诺维也夫同志本人所提的要求联合起来。

我来谈第二个问题——季诺维也夫同志奇迹般的回归。这个问题也很重要。季诺维也夫同志曾是我们共产国际执行委员会的主席，这位同志受联共（布）委托，直接领导我们共产国际的工作。他是自列宁逝世后，共产国际全部重要的政治决议的起草人。因此，他的回归有着政治意义。

季诺维也夫同志试图在这里和过去的托洛茨基同志划清界限。托洛茨基本人也来到这里说，在重新迈入布尔什维克党的门槛之前，要把与党格格不入的东西全部扔掉。是这样吗？我认为，不是。托洛茨基主义的全部历史从革命时刻起就证明它是矛盾百出的。但我现在不想谈这个问题。现在说的不是过去的托洛茨基主义，而是在革命后、甚至是近几年所表现出来的托洛茨基主义。同志们，我们大家都知道，从1923年起，季诺维也夫同志就是托洛茨基主义最凶猛的敌人。他在联共（布）党内和共产国际都与托洛茨基主义进行着斗争。是他撰写了关于共产国际布尔什维克化的提纲，而且，他还作为布尔什维克化的一位成员推动了与托洛茨基主义的斗争。是他撰写了关于列宁主义一书，四分之三的篇幅写了与托洛茨基主义的斗争。

（有人从座位上喊道："再也别出版了。"）

是的，这本书再也不会出版了，因为现在已经用另一套策略了。

如此说来，同志们，这里说的可不是小事，说的是革命的根本问题，是革命的动力问题，恰恰在这些问题上，季诺维也夫同志可是毫不妥协地对待托洛茨基主义。请允许我引用几段当时季诺维也夫同志对托洛茨基主义的评价：

季诺维也夫同志当时说，托洛茨基主义是对我们党内全部非布尔什维克的东西的丰富。关于托洛茨基的《新方针》一书，他是这样说的，该书

"是最重要的，甚至是反对派最重要的文献，但书中没有一点布尔什维克的东西。"

现在，季诺维也夫同志认为，托洛茨基的《新方针》一书是对布尔什维主义的丰富。

季诺维也夫同志在一次讲话中指出，托洛茨基主义也许会像一勺焦油成为蜜桶的一部分一样，成为共产党的组成部分。

我不认为，同志们，假如往托洛茨基主义这个勺子里加一点儿季诺维也夫主义，焦油就会变成蜜桶的组成部分。

关于托洛茨基同志写的十月和十月革命的文章，他是这样说的：

"托洛茨基同志的这篇文章不是别的，恰恰是企图公开篡改、甚至是摧毁列宁主义的基础。很快，我们全党，他说道，以至整个共产国际就会理解这一点。"

我认为，整个联共（布）和整个共产国际，的确已经理解了这一点，但我们觉得，他季诺维也夫本人似乎已经忘了这一点。季诺维也夫同志接着问道：

"'如果我们走上了托洛茨基给我们指出的路,我们的国家会是什么样呢?'

'国家会变成新经济政策时的俄国那样',他回答说,'在这一意义上说,就是新资产阶级思想家所期待的那样的国家'。"

于是他接着写道:

"广大工人群众的政治热情在高涨,同时,托洛茨基同志的政治热情却在下降。"

在当时,这是完全正确的,但从那时起我们感到,季诺维也夫同志的政治热情也大大下降了。

同志们,现在,当季诺维也夫同志和托洛茨基同志手挽手、肩并肩地走在一起的时候,问题出现了:是托洛茨基同志走向了季诺维也夫同志,还是相反呢?

托洛茨基同志对我们说,他仍然坚持自己的观点,坚持他对联共(布)迄今为止所作的全部批评。他只是放弃了一点,即他在十月革命期间对季诺维也夫同志所作的评价。他是为季诺维也夫同志作出了这个纯属个人行为的让步,因为,这种让步显然是结盟的一个条件。他保留了对联共(布)中央委员会的全部攻击言论。这样一来,季诺维也夫同志就收回了自己的列宁主义旗帜,投到了托洛茨基主义的旗下。这个事实表明,季诺维也夫同志放弃了他在共产国际的全部工作,不再参与共产党布尔什维克化的这一事业。因此我们才能说,在三年的时间里,他针对托洛茨基所说的一切,现在都针对他本人了。

1923年至1924年,季诺维也夫同志揭露了种种打着列宁主义的旗号,对列宁主义进行修正的行径。他说:

"现在,列宁主义思想在国际革命运动中,尤其是在我们苏维埃国家,已经相当强大,以至那些批评列宁主义的人,必须用列宁主义的方法去批评列宁主义；他们用列宁的话，以列宁的名义，口口声声喊着忠于列宁主义基础，却干着修正列宁主义的勾当。"

然而，这个战略，季诺维也夫说，根本不会对局面有所改变。列宁主义的共产党早已清楚这一战略的秘密。不到几个星期，——他警告托洛茨基说，——屋顶的麻雀就会叽叽喳喳地通报这个著名战略失败的消息。托洛茨基同志只是没有注意到一个不大的情况，就是，我们的党是列宁主义的党，它已经成长为列宁主义的党，可以想象得到，它是能够区分列宁主义和托洛茨基主义的。

针对季诺维也夫同志以列宁的名义修正列宁主义的种种企图，我坚信，我们全会一定会异口同声地告诉他：

季诺维也夫同志没有注意到一个不大的情况：就是，联共（布）和整个共产国际现在已经成长为列宁主义的党，可以想象得到，它们是能够区分列宁主义和托洛茨基主义的，甚至托洛茨基主义加上点儿季诺维也夫主义也能区分出来。

最后，我想谈第三个问题，鉴于国际革命的发展，苏联建设社会主义的问题，因为反对派就是这样提出并研究这个问题的。

首先我要说说季诺维也夫同志使用的几个方法。他用了引用的方法。在引用马克思、恩格斯和列宁著作中的各种引文时，他是想向我们证明，一国即苏联是不可能建成社会主义的。

同志们，用引文可能证明一切东西，甚至可以证明，列宁不是列宁主义者，马克思不是马克思主义者。我认为，革命著作中能够使人振奋、鼓舞士气，使群众坚信共产主义能够最终取得胜利的内容都是正确的。

十月革命时，布尔什维克党面临着下面的问题：

是否应该进行决战？布尔什维克是否掌握国家政权？列宁曾在他一

篇著名的文章中这样问道。布尔什维克党和列宁作出了坚定的回答：是的，布尔什维克掌握了国家政权。列宁在回答俄国无产阶级面临的问题时，难道有关国际革命的问题在当时起了重要作用吗？不，同志们。假如你们看一下列宁的这篇文章，就会在里面找到他对俄国革命动力问题的分析。列宁根据对俄国革命力量的评价作出了这样的回答："是的，布尔什维克掌握了政权。"

在列宁同志的著作中只有这一种可能的解释。这样的解释能够激发革命群众去进行斗争，能振奋他们的精神，鼓舞他们的士气，坚定他们必胜的信心。

现在，联共（布）面临着建设社会主义的问题。群众在等待着联共（布）作出清晰而明确的回答。

苏联的确能够建成社会主义吗？俄国无产阶级真的能够依靠自己的力量建设社会主义吗？

同志们，这是俄国革命生死攸关的问题。联共（布）对这个问题的回答是坚定的：

是的，我们能够依靠自己的力量建成社会主义。俄国无产阶级能够依靠自己的力量建成社会主义。

反对派则对这一点表示怀疑。他们歪曲列宁的思想，布尔什维克党和共产国际对此是不能接受的。唯一科学和正确的解释是斯大林同志以联共（布）的名义作出的。只有这样的解释才能加强革命的力量，推动革命向前发展，增强群众对革命胜利的信心。

20多年前，第二国际的改革派和国际的左派斗争时，曾讨论过这样的问题：运动和最终目的，哪个更重要？改良派回答：最终目的什么都不是，运动才是一切。改良派则相反，他们认为目的才是一切。革命的政党应该有明确的目的，如果它不能为广大群众指出明确而清晰的目的，那它就不是革命的政党。

难道我们今天不再进行这样的讨论吗？难道这里说的，不是如何向苏联工人阶级指明他们努力的真正目的，并回答，他们是否能够依靠自己的力量达到这一目的这个问题吗？

联共（布）对这个问题给出了明确而坚定的回答。

相反，托洛茨基同志却企图在我们面前论证对这个问题的否定回答。他的理论的经济基础如下：

他说，苏联经济发展越快，对世界资本主义的依赖性就越大。相反：苏联越独立，发展就会越慢。这是他的理论基础。同志们，这意味着什么？托洛茨基同志把所有有利的机会都让给了资本主义，不利的条件却留给了苏联。

很明显，国际资本主义和苏联经济之间是相互依赖的，但这是一种**相互依赖的关系**，在这种关系中，苏联也起着重要作用。不仅苏联受到国际资本主义的影响，国际资本主义也受到苏联经济的影响。随着苏联社会主义成分的增长，它对国际资本主义的影响也在提升。对这一起码的事实加以否定表明，对苏联社会主义成分的增长缺乏信心，是反对派纲领的基础。事实上，这个理论昭示着，随着苏联和苏联经济的发展，它会日益变为国际资本主义的附庸，换句话说，这是向国际资本主义投降的理论。托洛茨基同志的观点是投降分子的理论。

托洛茨基同志号召我们进行参加世界革命。当然，当世界革命发生时，它会挽救一切。这是完全正确的！但是，同志们，现在我们这里说的不是这个我们大家都知道的真理，而是要在整个社会革命阶段——从现在到革命结束——加强苏联和国际无产阶级的活动和斗争。这才是我们要说的。

反对派在两方面采取了投机的办法。

在国内，他们利用建设社会主义事业中出现的困难，利用最自觉的工人阶层明显的不满情绪。

在国外，在共产国际，反对派利用国际主义情感，利用共产党员的国际主义自觉性。反对派对他们说：难道你们不相信国际革命吗？你们为什么不想让国际革命成为苏联建设社会主义的最重要因素呢？

同志们，国际主义在托洛茨基同志的理论中仅仅是一个句子而已。国际主义在他的理论中所起的作用相当于在第二国际的理论中的作用。资本主义国家的工人阶级不能将革命的经济方面与政治方面区分开来。这完全是正常的、可以理解的和正确的。的确，当托洛茨基同志对任何一个资本主义国家的无产阶级说，它应该为无产阶级专政而战的时候，它就能够把政权掌握在自己的手中，在政治上战胜资产阶级，那么，这是正确的。但他又补充说，在战胜资产阶级、确立无产阶级专政后，无产阶级不能依靠自己的力量建设社会主义，它需要其他国家取得胜利的无产阶级的支持，这就出现一个问题：难道这是在鼓励德国、法国、英国的无产阶级进行革命斗争吗？难道这种所谓的革命理论，真的能推动人民群众进行革命吗？当然不能。

德国、法国和英国的工人不仅关心无产阶级在政治上的专政，他们还关心革命的前途即社会主义的建设问题。他们所讨论的不仅仅是苏联社会主义制度的确立，而且还关心社会主义建设的问题，这是他们努力的目标。但是，当你对他们说，他们自身的力量不足以建设社会主义制度时，很显然，由于担心孤立无援，他们就不敢去进行革命斗争，他们也不会在一个独立的国家内进行无产阶级专政。这样一来，新反对派理论里唯一的一个具有革命意味、号召人们进行国际革命的句子，实际上却成了工人群众进行革命活动的障碍。现在，当必须加强广大群众的活动，反对派的理论成了社会民主主义、改良主义和反革命的理论，我希望，整个共产国际要一致对它进行谴责。

这一理论无疑具有孟什维克的特点，在我们共产国际成立七年之际，当新反对派向马克思和列宁的理论基础发起进攻之际，共产国际要坚决有力地予以还击。

正在建设社会主义的苏联无产阶级能够达到自己的目的——它确实能够建成社会主义社会。为了减轻他们的工作负担，共产国际会为他们提供一切帮助，随着共产国际所进行的国际革命的胜利，苏联社会主义也终将取得最后的胜利。

洛佐夫斯基（苏联）：

反对派代表的发言给共产国际提出了一系列需要认真讨论和思考的问题。假如季诺维也夫同志和托洛茨基同志发言的目的是提出一些理论问题，加米涅夫同志则提出了政治纲领，外面包裹一层可称为**迷雾**的季诺维也夫同志的观点，这迷雾不再是军事技巧，——化学战中通常都是用特殊的面罩把敌方部队的脸遮住，——在季诺维也夫同志后面发言的是托洛茨基同志，他稍稍掀开了反对派理论的面罩，加米涅夫紧随其后，他给我们展示了完整的实验性纲领。反对派的出发点、他们费尽心机所要达到的目的，就是一国是否能够建成社会主义的问题，对这个问题说了太多的多余的话，每个人都要拨开层层迷雾，看到问题的真相，因为里面有太多空洞的观点和绝少经过论证的乱七八糟的东西。

1. 关于一国建设社会主义和苏联与资本主义之间的斗争

只是到了1925年，这个问题才有了现实可能性。季诺维也夫同志向共产国际发出质问，为什么现在才出现这个问题，以前为什么没有出现？回答这个问题很简单，因为1925年以前，我们党内还没有对这方面表示怀疑的人。既然出现了这种怀疑的思潮，甚至这种思潮还把这个问题作为他们全部纲领的基础，这个问题就列入了联共（布）和整个共产国际的议事日程。在这个问题上，季诺维也夫同志和托洛茨基同志总是想把水搅混。也就是说，他们不仅把理论问题，还把其他一系列问题当做幌子。我们首先想在这一问题上区分出最重要的几点：(1) 大家都认同，一国的无产阶级应该先从社会革命入手；(2) 大家都认为，社会主义的**最终**胜利就是消灭阶级，它是与最重要的资本主义国家的无产阶级的胜利联系在一起的。分歧也许就在于，如何界定社会革命的开始和社会主义最终胜利。

与反对派的争论也不是从一国**最终**建成社会主义，而是从**我们现在是否是在建设社会主义**和**我们是否应该继续建设**社会主义这个问题开始的，争论的是**关于**我们国家工业的**性质**问题和我国经济的性质问题。现在，反对派的所有发言人都在一国能否最终建成社会主义这个问题上摇唇鼓舌，以此掩盖他们放弃最初立场的行径。反对派代表在这个问题上都说些什么呢？他们在这里说的相当混乱。反对派的同志说得越多，就越不明白，他们的理论到底都是什么。请想一想，季诺维也夫同志、加米涅夫同志和托洛茨基同志在第十四次代表大会和第十五次代表会议上都说了什么？他们的发言中有太多的定义、引文，但很难从他们的长篇大论中品出味道来。假如反对派认为，一国的无产阶级应该**开始社会革命**，假如反对派**现在**宣布，说我们**正在建设**社会主义，**而且应该继续建设社会主义**，假如反对派从多次发言中听到，**最终**建成社会主义（消灭阶级等等）是与其他最重要国家的无产阶级胜利紧密相连，那在这里还争论什么呢？

托洛茨基同志在报告中说，我们苏联正在建设社会主义，而且应该继续建设社会主义。他在这个报告中声称，我们国家的经济越发展，其"对世界经济、对资本主义及其技术和经济的依赖程度越高"。托洛茨基同志在另一个地方使用的言辞更尖锐。托洛茨基同志说，"我们一直**处于世界经济的控制之下**……我们一方面依靠农民，另一方面依靠工业需求才**进入世界经济**，而且这种联系日益紧密。我们**与世界经济日益连**

成一体"。但假如一切果真像托洛茨基同志所说的那样，那么，对于我们正在建设社会主义和应该继续建设社会主义，他该怎么说呢？多么好的能**加强**世界市场对苏联控制的社会主义建设啊！多么好的能与我国经济与世界经济连为一体的社会主义啊！这样一来，问题的实质就不是我们是否能够靠自己的力量最终建成无阶级的社会，而是我们**现在**是否在切实地奔向这个目标，我们是否正在建设社会主义，或者说，我们的全部工作是否仅仅为了加强世界资本主义对苏联的控制。也许，没有什么理由混淆这个问题。那么就请告诉我们，苏联经济的增长对我们来说是危险的，因为这会与世界经济连为一体；就请告诉我们，不要对一国最终建成社会主义这个问题遮遮掩掩。融入资本主义世界经济的国家，受到世界经济的控制，日益与资本主义融为一体，这样的国家不是走向社会主义，而是走向资本主义。我们在建设什么，托洛茨基同志？但如果我们日益受到世界经济的控制，我们是不是该建设点什么？苏联与世界经济连为一体的理论有以下两个前提基础：（1）世界资本主义**总体上**是走上升路线的；（2）苏联没有建设任何社会主义。只有从这一前提出发，才能得出托洛茨基同志发言中向我们展示的那个理论。

反对派只是想把水搅混，其实他们清楚得很，只是把一国建设社会主义当做幌子，其实在争论其他的问题。对反对派来说，这不过是假借名义。对于反对派来说，这个理论上的幌子掩盖着他们一定的政治目的。什么样的目的呢？这个目的是：证明联共（布）**存在滑向其他阶级轨道的迹象**。既然反对派说是存在迹象，由此逻辑就会推出其他结论。众所周知，这些其他结论是：（1）世界革命一蹶不振；（2）代之以国际革命性的是国家局限性；（3）偏向富农；（4）偏向社会民主党。所有这些必然是从我们党已经脱离阶级轨道，联共（布）的政策已经开始与无产阶级和无产阶级革命的利益背道而驰（加米涅夫）这个大前提得出的。问题的核心就在这里。假如反对派不是**长篇大论**，而是简单列出一些证明党是如何滑向其他轨道的事实就好了。这样就可以拨开季诺维也夫同志施放的迷雾了。季诺维也夫同志忘记在报告中引用事实,在有特殊背景的各国工人面前讲话时,事实是最重要的"细节"。

2. 关于国家改革的前途

反动派只在一国建设社会主义的问题上发起攻击有怎样的政治意义?在他们长篇大论背后掩盖的简单的政治意义在于,他们试图证明,我们党内存在着将我们革命与世界革命割裂开来的理论和实践,世界革命的意义在苏联的"国家"利益面前已经退居第二位。在哪儿、是谁、什么时候论证过这个观点?请指出我们党的一个决议,一次负责任的讲话,哪里没有把苏联的利益与国际无产阶级的利益联系在一起。是谁提出的割裂这种说法,是谁,像加米涅夫在报告中说的那样,"用国家改革的前途替代国际革命前途"。总之,"国家改革前途"意味着什么?这是社会民主党的前途。这意味着:(1)国际无产阶级的利益服从于国际利益;(2)共产国际被用来作为苏联对外政策的工具;(3)把无产阶级专政变为农民和新资产阶级专政;(4)与国际改革良派结盟;(5)对世界革命顶礼膜拜;(6)与世界资本主义结盟(顺便说一下,这种前途是托洛茨基同志说的)。如果加米涅夫同志想过,他这些术语都是什么意思,他为什么不对我们党已经或者正在走向或滑向这条道路进行任何论证呢?为什么他只是作口头上的宣讲呢?假如加米涅夫同志相信他所说的话,他就应该建议共产国际开除那些把联共(布)拉上国家改良道路的人。假如联共(布)支持这样的人,加米涅夫同志就应该有勇气建议共产国际开除这些人。但是他没有提出这样的建议。因为他自己也不相信他对你们说的话。

加米涅夫同志想把季诺维也夫同志的理论加上伪装。结果呢?实际上却赤裸裸地说什么，有人用国家的改革前途来代替人民的革命前途，但他忘了说，到底是谁、什么时候、在哪儿、为什么要偷换概念？是的，加米涅夫同志举了些例子，其中还提到英俄统一委员会。但所有这些例子，甚至他对这些例子所作的解释，都是互不相干、毫无关联的，这说明，无论如何也不能用国家的改革前途来代替人民的革命前途。加米涅夫同志自己都不相信自己说的话，他的讲话能证明这一点。加米涅夫在讲话开头，在发表声明后，都说我们党内存在着右倾，他说：

"党内经常出现的右倾无疑不意味着，我们党内出现了'热月政变'，也就是权力从无产阶级手里转到了某个其他阶级的手里，**不**意味着党滑离了阶级政策的轨道，这也**不**意味着，乌斯特里亚洛夫这样的资产阶级民主倾向的新资产阶级思想家，实现了他们把布尔什维克变成资产阶级民主派的愿望。"

但是，假如"右倾"不意味着偏离阶级政策，那么，加米涅夫同志发言中间怎么会"用国家的改良主义前途替换人民的革命前途"呢？好一个"没有滑离"，好一个阶级政策！怎么，加米涅夫同志，你在开玩笑？您，感谢上帝，是个成年人，知道什么是国家改良主义前途。这是场什么游戏？这场游戏对谁有利？

于是，一切都从抽象的辩论、一国建设社会主义理论、从论证党没有偏离阶级政策开始，而以"国家改良主义前途"而告终。用反对派的语言来说，这叫做解释问题，向共产国际及其各支部说明我们党和反对派之间存在的"实际"分歧。

3. 谁、滑向哪里

我们看到，加米涅夫同志把注意力全部集中到联共（布）党内的右倾，并以此来加重季诺维也夫同志声明的分量，声明的内容涉及共产国际显然是受到联共（布）的影响整体向右转的情况。我们党内右倾表现在哪里，这你们都听到了，而且从加米涅夫同志那儿也听到了，说反对派所说的一切，并不意味着党滑离了阶级路线。但假如党没有滑离轨道，它也许是站在原来的立场上，干着右倾的勾当？原来的立场是什么？是列宁主义的立场。但新的立场呢？按照加米涅夫同志的权威解释（"党不会滑离阶级政策的轨道"），又是列宁主义的立场。在加米涅夫看来，也许，可能是没有偏离阶级政策的轨道，却能有国家改良主义的前途。真是帮了个大忙，没什么可说的！

既然加米涅夫同志不敢直说，是谁、滑向哪里，那我们就替他回答这个问题。我们把白俄侨民作为这个事情的证人，他们正屏息静观联共（布）内的分歧。1926年中期时，柏林出版了一本孟什维克文集，名为**《革命的问题》**。这本论文集收入孟什维克左派和右派代表的文章。右派代表加尔维提出这样一个问题："该以怎样的立场对待布尔什维克——改良主义反对派立场，还是纯粹革命的立场？"就是这个纯粹的革命者（社会民主派越反动，他们对待苏维埃制度就越革命），在评价联共（布）党内反对派时，在这些"**反革命的问题**"中这样写道："反对派，不论其取向如何，是否违反其领导人的意志，总是**在党内和国内**扮演着**不满情绪收集者**的角色。"所有侨民报纸都对反对派这一明显的作用大加宣传。接着，在8月中旬，在米留可夫11月30日的《最近新闻报》中又刊登题为"捍卫反对派"的系列文章，是针对联共（布）第十五次代表会议的，我们可以看到：

"毫无疑问，俄国大多数反对布尔什维克的人对反对派的各种表态都表示拥护，因为这些声明对中央委员会而言，是对苏俄真实状况公正而残酷的揭露。从这一观点来看，反对派当然是表达了大多数没有可能公开表达自己思想的民众的观点。"

对这段引文无需再作任何解释了。表达得再清楚不过了。我们再引用一期《最近新闻报》，这里有对反对派批判性纲领的评价。12月12日《最近新闻报》就这一问题写道：

"在反对派的纲领中存在着强烈的批判色彩。有种种证据表明，当权者的现行政策不会将俄国引向社会主义，也不会将欧洲引向世界革命，证据威力强大，**反对派其实是重复着近几年侨民报纸一直在说的那些东西**。"

如果对此再加以补充，前马克思主义者和现在的白匪军亚·伊兹哥耶夫说，"社会主义在一国取得胜利，从马克思主义的观点来看，简直是荒唐至极"，如果再看看社会民主党与联共（布）和共产国际之间在粉碎反对派之后的激烈斗争，对国际改良主义到底站在哪一边，就不会有任何怀疑了。国际上的社会民主党和白俄侨民把联共（布）党内的反对派看做是削弱无产阶级专政的利器。因此，《最近新闻报》强调指出，俄国所有反对布尔什维克的人"对反对派的各种表态都表示拥护"。如果我们看看那些评论的内容和反对派抨击的一些主要论点，我们就会看到，这都是国际改良主义在否定我国社会主义建设和革命本身时所抨击的问题。

到底谁有国家改良主义前途和社会民主主义倾向呢？党还是反对派？只要稍稍回忆一下托洛茨基同志关于苏联与资本主义**决战**的理论，以及加米涅夫同志在联共（布）第十五次代表会议上对这个问题的答案就足够了。

4. 关于英俄统一委员会

众所周知，英俄委员会的危机已经成为我们反对派谈论的主要话题。许多右倾分子中，还要加上加米涅夫这位同志。这位"右倾的同志"的右倾表现在，联共（布）和共产国际不认为有必要解散英俄委员会，它们都清楚，总理事会那些右派成员和所谓左派成员的行径有多么恶毒。现在，讨论了7个月后，可以作出一些结论了。争论的问题是什么？不是总理事会出卖、背叛了罢工运动，也不是共产党、革命联盟，尤其是全苏工会中央理事会应揭穿右派和所谓的左派的背叛行径。这里的问题在于，我们是否应该帮助总理事会摆脱它对国际工会运动所承担的那些责任。问题在于，是否应该帮托马斯、皮尤和其他英国资产阶级代理人拆散违背他们意志建立的机构。问题在于，是否应该帮助共产国际、红色工会国际和苏联的所有敌人，给他们减轻负担。我们党认为，我们没有理由为我们的敌人扫清道路；我们党认为，我们必须对那些叛徒给予打击，不要解散英俄委员会；我们党认为，发生爆炸和产生不安情绪的理论和实践告诉我们，共产党员和改良派分子不要在同样的工会机构中共处；我们党在这场争论中只是着眼于苏联和英国的工人群众之间接近的形式和方法——这是众所周知的；说到总理事会重新研究了英俄委员会的构成，大家也是知道的，但这里的问题是：为什么总理事会对英俄委员会没有反感呢？总理事会不公开反对英俄委员会，是因为它害怕本国的工人，它知道，它在这个问题提议的话，会引起英国广大无产阶级的不满和仇恨。因此，总理事会才施展外交手腕，用那套粗制滥造的法律文本，搞起了骗人的勾当，但它还是不敢提议形式上解散英俄委员会。现在，英国和苏联的无产阶级加强了联系，反对派中未必会有人否认这一点，但反对派成员当中没有人能够解释，为什么他们的联系加强了。解释这里的原因并不难。这种联系加强了，是因为（1）苏联工人阶级对英国矿工的工作给予了切实的帮助；（2）苏联工会对总理事会进行了严厉批评，并对总理事会左倾和右倾领导人的背叛行径进行了揭露；（3）苏联不是拆散英俄委员会，而是始终致力于使英国和苏联工人之间的联系更加紧密和亲近。但假如这些都是事实的话，为什么反对派还要抓住英俄委员会的危机不放呢？为什么反对派非要把这样的方针说成是右倾呢？只是为了充实他们的纲领，只是为了再次突出强调他们革命性，从而将"国际主义的革命"前途与"国家的改良主义"前途对立起来。但反对派并不像他们自己所表白的那样革命。

5. 共产国际中的右倾和极左倾向

季诺维也夫同志讲话时提到了对待共产国际内极左和右倾的态度不正确的问题。从季诺维也夫同志的讲话中我们看到，这是联共（布）向右转的结果。为了证明自己的立场（要始终宽恕极左，打击右倾），他引用了列宁的话，列宁的确始终强调必须与机会主义作斗争，但季诺维也夫同志却忘记了，这里说的是什么样的机会主义，是共产国际**外部**的机会主义，还是共产国际内部的机会主义。季诺维也夫同志忘了继续跟我们说，既然说的是共产国际内部的机会主义倾向，那么，列宁在这种时刻一直强调，既要打击左倾机会主义，也要打击右倾机会主义。季诺维也夫同志却毫无缘由地忘记了这一点。季诺维也夫同志只是装作不明白，1919年—1921年极左倾向和1926年极左倾向有什么区别。这正如敖德萨俗话所说，可是"天壤之别"。我们可以回忆一下共产国际第二次代表会议，出现了极左派，我们的任务就是肃清他们头脑中的混乱思想，把他们改造成真正的共产党员。参加过这次会议的人都应该记得，列宁是如何教导加拉赫及其他人的，他们是向我们靠拢的无产阶级。难道现在德国极左派与1920年时的极左派有什么相似之处吗？没有任何相似之处。他们与我们是背道而驰的。因此，现在需要的是另一种政策。列宁主义不是任何条件下都适用的。这不是列宁主义，而是咬文嚼字。季诺维也夫同志提出了这个问题，主要是由于德国目前的局势。他没说出名字，但事情是明摆着的：

"你们开除了马斯洛夫、鲁特·费舍、肖勒姆等人，还会有迈耶尔跳出来，后面还有布兰德勒、塔尔海默的影子。"

季诺维也夫同志想用布兰德勒来吓唬我们。共产国际不必和马斯洛夫和鲁特·费舍这样的冒险主义者打交道，它只能、也应该利用布兰德勒、塔尔海默这样的同志，现在对此没有人表示怀疑。

季诺维也夫同志是从哪里看到，说列宁主义纵容极左派冒险主义者，要左右各打五十大板呢？他又是从哪里看到，说马斯洛夫、鲁特·费舍、肖勒姆等人现在和左派和极左派有某种关系呢？难道我们没有看见，在极左幌子的掩盖下，德国已经形成了一个相当明确的反革命中心？难道共产国际不想消灭打着任何幌子的反革命巢穴？当然，要把领导者和普通工人区分开来。当然，还要对犯了错误的无产者进行长期、艰巨的政治教育工作。但对待科尔施、马斯洛夫、鲁特·费舍、施瓦茨这些人的策略，未见得适用于共产主义运动中那些住别墅的人。如果季诺维也夫同志认为，有可能在一定条件下把被开除的苏瓦林请回来的话，那他为什么不继续用迈耶尔、布兰德勒、塔尔海默这些人来吓唬人呢？是不是因为，布兰德勒从未反对过共产国际、联共（布）和苏联，那么作为苏瓦林也只能这么做。难道真的必须搞平衡吗？在我看来，季诺维也夫同志提出这样的问题是错误的。他比任何人都清楚，马斯洛夫、肖勒姆、卡茨、施瓦茨和鲁特·费舍之流在德国共产党内干了多少坏事。我以共产国际代表团成员身份参加过德国共产党的党代表大会。我亲眼看到，这伙冒险主义者是如何掌握党内大权的。当时共产国际代表团就对马斯洛夫、鲁特·费舍这些人说，你们掌握着建立第四国际、解散共产国际等的方针。托洛茨基同志大概不会否认这样的事实，摆脱了这些冒险主义者的德国共产党已经开始成长、壮大。他对德国的情况太了解，他是无法反驳的。

6. 反对派不断……的理论和实践

继续斗争会把反对派引向何处？如果加米涅夫同志说得对，如果我们真的是由国家改良主义的前景代替了国际革命前景，那就应该由此得出结论。在共产国际中容忍这种倾向，还叫什么共产国际？如果按照季诺维也夫同志的理论，就应该总是打击右倾，那他为什么不建议共产国际打击联共（布）呢？所有的局部问题在这些根本问题面前都要退居其次。或者我们拥有国家改良主义前景，那就要向我们开火；或者，说这些是在玩弄辞藻。加米涅夫是一位相当认真的政治家，不会不明白他这些话的意义。托洛茨基同志、季诺维也夫同志和加米涅夫同志都参加了这场政治战役，因此，我们有权要求他们对我们党所面临的这些指责作出解释。托洛茨基同志、季诺维也夫同志和加米涅夫同志打算如何向国际无产阶级解释，他们在全会上说的话呢？一方面，党并没有滑离阶级政策的轨道；另一方面，党用国家改良主义前景代替国际革命前景。一方面是社会主义，另一方面是与资本主义等的战役。任何一位工人最终都会明白，这些概念和声明都意味着什么。不能把反对派的声明当真，这一点加米涅夫同志本人在他矛盾百出的观点中也有所担忧。因此，当我打算在全会扩大会议上弄清楚，联共（布）反对派到底想干什么，他们的最终目的是什么时，我得出了下面的结论：反对派把不断革命理论变成了不断反动的理论，他们在没有分歧的地方寻找分歧，但是在存在分歧的地方却找不到分歧，他们没有看到一个不争的事实，即局势和我们的党造就了大量的领导人。党随着一些领导人分化了。但在这种情况下不能把党往后拉，要跟党一起走，服从党的决定。我们党内的不断反对派——托洛茨基同志、季诺维也夫同志和加米涅夫同志非常

清楚这一点——以不利于反对派的结果而告终。（鼓掌）

克拉拉·蔡特金（德国）：

同志们！加米涅夫同志的讲话给联共（布）反对派领袖的讲话赋予了某些迄今为止几乎没有过的具体内容。事实上，这些领导人有着无可争辩的在执委会全会捍卫自己观点的权利。里泽同志的权利无疑应该赋予这些领导人们。然而，需要指出的是，捍卫某个观点应该限定并局限于共产党和整个共产国际的任何需求。但抛开权利不说，反对派领袖完全有理由在共产国际面前履行一定的义务。这就是——讲清理由，回答问题，他们是出于哪些深层次的策略性动因，让联共（布）和共产国际大为不安，以致联共（布）也必须采取坚决的措施，起来反对这些在1917年十月革命及以后年间的革命胜利中立下不可磨灭功勋的同志。尤其是党反对托洛茨基，他在反对协约国的卫国战争中曾是苏维埃国家的保卫者，功不可没；还要反对季诺维也夫，他受俄共委托，自共产国际成立之日起就担任主席，尽管犯过严重错误，但无疑有着重大贡献。他们的功绩如果在这种时候被错误所掩盖，那么，季诺维也夫同志在很大程度上对事态的发展是应负责任的，反对派与大多数党员进行残酷斗争，进而组成派别，此外，季诺维也夫同志作为共产国际的主席，对其各支部也有很大影响。我再重复一下，必须让反对派领袖们对全会作出回答。

托洛茨基被宣布为列宁主义的反对者时，季诺维也夫同志带领共产国际的所有支部参与了反对托洛茨基同志的这场斗争。现在，他面对共产国际时，已经与托洛茨基结盟，针对自己改变了对托洛茨基的态度方面他表示，反对托洛茨基是自己一生中所犯的最大的政治错误。简直无法解释，季诺维也夫，这位此前担任过共产国际主席的人，竟与托洛茨基结成联盟。他把那些远离共产主义根基，现在已经退出我们队伍的左派和右派分子拉进这个联盟。他还勾结德国一小撮极左派领导人科尔施、韦伯，勾结以马斯洛夫和费舍先生为核心的团伙，这些人破坏党的纪律，反对共产国际，反对德国共产党，反对全苏共产党，反对苏联本身，已经被开除出党。结果证明，所有了解情况的人早已知道，马斯洛夫、费舍、肖勒姆这些人，与无产阶级联系在一起的不是深刻的信念，只是他们蛊惑人心的那些激进口号而已。在资产阶级报刊上恶毒攻击苏联和共产国际的极右派分子鲍里斯·苏瓦林，也被季诺维也夫说成是极左派。还有，我们都知道，季诺维也夫同志还是一次追捕行动的罪魁，至少可以说是积极分子之一吧，这次追捕行动的后果是，拉狄克同志因对共产党在西方政策问题上的观点，与布兰德勒和塔尔海默一起被开除出共产国际。现在，拉狄克同志在俄国问题上与反对派站到一起，与自己的朋友布兰德勒和塔尔海默又出现了隔阂。但季诺维也夫老爹感动得把迷路的儿子拥到怀里，贴到心上。

难道这些现象不会在对待执委会的任务和政策问题上有所反映吗？这些现象至少需要作一些有理有据的解释。

季诺维也夫同志突然成了争取党的民主、反对党的机关的旗帜鲜明的斗士。同志们，季诺维也夫同志本人早已不由自主地忘记了党内民主，在这里，在苏联和在共产国际的各个支部肆无忌惮地利用党的机关，打击那些不愿意对他们百依百顺、按照他们的意志行事的同志。不知他是否忘记，肖勒姆—马斯洛夫—费舍三人集团滥用执委会大多数人的意见，说是左派挽救了德国党，他们这样做的目的，无非是要把每个被贴上"右派"标签的人赶出党，这样一来，有生力量被赶出党，或者至少给党的工作制造了困难。这三个人控制党的时期，每个被怀疑是否懂得德语或至少懂点革命的有马克思主义常识的人都被说成是"右派"，他们所说的常识常常是要印上7次的书。这样做的结果是，党被派别斗争搞得四分五裂。党现在各方面都面临着重大困难，因此，要加强组织纪律性和思想的统一，要团结起来，积极工作。由于极右派领导人企图暗中破坏，想要实现政治方针的共产国际的领导人将面临更大的困难。

同志们！1925年11月，也就是一年前不久，托洛茨基同志为他的小册子《资本主义或共产主义》写了德文版前言。他在前言中说，苏联经济的发展无疑会大大促进社会主义。根据他的结论，在回答列宁提出的阐明"谁战胜"的经典问题时就可以说，社会主义能够战胜资本主义，而不是相反。托洛茨基同志的确指出了威胁社会主义发展的巨大危险，但最后还是信心十足地说，没有任何理由对前途悲观失望。今天，托洛茨基同志与联共（布）反对派并肩站在我们面前，还和国外那些极左和极右派领导人勾结在一起，这些人不但怀疑，假如没有世界革命的迅速援助，苏联能否建成社会主义，而且还与资产阶级沆瀣一气，对苏联的社会主义建设极尽诬蔑、谩骂之能事，他们所用的无非是考茨基、韦尔斯、奥托·鲍威尔这些社会民主派—改良派的词语和思想。

我认为，这些事实——这的确是事实——应该能够促使反对派领袖在这里，对共产国际的代表们对自己的所作所为作一番解释和说明。假如他们能够认真地、有理有据地分析造成联共（布）党内冲突的问题，前面所说的才会成为可能。但他们没有这样做。这样一来，他们就放弃了捍卫自己观点的权利，也没有履行自己回答问题的义务。他们都做了什么呢？季诺维也夫同志和托洛茨基同志只是轻描淡写地谈了争论的问题，做了优雅的理论手势。尤其是在会上用了一堆引文的季诺维也夫同志。加米涅夫同志的立场略有不同。他至少是谈了争论的问题，但他所说的内容无论如何也不能说是对反对派观点有理有据的论证和说明。没有，他在这里所说的，其实不是别的，只是对这些问题作了干巴巴的分类，这个分类不系统，也不完整。大多数观点都是以前的观点，没有任何证据证明和判定,"右"是什么。为什么是"右"呢?"右"这种表达方式属于时髦词汇,我们有时不想证明某个观点是否正确时,总是喜欢用这个词。"恰恰是在没有思想的时候,才会出现词汇。""右"这个词就属于这种情况。加米涅夫同志不想证明,联共(布)大多数的观点和政策偏离了列宁的路线,才把"右"这个词搬到台上来。

他没有阐明布尔什维克与反对派之间矛盾的实质,也根本没有说,由这些矛盾引发的和派别斗争有多么残酷。对于严重影响讨论气氛、说"斯大林派"的政策不是把经济引向社会主义而是引向资本主义的严厉指责,他什么都没说,只是简要表达了加快工业化速度的愿望而已。

相对于富农和耐普曼来说,无产阶级的阶级地位没有得到相应的改善,劳动条件即使在苏联企业里也没有得到改善,这些他都只字未提。他只是提醒说,要大幅度提高无产阶级在国民财富中的比例,对此,首先要尽可能提高工人的实际工资。

对于党和苏维埃国家的蜕化变质他也只字未提,只是要求党在任何条件下都要毫不动摇地保存列宁的理论和实践遗产,使党坚定地执行无产阶级专政。如果评价一下联共(布)党内出现的加米涅夫同志所说的那些矛盾,会有这样一种感觉,反对派只是我们党认真而友好的规劝者,再没有别的了。总而言之,反对派表现出来的不是他们真正的面目——布尔什维克党毫不妥协的敌人;是党的破坏者,他们通过派别活动把党的感情变得迟钝,假如企业的工人,假如全体党员不大声疾呼:"站住,不要再迈一步",他们就可能把他们的工作进行到底,把党搞垮,组成两个党。

同志们!在残酷的党内斗争之后,加米涅夫同志的结论好似那可敬的市井女子纪念激情岁月的枯萎的玫瑰花瓣。不过,只是顺带提起了激情的恶果——成立派别。

总之,反对派领袖的发言是企图将冲突扩展到联共(布)之外,并借助共产国际重新挑起冲突。如果他们的阴谋得逞，那么在俄国发生冲突的过程中，就会给所有离开共产国际的人或者继续在共产国际内进行破坏活动的极左派和极右派提供舞台，给一小撮狂热盯住俄国问题不放的领导人提供舞台，他们盯着俄国的目的，是为了掩盖他们彻头彻尾的政治无能，哪怕是正确评价和定义本国共产党所面临的问题和任务都不行，更不用说完成任务和解决问题了。

依我之见，这一企图已经有了切实的结果。它打破了用极左传说在反对派领袖周围形成的光环，传说的编造者为思想自由和正确的列宁主义路线的蒙难者，他们被"不可靠"的斯大林派别戴上了笼头。反对派在这次全会上发言后，这个传说再也不诱人了。

加米涅夫同志说，党的大多数成员和反动派之间所有思想上和策略上的矛盾就在于对待一国能否取得社会主义胜利的问题，以及与这个答案相关的前景问题：是世界社会主义革命的国际前景，还是国家改良主义的发展前景。

同志们！反对派说，提出这个问题的意义是为了理解矛盾，是为了对他们有个正确的态度，我认为，这不是什么别的，恰恰是一种手腕，礼貌地说是佯攻，因此，这完全可以说是不真诚和伪善的政治。这到底是怎么回事？反动派躲进森林，显然是为了反对富农这个危险的敌人。为了加快工业化速度，提高劳动生产率，反对派向他们的志同道合者们发出了这样的指示：去团结那些有不满情绪的党员和工人，把他们召集起来，把他们组成保卫反对派的队伍。为了打破世界资本的稳定，俄国反对派还与共产国际各支部被认定为极左派的人结成联盟。反对派对此作何解释？我们不再说这些鸡毛蒜皮的小事了，最好看看刚刚出现的景色：我们最优秀的领导人在研究一本神书，并从中汲取着神谕，如果没有无产阶级已经取得政权的其他国家的帮助，一国能否实现社会主义。

非常好，同志们。谁也没有比我更尊重我们导师的作品了，但我认为，如果把他们的著作看做是共产党员在平日和节假日做政治大餐的食材，那就太愚蠢了。我们在导师的书中找到的最有价值的东西，不是已经定型的历史资料，首先是工作手段和研究方法，有了这些，我们才会像他们那样，要求正确对待世界革命、个别国家革命这些与我们的目的相关的问题。同志们，当我在这里听到大量引文，尤其是季诺维也夫同志、托洛茨基同志和加米涅夫同志的引文时，我不由得感觉到，我好像不是在参加革命战士的会议，而是在听传道士在讲圣经。我仿佛听到了中世纪的经院哲学。对"马有多少颗牙"这个问题，这些学者不是简单地回答：看看马嘴，数一数牙就知道了。不。他们去找亚里士多德，在他的书里数，马有几颗牙。同志们，我不用这个方法，这简直就是单纯用引文来解决活生生的现实问题。你们也许认为，我的态度是不是有些过激？我这样做，实际上是因为，我认为这个方法太危险了。在可预见的情形下，这个方法会使人陷入非辩证的、本本主义的抽象思维，而不是使人更现实、更充满斗志、对胜利充满信心。没有某些高度发达的资本主义国家的革命胜利，苏维埃国家能否在一国实现社会主义？这种抽象的问题根本不会有答案的。不，只有红色十月中俄国无产阶级的胜利向历史所提出的有生命力的问题才会有答案；只有无数先烈在反对国内外反革命，保卫苏维埃国家的战斗中用鲜血写就的问题中才有答案。我们现在要做的是，支持和发展苏联的社会主义建设事业，从无产阶级专政开始的建设事业，这是一项伟大的历史事件，在共产党领导下，千百万人民群众作出了历史性功绩和无私奉献。

关于苏联是否有权利实现社会主义的问题还值得一提吗？不，无产阶级和共产党对这个问题已经作出正面回答。没有必要在这里争论，要集中全力建设社会主义，要动员一切力量，让社会主义的萌芽开花结果。我觉得，我可以用我自己的脑袋担保，假如马克思和恩格斯在世的话，他们会驳斥一国能否建成社会主义的问题，他们会对俄国无产阶级的成绩、对苏联的生活和发展感到惊异。他们会说：这就是发生在我们眼前和千百万人斗争中的可能建成社会主义的证明。

那列宁同志呢！他更没有像其他人那样，从个别单独的引文中得出永久性规律。列宁，这个现实革命家中最卓越的人，在对总的规律下定义时相当谨慎。

他总是相当谨慎地对历史发展进程下定义。他总是在对一些具体事实进行认真研究后才提出理论观点，下定义时也会同时指出具体明确的目的。列宁从来不是自己定义的俘虏，他从来不会用自己以前所下的定义来束缚自己的行为。在理论和实践活生生的发展过程中，他总是准备着重新审视自己的观点，从不屈服于生活的强势和无声文字的强权。

同志们，在我看来——尽管我不允许作心理测试，但在我看来，反对派是有意识地只用学院派腔调，而不是具体提出世界无产阶级革命和苏联社会主义建设之间关系的问题，就是说，没有基于苏联实现社会主义的历史条件谈这些问题的辩证联系。

因此，同志们，也只能以这种抽象提出问题的形式来回答。毫无疑问，只能在世界革命之后，才可能全面实现社会主义。为什么？资本主义创造了剥削经济的市场，随着资本主义生产率的提高，也会出现生产的盲目性：在一定程度上征服全球的世界秩序。只有社会主义制度这种最高的社会形式才能克服这种秩序，才能用不以利润为目标的社会主义经济的计划性代替资本主义世界的无序。

然而，这个答案根本不能说明历史发展的道路和速度，也根本不能说明，不同国家实现世界无产阶级革命的不同条件。这个答案似乎没有指出社会主义在这里，在苏联是否可能实现。按照我的看法，利用针对另外的时代、创作于与我们不同的时代条件的著作的引文，是不能回答这个问题的。只有列举出苏联无产阶级专政条件下形成的经济发展、生产力发展和整个经济、政治、文化生活的发展事实、关系和数据，才能回答这个问题。因此，我要指出下列事实：有谁像我一样幸运，曾亲耳聆听我们亲爱的列宁同志在第四次世界代表大会上的讲话，当他谈到俄国革命时，有人感受到了他讲话中洋溢的喜悦、必胜信心和对发展结果的自信，记得他说，苏维埃国家已经赚了2000万金卢布，在他的眼里，这是社会主义胜利的象征和保障。可是现在，尽管已经取得巨大成就，还是有些人怀疑，苏联是否能在社会主义的道路上继续前进，还说什么，假如列宁在世的话，他会旗帜鲜明、满腔热情地参加到这场意见之争中，捍卫所谓的富农派别。毫无疑义，不论他们如何摇唇鼓舌，他都不会加入反对派的阵营。他会站在那些认真评估我们所面临的任务、困难和危险，继续努力为建设社会主义工作的那些人一边。

的确，托洛茨基同志试图提出一些苏联建设社会主义的具体问题。他指出了苏联经济生活和制约苏联经济生活的周边资本主义市场之间的联系。布哈林同志从马克思主义观点对托洛茨基同志的问题作了回答。我只想强调一点：苏联社会主义经济应该找到一个妥善的与其他资本主义国家共存的途径，这是正确的。但是会有危险和障碍，因为会有人向国家提供生产资料，这会促进社会主义建设，使苏联变成经济独立的国家。反对苏联的资本主义国家政治上和经济上的统一战线会因为资本家的贪婪纷纷解体。谈到做生意，资本家先生们往往喜欢和那些最狂热的布尔什维克打交道，一位老荷兰商人说得好："假如鬼能认真履行诺言的话，谁都愿意和他做生意。"

资本家将力争和苏联取得经济联系。作为承租人，他们要服从国家无产阶级专政的法律，他们不能过于自由，要按照成文和不成文的法律规定在自己国家赚钱。他们要服从一个他们相当不愿意接受的事实，因为他们会不断被提醒，这里的国家权力不是在资产阶级手里，而是在无产阶级手里。这个事实就是对外贸易垄断。

然而我要公开承认：即使苏联完全割断与世界市场的联系，我也相信苏联社会主义能够依靠自己的力量在社会主义建设事业上取得突飞猛进的发展。不管其他方面的情况如何，曾对美国生产力快速发展起很大作用的两个因素是有利于经济发展的，这两个因素是，国土疆域辽阔，自然资源、原材料丰富而多样，这对工业和国家的发展具有决定性意义。然而，这些因素之所以能对美国的经济产生迅速而强烈的影响，是因为，欧洲较发达的资本主义国家的生产资料也提供给了他们。孤立的苏联经济是不能指望这种供应的。然而我坚信，基于历史所赋予的革命基础，苏联经济能够向社会主义方面发展。当然，困难和巨大的牺牲是不可避免的。但只要无产阶级革命没有在某个国家取得胜利，我们就得一直向前，奔向目标。千百万民众在共产党的领导下，的确想不仅在经济上，而且在国家机关、所有机构、所有企业和所有社会关系方面实现社会主义，而最重要的决定性力量，就是这些民众自觉的、随时准备牺牲的英雄般的意志。假如这个意志是有生命的，假如充满意志力的创造性工作不断迸发，那这个力量就会战胜一切障碍和困难。这是我的坚定信念，假如愿意，你们可以把这称为信念的象征。

　　反对派一直信心不足，认为，在现有条件下，苏联可以被看做是正在建设社会主义的国家。的确，反对派领袖一直在嘟囔：我们正在建设，我们正在建设。是的，但他们用数百个"如果"和"但是"这样的问号和疑问句，用表示悲观、担心和恐惧的惊叹号来围攻成功建设的可能性。这表现出他们对世界无产阶级革命和资本主义对革命产生影响的悲观态度。反对派认为，世界革命处于危险之中，如果公开地说，那就是，在这一阶段要指出资产阶级阶级统治的稳定性。这一统治会持续多长时间——我们不知道，这一统治有多么巩固——我们也不知道。然而，我们有许多理由对资产阶级会存在多久表示怀疑。反对派分子认为，世界资本主义目前的稳定是社会主义国家无产阶级革命的危险障碍。

他们对待资本主义稳定的态度使我想起了法国的路易-菲利浦这位资产阶级的皇帝。他是这样说的：

"革命，什么是革命？我认识许多善良的巴黎人。下雨了，他们就到街上筑街垒，发动革命。"

反对派也学着他的腔调说："尽管稳定根本不会给无产阶级带来好处，但是少数人只要有一点好处，他们就会向往资本主义国家，同时，大多数的无产阶级都会受到剥削，他们渴望得到解决的愿望也将破灭。"

相反，我个人认为，任何稳定的局面都不能挽救资本主义社会。代表人民大众的无产阶级政党正在逐渐成熟起来，无产阶级在党的领导下，不管资本主义有多少稳定因素，终将会战胜资本主义。但是，反对派总是对通过艰辛努力所创造的建设社会主义成就表示悲观，却希望通过进行世界无产阶级革命，一下子解决所有问题和任务，排除全部困难。在我看来，反对派这种悲观主义的态度会排斥战胜资本主义和取得社会主义胜利的决定性的世界历史的因素。借助这个因素，我们和恩格斯的观点一样，我们能够创造历史，因为我们应该创造历史：这是无产阶级大众的意志，是勇敢、坚强、团结、清醒认识自己目标的共产党领导人民大众进行的革命斗争和革命的首创精神。反对派悲观地看待世界革命，这是考茨基之流悲观世界观的余毒，这些人教导说，经济进化完全是机械地、自动地在美好的日子里实现向社会进化的。现在，他们又说，世界资本主义的发展可以不流血、不经过革命斗争，机械地、自动地和平地使社会主义取得胜利。反对派的悲观论调说成是，苏联的社会主义建设要依靠个别资本主义国家迅速爆发革命，这必然会使我们重新审视革命的方向，不管是自觉不自觉，表白不表白，这只能是他们的一厢情愿。这是从苏联不可能建成社会主义这个强加的概念出发，从否定苏维埃国家的无产阶级本质、否定红色十月的历史意义为终点的退缩。我们再回到孟什维克的观点，他们认为，红色十月是一个没有生命力的早产儿。

1905年无产阶级光荣起义后，普列汉诺夫绝望的观点是他们产生悲观情绪过程中的最后一句话：

"不再需要为争夺武器而战了。"

如果反对派既不去总结这些结论，也不去谈论这些结论，那就会有其他人，尤其是我们的各类敌人去替他们做这些事，同时会引用一些基本的论点。这些对群众的影响不容忽视。我认为，对苏联社会主义胜利以及对其他国家无产阶级革命的最大危险就是宿命论的态度，这使得我们无法去评价历史发展的主观因素。这种宿命论的态度不仅会产生疑虑，还会导致怀疑主义和悲观主义情绪。然后，这就会削弱俄国党、共产国际党以及苏联正在参与建设的大众和国外准备进行斗争的大众的积极性和胜利的意志。

当然，世界无产阶级革命和苏联社会主义建设之间还存在着内在联系。苏联的社会主义建设将不仅取决于世界革命。但对于世界革命来说，苏联社会主义建设的进步也是最强大的动力和胜利的有力保障。这一点是不该忘记的。一旦涉及共产党的统一和团结，这种联系就会遭到破坏，其内在的创造力也会枯竭。那么，共产党的统一和团结是否表现为他们对建设和胜利的愿望呢？这表现为，打消对建设社会主义的可能性和广大群众的疑虑，这表现为，克服为建成社会主义而工作的广大群众的懈怠情绪。苏联社会主义建设中的每一次懈怠、每一次退却都会极大削弱国外无产阶级的革命战斗力和顽强拼搏精神。同志们，我要说的是：我认为，反对派摇摆不定，破坏了列宁主义政党的统一和团结，同时给社会主义的发展造成困难，削弱人民群众的积极性和创造力，这是天大的缺点和错误;我认为,这是天大的缺点和错误,这是对革命犯下的罪过,这是对革命的犯罪。我可以承认,对于我们这些在红色十月胜利前就与俄国革命结缘的老革命战士来说,对于我们这些从红色十月、从苏联建设中汲取越来越新的力量、继续斗争的信心和能量的老革命来说,对于我们这些无限热爱和崇拜俄国的领导人和英雄的人来说,非常有必要让我们把这些措辞严厉的话说出来。这些话表达着我们极大的悲哀,我们可能永远不会认为,列宁主义政党可能发生这样的事:出现分裂党的派别斗争。不过,悲哀的同时也有喜悦,我为绝大多数的党所表现出来的精诚团结和统一、企业的工人群众对反对派活动的声讨感到骄傲。因此我坚信,俄国共产党和无产阶级表现出的这种团结和统一的精神在共产国际及其各支部的精诚团结中体现出来,他们对危害苏联社会主义建设、阻碍世界革命的反对派的观点和活动给予反击就是明证。

同志们,我坚信,这种以苏联为导向的精诚团结以及思想和组织上的统一,将有助于苏联千百万劳动群众克服重重困难,骄傲地向世人宣告他们建设社会主义的巨大成就,他们将以胜利的姿态向国外的兄弟姐妹们发出号召:我们下定了决心,我们胜利了!从其他国家无产者那里也会很快得到回应:我们下定了决心,我们胜利了。历史性的一天就在眼前,联合起来的全世界无产阶级就像古老的北欧神话中战胜巨龙法夫纳、保住尼伯龙根的金库的齐格弗里德①一样,直指腐朽的资本主义。有了明确的方向、钢铁般的意志和随时准备战斗和牺牲的革命精神,联

---

① 德语:Siegfried,中世纪中古高地德语史诗《尼伯龙根之歌》里的英雄。理查德·瓦格纳著名歌剧《齐格弗里德的黄昏》的主角。在尼伯龙根之戒中,他杀死了巨龙法夫纳,还帮助勃艮第的国王龚特尔成功娶到布伦希尔德。齐格弗里德与北欧神话传说英雄齐格鲁德(或西居尔)(古诺尔斯语:Sigurðr, Sigurd)是同源人物。——编者注

合起来的世界无产阶级会向齐格弗里德那样欢呼:

> 我完成了使命,
>
> 心之所系,
>
> 手之相携,
>
> 还有
>
> 一柄复仇的利剑。

(经久不息的雷鸣般的掌声)

片山潜(日本):

同志们,我完全同意斯大林同志所做的报告。他对目前形势的分析是完全正确的。目前的形势具有国际性。我想就出现新反对派的理论基础讲几句。

首先,新反对派的出现是由于革命发展出现了停滞。那些没有坚定的革命信念的同志常常左右摇摆,例如,十月革命前的季诺维也夫同志和加米涅夫同志。

其次是必须指出小资产阶级的影响。当革命运动陷入低潮时,会出现许多危险,机会主义者也力图欺骗群众,破坏他们的革命阵线。在这种情况下就出现了小资产阶级思想的影响。

再次,俄国革命继续发展,并进入苏联改造阶段。当然,在建设社会主义共和国的工作中会遇到许多困难。然而,问题就在于,一国是否能够建成社会主义,尤其是苏联是否能够建成社会主义。

季诺维也夫同志在星期三晚上的发言中讲道,恩格斯和列宁只是泛泛地对资本主义的不断发展下过定义,并没有谈到将资本主义用于帝国主义。从经济角度看,帝国主义是资本主义的最后一个阶段。我们看到各个国家资本主义发展是极不平衡的。世界大战是由资本主义内部的矛盾引发的。帝国主义内部的矛盾和冲突加剧并扩展到全世界。列宁说：

"帝国主义是无产阶级社会革命的前夜。"①

比如说，请注意季诺维也夫同志对英俄委员会的态度。我们大家都非常清楚英国工人运动领导人的机会主义。他们用资本主义的那一套领导工人。这些领导人是叛徒，这我们都知道。列宁号召我们同叛徒作斗争。但是，同志们啊，这只是问题的一个方面。当共产国际提出统一战线的口号时，我们意识到，必须和这些领导人一起工作，因为他们背后还有工人群众。这些英国工人运动领导人，尽管背叛了工人，但在工人中仍有威信。在总罢工第二天的工联代表大会上，他们又重新当选，保住了以前的职务。我们应当和这些背叛的工人领导人工作，和机会主义者工作，因为我们想通过这些机会主义领导人与英国工人接近。由于这个原因，俄国工会才不打算与英俄委员会断绝关系，因为尽管英国领导人向往资本主义，但工人却把目光投向苏联。

再谈谈稳定及其对反对派的影响。当革命运动陷入低潮时，对反对派代表产生最深印象的不是苏联的稳定，而是资本主义的稳定。因此，他们丧失了勇气，产生了悲观情绪。所有的情况都使他们垂头丧气。这表现在他们对革命和资本主义灭亡的过程缺乏辩证的理解。苏联的稳定在他们看来只是一种富裕现象和狭隘的民族主义。我们应当与这种危险的倾向和机会主义作坚决的斗争，从而杜绝这种倾向。我们也绝不要忽视与右倾和左倾的思想斗争。

现在反对派最大的特点就是形成了派别。左右倾的代表，甚至反革命分子也加入到这个派别与布尔什维克作斗争。这个派别的显著特征是没有原则，破坏党的纪律。它是机会主义最坏的形式。这个派别的代表

---

① 《列宁选集》第 3 版第 2 卷第 582 页。——编者注

利用一切手段维护自己的立场，甚至宣称要消灭党和共产国际。必须以最坚决的手段把这个派别打下去。季诺维也夫同志滥用他作为共产国际领导人权力。他认为，他现在仍然是全世界共产主义运动思想上的领导人。我们应当和他及其集团作斗争。我再强调一下，他与托洛茨基同志结合在一起，脱离了列宁主义。

首先，共产国际的领导机构——共产国际执行委员会是世界无产阶级和国际列宁主义政党的总部。这个党的任务就是使世界革命化，为此，这个党要有正确的政策方针，既不要陷入左倾，也不要陷入右倾。

其次，共产国际执行委员会应成为统一的国际性领导机构。为达到这一目的，共产国际应很好地加以组织。

再次，共产国际及其各支部必须有严格的纪律。我们需要真正的民主集中制，而不是议会制。

最后，必须绝对承认联共（布）的领导作用，从而解决共产国际面临的种种困难。在联共（布）的支持下，共产国际各支部应与总部和各支部保持紧密联系。

再谈谈刚刚成立的党。我尤其要请大家注意远东的那些刚刚成立的党，如中国、日本、朝鲜和爪哇岛。这些党特别需要关注和直接领导。共产国际应该首先与这些国家的党直接取得联系，致力于用列宁主义精神去领导这些党。

我尤其要吁请大家注意，要用列宁主义精神去培养党员。为了完成这个任务，必须注意那些从事这些工作的人。我们都知道，国民党是中国的革命党，但它不是共产主义的党。孙中山大学培养的是国民党的年轻党员。我们不能把培养这些年轻人的工作放到拉狄克这样的同志手中。

最后我想说的是，只有在共产国际执委会的正确领导下，共产国际才能停止自己队伍中的派别活动，完成自己面临的伟大任务。

博得曼（瑞士）：

比利时、荷兰和瑞士三个党的代表团委托我就反对派领袖的发言作以下声明：

"上述三个党与联共（布）中央委员会团结一致，并拥护联共（布）第十五次代表会议的决议。反对派在苏联建设社会主义问题上的悲观主义情绪，不但妨碍俄国无产阶级建设社会主义的事业，而且还助长社会民主党领导人在工人阶级中间进行反苏和反革命宣传的气焰。

在当前资本主义呈现部分和不稳定的阶段，最重要的任务是加强共产主义运动对无产阶级大众的影响。共产国际中有人怀疑以共产国际为首的工人阶级能否胜利；有人不能正确评价工会和企业目前革命工作的意义，从而对群众的成就失望；有人反对统一战线政策，而反对派的悲观主义态度和无原则的行为则助长了这些人的错误行为。

反对派以闻所未闻的方式破坏纪律，还有他们所从事的派别活动，推动了反苏分子与无产阶级专政的斗争。这些前不久还在坚决维护共产党的统一、证明布尔什维克化必要性的反对派著名领导人——季诺维也夫和加米涅夫的行为，将被所有破坏纪律、偏离共产国际政治路线的人解释为是鼓励他们与共产党进行斗争。

季诺维也夫和加米涅夫同志的发言证明，他们已经和托洛茨基同志一起偏离了列宁主义原则。反对派派别在继续从事派别活动的同时，还试图破坏联共（布）的团结这个苏联社会主义建设的第一前提，破坏共产国际的团结这个与资产阶级及其同伙社会民主党斗争的最重要前提。

我们坚信，就像联共（布）广大成员给予反对派的反击一样，日益相信苏联及其领导人——联共（布）的我们几个党的成员，都会对反对派的无耻谰言给予一致反击。"

主席：

由雷梅尔同志宣读刚刚收到的电报。

雷梅尔（德国）：

同志们，共产国际执行委员会收到两份联共（布）党员的电报。我来宣读一下。

发自秋明

第五次秋明区党的代表会议坚决谴责反对派领袖在共产国际全会上的发言，这其实是对党所赋予的责任的破坏，是企图在国际范围内进行派别活动。区党代会热切希望，共产国际对反对派破坏团结的又一行径给予坚决反击。

共产国际万岁！

联共（布）中央委员会万岁！

列宁主义团结万岁！

发自基涅什马

听了反对派领袖在共产国际执行委员会第七次会议上的讲话，联共（布）伊万诺沃－沃兹涅先斯克省基什尼奥夫区第七次扩大全会明确指出，尽管联共（布）代表团支部在共产国际执行委员会全会上作出了决议，尽管联合反对派领袖在第十五次党代表会议上表示不再进行派别斗争，但他们还是在全会发言中恢复了派别活动，鼓动共产党内的所有小资产阶级集团起来反对联共（布）和共产国际。全会认为，联合反对派以其具有派别意味的发言粗暴地违反了他们的诺言和第十五次党代表会议决议,从而企图再次破坏共产国际的团结,这曾经遭到共产国际各支部的谴责。我们相信,共产国际执行委员会坚决、彻底地对反对派再次挑起早已得到解决的问题的种种企图进行反击,决不会让他们破坏列宁主义队伍的团结。作出这样的决定的共产国际执行委员会,将会得到列宁主义联共(布)的一致支持。

国际无产阶级的列宁主义领导人——统一的国际主义共产党——共产国际万岁!

共产国际值得信赖的柱石——联共(布)万岁!

全世界列宁主义队伍的团结万岁!

普鲁赫尼亚克(波兰):

同志们!在共产国际执行委员会今天的全会上发生了一些共产国际全会和代表会议上从未出现过的一些现象。联共(布)反对派领袖一个接一个地到讲台上来,不是为了表示自己坚决服从党的代表大会和会议决议,而是为了充分展示他们的演讲艺术,说服苏维埃的工人和西方的工人,告诉他们,俄国工人1917年十月开始的事业是不会成功的,这个事业注定会失败。这些同志来到这里其实就是宣传他们那套投降主义理论的。

这套宣传把戏并没有什么新意。西方所有宣传妥协的著作里都有这些内容,在所有妥协的会议上,我们都能听到这些内容,这些东西日复一日地向工人阶级灌输着。这种宣传与共产主义没有任何共同之处,与列宁主义没有任何共同之处,在理论上它完全站到了社会民主党的立场上。

反对派领袖在这里从组织观点的发言表明什么呢?不仅表明他们作为反对派领袖对联共(布)所承担的责任,而且还表明他们在联共(布)队伍内继续从事着派别活动,号召所有被开除出共产国际的人和所有反共产国际的集团——要联合起来！鲁特·费舍、马斯洛夫、肖勒姆及其他被共产国际开除的人都注意到这一号召。他们直接而公开地声称，他们拥护反对派领袖，拥护他们的观点。这种联合是一种无原则的结盟。在波兰，这个联盟的代理人是 Л. 多姆斯基。1925年夏天，正是季诺维也夫同志把多姆斯基同志说成是"无足轻重的文学评论家"，他的地位近乎被共产国际所取代。多姆斯基同志基本上仍坚持其原来的立场，但这决不影响他成为反对派在波兰的代理人。

那么，反对派现在的政治演讲到底表明什么？在西方，我们面临着资本对工人的进攻，半个欧洲在法西斯的统治之下，对苏联的武装干涉也迫在眉睫。西方的工人阶级正全力应对这种进攻，他们和苏联工人阶级一样都面临着异常艰巨的任务。在需要动员工人阶级全力以赴的时刻，在工人阶级要充满必胜的意志和信心的时刻，在这种需要鼓劲的时刻，反对派却在泄气，我们大家都听得清清楚楚。这是在重大战役前在思想上瓦解苏联工人阶级和西方的工人阶级。

反对派领袖所做的这一切似乎是在"捍卫列宁主义"，捍卫列宁主义的传统。实际上，他们所宣传的不是有生命力的列宁主义，革命的行动，列宁所倡导的革命的、有生命力的和发展着的事业——苏联、布尔什维克党、数百万工人组织、这些组织迅速增长的文化水平，也不是西方的共产党，他们所灌输的是那些从书本里抄来的毫无思想可言的大杂烩。这样的"列宁主义"工人阶级是不能接受的。

托洛茨基同志向我们全会声称：我知道，你们会一致通过讨论社会民主主义倾向的反对派决议，但我们是正确的。这是托洛茨基同志不经意说出的话，因为托洛茨基同志总是自认为高于党，高于党的决议。

工人阶级过去、现在和将来都会团结在联共（布）党的旗帜下，在共产国际的旗帜下，迫使那些反对党的领导人靠边站。

波兰代表团将全力支持对联合反对派予以一致反击和谴责。

（会议休会）

第二十六次会议

(1926年12月13日)

主席:柯拉罗夫

库西宁就政治委员会报告和提纲作说明

我的任务是,向大家介绍政治委员会对布哈林同志的提纲草案所作的补充和修改。委员会的工作进行得相当活跃,大家提出了相当多的建议,目的不是修改,而是补充最初的提纲草案。吸收这些建议就要对提纲进行极为详细的加工。但是,委员会仍然认为,不要把提纲的内容搞得过于冗长。

我们分出来的分委员会尽量利用了这些建议的全部主要想法。委员会所采取的全部说法均得到布哈林同志的同意。最初提纲的政治方针仍然保留,只是对一些说法作了一些说明和补充。

第一章讲的是世界资本主义的经济,不过在讲美国作为发达资本主义国家的同时,也讲了日本和部分英国殖民地这些国家,"资本主义发展虽然缓慢,但呈上升趋势"。现在,再生产危机的特点正像布哈林同志在最初的提纲里所说的,这场危机的基础与其说是生产机构生产能力的增加,不如说主要是大众购买力的下降。不过委员会认为,最好在这里作一些说明,即在一些国家,生产机构同时也或多或少地出现生产力增长的情况。

在第一章的结尾,我们把所经历的这个时期定义为是革命的过渡阶段,即从一个革命高潮向另一个革命高潮的过渡阶段。在此,委员会认为必须强调指出的是,共产党应当作好向新的革命高潮进军——也许是更快进军——的准备。

第二章讲的是各大国的重新组合以及国际政策的基本方针,委员会作了一些补充。首先,补充了关于英美竞争以及由此引发的后果,关于法国与德国接近,关于南美洲国家由于其广阔的工业品市场,由于其对资本的需求和极其丰富的原材料资源,其对美国未来的发展所具有的特殊意义。作为破坏美国这一优势的因素,提到了墨西哥的民族革命解放运动。

接着,在第6节谈到了图瓦利条约,指出意大利和法国之间矛盾激化,首先是地中海、北非、巴尔干国家和小亚细亚国家的问题。在谈到大国重新组合的问题时还指出小协约国开始走下坡路。波兰在这里起着特殊的作用,这个国家曾把目光从法国转向英国,现在又重新转向法国。但法国在巴尔干半岛的影响被英国和意大利帝国主义所排挤。此外,几个巴尔干半岛国家的冲突势头也在积聚,因此从这一角度来看,新的战争危险也在加剧。

要明确的一点是,英美矛盾在帝国主义大国之间起着最为重要的作用。

第三章是谈阶级力量重组和内部政策的基本方针。首先,对德国问题的看法是,就像最初的提纲中所说的,工人阶级对资本进攻的反击在很大程度上表现为左倾,也包括广大的群众,他们暂时还没有采取积极的防卫斗争的形式,不过,第一轮无产阶级阶级斗争的征兆在德国已经显现出来。

针对英国的前途,指出随着英国世界帝国的解体,英国极有可能继续衰落。

针对法国的经济和政治形势作了重大补充，其内容为，大资产阶级的胜利表现在彭加勒的胜利，他借助专家制定的计划和稳定货币的临时措施，通过提高票据汇率、保持预算平衡、国债折旧和恢复货币流通等手段使法郎保持稳健。"向工人的进攻才刚刚开始，而且是与通货膨胀政策接踵而至"。鉴于前不久出现的政治转折，还指出，工人阶级目前既不能动员自己的力量，也不能动员小资产阶级的力量进行共同反击。

对于意大利当前的局势，委员会希望对下面的情况特别地加以强调：

"鉴于广大群众的贫困化——资本主义稳定的经常性后果，以及法西斯必然明确转向大资本，小资产阶级、小农和受骗的无产阶级群众就会出现新的组合，这必然导致激烈的社会冲突和对抗。这一切都对法西斯的阵营造成极大威胁。"

关于斯堪的纳维亚则单独补充了一段话。

第四章是关于资本主义合理化手段——只有一处补充，是针对美国的局势的，具体内容是：

"甚至在美国，在所有'美国化'倾向的阶级方面，表现出剥削工人阶级的后果和整个'美国化'体制的矛盾性：近一段时期，工人的实际工资根本没有提高，工作时间也几乎没有缩短，但在生产过程中对工人的'压榨'却越来越快。"

第五章是与德国帝国主义相关的一些当前最重要的问题，初稿的这个地方谈到1923年德国局势，我们对如何理解作了说明，鉴于当时局势的特殊性，国际防卫问题现在对共产党员来说，就不应像当时对帝国主义德国那样提出问题了。

一个重要的修改是提纲中我们对资本主义合理化作总结的地方。首先，关于反对资本主义合理化后果的口号，我们使用了一个较为宽泛的定义：总之，"**反对由于资本主义的伪合理化给工人造成的任何形式的恶化状况**"。这样，我们对资本主义合理化的否定态度就充分表达出来。在此，最重要的是，要提出我们主要的口号。"支持无产阶级专政和生产的社会主义组织"，接着再提出一个宣传口号："不是资本主义的合理化，而是社会主义的合理化"等等，当然，是在掌握政权之后，不是在资本主义社会。由于这个地方很重要，我在这里再把主要的口号重复一下：

"1. 为反对资本主义合理化而斗争。
2. 反对由于资本主义的伪合理化给工人造成的任何形式的恶化状况
3. 支持提高工人阶级的生活水平。
4. 支持无产阶级专政和生产的社会主义组织
5. 不是资本主义的合理化，而是社会主义的合理化。

同时，共产党应当在阶级合作的基础上进行反对'经济民主'的斗争，并通过与企业主进行不妥协的阶级斗争来扩大工厂委员会的权力，直至实现工人对生产和分配进行监督。这是阶级斗争的战斗任务，也是共产党人对资本主义合理化的回答。"

第六章中对资本的进攻和工人阶级的变动作了几点重要补充。最重要的是明确，在落后的农业国家，一般工人阶级和劳动群众的左倾过程由于资产阶级和地主的残暴的恐怖活动（南斯拉夫、匈牙利、保加利亚、罗马尼亚、波兰等国）而变得艰难。但在此相应地出现了以农民合理化、阶级工会运动、社会民主党分化、工农联盟和民族革命运动为表现形式的种种倾向。

在殖民地和半殖民地国家进行着革命运动（中国、印度、印度尼西亚和北非半岛），"左倾"完全具有一种全新的性质，即被分化的、闭塞的和没有觉悟的群众也积极加入到斗争中来。

第七章（关于共产国际当前的主要任务）作了一些补充，其中最重要的是在本章的开头。提纲初稿是："当前，共产国际的主要国际任务之一是支持国际革命运动最重要的发源地：英国的阶级斗争，中国革命和苏维埃共和国。"在这个地方委员会作了补充："与此同时，共产国际不应忽视的是，在德国，资产阶级制造稳定的企图比其他国家的实效都大，尽管是相当稳定，但是在日益加剧的阶级较量的基础上，未来革命形势将会直接到来。"

第33节还针对**战争的危险**作了补充。委员会在此作了如下补充："把反对新帝国主义战争的危险摆在日常宣传工作的首位，是最重要的任务，同时要向无产阶级讲清楚战争的危险，而且必须作好准备，把帝国主义战争变为卫国战争。"

还就**民族问题**新增加了一段。这里主要关注的是，在民族问题较为激烈的国家，作为压迫民族的资产阶级针对少数民族采取了极端的剥削、压迫和公开抢掠的手段，使得民族和民族革命运动风起云涌。委员会接着指出：

"各国共产党应坚决反对各种形式的民族压迫，要提出各民族自治权直至分离和形成独立国家的口号，并指出要苏维埃社会主义加盟共和国全面解决民族问题。"

在这一章的最后，委员会认为有必要指出，在争取广大群众的斗争中，在反对第二国际和阿姆斯特丹国际的斗争中，必须更清楚地廓清我们共产主义运动的道路和目标，为此增加如下段落：

"在使群众摆脱第二国际和阿姆斯特丹国际的恶劣影响的斗争中，共产党员要求：不要结盟政策，要进行最坚决的阶级斗争，推翻资本主义政策；不要进行所谓新的资本主义和平阶段的虚假宣传，要揭露战争的危险性，动员群众把这样的战争变成卫国战争；不要泛欧化，要实现社会主义的联合的欧洲；不要国际联盟,要苏维埃社会主义加盟共和国。"

第八章(关于共产党和工会)中只作了一处不大的实际补充(论罢工期间英国工联理事会背叛的性质)。

第九章(关于共产国际各支部最主要的工作总结、错误和任务)作了几处补充,至于具体内容,我认为无需在此作详细叙述。最重要的是对法国共产党和德国共产党的补充。又新加了一段有关斯堪的纳维亚半岛、美国"共产党"和墨西哥共产党的内容。这段补充当然是与相关共产党代表团和分委员会进行了协调和沟通。谈到对美国共产党任务的概括,也许,一些地方还需要进行一些编辑加工。

可以授权主席团再对提纲接着作一些修改。

最后,我还想指出一点,放在提纲最后关于俄国反对派的这一段使用了更加明确的定义,现在是这样的:

"全会完全支持联共(布)中央委员会的政策并明确指出,与1926年10月16日的声明相反,反对派联盟将继续进行派别活动。因此,执行委员会扩大全会认为,必须继续与反对派那些彻底反列宁主义的观点进行坚决斗争,同时要尽全力与种种进行派别活动的企图作斗争。"

提纲草案还确认将马斯洛夫、鲁特·费舍、乌尔班斯等人开除出德国共产党,但这个问题要推迟一段时间,因为委员会明天将专门就这一问题提交报告,到时问题就会得到解决。

一些实际上对将来党的工作至关重要的问题在提纲中尚未涉及,因为在这方面,各个党提出的不是泛泛的,而是党能够切实执行的具体指示。本次全会结束后,执委会和主席团的任务是——与各支部进行沟通,就这些问题对未来工作作出具体指示。

大家看到,布哈林同志对草案所作的补充和修改没有特别重要的意义，其目的无非是让提纲更加详细和清晰。初稿的基本思路根本没有变化。一些最重要的口号现在更突出，我认为，这个提纲是下一次代表会议前各支部最可靠的工作基础。

因此，我代表委员会建议，通过这个经委员会修改的提纲。

主席柯拉罗夫：

登记发言的人已发言完毕。

想对这个提纲发表意见的代表，请以书面形式将他们的名单报到大会主席团，这些意见将以备忘录的形式附上。

现在我们对政治提纲进行表决。

政治提纲一致通过，一人弃权。

下面进行下一项议程。

由斯大林同志就俄国问题作总结发言。

（经久不息的掌声。代表们起立，唱《国际歌》。）

斯大林同志的总结发言

Ⅰ．几点建议

我们需要事实，不需要谎言和谣言

同志们！在谈到问题的实质以前，请允许我对反对派那些不是歪曲事实就是捏造和诽谤的声明作几点事实上的修正。

（1）第一个问题就是反对派在共产国际执行委员会扩大全会上的发言问题。反对派声明说，他们之所以决定发言，是因为联共（布）中央没有直接指出反对派的发言会违背反对派1926年10月16日的

"声明"，假如中央禁止他们发言，反对派首领们是不会决定发言的。

其次，反对派声明说，他们在这里，在扩大全会上发言，是要用一切办法不使斗争尖锐化，他们只是作几点一般的"解释"：老天在上，他们连想也没有想到向党进攻；老天在上，他们丝毫没有打算责备党和控诉党的决定。

同志们，这都是不真实的。这与实际情况完全不符。这是反对派阳奉阴违的表现。事实表明，特别是加米涅夫的发言表明，反对派首领们在扩大全会上的发言并不是"解释"，而是向党进攻，向党袭击。

公开提出谴责党右倾的问题是什么意思呢？这是向党进攻，这是向党袭击。

难道联共（布）中央在自己的决定中没有指出反对派的发言会使斗争尖锐化，会激起派别斗争吗？是指出了的。这也就是联共（布）中央对反对派的警告。中央能不能比这再进一步呢？不，不能。为什么呢？因为中央不能禁止发言。每个党员都有权向高级机关控诉党的决定。中央不能不重视党员的这种权利。可见联共（布）中央为了防止斗争更加尖锐化，防止派别斗争更加激烈，是做了它力所能及的一切的。

反对派的首领们既然都是中央委员，那就应当知道他们的发言不能不变成对自己党的决定的控诉，对党的进攻，对党的袭击。

这样，反对派的发言，特别是加米涅夫的发言，并不是他个人的发言，而是整个反对派联盟的发言，因为他所宣讲的演说词是由托洛茨基、加米涅夫、季诺维也夫签了名的，加米涅夫的这次发言是反对派联盟从 1926 年 10 月 16 日提出的放弃派别斗争方法的"声明"发展到重新采用派别斗争方法进行反党斗争的新阶段的转折点。

由此得出结论：反对派违背了他们自己 1926 年 10 月 16 日的"声明"，又采用了派别斗争的方法。

同志们，让我们就这样记下来吧。用不着粉饰。加米涅夫说得对；猫应该叫做猫。（喊声："对！猪应该叫做猪！"）

（2）托洛茨基在发言时说："斯大林在二月革命后宣传过列宁称之为考茨基倾向的错误策略。"同志们，这是不真实的。这是诽谤。斯大林没有"宣传过"任何考茨基倾向。我流放回来后有过一些动摇，这一点我并没有隐瞒，而且亲自写在我的《走向十月革命的道路》那本小册子里了。但是，我们中间谁没有过一瞬间的动摇呢？至于说到列宁在1917年的立场和他的《四月提纲》（这里所说的正是这一点），那么，党知道得很清楚，我当时是同列宁同志站在一道并和当时反对列宁提纲的加米涅夫及其集团作斗争的。读过我党1917年四月代表会议记录的人不能不知道，我是和列宁站在一道并和他一起反对加米涅夫反对派的。

这里的魔术就是托洛茨基把加米涅夫弄成我了。（笑声，掌声）加米涅夫当时站在反对列宁、反对他的提纲、反对党内多数的立场，并且发挥了近似护国主义的观点，这是千真万确的。当时加米涅夫在《真理报》上，例如在3月间发表了半护国主义性质的文章，对这样的文章我当然不能负丝毫责任，这也是千真万确的。

托洛茨基的倒霉就在于他在这里把加米涅夫弄成了斯大林了。

托洛茨基当时究竟在什么地方呢？在1917年四月代表会议时，当党和加米涅夫集团进行斗争时，他是在哪一个党里面呢？在左派孟什维克里面呢？还是在右派孟什维克里面？为什么他当时没有加入齐美尔瓦尔德左派呢？让托洛茨基对我们讲清这一点吧，哪怕在报刊上也好。至于他当时不是我们的党员，这是托洛茨基应该记得的事实。

（3）托洛茨基在发言时说："在民族问题上斯大林犯了很大的错误。"什么错误，在什么情况下犯的，托洛茨基始终没有说出来。

同志们，这是不真实的。这是诽谤。在民族问题上，我和党或者列宁从来没有过任何意见分歧。托洛茨基在这里所说的大概是一件小事，即列宁同志在我们党的第十二次代表大会以前责备过我，说我对于穆吉万尼（不久以前做过驻法国的商务代表）这一类格鲁吉亚的半民族主义者、半生产主义者采取了过严的组织政策，说我"迫害"他们。可是从来的事实表明，对待所谓"倾向分子"如穆吉万尼一类人的态度，实际上应比作为我们党中央的书记之一的我所采取的态度更严厉些。后来的一些事件证明这些"倾向分子"是最露骨的机会主义的腐化的派别。让托洛茨基证明不是这样的吧。列宁当时不知道而且并不能知道这些事实，因为他卧病在床，不可能注意这些事件。但是这件小事和斯大林的原则立场能有什么关系呢？分明是托洛茨基挑拨是非地暗示我和党之间有什么"意见分歧"。可是，整个中央委员会，连托洛茨基也在内，一直投票赞成斯大林的民族问题提纲，这难道不是事实吗？这次投票是在穆吉万尼事件以后，在我们党的第十二次代表大会以前举行的，这难道不是事实吗？在第十二次代表大会上做民族问题报告的正是斯大林而不是别人，这难道不是事实吗？民族问题上的"意见分歧"到底在哪里呢？托洛茨基究竟为什么要提起这件小事呢？

（4）加米涅夫在发言时说，我们党的第十四次代表大会犯了"向左边开火"即向反对派开火的错误。这样说来，党反对过而且继续反对党的革命核心。这样说来，我们的反对派是左派而不是右派。

同志们，这都是胡说。这是我们的反对派分子散布的诽谤。第十四次代表大会没有想到向革命的多数开火，而且不能这样做。实际上代表大会是向右派开火，向我们的反对派分子开火，他们是右的反对派，虽然他们披着"左的"外衣。当然，反对派喜欢以"革命的左派"自居。但是我们党的第十四次代表大会相反地认为，反对派只是用"左的"词句来掩饰自己，实际上他们是机会主义的反对派。我们知道，右的反对派常常用"左的"外衣来掩饰自己，以便把工人阶级引入歧途。"工人反对派"也自以为最左,而实际上他们是最右的。现在的反对派也自以为最左,而现在的反对派的实践和全部工作都证明,他们是一切右的机会主义的派别(从"工人反对派"和托洛茨基派到"新反对派"和所有那些苏瓦林分子)的集中点和策源地。

加米涅夫在"左派"和"右派"的问题上犯了小小的颠倒是非的毛病。

(5)加米涅夫引证了列宁著作中说我们还没有打好我国经济的社会主义基础那句话,于是宣称党犯了错误,说党好像断言我们已经打好我国经济的社会主义基础了。

同志们:这是胡说。这是加米涅夫的一点小诽谤。党从未宣称过它已经打好了我国经济的社会主义基础。现在争论的完全不是我们已经打好还是没有打好我国经济的社会主义基础。现在争论的并不是这一点。争论的只是我们**能不能**用自己的力量打好我国经济的社会主义基础。党肯定说我们有可能打好我国经济的社会主义基础。反动派却否认这一点,因而滚到失败主义和投降主义的道路上去了。现在争论的正是这一点。加米涅夫感到自己立场不稳,力图回避这个问题。但他是回避不了的。

加米涅夫又犯了"小小"颠倒是非的毛病。

(6)托洛茨基在发言时说,他"已先知列宁在1917年4月间的政策"。这样说来,托洛茨基"已先知"列宁同志的《四月提纲》。这样说来,托洛茨基还在1917年2—3月间就已经独自想出列宁同志在1917年4—5月间的《四月提纲》中所维护的政策了。

同志们,请允许我说,这是愚蠢而无耻的吹牛。托洛茨基比列宁"先知"——这种情景真值得一笑。碰到这样的事情,农民总说得很对:"用苍蝇比巨人。"(笑声)托洛茨基比列宁"先知"……让托洛茨基尝试在报刊上证明这一点吧。为什么他连一次也不尝试呢?托洛茨基比列宁"先知"……那么1917年4月列宁同志一出现在俄国舞台上就认为必须和托洛茨基的立场划清界限，这个事实如何解释呢？"后知者"认为必须和"先知者"划清界限，这个事实如何解释呢？列宁在1917年4月几度声明他和托洛茨基的基本公式"不要沙皇，而要工人政府"毫无共同之处，这难道不是事实吗？列宁当时几度声明他和企图跳过农民运动、跳过土地改革的托洛茨基毫无共同之处，这难道不是事实吗？

"先见之明"究竟在哪里呢？

结论：我们需要的是事实而不是捏造和诽谤，可是反对派喜欢运用捏造和诽谤。

无产阶级专政的敌人为什么称赞反对派

我在报告中说过，无产阶级专政的敌人，流亡国外的俄国孟什维克和立宪民主党人，都在称赞反对派。我说过，他们称赞反对派是因为反对派正在干破坏党的统一也就是破坏无产阶级专政的勾当。我作了许多引证，说明无产阶级专政的敌人称赞反对派正是因为这一点，正是因为反对派进行活动来策动国内反无产阶级的力量，力图破坏我们党的威信，破坏无产阶级专政的威信，从而便利于无产阶级专政的敌人的事业。

为了回答这一点，加米涅夫（季诺维也夫也一样）首先引用了称赞我党和斯大林的西方资本主义报纸的言论，然后引用了赞成我党立场的我国资产阶级专家的代表人物——路标转换派分子乌斯特里亚洛夫的话。

说到资本家，那么他们对我党的看法有很大的分歧。例如不久以前，资本家在美国报纸上赞扬斯大林，说他使他们有可能获得很大的承租权。而现在又百般责骂斯大林，硬说斯大林"欺骗了"他们。在资产阶级报纸上还出现了讽刺斯大林的漫画，画着斯大林手里提着一桶水在扑灭革命的火焰。可是后来又出现了跟他们相反的讽刺画，画着斯大林手里提着一只桶，但桶里不是水而是煤油，原来斯大林不是在扑灭革命的火焰，而是在火上浇油。（掌声，笑声）

可见他们资本家对我党的立场也像对斯大林的立场一样有很大分歧。

我们来谈一谈乌斯特里亚洛夫的问题。乌斯特里亚洛夫是什么人物呢？乌斯特里亚洛夫是资产阶级专家和一般新兴资产阶级的代表人物。他是无产阶级的阶级敌人。这是无可争辩的。但敌人是有各种各样的。有一种阶级敌人，他们不愿跟苏维埃政权和好，无论如何要推翻它。也有这样一种阶级敌人，他们愿在某种程度上跟苏维埃政权和好。有一种人，他们竭力准备条件来推翻无产阶级专政。这就是孟什维克、社会民主党人、立宪民主党人等等。但也有这样一种敌人，他们跟苏维埃政权合作，反对主张推翻苏维埃政权的人，希望专政一点点地削弱、蜕化，以至将来能够适合新兴资产阶级的利益。乌斯特里亚洛夫就是属于后一类的敌人。

加米涅夫为什么要引用乌斯特里亚洛夫的话呢？也许是为了表明我党蜕化了，因此乌斯特里亚洛夫也就称赞斯大林，或者称赞我们的党吧？看来不是为了这一点，因为加米涅夫不敢直言不讳。那么，加米涅夫究竟为什么在这种场合要引用乌斯特里亚洛夫的话呢？显然是为了暗示"蜕化"。

但是加米涅夫忘记说，就是这位乌斯特里亚洛夫更加称赞列宁。乌斯特里亚洛夫那篇称赞列宁的文章是我们全党都知道的。究竟是怎么一回事呢？也许列宁同志在施行新经济政策的时候就"蜕化了"或开始"蜕化"了吧？只要把这个问题一提出，就足以了解这种关于"蜕化"

的推测是多么荒谬的了。

这样来看,乌斯特里亚洛夫为什么称赞列宁和我们党,孟什维克和立宪民主党人为什么称赞反动派,这是必须首先解决的问题,也是加米涅夫千方百计力图回避的问题。

孟什维克和立宪民主党人之称赞反动派,是因为反动派破坏我们党的统一,削弱无产阶级专政,从而帮助孟什维克和立宪民主党人去干颠覆苏维埃政权的勾当。这一点已由引文证明了。乌斯特里亚洛夫称赞我党,则是因为苏维埃政权采取了新经济政策,容许私人资本存在,容纳了资产阶级专家,这些专家的帮助和经验是无产阶级所需要的。

孟什维克和立宪民主党人之称赞反动派,是因为反动派以自己的派别活动去帮助他们准备推翻无产阶级专政的条件。而乌斯特里亚洛夫们知道无产阶级专政推翻不了,便抛弃了颠覆苏维埃政权的观点,力图在无产阶级专政旁边占一席之地,力图沾无产阶级专政的光;至于他们之称赞党,则是因为党实行了新经济政策,在一定的条件下容许新兴资产阶级存在,这个新兴资产阶级想利用苏维埃政权去达到本阶级的目的,而苏维埃政权则利用他们来达到无产阶级专政的目的。

我国无产阶级的各种阶级敌人之间的差别就在于此。

孟什维克和立宪民主党人称赞反对派,而乌斯特里亚洛夫这班先生们则称赞我们党,其根源就在于此。

我想请你们注意列宁对这段话的看法。

"在我们苏维埃共和国内,社会制度是以工人和农民这两个阶级的合作为基础的,现在也容许'耐普曼'即资产阶级在一定的条件下参加这个合作。"①

正因为容许新兴资产阶级参加某种有条件的合作(当然是在一定的

---

① 《列宁全集》中文第2版第43卷第377页。——编者注

条件下，并在苏维埃政权的监督下），——正因为这一点，乌斯特里亚洛夫才称赞我们党，希望抓住这个机会，并利用苏维埃政权去达到资产阶级的目的。我们，我们党则有另外的打算：利用新兴资产阶级的代表人物及其经验和知识，以便使他们一部分人苏维埃化和被同化，而另一部分不能苏维埃化的人则叫他们滚开。

列宁把新兴资产阶级跟孟什维克和立宪民主党人区别开来，容许前者存在并加以利用，而建议逮捕后者，这难道不是事实吗？

关于这个问题，列宁同志在其《论粮食税》中写道：

"不要害怕让共产党员去向资产阶级专家'学习'，其中也包括向商人，向办合作社的小资本家，向资本家'学习'。向他们学习，虽与我们过去向军事专家学习在形式上有所不同，但在实质上是一样的。'学习'成绩，只有靠实践经验来检查：要比自己身旁的资产阶级专家做得好，要会用各种办法振兴农业，振兴工业，发展农业和工业间的流转。多花点学费并不可惜：为了学习要不惜破费，只要能学到东西就行。"①

关于以乌斯特里亚洛夫为代表的新兴资产阶级和资产阶级专家，列宁就是这样说的。

关于孟什维克和社会革命党人，列宁则讲过下面的话：

"而对于实际上不外乎是换上了时髦的喀琅施塔得式非党服装的孟什维克和社会革命党人这样一些'非党人员'，那就要小心地把他们关在监狱里，或者把他们打发到柏林马尔托夫那里，让他们去自由地领略纯粹民主的种种妙趣，去自由地和切尔诺夫、米留可夫以及格鲁吉亚的孟什维克们交流思想吧。"②（同上第343页）

---

① 《列宁选集》中文第3版第4卷第525页。——编者注
② 《列宁全集》中文第2版第41卷第233页。——编者注

列宁就是这样说的。

也许反动派不同意列宁吧？那就让他们直截了当地说出来。

正因为如此，我们逮捕孟什维克和立宪民主党人，而容许新兴资产阶级在一定的条件和一定的限制下存在，以便用经济手段和他们作斗争，一步步地战胜他们，同时利用他们的经验和知识来进行我们的经济建设。

由此可见，某些乌斯特里亚洛夫之类的阶级敌人之称赞我党，是因为我们实行了新经济政策，容许资产阶级和现存的苏维埃制度实行某种有条件的和有限制的合作；而我们这样做的目的是为了利用资产阶级的知识和经验来进行我们的建设，我们在实现这个目的时，大家知道，并不是没有成绩。而孟什维克和立宪民主党人一类的阶级敌人之称赞反动派，却是因为反动派的活动在破坏我党的统一，破坏无产阶级专政，帮助孟什维克和立宪民主党人去干推翻专政的勾当。

我希望反动派最后会了解第一类称赞和第二类称赞之间的全部差别。

错误是有各种各样的

反对派在这里说到个别中央委员的一些错误。当然，个别的错误是有过的。我们没有绝对"不犯错误的"人。这样的人是没有的。但是错误是有各种各样的。有一种错误，犯者并不坚持，而且不致由此形成政纲和派别。这种错误很快就被忘却。另外还有一种错误，犯者一直坚持，而且由此形成派别、政纲和党内斗争。这种错误就不能很快被忘却了。

必须把这两种错误严格地区别开来。

例如托洛茨基说，我在对外贸易垄断问题上曾经犯过错误。这是确实的。在我们收购机关混乱时期我的确提议过**暂时**开放一个港口来输出谷物。但我没有坚持自己的错误，在和列宁商谈后我立刻就纠正了。至于托洛茨基的这类经中央纠正后不再坚持的错误，我可以举出数十个、数百个。如果我列举托洛茨基在中央工作中犯过的但没有坚持而且被忘却的一切极严重的、不大严重的和不严重的错误，那么我得为此做几次专题报告。但是，我认为在政治斗争中，在政治论战中，应当谈的不是这类错误，而是后来发展成政纲并引起党内斗争的那种错误。

但托洛茨基和加米涅夫谈到的问题，恰好是这类没有发展成反对派别而且很快就被忘却的错误。因为反对派谈到的正是这些问题，让我在这里也提一下反对派首领们过去所犯的这样一些错误吧。也许这对他们是一个教训，下次他们就不会再想拼命抓住已被忘却的错误了。

有一个时候，托洛茨基在我们党中央委员会里硬说：苏维埃政权正处于千钧一发的境地，"布谷鸟已经叫过了"，苏维埃政权存在的时间即使不是几个星期，也只有几个月了。这是1921年的事情。这是最危险的错误，说明托洛茨基具有危险的情绪。但是中央因此嘲笑了他，而托洛茨基也没有坚持自己这个错误，于是错误就被忘却了。

有一个时候（1922年），托洛茨基提议准许我们的工矿企业和托拉斯把国家财产连固定资本在内抵押给私人资本家，以便获得贷款。（雅罗斯拉夫斯基同志喊道："这是投降的道路。"）也许就是这样。无论如何，这是我们企业的非国有化的前提。但是中央否定了这个计划，托洛茨基争了一下，可是后来不再坚持自己的错误，于是错误就被忘却了。

有一个时候（1922年），托洛茨基提议把我们的工业严格集中起来，那么狂乱地集中起来，以致必然会把我们将近三分之一的工人阶级抛出工厂大门。中央否决了托洛茨基的这个繁琐的、狂乱的和政治上危险的提议。托洛茨基几次向中央提到将来势必走上这条道路。然而我们并没有走上这条道路（有人大声喊道："那就非把普梯洛夫工厂关门不可。")是的,事情是会弄到这个地步的。可是后来托洛茨基不再坚持自己的错误。于是错误就别忘却了。

如此等等。

或者我们拿托洛茨基的朋友季诺维也夫和加米涅夫来说吧,他们常常喜欢提到布哈林有一次说的"发财吧",并且围着这个"发财吧"手舞足蹈。

还是1922年的事情,当时我们正讨论莱斯利·厄克特的租让和这一租让的极苛刻的条件的问题。结果怎样呢?加米涅夫和季诺维也夫建议接受莱斯利·厄克特租让的苛刻条件,并且坚持自己的建议,这难道不是事实吗?可是中央拒绝租让莱斯利·厄克特,季诺维也夫和加米涅夫不再坚持自己的错误,于是错误就被忘却了。

或者再从加米涅夫的错误中举出一件事实来说吧,本来我是不想说它的,但是加米涅夫使我不得不提到它,因为它令人厌烦地屡次提到布哈林的错误,提到布哈林早已纠正和消灭了的错误。我说的是加米涅夫流放西伯利亚时的一件事。在二月革命后,加米涅夫与西伯利亚阿钦斯克城的巨商合拍了一封贺电给立宪派米哈依尔·罗曼诺夫,(喊声:"可耻!")就是沙皇逊位后被授以"即位权"的那位米哈依尔·罗曼诺夫。当然这是一个愚蠢的错误,加米涅夫由于这个错误在1917年四月代表会议上受到我们党的严厉斥责。可是,加米涅夫承认了自己的错误,于是错误就被忘却了。

要不要提到这类错误呢?当然不要,因为他们已被忘却而且早已消灭了。为什么托洛茨基和加米涅夫拿这种错误来指责党内论战的对方呢?他们这样做只能使我们不得不提起反对派首领们的许多错误,这不是很明显吗?即使是为了杜绝反对派的吹毛求疵和恶意诽谤,我们也不得不这样做。

但是还有另一种错误,这种错误为犯者所坚持而且后来发展为派别的政纲。这完全是另一种错误。党的任务就是要揭发这类错误并克服它们。因为克服这类错误是在党内确立马克思主义原则、保持党内统一、消灭派别活动并保证不再重犯这类错误的唯一手段。

例如托洛茨基在签订布列斯特和约时的错误,就变成了一套完整的反党政纲。应不应该公开而坚决地反对这种错误呢?是的,是应该的。

又如托洛茨基在工会问题争论时期的错误,在我们党内就引起了全国性的争论。

又如季诺维也夫和加米涅夫在十月革命前夜的错误就造成了党在1917年10月起义前的危机。

又如反对派联盟目前的错误则形成了派别的政纲和反党的斗争。

如此等等。

是否需要公开而坚决地反对这种错误呢?是的,是需要的。

谈到党内意见分歧时能不能对这种错误绝口不谈呢?显然是不能的。

季诺维也夫所理解的无产阶级专政

季诺维也夫在发言中谈到无产阶级专政时,硬说斯大林在《列宁主义问题》这篇人所共知的论文中不正确地解释了无产阶级专政的概念。

同志们,这是胡说。季诺维也夫在这里是嫁祸于人。实际上只能说季诺维也夫是在曲解列宁的无产阶级专政观。

季诺维也夫对无产阶级专政有两种说法,其中没有一种能成为马克思主义的,而且两种说法根本互相矛盾。

第一种说法。季诺维也夫从党是无产阶级专政体系中的基本领导力量这个正确的论点出发,得出一个完全不正确的结论:**无产阶级专政是党的专政**。这样,季诺维也夫也就把党的专政和无产阶级专政混为一谈了。

把党的专政和无产阶级专政混为一谈是什么意思呢？

第一，这就是在阶级和党之间，在整体和部分之间划上等号，这是荒谬绝伦的。列宁从来没有把党和阶级混为一谈。在党和阶级之间有许多无产阶级的非党的群众组织，在这些组织背后则站着无产阶级的全体群众。忽视这些非党的群众组织的作用和比重，尤其是忽视工人阶级全体群众的作用和比重，并认为党可以代替无产阶级的非党的群众组织以及无产阶级全体群众，那就是使党脱离群众，使党极度官僚化，使党变成不容指责的力量，在党内培植"涅恰耶夫主义"和"阿拉克切耶夫主义"。

不用说，列宁和这种无产阶级专政的"理论"是毫无共同之处的。

第二，这就是说，不是像列宁同志那样从引申意义上、从党**领导**工人阶级的意义上去了解党的专政，而是从"专政"这个名词的本意上，即以**暴力**代替党对工人阶级的领导的意义上去了解党的专政。专政这个名词的本意是什么呢？专政这个名词的本意是依靠暴力的政权，因为从专政这个名词的本意上看，没有暴力的因素就没有专政。党能不能成为以暴力对付本阶级，以暴力对付工人阶级的多数的政权呢？显然不能。不然，这就不是对资产阶级的专政，而是对工人阶级的专政。

党是本阶级的导师、领导者、领袖，而不是以暴力对付工人阶级的多数的政权。不然，就谈不上说服方法是无产阶级政党在工人阶级队伍中的基本工作方法了。不然，就谈不上党应当使无产阶级广大群众信服党的政策的正确性，就谈不上党只有在执行这个任务的过程中才能认为自己是能够领导无产阶级进行战斗的真正群众性的党。不然，党对于无产阶级势必以命令和恐吓代替说服的方法。这是荒谬的，是和马克思主义的无产阶级专政观完全不相容的。

请看季诺维也夫把党的专政（领导）和无产阶级专政混为一谈的

"理论"达到了何等荒谬的地步。

不用说,列宁和这种"理论"是毫无共同之处的。

我在《列宁主义问题》一文中反驳季诺维也夫的时候,就驳斥了这种荒谬绝伦的说法。

在这里声明一下,这篇论文的写作和付印都是得到我党领导同志的完全同意和赞许的,大概不是多余的吧。

季诺维也夫对无产阶级专政的第一种说法就是如此。

再来看看第二种说法。第一种说法是在一个方向上曲解列宁主义,而第二种说法则是在完全和前者相反的另一个方向上曲解列宁主义。这第二种说法就是季诺维也夫确定无产阶级专政不是无产阶级一个阶级的领导,而是工人和农民**两个**阶级的领导。

季诺维也夫关于这一点说道:

"现在,国家生活的**领导权**、船舵、方针是在工人和农民这**两个阶级**手中。"①

能不能否认我国现在存在着无产阶级专政呢?不,不能。我国无产阶级专政是什么呢?在季诺维也夫看来,无产阶级专政原来是两个阶级管理我们国家的生活。这和马克思主义的无产阶级专政观是否相容呢?显然是不相容的。

列宁说,无产阶级专政是无产阶级**一个**阶级的统治。在无产阶级和农民联盟的条件下,这个无产阶级**独裁**表现于这个联盟中的领导力量是无产阶级和它的政党,这个政党不与也不能与其他力量或其他政党分掌国家生活的领导权。这一切都是如此的浅显和不容争辩,几乎没有必要

---

① 季诺维也夫《工农联盟和红军》列宁格勒"波涛"出版社 1925 年版第 4 页。

再做解释。季诺维也夫却认为无产阶级专政是两个阶级的领导。那为什么把这个专政称为无产阶级专政而不称为无产阶级和农民的专政呢？按照季诺维也夫对无产阶级专政的了解，我们就应当有两个政党的领导，以符合于两个阶级共掌"国家生活大权"的情况，这难道还不明白吗？季诺维也夫的这个"理论"和马克思主义的无产阶级专政观能有什么相同之处呢？不用说，列宁和这种"理论"是毫无相同之处的。

结论：不论季诺维也夫"理论"的第一种说法或第二种说法，都同样说明季诺维也夫显然是在曲解列宁的无产阶级专政学说。

托洛茨基的巫师箴言

其次，我想谈一谈托洛茨基的几个含糊不清的声明，这些声明的目的实际上是要把人引入迷途。我想举出几件事实。

一件事实。关于托洛茨基如何看待自己孟什维克的过去这一问题，托洛茨基装模作样地回答说：

> "我加入布尔什维克党这件事实本身……这件事实本身已经证明，我已经把过去所有那些使我和布尔什维主义分开的东西放在党的门口了。"

"把所有那些使"托洛茨基"和布尔什维主义分开的东西放在党的门口了"是什么意思呢？雷梅尔当时质问得对："怎能把这些东西放在党的门口呢？"真的，怎能把这些肮脏东西放在党的门口呢？（笑声）对这个问题托洛茨基始终没有答复。

此外，把托洛茨基的孟什维克残余放在党的门口是什么意思呢？他把这些东西放在党的门口是为了储藏起来以备将来在党内进行斗争之用呢，还是干脆把它们拿去烧掉？看样子，托洛茨基把它们放在党的门口是为了储藏起来。否则，如何解释托洛茨基入党后不久就跟党发生的并且直到现在还没有停止的那些连续不断的意见分歧呢？

请大家自己判断吧。1918 年，托洛茨基在布列斯特和约问题上与党发生分歧，引起了党内斗争。1921 年至 1925 年，托洛茨基在工会运动问题上与党发生分歧，引起了全国的争论。1923 年，托洛茨基在党的建设和经济政策的基本问题上与党发生分歧，引起了党内争论。1924 年，托洛茨基在对十月革命的评价问题和党的领导问题上与党发生分歧，引起了党内争论。1925 年至 1926 年，托洛茨基及其反对派联盟在我国革命和当前政策的基本问题上与党发生分歧。

对于一个"把所有那些使他和布尔什维主义分开的东西都已放在党的门口"的人来说，意见分歧不是太多了吗？

能不能说托洛茨基与党发生的这些连续不断的意见分歧是"偶然发生的事件"而不是合乎规律的现象呢？

恐怕不能这样说。

那么，托洛茨基这个极端含糊的声明追求的是什么目的呢？

我想只有一个目的：混淆视听，把听众引入迷途。

另一件事实。大家知道，从我们党的思想体系来说，从我们革命的前途来说，关于托洛茨基的"不断革命论"是有重要意义的。大家知道，这个"理论"曾经妄图而且继续妄图在我国革命动力问题上与列宁主义理论一争上下。因此，人们屡次要托洛茨基表明他现在（1926 年）对其"不断革命论"的态度，这是完全可以理解的。而托洛茨基在共产国际全会上发言时是怎样回答的呢？回答得十分含糊。他说，"不断革命论"有某些"缺陷"，这个"理论"的某些方面在我们革命实践中没有得到证实。这样说来，这个"理论"的某些方面虽然有"缺陷"，但这个"理论"的其他方面并没有"缺陷"，而且仍旧有效。但是，怎样把不断革命"理论"的某些方面和这个"理论"的其他方面分开来呢？难道"不断革命论"不是一套完整的观点吗？难道可以把"不断革命论"看做一只箱子,比方说,它的两角已经腐朽,而其余两角依然完整无缺吗?其次,难道在这里可以只作一个简单的毫不负责的声明,一般地提到有"缺陷",而不说出托洛茨基所指的究竟是那些"缺陷",不说出他认为"不断革命论"究竟在**哪些**方面是不正确的吗?托洛茨基说"不断革命论"有某些"缺陷",可是他所指的就是什么"缺陷",他认为这个"理论"有哪些方面是不正确的,这一切他只字未提。因此,应当把托洛茨基对于这个问题的声明看做敷衍塞责的答复,看做以"缺陷"这样含糊不清、毫不负责的词句来搪塞别人的企图。

托洛茨基在这里的举止正像古时一些狡猾的巫师一样,这些巫师总是用含糊不清的回答来搪塞问卜者,例如"渡河时一支大军将被击溃"。渡什么河,**谁的**大军将被击溃,那谁知道。(笑声)

季诺维也夫像小学生那样引证马克思、恩格斯、列宁

其次,我想谈谈季诺维也夫引证马克思主义经典著作的特殊手法。季诺维也夫这种手法的特点就是把一切时期和日子弄乱,搅作一团,把马克思和恩格斯的个别原理和公式同它们与现实的有机联系分隔开来,把它们变为陈腐的教条,从而违反马克思和恩格斯的"马克思主义不是教条,而是行动的指南"这一基本要求。

请看几件事实。

第一件事实。季诺维也夫在自己的发言中引证了马克思的《1848年至1850年的法兰西阶级斗争》一书中的尽人皆知的一句话:"工人阶级的任务①在民族范围内是不能完成的。"

---

① 指社会主义的胜利。——约·斯大林

其次，季诺维也夫从马克思在 1858 年给恩格斯的信中摘引了下面一段话：

"对我们来说，困难的问题是：大陆上革命已经迫在眉睫，并将立即具有社会主义的性质。但是，由于在广大得多的地域内资产阶级社会**还在走上坡路**，革命在这个小小角落里不会必然被镇压吗？"①

季诺维也夫引证了马克思在 19 世纪 40 年代至 50 年代所说的这几段话并作出结论说：因此，**就资本主义的一切时期来说**，对社会主义在个别国家内胜利的问题的解答都是否定的。

能不能说季诺维也夫了解了马克思及其关于社会主义在个别国家内胜利的问题的观点和基本路线呢？不，不能这样说。相反地，从这些引证中可以看出季诺维也夫完全没有了解马克思，他歪曲了马克思的基本观点。

从马克思这几段话中能不能得出结论说，在资本主义发展的**任何**条件下，社会主义在个别国家内的胜利都是不可能的呢？不，不能得出这样的结论。从马克思的话中只能得出结论说，只有在"资产阶级社会还在走**上坡**路"的情况下，社会主义在个别国家内胜利才是不可能的。可是，如果整个资产阶级社会的运动由于事物发展的进程而改变了自己的方向，开始走**下坡**路，那怎么办呢？从马克思的话中可以得出结论，在**这样**的条件下，否认社会主义在个别国家内胜利的可能性的根据便消失了。

季诺维也夫忘记马克思这几段话是指垄断前的资本主义时期而言，当时整个资本主义是在向上发展，当时整个资本主义的发展还未伴随着像英国那样资本主义发达的国家的腐朽过程，当时发展不平衡的规律还

---

① 《马克思恩格斯文集》第 10 卷第 166 页。——编者注

不是而且不能是瓦解资本主义的强有力的因素，像它以后在垄断资本主义时期，在帝国主义时期那样。对于垄断前的资本主义时期来说，马克思关于工人阶级的基本任务不可能在个别国家内完成的话是完全正确的。我还在联共（布）第十五次代表会议上的报告中就说过：在旧时，在垄断前的资本主义时期，对社会主义在个别国家内胜利的问题的解答是否定的，而且解答得完全正确。可是现在，在目前的资本主义时期，当垄断前的资本主义变成了帝国主义的资本主义的时候，能说整个资本主义现时还在向上发展吗？不，不能这样说。列宁对帝国主义经济实质的分析说明，在帝国主义时期，整个资产阶级社会是走下坡路的。列宁说得完全对：垄断资本主义即帝国主义的资本主义，是**垂死的**资本主义。列宁同志关于这一点说道：

"不难理解为什么帝国主义是垂死的资本主义，向社会主义过渡的资本主义，因为从资本主义中成长起来的垄断已经是资本主义的垂死状态，是它向社会主义过渡的开始。帝国主义造成的大规模的劳动**社会化**（即辩护士——资产阶级经济学家称之为'交织的现象'），其含义也是一样。"①

整个向上发展的垄断前的资本主义是一回事，帝国主义的资本主义是另一回事。这时，世界已被各资本主义集团瓜分，资本主义跃进式的发展需要以军事冲突重分已被瓜分的世界，在这个基础上产生的各帝国主义集团间的冲突和战争，削弱着资本主义的世界战线，使它易被击破，造成在个别国家内突破这一战线的可能。在那时，在垄断前的资本主义时期，社会主义在个别国家内的胜利是不可能的。在现时，在帝国主义时期，在垂死的资本主义时期，社会主义在个别国家内的胜利已成为可能的了。

---

① 《列宁选集》中文第 3 版第 2 卷第 706 页。——编者注

同志们，问题就在这里，而季诺维也夫不愿意了解的也就是这一点。

你们看，季诺维也夫像小学生那样引证马克思，抛开马克思的**观点**，抓住马克思的个别词句，不是作为马克思主义者而是作为社会民主主义者来应用这些引文。

修正派引证马克思的手法是什么呢？修正派引证马克思的手法就是离开一定时代的具体条件，从马克思的个别原理中**引出一些话**来顶替马克思的**观点**。

季诺维也夫引证马克思的手法是什么呢？季诺维也夫引证马克思的手法就是**引证**马克思的**词句**，割断这些词句与19世纪50年代发展条件的有机联系，把它们变成教条，来顶替马克思的**观点**。

我想这里是用不着解释的。

第二件事实。季诺维也夫从《共产主义原理》(1847年) 中引证了恩格斯关于工人革命"不可能在一个国家内发生"的话，把恩格斯的这些话和我在联共（布）第十五次代表会议上关于我们在苏联已经实现了恩格斯所提出的十二条要求的十分之九的声明加以对比，并由此做出两个结论：第一，社会主义在个别国家内胜利是不可能的；第二，我在自己的声明中粉饰了苏联的现时条件。

说到引自恩格斯的话，需要指出，季诺维也夫在解释恩格斯这段话时所犯的错误，也和他在解释马克思的话时所犯的错误一样。显然，在垄断前的资本主义时期，在资产阶级社会整个向上发展的时期，恩格斯对社会主义在个别国家内可能胜利的问题应当给予否定的解答。把恩格斯这个适用于旧的资本主义时期的原理机械地应用到新的资本主义时期即帝国主义时期，这就是歪曲恩格斯和马克思的观点，以适合于那些离开垄断前的资本主义时期的实际发展条件而引来的个别词句。我在联共（布）第十五次代表大会上的报告中已经说过，恩格斯的这个公式在当时是唯一正确的公式。可是应该了解，不能把19世纪40年代还谈不上垂死的资本主义时期和资本主义发展的现时期，即整个资本主义成了垂死的资本主义的帝国主义时期相提并论，从前认为不可能的，现在在资本主义新的条件下已经成为可能的和必要的了，这难道难以了解吗？

你们看，季诺维也夫在这里对待恩格斯，正如对待马克思一样，始终是忠于修正派的引证马克思主义经典著作的手法的。

至于季诺维也夫的第二个结论，那他是直接歪曲了恩格斯关于工人革命的十二条要求或措施的。季诺维也夫把事情描绘成这样，似乎恩格斯在他的十二条要求中提供了一个包括消灭阶级、消灭商品生产以及消灭国家的**详尽的**社会主义纲领。这是完全不对的。这完全曲解了恩格斯。在恩格斯的十二条要求中，没有一个字提到消灭阶级，消灭商品经济，消灭国家，消灭各种各样的私有制。相反地，恩格斯的十二条要求是以"民主"（恩格斯当时所理解的"民主"是指无产阶级专政）的存在、阶级的存在和商品经济的存在为出发点的。恩格斯直截了当地说，他的十二条要求指的是直接"侵犯私有制"（而不是完全消灭它）和"保证无产阶级的存在"（而不是消灭无产阶级这个阶级）。下面是恩格斯的话：

> "因此，很可能就要来临的无产阶级革命，只能逐步改造现今社会，只有创造了所必需的大量生产资料**之后**，才能废除私有制……首先无产阶级革命将建立民主的国家制度，从而直接或间接地建立无产阶级的政治统治……如果不立即利用民主作为手段实行**进一步的、直接向私有制发起进攻和保障无产阶级生存的各种措施**①，那么，这种民主对于无产阶级就毫无用处……这些作为现存关系的必然结果现在已经产生出来的最主要的措施如下……"②

---

① 黑体为本人所加。——约·斯大林
② 《马克思恩格斯文集》第1卷第685页。——编者注

接下去就是列举大家已经知道的十二条要求或措施。（见恩格斯《共产主义原理》）

由此可见，恩格斯在这里所说的不是消灭阶级、国家、商品生产等等的详尽的社会主义纲领，而是社会主义革命的**初步**，是直接侵犯私有制、保证工人阶级生存、巩固无产阶级统治所必需的**初步措施**。

结论只有一个：季诺维也夫曲解了恩格斯，把他的十二条要求说成详尽的社会主义纲领。

我在联共（布）第十五次代表会议上的结论中说的是什么呢？我说的是恩格斯所提出的作为社会主义革命的初步的那些要求或措施，有十分之九已在我们苏联实现了。

这是不是说我们已经实现了社会主义呢？显然不是这个意思。

可见，忠于自己的引证手法的季诺维也夫，在说到我在联共（布）第十五次代表会议上的声明时犯了"小小"颠倒是非的毛病。

请看，季诺维也夫引证马克思和恩格斯的特殊手法竟然使他走到怎样的地步。

季诺维也夫的引证手法使我想起了关于社会主义党人的一个很可笑的"故事"，这个"故事"是瑞典的一个革命的工团主义者在斯德哥尔摩讲的，在1906年我们党的斯德哥尔摩代表大会的时候讲的。这位瑞典同志把某些社会民主党人引证马克思和恩格斯时所表现的书呆子气描写得很可笑，我们这些代表听了，笑得全身发软。"故事"的内容是这样的：事情发生在克里木海陆军起义的时候，水兵和步兵的代表去见社会民主党人说："近几年来你们号召我们起义以反对沙皇制度，我们深信你们的号召是正确的，我们水兵和步兵约定起义，现在特来向你们请示。"社会民主党人慌张了起来，回答说他们不召开专门代表会议，不能解决起义问题。水兵们示意说，不能再迟延了，事情已准备好了，如果他们得不到社会民主党人明白的答复，社会民主党人不来领导起义，事情就会失败。水兵和步兵随即离去,等候指示,而社会民主党人就召开代表会议来讨论这个问题。他们拿出《资本论》第1卷,拿出《资本论》第2卷,最后拿出《资本论》第3卷。他们寻找马克思有关克里木、塞瓦斯托波尔的指示,有关克里木起义的指示。但是找遍三卷《资本论》,都没有找到一个,简直没有找到一个有关塞瓦斯托波尔、有关克里木、有关水兵和步兵起义的指示。(笑声)他们又翻阅马克思和恩格斯的其他著作,寻找指示,还是一点指示也没找到。(笑声)怎么办呢?水兵们已经来了,等着答复。结果怎么样呢?社会民主党人只好承认,在这样的情形下他们不能给水兵和步兵任何指示。瑞典同志结束自己的故事说:"海军和步兵起义就这样失败了。"(笑声)

无疑地,这个故事夸大了事实。但是,同样无疑地,这个故事一针见血地说中了季诺维也夫引证马克思和恩格斯的手法的主要毛病。

第三件事实。这里谈到的是引证列宁著作的问题。季诺维也夫为了从列宁著作中引出一大堆话把群众弄得"目瞪口呆",用尽了一切办法。看来季诺维也夫认为引证越多越好,可是他极少注意到引文说的什么,会引起什么结果。如果细读这些引文,那就不难了解,季诺维也夫从列宁著作中引证的话,没有一句(哪怕用暗示的方式)是有利于反对派联盟现在的投降主义立场的。列宁曾说过,必须认为专政的"经济问题"的解决和苏联无产阶级在解决这一问题上的胜利是有保证的。必须指出,季诺维也夫不知为什么没有从列宁的小册子《论合作社》里说到我们苏联有一切必要的和足够的条件来建成完全的社会主义的一段话。但他甚至没打算用一点点心思来提出(哪怕暗示一下)这样的问题:这段话说明什么,把它引来对谁有利,对反对派联盟有利,还是对联共(布)有利。

季诺维也夫力图证明我国社会主义建设的胜利是不可能实现的,可是他从列宁的著作中引来用以证明这个论点的那些话,却把自己的论点完全推翻了。

例如下面就是这些引文中的一段话：

"我屡次说过：与各先进国家相比，俄国人开始伟大的无产阶级革命是比较容易的，但是把它继续到获得最终胜利，即**完全组织起社会主义社会，就比较困难了**。"①

季诺维也夫竟没有想一想，这段话不是有利于反对派联盟而是有利于党的，因为它不是说在苏联不可能建成社会主义，而是说这种建设是困难的，并且这段话承认，在苏联有建成社会主义的可能是一种不言而喻的事情。党总是说，在苏联开始革命比欧洲资本主义国家容易些，但是建成社会主义则困难些。这是不是说承认这个事实就等于否认在苏联有建成社会主义的可能呢？当然不是。相反地，从这个事实只能得出结论说，尽管有困难，在苏联建成是完全可能和必要的。

试问，季诺维也夫需要这类引证是为了什么呢？

大概是为了用一大堆引证来把听众弄得"目瞪口呆"，把水搅浑。（笑声）

但是，季诺维也夫没有达到自己的目的，他引证马克思主义经典著作的那种非常可笑的手法，确实无疑地使他陷入困境，我想这一点现在是很明白的了。

季诺维也夫所理解的修正主义

最后谈谈季诺维也夫对"修正主义"这一概念的解释。在季诺维也夫看来，凡是使马克思或恩格斯的旧公式或个别原理更加完善，更加

---

① 《列宁全集》中文第 2 版第 36 卷第 293—294 页。——编者注

精确，尤其是用适合新情况的公式代替他们的都是修正主义。试问，为什么呢？难道马克思主义不是科学，难道科学不是不断发展，不是用新经验丰富自己、使旧公式更加完善的吗？原来他认为"修正"就是"修改"，而要使旧公式更加完善，更加精确，就不能不把这些公式做些修改，因此，凡是使旧公式更加精确、更加完善，凡是用新经验和新公式丰富马克思主义原理的都是修正主义。这一切当然是可笑的。但如果季诺维也夫置自己于可笑的境地，同时以为自己是在和修正主义作斗争，那又有什么办法呢？

例如斯大林有没有权利完全按照列宁主义的指示和基本路线，把他自己关于社会主义在一个国家内胜利的公式（1924年）加以改变并使之更加精确呢？在季诺维也夫看来是没有这个权利的。为什么呢？因为改变旧公式并使之更加精确，就是修改这个公式，而按照德文的意思，修改就是修正。斯大林岂不是显然陷入了修正主义吗？

由此看来，我们有一个关于修正主义的新的季诺维也夫的标准，这个标准使马克思主义思想在修正主义罪名的威胁下必然陷于停滞不前的境地。

例如马克思在19世纪中叶说，在资本主义**向上**发展的时期，社会主义在民族范围内获得胜利是不可能的；而列宁在1915年说，在资本主义**向下**没落的时期，在垂死的资本主义时期，这种胜利是可能的，那么，列宁在对待马克思来说是陷入修正主义了。

例如马克思在19世纪中叶说，"欧洲大陆任何一个国家乃至整个欧洲大陆的社会主义变革，假如不算上英国的话，只是杯中风浪而已"。而恩格斯后来根据阶级斗争的新经验改变了这种论点，说社会主义革命"将由法国人开始，而由德国人完成"，那么，恩格斯在对待马克思来说是陷入修正主义了。

恩格斯说，社会主义革命将由法国人开始，而由德国人完成，列宁根据苏联革命胜利的经验，改变了这个公式，代之以另一个公式，说社会主义革命已由俄国人开始，而由德国人、法国人和英国人完成，那么列宁在对待恩格斯尤其是在对待马克思来说是陷入修正主义了。

请看列宁关于这个问题所说的话吧：

"社会主义的伟大奠基人马克思和恩格斯，在几十年中考察了工人运动的发展和世界社会主义革命的成长，清楚地看到：从资本主义过渡到社会主义需要长久的阵痛，经过长时期的无产阶级专政，摧毁一切旧东西，无情地消灭资本主义的各种形式，需要有全世界工人的合作，全世界的工人则应当联合自己的一切力量来保证彻底的胜利。他们并且说过，'将由法国人开始，而由德国人完成'，其所以由法国人开始，是由于法国人在几十年的革命中养成完成革命行动的奋不顾身的首创精神，从而使他们成了社会主义革命的先锋队。

现在我们看到的是国际社会主义力量的另一种结合。我们说，比较容易开始革命运动的，并不是那些能够比较容易地进行掠夺和有力量收买本国工人上层分子的剥削国家……**现在的形势与马克思和恩格斯所预料的不同了**①，它把国际社会主义革命先锋队的使命交给了我们——俄国的被剥削劳动阶级；我们现在会清楚地看到革命的发展会多么远大；俄国人开始了，德国人、法国人、英国人将去完成，社会主义定将胜利。"②

你们看，列宁在这里简直"修改了"恩格斯和马克思的话，照季诺维也夫的说法，他是陷入"修正主义"了。例如恩格斯和马克思确定巴黎公社就是无产阶级专政，大家知道，公社是由两个党领导的，其中没有一个党是马克思主义的；然而列宁后来根据帝国主义条件下的阶级斗争的新经验，说稍微发达的无产阶级专政，只有在一个政党即马克思主义政党的领导下才能实现，那么，列宁在对待马克思和恩格斯来说

---

① 黑体为本人所加。——约·斯大林
② 《列宁选集》第3版第3卷第416—417页。——编者注

是陷入明显的"修正主义"了。

列宁在帝国主义大战以前曾说联邦制是不可采用的国家组织形式，而在1917年，根据无产阶级斗争的新经验，他改变了、修正了这个公式，说联邦制是过渡到社会主义的适当的国家组织形式，那么，原来列宁对自己和列宁主义来说是陷入"修正主义"了。

如此等等。

这样，在季诺维也夫看来，马克思主义不应当用新的经验来丰富自己，凡是使马克思主义某些经典著作的个别原理和公式更加完善的都是修正主义。

马克思主义是什么呢？马克思主义就是科学。如果马克思主义不用无产阶级斗争的新经验来丰富自己，如果它**不从马克思主义观点**，不从马克思主义方法的**角度**来吸取这些经验，马克思主义这门科学能保持和发展吗？显然是不可能的。

马克思主义要求在保持马克思主义观点、保持马克思主义方法的**条件**下根据新的经验来改善和丰富旧公式，而季诺维也夫则相反，他保持字眼，以马克思主义个别原理的字眼顶替马克思主义的观点和方法，这难道还不明白吗？

以马克思主义个别公式的字眼和个别原理的摘引顶替马克思主义的基本路线，这和真正的马克思主义有什么共同之处呢？

这不是马克思主义，而是对马克思主义的讽刺，这难道还用怀疑吗？

马克思和恩格斯说"我们的学说不是教条，而是行动的指南"，正是针对季诺维也夫那样的"马克思主义者"。

季诺维也夫倒霉的地方就在于他不懂得马克思和恩格斯这句话的意义和作用。

Ⅱ. 社会主义在个别资本主义国家内胜利的问题

我已经说过反对派首领讲话中所表现出来的反对派的个别错误和与事实不符的地方。我已在结论的第一部分即几点意见中说明了这个问题。现在让我直接来谈本题。

帝国主义时期个别国家无产阶级革命的前提

第一个问题就是帝国主义时期社会主义在个别资本主义国家内胜利的可能性问题。你们知道，这里所说的不是某一个国家，而是一切相当发达的帝国主义国家。

反对派在个别资本主义国家内社会主义胜利问题上的主要错误在什么地方呢？

反对派的主要错误在于他们不了解或者不愿了解帝国主义以前的资本主义和帝国主义时期的资本主义之间的全部差别，他们不懂得帝国主义的经济实质，把资本主义的两个不同的阶段即帝国主义以前的阶段和帝国主义阶段混为一谈。

反对派的这种错误产生了他们的另一种错误，即他们不懂得帝国主义时期发展不平衡的规律的意义和作用，把均衡趋势与这个规律对立起来，因而滚到考茨基的超帝国主义论的立场上去了。

这两个错误引起了反对派的第三个错误，即他们把根据帝国主义以前的资本主义所得出的公式和原理机械地应用到帝国主义时期的资本主义，因此他们否认社会主义在个别资本主义国家内胜利的可能性。

旧的垄断前的资本主义和新的垄断的资本主义，如用三言两语来说明，其差别在哪里呢？

差别在于，资本主义通过资本家庞大的垄断联合的发展代替了通过自由竞争的发展，财政资本、"腐朽的"资本代替了旧的、"文明的"、"进步的"资本；跃进式的发展，通过各资本主义集团以军事冲突来重分已被瓜分的世界的发展，代替了资本"和平的"扩大和向"自由"土地的伸展；因此，垂死的资本主义，整个向下没落的资本主义，代替了旧的整个向上发展的资本主义。

列宁关于这一点说道：

"让我们回想一下，从前的'和平的'资本主义时代被当今帝国主义时代所代替的基础是什么，基础就是自由竞争已让位于资本家的垄断同盟，整个地球已被瓜分完毕。显然，这两件事实（和因素）都确实具有世界意义，因为只有当资本能够畅行无阻地扩大殖民地和夺取非洲等地的无主土地，而资本的集中还很薄弱，垄断企业即庞大到能够控制**整个**一个部门的工业企业还没产生时，自由贸易与和平竞争才是可能的和必然的。这种垄断企业的产生和发展（……）使以往的自由竞争成为**不可能了**，破坏了这种竞争立足的基础，而对世界的瓜分又**使**资本家从和平扩张转到用武装斗争来**重新**瓜分殖民地和势力范围。"①

他继续说道：

"现在已经**不能像过去那样在资本主义平衡发展**②和逐步向新的国家扩展的比较平静、文明、和平的环境中生活了，因为另一个时代已经到来。金融资本可以把某一个国家**排挤出**而且必将排挤出大国的行列，夺走其殖民地和势力范围……"③

由此就得出了列宁关于帝国主义的资本主义性质的基本结论：

---

① 参看《列宁选集》中文第 3 版第 2 卷第 472—473 页。——编者注
② 黑体为本人所加。——约·斯大林
③ 参看《列宁选集》中文第 3 版第 2 卷第 475—476 页。——编者注

"不难理解为什么帝国主义是**垂死的**资本主义,向社会主义**过渡的**资本主义,因为从资本主义中成长起来的垄断**已经是**资本主义的垂死状态,是它向社会主义过渡的开始。帝国主义造成的大规模的劳动**社会化**(即辩护士——资产阶级经济学家称之为'交织的现象'),其含义也是一样。"①

我们的反对派倒霉的地方就在于他们不懂得帝国主义以前的资本主义和帝国主义时期的资本主义之间的这种差别的整个重要性。

而我们党的立场的出发点则是承认现代的资本主义即帝国主义的资本主义是垂死的资本主义这一事实。

可惜,这还不是说资本主义已经死亡了。但是,毫无疑义,这是说整个资本主义不是走向复兴而是走向死亡,整个资本主义不是向上发展而是向下没落。

从这个总的问题就产生出帝国主义时期发展不平衡的问题。

列宁主义者在讲到帝国主义时期的发展不平衡时通常指的是什么呢?

是不是指各个资本主义国家的发展水平有很大的差别,一些国家在发展上落后于其他一些国家,这种差别在日益加大呢?

不,不是指这一点。把帝国主义时期的**发展**不平衡和资本主义国家发展水平的差别混为一谈,那是庸人的看法。反对派在联共(布)第十五次代表会议上把发展不平衡问题和各个资本主义国家经济状况水平的差别问题混淆起来,正是这种庸人的看法。反对派正是以这个糊涂观念为出发点而得出了一个极不正确的结论:过去的发展不平衡比在帝国主义时代更厉害。正因为如此,托洛茨基在第十五次代表会议上说:"这种不平衡在19世纪比在20世纪**更厉害**。"② 季诺维也夫当时也这样

---

① 《列宁选集》中文第3版第2卷第706页。——编者注
② 托洛茨基在联共(布)第十五次代表会议上的发言。

断言:"说在帝国主义时代开始以前资本主义发展不平衡比较缓和,这是不正确的。"①

诚然,现在,在第十五次代表会议上争论以后,反对派认为必须改变阵线,因而在共产国际执行委员会扩大全会上发表了一种完全相反的意见,或者干脆不提自己这种错误。例如托洛茨基在扩大全会上发言时说:"至于发展的速度,那么,帝国主义是**无止境地加剧了**这种不平衡性。"至于季诺维也夫,他在共产国际执行委员会全会上的发言中也认为对这个问题只字不提是最明智的办法,虽然他不能不知道所争论的正是帝国主义时期不平衡规律的作用是在增强还是在削弱的问题。但这只说明争论多少教育了反对派,对反对派不是没有益处的。

总之,不能把帝国主义时期资本主义国家发展不平衡的问题和各个资本主义国家经济状况水平的差别问题混为一谈。

能不能说资本主义国家发展水平差别的减小和这些国家的日趋均衡是在减弱帝国主义时期发展不平衡规律的作用呢?不,不能这样说。这种发展水平上的差别是在加大还是在缩小呢?无疑是在缩小,均衡化是在上升还是在下降呢?无疑是在上升。均衡化的上升是不是和帝国主义时期发展不平衡的加强相矛盾呢?不,不相矛盾。相反地,均衡化正是帝国主义时期发展不平衡作用可能加强的背景和基础。只有像我们的反对派那样不懂得帝国主义经济实质的人,才能把均衡化和帝国主义时期发展不平衡的规律对立起来。正因为落后国家在加速自己的发展并和先进国家取得均衡,正因为如此,一些国家为超过另一些国家而进行的斗争便尖锐起来,正因为如此,**便造成了**一些国家超过另一些国家并把它们从市场中排挤出去的**可能**,从而为军事冲突、为削弱世界资本主义战线、为个别资本主义国家的无产者突破这一战线创造前提。谁不了解这

---

① 季诺维也夫在联共(布)第十五次代表会议上的发言。

个简单的道理，谁就毫不了解垄断资本主义的经济实质问题。

因此，均衡化是帝国主义时期发展不平衡加强的条件之一。

能不能说，帝国主义时期的发展不平衡就是一些国家**按照通常的方式**，即按照所谓**进化的方式**，不经过跃进，不经过战争灾祸，不经过重新分割已被瓜分的世界而在经济方面赶上另一些国家，然后超过它们呢？不，不能这样说。这种不平衡在垄断前的资本主义时期就已经有了，这一点马克思是知道的，列宁在他的《俄国资本主义的发展》一书中也曾写过。当时资本主义的发展是相当平稳、相当缓慢的，一些国家是在很长一段时期内不经过跃进、不一定经过世界规模的军事冲突而超过另一些国家的。现在说的不是这种不平衡。

那么，帝国主义时期资本主义国家发展不平衡的规律究竟是什么呢？

帝国主义时期发展不平衡的规律就是，一些国家跳过另一些国家，一些国家很快地被另一些国家从世界市场上排挤出去，以军事冲突和战争灾祸的方式周期性地重新分割**已被瓜分的世界**，帝国主义阵营内部的冲突加深和加剧起来，世界资本主义战线削弱，个别国家的无产阶级可能突破这条战线，社会主义可能在个别国家内获得胜利。

帝国主义时期发展不平衡规律的基本要点是什么呢？

第一，世界已被各帝国主义集团瓜分完毕，世界上不再有"自由的"、未被占据的土地了，为了占据新的市场和原料产地，为了扩展势力，必须用武力从别国夺取这些土地。

第二，技术的空前发展和资本主义国家发展水平的日趋均衡，使一些国家可能并易于跳过另一些国家，使不很强盛但在迅速发展的国家可能并易于排挤比较强盛的国家。

第三，各个帝国主义集团间势力范围的旧的划分常常和世界市场上新的力量对比发生冲突，为了在势力范围的旧的划分和新的力量对比之间求得"平衡",必须用帝国主义战争来周期性地重分世界。

因此,帝国主义时期发展的不平衡是在加强和加剧起来。

因此,帝国主义阵营内的冲突是不能用和平方式解决的。

因此,鼓吹可能和平解决这些冲突的考茨基的超帝国主义论是不能成立的。

由此应得出结论,否认帝国主义时期发展不平衡的加强和加剧这一事实的反对派是滚到超帝国主义论的立场上去了。

帝国主义时期发展不平衡的特点就是如此。

各个帝国主义集团是在什么时候把世界瓜分完毕的呢?

列宁说是在20世纪初叶把世界瓜分完毕的。

事实上第一次提出重分已被瓜分的世界的问题是在什么时候呢?

是在第一次帝国主义世界大战时期。

由此得出结论:只有在20世纪初叶才能发现和论证**帝国主义时期**发展不平衡的规律。

我在联共(布)第十五次代表会议上的报告中已谈到这一点,当时我说,帝国主义时期发展不平衡的规律是列宁同志发现和论证的。

帝国主义世界大战是重分已被瓜分的世界的初次尝试。这次尝试使资本主义付出的代价是俄国革命的胜利与帝国主义在殖民地和附属国内的基础的破坏。

不用说,继重分世界的第一次尝试之后必有第二次尝试,并且帝国主义阵营已在进行这种准备工作。

毋庸怀疑,重分世界的第二次尝试将使世界资本主义付出的代价比第一次大得多。

从帝国主义条件下的不平衡规律来看,世界资本主义发展的前途就是如此。

可见这种前途直接使社会主义可能在帝国主义时期的个别资本主义

国家内获得胜利。

大家知道，列宁关于社会主义可能在个别国家内胜利的结论是直接从资本主义国家发展不平衡的规律中得出的。列宁是完全正确的。因为帝国主义时期发展不平衡的规律，使所有一切社会民主党人失去任何根据，来玩耍社会主义不可能在个别资本主义国家内获得胜利这种"理论的"把戏。

列宁在1915年所写的纲领性的论文中关于这一点说道：

"政治和经济发展的不平衡是资本主义的绝对规律。**由此就应得出结论**①：社会主义可能首先在少数甚至在单独一个资本主义国家内获得胜利。"②

结论是：

（1）反对派的基本错误是他们看不见资本主义两个阶段的差别，或者回避对这种差别的强调。为什么他们要回避这一点呢？因为从这种差别里会得出帝国主义时期发展不平衡的规律来。

（2）反对派的第二个错误是他们不懂得或者低估了帝国主义时期资本主义国家发展不平衡规律的决定意义。为什么他们低估这一点呢？因为正确估计资本主义国家发展不平衡规律就会得出社会主义可能在个别国家内胜利的结论。

（3）由此产生了反对派的第三个错误，即否认社会主义在帝国主义时期的个别资本主义国家内胜利的可能性。

谁否认社会主义在个别国家内胜利的可能性，谁就不得不对帝国主义时期发展不平衡规律的意义默不作声；而谁对不平衡规律的意义默不作声，谁就不能不抹杀存在于帝国主义以前的资本主义和帝国主义时期

---

① 黑体为我所加。——约·斯大林
② 《列宁选集》中文第3版第2卷第554页。——编者注

的资本主义之间的差别。

资本主义国家的无产阶级革命的前提问题就是如此。

这个问题有什么实际意义呢?

从实际上说,在我们面前摆着两条路线。

一条路线是我们党的路线,它号召个别国家的无产者准备迎接即将到来的革命,机警地注视事变的进程,并准备在有利条件下独立地突破资本战线,夺取政权,动摇世界资本主义的基础。

另一条路线是我们的反对派的路线,他们对独立突破资本主义战线的适当性散播一种怀疑的情绪,并号召个别国家的无产者等待"总爆发"的时机。

我们党的路线是使个别国家的无产者加强对本国资产阶级的革命进攻并发挥主动性的路线,而我们的反对派的路线则是使个别国家的无产者在反对本国资产阶级的斗争中消极等待并限制主动性的路线。

第一条路线是使个别国家的无产者积极化的路线。

第二条路线是削弱无产阶级革命意志的路线,是消极等待的路线。

列宁万分正确地写了一段和我们目前的争论有直接关系的至理名言:

"我知道,当然有一些自以为很明智、甚至自称为社会主义者的聪明人,他们硬说在一切国家爆发革命以前不应夺取政权。他们没有料到,他们这样说就是脱离革命而转到资产阶级方面去了。要等待革命者阶级完成国际范围的革命,那就是要大家在等待中停滞不前。"①

列宁的这段话是不应该忘记的。

---

① 《列宁全集》中文第 2 版第 34 卷第 313 页。——编者注

季诺维也夫怎样"修正"列宁的话

我已经谈过个别资本主义国家内无产阶级革命的前提。现在我想谈谈季诺维也夫怎样歪曲或者"修正"列宁那篇论无产阶级革命的前提和社会主义在个别资本主义国家内胜利的主要论文。我指的是列宁在1915年写的并在我们讨论时几次引证过的那篇著名论文《论欧洲联邦口号》。季诺维也夫责备我对这篇论文引证得不完全;同时他力图给这篇论文作一种只能说是完全歪曲列宁的观点、完全歪曲列宁关于社会主义在个别国家内胜利问题的基本路线的解释。让我把这段话全部引出来,并把上次由于时间短促而被我放过的几行用黑体标出。这段话就是:

"经济和政治发展的不平衡是资本主义的绝对规律。由此就应得出结论:社会主义可能首先在少数甚至在单独一个资本主义国家内获得胜利。这个国家的获得胜利的无产阶级既然剥夺了资本家并在本国组织了社会主义生产,就会奋起同其余的资本主义世界抗衡,把其他国家的被压迫阶级吸引到自己方面来,在这些国家中发动反对资本家的起义,必要时甚至用武力去反对各剥削阶级及其国家。**无产阶级推翻资产阶级而获得胜利的社会所采取的政治形式将是民主共和国,它将日益集中该民族或各该民族的无产阶级的力量同还没有转向社会主义的国家作斗争。没有无产阶级这一被压迫阶级的专政,便不可能消灭阶级。没有各社会主义共和国对各落后国家的比较长期而顽强的斗争,便不可能有各民族在社会主义下的自由联合。**"①

季诺维也夫在引证这段话时作了两点解释:第一点是关于民主共和国的,第二点是关于组织社会主义生产的。

---

① 《列宁全集》中文第2版第26卷第367页。——编者注

我们先谈第一点解释。季诺维也夫以为既然列宁在这里说的是民主共和国,那么最多只能指无产阶级夺取政权,同时季诺维也夫恬不知耻地在这里做出极其含糊而又固执的暗示,说列宁在这里大概指的是资产阶级共和国。这对不对呢?当然不对。要反驳季诺维也夫这个不大正派的暗示,只须读一下引文中谈到"**各社会主义**共和国对各落后国家的斗争"的最后两行就够了。显然,列宁说的民主共和国不是指资产阶级共和国,而是指社会主义共和国。

列宁在 1915 年还不知道苏维埃政权是无产阶级专政的国家形式。列宁早在 1905 年就知道个别的苏维埃是推翻沙皇制度时期的革命政权的萌芽。但他当时还不知道在全国范围内联合起来的苏维埃政权就是无产阶级专政的国家形式。列宁在 1917 年才发现苏维埃共和国是无产阶级专政的国家形式,他在这年夏天,主要在其《国家与革命》一书中详尽地研究了过渡社会的这一新的政治组织形式问题。其实这也就说明列宁在上面引文中所说的不是苏维埃共和国,而是民主共和国,从引文中可以看出这指的是社会主义共和国。列宁在这里的做法,正像当年马克思和恩格斯的做法一样,马克思和恩格斯在巴黎公社以前认为一般的共和国是从资本主义到社会主义的过渡社会的政治组织形式;而在巴黎公社以后解释这个名词则说这种共和国应当是巴黎公社式的共和国。我更不必说,假如列宁在那段话里指的是资产阶级民主共和国,那就谈不到"无产阶级专政"、"剥夺资本家"等等了。

可见季诺维也夫想"修正"列宁的话的企图不能说是成功的。

现在谈谈季诺维也夫的第二点解释。季诺维也夫硬说列宁同志的"组织社会主义生产"这句话不应当像平常人一般所应了解的那样去理解,而应当有所不同,应当理解成这样,列宁在这里所指的只是着手组织社会主义生产。为什么,根据什么,季诺维也夫并没有说明。我得声明:季诺维也夫在这里又一次企图"修正"列宁的话。上面引文直截了当地说道："这个国家的获得胜利的无产阶级既然剥夺了资本家并在本国**组织了**社会主义生产，就会奋起同其余的资本主义世界抗衡。"这里说的是"**组织了**"，而不是"组织着"。是否还需要证明这中间有差别呢？假如列宁指的只是着手组织社会主义生产，那他就会说"组织着"，而不会说"组织了"，这是否还需要证明呢？可见列宁指的不单是着手组织社会主义生产，而且是可能组织社会主义生产，可能在个别国家内建成社会主义生产。

可见季诺维也夫想"修正"列宁的话的第二个企图也应当认为是惨败了。

季诺维也夫竭力用"不能靠仙法在两星期或两个月内建设社会主义"这类笑话来掩盖自己"修正"列宁的话的企图。恐怕季诺维也夫需要这类笑话是为了"在败局中故作镇静"。季诺维也夫究竟在什么地方找到了打算在两星期、两个月或两年内建设社会主义的人呢？假如世界上真有这种人，他为什么不指出他们来呢？他不指出他们来，是因为世界上没有这种人。季诺维也夫需要这类捏造的笑话是为了掩盖其"修正"列宁和列宁主义的"工作"。

总之：

（1）列宁根据帝国主义时期发展不平衡的规律，在其《论欧洲联邦口号》那篇主要论文中得出了社会主义可能在个别资本主义国家内获得胜利的结论；

（2）列宁所说的社会主义在个别国家内的胜利，是指无产阶级夺取政权，剥夺资本家和组织社会主义生产，同时这一切任务并不是最终目的，而是用来反对其余的资本主义的世界和帮助全世界无产者与资本主义作斗争的手段；

（3）季诺维也夫企图把列宁主义的这些原理截头去尾和"修正"列宁的话，使之适合于目前反对派联盟的半孟什维克的立场。然而实行这种企图时所使用的手段是拙劣的。

我认为再解释是多余的了。

Ⅲ．在苏联建设社会主义的问题

同志们，现在让我谈谈我们苏联的社会主义建设问题。

反对派的"手腕"和列宁党的"民族改良主义"

托洛茨基在发言时说，斯大林的最大的错误是关于在一个国家即在我国建设社会主义的可能性的理论。这样看来，这里所说的并不是列宁关于我国建成社会主义的可能性的理论，而是斯大林的一种谁也不知道的"理论"。我对这一点的理解是这样：托洛茨基的目的是要反对列宁的理论，但公开反对列宁是一件冒险的事情，于是他决定装出和斯大林的"理论"作斗争的样子来进行这一斗争。托洛茨基想藉此使自己便于和列宁主义作斗争，想通过批判斯大林的"理论"来掩盖这个斗争。实际情况正是这样：这和斯大林毫无关系，根本谈不到什么斯大林的"理论"，斯大林从未抱过在理论上创造什么新东西的奢望，他只是不顾托洛茨基修正主义的挣扎，竭力促使列宁主义在我们党内获得完全胜利。这一点，我想在下面加以说明。现在要指出的是：托洛茨基关于斯大林的"理论"的声明是一种手腕、一种诡计、一种怯懦的笨拙的诡计，他打算用这种诡计来掩盖他与列宁关于社会主义在个别国家内胜利的理论所作的斗争，这一斗争从1915年就已开始并一直继续到现在。托洛茨基的这种手法是不是老老实实的论战的表现，让同志们来判断吧！

我们党对我国建成社会主义的可能性问题的决议是以列宁同志的纲

领性的名著为出发点的。列宁在这些著作中说：在帝国主义条件下，社会主义在个别国家内的胜利是可能的；就解决无产阶级专政的经济问题来说，这一专政的胜利是有保证的；我们苏联无产者具有建成完全的社会主义社会所必需而且足够的一切。

列宁在其著名论文中第一次提出社会主义在个别国家内胜利的可能性问题的那一段话，我刚才引证过了，在这里我就不重复了。这篇论文写于1915年。这篇论文说，社会主义在个别国家内获得胜利，无产阶级夺取政权，剥夺资本家并组织社会主义生产，这一切都是可能的。大家知道，托洛茨基就是在同一年即1915年发表文章反对列宁这篇论文，称列宁的一个国家的社会主义的理论为"民族狭隘性"的理论。

试问，这和斯大林的"理论"有什么关系呢？

其次，我在报告中还从列宁的名著《无产阶级专政时代的经济和政治》里摘引了一段话，在那里列宁直接肯定地说，就解决无产阶级专政的经济问题来说，苏联无产阶级的胜利应该认为是有保证的。这篇著作写于1919年。下面就是这段引文：

"不管各国资产者及其公开的和隐蔽的帮凶们（第二国际的'社会党人'）怎样造谣诬蔑，有一点是不容怀疑的：**从无产阶级专政的基本经济问题来看，共产主义战胜资本主义在我国是有保证的**。全世界资产阶级之所以疯狂地拼命地反对布尔什维主义，组织军事进攻，策划阴谋活动等等来反对布尔什维克，正是因为他们十分清楚，**若不用武力把我们压倒，我们就必然会在改造社会经济方面获得胜利。但资产阶级要想这样把我们压倒是办不到的**①。"②

你们可以看见，列宁在这里直接说到苏联无产阶级在改造社会经济

---

① 黑体为本人所加。——约·斯大林
② 《列宁全集》中文第 2 版第 37 卷第 270 页。——编者注

方面、在解决无产阶级专政的经济问题方面是可能获得胜利的。

大家知道,托洛茨基和整个反对派是不同意这段引文的基本论点的。

试问,这和斯大林的"理论"有什么关系呢?

最后,我从列宁在1923年写的著名小册子《论合作制》中摘引了一段话。这段话是这样的:

"这就是我们所需要的一切,因为现在我们发现了私人利益即私人买卖的利益与国家对这种利益的检查监督相结合的合适程度,发现了私人利益服从共同利益的合适程度,而这是过去许许多多社会主义者碰到的绊脚石。情况确实如此,国家支配着一切大的生产资料,无产阶级掌握着国家政权,这种无产阶级和千百万小农及极小农结成了联盟,这种无产阶级对农民的领导得到了保证,如此等等——难道这不是我们所需要的一切,难道这**不是我们通过合作社,而且仅仅通过合作社**,通过曾被我们鄙视为做买卖的合作社的——现时在新经济政策下我们从某一方面也有理由加以鄙视的——那种合作社来建成**完全的社会主义社会所必需的一切**吗?这还不是建成社会主义社会,但这已是建成社会主义社会所必需而且足够的一切。"①

你们可以看见,这段话使人们对我国建成社会主义的可能性不会再有任何怀疑。

你们可以看见,这段引文列举了我国建成社会主义经济的主要因素:无产阶级政权,无产阶级政权掌握的大生产,无产阶级和农民的联盟,无产阶级在这个联盟中的领导,合作社。

不久以前,在联共(布)第十五次代表会议上,托洛茨基企图把列宁著作中的另一段话即"共产主义是苏维埃政权加全国电气化"② 和

---

① 《列宁全集》中文第 2 版第 43 卷第 362 页。——编者注
② 《列宁全集》中文第 2 版第 40 卷第 30 页。——编者注

这段话对立起来。把这两段话互相对立起来就是曲解列宁《论合作社》这本小册子的基本意思。难道电气化不是大生产的组成部分吗？难道在我国没有集中在无产阶级政权手里的大生产，电气化一般是可能的吗？列宁在《论合作社》这本小册子里说大生产是社会主义建设的因素之一，这句话本身就包含着电气化，这难道还不明显吗？

大家知道，反对派正进行多少公开的而多半是隐蔽的斗争，来反对摘自列宁的小册子《论合作制社》的这段引文所阐明的基本论点的。

试问，这和斯大林的"理论"有什么关系呢？

列宁主义关于我国社会主义建设问题的基本论点就是如此。

党断定托洛茨基和反对派联盟的某些众所周知的论点，如"在民族国家范围内建设社会主义是**不可能的**"，"一个国家的社会主义的理论是**在理论上为民族狭隘性辩护**"，"没有欧洲无产阶级直接的国家援助，俄国工人阶级**就不能保持政权**"（托洛茨基），是和列宁主义的上述论点根本矛盾的。

党肯定指出反对派联盟的这些论点是我们党内社会民主主义倾向的表现。

党肯定指出托洛茨基关于"欧洲无产阶级直接的国家援助"的公式是完全和列宁主义背道而驰的。使我国社会主义建设依赖"欧洲无产阶级直接的国家援助"是什么意思呢？如果欧洲无产阶级在最近几年内不能夺取政权，那怎么办呢？能不能无限期地等待西方革命胜利而让我国革命开空车呢？能不能指望我国资产阶级也同意等待西方革命胜利而放弃其反对我国经济中的社会主义成分的活动和斗争呢？从托洛茨基这个公式中产生出来的前途，岂不是在西方革命不能迅速胜利的时候，我们党就逐步地把自己的阵地让给我国经济中的资本主义成分，然后放弃政权吗？

这里有两条完全不同的路线，一条是党和列宁主义的路线，另一条是反对派和托洛茨基主义的路线,这难道还不明显吗?

我在做报告时问过托洛茨基,现在还要问他:托洛茨基在1915年认为列宁关于社会主义在个别国家内胜利的可能性的理论是"民族狭隘性"的理论,这难道不是真的吗?但是我没有得到答复。为什么呢?难道默不作声就是论战中有勇气的表现吗?

其次,我问过托洛茨基,现在还要问他:不久以前,在1926年9月,他在众所周知的告反对派的声明中再度责备社会主义建设理论是"民族狭隘性"的理论,这难道不是真的吗?但是这次我也没有得到答复。为什么呢?是否因为默不作声也是托洛茨基的一种"手腕"呢?

这一切说明什么呢?

说明托洛茨基在我国社会主义建设这一基本问题上仍然是站在他那反列宁主义的旧立场上的。

说明托洛茨基没有勇气直接反对列宁主义,而企图藉批评事实上不存在的斯大林的"理论"来掩盖这一斗争。

现在来谈谈另一位"耍手腕的"加米涅夫。他大概受了托洛茨基的感染,也耍起手腕来了。但他的手腕比托洛茨基耍得还要笨拙。托洛茨基企图责备斯大林一个人,而加米涅夫竟责备全党,说党"以民族改良主义的前途顶替国际革命的前途"。大家瞧,我们党原来是以民族改良主义的前途顶替国际革命的前途。因为我们党是列宁的党,因为党关于社会主义建设问题的决议完全以列宁的著名原理为依据,于是列宁的社会主义建设理论就是民族改良主义的理论了。列宁是"民族改良主义者"——加米涅夫就是拿这样愚蠢的话来对待我们的。

我们党有没有关于我国社会主义建设问题的决议呢?是的,有决议,而且有非常明确的决议。这些决议是什么时候被党通过的呢?这些决议是1925年4月在我党第十四次代表会议上通过的。我指的是第十四次代表会议关于共产国际执行委员会工作和我国社会主义建设的著名决议。这项决议是不是列宁主义的呢？是的，是列宁主义的，因为这一点像季诺维也夫和加米涅夫这样的权威人士都能给我们作证，季诺维也夫在第十四次代表会议上会做报告**维护**这项决议，加米涅夫在这次代表会议上担任主席并在表决时**赞成**这项决议。

为什么加米涅夫和季诺维也夫没有设法揭发党，指出它和第十四次代表会议**一致**通过的（这是人所共知的）关于我国社会主义建设问题的决议有矛盾有分歧呢？

党有一个关于我国社会主义建设问题的特别的决议，加米涅夫和季诺维也夫在表决时也赞成这项决议，现在他们两人责备党是民族改良主义，为什么他们不把党的这个重要文件，即第十四次代表会议关于我国社会主义建设问题的显然完全是列宁主义的决议当做他们的论据呢？看来这样做是再容易不过的了。

你们是否注意到整个反对派，特别是加米涅夫，避开第十四次代表会议的决议，像猫儿避开热粥一样？（笑声）为什么他们那样惧怕这个根据季诺维也夫的报告并在加米涅夫的积极赞助下通过的第十四次代表会议的决议呢？为什么加米涅夫和季诺维也夫对于这项决议连提都不敢提呢？难道这项决议不是论述我国社会主义建设问题的吗？难道社会主义建设问题不是我们辩论中引起争执的基本问题吗？

这究竟是怎么一回事呢？

事情是这样的，加米涅夫和季诺维也夫在1925年赞成第十四次代表会议的决议，后来则背弃这项决议，因而也就背弃列宁主义，转到托洛茨基主义方面去了，现在他们唯恐被人揭穿，对于这项决议连提也不敢提了。

这项决议说些什么呢？

下面就是这项决议中的一段：

"一般说来,社会主义在一个国家内获得胜利(**不是指最后胜利**)是绝对可能的。"①

其次:

"……两个直接对立的社会制度的存在,经常引起资本主义的封锁,其他各种经济压力、武装干涉和复辟的危险。因此,几个国家内胜利的社会主义革命是社会主义最后胜利的唯一保障,即免除复辟的唯一保障。但由此**决不能得出结论说,在俄国这样落后的国家中,如果没有技术上经济上比较发达的国家的'国家援助'**②(托洛茨基),就不可能建成完全的社会主义社会。'俄国社会主义经济的真正高涨只有无产阶级在欧洲几个最重要的国家内获得胜利以后,才会是可能的'(托洛茨基,1922年)这一论断,是托洛茨基不断革命论的组成部分,这种论断是要使苏联无产阶级在目前采取听天由命的消极态度。列宁同志反驳这一类的'理论'说:'由他们在欧洲社会民主党发展时期背得烂熟的一条论据,已成为他们万古不变的金科玉律。这条论据就是:我们还没有成长到实现社会主义的地步,或像他们的各种'博学的'先生们所说的那样,他们还没有实现社会主义的客观的经济前提。'(《评苏汉诺夫的札记》)"③

可见第十四次代表会议的决议确切地说明了列宁主义关于我国建设社会主义的可能性问题的基本原理。

可见决议认为托洛茨基主义是与列宁主义相反的东西,而决议中一系列的论点都是以直接否定托洛茨基主义的原则为出发点的。

可见决议完全反映了现在重新掀起的关于我国建成社会主义社会问

---

① 《苏联共产党代表大会、代表会议和中央全会决议汇编》第3分册人民出版社1956年版第46页。——编者注
② 黑体为本人所加。——约·斯大林
③ 《苏联共产党代表大会、代表会议和中央全会决议汇编》第3分册人民出版社1956年版第47—48页。——编者注

题的争论。

你们知道，我的报告是以这个决议的指导性的原理为基础的。

你们大概还记得我在报告中特别提到了第十四次代表会议的决议，责备了加米涅夫和季诺维也夫，说他们违反了这项决议，背弃了这项决议。

为什么加米涅夫和季诺维也夫不设法消除这种责难呢？

秘密究竟在哪里呢？

秘密就在于加米涅夫和季诺维也夫早已背弃了这项决议，并且一背弃了这项决议就转到托洛茨基主义方面去了。

因为二者必居其一：

或者第十四次代表会议的决议不是列宁主义的，那么加米涅夫和季诺维也夫既然在表决时赞成了这项决议，也就不是列宁主义者了；

或者这项决议是列宁主义的，那么加米涅夫和季诺维也夫既然背弃了这项决议，也就不再是列宁主义者了。

有几位发号口人（里泽似乎也在内）在这里说，不是季诺维也夫和加米涅夫转到托洛茨基主义方面去了，相反地，是托洛茨基转到季诺维也夫和加米涅夫方面去了。同志们，这完全是胡说。加米涅夫和季诺维也夫背弃第十四次代表会议决议这一事实，正是加米涅夫和季诺维也夫转到托洛茨基主义方面去的直接证据。

总之：

离开了俄共（布）第十四次代表会议决议中所规定的苏联社会主义建设问题方面的列宁主义路线的是谁呢？

原来是加米涅夫和季诺维也夫。

以托洛茨基主义"顶替国际革命前途"的是谁呢？

原来是加米涅夫和季诺维也夫。

加米涅夫现在叫嚷我们党的"民族改良主义"，这是因为他企图藉此转移同志们对他的罪过的注意并嫁祸于人。

正因为如此,加米涅夫说到我们党是"民族改良主义"的"手腕"乃是一种诡计,一种既丑恶又笨拙的诡计,这种诡计的用意是在以叫喊我们党的"民族改良主义"来掩盖自己背弃第十四次代表会议的决议、背弃列宁主义而转到托洛茨基主义方面去的行为。

我们正在苏联建立并能建成社会主义的经济基础

(1)我在报告中说过,社会主义的**政治**基础在我国已经建立了,这就是无产阶级专政。我说过,社会主义的**经济**基础还远没有建立,还必须把它建立起来。其次,我说过,问题因此是这样的:我们有没有可能以自身的力量在我国建成社会主义的经济基础?最后,我说过,如果用阶级语言来述说这个问题,那就是这样一个问题:我们有没有可能以自身的力量战胜我们苏联的资产阶级呢?

托洛茨基在其讲话中断言,我说战胜苏联资产阶级是指的在政治上战胜它。这当然是不对的。这是托洛茨基醉心于派别活动的表现。从我的报告中可以看出,我说战胜苏联资产阶级是指的在经济上战胜它,因为在政治上它已经被战胜了。

在经济上战胜苏联资产阶级是什么意思呢?换句话说,在苏联建立社会主义的经济基础是什么意思呢?

"建立社会主义的经济基础,就是把农业和社会主义工业结合为一个整体经济,使农业服从社会主义工业的领导,在农产品和工业品交换的基础上调整城乡关系,堵死和消灭阶级首先是资本藉以产生的一切孔道,最后造成直接消灭阶级的生产条件和分配条件。"①

这就是我在报告中给苏联社会主义经济基础的实质所下的定义。

这个定义确切地说明了列宁在其著名的《论粮食税》小册子纲要中对社会主义的"经济实质"、"经济基础"所下的定义。

这个定义是否正确，我们能否指望我国有建成社会主义经济基础的可能性，——这就是现时我们意见分歧的基本问题。

托洛茨基甚至没有提到这个问题。他干脆避开了这个问题，大概他认为默不作声是比较明智的。

至于我们正在建立并能够建成社会主义经济基础，这至少从下列几点可以看出：

a. 我们社会主义化的生产是联合的大生产，我国非国有化的生产则是分散的小生产，大家知道，大生产而且是联合的大生产对小生产占优势，这是不容争辩的事实；

b. 我们社会主义化的生产已在领导并开始控制小生产，无论城市的或乡村的小生产都是一样；

c. 在我国经济中的社会主义成分与资本主义成分作斗争的战线上，前者对后者占有无疑的优势，并在步步前进，在生产或流通方面不断战胜我国经济中的资本主义成分。

至于促使我国经济中的社会主义成分战胜资本主义成分的其他一些因素，我就不谈了。

有什么理由推断说，战胜我国经济中的资本主义成分的过程今后不会再延续下去呢？

---

① 见斯大林在共产国际执行委员会第七次扩大全会上的报告，载《斯大林全集》第 9 卷第 21—22 页。——编者注

（2）托洛茨基在发言时说：

"斯大林说，我们进行社会主义建设，就是力求消灭阶级和国家，就是战胜我国的资产阶级。是的，同志们，但是要知道国家是需要军队去反对国外的敌人的。"①

这是什么意思呢？这段话是什么意思呢？从这段话里只能得出一个结论：因为建成社会主义的经济基础就是消灭阶级和国家，因为我们仍然需要军队来保卫社会主义祖国，可是没有国家就不可能有军队（托洛茨基这样想），所以在武装保卫社会主义祖国的必要性还没有消失以前，我们是不能建成社会主义经济基础的。

同志们，这是把一切概念混淆起来了。或者在这里把国家理解为不过是武装保卫社会主义社会的机构。这是荒谬的，因为国家首先是一个阶级反对其他阶级的工具，不言而喻，既然没有阶级，也就不会有国家。或者在这里认为没有国家就不可能有保卫社会主义社会的军队。这也是荒谬的，因为从理论上说来，完全可以有这样的社会状态：没有阶级，没有国家，但是有保卫无阶级的社会免于外敌侵犯的武装人民。社会学提供不少的例子，说明人类历史上有过没有阶级、没有国家但用某种方法防御外敌侵犯的社会。未来的无阶级的社会也将是这样，它虽然没有阶级和国家，但仍可以有防御外敌侵犯所必需的社会主义的民兵。我认为我国发展到这种地步是很少可能的，因为无疑地，我国社会主义的建设成就，尤其是社会主义的胜利和阶级的消灭，——这一些具有世界历史意义的事实，不能不引起资本主义国家无产者追求社会主义的强烈的愿望，不能不引起其他国家革命的爆发。但是从理论上说来，完全可以有这样的社会状态：没有阶级和国家，却可能有社会主义的民兵。

---

① 引自速记记录。——约·斯大林

而这个问题在我们的党纲中也有一定的说明。党纲中是这样说的:

"红军是无产阶级专政的工具,它不能不有公开的阶级性质,即完全要由无产阶级和接近无产阶级的半无产的农民阶层组成。**只有在阶级消灭以后,这类阶级军队才能变为全民的社会主义的民兵**①。"②

托洛茨基大概忘记了我们党纲中的这一条。

(3)托洛茨基在发言时谈到我国国民经济对世界资本主义经济的依赖,硬说"我们**正在**日益脱离孤立的军事共产主义而和世界经济**结合起来**"。

这样说来,有资本主义成分和社会主义成分的斗争的我国国民经济,**正在和资本主义的**世界经济**结合起来**。我所以讲**资本主义的**世界经济,是因为现实世界上并没有另一种世界经济。

同志们,这是不对的。这是荒谬的。这是托洛茨基醉心于派别活动的表现。

谁也不否认我国国民经济对世界资本主义经济的依赖是存在的。过去和现在谁也不否认这一点,正像谁也不否认每个国家和每个国家的国民经济(美国的国民经济也不例外)对国际资本主义经济的依赖是存在的一样。但这种依赖是双方面的。不只是我们的经济依赖资本主义国家,资本主义国家也依赖我们的经济,依赖我们的石油、我们的粮食、我们的木材以及我们广大的市场。比方说,我们从"美孚石油公司"那里得到贷款。我们从德国资本家那里得到贷款。但我们得到贷款,不是因为我们的眼睛生得漂亮,而是因为资本主义国家需要我们的石油,需要我们的粮食,需要我们的市场来销售装备。不可忘记我国占世界六

---

① 黑体为本人所加。——约·斯大林
② 见《联共(布)党纲》。

分之一的面积，是一个扩大的销售市场，资本主义国家不和我们的市场保持某种联系是不行的。这一切就是资本主义国家对我国经济的依赖。在这里依赖是双方面的。

这是不是说我国国民经济对资本主义国家的依赖使我国不可能建成社会主义经济呢？当然不是这个意思。以为社会主义经济是一种绝对闭关自守、绝对不依赖周围各国国民经济的东西，这就是愚蠢之至。能不能断言社会主义经济绝对不会有任何输出和输入，不会纳入本国没有的产品，因而也不会输出自己的产品呢？不，不能这样断言。而什么是输出和输入呢？这是一些国家依赖另一些国家的表现。这是经济上相互依赖的表现。

现代资本主义国家也是这样。你们不能设想一个没有输出和输入的国家。就拿世界上最富的国家美国来说也是如此。能不能说，现在的资本主义国家譬如英国或美国是绝对不依赖他国的国家呢？不，不能这样说。为什么呢？因为它们依赖输出和输入，它们依赖其他国家的原料（例如美国依赖橡胶和其他原料），它们依赖销售市场以销售自己的装备和其他成品。

这是不是说既然没有绝对不依赖他国的国家，也就不能有各个国家国民经济的独立性呢？不，不是这个意思。我国依赖其他国家，正像其他国家依赖我国国民经济一样，但这并不意味着我国因而丧失了或既要丧失自己的独立性，它不能保持自己的独立性，它应当变成国际资本主义经济的小螺丝钉。应该把各国彼此间的依赖性和各国的经济独立性区别开来。否认各个国民经济单位的绝对不相依赖，并不等于也不能等于否认这些单位的经济独立性。

但是托洛茨基不仅说到我国国民经济的依赖性，他还把这种依赖性曲解为我国经济和资本主义世界经济的结合。把我国国民经济和资本主义世界经济结合起来是什么意思呢？这就是把我国经济变成世界资本主义的附属品。可是，难道我们国家是世界资本主义的附属品吗？当然不是！同志们，这是愚蠢的。这是不严肃的。

假如这是对的，我们就没有任何可能来保护我们的社会主义工业、我们对外贸易的垄断、我们国有化的运输、我们国有化的信贷、我们对经济的有计划的领导。

假如这是对的，我们就已走上使我们的社会主义工业蜕化成普通资本主义工业的道路。

假如这是对的，我们就不会在我国经济的社会主义成分和资本主义成分作斗争的战线上获得胜利。

（4）托洛茨基在发言时说："实际上我们将始终处于世界经济的**控制之下**。"

这样说来，我国国民经济将在世界资本主义经济控制之下发展，因为目前世界上除了资本主义世界经济以外再没有其他的世界经济。

这对不对呢？不，不对。这是资本主义豺狼的梦想，这种梦想是永远不会实现的。

什么是资本主义世界经济的控制呢？资本家嘴里的控制不是一句空话。资本家嘴里的控制是一种实在的东西。

资本主义的控制首先就是财政上的控制。可是，难道我们的银行不是国有化的吗？难道它们是在欧洲资本主义银行的领导下进行工作吗？财政上的控制就是在我国设立各个资本主义大银行的分行，就是设立所谓"女儿"银行。可是，难道我国有这样的银行吗？当然没有，不但没有，而且只要苏维埃政权存在，就永远不会有。

资本主义的控制就是控制我们的工业，使我们社会主义工业非国有化，使我们运输业非国有化。可是，难道我们的工业不是国有化的吗？难道它不正是作为国有化的工业而在发展吗？难道有人打算把我们国有化的企业，即使是一个企业，变为非国有化的吗？当然，我不知道在托洛茨基那里，在租让委员会里有什么打算。（笑声）不过只要苏维埃政权存在，破坏国有化的人就不能在我国立足，这一点可以不必怀疑。

资本主义的控制就是有权支配我们的市场，就是取消我们对外贸易的垄断。我知道，西方的资本家在竭力冲破对外贸易垄断的铁壁时会不止一次碰得头破血流。大家知道，对外贸易的垄断是我们年轻的社会主义工业的盾牌和屏障。可是，难道资本家在取消对外贸易垄断这件事情上已经获得胜利了吗？只要苏维埃政权存在，对外贸易垄断无论如何要永久存在下去，这难道不易理解吗？

最后，资本主义的控制就是政治上的控制，就是使我国丧失政治上的独立性，使我国的法律适合国际资本主义经济的利益和口味。可是，难道我国不是一个政治上独立的国家吗？难道我们的法律不是根据我国无产阶级和劳动群众的利益来制定的吗？为什么不举出事实，即使是一个事实，来说明我国丧失了政治上的独立性呢？让他们举举看吧。

资本家就是这样理解控制的，当然，这里是说实际的控制，而不是空谈什么有名无实的控制。

如果说的是这种实际的资本主义控制（也只能是这种控制，因为只有蹩脚的文人才能空谈有名无实的控制），那么我应当声明：在我国没有这种控制，只要我们的无产阶级存在，只要我们有苏维埃政权，永远也不会有这种控制。（鼓掌）

（5）托洛茨基在发言时说：

"现在所说的是要在资本主义世界经济包围中建成孤立的社会主义国家。要达到这一点，只有使这个孤立的国家的生产力超过资本主义的生产力，因为从前途上看，只有生产力比旧经济制度的生产力更为强大的那种国家、那种新的社会形态才会不止巩固1年或10年，而会巩固半个世纪**甚至一个世纪**。"①

这样说来，要有50年甚至100年，社会主义经济制度才能在生产力发展方面实际证明自己优于资本主义经济制度。

同志们，这是不对的。这是混淆了一切概念和这一前途。

封建经济制度为了证明自己比奴隶经济制度优越，大约费去了200年，也许略少些。不这样也不可能，因为当时发展的速度极为缓慢，而生产的技术又非常原始。

资产阶级经济制度为了证明自己比封建经济制度优越，大约费去了100年，或者不到100年。还在封建社会内部，资产阶级经济制度就已显示出它比封建经济制度优越，并且优越得多。这里时间长短的不同是因为资产阶级经济制度有更快的发展速度，有更发达的技术。

从那时起，技术显示了空前的进步，发展速度简直快极了。试问，托洛茨基有什么根据来推断社会主义经济制度要用将近100年的时间才能证明自己优于资本主义经济制度呢？

领导我国生产的不是寄生虫，而是生产者本人，这个事实难道不是使社会主义经济制度有一切机会足以一日千里地发展经济，并在较短期间内证明自己优于资本主义经济制度的极重要的因素吗？

社会主义经济是最统一、最集中的经济，社会主义经济是按计划进行的，这个事实难道不是说明，社会主义经济会有一切有利条件足以在较短期间内证明自己优于被内部矛盾所分裂、被危机所腐蚀的资本主义经济制度吗？

既然如此，在这里还搬出50年和100年的前途，那就是和受惊的市侩一样，患了迷信资本主义经济制度万能的病症，这难道还不明白

---

① 见托洛茨基在共产国际执行委员会第七次扩大全会上的演说速记记录。

吗？（喊声："对！"）

结论是什么呢？结论有两个。

第一，托洛茨基就我国社会主义建设问题进行反驳时，已经从旧的论战基地退到新的基地了。从前反对派是从内部矛盾、从无产阶级和农民间的矛盾来进行反驳，认为这些矛盾是不可克服的。现在托洛茨基则强调外部矛盾，强调我国国民经济和世界资本主经济间的矛盾，认为这些矛盾是不可克服的。从前托洛茨基认为无产阶级和农民间的矛盾是我国社会主义建设的绊脚石，现在他改变战线，退到另一个基地来批评党的立场，硬说我国经济制度和资本主义世界经济间的矛盾是社会主义建设的绊脚石。于是他也就在实际上承认了反对派的旧论据是不能成立的。

第二，但托洛茨基的退却是退却到绝路上去了，退却到泥坑里去了，托洛茨基实际上是直接公开地退却到苏汉诺夫那里去了。实质上托洛茨基的"新"论据归结起来是什么呢？归结起来就是：由于经济的落后性，我们没有发展到建设社会主义的地步，我们没有建成社会主义经济的客观条件，我国国民经济因而正在变成而且定要变成资本主义世界经济的附属品，变成世界资本主义控制下的经济单位。

但这是"苏汉诺夫思想"，是露骨的赤裸裸的"苏汉诺夫思想"。

反对派滚到孟什维克苏汉诺夫那里去了，滚到直接否认我国社会主义建设可能胜利的苏汉诺夫立场上去了。

我们和全世界无产者结成联盟来建设社会主义

我们是和农民结成联盟来建设社会主义，这一点似乎我们的反对派已不敢公然否认。我们是否和世界无产阶级结成联盟来建设社会主义，这一点反对派却打算表示怀疑。有些反对派分子甚至硬说我们党低估了这个联盟的意义。其中有一位加米涅夫，竟至责备党是民族改良主义，说党以民族改良主义的前途顶替了国际革命的前途。

同志们，这是愚蠢，不可救药的愚蠢。只有疯子才会否认我国无产者和其他各国无产者的联盟对社会主义建设事业的极大意义。只有疯子才会责备我们党低估全世界无产者联盟的事业。只有和全世界无产者结成联盟才能在我国建设社会主义。

整个问题就在于如何了解这一联盟。

苏联无产者在1917年10月夺取了政权，这就是对世界各国无产者的帮助，这就是和他们的联盟。

德国无产者在1918年掀起了革命，这就是对世界各国无产者特别是对苏联无产者的帮助，这就是和苏联无产阶级的联盟。

西欧无产者瓦解对苏联的武装干涉，不替反革命将军们运输武器，组织行动委员会并破坏本国资本家的后方，这就是对苏联无产者的帮助，这就是西欧无产者和苏联无产者的联盟。没有资本主义国家无产者的这种同情和援助，我们就不能在内战中获得胜利。

资本主义国家无产者派遣许多代表团到我们这里来，监督我们的建设，然后向全欧洲的工人宣扬我们的建设成就，这就是对苏联无产者的帮助，这就是对苏联无产者极大的援助，这就是和苏联无产者的联盟，并扼制帝国主义可能对我国实行的武装干涉。没有这种援助和这种扼制，我们现在就不会有"喘息时机"，而没有"喘息时机"，我们就不能在我国展开社会主义建设工作。

苏联无产者巩固自己的专政，消灭经济破坏状态，展开建设工作，并在社会主义建设事业中做出成绩，这就是对全世界无产者、对他们反资本主义的斗争、对他们夺取政权的斗争的极大援助，因为苏维埃共和国的存在、它的巩固、它在社会主义建设战线上的胜利，是鼓舞全世界无产者去进行反资本主义斗争的世界革命的极重要的因素。而苏维埃共和国的消灭会引起一切资本主义国家最黑暗、最残酷的反动统治,这几乎是无可怀疑的。

我国革命的力量和资本主义国家革命运动的力量就在于全世界无产者的这种互相援助和这种联盟。

这就是苏联无产者和全世界无产者联盟的种种形式。

反对派的错误在于他们不懂得或不承认这些联盟形式。反对派的倒霉在于他们只承认一种联盟形式,即西欧无产者对苏联无产阶级的"直接的国家援助"的形式,可惜这种形式暂时没有实现,而反对派却把苏联社会主义建设的命运直接寄托于这种未来的援助上面。

反对派认为只有承认这种援助形式才能使党保有"国际革命前途"。但是我已经说过,在世界革命迟延的情况下,这种立场只能使我们向我国经济中的资本主义成分不断让步并最终走向投降主义和失败主义。

由此可见,反对派提出来的这种和世界无产阶级联盟的唯一形式,即欧洲无产阶级的"直接的国家援助"的形式,在世界革命迟延的情况下,是投降主义的烟幕。

加米涅夫的"国际革命前途"是投降主义的烟幕,——这就是加米涅夫勾当的归宿。

因此,加米涅夫在这里责备我们党是民族改良主义时的那种勇气只能令人惊讶罢了。

说得客气一些,革命性或国际主义向来不比人强的加米涅夫的这种勇气是从哪里来的呢?

我们这位一向是孟什维克中的布尔什维克和布尔什维克中的孟什维克的加米涅夫的这种勇气是从哪里来的呢?(笑声)

列宁当时有充分根据称之为十月革命的"工贼"的加米涅夫的这种勇气是从哪里来的呢?

加米涅夫想知道苏联无产阶级是不是国际主义者。我应当声明，苏联无产阶级用不着受十月革命的"工贼"的考核。

你想知道苏联无产阶级的国际主义的程度吗？去问一问英国工人，问一问德国工人，（热烈鼓掌）问一问中国工人吧，——他们会告诉你苏联无产阶级的国际主义的。

蜕化问题

这样一来，可以有根据地认为反对派的观点是公开否认在我国有胜利地建设社会主义的可能性的。

但是，否认胜利地建设社会主义的可能性就会使党走向蜕化的前途，而蜕化的前途又会导致放弃政权并引起组织另一政党的问题。

托洛茨基装作不能认真对待这个问题的样子。这是伪装。

不容置疑，假如我们不能建设社会主义，其他各国的革命又迟延下去，而我们这里资本的增长正如我国国民经济和世界资本主义经济的"结合"的增长一样，那么，从反对派的观点看来，出路只有两条：

a. 或者是继续掌握政权而实行资产阶级民主的政策，参加资产阶级政府，因而实行"米勒兰主义"；

b. 或者是为了不致蜕化而放弃政权，组织一个和正式的党并列的新党。这正是我们的反对派一向追求的、实际上还在继续追求的目的。

两个党的理论，或组织新党的理论，是否认胜利地建设社会主义的可能性的直接结果，是蜕化前途的直接结果。

这两条出路都是引向投降主义，引向失败主义的。

在内战时期问题是怎样的呢？问题是这样的，如果我们不善于组织军队和抗击敌人，无产阶级专政就会垮台，我们就会失去政权。当时战争占第一位。

现在，当内战已经结束和经济建设任务占第一位的时候，问题是怎样的呢？现在问题是这样的：

如果我们不能建设社会主义经济，无产阶级专政就会对资产阶级作越来越大的让步，就一定会蜕化，变成资产阶级民主的尾巴。

共产党人能不能同意使无产阶级专政蜕化而实行资产阶级政策呢？

不，不能而且不应该。

因此出路就是：放弃政权，成立新党，给复辟中的资本主义扫清道路。

投降主义是反对派联盟目前的立场的必然结果，结论就是如此。

Ⅳ．反对派和党的统一问题

现在来谈谈最后一个问题，谈谈反对派联盟和我们党的统一问题。

反对派联盟是怎样形成的呢？

党肯定地说，反对派联盟是经过"新反对派"、经过加米涅夫和季诺维也夫转到托洛茨基主义方面去而形成的。

季诺维也夫和加米涅夫否认这一点，暗示说不是他们到托洛茨基那里去了，而是托洛茨基到他们这里来了。

我们来看看事实。

我已谈到第十四次代表会议关于我国社会主义建设问题的决议。我已谈到加米涅夫和季诺维也夫背弃了这个托洛茨基没有接受而且不能接受的决议，他们背弃它是为了靠近托洛茨基并转到托洛茨基主义方面去。这是否对呢？是的，这是对的。加米涅夫和季诺维也夫是否打算用什么来反对这种论断呢？没有，他们没有这样打算过。他们避开问题，默不作声。

其次，我们还有我党第十三次代表会议的决议，这项决议认定托洛茨基主义是小资产阶级的倾向，是对列宁主义的修正。大家知道，这项决议是由共产国际第五次代表大会批准的。我在报告中说过，加米涅夫和季诺维也夫背弃了这项决议,他们在自己的特别声明中承认托洛茨基主义1923年的反党斗争是正确的。这是否对呢?是的,这是对的。季诺维也夫和加米涅夫是否打算用什么来反对这种论断呢?没有,他们没有这样打算过。他们默不作声。

还有几件事实。加米涅夫在1925年论到托洛茨基主义时写道:

"托洛茨基同志已成为小资产阶级自发势力藉以在我们党内表现出来的孔道。他的言论的全部性质、他过去的全部历史都表明是这样的。他在反党斗争中已成为国内一切反党力量的象征。"……"我们必须采取一切办法使非布尔什维主义学说所指望的那一部分党员,也就是我们的青年,也就是应当掌握党的命运的未来成员,不受这种学说的感染。**因此,尽力用各种方法说明托洛茨基同志的立场的不正确,说明必须在托洛茨基主义和列宁主义之间有所选择,不能把二者结合起来**①,这应该是我们党的当前任务。"②

加米涅夫现在有没有足够的勇气来重复这些话呢?如果他准备重复这些话,为什么他现在和托洛茨基结成联盟呢?如果加米涅夫不敢重复这些话,他就是抛弃旧有立场而转到托洛茨基主义方面去了,这不是很明显的吗?

季诺维也夫在1925年论到托洛茨基主义时写道:

"托洛茨基同志近来的言论('十月革命的教训')不是别的,而是相当公开**地企图修正甚至直接取消列宁主义基础**③。稍过一些时候,我们全党和整个共产国际都会明白这一点的。"④

---

① 黑体为本人所加。——约·斯大林
② 加米涅夫《党和托洛茨基主义》,载《拥护列宁主义》文集第84—86页。
③ 黑体为本人所加。——约·斯大林
④ 季诺维也夫《布尔什维主义或托洛茨基主义》,载《拥护列宁主义》文集第120页。

加米涅夫在发言中声明"我们和托洛茨基站在一起，是因为他没有修正列宁的基本思想"，拿这个声明和季诺维也夫的上述一段话比较一下，你们就会明白加米涅夫和季诺维也夫已经堕落到极点了。

在同一年即1925年季诺维也夫论到托洛茨基时写道：

"现在要解决的就是1925年俄国共产党究竟是一个什么党的问题。在1903年，这个问题是根据对党章第一条的态度来解决的，而在1925年，则是根据对托洛茨基的态度、对托洛茨基主义的态度来解决的。谁说托洛茨基主义可以成为布尔什维克党内的'合法色彩'，谁就不再是布尔什维克。**谁想现在和托洛茨基联合、和公开反对布尔什维主义的托洛茨基主义合作来建党，谁就是背弃列宁主义基础**①。必须懂得托洛茨基主义已经是过去的阶段，现在要建设列宁主义的党，只有反对托洛茨基主义才有可能。"②

季诺维也夫现在有没有足够的勇气来重复这些话呢？如果他准备重复这些话，为什么他现在和托洛茨基结成联盟呢？如果他不能重复这些话，那么，季诺维也夫已背弃列宁主义而转到托洛茨基主义方面去了，这不是很明显的吗？

这一切事实说明什么呢？

说明反对派联盟是经过加米涅夫和季诺维也夫转到托洛茨基主义方面去而形成的。

反对派联盟的纲领是什么呢？

反对派联盟的纲领是社会民主主义倾向的纲领，是我们党内右倾的纲领，是集合所有一切机会主义派别来组织反党斗争、反对党的统一、反对党的威信的纲领。加米涅夫说到我们党内的右倾是暗指中央委员会

---

① 黑体为本人所加。——约·斯大林
② 1925年2月5日《真理报》。

的。但这是诡计，是笨拙而又虚伪的诡计，其目的是以反党的大声责难来掩盖反对派联盟的机会主义。实际上表现我们党内右倾的是反对派联盟。我们评判反对派不是根据他们的声明而是根据他们的行动。而反对派的行动则说明反对派是所有一切机会主义分子（从奥索夫斯基和"工人反对派"到苏瓦林和马斯洛夫、科尔施和鲁特·费舍等人）的集合点和策源地。如果根据加米涅夫的发言来判断，则反对派现在所追求的就是恢复派别活动，恢复党内派别自由的理论，把我们党内一切机会主义分子集合起来，反对党的统一，反对党的领导干部，为建立新党而斗争。加米涅夫的发言在这一方面是从反对派1926年10月的"声明"发展到恢复反对派的分裂路线的转折点。

从党的统一来看，反对派联盟是什么呢？

反对派联盟是我们党内新党的萌芽。反对派有自己的中央委员会和平行的地方委员会，这难道不是事实吗？反对派在其1926年10月16日的"声明"中硬说他们已放弃了派别活动。但加米涅夫的发言难道不是说明他们又在进行派别斗争吗？有什么保证能说反对派没有恢复他们中央的和地方的平行的组织呢？反对派为自己的基金会收缴特别党费，这难道不是事实吗？有什么保证能说他们没有重新走上这条分裂的道路呢？

反对派联盟是破坏我党统一的新党的萌芽。

任务就在于摧毁这个联盟和消灭这个联盟。（热烈鼓掌）

同志们，当其他各国还被帝国主义统治着的时候，当一个国家，仅仅一个国家，能突破资本的战线的时候，在这种条件下如果没有一致的纪律武装起来的党的统一，无产阶级专政是连一分钟也不能存在的。我们要想保持无产阶级专政，我们要想建设社会主义，就必须根除破坏党的统一的企图，就必须消灭建立新党的企图。

因此，任务就在于肃清反对派联盟和巩固我党的统一。

V. 结 论

同志们,我就要讲完了。

要是把讨论作一总结,那就可以得出一个不容怀疑的总结论:我们党的第十四次代表大会是对的,它指出反对派的病症就是不相信我国无产阶级的力量,不相信我国胜利建设社会主义的可能性。

这就是同志们不能不得出的总的印象和总的结论。

可见在你们面前有两种力量。一方面是我们的党,它满怀信心地领导苏联无产阶级前进,建设社会主义,并号召全世界无产者起来斗争。另一方面是反对派,它像一个腿患风湿症、腰患酸痛病、头患偏头风的衰朽的老头子,一步一拐地跟在党的后面,到处散布悲观主义,制造恶毒的流言,说在我们苏联建设社会主义是不会有结果的,说在他们资产者那里什么都好,而在我们无产者这里什么都不好。

同志们,这就是你们面前的两种力量。

你们应当在这二者之间有所选择。(笑声)

我不怀疑,你们是会作正确的选择的。(鼓掌)

反对派被自己的派别活动弄得头晕目眩,竟把我们的革命看做一种毫无独立能力的东西,看做一种未来的尚未获胜的西方革命的毫无价值的附属品。

列宁同志并不是这样看我们的革命,看苏维埃共和国的。列宁同志认定苏维埃共和国是给全世界无产者照亮道路的火炬。

关于这一点列宁同志曾经说过:

"苏维埃共和国这个榜样将长期地摆在他们(指各国无产阶级。——约·斯大林)面前,我们的社会主义苏维埃共和国将作为国际社会主义的火炬,作为各国劳动群众的范例而稳固地屹立着。在那边是冲突、战争和流血、千百万人的牺牲、资本的剥削，在这边是真正的和平政策和社会主义的苏维埃共和国。"①

在这把火炬周围形成了两条阵线：一条是无产阶级专政的敌人的阵线，他们力图破坏这把火炬，动摇它和扑灭它；一条是无产阶级专政的朋友的阵线，他们努力支持这把火炬，使它发出熊熊的光焰。

任务就在于支持这把火炬，巩固它的存在，以争取世界革命的胜利。

同志们！我相信你们定会采取一切办法使这把火炬光焰万丈，给一切被压迫、被奴役的人们照亮道路。

我相信你们定会采取一切办法使这把火炬光焰万丈，使无产阶级的敌人胆战心惊。

我相信你们定会采取一切办法使这样的火炬在世界各地燃烧起来，使世界各国的无产者欢欣鼓舞。（鼓掌多时，经久不息。全体代表起立，高唱《国际歌》，三呼"乌拉"。）

---

① 《列宁全集》中文第 2 版第 33 卷第 279 页。

第二十七次会议

(1926 年 12 月 15 日)

主席：台尔曼

关于俄国问题的决议

主席台尔曼：

我宣布：共产国际执行委员会第二十七次扩大全会开幕。先讨论各委员会报告，然后通过决议。

我们以德国代表团、法国代表团、英国代表团、捷克斯洛伐克代表团和美国代表团的名义，就俄国问题发表下列决议（宣读）①。

现在开始表决。

关于俄国问题的决议一致通过，一票弃权。

现在请加米涅夫同志就个人问题发表声明。

加米涅夫的声明及对声明的讨论

加米涅夫（苏联）：

斯大林同志昨天在共产国际的讲台上讲话，好像说我在二月革命之

---

① 参见本卷收录的《关于"俄国"问题的决议》。——编者注

初就给米哈伊尔·罗曼诺夫发了电报。这又是在诽谤，二月革命之初，护国派就想用这个来反对我们党。

关于这一诽谤，我已经从《真理报》上看到，当时我和列宁同志及季诺维也夫一同加入的这家报社，领导这家报纸的是阿列克辛斯基，他是有名的叛徒和恶棍，后来成了君主派。这份报纸针对布尔什维克、针对我们每个人（列宁、季诺维也夫、加米涅夫），极尽诽谤之能事。社会爱国主义者想把这个新的谎言加到另一些当时针对我们的所谓卑鄙勾当中（什么"德国巨款"、"用铅印封上的车厢"、"德国间谍"、"黑帮同盟者"，等等）。

和这些所谓的卑鄙勾当一起的还有一个来自外省的针对我个人的谎言，所有人都认为这是微不足道的谎言，我们也只是回应了几句，说在西伯利亚小县城以集会（当时我以流放者身份出席）名义发的这份电报是在我未投票的情况下通过的。

以列宁同志为首的《真理报》编辑部对回应表示赞同，并把回应的内容登载在1917年4月8日第27期《真理报》上，每个人都能看到。

也就是说，全党和列宁都知道这个谎言，认为它是败坏我们党声誉的恶毒诽谤。

无须多言，当这个谎言出现两周后，根据列宁的建议，我在四月代表会议（1917年）上和列宁、季诺维也夫及斯大林一起被选进我们党合法的中央委员会，包括斯大林在内的任何人都没有认为这个谎言有什么意义。

一起工作10年后，在共产国际的讲台上重复这个东西作为思想斗争的论据——这是在用最残酷的方式谴责自己。

主席台尔曼：

现在请1917年担任党中央委员会书记的斯塔索娃发言。

斯塔索娃（苏联）：

同志们，尽管做这件事很难过，但我认为发言是自己的责任。我们要反驳加米涅夫同志的声明，他说，他并未在这份以"共和国第一公民"名字发出的电报上签名。这一声明是不符合事实的。

首先，我们党发表了一份声明，目的是使党免受一位党员同志的电报造成的重大政治攻击。

其次，加米涅夫同志从未发表过正式声明，说他没拟过这样一份电报。

接下来，恰恰是在加米涅夫同志说的四月代表会议上的这份电报的基础上，围绕加米涅夫同志候选人的问题展开了激烈的争斗，主要是因为，电报这件事已经成为公开的事实。在阿钦斯克发生的事情也有证人。我能叫出名字的首先有，中央监察委员穆拉诺夫，还有一位受过审判和我关在一起的女同志，还有施韦泽同志和其他一些在阿钦斯克待过的同志，他们都非常了解电报的事情。

我感觉，我列举的这些事实足以驳倒加米涅夫同志在这里所说的。

斯大林（苏联）：

同志们，非常抱歉，因为一点小事耽误你们的时间，说是小事，并不是从加米涅夫以米哈依尔·罗曼诺夫之名发电报所引起效果的角度，而是从时间太长这个角度。

我认为，加米涅夫同志会沉默不语，他最好是沉默不语，但既然他要反驳这个事实——这简直是愚蠢至极，那我就把事实还原一下吧。

第一个事实。事情发生在西伯利亚小城阿钦斯克，1917年二月革命后，我当时和加米涅夫一起在流放地。好像是有个酒会或是集会，我记不清了，就在这次聚会上，有几位公民和加米涅夫同志一起以米哈依尔·罗曼诺夫的名字拟了份电报（加米涅夫在座位上喊道："承认你是在撒谎，承认你是在撒谎吧！"）加米涅夫，别说了！（加米涅夫在座位上喊道："承认你是在撒谎吧！"）加米涅夫，住嘴，别不识抬举！（主席讲德语，让加米涅夫同志遵守秩序）以米哈依尔·罗曼诺夫这位俄国第一公民的名字拟的电报，让几个商人和加米涅夫同志寄出去了。我是第二天聚会后从加米涅夫同志那里知道这件事的，他找到我说，他干了件蠢事！（加米涅夫从座位上喊道："撒谎，根本没跟你说过这件事！"）加米涅夫，别说了！（主席讲德语，让加米涅夫同志遵守秩序）电报登载在除我们布尔什维克报纸以外的所有报纸上。这是第一个事实。

第二个事实。4月份我们召开了党的代表会议，会议期间代表们提出，由于这份电报的缘故，加米涅夫这样的人，无论如何都不能被选入中央委员会。布尔什维克召开了两次秘密会议，不是代表会议，只是由老布尔什维克参加的会议，会上列宁支持加米涅夫同志，相当艰难地支持他，支持他作为一个可以担任中央委员的中央委员会候补委员。那时，也只有列宁能挽救加米涅夫。我当时也支持加米涅夫，因为他承认了错误，对自己所做的事情感到后悔，因此，不该把他一棍子打死。

第三个事实。《真理报》当时把加米涅夫同志发表的诽谤内容也放到了报文中，因为这是挽救加米涅夫、使党免遭敌人攻击的唯一办法。假如加米涅夫同志利用党不得不包庇他以挽救他这一点，那这并不能说明加米涅夫同志是诚实的，也不说明他尊重党和真理，而是说明他善于撒谎，善于欺骗共产国际。（鼓掌）

再说两句。既然加米涅夫同志想在这里进行论据不太充分的反驳事实的话，那就请允许我收集一下参加四月代表会议参加者的签名，因为这份电报，当时这些人主张将加米涅夫同志开除出中央，后来被列宁说服了。（托洛茨基在座位上说："就是没有列宁的签名啊。"）托洛茨基同志，你就打住吧。（托洛茨基在座位上说："别吓唬人啊，别吓唬人！"）你们反对真理，那你们就得害怕真理。（托洛茨基在座位上说：

"这是斯大林的真理,粗暴,违法。")(主席讲德语,让托洛茨基同志遵守秩序)请允许我收集参加我们党四月代表会议的代表的签名,是为了让他们声明,事实的确如此:电报已经签名,电文是加米涅夫和另外一些人起草的,列宁支持并保护了加米涅夫,因为他同情加米涅夫同志。(座位上有人说:"说的对,说的对!")(鼓掌)

博古茨基(波兰):

同志们,我认为,共产国际扩大执委会不是对这个问题进行调查的侦查委员会。假如斯大林同志所作的解释不能使加米涅夫同志满意,那么,扩大执委会和加米涅夫同志就可以找专为此设立的共产国际监察委员会,他们会解决这个问题。

加米涅夫(苏联):

同志们,我当然不反对在中央监察委员会审查斯大林同志这个闻所未闻的谎言,相反,我还要自己去找中央监察委员会,让他们制止斯大林同志这种前所未闻的阴谋活动。(诺伊曼:"可耻!")但既然这里都是针对我的指责,那么,为了读到列宁在世时登载在《真理报》上的这篇东西,只是为了读到这篇在形式上反驳斯大林谎言的文章,我才请求发言,就是为了这个。

布哈林(苏联):

同志们,我认为,对博古茨基同志的建议作一下更正是合适的,更正后是这样的,不是由全会把这件事提交给中央监察委员会,假如加米涅夫同志想这样的话,他完全有权针对斯大林同志的说法向中央监察委员会申诉,因为任何时候都不能把扩大执委会的例行会议变成监察委员会。

(季诺维也夫:"是谁变的呢?")

主席台尔曼：

博古茨基同志取消了自己的建议，附和布哈林同志的建议。布哈林同志的建议被采纳。下面的声明和文件放到备忘录里。①

讨论并通过共产国际执行委员会活动的报告

塞马尔（法国）：

代表德国党、法国党、意大利党、英国党、美国党和捷克斯洛伐克党，就共产国际执委会活动作报告。

主席台尔曼：

同志们，建议不要翻译这份决议了，因为译文已经发到各位代表手中。我们表决。谁同意这份决议？

一致通过决议。②

由谭平山同志作中国委员会工作报告。

谭平山作中国委员会的工作报告

谭平山（中国）：

我受中国委员会委托作工作报告。委员会收到两个报告和四份纲领草案，我们在此基础上形成了现在向全会提交的这份提纲草案。

中国革命对国际资本主义的稳定给予沉重打击。革命在日益发展壮

---

① 见本次会议后面的《联共（布）代表团常务局的声明及附录》结尾的附录。——编者注

② 参见本卷收录的《关于共产国际执行委员会活动总结的决议》。——编者注

大的同时也引起帝国主义国家武装干涉的巨大而现实的危险。英国已派来军舰并在上海驻军。但另一方面，我们还有一系列保证中国革命胜利的事实：帝国主义之间的矛盾和西欧国家波澜壮阔的工人运动。这使得帝国主义不敢立即同时在中国挑起武装冲突。此外，中国革命的后面还有苏联的支持。

中国革命目前正在从第二阶段向第三阶段过渡。第一阶段是资产阶级领导革命运动。第二阶段，无产阶级为掌握领导权登上舞台。第三阶段是无产阶级和资产阶级争夺中国国民革命的领导权。中国委员会再一次认真衡量了中国的阶级力量并认识到，工人、农民和城市小资产阶级是中国民族革命的主力军，大资产阶级与帝国主义存在一定的联系，在国民革命中仅有微弱的影响力。在一定条件下，我们可以利用大资产阶级。因此，我们在决议中对中国革命倾向的定义是，当前革命的性质是资产阶级革命，但革命的领导权在无产阶级手中。无产阶级面临的任务相当艰巨，这就是选择同盟军，问题是：农民和小资产阶级，谁是无产阶级的同盟军呢？农民是无产阶级的同盟军，这是相当清楚的。

农民问题是中国委员会中争论最大的问题。在当前的革命中，这是最重要、同时也是最复杂的问题。就这个方面的问题，我们掌握的材料不多。在讨论问题时就出现了两种倾向：一种是右倾，他们担心农民运动的发展会影响战线的统一；一种是左倾，他们要求立即成立农会。在这个问题上明确规定了一个原则，土地应归农民所有，同时还提出了正确的实施这一原则的措施。

然后是与国民党的关系问题。委员会一致反对俄国反对派要求共产党员退出国民党的要求。我们认为，中国共产党和国民党之间的关系应该更加巩固。中国工人阶级就数量来说并不少，但工人组织还不够强大。要扩大和巩固这些组织。只有通过强大的工人组织才能使中国革命取得胜利。

关于共产党的问题。在前一阶段，共产党没有犯大的错误。同志们工作积极肯干，但党员数量仍然很少，要扩大共产党。要培养和扩大干部队伍。在提交的纲领中阐述了中国革命的倾向，同时提出了一些具体措施。纲领坚决提出中国革命胜利的前途。中国革命在继续发展，因此党面临着相当重要的任务。党仍很薄弱，它还是一个年轻的党。但帝国主义向中国革命发起进攻，这是一个相当现实的问题。因此，我恳请共产国际党的领导给我们提出更加切实可行的指示。必须让全世界无产阶级关注中国的运动，更加积极地支持我们的革命运动。德国党、英国党、法国党、美国党和印度党的同志们对委员会提出了相当全面的建议。

主席台尔曼：

为使各位代表有足够的时间了解决议，我们已经把译文发给了大家。因此，我们建议下次会议再进行表决。现在由埃尔科利同志发言。

讨论并通过共产国际领导机构组织问题的决议

埃尔科利（意大利）：

同志们，主席团委托我就共产国际领导机构的组织问题作以下简要说明。

我就不再宣读决议了，因为各位手中已经有翻译成各种语言的决议译文。我只谈几个与取消共产国际执行委员会主席制有关的问题。同志们，研究这个问题时要把它与其他几个观点结合起来，首先是与我们各党和共产国际各级领导组织集体领导的原则联系起来。我们所坚持的就是这个原则，我们捍卫这个原则，这个原则对我们每个党来说都是至关重要的。还可以以俄国党这个最优秀的布尔什维克组织为榜样，它有着最强有力的布尔什维克传统。联共（布）再也没有主席制这样的在我们共产国际仍然存在的制度了。

研究这个问题时还要联系另一个观点,即必须更多地吸收西欧党同志,也就是非俄国同志加入到共产国际执行委员会领导工作这个问题。大家当然还记得,苏联党的第十四次代表大会也本着这个精神通过了决议,而且共产国际第六次全会也是按照这个方针进行工作的。我们要继续贯彻执行这个方针,要致力于各党都从自己的领导人中推举优秀分子,参加共产国际的实际领导工作。

还要注意到共产国际历史发展中的一个方面。要承认一点,现在我们各国党都成长壮大起来,已经渡过了形成阶段,日益地壮大;中央机构也在不断壮大,各国党中已经形成新生力量。我们不但要把这些新生力量用在我们本国的工作中,还要把他们用在共产国际中央机关的优秀领导集体中去。

这就是我们提请主席团向全会建议取消共产国际执委会主席制的主要理由,可以用集体机构即由十名各党同志组织的国际集体书记处来代替执委会。

很明显,这个问题涉及到共产国际章程:章程的第 8 章和第 18 章直接谈到了共产国际主席制。因此,我们向全会建议的决定,确切些说是决议,要提交给共产国际第六次代表大会批准,因为只有世界代表大会才能改变世界代表大会通过的章程。

现在我来谈谈我们这个建议的其他部分。

我已经说过,我们建议用集体书记处代表主席制,书记处由各党同志组成。但对共产国际集体的和国际性领导来说尤为重要的是,除书记处外,还要有一个真正强有力的、能够定期发挥作用的共产国际领导机构。这个领导机构应该是共产国际执行委员会。应该说,这个机构迄今为止没有定期工作,这是因为,执委会没有召集开会时,是主席团在领导全面工作,可一旦召开国际会议,要么是世界代表大会,要么是扩大全会。这样一来，这个执委会就从来没有定期工作过。为此，执委会必须定期召集会议，我们建议：共产国际执委会委员，还有各党担任领导工作的同志，至少每4个月要到莫斯科参加执委会全体会议。

主席团讨论了这个决议的可行性问题。我们研究这样的问题：是不是最好保留领导机构以前工作机制这个问题，或者指定一个较长的时间——不是4个月，而是6个月召集一次会议，或者不指定具体的时间，只要是需要，执行委员会就召集会议。我们认为，执委会最好每4个月定期召集一次会议。这种每4个月定期召集会议的办法要在各党同志切实的共同工作、共产国际执委会实施的真正集体领导中实行。大家会在我们提交的决议中找到一系列执行委员会每4个月定期召集会议的办法，这样的话，执委会就可以作为共产国际的领导机构真正发挥作用了。

执委会要选出由8名委员和7名候补委员组成的主席团，主席团全体成员要住在莫斯科。但我们希望，主席团不是像现在这样每周都召开会议，而是2周召开一次会议；这样一来，就可以更好地组织政治工作，才能使主席团作为共产国际的领导机构真正地发挥作用。

这就是我们就共产国际领导中心组织问题提出的建议。

还想就我们提出的另一个建议，也就是取消组织局说几句。我们提出这个建议是出于哪些考虑呢？我们并不是认为，组织局现在的意义比以前要小。相反，我们认为，组织问题仍然像以前一样重要。这个问题我们现在是作为政治任务向我们党提出的，我们必须在各类组织（工会、合作社等）中不断地争取群众，在这样的组织中只有通过这样的工作才能领导群众。如此说来，组织工作在这一阶段要比以往更重要，但现在这项工作的特点是，要把它与政治工作联系起来。在我们各国党的工作中还存在组织工作和政治工作脱节的倾向，因为有人认为，组织工作与政治工作完全是没有任何依赖关系的。我们认为，要与这种倾向作斗争，组织工作要与政治工作紧密联系起来，要与政治工作成为一个整体。

我们提出的关于取消组织局和将组织问题提交主席团和政治机构讨论和解决的建议，也符合将组织工作与政治工作联系起来的想法。

同志们，我不打算谈决议的其他问题。想必大家已经读过决议。但我想指出的是，在有关共产国际各支部工作的问题上，决议贯穿着这样的精神：

在我们看来，共产国际执委会各分支机构在莫斯科的工作，不应只局限于对我们各党的工作提出批评，或者是拟定决议，给各党发发信件，以后应该尽最大努力，真正帮助我们各国党历次代表大会和代表会议通过决议，在日常工作中帮助各国党。因此，在共产国际的组织工作中，"集体书记制"应该有着重大意义。这一制度将使我们真正能够使共产国际各级领导机构的工作专业化，我们也不但能够发布指示，而且能够在各国现实状况和任何表现反映出的情况下，切实地帮助我们各国党。

同志们，这就是我们向共产国际主席团提出建议的理由。我们请求将关于取消共产国际执委会主席的问题提交全会表决，其他关于共产国际执委会组织问题的建议提交执委会作最后决定。

主席台尔曼：

现在进行表决。关于取消共产国际主席的问题，以及共产国际执委会组织工作问题的其他建议由执委会作最后决定，一致通过。

主席台尔曼：

现在请登格尔同志作关于农业问题的报告。

登格尔作关于农业问题的报告

东方农民革命运动的发展和壮大，农业国家和发达国家农民政治积极性的提高和左的倾向，促使各国共产党更加关注农村工作。这项以共产国际的各项决议尤其是第二次代表大会和共产国际执委会第五次全会决议为基础的工作取得了一些经验。因此，共产国际执委会的任务是，总结各国共产党在广大农民群众中进行实际工作的主要成绩和最重要的错误。

这项工作应该由全会指定的农业委员会来完成。

委员会尽管不可能向全会就这一问题提出完备的决议，农业委员会的全部工作应有助于完成上述任务。不可否认的是，一方面要承认，我们的任务是找到解决我们在农村工作的具体办法，这是非常困难的，要求我们作好认真的准备工作。另一方面要承认，无论是各国共产党，还是共产国际，在全会召开之前在这方面的准备都不够充分。的确，共产国际执委会当时是设立了一个农业委员会，专门解决我们工作中的农业问题、农民问题以及为共产国际的政治报告收集这方面的相关材料。然而，这影响了委员会的工作进程，尤其是耽误了决议的起草工作，这份决议要针对农民运动中出现的一系列新情况，给各国共产党以具体的指示，同时还要指出组织和宣传鼓动工作的基本方针。代表一些国家共产党的代表几乎无一例外地认为，有必要制定这样一份决议。委员会也只能是根据本身其他工作的展开来制定决议，当然也正因为如此，不可能向全会提供一份完备的决议草案。

在委员会召开的会议上，委员会听取了波兰共产党、捷克共产党、芬兰共产党、法国共产党等一些共产党关于农村工作的报告。此外，委员会还面临着一系列关系到农村现状的基本理论问题和所听取的报告中反映的策略问题。

理论问题中最重要的问题是，当前资本主义稳定对农业和农民的影响、农业改革、一些国家的农业化、合理化对农民状况的影响、农产品税收，还有所有有关帝国主义关系下对农民群众剥削和压迫加重的问题。

委员会讨论了农民运动问题中与农民工作相关的策略问题，以及共产党在进行运动时可以吸收的农民阶层问题，尤其是中农问题，也就是必须结合在雇农和小农中间开展主要工作的同时，根据自己国家的具体条件，正确评价中农的作用，在中农中开展工作的问题。

在会上，委员会还讨论了下列组织问题：在农村中建立共产党党组织的问题，与革命的、左倾的、中派的以及右倾的和公开敌对的农民组织的关系问题。委员会确定了这些组织尤其是革命的和左派组织中的基本工作方针、任务、领导方式和工作方式。委员会还讨论了我们对各类无党派民间组织、农民政治组织、农民经济组织和工农混合组织的方针。在委员会讨论这些方针时还确定，必须强化宣传鼓动工作，加强和改善各国支部的工作。尤其是明确规定，必须利用报刊，包括共产主义的报刊，也包括左派的农民报刊，在农村中开展共产党的工作。也是为了开展工作的目的（以及为了巩固工农联盟）还确定，必须利用各种地方机构、议会选举运动。

农业委员会注意到，必须按照农村基本的方针要求、口号和策略进一步开展工作；必须制定方针和一些农民运动的口号，尤其是必须将农民迫切的经济要求与政治斗争正确联系起来。委员会明确指出，在这种情况下要考虑到运动的性质和运动开展的程度。

在讨论共产党员在经济组织中尤其是合作社中的活动问题时，指出了一些共产党在这一领域中的错误，尤其是指出了对由加拿大农场组成的加拿大面粉辛迪加这样的新现象的错误评价。对这一现象在整个金融资本体系中的作用以及农业（农场）对金融资本的依附关系的理解是错误的。

研究共产党在农村工作中的最重要问题，要与农业和农民中间出现的这些新现象，以及工人运动中与资本主义稳定有关的问题联系起来。在委员会会议上还提出了目前农业危机的问题，"剪刀差"问题及其解决程度，还有农业危机激化的可能性问题。

委员会研究了帝国主义之间因争夺农产品销售市场而产生的矛盾，以及因争夺农产品和原料市场所产生的矛盾，尤其是在殖民地和半殖民地国家所产生的矛盾等问题。

委员会强调指出，粮食税不但给农业无产阶级、贫农尤其是小农造成损害，而且还给在某些农业领域已经实现专业化、本身已经成为食品或饮料买家的其他农民经营活动造成损害。

委员会指出，一些国家由于工业停滞不前或部分缩减生产，对农民的状况产生了负面影响。很明显，贸易和工业资本对农村的剥削加重，总体说来，近年来日益深入到农村的金融资本，已经凭借垄断价格掌握了农村工业品的供应，以及通过借贷方式对一部分农民进行剥削的农产品销售。

直接税和间接税的增加是普遍存在的现象：税赋一直在增加，尤其是随着军阀的加强和武器的增加，等等。委员会指出，地主已经转向进攻，随后，在某些仍然存在大土地所有者的国家就会出现向农民提高租金和苛捐杂税的现象。

很清楚，当前资本的进攻以各种方式对农村各阶层民众产生着影响。委员会还指出了一个不容忽视的事实，农村资产阶级与地主及城市资产阶级勾结在一起，农村中上层农民的法西斯主义和右倾势力加强，与此同时，农民群众和一部分因此向左倾的中农的失望情绪有所增加。

委员会指出，雇农的状况日益恶化，收入降低，工作时间变长，一些国家在战后革命年代的社会成果几乎消失殆尽。

一些国家的报告还指出，大多数国家的农民深受政权和军阀混乱之苦。农村还存在法西斯分子的残酷镇压。在一些国家代表的报告中还指出，这些国家的民族问题日益尖锐，民族压迫日益加剧。委员会详细阐述了共产党对民族问题的看法，尤其是个别共产党在这一问题上所犯错误的看法。

一些国家的报告指出，农民当前的政治积极性很高，一些国家的劳动农民表现出革命和左倾倾向,这有助于共产党在农村开展工作。还强调要在农民、农村青年和士兵中间开展工作。

殖民地和半殖民地国家的民族解放战争正如火如荼,如在中国(群众革命运动)和印度尼西亚,这里的农民越来越积极地投入到民族解放运动中来,换句话说,大规模的农民革命运动已经成熟,如近东和拉丁美洲的一些国家。共产党在这些国家农村的工作才刚刚开始。而在另一些国家尤其是中国和印度尼西亚,共产党已经在领导运动方面尤其是在农民组织中的工作取得了一些成就。

近来,在农民占多数的国家里可以看到,由于存在农民分化的现象,农民的政治组织也发生分化——形成右倾集团和右派集团。小农和中农普遍出现左倾现象,同时,上层农民出现右倾现象。

在芬兰、波兰和意大利等国,由于党在农村大力开展工作,在农村建立党组织,尤其是在农民组织中开展工作。不过,同时我们要看到,其他国家的共产党在农村的工作开展得不够积极。

近来,一些工业国家由于受到垄断资本的发展、向无产阶级和中农转嫁危机的影响,小农及部分中农的政治积极性提高,出现左倾现象,例如,德国、法国、美国和加拿大,我们能够看到这些现象。法国已经开始在左翼农民组织中开展工作。法国共产党的农村支部在农民的群众工作中犯了一些重大错误,已经被法国共产党中央委员会纠正过来。德国共产党在小农中间广泛开展工作,同时领导了一些成功地把其他农民阶层调动起来的运动。在美国和加拿大开展了总体上说来是正确的工作,但效果还不太明显。

上述问题均以某种方式在委员会提出,由几位同志撰写,受委员会的委托,以决议案的形式反映出来。

由于在农业委员会提出的这些问题需要接下来继续研究和讨论,因此,委员会采用了东巴尔同志和杜布罗夫斯基同志撰写并提交分委员会讨论的决议案，并与共产国际执行委员会关于农村工作问题的决议合并后提交材料。

代表了部分没有直接参加农村工作同志的农业委员会的经验表明，共产国际执行委员会必须极大关注共产党在农村的组织工作。共产国际方面必须系统地领导和监督一些支部的农村工作。希望尽可能快地召开各支部负责人的专门会议，研究一些最重要国家共产党在农村的工作。

农业委员会认为，在委员会工作过程中提出的共产党在农村的理论和实践问题，应该相当认真地在共产国际执行委员会的党组织中进行研究和讨论，并在委员会通过的材料基础上，制定并发布共产党在农村活动的决议。农业委员会制定出下列决议，请允许我宣读一下：

"农业委员会以东巴尔同志和杜布罗夫斯基同志提交的决议案为基础，听取分委员会和编委会的报告，现作出如下决议：

（1）鉴于农业委员会提出的问题有待进一步研究和讨论，东巴尔同志和杜布罗夫斯基同志提交的决议案作为共产国际执行委员会就共产党农村工作问题拟定决议的材料；

（2）委托委员会主席向共产国际执行委员会全会作委员会工作报告并提出下列决议：

共产国际执行委员会第七次扩大全会收到农业委员会的工作报告，委托共产国际主席团根据农业委员会的材料制定关于共产党农村工作的决议，并将决议提交共产国际执行委员会即将召开的全体会议审议通过。"

主席台尔曼：

对农业委员会的决议进行表决。一致通过。

（会议休会）

联共（布）代表团常务局的声明及附录

在1926年7月联共（布）中央委员会和中央监察委员会全会上，彼得罗夫斯基同志就加米涅夫同志参与米哈依尔·罗曼诺夫拍发电报一事上的错误提醒了加米涅夫同志。在1926年12月中央委员会执行委员会第七次扩大全会上，斯大林同志在回应加米涅夫同志指责中央委员犯了一系列"错误"、破天荒地指责党是"国家改良主义"时指出，就事件的性质来看，彼得罗夫斯基同志声明说，加米涅夫同志的确犯了这个天大的错误，因此，在1917年党的四月代表会议上遭到我们党的"严厉惩处"，但由于他承认了错误，因此加米涅夫同志的这个错误得到宽恕。

加米涅夫同志在回应这件事时竟胆敢否认他曾参加拍发电报这一事实，还指责斯大林同志"造谣"，并且在这件事情上受到季诺维也夫同志、托洛茨基同志及其他同志的支持。

由于季诺维也夫同志、斯米尔加同志和费奥多罗夫同志向联共（布）中央委员会政治局发表声明（1926年12月16日），中央委员会必须就这一问题发表意见。中央委员会对这份声明进行研究后确认：（1）加米涅夫同志参与策划给米·罗曼诺夫拍发电报这一事实是毋庸置疑的；（2）在四月代表会议期间召开的秘密私人会议上讨论过这一问题也同样是毋庸置疑的；（3）加米涅夫同志在共产国际执行委员会第七次扩大全会上就这一问题的发言受到反对派的支持，他发言的目的是欺骗共产国际。（见附录）

鉴于反对派的最新表态（见共产国际执委会备忘录附录5），联共（布）代表团常务局作出如下解释：

1. 登载在1917年4月8日《真理报》并作为备忘录附录的加米涅

夫同志的"反驳文章",只能证实对加米涅夫同志的谴责。这篇"反驳文章"承认:(1)加米涅夫同志在阿钦斯克会议上被推举进拍发电报委员会,同时被推选出来的还有"两名团长,一名法院侦查员,一名市公证员和一名当地富商";(2)电报**已经**拍发;(3)加米涅夫同志认为,没有必要退出拍发电报委员会,也**没有**反对拍发这样的电报。

因此,加米涅夫同志参与的小组拍发电报且他本人并未阻止这一事实,可以被认为是加米涅夫同志本人在1917年4月《真理报》"反驳文章"的证词。

2. 另一方面,穆拉诺夫这位我们党的杜马议员、流放期间在阿钦斯克集会上曾担任主席的同志**明确表示**(见附录3),完全不像加米涅夫同志"反驳文章"所说的那样,给米·罗曼诺夫慰问电的电文在委员会获得**一致**通过,而且"**加米涅夫同志本人**还在集会上宣读了电文"。还有一个事实可以作为直接的证明,即加米涅夫同志在"反驳文章"中只字不提他在**会议**上对以罗将柯和李沃夫的名义给米哈依尔·罗曼诺夫发慰问电一事有过任何阻止行为。

3. 加米涅夫同志在共产国际执行委员会全会上表示(根据速记记录):

"我当然决不反对在中央监察委员会审查斯大林同志这个闻所未闻的谎言,相反,我还要自己去找中央监察委员会,让他们制止斯大林同志这种前所未闻的阴谋活动。"

今年1月5日,中央监察委员会建议加米涅夫同志澄清与给罗曼诺夫拍发电报有关的事实,加米涅夫同志却**拒绝**向中央监察委员会澄清这一问题的实质,也没有去找共产国际监察委员会。这种情况只能说明,加米涅夫同志内心承认自己犯了错误,从而无可辩驳地充分证明,加米涅夫同志直接参与了给米哈依尔·罗曼诺夫拍慰问电这一事件。

4. 反对派(施略普尼柯夫、梅德维捷夫、索柯里尼科夫和其他同志）的声明不能被接受，因为他们多数人都是**绕过**推选加米涅夫同志参与给罗曼诺夫拍发电报这个主要问题和基本问题，把问题的重心从这个主要问题转到了在四月代表大会上讨论这个事件的次要问题上。同时：（1）这里说的不是代表会议的正式会议，而是以列宁同志为首一些老布尔什维克，在4月参加的**私人会议**；（2）并非所有参加代表会议的人都参加了这些会议；（3）正像加米涅夫同志所了解的那样，这些会议没有作速记记录。

由于这个原因，一部分现在发表声明的反对派同志可能不知道——甚至真的不知道——在代表会议期间讨论有关给罗曼诺夫拍发慰问电这个问题。

然而，联共（布）代表团常务局认为必须指出的是，一些同志，包括加米涅夫同志和季诺维也夫同志，无疑是知道1917年4月给罗曼诺夫拍慰问电一事，但现在，却出于派别考虑**有意掩盖真相**。这显然是由于：（1）就问题的本质来说，他们中的一些人甚至企图否认**当时**连加米涅夫同志在1917年4月"辩解"时都承认的事实；（2）他们中任何一个人都没有表现出到共产国际监察委员会或共产国际执行委员会澄清事实的愿望，以证明企图否认事实、欺骗共产国际的加米涅夫同志是完全错误的。

综上所述，联共（布）代表团常务局请求把下列文件附到备忘录中：

（1）联共（布）中央委员会。
（2）《叶尼塞边疆报》（1917年3月8日第53期）翻印件。
（3）穆拉诺夫同志的声明（有奥尔明斯基同志的附言）。
（4）施韦泽同志、弗卢勃列夫斯基同志和波梅兰采娃同志的声明。
（5）参加1917年4月代表会议的一些代表的声明。

联共（布）代表团常务局

附录1

联共（布）中央委员会

在共产国际执行委员会扩大全会上，在加米涅夫同志指责我们党"国家改良主义"，之后斯大林同志发言指出了加米涅夫同志的一系列错误，其中包括给临时政府和罗曼诺夫拍发慰问电。

加米涅夫同志在回应时宣读了一份声明，声明中指责斯大林同志"造谣"和"诽谤"。加米涅夫同志还不断从座位上喊"造谣"，并得到托洛茨基同志和季诺维也夫同志的支持。

这之后，季诺维也夫同志根据志同道合者的"委托"，给中央政治局发来一份有季诺维也夫、斯米尔加和费奥多罗夫签名的声明，并"坚决要求"将这份声明刊登在《真理报》上（这里说的是下面刊登的声明）。① 在这份声明中，上述那些同志极力回避直接回答给米·罗曼诺夫发慰问电这个直接的问题，还愚蠢地、擅自盗用列宁同志的名义，他们**大概**知道，列宁认为在这种关头必须保护加米涅夫同志，因为加米涅夫承认了错误；**大概**还知道，引用讨论时的"准确速记记录"经不起推敲，因为，恰恰是讨论给罗曼诺夫发慰问电问题的**私人**会议没有作会议记录。

反对派吵吵嚷嚷地发表了声明，那令人惊异和粗暴的声调让人感到越来越怪异，有鉴于此，为回应反对派的声明，中央委员会决定在《布尔什维克报》上和季诺维也夫同志及其他同志发布的声明一起发表其他

---

① 见本次会议后所附第10份声明《季诺维也夫、斯米尔加和费奥多罗夫同志的信》。

一些材料：《叶尼塞边疆报》的翻印件；有奥尔明斯基同志附言的穆拉诺夫同志的声明；施韦泽同志、弗卢勃列夫斯基同志和波梅兰采娃同志的声明；一些参加1917年4月代表会议的代表的声明。

针对季诺维也夫同志和其他同志声明的**前三份材料**无可辩驳地证明，加米涅夫同志以李沃夫和罗将柯的名言拟定了给罗曼诺夫慰问电的电文，在会上宣读了这份电报并把电报发了出去；**第四份材料**（与会者的声明）不容置疑地证明，这个问题是四月代表会议期间召开的私人会议上讨论的议题，正是由于列宁同志爱惜加米涅夫同志，因为他当时承认了自己的错误（他喊道："造谣！"），加米涅夫同志才被选入中央委员会。

综上所述可以得出结论认为，反对派领袖在共产国际执委会扩大全会上就这一问题发言的目的，是使兄弟党、使整个共产国际和联共（布）产生错觉。他们的发言在政治上是不成体统的，反对派领袖都在竭力掩盖加米涅夫同志的重大错误（给米·罗曼诺夫发慰问电），并企图盗用列宁的名义欺骗共产国际。

附录2
1917年3月8日第53期《叶尼塞边疆报》的翻印件

在克拉斯诺亚尔斯克和省里发生重大事件的岁月。阿钦斯克的历史性岁月。

发言者开始讲述，他是如何到阿钦斯克的。他曾是一名工人报纸的编辑，为工人阶级的解放而工作，是靠近工人阶级的代表，但结果是遭到监禁和流放。尽管发言者不太了解阿钦斯克的生活，但他仍然希望，在这历史性时刻，能让他说几句话。

与会者向公民加米涅夫报以友好的鼓掌并向他说："请讲！"

发言者发表了清晰而有力的演讲。他的讲话多次被热烈的鼓掌打断。他发言的主要内容如下：

当前的任务是——巩固新政府，无条件地支持政府，完成政府交给的一切任务。为完成任务必须要保持稳定、克制和团结；需要组织性，必须意识到自己是一名公民，必须从一个普普通通的人变成一名性格坚强的人。

应该在立宪会议中体现人民的意志。演讲者对承担起组织立宪会议任务的临时政府表示拥护。他还拥护米哈依尔·亚历山德罗维奇大公，认为他不是大公，而是俄国的公民，因为他没有继承退位皇帝的皇位，把政体形式问题交由立宪会议解决。

发言者还注意到，今天在与旧政权的斗争中联合起来的人们，过去有过分歧，将来还会有分歧，但现在要搁置所有分歧。当前唯一的任务就是，彻底消灭旧制度，巩固新的生活方式，为社会工作创造新的条件。

发言者甚至谈到了战争（发言者现在不谈这一问题的实质），这个问题在当前来说甚至不可能成为争论的对象。战争在进行中；军队仍在前线；只要临时政府不解决战争问题，战争仍将进行。也许，临时政府认为必须提出和平问题；也许，临时政府认为有可能在亚美尼亚、君士坦丁堡和博斯普鲁斯不参与的情况下缔结和平条约；也许，临时政府会说："不要流血，不要牺牲！"（雷鸣般的掌声）但现在，此时此刻，这不是主要问题，亟待解决的不是对外政策问题，而是国内生活问题，是在俄国巩固新秩序的问题。

最后，公民加米涅夫建议会议向新政府发慰问电。建议被一致通过。还成立了有加米涅夫、市长和其他公民参加的专门拟定电文的委员会。

为自由献身的战士"永垂不朽"

小组拟定了慰问电的电文。会议继续进行。一位与会者向全体与会者宣读了一句话,献给为俄国解放事业而献身的战士。全体与会者起立,集体唱起"永垂不朽"之歌。

贺 电

委员会完成了工作,公民加米涅夫宣读了委员会**一致**通过的慰问电全文。

"大臣会议主席李沃夫:

国家杜马主席罗将柯:

由社会各界代表、军队和阿钦斯克市公民组成的市社会管理局召集的紧急会议决定,承认国家杜马执行委员会和新的大臣会议,并对新政府进行领导和管理。此外,提请向俄国公民、米哈依尔·罗曼诺夫大公表示慰问,他在立宪会议中在服从人民意志方面作出了典范。"

更正:"有下级官吏和各军队的军官参加"。更正引起了热烈而持久的讨论……最后,更正获得通过,后来慰问电电文也获得通过。

附录3

穆拉诺夫同志的声明

(奥尔明斯基的附言)

彼得罗夫斯基在共产国际执行委员会和中央委员会七月全会上的发言、斯大林同志在共产国际执行委员会第七次扩大全会就加米涅夫同志给米哈依尔·罗曼诺夫发慰问电一事的发言，以及加米涅夫同志不断企图推翻这一事实的行为，迫使我作出如下证明：

当推翻沙皇专制制度的消息刚一传到西伯利亚，在阿钦斯克市就召开了群众大会。根据加米涅夫同志的推荐，我当选为这次会议的主席。他的讲话刊登在1917年3月8日的第53期《叶尼塞边疆报》上，内容完全属实。加米涅夫同志热情洋溢的发言结束后，大会选出一个委员会，成员有：加米涅夫同志、阿钦斯克市卫戍司令马丁诺夫上校、市长、调解法官和富商马克西莫夫。**电文获得委员会的一致通过**，并由加米涅夫同志本人在会上宣读。在这封电报中，同时还向临时政府和米哈依尔·罗曼诺夫表达了问候。这封电报的全文刊登在同一期《叶尼塞边疆报》上，内容完全属实。电报以群众大会的名义发给了临时政府主席罗将柯。

1926年12月17日

穆拉诺夫

奥尔明斯基的附言

"我是1917年3月听说全部事情的，当时我是《真理报》的一名编辑。"

1926年12月19日

奥尔明斯基

附录 4

施韦泽、弗卢勃列夫斯基和波梅兰采娃同志的声明

我们曾在阿钦斯克流放，为了恢复1917年3月3日给临时政府和

米哈依尔·罗曼诺夫发慰问电这一事实的真相,我认为自己作为一名党员,有义务作如下声明:

在阿钦斯基最初得知二月革命的消息后,当地座谈会召集了全体公民参加的大会,穆拉诺夫当选为主席。加米涅夫同志就当时事件的意义作了讲话。与会者的情绪相当热烈。加米涅夫同志的讲话也是满怀激情,他号召大家团结起来,支持新的临时政府。他讲话的大意是:当前的主要任务是,尽管大家过去有分歧,将来还会有分歧,但要团结起来,支持新的临时政府。加米涅夫同志还说到立宪会议作出决定之前,战争仍将继续进行的问题。加米涅夫同志讲话的内容,我们大家都清楚地记得,基本上是自由主义的,使阿钦斯克的所有公民都获得了极大的满足。大会结束时,向临时政府和米哈依尔·罗曼诺夫发了慰问电,因为他"拒绝"了皇位,拟写电报的委员会成员有:加米涅夫、卫戍司令马丁诺夫上校、原市长,还有其他身份"显赫"的当地公民代表,这些人的名字我记不得了。此后,3月5日或者是3月6日,当地富商马克西诺夫在自己家举行了宴会,加米涅夫同志也参加了宴会。所有在阿钦斯克流放的布尔什维克都对加米涅夫同志的行为感到不满。

1905年入党的联共(布)党员,党证号:460973B. 施韦泽
1905年入党的联共(布)党员,党证号:127964Ф. 弗卢勃列夫斯基
1905年入党的联共(布)党员,党证号:21223A. 波梅兰采娃

1926年12月17日
莫斯科

附录 5

参加 1917 年 4 月代表会议的一些代表的声明

由于列·波·加米涅夫同志在共产国际执行委员会第七次扩大全会上竟然公开否认,曾于 1917 年 3 月伙同阿钦斯克富商一起给米哈依尔·罗曼诺夫发慰问电这一众所周知的事实,我们这些参加 1917 年代表会议的代表,认为自己作为党员,有责任向出席第七次扩大全会的兄弟共产党澄清下列事实:

(1) 一些代表团在四月代表会议期间召开的会议上,尤其是在彼得堡和莫斯科代表团的会议上,在讨论第一届合法的中央委员会的名单时,由于加米涅夫同志在杜马党团上的投机行为以及参与给米哈依尔·罗曼诺夫发慰问电一事,许多代表坚决要求取消加米涅夫同志的候选人资格。

(2) 由于加米涅夫同志发电报一事,大多数与会代表反对他的情绪特别激烈,以列宁同志和斯大林同志为首的会议领导核心立即召开两次有老布尔什维克—列宁主义者参加的秘密会议,在会上列宁同志一再坚持,颇费了些力气才保住加米涅夫中央委员候选人的资格。

(3) 最后,对反对自己当候选人的复杂变故了如指掌的加米涅夫同志根本没有打算对自己在阿钦斯克参与给米哈依尔·罗曼诺夫发慰问电这件事进行辩解。当时,人们对发慰问电一事的印象十分深刻,否定这一事实是绝对不可能的。

加米涅夫同志企图矢口否认这个众所周知的事实,来迷惑共产国际执行委员会第七次扩大全会的代表,这在我们党的历史上是绝无仅有的,这将永远玷污加米涅夫同志的政治声誉和党员的纯洁性。

费·拉斯科尔尼科夫（喀琅施塔得代表）

安·布勃诺夫（莫斯科代表）

瓦·索洛维约夫（莫斯科区委代表）

斯·柯秀尔（彼得堡市代表）

Ф. 捷米特（敖德萨代表）

3. 安加列吉斯（彼得堡代表）

尼·波德沃伊斯基（布尔什维克军队代表）

拉齐斯（萨马拉代表）

尼·布留哈诺夫（乌法代表）

格·博基（彼得堡委员会书记）

叶列娜·斯塔索娃（中央委员会书记）

谢尔盖·博格达齐耶夫（彼得堡代表）

瓦西里·施米特（中央政治局书记）

谢·霍普纳尔（叶卡捷琳诺斯拉夫代表）

П. 拉布钦斯基（爱斯兰省代表）

М. 萨哈罗夫（莫斯科代表）

В. 扎列日斯基（中央政治局代表）

马·萨韦利耶夫（中央委员会俄国局代表）

叶列娜·罗兹米罗维奇（中央委员会军事组织代表）

伏罗希洛夫（卢卡斯克代表）

维·莫洛托夫

格·洛莫夫（奥波科夫）

菲·格洛晓金

温什利赫特（来自彼得堡的华沙—立陶宛社会民主党代表）

Ю. 列辛斯基（连斯基）（来自彼得堡的华沙—立陶宛社会民主党代表）

С. 布德津斯基（来自莫斯科的华沙—立陶宛社会民主党代表）

Н. 约诺夫（诺夫格罗德代表）

捷姆利亚奇卡（莫斯科代表）

加米涅夫同志补充到备忘录的文件

1. 加米涅夫同志就 1926 年 12 月 16 日共产国际执委会全会晚间会议就个人问题的声明

斯大林同志昨天在共产国际的讲台上说,好像说我二月革命之初就给米哈依尔·罗曼诺夫发了电报。这又是在诽谤,二月革命之初,护国派就想利用这个来反对我们党。

关于这一诽谤,当时我和列宁同志及加米涅夫一同加入的《真理报》已经从《统一报》上看到,领导这家报纸的是阿列克辛斯基,他是有名的叛徒和恶棍,后来成了君主派。这份报纸针对布尔什维克、针对我们每个人(列宁、季诺维也夫、加米涅夫),极尽诽谤之能事。社会爱国主义者想把这个新的谎言加到另一些当时针对我们的所谓卑鄙勾当中(什么"德国巨款"、"用铅印封上的车厢"、"德国间谍"、"黑帮同盟者",等等)。

和这些所谓的卑鄙勾当一起的还有一个来自外省的针对我个人的谎言,所有人都认为这是微不足道的谎言,我们也只是回应了几句,说在西伯利亚小县城以集会(当时我以流放者身份出席)名义发的这份电报是在我未投票的情况下通过的。

以列宁同志为首的《真理报》编辑部对回应表示赞同,并把回应的内容登载在 1917 年 4 月 8 日第 27 期《真理报》上,每个人都能看到。

也就是说,全党和列宁都知道这个谎言,认为它是败坏我们党声誉的恶毒诽谤。

无须多言,当这个谎言出现两周后,根据列宁的建议,我在四月代表会议(1917年)上和列宁、季诺维也夫及斯大林一起被选进我们党合法的中央委员会,包括斯大林在内的任何人都没有认为这个谎言有什么意义。

一起工作10年后,在共产国际的讲台上重复这个东西作为思想斗争的论据——这是在用最残酷的方式谴责自己。

列·加米涅夫

2. 致共产国际执行委员会主席团

有鉴于此,斯大林同志在12月15日晚间会议上说,他要把参加联共(布)四月(1917年)代表会议的党员的声明,附到共产国际执行委员会第七次扩大全会的备忘录中,这些备忘录应该证实他所说的话,但我有疑虑,今天,一些参加四月代表会议的人以书面形式告诉我说,他们都清楚有关子虚乌有的"电报"问题,我请求把他们所说的东西也放到备忘录里。

加入备忘录的有:(1)娜·康·克鲁普斯卡娅的信;(2)在莫斯科的13位参加代表会议的党员名单;(3)弗·伊·涅夫斯基的信;其他同志的信,我还没来得及翻译,以后再补充。

列·加米涅夫
1926年12月16日

现在,"声明"已经有22个签名,除了这22位同志外,还有7位同志参加了会议(娜·康·克鲁普斯卡娅、弗·瓦冈尼扬、彼·扎卢茨基、弗·涅夫斯基、亚·施略普尼柯夫、弗·卡拉瓦伊科娃),并分别作了表态。

列·加米涅夫

（1）

在共产国际执行委员会全会上听说了昨天发生的事情，应该说，从未听弗拉基米尔·伊里奇说过加米涅夫给米哈依尔·罗曼诺夫发电报一事，不过他倒是不止一次地跟我说起加米涅夫。我知道，弗拉基米尔·伊里奇绝不会包庇这种事情。其他中央委员当然也不会这样做。

娜·克鲁普斯卡娅
1926年12月16日

（2）

在下面签名的1917年党的四月代表会议与会者特此声明如下：

我们清楚地记得，给米哈依尔·罗曼诺夫发电报这个问题在代表会议上没起任何作用，电报好像是推翻沙皇以后，加米涅夫同志在阿钦斯克拟定的。代表会议召开前几天，《真理报》上刊登了一篇加米涅夫同志批驳护国派报纸《统一报》诽谤的文章。[①] 我们当然对代表会议上所发生的一切都感兴趣，尤其是涉及党的第一届合法中央委员会选举的一切事情。假如这个诽谤哪怕是起到一点点作用的话，我们都不会忘记的。

在秘密会议上选举中央委员时，只有一位代表（索洛维耶夫同志）

---

① 见后面第9份文件。

表示反对加米涅夫同志候选人资格,主要是由于加米涅夫和其他同志(第四届杜马代表)在社会民主党杜马党团诉讼案上的发言,以及在列宁到《真理报》之前(当时编辑部成员有加米涅夫、斯大林和穆拉诺夫)的方针。列宁强烈支持加米涅夫的候选人资格(还有来自莫斯科的维·巴·诺根同志)。

1917年四月党的代表会议选出9名同志进入中央委员会:列宁、季诺维也夫、斯大林、加米涅夫、米留金、诺根、斯维尔德洛夫、斯米尔加、费奥多罗夫。得票数:列宁——104票,季诺维也夫——101票,斯大林——97票,加米涅夫——95票,米留金——82,诺根——76票,斯维尔德洛夫——71票,斯米尔加——53票,费奥多罗夫——48票。

我们不会认为,列宁会出于任何目的掩盖加米涅夫所谓的"电报",假如这份电报确实存在的话。

亲笔签名: 入党时间
别洛博罗多夫——雷斯温斯基(乌拉尔地区)代表 ………… 1907
姆拉契科夫斯基——乌拉尔州代表 ………… 1905
伊·斯米尔加——喀琅施塔得代表 ………… 1907
格里·费奥多罗夫——彼得堡代表 ………… 1907
格·皮达可夫——基辅代表 ………… 1907
格·索柯里尼柯夫——莫斯科州委代表 ………… 1905
尼·奥夫相尼科夫——莫斯科州委代表 ………… 1903
索洛维约夫——彼得堡代表 ………… 1912
卡尔纳乌霍夫——彼得堡代表 ………… 1912
格·季诺维也夫——中央委员会 ………… 1901
列·谢列布里亚科夫——科斯特罗马代表 ………… 1905

A. 科斯京娜

O. 拉维奇——和伊里奇同来的侨民团代表 …………… 1903

莫·哈里东诺夫——和伊里奇同来的侨民团代表 ………… 1905

H. 瑙莫夫——彼得堡代表 …………………………… 1906

萨·扎克斯-格拉德涅夫——党"波涛"出版社 ………… 1906

普拉夫金——乌法机关（中央委员会委员）代表 ……… 1899

伊万·梅列捷耶夫——莫斯科代表 …………………… 1903

C. 盖森——彼得堡代表 ……………………………… 1916

H. 奥斯特罗夫斯卡娅——格连吉克代表 ……………… 1905

别洛鲁索夫——莫斯科机关代表 …………………… 1904

英·斯图科夫——莫斯科机关代表 …………………… 1905

（3）

尊敬的列夫·鲍里索维奇！

您来找我，问我是否记得，在1917年四月全会的秘密会议上，与会者在讨论加米涅夫同志作为中央委员候选人资格时是否提出过问题，也就是说，是否由于加米涅夫好像是在西伯利亚的阿钦斯克给米哈依尔大公发过慰问电而否决了他候选人的资格。我要就此事声明：我非常积极地参加了代表会议，在代表资格审查委员会工作，参加了全部秘密会议，我记得，任何人都没有提过加米涅夫同志给米哈依尔大公发电报的事情。只是说过（不记得是谁说的）加米涅夫同志在杜马诉讼案的表现。

我认为，与会的其他代表也会证实我所说的一切。

致共产主义的敬礼!

中央委员会军事组织代表:弗·涅夫斯基

1926年12月16日

莫斯科

(4)

彼·扎卢茨基的信

就杜马诉讼案和《真理报》上的那篇文章(都是对骂的内容),我是对列·波·加米涅夫和《真理报》最坚决的批评者。当时我对这一切的反应相当激烈,也包括在四月全会上。尽管如此,我却不记得,在代表会议或者说在我们党彼得堡委员会上,所谓的给米哈依尔·罗曼诺夫的慰问电起了什么作用。假如这份电报起过作用的话,就我当时在组织的地位来说,是不可能不知道的。

彼·扎卢茨基

1926年12月16日

(5)

谢·梅德维捷夫同志的信

加米涅夫同志:

昨天夜晚收到您的字条,请我告诉您我所了解的:(1)有关所谓您给米哈依尔·罗曼诺夫在阿钦斯克发电报的事情;(2)1917年四月全会上,恰恰是这份电报在推荐您作为中央委员候选人时起了很大作用的事情。昨天实在太晚,我无法给您答复。今天我就按照顺序回答您的问题。

（1）当时，好像是认为在阿钦斯克给米哈依尔·罗曼诺夫发电报与您有关，大概您还记得，我当时是阿钦斯克卫戍部队士兵代表苏维埃执委会主席。据我所知，您在人民之家举行的公民大会上作了关于当时形势的报告，当时任第四届杜马议员的穆拉诺夫同志主持了大会，会上通过了给临时政府的慰问电。这个时候，我在阿钦斯克的家中与您、斯大林同志和穆拉诺夫见了面，遗憾的是，我记不太清楚了，但这些同志中，当时和后来，在我和他们见面时，谁都没说过您在阿钦斯克给米哈依尔·罗曼诺夫发过什么电报。

（2）在1917年四月全会上，我是作为布尔什维克西西伯利亚党团的代表，当时该党团已经与孟什维克党团分道扬镳，开始出版自己的报纸《西伯利亚真理报》，组建独立的布尔什维克党组织。在四月全会上，我参加了全部会议，其中包括预先推举中央委员候选人的秘密会议。这次会议讨论您候选人资格时，洛莫夫（奥波科夫）同志强烈反对您作候选人。他反对的理由是，您作为党员，在党的政策问题上常常表现出强烈的摇摆态度，同时还指出您当时在杜马诉讼案上的行为，认为您作为中央委员不是不可或缺的，假如您不担任中央委员的话，中央委员会就会以其坚定性取胜。但无论是洛莫夫本人，还是出席会议的其他代表根本没有说，反对您候选人的资格是由于您在阿钦斯克给米哈依尔·罗曼诺夫发电报。列宁同志支持您的候选人资格，并反对洛莫夫同志的意见，我记得，他是这样说的：说他非常愿意支持加米涅夫同志作为候选人，因为认为他能够轻松地掌握党的方针，但因为，他说，加米涅夫同志掌握并且善于运用党的方针，他才坚定、彻底地执行，因此他认为，加米涅夫同志是中央委员的必不可少的候选人。在投票表决时，大部分代表都给您投了赞成票。反对您的洛莫夫同志说，他对您的评价纯属个人意见，但是代表莫斯科州组织。这次秘密会议的主持人是季诺维也夫同志。在代表会议的公开会议上，反对您当候选人的是莫斯科州组织的代表索洛维约夫同志,但他的理由和洛莫夫同志在秘密会议上陈述的理由是一样的,根本没有提什么您给米哈依尔·罗曼诺夫发慰问电一事。

致共产主义的敬礼!

    西西伯利亚局代表:谢·梅德维捷夫

        (入党时间:1900年)

        1926年12月17日

(6)

亚·加·施略普尼柯夫

      1926年12月15日,莫斯科

  列夫·鲍里索维奇。为答复您关于我,这个党的不合法(增补)的前中央委员,是否知道给米哈依尔·罗曼诺夫发电报一事,我只能说出我记忆里保存并且有文件证实的事情。

  (1)说您发电报的传言来自与您敌对的阵营。媒体上出现传言后,组织上和一些同志就会到中央委员会常务局询问,让您作解释。当时是怎么解释这些事情的,我现在不记得了,但《真理报》刊登了您的申辩文章,对这一事实予以了否认。

  (2)四月全会期间我生了重病,不能全力参加会议的工作,我不记得,会议是以哪种方式讨论的这个问题。我能说的只是,出现这个电报传言的"马尔托夫"会议认为这个传言只是敌对刊物对我们布尔什维克攻击的普通事情。

  (3)当时党内存在的分歧都是在其他一些较为深入和重大的问题上:a.对战争的态度问题;b.对临时政府的态度问题;c.关于我国

革命的性质问题。我记得,在我们党的内部争论中,在弗·伊·列宁到来之前,关于电报的问题没有起过任何作用。

致共产主义的敬礼!

亚·施略普尼柯夫

(7)

列夫·鲍里索维奇致加米涅夫

我以伊万诺沃—沃兹涅先斯克代表团成员身份参加了1917年四月全会,包括在克申斯基宫进行中央委员会选举的秘密会议。我清楚地记得,这次会议上根本没有谈到给米哈依尔·罗曼诺夫发电报一事(有关电报的事,我是1926年才第一次听到)。有人对加米涅夫同志中央委员候选人资格提出过反对意见,是由于他在杜马诉讼案上的行为和《真理报》上的文章《以牙还牙》,根本没提电报的事。弗拉基米尔·伊里奇·列宁同志坚决支持加米涅夫同志作为候选人,也就这样通过了候选人资格。我个人认为,假如我们在座的代表知道电报这个事实,哪怕是有列宁同志的威信,我们也会反对加米涅夫同志作为中央委员的候选人的。《统一报》上的文章和《真理报》上对它的申辩,我们完全不知情,文章反驳的只是当时说的什么"德国间谍",什么"坐着铅封的车厢"之类的诽谤之词。

在与会代表的私人会议上是否讨论过电报之类的事情,我就不知道了,因为我本人没有出席这类会议,也没听说过有这样的会议。

伊万诺沃—沃兹涅先斯克代表:**B. 卡拉瓦伊科娃**

1927年1月13日

(8)

瓦冈尼扬的信

我相当清晰地记得,在莫斯科代表团的会议上曾讨论过两次中央委员会的名单。我们有一部分代表反对加米涅夫同志的候选人资格,主要是因为杜马诉讼案和他在革命初期有些动摇。

但没有任何人谈过有什么电报的事情。在这次会议上,大家对名单一致投了赞成票,包括对加米涅夫同志和斯维尔德洛夫候选人资格。

在代表会议上也没有提起过任何有关电报的事情。

莫斯科组织代表:**瓦·瓦冈尼扬**

(9)

尼·奥夫相尼科夫和瓦冈尼扬的信

索洛维约夫同志在四月代表会议上反对加米涅夫同志作为中央委员候选人的讲话,我还清晰记得。针对加米涅夫同志,索洛维约夫同志是这样说的,加米涅夫同志在杜马诉讼案中的表现很不好,他不久前还在《真理报》(1917年3月)上发表了反驳护国派的社论。弗拉基米尔·伊里奇相当激烈地反对他的两个论点。不过,他反驳加米涅夫时只谈到有关加米涅夫诉讼案,谈到中央委员会当时在国外对这个问题的讨论,还有1917年3月加米涅夫的摇摆不定。在他们的讲话中只字未提什么电报的事情。

情况属实。

莫斯科州委代表:**尼·奥夫相尼科夫**
莫斯科州委代表:**瓦冈尼扬**

1926年12月16日

(10)
季诺维也夫同志、斯米尔加同志和费奥多罗夫同志的信

在1917年四月全俄党代表会议上，选出了由9人组成的中央委员会，这些委员是：列宁、季诺维也夫、斯大林、加米涅夫、米留金、诺根、斯维尔德洛夫、斯米尔加、费奥多罗夫。

9名中央委员中，有3人已经去世（列宁、斯维尔德洛夫、诺根）。现在还有6位同志。我们其中4人声明，斯大林说，列宁好像是掩盖了加米涅夫给米哈依尔·罗曼诺夫发"电报"一事，这首先是对列宁本人的极大污辱。众所周知，列宁对这种行为是最痛恨的，他绝不会掩盖，相反，他决不会顾及什么个人关系，会在党的面前揭发这些行为。事实上，他在四月全会上，包括这些委员，都推荐加米涅夫进中央委员会。加米涅夫也以高票当选；在秘密投票时，他只比列宁少9票。这样一来，加米涅夫就入选了革命后第一个中央委员会，只有9个人进入其中，当时连李可夫和布哈林都没当选。

选出中央委员会的四月代表会议秘密会议有准确的备忘录（斯大林有，现任政治局委员都有）。但里面根本没有记录什么电报的内容。只有一位同志——索洛维约夫对候选人资格提出反对意见，关于那份什么"电报"，他也只字未提。列宁和诺根支持加米涅夫的候选人资格。假如列宁同志或其他任何一位同志知道加米涅夫的这个什么"电报"，那根本不可能把加米涅夫选入中央委员会。假如现在斯大林能肯定，他知道加米涅夫的这份"电报"，那么，他当时是否告诉了列宁或中央的其他同志，说他反对把加米涅夫同志的声明刊登在1917年4月8日的《真理报》上了呢？没有，没有告诉！在加米涅夫当选为政治局委员、后来又主持政治局会议的10年间，斯大林是否把这件事告诉了中央委

员会的其他委员了呢？没有，没有告诉！列宁在1917年6月间是否有可能给加米涅夫写密信，告诉他，一旦敌人杀害他（列宁），就委托他出版自己的全部最重要的著作？不，不可能！假如列宁知道加米涅夫给米哈依尔·罗曼诺夫发电报的事情，他后来（去世前不久）是否有可能把自己的档案和著作全都委托给加米涅夫？假如任何一位中央委员知道这个"电报"的事情，党的中央委员会是否有可能在列宁在世时就把出版列宁全部文献遗产正式地委托给加米涅夫？不，不可能！

10年后，在加米涅夫针对斯大林发表政治性发言之后，把这种东西搬到共产国际的讲台上，搬到明天，这是一种什么行为？

我们坚决声明：许多四月全会的与会者，不论他们现在是否存在政治上的分歧，都不会拒绝证实，在四月全会上（与斯大林的说法不同），根本没有提到加米涅夫的所谓的"电报"。

季诺维也夫、斯米尔加、格·费奥多罗夫

（列·加米涅夫是当选为中央委员的第四位委员）

1926年12月16日

（11）

1917年4月8日刊登在《真理报》上的反驳文章

荒唐的行为

西伯利亚一份报纸报道说，昨天《统一报》转载了一篇文章，好像说我在叶尼塞省的一个小县城阿钦斯克的群众大会上提议给拒绝继承皇位的米哈依尔·罗曼诺夫大公发一份慰问电。

这简直是愚蠢至极。说什么，我在群众大会上被选入阿钦斯克杜马为联系革命而成立的拍发电报委员会。除我以外，这个委员会的成员还有：两位团长，一名法院侦查员，一名市公证员和一名当地富商。我记得，大家**不顾我的反对**，坚持在电文中加入，我们都要以米哈依尔·罗曼诺夫公民为榜样，"树立了在立宪会议中服从人民利益的榜样"。电文没有在大会上表决，拍发时有市长签名。

这是一个省报记者在撒谎，这显然无需作任何反驳。但为什么《统一报》要为这个流放地的诽谤之词作宣传呢？

列·加米涅夫

第二十八次会议

(1926年12月16日)

主席：台尔曼

通过中国问题的决议

主席台尔曼：

我宣布：第二十八次会议现在开会。

进行第一项议程：对中国的决议进行表决。

一致通过。①

进行第二项议程：工会委员会的工作报告。请埃尔科利同志发言。

埃尔科利作工会委员会的工作报告

洛佐夫斯基同志已经作了关于工会委员会的报告，我将向大家汇报的是我们工作的结果，即委员会提交大家审议的各个决议。

首先，我要谈谈工会委员会和分委员会修改过的洛佐夫斯基同志的提纲。

任何一处修改都没有影响到我们党的总路线。

---

① 参见本卷收录的《关于中国局势的决议》。——编者注

涉及合理化对工人阶级结构影响的那一点作了一些改动。我们在最终文本上对这一点的说法与最初文本的说法是不一样的。

由于实行合理化，工人阶级队伍出现了一些新现象，我们对此进行了总结。作为总趋势，我们指出的事实是，合理化使工人贵族的数量减少。这说明，存在着大量新的专业的和半专业的工人，代替了原来专业的工人力量。专业工人阶级的构成在发生变化。这一事实表明，工人贵族并没有完全消失，只是数量上有所减少，也就是说，现在出现了人数不多的工人阶层，他们的技术水平高，与企业主加强合作的意向增加。

至于说到托拉斯化和合理化阶段与资本新的进攻形式斗争的手段，我们在工会提纲中的说法与我们在政治纲领中的提法是一致的。

我还要指出一点，第九节涉及我们在政治提纲中没有提到的问题，并提出了政治提纲中没有理出的部分口号。问题是要杜绝改良派官僚主义在德国这样一些合理化得到最大发展的国家开展的运动。改良派在这里提出要求建立"**国家监督托拉斯**"。我们应该对此提出要求**工人监督**托拉斯的口号，我们的说法是，这是使主要的工业领域社会主义化和工人阶级掌握政权的第一步。

提纲中修改的另一点涉及工会运动的国际团结策略及其运用办法。实际上，这里没作任何修改，但我们认为，必须对改良派工会组织尤其是左翼改良派队伍中出现新现象的过程作补充说明。在英国总罢工、矿工罢工之后，尤其是这些事件和欧洲经济及政治局势引发的英俄委员会双方（全苏工会中央理事会与工联代表大会）发生激烈冲突后，我们看到改良派工会左翼出现的激烈分化过程。

该如何对这一过程进行总结呢？首先是因为，一部分左翼领导人转向了右翼阵营。确切些说，原来我们认为是左派的那些领导人，现在转向阿姆斯特丹国际，还极力撮合工联与阿姆斯特丹国际接近。不过，从另一方面来说，大部分左派工人——改良派工会会员——是与革命的少数派接近的。这样一来我们就看到一个双重过程：领导人向右转，群众向左转。但这个过程并不那么简单，因为还有一些改良派领导人，为了保持他们对工人阶级的影响，打着左的幌子，竭力站到这两派之间的中间立场。

鉴于改良派工会左翼出现的这一过程，我们对统一派的策略和对改良派工会左翼的策略就应该有相当的改变，也就是说，为了让群众了解改良派方针与革命派方针的区别，我们应当学会进行宣传，开展积极的斗争，这个区别在英国罢工期间和英俄委员会危机期间表现得相当明显。要紧密联系这场运动，对现在正向右转的所谓左派进行批判。从这一意义上说，提纲第14节的最终说法与提纲的初稿是不一样的。

涉及工会运动统一策略的运用办法，提纲中相应的章节尤其是第16节，我们作了相应修改，以使我们的基本方针表述得更清楚。

现在，请大家注意提纲新文本的第20节。在我所宣读的这一节里，我们指出了一些我们党在工会工作中的一些错误和不足。我们认为，为克服所有这些不足，我们各党要把注意力集中到这一点上。

在提纲中，这一点是这样表述的：

总结过去一年的工作，我们党在工会工作中主要存在以下主要错误：

（1）共产党的政治影响与这一影响在工会中的组织上的表现不相符。

（2）反对把党员开除出工会的斗争不够有力和系统。

（3）工会政策方面贯彻共产国际决议的速度滞后、迟缓。

（4）一方面是，进行着有利于统一战线和团结的形式上的宣传；另一方面是，在执行这些团结策略时却表现出相当急躁的情绪。

（5）党员对工会工作不适应（一般政治性问题和党的生活问题高于纯粹工会问题，等等）。

（6）组织工会运动缺乏系统性，考虑不够周全，对工会代表大会、代表会议的工作缺乏应有的准备。

（7）缺乏具有专业素养的工会干部和工作人员，优秀的工作人员陆续离开工会工作。

（8）一方面，缺乏工会方面的报刊和宣传资料，另一方面，工会出版物中存在许多政治性问题。

（9）针对共产国际关于在各工会组织中自下而上地建立、加强和扩大分支机构的决定的执行工作进行得相当缓慢，都是在走形式。

这些错误在各国共产党中都或多或少地表现出来，这说明，这些党对工会的影响增长和加强的速度相当缓慢。

在委员会进行讨论时，我们也指出了许多其他的问题。洛佐夫斯基给我们指出了12点党在工作中的不足，但我们认为，提纲中已经指出了最主要的不足，其目的是希望，在扩大全会的决议中指出这些不足，将有利于我们党克服这些不足。

（洛佐夫斯基在座位上喊道："党能认识自己的错误吗？"）

（埃尔科利："会认识到的。"）

同志们啊，委员会对提纲所作的修改，都原封不动地提交给你们审议了。

但工会委员会已经讨论并制定了一些有关我们工会策略的决议。这些决议我就不宣读了，因为已经发给各位代表了。在工会委员会全体会议上，已经讨论过这些决议的总方针，核心委员会也根据会议讨论的结果对一些条目作了些许修改。这些决议将由各国党中央委员会发给大家，这将是党的活动的指南。

决议都讲了什么呢？首先，我们在决议中讲了共产党与统一派即改良派工会的左翼组织集团之间的相互关系。我认为，没有必要宣读决议：各位代表都已经看过了。核心委员会没有作任何修改。

在研究各党与统一派的相互关系时,我们要对比利时工会的情况加以讨论,这个问题在比利时表现得尤为突出。工会委员会对比利时问题的基本特点进行了讨论,秘书处对细节进行了研究,并与工会委员会一道拟定提请主席团通过决议。

第二份决议研究了工会运动中出现分裂的国家争取团结的形式和办法,这些国家中不但存在改良派组织,还存在接近工会国际的赤色组织。在这里宣读决议,我认为也没有什么意义,因为所有代表都已经看到,并且已经在核心委员会讨论过,大家基本上没有什么意见。核心委员会只是在决议的最后一行作了一处修改,也就是在工会运动出现分裂的国家为红色工会招募新会员。我们在决议的最终定稿中,一方面考虑到加强红色工会和共产党团体在红色工会中的必要性,另一方面考虑到在一些改良派工会组织中加强反对派运动和组织内存在强大的共产党团体的必要性。

决议的第三部分是关于共产党在工会中工作(狭义上的工作),因为这里说的是在工会组织中团体的机制和基础问题。研究这项任务绝不能脱离我们指出的我们党在工会工作中的那些不足,但既然我们已经在各团体活动方面指出了主要的不足,我们就决定,决议中只是从实践层面指出,如何克服我们在这方面工作中的不足。

这个决议的基础是第六次扩大全会第二次代表会议决议,请大家注意使我们与第四次全会分离阶段出现的不足,并指出了克服这些不足的方法。我们特别强调的一点是,要让那些在工会积极工作的同志领导共产党团体。这一点也是第六次全会第二次代表会议决议的基础。经验表明,这次代表会议所采取的方针是正确的。应该让那些在工会组织中积极工作并在群众组织中享有一定威信的同志来领导共产党的工作。

我们指出的另一个不足是,在共产党团体的会议上,同志们大多从事一般政治性的问题,忽视了工会的实际工作。但不应该忘记的是,我们恰恰只有在确定了实际解决这些问题的方针并加以运用之后，才能扩大自己在工会中的影响，在工会中取得有组织和坚实的基础。我们要给共产党派别下达指示，要他们主要从事在工会组织的会议上讨论的问题，以及工会生活本身的日常工作。

有鉴于此，要讨论的还有关于"工会日"即定期召集工会团体会议是否合理的问题。显然，原则上是不能反对定期召开团体会议的，但在当前情况下，正如我们所指出的那样，团体工作的主要错误是，总是把力气用在"高谈政治"上，把日常实际工作撇开，我们要反对召开讨论一般问题的会议。各团体在工会组织例会召开前应集中讨论领导机构和工会会议的日常问题。

我不再谈决议的其他方面，因为大家基本上已经了解了大致内容，没有什么异议。同时，我们还研究了两个私人问题，我们的结论是，这两个问题应提交我们党的中央委员会。我们认为，在当前提出扩大我们在工会中影响这个最重要阶段，我们党要避免犯类似把优秀的同志们从工会工作中调走这样的错误，要把他们留在工会的工作岗位上。我们党的中央委员会的确存在把优秀同志从工会工作岗位调走的倾向，这些同志以实际行动展现了他们从事群众工作的能力。

主席台尔曼：

现在对"托拉斯化、合理化和我们当前的任务"提纲进行表决。[①]

一致通过。

现在进行第三项议程：马斯洛夫、鲁特·费舍等人案件委员会的报告。由库西宁同志发言。

[①] 参见本卷收录的《托拉斯化、合理化和我们在工会中的任务（提纲）》。——编者注

审理并通过关于马斯洛夫、鲁特·费舍等人案件的决议

库西宁（芬兰）：

同志们，你们交给我们委员会一项必须完成、但的确不是十分令人愉快的任务。我们要审理被德国共产党开除的五名党员——鲁特·费舍、马斯洛夫、乌尔班斯、肖勒姆、施万的诉状，还要研究把他们开除的材料。我们要一连几个小时听他们向我们作说明。他们根据宪法所要求的权利我们也都提供了。但不言而喻，我们委员会不是仲裁法庭。我们对待他们，感觉不像是，共产国际为一方，马斯洛夫—鲁特·费舍集团为与共产国际平等的另一方，我们委员会的任务好像是在作双方的二手买卖，或者说是搞令人作呕的妥协。我们听这些人讲，是为了确认，他们是党员，还是反党分子，他们还够不够资格重新回到党和共产国际的队伍里，或者说是要最终确认他们被开除。上诉人对这种审理程序极其不满，比如说，还抱怨拉狄克同志。

（座位上有人喊道："听着，听着！"）

但委员会认为，他们对自己在委员会中地位的理解相当奇怪。

比如，鲁特·费舍说：

"我们来到这里不是作为被审判者，而是作为对德国共产党和共产国际正在执行的、导致德国共产党和共产国际毁灭的政策的指控者。"

大家看到了吧，他们是想让我们——全会的代表——充当被指控者，听他们的指控！当然，对他们这种企图，我们坚决地予以回击，并告诉上诉人，说他们对自己地位的理解是完全错误的。

这种颠倒黑白的事情和企图，在他们来说，已经不止一次了。比如说，在他们反对派出现的问题上也如此。比如，乌尔班斯就这件事说：

"在接受公开信的那一天就改变了方针，就是说，就采取了向右的方针。从这一天起，马斯洛夫、鲁特·费舍和其他不想继续执行这个方针的人……就要被开除出党了。"

同志们，这是什么事实？这是众所周知的事实。存在着鲁特·费舍体制，以她为首的集团不但干着极左勾当，还干着机会主义的勾当，执委会多数警告他们，纠正他们的方针，让他们容忍最起码的党内民主。最后，他们终于露出马脚，以鲁特·费舍为首的领导德国共产党的集团使党走向毁灭。执委会必须发出声音，把公开信公开出来，从而使德国党的事业发生转变，与德国共产党的大多数领导保持一致。事情就是这样。乌尔班斯完全是颠倒黑白。一开始，不知什么原因搞了个公开信，此后，风向完全向右，后来，完全是因为执委会想执行这个方针，才把马斯洛夫和鲁特·费舍开除了。大家看到了吧，这帮人就是这样歪曲最简单的逻辑规律和因果关系的。

我们的"指控者"中有一位缺席。受邀的5个人中只来了4个人。指挥没有来。他认为，与其在执委会指定的委员会面前为自己辩护，不如在德国警察的保护下，向共产国际和德国共产党发起攻击。到场的这4个人按照第5个人的指示说，他们"没有带上马斯洛夫，因为不想把他交到你们手上"。他这里说的是共产国际监察委员会的一个案件，委员会不止一次地把马斯洛夫叫到莫斯科，让他对自己在资产阶级法庭上的行为作解释。他认为，在共产国际法庭上为自己辩护是不合理的。尽管实际上他已经去过两次。当时说的是，他作为一名党员，不该在警察面前有这样的表现。当时他得到了宽恕。但是看来，他那不纯洁的良心告诉他，再犯的话，就不会被轻易宽恕了，所以他认为最好不来。看来，他有各种理由害怕，因为他在这里会被彻底揭穿。他在委员会里的熟人说，马斯洛夫恐怕是有来无回。我们要说的是，党的机关拥有的只是道德教化手段，党的法庭才能作出道义决定。但我们听到的回答是："**我们不相信苏维埃机关。**"这就是共产党员，这就是苏维埃政权的追随者，他们来这里上诉自己被开除！

我们也在委员会提出下面的问题："你们是否认为，只要共产国际执委会召唤，每一位共产党员是否应毫无条件地招之即来呢？"

他们回答说："在党内生活正常的条件下，这是可能的"，但马斯洛夫不应该来。用他们的话说就是，马斯洛夫的任务是与共产国际队伍中的机会主义作斗争，在这方面也可以有例外：共产国际的章程对他来说不是必须执行的。

我们还向他们提出一个简单的问题：

"你们是否准备承认扩大全会决议中对你们的案件陈述的事实和责任？"

同志们，正如大家所预料的，这种问题怎么回答呢？其实，也就是回答是或不是，或者给个模棱两可的回答。很难想象有其他方式的答案。然而，这些上诉人既没回答是，也没有回答不是，也没有模棱两可，而是找到了第四种答案。他们用鲁特·费舍的话逐字逐句地回答说：

"作为遵守纪律的共产党员，我们准备履行和支持**党**的任何决议，参加**党**领导的任何运动。我们不准备改变我们的政治立场。"

够了！

那么，首先，他们是"遵守纪律的共产党员！"但这一点我们可以保留；我们清楚地知道，这些工会的捣乱分子是怎样遵守纪律的党员。不过，大家会发现，当我们提问时说到扩大全会的决议时，这些人的回答里也提到**党**的决议。当我们提问时说到执委会对**他们个人**的案件时，他们却回答：

"我们将参加党领导的任何**运动**。"

他们在回答时，好像没听见问题一样。显然，他们的听力相当好，当向他们大声提问时，他们却装作什么都没听见。他们都在提醒那个装作听到并事先准备答案的聋木匠。当有人跟他说"你好"时，他却回答"大斧子"，可能以为是问他在干什么吧。相反，我们的上诉人却都装成聋子，以便在听到大声问题的合适的时候回答"大斧子"。

唉，这种把戏我们都懂，我们特别清楚地知道，上届扩大全会上说过有关他们的"反党阴谋"。所以，我们也不仅仅是提问，我们总共向他们提了16个问题。我简要地说说，他们是怎么回答的，因为只要听听他们的回答就清楚，他们想的是什么了。

例如，对第二个问题：

"你们认为，德国共产党是列宁主义的党吗？"

鲁特·费舍回答道：

"我们是全面看待这个问题的。我们认为，执委会和德国共产党目前的领导脱离了列宁主义道路，走向了机会主义。"

我们又向他们重复了一遍问题：

"不管你们对党的领导有什么意见，——你们认为，德国共产党是共产主义的党吗？"

他们既没回答是，也没回答不是，从他们那里，再也没得到其他什么结果。

我们问他们：

"你们认为，目前德国共产党队伍中的派别活动是有害的和不允许的吗？"

鲁特·费舍答道：

"**我们反对**共产党内存在的**任何派别活动**（！），也反对布尔什维克内的派别活动。"

我们紧接着问道：

"你们是否认为，你们从事派别活动，既违反共产国际执委会的决定，又违背自己的诺言呢？"

鲁特·费舍答道：

"我们在自己的纲领和其他文件中已经阐述了产生这种情况的原因。我们拒绝对此承担责任。**我们拒绝回答问题**。"

就是这样一个简单的问题也要慎重对待。为什么这些上诉人不能、至少是承认他们从事派别活动这样一个众所周知的事实呢？为什么他们不说："是的，我们是从事了派别活动，但是由于什么什么原因呢？"他们甚至不想承认，他们就是进行了派别活动。

这些人只对16个问题中的2个问题作了正面回答，其实，每个共产党员都能够作出明确的回答，重要的是，哪些问题他们是这样回答的。因为我们大家都知道，他们的全部派别活动，一方面是反党的，另一方面是反对苏维埃的。所以，在回答他们对党和苏维埃是否忠诚这个问题时，他们的态度相当明确。第一个问题是：

"你们是否准备服从德国共产党及其中央委员会的决定？"

鲁特·费舍答道："当然！"她就是签署公开信的那位，上一届扩大全会对她的决定是这样的：

"扩大全会**愤怒地宣布**，鲁特·费舍签署了公开信，**违背了**她所承担的义务。"

她又说，她"当然"服从德国共产党及其中央委员会的决定。有一次，鲁特·费舍竟然在委员会里大喊"当然"。这是委员会从上诉人出版的派别文献中宣读下面这句话时的事：

"科尔施说，我们好像是在中央委员会和真正的左派之间摇摆，与其说是反对他，不如说是**反对**中央，科尔施的这种说法应该表明，近几个月以来，每一个监视我们行为的人是**多么可笑**，科尔施这么说只能证明他没有能力看到真正的事实。"

鲁特·费舍喊出的这个"当然"就是这个意思。

肖勒姆走得更远（其他人都赞同他的说法），他说：

"很显然，我们的主要敌人不是科尔施，他领导的是一个无足轻重的小团伙，只是由于中央及其错误政策才有了一定的意义。显然，这不是科尔施，他的观点我们不承认，只是想把支持他的人争取过来，而这个目的已经部分地达到了。**主要的敌人是中央委员会……**"

此后，肖勒姆开始以最快的速度辱骂中央委员会，并且又补充道：

"与目前仍然作为党的正式领导机构的中央委员会作斗争是每个机会主义者的主要任务。"

这样一来，在这些先生们如此正式地宣布，"主要敌人"是德国共产党中央委员会，以及"主要任务是与中央委员会作斗争"的这次会议上，他们差不多用半小时的时间郑重承诺"当然"要服从这个中央委员会的决定！

这样一来，他们再一次充分表现了他们那举世无双的**两面派手法**，这一点上一届全会已经说过了。他们像鳗鱼一样狡猾：无论从哪边抓，你总是抓不住它们。

还有一个重要的问题：

"你们是否认为，在苏联这个无产阶级专政的国家的政策与世界革命的利益之间没有任何矛盾？"

鲁特·费舍答道：

"我们在这一问题上站在俄国反对派的立场上，与季诺维也夫同志的表述完全吻合。"

对此我们进行了反驳：

"其实，季诺维也夫同志已经公开否定你们了。"

但鲁特·费舍以下面的方式重复了她答案的第一部分："在所有俄国问题上，我们与俄国反对派的立场是一致的"。她强调说，一些说法甚至每个词都与俄国反对派的说法一致。此外，她还说道：

"这些无产阶级专政的忠实支持者恰恰应该与这个政策（即苏维埃国家的政策和斯大林的这个政策——她本人的说法）作最坚决的斗争。"

鲁特·费舍系统反对苏维埃政策的斗争，就其程度来说，的确没有想象的那样激烈，这我们是清楚的。他们想有系统地与苏维埃政权进行斗争。但他们认为，他们不是在与**这样的**苏维埃政权斗争，而与现在的苏维埃国家政策作斗争。实际上，这里完全没有细微差别。

下一个问题就是例子：

"你们是否认为，你们所进行反对苏联这个无产阶级专政国家和共产主义原理的宣传，是有损于革命运动，还是有利于革命的敌人呢？"

鲁特·费舍对这个问题的回答又是"当然"。这些被开除的人想以这种回答方式掩盖自己的反苏行径。他们还声称，他们的宣传不是针对苏维埃这样的政权，只是针对苏维埃国家的现行政策。当然，这是没有什么意义的借口。

第八个问题是针对科尔施的立场的。我们问道：

"你们是否认为，科尔施的观点（他对俄国革命性质的评价，对苏联无产阶级专政的否认，把苏联的对外政策说成是帝国主义国家反对共产国际和德国共产党的政策）是反革命的观点吗？"对这个问题他们感到很为难。他们不想说，科尔施的立场是反革命立场，但是说，科尔施的立场是革命的立场也不合适。鲁特·费舍说："科尔施的立场是改良主义的立场，甚至可以说是取消派的立场，但不是反革命立场。"他们认为，把科尔施开除出党是不正确的，也不是必须的。相反，他们坚决认为，没有必要开除科尔施，他们反对开除这种做法。

当我们问他们，他们与科尔施有什么联系时，乌尔班斯答道：

"我们和科尔施同为德国共产党中央委员。科尔施被开除并组成自己的集团后，我们之间再也没有任何组织上的联系。"

鲁特·费舍还补充说：

"也没有任何政治联系"，乌尔班斯又补充道："也没有任何政治联系。"

当我们问他们，科尔施在信里写了关于与他们谈判的事情，说他们的确是参加了谈判，难道科尔施说的不是实情？但是他们回答说，我们与他没有任何联系，只是和他进行了谈判，是为了把他争取到俄国反对派这方面来。也就是说，他们与科尔施进行了谈判并认为自己有权继续进行谈判。在他们来说：这叫做没有任何政治联系！

鲁特·费舍还就此事说道，"假如不让这些被开除出党的同志看到，只要所有被开除的同志承认共产国际的原则，共产国际就允许他们重新回到队伍中来的话，党的机体恢复健康是不可能的。"他们自己（他们就是这样说的）其实只承认共产国际第一次和第二次代表大会的原则。他们认为，第三次代表大会已经成为共产主义者原则的载体了。鲁特·费舍说：

"还可以把科尔施再拉回来，你们不是想把全部的社会民主党都拉过来嘛。"

我们要请她注意的是，我们根本不想把社会民主党领导人拉过来，我们只想拉工人，这样的事实说明，他们无权与科尔施这样的假社会民主党人勾结在一起。但正像我说过的，主要的敌人是德国共产党中央委员会和共产国际的现行领导。

接着，我们向他们提了下面的问题：

"你们是否承认，你们关于共产国际领导中存在消灭共产国际倾向的谈话纯属诽谤？"

"你们是否承认，你们关于德国共产党中央委员会存在消灭共产党并合并到德国社会党的谈话纯属诽谤？"

"你们是否承认，你们关于共产国际解体和瓦解的谈话违背事实，只对共产国际的敌人有利？"

当然，鲁特·费舍对这些问题的回答有如连珠炮，从她的回答中只能得出一个结论：他们仍然坚持这些诽谤之词。

我们的最后一个问题是：

"你们是否认为，每一位共产党的代表都应当按照中央的决定上交代表证？"

乌尔班斯答道：

"我们现在已经不是共产党员了。（笑声）我们已经被开除出党，我们认为没有必要服从党的决定。"

此时我想明确一下，又问道：

"也许，你们认为，你们没有义务上交自己的代表证？"

鲁特·费舍想比乌尔班斯回答得更圆滑：

"我想明确一点，库西宁同志错了。谁也没有说，共产党员不应当根据党的决定交出证件。很显然，这是共产党员的义务。"

他们就这样一直在玩着两面派的把戏。当乌尔班斯有时想明白、简要地回答问题时，鲁特·费舍就出来干扰，不让他说话。他们根本不想改正任何一个以前的错误。他们根本没犯过错误，无可指责。不论你怎么提问，他们就是不认错。星期天，我们连续几个小时耐心地向他们提问，到头来我们却感到有些不自在：他们的确是表现出完全没有犯错误、完全无可指责的样子。我们有一种感觉，好像戈特弗里德·凯勒那个著名传说中的传教士。因为他这个传说相当有教益，请允许我给大家讲讲（凭我的记忆吧）。一个传教士走在大街上。迎面走过来一位衣冠楚楚的人，他要求传教士为他祈祷。传教士同意了。他问这个人，是否杀过人、撒过谎，那个人回答说没有。又问，还是回答没有，从来没有。于是，传教士历数人的全部罪孽。但陌生人还是说没做过坏事。这位可怜的传教士有些不知所措：他还从来没见过从没做过坏事的人。最后，他一脸忧郁地对那位陌生人说：你还是承认哪怕是一个过错吧，否则，这可怜的传教士哆哆嗦嗦地说，你就不是人，而是鬼了。

的确，如果相信戈特弗里德·凯勒的传说的话，就成鬼了。（笑声）

季诺维也夫同志也在上一届全会上说过这个集团的事。他说,应该对极左派在1920年德国共产党内的疯狂表现与现在的极左派加以区别。他说,1920年的时候,他们还都天真幼稚、没有经验,一些人还跟我们走,可是到了1925年,他们都成了狂暴分子,他们中的一些人明天就有可能出现在**另一个阵营**。

我们委员会坚信,这些人现在已经**在另一个阵营**了。我们委员会可以让德国左派工人完全相信(工人们也许还不知道,我们过去开除这个集团,是不是对他们太过严厉了),委员会可以让工人们相信,这些人是配不上共产党员这个称号的。他们没有赢得革命的工人阶级的信任,事实上,他们已经不值得工人的信任了。当他们被开除出党的时候,任何一个工人团体都没有跟着他们走。当另外一些人被开除时,有跟着他们走的,但这5个人被开除后,没有一个人跟他们走。在党的队伍中,他们再也没有追随者了。不过,这些人却粗暴地说,共产国际在工人中间已经没有威信了。已经四面楚歌的鲁特·费舍说:"你们可能选出新主席团,秘书处可能行使职能,但工人阶级对这个主席团和领导集体的信任却不复存在了。"是的,他们希望这样。他们也是朝着这个方向努力。但他们没有任何成功的机会。

他们不断地说,共产国际出现"危机",要"解体"和"瓦解"。这是他们的拿手戏。但实际上,他们只是把自己的反共意愿投射到公开的政治屏幕上,还作出样子,好像这些"迷雾般的画面"是事实一样。

还有一个能够证明这些人的道德水准的事实。在委员会审讯到最后时,他们开始以"揭发"相威胁,并玷污共产党的名誉。

"到时候,我们要出版这些名单",肖勒姆说的这些名单就在他的皮包里。乌尔班斯解释说:

"如果继续对我们进行人身攻击和诽谤的话,我们就不会保持沉默了,请坐在角落里的人都记住这一点。(他边说边转向德国党的代表)请你们相信这一点。如果你们还要继续散布偷窃代表证、还有什么捐款之类事情的话,这你们在上次代表大会上都知道,那我们就把你们不喜欢听到的事情说出来。"

这些想通过威胁手段让我们妥协的人就这样败下阵来。

我们相当坚定地声明:把这些人清除出队伍后,德国共产党变干净了。挖出这些毒瘤的共产国际就会健康了。

我建议扩大全会通过我们的决议案,同时对德国共产党内那些忠诚的工人说:"现在,共产国际的最高机构终于审结了这个案件,并且说出了最重要的话。"

主席台尔曼:

现在对关于开除马斯洛夫、鲁特·费舍、乌尔班斯、肖勒姆和施万问题的决议进行表决。

一致通过。①

通过关于德国问题的决议

主席台尔曼:

现在进行最后一项议程:德国委员会的报告。

德国委员会还没有完全结束自己的工作,他们希望把最后的工作交给执委会主席团。我还要说的是,委员会里没有任何重大分歧,他们提出这一建议是因为,他们还没有完成自己的工作。昨天才召开第一次会

---

① 参见本卷收录的《关于将马斯洛夫、鲁特·费舍、乌尔班斯和施万开除出德国共产党的决定》。——编者注

议，所以分委员会还没有制定出最后的决议。①

有反对意见吗？

进行下一项议程：英国委员会的工作报告。

请塞马尔同志发言。

讨论并通过关于英国的决议

塞马尔（法国）：

同志们，在报告英国委员会的决议时，我会讲得简单扼要。首先我要强调的一点是，委员会很快就通过了决议，因此，委员会只召集了一次会议。委员会还要审议英国共产党本身提交的决议。

我们要强调指出的是，这是一个很好的样板，将来有必要的话，共产国际的一些支部也要自己提交提纲，研究本党的成就、错误、前景和任务。

委员会根据英国共产党提交的决议，并同时考虑到佩珀同志所作的补充，委托墨菲同志在执委会全会上作报告。

墨菲同志的报告和总结全面概括了决议的内容，并已提交各位代表审议，英国委员会也一致通过。因此，我不再宣读决议，也不再对决议作详细解释。

决议的前言对英国的政治、经济形势作了概括，描述了总罢工的前后过程，总结了局势、矿工罢工尤其是应当从这两次罢工中吸取的教训，指出了英国共产党的前景和将来的任务。

决议强调指出，英国工人阶级无论是在经济方面还是在政治方面都

---

① 根据全会的委托，共产国际执委会主席团1927年1月7日会议通过了该决议。参见本卷收录的《关于德国共产党党内状况的决议》。——编者注

进入到日益激烈的斗争阶段。决议还指出，英国无产阶级的阶级意识也在斗争中成熟起来，工人阶级在斗争过程中逐渐认识到英国和其他各国罢工运动的意义和政治性质。

决议强调指出，共产党必须在考虑到以往斗争的基础上组织无产阶级与资本主义继续进行斗争。决议根据英国共产党第八次代表大会决议提出了党的政治任务和组织任务。

我只强调一下决议最重要的一部分，是关于世界工人阶级从英国事件中所应吸取的教训。这一部分放在决议的第二部分。

矿工罢工表明，英国资产阶级促进稳定的种种努力必然导致大规模的群众战役，这些战役也会动摇资本主义的地位。

决议强调指出，在当前局势下，英国工人运动具有国际意义，因此，要奠定全世界无产阶级国际合作的基础。

决议还强调指出，在资本主义出现衰落的当前阶段，一切重要的经济斗争都会变成政治斗争，总罢工是无产阶级军火库中强大的斗争武器。

但英国事件还表明，工人阶级还不能在原来那些右的以及所谓左的改良派领导人领导下取得斗争的胜利。第二国际、阿姆斯特丹国际和国际矿工联合会完全无力在英国斗争过程中领导无产阶级并带领他们取得胜利。

工人阶级只有根据自身的教训和英国矿工的教训认识到这个真理，这些经验对国际无产阶级拥有至关重要的意义。

决议重点强调了共产党的革命领导在无产阶级的决定性斗争中和在维持他们生活水平的日常斗争的必要性。

提请全会通过委员会一致同意的这份决议。（鼓掌）

主席台尔曼：

现在对英国的决议进行表决。

一致通过。①

现在进行下一项议程：荷兰委员会的报告。

有请佩珀同志发言。

讨论并通过关于荷兰问题的决议

佩珀（共产国际执委会）：

受第七次扩大全会荷兰委员会的委托，提请各位代表审议荷兰问题。不过，这里说的的确不是广义上的"荷兰"问题。这里只关注开除维恩库普和拉维斯泰因的问题。在这方面我要说的是："我是来埋藏凯撒，不是来抓他的。"

维恩库普和拉维斯泰因是在上一届荷兰共产党代表大会上被开除的。当时他们都是党的领导人，维恩库普甚至还担任共产国际执委会委员。但他们二人以相当快的速度就走完了从领导人到叛徒的道路。其实，维恩库普在共产国际建立的最初日子里，对共产国际的领导采取了相当"独特的"观点。他公开地与所谓的"西欧"领导斗争。后来，到了1922年，他突然说，共产党和社会民主党其实是兄弟党，两党的根源都是马克思主义，他还得出结论说，事实上，两党"没有任何理由和原因"不缔结联盟。他赞同麦克唐纳政府的所有和平主义幻想。1923年德国出现直接的革命形势，维恩库普声明说，德国革命，其实既不符合苏联的利益，也不符合德国工人本身的利益。维恩库普和拉维斯泰因政治观点中最有特点的是他们在殖民地问题上的观点。在这方面，他们自始至终都是最"循规蹈矩"的社会民主党人。他们不是与荷兰帝国主义政府斗争，不是为印度尼西亚的解放而斗争，他们给政府出主意，

---

① 参见本卷收录的《关于英国局势的决议》。——编者注

让政府尽量避免发生殖民革命"风潮"。他们不是与剥削土著斗争,而是建议社会民主党延长所谓的《劳工法》,允许无限制地剥削土著。维恩库普的政治特征表明,他完全是一个奇怪的典型。实际上,维恩库普是个右派,但同时,他身上还存在着许多极左的特征——这是极其少见的。他的工会政策总是混杂着极端的机会主义和相当极端的宗派主义。可以说,他在中央实行了专制制度,因此,这在荷兰的时局中也会反映出来。但同时,他又常常与共产国际队伍中的纪律,与民主集中制作斗争。他对共产国际领导的态度是他最致命的地方。很显然,在荷兰这样的国家,阶级立场还没有达到相当激烈的程度,许多方面的政治局势还不那么明显,团结的意识以及与共产国际的最紧密联系应该在共产党的发展中起到相当重要的作用。我们应当以最客观的态度确认,从共产国际建立之日起,维恩库普和拉维斯泰因就没有把自己与共产国际紧密联系在一起。从表面上看,他们已经与社会民主党断绝了关系,但从内心来说,他们从来都不是共产党员,也不是革命者。

自从进入共产国际队伍的那一天起,维恩库普和拉维斯泰因几乎从来都是与共产国际对立。当他们离开共产国际的队伍时,他们的全部反共特征都暴露无遗。他们立刻开始不停地强调共产国际的"命令",共产国际内要"捕获持不同政见者",等等。他们说,共产国际在列宁去世后成了"充满教条、教规、神职人员和多少有些愚蠢的信徒的新教堂"。拉维斯泰因甚至放下身段,在资产阶级的报纸上攻击共产党和共产国际。他开始在有法西斯分子的报社里工作,不过他把自己在这种报社工作解释为,想为"更广大的读者"也就是资产阶级工作。维恩库普和拉维斯泰因已经到了把苏维埃政权和墨索里尼制度进行对比的地步。他们说,以为是在恭维我们,只存在两个"建设性的"政权苏维埃政权和墨索里尼政府:苏维埃政权和墨索里尼政府。大家看到,他们对苏维埃的"友善"与科尔施及其走狗的"友善是有区别的"。

维恩库普和拉维斯泰因在他们的全部文章和讲话中称，共产国际的政策"太狭隘"，不能容忍"独立的意见"，它执行的是"残酷的制度"。我们对此的答复是，共产国际是不能容忍这种不依赖于无产阶级和革命的"独立意见"和这种反共观点的。

这些前共产党员离开党后执行了一条相当奇怪的、虚假的政策。他们成立了一个名为"向共产国际上诉的委员会"。但这只是他们迷惑成千上万没有跟他们走的工人的一种手段而已。他们想造成一种印象，好像他们与共产国际存在着某种一致的东西。扩大全会现在要着郑重宣布，他们与共产国际没有、也不可能有任何共同之处。实际上，维恩库普和拉维斯泰因从未向共产国际上诉。他们也没有到共产国际来反对自己被开除。尽管多次让他们到莫斯科，但他们一次也没来。他们没有利用扩大全会第七次会议来反对自己被开除。他们基本没有争取恢复党籍，相反，他们组成了自己的党，还出版了自己的机关报和我们斗争，在选举时，他们还提出自己的候选人，与共产党的候选人抗衡。

我提请各位代表审议的决议也包括建议扩大全会最终批准开除维恩库普和拉维斯泰因的决定，并发表声明，他们所谓的党只是徒有共产党的虚名，只是共产国际的一个支部。决议指出，我们只承认荷兰的一个党，也就是在共产国际的一个真正支部。同时我们应当把那些跟着维恩库普和拉维斯泰因的工人拉回到荷兰共产党的队伍中来。

我认为，通过这个决议后，全会将证明——假如需要证明的话——全会没有犯俄国反对派领袖强加给自己的错误。他们说，右的错误在共产国际会被完全赦免，而极左的错误则将会穷追到底。他们指责我们说，我们把极左派一棍子打死，却禁止"捕获"右派。在我看来，这种说法不是别的，就是诽谤。实际上，共产国际在每个国家，在每种情况下都要确定，在和哪些敌人打交道，这种情况下谁是敌人：是右派，还是左派。我们根据掌握的材料可以明确地说，在荷兰，我们的敌人是以维恩库普和拉维斯泰因为首的右倾宗派主义,以及这些前共产党员的反共行径。要批准把维恩库普和拉维斯泰因开除出党,要为我们弱小的荷兰共产党创造一切与这些困难作斗争的工作条件,促进党的进一步发展。

主席台尔曼:

对荷兰问题决议进行表决。

一致通过。①

由墨菲同志作关于苏瓦林问题的报告。

讨论并通过关于苏瓦林问题的决议

墨菲(英国):

同志们,我想以英国代表团的名义作出有关苏瓦林的决议。你们应该记得,苏瓦林因从事派别活动,被法国共产党第五次代表大会开除。但假如他像一名共产党员一样要求自己的话,他就会有机会重新回到共产国际。然而,从这一时刻起,苏瓦林在他自己的宣传中完全执行了明确的反共方针,并对法国共产党从事反共活动。在一段时间内,他在所谓的《共产主义通讯》工作,并利用这一机构从事分裂法国共产党的活动。在党的激烈反对后,这个机构关闭,苏瓦林又在一家罗斯默和莫纳特担任编辑的工联主义者杂志社工作,这份杂志名为《革命通讯》,苏瓦林利用这份杂志从事其阴险的反党、反苏宣传。我想举一篇文章中的例子,来证明苏瓦林在与党的斗争中走得多远。在与联共(布)反对派分子合作后,他公开声称支持反对派,他在这份杂志中写道:

---

① 参见本卷收录的《共产国际向荷兰无产阶级发出的呼吁书》。——编者注

"一个无所不能、立场坚定、无法用恐吓和收买这些平常手段制服的派别，转而采取挑衅的策略，很可能是希望以此引起可能成为血腥镇压借口的对抗——这种传统但并非独特的手段一旦奏效，布尔什维克的安稳日子也许会持续几个月，最多一年。这个失去一切存在权利的派别可能会在起义和服从之间进行选择。为避免流血，这个派别会摒弃一切自己的观点，选择服从的道路。"

苏瓦林仍然以这种态度在这份在法国革命工人中间散发的杂志上进行宣传。我们党的一些党员甚至在这份杂志发表自己的文章。由此可见，法国共产党中支持联共（布）反对派立场的人大有人在。你们中间读过苏桑·吉罗的信的人应该承认，这位同志也赞同联共（布）的观点，她说，反对派的声明不是投降，只是妥协而已。既然我们能够证明，这些是在法国共产党内拥有一定影响的人，我们就应当得出结论，我们现在对苏瓦林不采取什么措施的话，这个党就会面临相当大的危险。因此我们作出如下声明（宣读声明）。

我们认为，这份决议对于解释法国共产党对待苏瓦林及其反革命活动是有必要的。

贝尔纳（法国）：

法国代表团完全同意墨菲同志对处理苏瓦林的建议和他对苏桑·吉罗活动的定性。

塞马尔同志已经对这次执委会全会之前我们的处境作了解释。

在共产国际执委会第六次里尔代表大会上着重讨论我们党在一定阶段上所执行的错误政策，我们党也同时认为，苏桑·吉罗同志们是应对这个错误政策负责任的人。苏桑·吉罗在里尔代表大会上已经不能反映法国共产党的意见了。

苏桑·吉罗在俄国问题上的立场使她与法国共产党绝大多数人的鸿沟拉得更大了。

不过，苏桑·吉罗同志是共产国际执委会候补委员。我们不妨碍她保留自己的候选人资格。我们只是以代表团的名义在此指出一点，每次参加讨论的时候，她已经不代表法国共产党的意见了。

就像托洛茨基同志和加米涅夫同志一样，苏桑·吉罗在第六次代表大会前还是共产国际执委会候补委员。法国共产党声明，我们不再为她保留候补委员资格设置障碍。但我们要立即向执委会报告苏桑·吉罗的情况，以便明确一点，保留她候补委员资格只是由于共产国际的章程规定，而不是因为她反映法国共产党的意见。

主席台尔曼：

现在进行表决。

一致通过。①

由斯图契卡同志发言。

讨论并通过关于布兰德勒和塔尔海默案件的决议

斯图契卡（共产国际监察委员会）：

我代表共产国际监察委员会提请各位代表审议委员会一致通过的关于布兰德勒和塔尔海默案件的决议（宣读决议）。②

主席台尔曼：

请大家就布兰德勒和塔尔海默案件的决议进行表决。一致通过。第七次扩大全会的议程进行完毕。现在请塞马尔同志致闭幕词。

---

① 参见本卷收录的《关于鲍里斯·苏瓦林问题的决定》。——编者注
② 参见本卷收录的《关于布兰德勒和塔尔海默的决定》。——编者注

塞马尔致闭幕词

共产国际第七次扩大全会的全部议程已经进行完毕。这次全会是共产国际历史上最重要的一次会议。

会议全面分析了国际局势,为共产国际各支部富有成效的工作阐述了前景和任务。必须指出的是,各国党积极参加了讨论。这表明各国党思想水平在提高,对共产国际的未来、各支部的发展以及国际革命运动都是很好的预兆。

我们应当指出的是,如果说各委员会尤其是工会委员会的讨论气氛活跃起来的话,那么同时,大家就会一致希望找到最好的手段,来加强共产党的影响,争取广大的工人和农民群众。

同样要强调指出的是,对错误和缺点进行批评不单单是共产国际领导的事情,而且也是各国支部自己的事情。我只指出一点,英国代表团向大家提交了要表决的英国共产党的决议。

这是共产国际的成就,也证明共产国际的巩固。

现阶段,各党必须把更多的注意力转到同时与右派和左派的斗争中,使加入共产国际的各国党能够站在正确的列宁主义路线上。

在共产国际执行委员会的这个全会上,我们并没有仅仅局限于类似**部分稳定、暂时稳定等**这样一些一般性说法上。我们还正确分析了资本主义稳定的程度。如果说资本主义在德国表现出一定的稳定,法国的稳定进行得相当顺利的话,但同时也强调了这种稳定普遍不是很牢固,要深入研究那些帝国主义所固有并相互利用的这些矛盾和利益分歧。

执委会明确揭露了标志资本主义衰落的因素,尤其是分析了危机表现最严重、社会运动风起云涌的英国资本主义衰落的原因。由于总罢工和矿工罢工，英国无产阶级的阶级觉悟不断提高，这也是促使资本主义衰落的一个重要原因。

执委会还对中国的形势及解放运动进行了分析，在执委会上一届全会召开的这段时间，解放运动的规模有所增加。为了表述共产党人在支持这一运动时的任务，还对中国革命的国际性及其意义、民族革命对帝国主义尤其是对英帝国主义的打击这些问题进行了认真、细致的研究。

执委会特别强调了作为第三个制约资本主义主要因素的苏联在政治和经济上的迅猛发展。苏联巨大的市场日益脱离资本主义，尽管俄国还存在着建设社会主义的重重困难，但苏联有计划的发展使帝国主义消灭无产阶级国家的种种想法彻底破产。

同志们，共产国际各国党和各国支部的任务是，通过有步骤的共产主义活动和在群众中起日益重要作用的宣传鼓动，加速帝国主义的衰落趋势。

共产国际各国支部不但要和本国的资本主义作斗争，还要利用英国罢工的经验，在国际范围内最大限度地提高积极性和团结合作精神。

还要通过与英国无产阶级尤其是矿工建立更紧密的联系，来克服援助英国罢工时暴露出来的不足。必须让共产国际各支部吸引无产阶级参与斗争，对俄国工会的国际活动给予切实援助，帮助他们对工联总理事会尤其是阿姆斯特丹国际的改良派领导人进行批判。要帮助俄国工会建立国际性的从事工人斗争的统一战线组织。

必须使共产国际各国支部对殖民地国家人民争取独立的斗争给予支持。在未来几个月内，必须动员起进行民族革命的中国无产阶级，中国革命已经成为反对帝国主义斗争最重要的一环。我要强调指出的是，这个问题已经在全会上进行了相当认真的研究，也作出了相关决议。然而，必须让共产国际的各国支部也关注这一问题，执行这些决议，民族运动的胜利在一定程度上取决于这些决议。

最后，必须保护苏联在建设社会主义的事业中不受到其国内外敌人和反对者的破坏，同时要动员广大群众来阻止帝国主义的武装干涉。可以让广大群众了解无产阶级国家的成就，把代表团派到俄国，代表们回国后向广大劳动群众说明真相，并帮助发展左翼运动，在改良派工会中争取统一战线。

必须让共产国际各国支部坚决与帝国主义发动战争的危险作斗争。在这里已经表明，在中国，这种危险是最现实的，这种危险在太平洋沿岸已显现出来。此外，法国和意大利之间也存在爆发战争的危险。因此，共产国际各国支部和全体共产党员都应当揭露国际联盟的帝国主义角色和社会爱国主义者的和平主义诺言，还要争取广大工人农民群众与战争的危险作斗争。

共产国际执行委员会再一次强调指出，争取群众的斗争比以往任何时候都突出地上升到首要地位。执委会指出，要坚决而全面地执行统一战线策略，每一个支部，每一个共产党员都要严守章程对个人提出的要求，并把劳动群众团结在共产国际章程的周围，同时全力揭露社会民主党领导人，如果他们拒绝参加反对帝国主义的统一战线和共同与帝国主义作斗争。全会还指出，要通过在改良派工会里的顽强工作以及加强我们各国支持的系列工作继续进行争取工会团结的斗争。

同志们，应该把统一战线工作与实现工会团结的工作与加强各国的工会和革命的少数派结合起来，要和巩固红色工会国际结合起来。必须使红色工会国际与共产国际一起发挥更重要的作用。毫无疑问，革命工会运动越强大，工会团结起来的可能性就会更大。

为了战胜敌人，就要在各国开展群众性的工会运动，我们的党也要足够强大，要执行正确的政治路线，从而吸引并领导这些运动。这应该是共产国际各国支部活动的宗旨。

必须为在各国建立更强大的和更有影响力的政党而工作，只有这样的政党才能在与资产阶级斗争和夺取政权的各场战役中成为无产阶级的先锋队。这就是根据一致通过的提纲和决议制定的共产国际各国支部的任务。

同志们,为了维护正确的列宁主义方针,为了与极左和极右倾机会主义作斗争,本次执委会全会最终将苏瓦林、维恩库普、鲁特·费舍和马斯洛夫开除出党。这是对那些过去和将来在这些极左和极右倾的基础上从事派别活动的人的警告。

反对派认为,在这次全会上发言是自己的义务。他们推出了自己的政治纲领,这也是与联和共产国际斗争的纲领。我们都听到了反对派领袖在俄国能否建成社会主义问题上的悲观论调。

他们认为,这个国际讲坛对他们来说要比联共(布)第十五次代表会议的讲坛更合适。他们毁掉了前不久关于服从的宣言,想利用共产国际执行委员会这个讲坛,向他们为数不多的志同道合者进行宣读并把他们联合起来。毋庸置疑,他们的目标定得很准确,就是这些被开除的人:鲁特·费舍、马斯洛夫、苏瓦林,等等。

执委会全会也像对联共(布)支部一样,严厉地教训了他们。本次全会的所有代表都十分清楚,反对派的讲话就是想继续在国际范围内从事派别活动,不可能有其他目的。这些活动在客观上只会导致共产国际的瓦解和其他党的建立。

执委会完全信赖联共(布)及其中央委员会,这给了反对派一致的回答。各国党都站到联共(布)一边,为的是更有力地与社会民主主义倾向作斗争,不让他们搞派别活动。共产国际执行委员会说得相当清晰有力,为的是让全世界甚至反对派里那些聋子都能听到,联共(布)的团结是永远的。为维护布尔什维克党的团结,继续进行社会主义建设工作,取得世界革命的最后胜利,共产国际各国支部将站到联共(布)一边。(经久不息的掌声)

同志们，我们在这里不但指出了共产国际各国支部的集体工作，还明确了与共产主义青年组织相当紧密的联系。必须通过更紧密的联系和关系，使共产国际上层所进行的全部工作落实到每个国家的各个方面，无论是反帝活动中，还是共产国际青年组织的各方面工作中。

同志们，我就讲这些。本届执委会全会在党的布尔什维克化和加强共产国际的事业中，我们也可以说，在加强国际革命运动的事业中是一个重大的进步。

全会在各国共产党与共产国际的关系中，以及在各国共产党积极参与的共产国际领导机构中也有进步。

执委会在对国际局势以及与英国罢工方面所犯的错误进行认真研究后向各国党指出，必须走出国门，在国际范围内开展更富有活力的工作。

执委会还指出共产主义在全世界的进步，这表现在，共产国际的各国支部始终在壮大，苏联的政治和经济意义的加强。现在散会，全体代表高喊口号：

向共产主义新胜利迈进！

团结工农群众与资本主义作斗争！

联共（布）万岁！

列宁的国际主义党万岁！

共产国际万岁！

世界革命万岁！

（经久不息的掌声，代表们高唱《国际歌》）

（全会闭幕）

共产国际执行委员会第七次扩大全会提纲和决议

关于国际形势和共产国际的任务

(提纲)①

一、世界资本主义的经济

1. 近来国际关系的发展证实了共产国际执行委员会上一届扩大全会作出的评价。与反对派领袖（季诺维也夫、托洛茨基等）的一些说法相反，**资本主义稳定的事实**（世界生产增长，国际需求增加，外汇秩序稳定）是毋庸置疑的。另一方面，**这种稳定的局部性和不持久性**也是不争的事实，这反映在：经济景气指数忽高忽低，发展极不平衡，生产机构的生产能力与实际生产规模之间存在巨大矛盾，周期性失业指数表现异常。在资本主义稳定过程中出现缺口的还有下列因素：苏联社会主义的发展，英国资本主义的衰落，英国阶级斗争异常激烈，以及中国波澜壮阔的民族革命。

2. 共产党当前作决策已经不能从资本主义稳定这个一般说法提问题了。必须区别以下约六组发展特征表现得特别突出的国家：（1）美国这样发展强劲的国家（这里面还有日本，英国部分殖民地，这些国家的资本主义发展虽然缓慢，但呈上升势头）；（2）苏联这样社会主义建设蒸蒸日上的国家；（3）英国这样继续发展、但表现出衰落特征的国家；（4）德国和法国这样资本主义稳定发展的欧洲国家，尽管表现形

---

① 第二十六次会议（1926年12月13日）上通过。

式不同，但**目前**仍是表现最好的时期；（5）周期性呈现腐朽趋势的半殖民地国家（澳大利亚、波兰、一定程度上的捷克斯洛伐克和巴尔干国家）；（6）进行着国内战争的殖民地和半殖民地国家（中国、印度尼西亚），因此，这里还根本谈不上稳定的问题。

3. 尽管是相对稳定，但资本主义正经历着**独特的**、完全不是资本主义再生产本身的"正常"危机。如果说，战前表现的是这样的危机，战后欧洲的直接危机是饥饿性危机（生产不足和消费不足的危机），那么，目前一些国家出现的生产机构的生产能力增加和群众消费能力下降的再生产危机，在很大程度上是这种饥饿性危机的继续，因为就目前来说，消费能力不足是与**世界大战**造成的群众贫困化和国内市场衰竭密切相关的。

4. 这种局面使**市场问题**上升到第一位。如果说，苏联迅猛发展的社会主义工业所依赖的是人民群众不断增长的生活需求，那么，对于资本主义国家来说，就要通过寻找国外市场来走这条路。帝国主义冲突的持续和加剧是目前整个局势发展的直接后果。这样一来，这个地区就会成为世界革命的发生地，是历史发展阶段中一个革命高潮向另一个革命高潮推进的阶段，这一阶段也许很快到来，共产党对此要做好充分的准备。

二、大国重新组合和国际政策的基本方针

5. 当今局势的最主要特点是经济中心的转移，因而，政治中心和军事强国也转到欧洲以外的国家，首先是美国，欧洲国家就成了美国的债务国，对世界市场的垄断也就转移到美国。即便不能说欧洲经济变成美国经济的一部分，即便说整个欧洲都伸手向美国要口粮是多余担心的话，美国的特殊作用也是毋庸置疑的。

英美竞争在很大程度中决定了帝国主义强国的重新组合。英国想借洛迦诺条约把地盘夺回来的如意算盘也被美国打破，从而也为法德接近的道路扫清了障碍，尽管美国也在阻止他们更紧密的合作。拥有广阔工业品市场、对资本的需求以及丰富的原材料资源的南美对美国这一优势的未来发展有着特殊的意义。墨西哥的民族解放运动可以被看做是破坏美国这一优势的一个因素。

另一些至关重要的事实是：法国变成一个工业国家和德国的经济复苏，与此同时，英国经济衰退和意大利上升。随后出现凡尔赛条约的破产和大国的彻底重组，协约国解体和作为"同盟国"一个手段的国际联盟解散。

6. 这一清理过程的各个阶段是这样的：（1）**凡尔赛和约，然后是占领鲁尔区**。美国袖手旁观。法国垄断欧洲。德国在政治上跌入谷底。（2）法国在占领区无法忍受，必定遭受失败。美国和英国干涉。**道威斯计划**。德国开始崛起。（3）**洛迦诺条约**。德国利用法国的失败获得垄断地位。德国搞政治游戏并作出相应让步，使德国疏远苏联。许诺吸收德国加入国际联盟，德国开始"西方取向"。美国资本开始流向德国民间经济。（4）**日内瓦条约**。美国轻而易举地挤走英国。德国加入国际联盟并在国际联盟委员会中谋得席位。法德关系出现转机。（5）**图阿尔和约**。国际联盟发生重组。法国以其对德国的"和平"政策拉拢了一批小国并在全会上和国际联盟委员会获得大多数支持。力量彻底重组。法国在图阿尔签订和约并作出一系列让步，换回萨尔矿区，并筹集到德国的铁路债券。美国把这个条约变成一张废纸，但联盟仍然存在。凡尔赛条约的阴谋破产的速度加快。**英国—意大利联盟在某些方面与德法对立**。意大利企图以此来与反苏战线抗衡。与法国（地中海、北非、巴尔干国家、小亚细亚）的矛盾激化。在大国进行重组的同时，小协约国开始衰落。波兰把目光从英国转到法国，开始重新靠近法国；法国对巴尔干国家的影响开始受到英国和意大利这两个帝国主义的排挤；巴尔干国家的冲突不断积聚，从这方面来说，战争的危险日益迫近。

7. 英国主导并为其克服帝国主义之间的矛盾铺路而进行反苏活动是共同的倾向。德国的西方取向，意大利政策的最新方针，边缘国家与罗马尼亚之间的条约机制，意大利—罗马尼亚条约和法国—罗马尼亚条约，英国在波罗的海沿岸国家、巴尔干国家、波斯、阿富汗的活动，等等——所有这些都是上述主要倾向的反映。毫无疑问的是，包围中国的倾向，其目的是，即使达不到直接打击民族革命的目的，也要改变中国摆脱外国资本的垄断、向民族资本主义发展的道路。

8. 与此同时，也不要忽视帝国主义列强之间的矛盾，其中英美矛盾起着相当重要的作用。国际联盟打着和平主义的幌子，却在策划骇人听闻的战争。军阀的疯狂发展，军事技术的快速提高（首先是航空工业和化学工业的发展），彻底暴露了他们和平主义的真实意图，揭穿了他们所谓的"泛欧"思想的本质，尤其是社会民主主义所空谈的"和平"，他们的空谈掩盖了好斗的帝国主义的计划，并希望欺骗工人，让他们对即将爆发的帝国主义战争的危险丧失警惕性。

总结论：签订的和约和所进行的重组不可靠是目前过渡时期的明显特征。与经济极度不景气相伴的是，制约着资本主义本身稳定的整个资本主义的不稳定。

三、阶级力量的重组和内部政策的基本方针

9. 假如资产阶级稳定的企图是按照**对外**争取外部市场的路线走的话，那么，从阶级的观点来说，这种企图**对内**就意味着对工人阶级和广大劳动群众的压力加大，他们在国家总收入中的比重减少，以及对他们的剥削程度的大幅度提高。这一过程有不同的表现形式，差别首先体现

在工人阶级本身的抵抗能力千差万别。经济在这里与政治紧密相联，稳定过程本身就成为阶级斗争问题。

10. **在德国**，资本主义稳定、巩固本国经济和国家机构的出发点是1923年秋天无产阶级的失败，此前爆发了数次艰苦的战役。民众购买力大大减小，加上德国资产阶级的外部政治局面相当艰难（首先是缺乏"自己的"队伍），使得他们迫切希望对生产进行合理化并对无产阶级施加压力。另一方面，工人阶级的失败使德国资本有可能获得最大收益。工人阶级的反击在这里表现为广大工人向左倾，他们并未采取积极的防卫形式，尽管德国无产阶级起来进行阶级斗争的最初萌芽已经出现。

与此同时，资产阶级通过有计划地吸收社会民主党参与国家管理为自己又设置了保护的屏障。

11. **在英国**，向工人阶级进攻和施压的企图遭到猛烈还击，这表现在总罢工和英国矿工举行的英勇罢工。从这一角度来说，煤矿工人罢工有着至关重要的意义。目前，英国在世界市场上的地位岌岌可危，随着"日不落"世界帝国的解体，其地位日益呈现出颓势，这也使得各方面的斗争日趋激烈，如此说来，英国已经成为最接近革命形势的一个欧洲国家。阶级力量继续快速分化（自由派瓦解并转向保守派，工人阶级革命化，工会上层和工党领导层已威信扫地，等等）。稳定的可能性在这里基本上要打一个大大的问号。

12. **在法国**，由于采取整顿货币的政策，以及建立国际卡特尔，稳定问题在近期来说已经退居次要地位。

依靠左翼政府的金融、工业和贸易集团人为制造法郎下跌，从而把自己的亲信彭加勒扶上台。他们还准备允许左翼人士加入彭加勒政府，达到削弱小资产阶级的目的。

稳定的政治前提在大资产阶级利益的代表彭加勒的胜利上体现出

来。同时，工人阶级既没有组织起自己的力量，也没有组织起小资产阶级的力量进行反击。彭加勒根据顾问提供的计划和稳定货币的临时措施，通过提高期票汇率、确定货币平衡、国库债务摊还和恢复货币流通等手段对法郎进行整顿。阶级斗争的深化是一个不太遥远的问题。

13. 在意大利、波兰等国家，资产阶级的稳定政策在法西斯的改革上表现出来，他们在围剿无产阶级运动的先头部队时，往往依靠那些劳动群众本身受骗的那部分人。

但是，随着资本主义稳定所造成的广大群众的贫困化，以及法西斯必然转向大资本的阵营，大量小资产阶级、小农和受蒙骗的无产阶级必然发生分化，由此必然引发激烈的社会矛盾和冲突。所有这些都威胁到法西斯的地位。

14. 在除荷兰以外的斯堪的那维亚国家，阶级矛盾还不十分尖锐，稳定使阶级对抗性矛盾加剧。由于社会民主党人的背叛，阶级斗争的激化在一些致力于工会团结、要求提高和单打独斗的无产阶级队伍中反映出来。在荷兰，这一过程由于白色恐怖猖獗而变得日益激烈。

15. 由于这种进攻和资产阶级的国家机器的相对巩固，就出现了最关键时刻扮演资产阶级政府救世主角色的社会民主党被排挤出政府的局面。

16. 这样一来，从战后资本主义经济中得出的某种规律性趋势就以不同的形式表现出来。资本主义稳定的社会—阶级界限就是工人阶级的反抗，他们动员自己的力量反对资本的进攻，把分散作战的队伍、集团和党迅速联合到这一斗争中去。

四、资本主义合理化的措施

17. 这样一来，资产阶级稳定政策的出发点就是直接向工人阶级施加压力,延长工人的工作日(一些国家以立法的形式延长工作时间)、缩减工人工资,加大对无产阶级以及广大劳动群众征税的力度。

18. 接下来的步骤就是,整顿劳动,对整个生产过程实行福特制(使用集装箱、铺设"封闭的道路"、实行标准化和规范化、新的劳动分工、工时测定,等等);组成生产和贸易的卡特尔和托拉斯(组建大型联合集团、公司和康采恩);引进新技术(使用新机器、实行电气化、使用加工钢的新方法、使用化学方法、在水运中使用柴油发动机,等等),在这种条件下,失业进一步增加,生活水平进一步降低。

19. 美国和德国、法国甚至意大利的一部分是这一过程的主要基地。要特别强调的是,德国托拉斯的迅猛发展,德国成立了世界上最大联合体的典型,由于成立国际卡特尔和康采恩(例如,大陆钢铁卡特尔等等),德国成为最强大的经济力量。

20. 对欧洲国家来说,实行资本主义合理化的主要困难在于,由于技术进步和实行"福特制"所必须进行的大规模生产与国内市场薄弱、进而加紧向工人施压之间的矛盾。在这种条件下合理化本身不可避免地会具有矛盾性:因为它要紧紧依靠国内市场,要缩减生产,关闭一些企业,要"紧缩",有时甚至要紧急提高保护性关税;同时,生产的合理化是以大量生产产品和提高产品数量为前提,因此要实现相应的销售。近来要求德国加大赔款的力度,他们的处境特别困难。世界市场的排挤以及民众购买力的下降,使得他们加紧进行生产的合理化,加紧向工人施加压力。

不管德国以往的成就如何,这种状况将使德国资本主义发展过程中积累的矛盾激化。

即使在美国这样一个"美国化"的传统国家,也出现损害工人阶级的后果,表现出整个"美国化"体制的矛盾性:近来,工人的工资再也没有提高,工作时间几乎没有缩短,同时,生产过程对工人日益加剧"磨损"。

21. 苏联的合理化明显有别于资本主义国家的合理化，最根本的不同是直接的经济效果不同。说**最根本**的不同是因为，苏联的合理化不是资本主义的合理化，是为社会主义发展服务的，是因为生产快速发展，工人数量增加，工资提高和广大群众生活水平提高，针对延长工作时间有一定的保障机制。

五、当前的一些重大问题

22. 当前最重要的一个问题是与资本主义稳定问题相关的超级帝国主义问题。发展不平衡以及最重要的帝国主义国家之间存在的尖锐矛盾证明，超级帝国主义在**经济**上是无能为力的（相比之下，托洛茨基同志对这一点却估计不足）。这些在**政治**上表现为，各国间的政治条约和联盟极不稳固，例如反映英法矛盾的国际联盟的瓦解。帝国主义的全面发展驳斥了超级帝国主义，这一理论的次要作用在于：（1）使无产阶级丧失警惕性；（2）对德国帝国主义来说，就是宣传必须"共同"占领殖民地，即把殖民地归还给德国；（3）宣传反对不愿意加入国际联盟的苏联；（4）宣传破坏"超级帝国主义"世界的殖民地革命。

23. 由于德国经济的增长和资本主义的团结，出现了德国帝国主义的问题。由于德国曾遭到协约国取得胜利的帝国主义的奴役和抢掠，因此，从客观上说，德国可以对帝国主义协约国进行正当的反对帝国主义战争的民族解放斗争，但他们对国家独立的这种保卫行为却遭到资产阶级的破坏，——共产党员的任务就在于，通过劳动群众的积极参与，加强德国资产阶级对协约国的帝国主义所进行的这种胆怯的反击。在这里，必须揭露德国民族的叛徒——资本家，领导为争取全民族解放而战的真正战士——无产阶级，进行反对外国帝国主义的斗争。与此同时，德国的工人阶级也要尽全力加速自身资产阶级的灭亡，尽快建立德国的苏维埃共和国。**同时，德国工人阶级要针对本国提出国家防御的问题，而不是必然要针对本国帝国主义提出这一问题**；工人阶级要从德国当时所处的那个阶段的特殊条件出发。

占领鲁尔区时的情况就是这样。德国经济的高涨，垄断资本主义的内部团结，其在帝国主义国际联合体中的领导地位，其"西方的"取向及其想索回殖民地的种种企图——这些都说明德国帝国主义开始复苏。从这一切来看，保卫德国这个问题应该像在其他帝国主义国家一样，是得不到解决的。

24. 共产国际始终认为，苏联是国际革命最重要的堡垒。社会民主党及其背叛共产主义的追随者［共产国际中被联共（布）反对派的相关讲话搞得兴奋不已的右倾和"左倾"小团体］，企图把苏联经济的迅猛发展说成是经济"向富农化"蜕变的过程，执委会对此予以坚决回击。客观上，这些企图只是为无产阶级的阶级敌人服务的。共产国际执行委员会扩大全会认为苏联是资本主义国家并进而否定无产阶级专政的那些人，在共产国际中是没有地位的。

25. 中国的民族解放运动向共产国际提出了共产国际中国支部在各国支部的支持下所应坚持的主要前途这一问题。这个主要前途是中国与苏联和全世界的无产阶级结成联盟，走独立发展的道路（参见列宁在共产国际第二次代表大会上的相关观点），而不是在外国资本的持续庇护下走发展资本主义的道路。如果说，当前的主要任务是各民族革命力量的统一战线，那么，现在必须切实地提出满足农民的基本需求，吸引农民与中国的无产阶级结成联盟并把中国的无产阶级打造成中国革命领导人的角色。

26. 当前资本主义国家的根本问题是对资本主义合理化的态度问题。社会民主党对自己提出支持并巩固资本主义制度的任务，因此，他们全面支持资本主义的合理化，共产党人则与社会民主党不同，他们不能够、也不应该向自己提出帮助资本利用、改善资本经营的任务。共产党人不能反对更好的技术或者是更好的劳动组织制度。但在资本主义条件下，他们不能把这当做自己的任务和自己关心的事情。他们的任务完全是另一个层面的任务，可以归纳为：（1）反对资本主义的合理化；（2）反对因资本主义的伪合理化造成的工人阶级状况的恶化；（3）提高工人阶级的生活水平；（4）实行无产阶级专政和对经济进行社会主义的组织；（5）不是资本主义的合理化，而是社会主义的合理化。

同时，共产党应当进行反对"经济民主"的斗争，并在阶级合作的基础上，通过不断与企业主进行阶级斗争，从而扩大工厂委员会以及工人阶级对生产和分配的权利。这是阶级斗争的战斗任务，也是共产党对资本主义合理化的回答。

六、资本的进攻和工人阶级的进步

27. 随着资本向工人进攻，这种进攻也就成了资产阶级稳定政策的表现形式，另一方面，随着苏联的增长和巩固，大多数国家的广大工人群众中出现左倾的趋势。这一过程因不同国家的不同情况，以不同的形式表现出来。

28. **在英国**这个资本主义衰落的国家，资产阶级稳定的企图引发大规模的矿工罢工斗争；由于这场罢工，以及工会上层官僚的全面抵制和背叛，工人的思想觉悟大大提高，他们摆脱官方领导人的影响，对国家的"民主主义"宪法大失所望，等等。在这一基础上，少数派运动有所增加，英国党的影响，苏联的影响，苏联工人阶级援助矿工，等等。英国工人阶级左倾的过程，其前进道路上也存在着严重困难，这一过程必将遭到训练有素、经验教训的"资本家阶级的工人尉官"的强烈抵抗，对于整个工人运动的命运来说，这一过程有着最深刻的历史基础和重大的意义。

29．当前，一些实施稳定措施的欧洲国家（首先是德国）的左倾过程不是以积极的战斗进攻的方式，而是以相当独特和复杂的形式进行的：有工会反对派，有工人社会民主党中的左倾反对派（有别于他们的领导人）；有苏联的工人代表团，各类红色前线战士联盟这样的自愿者团体，行动委员会（意大利）；天主教"全民"党（德国"中心"的天主教工人，意大利组织）；德国反对"世袭王朝"的投票；意大利的全国工人代表大会；各类失业工人组织；德国的劳动者"代表大会"；各种与争取工会统一战线相关的"团结委员会"，等等。所有这些组织形式，也和其他所有积极斗争形式一样，在当前局势下都应被看做是通向共产主义的道路。

30．在落后的农业国家（在这些国家里，生产能力与对生产能力的利用之间的矛盾使得他们必须压缩工业生产机构），这一左倾过程由于资产阶级和地主的白色恐怖而变得极其艰难（南斯拉夫、匈牙利、保加利亚、罗马尼亚和波兰的血腥恐怖）。然而，这里也出现了其他一些倾向（农民激进化、以阶级形式体现的工会运动、社会民主党瓦解、工农联盟、民族革命运动增长，等等）。在殖民地和半殖民地国家出现了革命运动（中国、印度尼西亚、希腊和北非沿岸国家），"左倾化"具有另一种性质，即那些冷淡、闭塞和觉悟不高的大量群众也积极参加到斗争中来。

31．反革命的倾向有：（1）工人运动的所谓"美国化"，尤其受到工会和社会民主党官僚的大力支持（参与分红，工人银行，工人和企业主联合会，等等），有意识地在工人阶级内部执行分化政策，建立新的工人特权贵族阶层，作为资本家阶级的可靠支柱；（2）社会民主党暂时出现加强的倾向，主要是由于社会民主党迫于工人群众左倾的压力部分转向反动立场,但主要是由于在许多国家,社会民主党作为积极的政府政党已不需要巩固的资产阶级了;(3)法西斯运动,其表现方式独特,他们利用小资产阶级群众的不满情绪,有时还利用落后工人的不满情绪,把这种情绪通过其他渠道排解,恐吓先进的工人,为资产阶级的统治奠定基础。

七、共产国际当前的主要任务

32. 共产国际当前的主要国际任务之一就是援助世界革命运动最重要的策源地——苏联,英国工人阶级和中国革命。同时,共产国际也不应忽视德国这样的国家,他们实行稳定的意图要比其他国家成效更大,尽管是相对稳定,但其基础是日趋激烈的阶级战斗,——直接革命的形势即将到来。

共产国际执行委员会认为,共产国际几乎所有党并没有付出足够热情加入援助英国罢工和中国革命的斗争。必须坚决反对帝国主义的武装干涉计划,反对英国对中国进行武装干涉的企图,反对继续向中国施加不平等条约,反对缔结反苏军事条约和秘密条约,等等。这种要求是对党在面对更困难的反对战争的任务时表现的一种检验。

33. 与战争危险作斗争同样是必须强调的。必须无情揭露"和平主义"、"泛欧主义"等社会民主党和资产阶级的空想。

当前的任务是把反对新的帝国主义战争的宣传战役放到日常工作的首位,同时要向无产阶级讲清战争迫近的危险,必须作好准备,把帝国主义战争变成卫国战争。对国际联盟这个帝国主义机构作系统的剖析:认清其伪善面目,认清其"民主化"思想的荒诞不经,对军阀事实上的增长及其庞大的化学战、细菌战和空战进行宣传,揭露其缔结的军事条约和协定;认清资产阶级旨在破坏世界革命策源地政策的真实意图，——所有这些都应成为共产党员最重要的义务之一。

34. 反对任何形式的资本的进攻，尤其是反对资本主义合理化导致无产阶级出现任何形式的恶化状况，是战斗在各资本主义国家的共产国际各支部工作的基础。工作日、工资、失业是这场斗争的主要问题。共产党人要站在斗争的前列，提出并明确工人在这方面的要求，坚持八小时工作制，反对对八小时工作制进行任何攻击。

35. 随着对生产实行托拉斯化，资产阶级的社会能力得到提升，无产阶级就必须进行越来越强烈的反击和进行坚决的防御性进攻。因此，工人阶级的**统一战线**就要比以往任何时候都要强大。工作日程中要提出反对资产阶级分化工人运动的计划，依靠工人的特权阶层向其他工人大众施加压力，从而加大在岗和失业工人之间的分歧，使一部分压力重重的在岗无产阶级受到失业的威胁。因此，在联合起来的资本托拉斯面前，全体工人统一战线的团结应该是现在的硬性任务。在对形形色色改良主义的背叛行为、投降主义行为、摇摆不定并跑到敌人一边之类行径进行揭露时，对这种斗争中的团结、为了斗争的团结和在实际工作中实行的团结策略进行宣传，应成为共产党整个策略方针的基础。同时应利用能够反映改良派工会上层企图把工会变成帝国主义国家附庸这个过程的一切形式。

36. 阶级矛盾的激化将导致冲突，更有甚者，资本主义合理化过程必然遇到难以克服的障碍。动员群众参加斗争、领导这场群众运动、对这场斗争给予持续的影响、采取最积极的联系群众的政策并领导群众是中国共产党的迫切任务。在这种情况下，必须重视**工会**这个最广泛的工人阶级组织的工作，在资本发起激烈的"经济"进攻的条件下，工会工作具有相当重要的意义。不在这方面进行最有力的工作，中国共产党是不可能取得其他成绩的。扩大的共产国际执行委员会认为，中国共产党在这一斗争战线上会有相当大的突破。

37. 当前局势对中国共产党提出了根据群众的迫切要求和需求,有计划地进行耐心、细致的组织群众的问题。部分的要求、具体的口号和具体的"行为纲领"问题具有至关重要的意义。迄今为止,中国共产党还未能有效地深入到无产阶级群众中,把当前亟待解决的问题和部分要求和部分口号与斗争的主要口号——无产阶级专政的口号联系和结合起来。学会这门艺术意味着解决基本的策略任务。

38. 必须学会巩固已有的成绩。扩大的共产国际执行委员会认为,几乎整个中国共产党的最大的缺点就是,不完全善于利用运动**组织**方面的有利条件。在一些情况下,这会使运动发展缓慢,有时会导致党员队伍的不稳定,这与党员**政治影响**的迅速发展是不相适应的。加强政治的和组织的积极性,提升党的号召力,大力加强共产党的群众性,尤其在高度发达的工业国家,企业是党的基础,这也是当前共产党的最主要的任务。

39. 在一些国家要重视争取广大的小资产阶级和农民。鉴于稳定局面而提高税赋,实行较高的卡特尔价格政策,关税政策,剪刀差,美国的公司危机,鉴于资本加速集中而加紧剥夺小资产阶级,土地改革引起的动乱(罗马尼亚、波兰等)——这一切都为共产党在这些劳动阶层中顺利进行工作打下基础。

在民族关系错综复杂的国家,资产阶级的剥削民族对少数民族使用极端的剥削、压迫和抢掠手段(阿尔萨斯—洛林地区对德国人的追捕,意大利的德意志民族和斯拉夫民族的意大利化,波兰和捷克对少数民族的压迫,把土耳其居民和保加利亚居民驱逐出土耳其的东马其顿—色雷斯,把希腊居民赶出土耳其,盘剥多布罗加的非罗马尼亚居民的土地,使马其顿人去民族化,等等)。所有这些都加剧了民族运动和民族革命运动。各国共产党应坚决地反对一切形式的民族压迫,要提出民族自治权直至分离和建立独立国家的口号,并提出要全面解决苏联的民族问题。

40．现阶段最主要的任务之一是与法西斯和白色恐怖作斗争，争取利用一切合法手段，在保存党的坚强的非法机构的条件下，共产党能够在那些宣传他们为非法的地区进行公开活动。

与社会民主党的斗争也同样摆到日程。尽管他们有其"反对派的"立场，但他们已经全面、彻底地转向资产阶级政府一边。他们在关于国际联盟、关于"超级帝国主义"、关于战争的危险、关于合理化、关于与资产阶级结盟、关于殖民地等问题上的立场已经彻底背叛了工人阶级。揭露社会民主主义观点和社会民主主义策略是执行统一战线革命策略的最重要条件之一。

为把群众从第二国际和阿姆斯特丹国际的恶毒影响下解脱出来，共产党要求：针对结盟政策的同时，进行最坚决的阶级斗争，推翻资本主义政府；针对资本的专政实行无产阶级专政；针对资本主义新的和平阶段的虚假鼓噪，揭露战争即将到来的危险，发动群众把这种战争变成卫国战争；泛欧联盟——欧洲社会主义联邦；国际联盟——苏维埃社会主义加盟共和国。

八、共产党和工会

41．在工业实行托拉斯化的条件下，具有迅速转变为政治斗争趋势的经济罢工和经济斗争使共产党员在工会中的工作具有特殊的意义。

42．由于托拉斯和大型工业联合企业、贸易联合公司和银行联合体的迅速发展使资本的地位得以加强，共产党人应当以最有力的方式在生产的基础上争取重新组织工会，建立有战斗力的卡特尔联盟，对工厂委员会进行相应的组织。与行会习气的余毒进行斗争并彻底消除这些习气应成为革命工人的口号。共产党人应全力促进工会运动中的左翼的形成、工作和在组织上的形成，同时要在工会的日常工作中实施共产主义的政策。

43. 共产党人不但要保护所有在职工人加入工会，而且要为失业无产者加入工会组织努力工作，全力支持工会组织、工会运动和失业工人的要求。共产党人要最坚决地揭露改良主义工会上层旨在把工会变成帝国主义国家机构的企图。

44. 共产国际执行委员会认为，具体运用统一战线策略是正确的，苏联工会中的共产党人在英俄委员会问题上就使用了这一策略。通过英俄委员会与群众进行大量接触，同时对右倾和所谓的左倾领导人进行尖锐批评，建立后备阵地，——所有这一切都是正确而革命地执行统一战线策略的典范。

总理事会曾帮助资产阶级镇压矿工罢工，企图消灭英俄委员会，还对苏联工会表现出明显敌意（拒绝派代表团到莫斯科参加全苏工会代表大会），总理事会领导人应对事件负全部责任，这样的企图将有助于更加彻底地在英国无产阶级大众面前揭露他们。

始终在苏联工会领导下争取国际工会团结的斗争应逐步国际化，共产党人要尽全力开展国际红色工会联合会的工作，提高红色工会国际的影响和威信。联共（布）应采取一切措施加强全苏工会中央理事会的作用，促使接近理事会的组织的发展，加强理事会在改良派工会中的影响。扩大的共产国际执行委员会对退出改良派工会的政策及改良派工会中工作热情不足给予坚决批评，并完全赞同联共（布）的主张，认为苏联加入阿姆斯特丹国际是有害的，同时建议召开阿姆斯特丹国际和红色工会国际联合代表大会。

九、一些国家共产党最主要的工作总结、错误和任务

45. 扩大的共产国际执行委员会认为，在过去的一年里，共产国际

最重要的支部——联共（布）支部在社会主义建设事业，**在苏联巩固无产阶级专政**，巩固联盟的国际意义，加强对英国矿工和中国人民的援助，消除反对派企图引起国内危机的企图，把自己的队伍团结起来方面做了许多工作。

46. 扩大的共产国际执行委员会认为，共产国际大多数支部没有对英国罢工和中国革命做到必须做的一切。尽管客观条件困难，但共产党的积极性不高在此起了一定的作用。

47. **英国**共产党取得了一系列光辉战绩，在进行总罢工之前、总罢工过程中和总罢工之后他们实行了英国无产阶级先进战士的勇敢政策。党员人数大大增加，共产党在群众中的影响明显提高。英国共产党在工会中进行切实而富有成效的工作，走着一条向无产阶级的群众性革命党回归的道路。共产国际执行委员会同时也要指出英国共产党的一些错误（对"左派"的批评不够，在某些知名领导人参加的执行委员会"少数派"会议上错误地提出对总理事会进行批评的问题，错误评价苏联的工会政策）。共产国际执行委员会完全相信，英国共产党有所认识并已经改正，而且会彻底改正这些错误。实践经验还表明，党要更多地把自己在工会、工会代表大会和代表会议等的讲话与在群众中开展的运动（会议、示威游行、请愿活动和针对保守的工会上层的决议）联系起来。党的主要任务是进一步争取群众，有组织地巩固自己不断扩大的影响，同样要有组织地巩固少数派运动；系统地揭露改良派，热情支持参加斗争的工人并领导工人斗争；使运动全面政治化，普及真正的工人政府的口号。

48. **中国**共产党在短期内成长为国内最优秀的政治力量。共产国际执行委员会肯定中国共产党所取得的成绩和他们的正确立场，同时要指出他们的错误，首先是对农民运动估计不足，对国民党统治区的全部必要性估计不足，对逐步进行土地改革，满足农民的其他要求估计不足，等等。只有为自己的工作打好基础，只有真正实现工人、农民、手工业者等的联盟，只有让无产阶级掌握领导权，中国共产党才能最终实现自己的目标。当前，中国共产党的主要目标是团结一切力量反对国外的帝国主义和国内的军阀。超越这一革命斗争的阶段，就不能解决将来的问题。

49. 法国共产党在广大工农群众眼中日益成为能够保卫他们利益的唯一的党，它在国家的生活中起着至关重要的作用。近几个月以来，党一致在努力变成群众性的党。将来，法国共产党也应更加致力于成为工人阶级斗争的先锋队。与兄弟的德国共产党、意大利共产党、波兰共产党等不同，法国共产党还没有经过残酷斗争的洗礼，它要准备动员工人阶级参加重大斗争，随着经济形势的恶化，这场斗争会不可避免地到来。

法国共产党成功地领导了反对摩洛哥战争的运动。它在法国第一次改变了反对帝国主义战争的原则和策略，但它没有利用这次运动的全部成果来壮大和团结自己的干部。

在彭加勒执政前发生的政府危机过程中，复杂的政治局势使它难于作出判断，党没能表现出应有的积极性。

彭加勒组成政府后，党正确评价了他的作用，但在动员广大群众方面没有表现出积极性。这只能说明它的软弱。不久前在群众中展开的大规模宣传运动为时已晚，后来有所改正。

党的巩固，积极性的提高，动员广大工农群众，换句话说，统一战线，争取工会的团结，把全体群众都吸引到工会中，这就是法国共产党的最主要任务。

50. 德国共产党日益变成一个群众性政党。必须指出的是，德国共产党最主要的成绩是及时动员起群众反对向公爵提供补偿，成功领导反对社会民主党向普鲁士君主赔偿的背叛行为，大力支持汉堡港口工人的罢工，在萨克逊州议会竞选成功并顺利召开劳动群众代表大会。这些成绩证明党在工人阶级、劳动群众和群众组织（红色战士联盟和红色妇女联合会）中影响的提高，以及党对统一战线策略的正确运用。执行了正确的政治路线的党找到了对无党派和社会民主党派工人工作的方法。党自己改正了一些对待失业工人政策上的错误，并在失业工人群众中开展了强有力的组织工作。还要指出的是党员团结，与小资产阶级倾向作坚决斗争和对极左的反布尔什维主义的胜利。

党存在的一些薄弱方面：政治运动在组织上不够稳定。党虽然在工会工作方面取得了一些成绩，但这项工作仍然很薄弱。尤其是要指出现在有着重要意义的青年和妇女工作。还存在党的组织机构不完整的问题，可以通过广泛吸收无产阶级队伍中的新干部来解决。即将召开的党代表大会在党的历史上具有重大意义。

51. **捷克斯洛伐克**共产党采取了正确的统一战线政策（反对提高物价，打击法西斯，阻止由捷克和德国改良派改成联合政府）。同时，党还迅速而有力地消除了从事派别活动的企图（涅伊拉特和米哈列）。党发现并主动改正了发表在《红色权利报》上的错误文章里的错误（就奥地利社会民主党关于专政问题的观点）。现在，党的任务是在已有成绩的基础上提高全体党员的积极性并继续沿着党的政治方向前进。

52. **意大利**共产党在恐怖活动日益猖獗的局势下仍巩固了队伍，深入到广大工人和农民群众中去，在留下来的工人组织和企业里占领着巩固的阵地，成功地执行了统一战线策略（保护工会委员会，全体工人代表会议，等等），在极其不利的情况下组织了对英国矿工的援助。党目前的主要任务是动员一切力量去利用国内的经济和政治危机。

53. **波兰**同志在皮尔苏茨基政变期间犯了极其严重的机会主义错误。由于这些错误，党暂时成了小资产阶级的尾巴。共产国际执行委员会严厉谴责这些错误。共产国际执行委员会扩大全会完全同意所作出的决定，希望波兰同志能够改弦易辙。

54. **斯堪的纳维亚各党**的最大缺点是，他们向群众性政党发展的速度太慢，他们对工业无产阶级和贫雇农的影响太弱（荷兰党除外）。

必须大力克服这些缺点，同时，革命的工会运动和争取工会团结、组织贫雇农的顽强斗争也有着特别重要的意义。

55. **美国共产党**克服重重困难，在群众工作中取得了巨大成绩（领导着一个矿工队伍，初次尝试组织起那些没有组织的人，深入到矿工工会）。党的薄弱环节是在美国工人队伍中缺乏影响力，党的组织不足。党在各方面的工作，比如在黑人和妇女中的工作，还不十分令人满意。在执行上一届全会制定的在工会中建立广泛的左翼这一措施方面也不合格。还要强调党的内部团结，这会极大地削弱派别活动。只有这样，才能为党在群众中产生影响奠定现实的前提条件。

党近来的任务是：

党不但要继续进行而且要大力加强工会工作（吸收党员参加工会，形成左翼），在党的重组方面，使那些刚刚组建的生产支部在政治上活跃起来，把那些优秀的无产阶级分子从掉队的人当中拉回来是当务之急；党要全面考虑《共产党人》这份党的机关报的全部意义；不但要在物质上确保报纸的出版，而且要在思想上保持较高的水平。

56. **墨西哥**共产党的处境十分艰难，还没有完全适应形势，表现出一定的宗教倾向，没有赢得广大工人群众的信任，把斗争中的半无产者农民团结到自己的周围。党的主要任务是：在广大无产阶级群众中巩固地位。党要清除掉工会中的上层改良派分子。使墨西哥摆脱美帝国主义，争取独立，是党的中心策略。共产党人应当支持小资产阶级的革命运动，但同时要组织群众，阻止贫雇农的分化，抵制小资产阶级政府向美帝国主义投降的危险行为。

十、争取列宁主义路线的斗争和领导的问题

57. 通过对革命浪潮开始在欧洲兴起时共产国际所受到的"批评",进而对联共(布)所受的批评(首先是在农民问题上),在共产国际各支部对"难以忍受的制度"的批评,到对统一战线等的批评进行总结,共产国际执行委员会扩大全会认为,这些批评或者是完全针对社会民主党(霍格伦、斯特伦、弗罗萨尔、保尔·莱维等),或者是组织上的,或者仅仅是思想上的(特兰美尔、苏瓦林、马斯洛夫,鲁特·费舍)。

58. 偏离共产主义这种行为产生的真正原因是世界局势在发生转变,正在从共产主义的迅猛发展和凯旋阶段向资本主义稳定的开端转变。现在,这种稳定状况在德国表现得尤为明显。在这里,资产阶级的取向发生了最激烈的转变(从东方转向西方),共产党中那些不稳定的小资产阶级分子身上发生了强烈的转变。对新局势的不理解(因此必须改变工作方法),加之这种局势导致的资产阶级的表现,把转向科尔施、施瓦茨等人的德国极左翼变成了极其恶劣的反革命叛徒。

59. 与这种倾向作斗争,以及与各种右倾作斗争(法国苏瓦林的同盟者、匈牙利的一些集团、类似捷克斯洛伐克一篇关于无产阶级专政文章作者的同志、波兰的右倾错误、德国右倾的一些表现,等等)是共产主义运动取得成就的前提条件。

60. 扩大全会确认,联共(布)反对派建立国际性反对派的企图遭到彻底失败。全会完全支持联共(布)中央委员会的政策并确认,反对派背弃10月16日的声明,打算继续进行派别活动。因此,共产国际执行委员会扩大全会认为,必须继续与反对派彻底反对列宁主义的观点以及继续从事派别活动的种种企图作坚决的斗争。扩大全会批准联共

（布）中央委员会关于开除马斯洛夫、鲁特·费舍、乌尔班斯等人的决定。扩大全会认为，列宁关于禁止在布尔什维克党内搞派别的学说，现在应该全面落实到日常工作中去。

61．为了使党进一步布尔什维克化，提高党的积极性和战斗力，必须贯彻党内民主，活跃和开展工厂支部的工作，优选和大力推举党的新干部尤其是工人干部，提高理论水平，把党报党刊提升到一个更高的水平，对决议执行情况进行认真监督。

扩大全会决定采取一切措施在共产国际与各支部之间建立更紧密的联系，确保国际集体领导执行统一而坚定的方针。

关于共产国际执行委员会活动总结的决议[①]

共产国际执行委员会第七次扩大全会知悉共产国际执行委员会的活动总结，赞同执委会的活动并表达对执委会的信任。

扩大全会认为，共产国际执行委员会把工会运动的国际团结和民族团结作为自己工作重点的方针是正确的。执行委员会针对英国总罢工和矿工罢工开展国际协作运动，履行了共产国际的革命义务。事态的发展证明，执委会在英俄委员会问题上采取的策略是正确的。破坏英俄委员会、同时把国际援助英国矿工斗争造成的怠工责任从改良派叛徒的身上推到共产党人的身上是完全错误的。执行委员会完全正确地评价伟大的中国革命的世界历史意义，号召无产阶级起来反对帝国主义列强的武装干涉。

扩大全会赞同执行委员会的旨在阻止派别斗争的措施，联共（布）反对派已经把这样的斗争的烈火引向共产国际的其他支部。

扩大全会确认，执行委员会正确评价了皮尔苏茨基政变后波兰的局势，并纠正了波兰党的机会主义错误。扩大全会赞同对德国党反对极左派别所给予的大力支持并同时确认，执行委员会和德国党成功揭露了极左翼领导人的反革命本质，重新把绝大多数诚实的工人拉回到共产党一边来。

扩大全会高兴地确认，执行委员会在执行第六次扩大全会关于共产

[①] 第二十七次会议（1926年12月15日）通过。

国际集体领导决议上的成绩（党的最重要代表经常到莫斯科开会，党更加积极地参加执行委员会的工作，共产国际执行委员会工作更进一步的政治化，把《共产国际》杂志变成共产国际执行委员会中央机关的周刊）。

第七次扩大全会呼吁执行委员会，在未来的工作中更加关注共产国际内部派别活动加剧的问题。克服派别活动、巩固共产党的团结和统一是共产国际各支部将来更实际的步骤。

托拉斯化、合理化和我们在工会中的任务

(提纲)①

一

近一年来，世界经济尤其是欧洲经济发生了一系列我们制定未来政策时必须加以注意的事件。这些事件有：(1) 忽冷忽热的托拉斯化和一些国内范围内的生产的集中；(2) 建立国际托拉斯和卡特尔；(3) 生产过程的合理化。这些事件在不同的欧洲国家，以不同的方式表现出来，给斗争力量布局带来某种新的变化，并促使我们特别认真地研究新局势下形成的阶级之间的力量对比和工人阶级内部的力量对比。所有这些具有阶级性质的现象要求共产国际和各国共产党调整自己的政策，以适应新的条件。欧洲资本主义正通过生产的合理化和工人运动的美国化摆脱困境。这样一来，生活水平直接或间接地受到打击的劳动群众，就会碰到一些运动，目的是抵制和消除工人阶级及组织的对立情绪，通过减少工人工资、加重对劳动力的剥削简化生产，来为他们夺取新的市场扫清道路。要根据这些新的事实来确定我们的方针。

---

① 第二十八次会议（1926年12月16日）通过。

二

国家内部的托拉斯化是与建立国际托拉斯和卡特尔同时进行的（钢铁托拉斯、制铜托拉斯，等等），这些托拉斯和卡特尔的目的是在欧洲范围内，通过提高价格消灭竞争。这些将一些国家最大的生产部门联合起来的庞大联合体有自己的势力范围和剥削范围，目的是确立自己对市场的垄断，确切地说，**提高价格，并有计划地反对工人阶级可能提出的一些要求**。这些联合体是反对工人阶级状况恶化和生活水平下降的国际范围的工具。由于这些托拉斯和联合体拥有财力雄厚，并影响着整个资产阶级的国家机构，因而它们对无产阶级来说是相当危险的。

三

生产的托拉斯化和大型工业企业联合的同时还进行着生产的技术合理化，其目的地是把美国的技术和美国组织生产的手段用到欧洲大陆。生产的合理化现在成了欧洲国家资产阶级手中最重要的武器，它一方面用来针对自己的欧美竞争者，另一方面针对"自己的"工人阶级。欧洲资产阶级首先是它的先锋队——德国资产阶级想竭尽全力抵制美国日益增长的竞争力，巩固自己的市场，就把注意力放在把本国的生产机构美国化上。现在，美国化正迅速向前发展。他们美国化的目的是缩小生产成本，减小国内市场的斗争，为有能力与美国抗衡创造条件。因此，美国化的目的就是摆脱美国日益增长的垄断，在与自己的欧洲对手的斗争中提高竞争力。

四

合理化在每个国家有着不同的特征,欧洲的合理化出现在生产压缩时期,就其特点来说,不同于在生产扩大基础上的美国的合理化。

合理化过程,尤其是欧洲合理化过程的困难是存在企业老化、设备陈旧等问题,因此需要对企业进行重大投入和固定资产更新(例如,英国的煤炭工业),因此,资产阶级就要对工人阶级施加压力,从而把合理化的全部重担都压到劳动群众身上。

合理化开始阶段最直接的后果是,把千百万工人从生产中排挤出去。当今的失业尤其是德国的失业具有特别的和独特的性质。生产数量的增加和失业人数增加同时出现。失业成了经常现象,这意味着,工人的比例对国民经济来说已经是多余的,这样一来,资产阶级在与工人阶级的斗争中就有了更多的主动权,另一方面,这给我们制定方针增加了新的困难。所以说,合理化减少了就业工人的数量,建立了常规的劳动后备军,这将给工人的劳动条件和生活水平造成压力,并在劳动和资本的战役中起着越来越负面的作用。

五

合理化以更大的力量把妇女吸引到生产过程中。由于在技术上和组织上使用新手段使劳动过程技术化程度提高,越来越可能更多地使用非专业的工人劳动,常常是女工劳动。

妇女劳动力投入生产过程,以及女劳力相对排挤男劳力,加剧了工人阶级内部的竞争,使整个无产阶级的工作条件恶化。无产阶级队伍内的这种危险促使小资产阶级竭力把妇女从生产中排挤出去,让她们回归家庭。共产党人应对这种倾向予以坚决和彻底的还击,要向工人做解释和说服工作,告诉他们,工人阶级各阶层间的斗争会削弱自身的力量,同时还有可能把失业的负担转嫁给无产阶级。共产党要表明自己的立场,针对资本进攻的唯一正确的策略就是,瓦解资产阶级企图分裂无产阶级的阴谋,把女工吸引到无产阶级的统一战线中来。

六

技术的美国化不但使工厂出现新局面,而且也使工人改良派组织中出现新情况。随着生产过程的美国化,一些国家还出现了工人运动的美国化(英国的公司联盟、德国的工厂联合体、国家机构和企业主成立的工人运动协会,等等)。进行了一些阿姆斯特丹分子欢迎的尝试,自下而上地进行"业务合作",每个企业主都直接吸引工人提高劳动生产率。欧洲资产阶级近来也特别关注美国劳工联合会和以美国资产阶级在世界市场上获胜这种美国形式的合作所起的特殊作用(波罗的海—俄亥俄计划)。在资产阶级看来,美国劳工联合会及其政策现在成了欧洲工人运动仿效的样板,欧洲的社会民主党和阿姆斯特丹工会国际学习的榜样。

七

在资本集中、生产合理化、资本在世界范围内集聚以及有计划、有组织向工人阶级生活水平进攻的大背景下,群众与改良派工会运动领导层的分歧越来越大。同时,改良派工会的领导机构与国家和企业主越来越接近,阶级的合作演变为工会机构与企业的**融合**,在这种情况下,群众的极端不满情绪加剧。这种不满情绪往往以激烈的罢工形式爆发出来，而且每一次运动开始的时候（英国、德国等），群众不但远远地走在领导的前头，而且还要和他们进行比反对企业主和国家警察机构更艰难的斗争。就是这种群众与领导者的分歧把一场又一场的罢工引向失败，这是工会上层机构压制群众的斗争，是工人摆脱旧制度的强烈反抗，这些都要求各国共产党对经济斗争问题给予特别关注，并在群众与本国的工会机构发生冲突时去领导斗争。

八

资本主义的合理化直接在工厂这个工人最集中的地方制造了分歧和分裂。企业主都致力于使一部分工人及工人组织（工厂管理委员会、联合会，等等）成为合理化的参与者。因此，合理化以特殊的力量提出了**企业本身统一战线**和将不同目标的工人团结起来与资本主义合理化进行斗争的问题。

共产国际对资本主义合理化的根本性态度在《国际形势与共产国际的任务》提纲中已经明确提出来。（见第17、18、19、20和21节）

共产党人动员广大无产阶级群众的战斗口号是：（1）在不减少日工资的前提下缩短实施合理化企业的工作日；（2）一定要有工间休息时间；（3）提高工资；（4）在没有工厂委员会的国家成立工厂委员会，在工厂委员会已经以法律形势确定下来的国家对工厂委员会实行革命化并扩大其权利；（5）按照生产原则并以工厂为单位对工会进行改组；（6）加强和发展劳动保护和社会立法；（7）国家和企业主负责失业者保险。我们纲领的目的是保护劳动力，反对不断加大劳动的紧张程度和劳动强度，反对压榨工人，反对一切剥削工人的形式和手段。显然，我们日常工作的实际纲领是与我们的最终目的有机联系在一起的。我们应对合理化的策略的目的是在具体纲领基础上吸收新阶层工人参加斗争。

只有切实向每个企业主和企业提出要求,我们才能够不但把有工作的工人,而且把那些被生产合理化排挤出来的上百万工人吸引到我们这边来。只有这样,我们才能把有工作的工人的利益和面临失业危险的工人的利益结合起来。

九

现在,**把工人按照生产原则纵向联合起来**的问题具有重大的意义。资本在国内集中起来并出现大型跨国资本托拉斯,从本身来说,提出了在每一个企业和工会组织建立和巩固统一组织的问题,这样的组织能够适应发生变化的企业联合体形式,从而以工人组织的力量与资本集中的力量相抗衡。各党**必须加强争取生产联盟的斗争**,加强对整个国际工人运动重组的斗争。但是要注意到,这不仅仅是组织的问题。这个问题还是一个相当重要的政治问题,这一问题的解决应有一定的组织形式。不在每个国家内部建立强大的生产联盟,不建立真正的生产国际组织,没有这些,未来的斗争将会变得相当艰难,因为分散的工人组织与企业主集中的组织之间显然是极不平衡的。

改组工会的斗争应与反对托拉斯规定垄断价格的艰苦斗争同时进行。与社会民主党提出的国家对托拉斯进行监督的口号不同,共产党人应提出、普及并捍卫工人对托拉斯和辛迪加进行监督的口号,这是最重要的生产部门社会化和权力转到工人手中的第一步。

十

新形势向我们强烈提出国际统一战线和国际团结的问题。英国的总罢工和矿工罢工在力量对比方面发生了一系列变化,同时,粉碎总罢工、阿姆斯特丹国际与总理事会在破坏矿工罢工时形成的统一战线也使阿姆斯特丹国际的上层团结起来。总理事会和阿姆斯特丹国际以前存在的所有分歧现在也不复存在。总理事会现在执行着和阿姆斯特丹国际一样的政策，在这方面可以说，总罢工的失败有利于阿姆斯特丹国际，同样，任何一个国家的工会机构的右倾也有利于体现反动的欧洲官僚和资产阶级利益的那些人，但是，**阿姆斯特丹国际上层的团结是与上层和下层之间分歧加大同时出现的**。毋庸置疑的是，英国总罢工把新的工人阶层推向英国国内外的政治生活，它向工人阶级提出一系列他们从未面对过的问题。它加深了底层民众对旧制度的不满；它切实提出了共产国际的义务这一问题。民众的不满——这是最独特的一点——现在有了不同于以往罢工失败后不满的另一种特点。现在的不满已经表现为组织和政治形式；它使英国少数派运动得以加强，使其他国家的革命倾向得到加强，使莫斯科的真正的国际主义与阿姆斯特丹国际的背叛行为形成鲜明对比。

真正的国际主义与国家官僚主义的局限性导致了英俄委员会的危机。英俄委员会危机是由苏联和英国工会之间在英国总罢工和矿工罢工问题上的激烈分歧造成的。爆发冲突的原因是，英俄委员会是为反对资本进攻、为了团结和反对武装干涉而进行共同斗争成立的，当英国工会领导人面对资本进攻的事实时，他们完全忘记了自己的全部责任，全苏工会理事会公开和直接批评他们时已经提醒过他们。英俄委员会危机鼓舞了国际工人运动的阿姆斯特丹分子和所有保守派分子。英俄委员会的对手，尤其是工会国际的策略家们认为，英俄委员会出现危机是由于全苏工会理事会要求太严格，"非法介入"英国工会事务，等等。社会民主党关于一国不得干涉别国工人事务的理论是与共产国际本身的思想和阶级协作的思想割裂的。革命的工人过去、现在和将来都要介入任何一国的工人事务，这是为了援助他们反对剥削者的斗争。必须与这种不干涉思想作斗争，这是资产阶级相互关系的反映，可以以英俄委员会内部的斗争为例，向广大工人阶级讲清楚革命的策略与改良派策略之间的差别。

十二

英俄委员会经历的危机给我们的对手提出统一战线策略失败这一问题的机会。这证明他们不理解这样一个事实，统一战线策略在我们看来不是领导人的联盟，也不意味着各国领导人之间的友好关系。统一战线策略的任务是把世界各国的工人在他们反对资本的具体斗争中团结起来，在革命工人和改良派组织内的工人之间架设桥梁。这就是统一战线的主要任务。谁也不会说，英国无产阶级与苏联的距离比总罢工之前要远。谁也不会怀疑，苏联无产阶级和英国无产阶级之间的联系在总理事会拒绝采取全苏工会理事会通过的援助计划并为矿工的胜利做了一些切实之举后会有所减弱。在过去的一段时间内，苏联工人阶级与英国工人阶级之间的联系加强了。这种联系的加强是正确执行统一战线革命策略即坚决表态反对英俄委员会破裂的结果，同时也是对英俄委员会成员破坏总罢工和矿工罢工的严厉批评。

十三

从近来执行统一战线策略的情况来看，联共（布）中央委员会和共产国际主席团都反对英俄委员会的破裂。主张分裂策略的理由是，共产党人在统一战线机构中或者不接受批评,或者让这些机构发生分裂。这种两分法策略在共产党人这里是不存在的。革命的工人阶级既要在统一战线同盟者反对资本的战役中随时支持他们,又要指出他们的错误、动摇和摇摆情绪以及投降主义,等等。我们知道,在执行统一战线时我们是在向哪里走,跟谁走。既然可以进行自由批评,那么,制造统一战线机构的分裂就只能带来害处。这在英俄委员会这个具体事件中体现出来。全苏工会理事会坚决反对总理事会的背叛行为,同时希望扩大并巩固英俄委员会。在这种具体的条件下,英俄委员会方面提出分裂就意味着破坏我们的统一战线策略,因此这一策略遭到共产国际的严正谴责。

十四

总罢工、矿工罢工和全苏工会理事会与总理事会之间出现的激烈冲突给接近阿姆斯特丹国际的改良派工会运动带来了极大分化。在阿姆斯特丹工会国际左翼出现了一系列的重新组合:(1)大部分前左翼领导人都转到右翼并与阿姆斯特丹反对派勾结在一起;(2)大多数左派工人与革命的少数派靠近;(3)一部分左翼领导人力图采取中间立场并在全苏工会理事会和总理事会的斗争中保持"中立"立场;(4)各统一战线集团内部出现政治分化,他们要在两种策略之间进行选择,要么是改良派策略(总理事会),要么是革命的策略(全苏工会理事会);(5)著名的"左派"领导开始大力反对工人运动中的革命派。

各国党在决定下一步方针时必须考虑到所有这些因素。要对左派和半左派领导人的摇摆、动摇和"中立"立场进行严厉批评。共产党人现在要特别注意改良派联盟中的左翼工人。仅仅对阿姆斯特丹工会国际领导人的反对政策进行批判是不够的。必须经常地、有计划地向左派工人去解释,左派领导人的错误在哪里。必须以英国罢工为例,把他们的左倾讲话与反动行动进行对比。对左派错误和动摇进行批评,当然并不意味着,当他们去进行反对资本的斗争时不去支援他们。

十五

近来的事态特别清晰地表明,共产国际应该做什么,不应该做什么。在未来的许多年,阿姆斯特丹国际和矿工国际在英国罢工期间的行为将证明,在爆发大规模的社会冲突时,共产国际**不应该做什么**,因为阿姆斯特丹国际的所作所为,不但不符合英国无产阶级的利益,而且是对国际主义和阶级协作这一最起码概念的最彻底的嘲弄。另一方面,工会国际和苏联在罢工期间的活动真正表明,**什么是真正的国际主义协作**。这个教训无论如何都要记取:要认真总结教训并向工人作解释。工人们不但要知道,阿姆斯特丹国际什么都没做,他们还要明白,为什么改良主义的阿姆斯特丹国际什么都不能做,是什么原因使阿姆斯特丹国际和矿工国际扮演了叛徒的角色。各国共产党都要注意研究罢工期间各级工会组织的策略和本国阿姆斯特丹国际分子在破坏罢工中所起的作用。

十六

统一战线和争取团结的实际经验完全证实了共产国际在这方面的决定。统一战线成了工人阶级在防御战和进攻战中的有力武器。争取工会团结激发了最广大的群众,他们通过实践认识到,谁是统一战线的朋友,谁是敌人。重要的是,共产国际和工会国际的支持者给群众带来了统一战线思想并把他们吸引到争取千百万工人团结的斗争中来;重要的是,共产国际和工会国际的支持者把争取团结的斗争与具体的行动纲领和工人群众的具体需求结合到了一起。

争取团结的问题和执行统一战线政策在当前局势下（合理化幌子下资本的进攻、改良派组织内部的分化、上层与下层之间的差距拉大、群众要求团结的愿望增强，等等）与以往的情形略有不同。

资本的压力加大，群众生活水平迅速降低，以往的成就被有计划地掠夺，——在这种情况下，争取团结的斗争自然要建立在具体的行动计划基础上。每个国家的斗争都要结合现阶段的特点（失业、法西斯的恐怖活动、通货膨胀、新阶级合作机构，等等），只有在这种情况下，我们才能切实地使群众参加到争取团结的斗争来。

为了向前推进这场争取团结的实际斗争，必须：（1）继续在全国范围内的各生产企业巩固和扩大革命的少数派；继续在改良派工会内部建立和支持统一派和广泛的反对派；（2）建立无产阶级统一委员会，在工厂建立鼓动委员会作为工厂委员会的过渡形式；在全国范围内按区把这些委员会联合起来；在尚未成立工厂管理委员会的地方成立工厂管理委员会，并把现有工厂（德国、匈牙利、捷克斯洛伐克）变成自下而上争取团结的机构；（3）成立协调改良派工会和革命工会为反对资本而共同斗争的常设或临时性统一委员会；（4）在独立的革命工会和改良派工会中的革命少数派之间建立紧密的联系；（5）把在企业就业的工人、进入跨国托拉斯的工人联合到共同斗争和保护自身利益的特别国际行动委员会；（6）继续派工人到苏联并在最重要的国家间互派代表团，介绍工人阶级状况及其组织情况；（7）在各生产企业争取团结的国际委员会的斗争；（8）在每个生产企业中争取阶级的统一国际的斗争，争取包括不同国家、不同种族和不同大陆工会的阶级国际的斗争。

保护失业工人的利益，把他们与在岗工人联系起来，应该在我们争取团结和统一战线的斗争中占有重要的地位，否则，全部的团结问题就将与工人群众现在面临的紧迫问题,尤其是他们关心的问题割裂开来。

最主要的是,这与工人争取自身利益的斗争息息相关,只有将这些问题与他们的需求联系在一起,我们才能完成所面临的任务。

十七

在革命的工会运动和改良派工会运动同时开展的国家(法国、捷克斯洛伐克,等等),主要任务是取得联合,并在每个国家建立统一的工会组织。在组织程度不高的国家,应该特别注意吸引那些无组织的工人加入革命的工会。这项工作做得是否及时,取决于力量的对比和革命的工会对仍然在改良派工会中的工人的影响。争取团结的斗争越成功,革命组织的人数就越多,组织就会更巩固,更有战斗力。在这方面,法国的情况尤其是法国铁路工人工会的情况很有说服力。在统一派和改良派工会之间形成了这样一种"分工":统一派领导经济斗争,改良派则与企业主一起破坏斗争。对单一派铁路工会的加强使这个工会成为法国铁路最重要的一个因素。但在这些国家里,共产党要更加注意在改良派工会中建立自己的派别,对改良派工会中正在形成的反对派(团结朋友集团,等等)给予全方位援助和支持。

十八

与此同时,各国共产党也日益面临殖民地和半殖民地国家的工人联合起来的问题。现在,我们亲眼所见,这些国家工人运动的增长不是以日计,而是以时计,尽管前进道路上困难重重,但这些发生在我们眼前的运动已经接近尾声。同时,工资差别以及生活水平的差距,常常把最新技术与廉价劳动力绑在一起的整个工业部门转移到殖民地和半殖民地国家，对老牌资本主义国家的工人来说，劳动力殖民成了生死攸关的问题。在这里，更老牌国家的经验、共产国际的经验、共产党的经验以及革命工会的经验都起着相当重要的作用。宗主国的共产党和革命工会对殖民地的工人组织负有特殊的责任。共产党尚未对这个问题给予足够的重视，而这似乎是我们工作中最薄弱的环节。这方面只是刚刚迈出了步子，不过，在这条道路上要解决所有这些错综复杂的问题。

随着殖民地和半殖民地工人运动的高涨，争取殖民地独立的斗争也会蓬勃发展。这场斗争将对帝国主义列强有所削弱，这将影响到宗主国的工人运动。所有这些有着千丝万缕的联系，仅仅使用传统的力量，或者对欧洲国家以外的问题重视不足，只能解释为靠近共产国际和工会国际的组织在这方面的积极性不高。

十九

对一些国家来说，工人移民（出境和入境）问题起着相当大的作用。迄今为止，对劳动力市场的调节完全掌握在资产阶级手里。工会对成千上万乃至数百万工人的流动极少给予关注，因此，这些群众脱离了监管，尤其是脱离了革命组织的监督。在资产阶级不能在政治上使移民工人组织起来的地方，社会民主党就来帮助资产阶级，他们关心的是，不要让移民工人在工作地受到革命组织的影响（见波兰社会党在法国的工作总结）。共产党和革命工会应当对这些工人给予极大的关注，为他们用母语创办刊物，让他们参加当地的活动，平等地参加日常斗争，争取无产阶级的基本群众。各国共产党和移民的革命工会应制定一系列措施，吸引这些工人参加革命的工人运动。

二十

根据近一年来的经验，可以把共产党在工会工作中的主要缺点归纳总结如下：

1. 在共产党的影响和在工会中以组织的形式巩固这一影响之间存在差距。

2. 反对把共产党员开除出工会的斗争力度不够，缺乏系统性。

3. 共产国际通过的工会方面的策略贯彻落实的速度缓慢、拖拉。

4. 一方面是在形式上宣传统一战线的办法和争取团结，另一方面是匆匆忙忙的联合和"无论如何都要团结"的策略。

5. 共产党在工会中的工作缺乏工会的性质（把一般政治问题和党的生活问题凌驾于纯工会等问题之上）。

6. 不能系统而熟练地开展工会运动，工会的代表大会、代表会议的准备不充分。

7. 缺少专业的工会干部和对优秀工会干部的系统选拔。

8. 缺少工会报刊和资料，现有报刊一般性政治问题过多。

9. 共产国际多次通过的关于在各级工会组织中建立、巩固和扩大派别的决议贯彻落实得相当缓慢，常常是走形式。

所有这些缺点在各国共产党均不同程度地存在，因此，要慢慢地，当然是相对慢地，即慢慢地在改良派工会组织中扩大共产党的影响。

二十一

现在，工会运动的领导问题是特别重要的问题。旧的工会领导在一个国家接一个国家地倒台。英国总罢工期间发生的事情不久前在汉堡上演,波兰现在发生的事情,最终在一系列国家发生,——这一切证明,领导工会运动的全部旧的领导和改良派上层与资产阶级国家机构勾结得相当紧密,在斗争中根本无法得到他们的任何援助,能从他们那里得到的只有直接的捣乱、甚至是破坏经济斗争。一些诚实的工人以离开工会来对抗他们的背叛行径。**要对这种临阵脱逃行为给予最坚决的反击**。要加强工会内部反对改良派、支持革命领导的斗争。有鉴于此,各国共产党应当提出选拔和培养新干部、吸收新人参加实际工作等方面的问题。除了政治上的培养,这个问题还涉及正确的和扩展性的**文化教育工作**、成立特殊的工会学校等。培养新干部是最复杂的问题,因为,领导不是魔术变出来的。领导问题是整个工人运动最重要的问题。到现在为止,我们还没有培养出新干部,还没有选出新的领导,新的领导还不能在工会中获得一席之地,把这群官僚都扔到后面去,我们还不能掌握群众和领导群众。这些问题已经到了刻不容缓的地步,党应当给予特别的关注。

共产党人只要从**争取群众**的角度落实每一个新口号、迈出每一步,上面这些任务就有可能完成。不要忘记,社会民主党和阿姆斯特丹工会国际还不够强大,他们是资本主义稳定的最重要因素,他们要逆着革命的发展潮流而动,头等重要的任务就是为使工人群众摆脱改良派思想进行顽强而不懈的斗争。如何做到这些呢?只要**把好的政策和好的日常实际工作与阿姆斯特丹国际进行对比**就可以做到。要承认,我们许多组织在这方面存在着严重缺陷。**只要我们的实际工作还未达到我们政策的水平**,我们就不能争取到大多数的群众。尤其是现在,资本主义仍然做着最后的挣扎,以摆脱战后危机,当资本主义在国际上的社会民主党的帮助下取得些许稳定后,就必须有计划地进行争取群众的工作,必须进行与工人切身利益相关的日常斗争。通过工会的实际事务争取工会,这是我们成功达到最终目标的最重要前提条件。最主要是用**各种方法和手段争取群众**,这是共产国际及各国支部所要关注的中心问题。

关于英国局势的决议

一、前言

1. 持续七个月之久的英国矿工斗争,以及紧随其后的全国总罢工给英国资本主义造成沉重打击。随着英国资本主义因战争而不断衰落,罢工斗争也大大加快了英国资本主义衰落的进程。

2. 近来,英国在世界经济中的地位被动摇,其在世界上的政治地位也日渐衰弱。英国的对外政策遭到几次沉重打击,例如,英国针对美国组织集团的洛迦诺计划在日内瓦以失败告终,中国北伐军粉碎吴佩孚和孙传芳这些英国的走狗也是英国的一次失败。苏联签订里托夫斯克—苏联等一系列条约,这些政策的实施使得英国巩固反苏联盟的绝望企图未能得逞,这说明,大英帝国的日子越来越不好过了。

3. 矿工斗争以及斗争给英帝国主义造成的困难对中国人民的革命解放斗争给予了极大的支持,迫使英国推迟在中国广东公然进行武装干涉的计划。矿工的失败使帝国主义一边与广东签订虚假的"条约",一边从间接的、隐蔽的武装干涉转为公然使用武力。

另一方面,募捐以及中国和印度纷纷发表声援英国矿工的决议表明,英国矿工的斗争使殖民地国家工人和农民的自觉意识增强,为他们与英国工人联合起来与英帝国主义进行斗争奠定了基础。

4. 大英帝国各附属国之间的联系削弱。帝国会议就帝国内部关系、加拿大选举、在旗帜和南美问题上的冲突、任命一位澳大利亚总督问题，等等——这一切都证明，自治领存在着独立的倾向，而且由于英国的衰弱更获得了独立的动力。

5. 英国国内的矿工斗争加剧了阶级矛盾，这在总罢工前尚未表现出来，它使工人切实证明资本主义血腥专政的存在，这是数年来的宣传所没能达到的结果。在当时，宣传在很大程度上加强了工人阶级的政治自觉性和积极性，从而加快了工人运动内部重组的过程。

6. 保守党内各派资产阶级力量的团结和工人对工党向心力的重新恢复（这是工人革命化的一个阶段），保守党中一小撮最反动分子（强硬保守派）的影响力提高——这一切都是阶级力量重组在政治上最明显的表现，它开始于总罢工并在此后持续七个月的矿工斗争得到延续和加强。

7. 矿工斗争像总罢工一样使英国工人阶级越来越接近完成自己的历史使命——推翻资产阶级，确立无产阶级专政这一建立社会主义的必要前提条件。

因此，矿工的斗争为群众性共产党的发展创造了更加有利的条件。每个共产党员的责任是吸取这次斗争的教训。

8. 共产国际执行委员会7月份通过并在第七次扩大全会获得批准的总罢工纲领像一切所证明的那样，不但对事态进行了正确的分析，而且还表明，决议正确指出了英国近期阶级斗争发展的总方针。

二、经济形势

9. 煤炭短缺使主要工业部门（制铁工业、炼钢工业、纺织工业等）大量压缩产品生产，导致未来市场的损失，失业人数增加以及工作不足一周的工人人数增加。尽管尝试利用工业危机，以加快建立托拉斯（化工托拉斯、矿业托拉斯和炼钢托拉斯），但由于矿工罢工引起的经济生活的混乱和市场短缺已经使英国资本主义的工业艰难前行。

10. 工业品生产危机性下降，曾是英国主要出口产品的煤炭停止出口，由于英国从煤炭出口国变为进口国导致的煤炭价格和航运价格提高——这一切都使得英国的对外贸易雪上加霜，铁路收入大大减少，航运的规模和收入大幅度缩减。

同时，必须对表现不佳的贸易平衡加以补偿，并把英镑保持在以前的利率水平上，这使得英国要继续大量消耗在国外的资本，总罢工前这些资本已经大幅缩水，还要大规模地外运黄金（从澳大利亚的英国国库远运美国；从英国银行运往德国，等等）。

这也给英国的财力带来一系列新的打击，不过，英国本土和国外的新贡献还在保护着英国债主地位不致急剧下降。

12. 英国的经济困难对其他国家的经济状况产生了巨大影响。例如，大规模向英国出口煤炭极大地促进了德国和波兰煤炭工业的发展，但这是由于英国购买力减小尤其是购买德国工业品减少造成的。

还有，一些国家（比利时、丹麦、挪威、法国）停止从英国进口煤炭也使工业遭到重大损失，这也给英国贸易带来负面影响。

13. 英国为追求更高和更稳定的利润向自治领和殖民地输出资本，矿工罢工（蒙特联合公司）又助推资本输出，使自治领的工业化加速，这些都应该使自治领加快与宗主国的分离速度（表现为设置关税壁垒，在金融上与美国接近等，并且在帝国会议上自治领行动更加自由这一点上反映出来）。在工业资本迅速增长的同时，英国资产阶级还把注意力放在对帝国内部市场（印度、非洲、委任统治地区）剥削的垄断保护上。帝国会议通过的关于委托统治问题、帝国的防卫问题、空中交通问题等都证明了这一点。即便在这样的市场上，自治领与英国之间的竞争也获得了继续斗争的动力。

三、总罢工以来的政治形势

14. 持续很久的矿工罢工使英国的政治和经济形势日趋艰难，也使得资本家阶级变本加厉地联起手来反对矿工和全体工人阶级，同时，资本主义的全部机构和制度——政府、帝制、议会、教会、军队、警察、地方政权、报刊——彻底撕下民主的面具，公开表示自己是资本主义专政的工具。

这一过程的政治表现是保守党反对派影响的增加（伯肯黑德、丘吉尔），在保守党斯卡伯勒代表会议上通过明显反对无产阶级的纲领，分化自由党（自由政治活动家转向保守的工党队伍，成立反对工党参加自治市选举的联盟）。

15. 另一方面，总罢工期间，工人的阶级意识也由于一系列强大的因素而变得日益强烈：存在资本家与矿工斗争的统一战线，尤其是保守派政府公开屈服于矿主的利益；侵害工人组织的自由，依靠特别状态法，并企图实施一系列反对工人的法律使该法案经常化；经济日趋萧条证明资本主义已经垮台；总理事会背叛后，矿工们仍继续进行英勇斗争；俄国工人为国际团结树立光辉典范。

这种阶级意识的觉醒在工会运动中体现出来，具体体现为：对一些国家民族解放运动影响的增强，提出禁运的要求，在九月份召开的工会理事会上多数人提出减少工资问题，以及11月3日召开的工会执行委员会代表会议上提出（尽管是表面上的）减少矿工工资的决议。与此同时，工党获得工人阶级广大新阶层的支持，这表明，他们在总罢工期间补充选举的提名候选人人数增加，在11月举行的自治市选举中工党将获得200个席位。

16. 同时，工人阶级意识的增强使总理事会的一些工会上层与较底层的工会中心联起手来,并使这些官僚再次背叛工人阶级,以达到破坏矿工罢工的目的。大部分官僚,不论是右翼的,还是前"左翼"的,都公开与资本家结盟,只有一小部分底层的工头和工人们站在一起。

工会上层向右转的表现为:推迟原定于 6 月 25 日召开的工会执行委员会代表会议,在伯恩茅斯召开的工联代表会议上推迟做关于总罢工的报告,在几个月的时间内坚决拒绝审议减少工资和禁运问题;公开向维护矿工利益的矿工领导人发起攻击;总理事会提议把政府的条件强加给工人,到了 11 月,反对共产党和少数派运动的战役却越来越激烈。

随着矿工的失败,工会改良派领导人开始进行支持"工业世界"的运动,公开主张使英国工业"美国化"(通过建立联合工会、工人参与分红、实行奖励制度等),在英国改革的经济基础完全遭受动摇之际,这在客观上无疑是一场让英国工人运动向资本家投降并彻底失败的战役。

17. 总罢工期间总理事会前"左翼"(希克斯、珀塞尔、蒂利特、布罗姆利)彻底而可耻的投降,纵容并参与总理事会领导的旨在粉碎矿工罢工的七月运动,公开保护伯恩茅斯的右翼,所有这一切证明,面对工人的阶级觉醒,这些改良派分子已经团结起来了。

18. 工党改良派领导人(麦克唐纳、斯诺登、托马斯等)在日益高涨的阶级斗争浪潮中也越来越暴露出他们是工人阶级队伍中资本主义代理人的真面目。这一自我暴露过程的最好例证是:他们在鲍德温面前卑躬屈膝,拙劣地掩盖他们对矿工的攻击,甚至向库克这样并非真正的工人革命领导人发起攻击,他们公开进行失败主义的宣传,希望在煤炭委员会报告即降低工资的基础上缔结和约,延长劳动时间和按区签订协议;他们重新向共产党发起激烈进攻,在本应展开阶级斗争以保护矿工、反对在议会及全国实行紧急状态的时刻,工党的议会派,无论是工党右派,还是工党伪"左派"(惠特利、兰斯伯里等)都遭到彻底失败。

19. 通过向鲍德温示好，支持签订协议，进行失败主义的宣传，以及拒绝与共产党联手组织禁运的运动，这些都表明，挪威工党领导人尽管不断鼓吹什么"我们时代的社会主义"，但还是日益暴露出他们是改良派机构组成部分，被资本主义用来在工人运动中破坏工人的斗争，涣散工人的意志。

兰斯伯里集团破坏禁运这一运动，宣布忠于麦克唐纳政府，拒绝与共产党人联合起来领导工党左翼进行反对麦克唐纳的斗争，这一切表明，这个集团也经受着矿工提出的实际要求的考验，尽管他们满嘴"左派"词语，但同样暴露出他们作为改良派机构的嘴脸。

20. 矿工联合会领导人也没有表现出较高的境界，他们最终彻底投降了。他们在这段时间里所走的道路不是斗争的道路，而是摇摆和妥协的道路：与总理事会达成不动声色的协议，采纳神职人员的建议，屈服于政府的条件，不想让领导人面对运输工人和铁路工人，最大的错误是，与总理事会媾和，他们自始至终领导的是经济斗争，而不是政治斗争。尽管库克在矿工罢工的最后阶段与统一战线里那些贪生怕死、背信弃义的人不同，似乎显得很高尚，但他还是多次摇摆不定，不想与少数派运动取得联系，企图单独作战。在关键时刻，他这种摇摆不定的态度起了决定性作用，一个例证是，库克同意把执行委员会会议推迟到 6 月 25 日，他还同意总理事会的建议，在工联代表大会上不讨论总罢工问题，等等。

21. 少数派运动在整个斗争中给矿工以正确的指示，为矿工进行了声势浩大的动员群众运动，他们提出实行禁运、反对克扣工资的要求。他们正确地把 8 月份举行的少数派运动全国代表大会作为舞台，号召工人们重新进行支持矿工的斗争。

22. 通过参加斗争，矿工们对共产党的好感更加强烈，全体工人都支持共产党的方针,因此斗争不但证明了共产党对事态的判断和分析,而且证明一个政党这 18 个月实际领导的正确性,证明共产党对资本主义国家、对阶级斗争以及对改良主义等的评价的全面和准确。矿工罢工用事实向工人们证明,共产党人是最彻底的和最无私的捍卫工人利益的战士(有 1200 名共产党人被捕,等等)。

这种情感最明显地体现在,近半年来,共产党员人数增加两倍,党报发行量增加,这是一方面;另一方面是,党在矿工联合会队伍中有了回应(8 月份投票反对神职人员的呈文,9 月份采纳新南威尔士的建议,11 月拒绝政府的建议)。

我们党在调动群众积极性、反对工联和工党内改良主义倾向的斗争中取得的成绩(成功举办少数派运动和左翼代表大会以及在马盖特代表会议上形成有组织的反对派,就证明了这一点),以及党在协助成立国际革命战士救济会以反对资本主义的镇压这一事业上所获得的支持,都进一步证明工人阶级对共产党的好感增加及对共产党政策的认可。

四、共产党的政策

总罢工结束后,共产党通过其他方面的工作,通过实施禁运和反对减少工资向工人提供切实的帮助作为自己活动的基础,他们这种做法是正确的。

共产党不但在集会上和工联的地方组织而且在工会和工党的地方组织中都把这个问题提到首位,并建议与挪威工党(在各地区和国家范围内)以及工党组成统一战线;党还在少数派运动和左翼运动中、在工党工会的代表大会上、在党报上以及各项宣传工作中提出了这一问题。

24. 在矿工联合会内部,共产党还抽调保护矿井安全的技术工人、把矿工集中在执委会进行大范围巡查,集中监视来加强斗争,利用所掌握的一切宣传手段在全国范围内进行宣传。

同时，党始终站在最前列同一切失败主义倾向（瓦利、斯潘塞、奥德热斯、神职人员的呈文、部分矿工回到工作岗位）作斗争，揭露他们的行径。

在进行这一行动的过程中，共产党没有打算批评库克所犯的错误。在库克摇摆不定时，党对他进行了批评，但在矿工联合会内外仍继续支持他与工人阶级的敌人进行各种形式的对抗，党在工人阶级面前保持了自己清晰而清醒的本色。但共产党的做法是正确的，他们没有向工人阶级隐蔽事实，矿工处境艰难的主要责任完全在总理事会和工党执委会身上，库克和其他多数矿工领导人拒绝在5月12日参加他们的代表机构。

25. 在矿工的全部斗争过程中，共产党向工人作出了正确的解释，说这场斗争不是矿工与矿主的斗争，而是全体工人阶级与整个资本家阶级及其执行机构——保守派政府的斗争。

从8月份开始，党就在解散议会、反对八小时工作日法案、反对紧急状态法等口号下进行着积极的斗争。这次运动的目的是扩大与资本主义的斗争，动员工人阶级参加大规模的政治工作，这是恢复真正的工人阶级政府的必要步骤，这个政府的义务是在不使用津贴的情况下使矿井国有化，并与资本主义进行真正的斗争。

但是要承认一点，就是党也犯了错误，没有把这一运动与支持禁运和减少工资运动结合起来。

为了把工人的注意力从必须实施禁运转移开，挪威工党在几个星期的时间里进行支持解散议会的运动，可我们党刚一提出实施禁运的口号，挪威工党就拒绝了这一要求，把这个口号与其他斗争口号放到了一起，这就证明，把两个口号放在一起是正确的。

26. 从总罢工结束的那一刻起，共产党就不懈地进行着揭露总理事会和工会中左的和右的改良派领导人的激烈斗争，并强调，必须用革命的、忠实于工人阶级的领导人替代他们。

党利用每个舞台和每一种组织形式进行着这项工作，首先是《工人周报》，少数派运动代表会议，工党代表大会和工联代表大会。

同时要承认的是，党报并不总是清晰地把追究背叛矿工责任人的重要性表达出来。中央委员会已经立即纠正过来的错误是党的一个派别在少数派运动执行委员会犯下的。

共产党派别在伯恩茅斯的正确策略和苏联工会的策略表明，我们提出领导人的责任这个问题，非但没有减少向矿工提供帮助的机会，反而增加了这样的机会。

27. 从总理事会投降的那一天起，共产党就系统地利用矿工斗争的每个阶段和苏联工会进行国际合作的运动，来揭露总理事会前"左翼"的背叛和逃避行为。

但同时要指出的是，在七个月的斗争时间里，在面对特别重要的要求和在前进道路上遇到重重困难时，党在党报上发表的声明中也犯了一些错误。但这些错误很快就改正了。

28. 共产党没有放过揭露工人政治运动的机会主义领导人的机会，并与他们进行了斗争，工党领导人的表现是暗中抵制，而兰斯伯里集团和挪威工党领导人则只是空谈左派词句。

通过这三个集团对矿工斗争中提出的要求是否真诚进行检验，党正确地向工人们作了解释，暗中抵制这场斗争不是偶然的，是改良主义和社会和平主义特征所决定的必须事实。

共产党为在工党内建立有组织、有战斗力的左翼反对派时强调指出，矿工的斗争形势最明确地证明，真正的左翼只能在与麦克唐纳政府进行无情斗争的过程中才能建立起来。

这样的斗争必然应该把真正的左翼代表与共产党联系起来，党正确地指出，想把共产党员开除出去或者害怕与共产党人合作正是麦克唐纳从事的勾当。

29. 在矿工罢工期间，共产党特别注意发展新党员，加强自己的组织，并向工人解释，强大的共产党是正确的和有阶级觉悟领导的唯一和最终的保证，党的这种做法是正确的。

共产党把注意力放到首先是从矿区发展的6000名新党员这些基本的政治储备上，还根据他们的基本条件把他们作为完全自觉的党员，党的这种做法是正确的。

30. 在总罢工期间和矿业同盟歇业期间，英国共产党事实上执行了正确的方针。然而，正像前面所指出的那样，党还是犯了一些错误，大部分后来已经改正。在党改正错误的过程中，共产国际执行委员会以通信的方式与我党联系，了解英国的局势和运动进展情况，对我们提出同志式的批评和切实的建议，给我党以极大的支持。虽然工人的顽强斗争与英国资产阶级企图依靠资产阶级巩固自己地位使局势困难重重，但由于共产国际执行委员会给予英国工党这样的帮助，使得我党得以执行明智的政策。

五、罢工的一些主要教训

31. 矿工斗争能够给全世界的工人阶级尤其是英国工人阶级提供一些重要的历史教训，研究这些教训能够使工人投入他们即将面临的更激烈的战役。

（1）资本主义的全部资源和整个改良派机构都用来对付矿工，这预示着，工人阶级在夺取权力的斗争中要表现出怎样的英雄气概和战斗力，而一旦矿工们成为统治阶级，向剥削者施加压力的时候，他们将会表现得更加英勇，更有战斗力。

矿工们的斗争最终撕下了改良派伪善的面具，他们似乎想在几周内把革命镇压下去。相反，近七个月表明，英国工人阶级掌握政权后，有足够的继续建设社会主义的毅力和能力。

（2）工人阶级一直认为，英国资本家比外国资本家"更守规矩"、更诚实或者说更民主，但资本家阶级在与矿工斗争中表现出的凶狠、残暴、贪婪本性彻底拨开了英国工人阶级眼前的迷雾。

现在，工人们已经认识到，资本家利用一切手段镇压工人，所以，他们也要利用一切可以想到的手段来对付资本家。

（3）事实证明，把工人阶级的斗争分为"产业斗争"和"政治斗争"是一个细微而危险的骗局，尤其是在当前资本主义衰落和英国资本家阶级处境日趋艰难之际这种大规模的罢工来说，更是如此，这是矿工罢工对英国工人的主要教训。

政府5月份保证说，他们会保证社会不受总罢工的影响，可是从5月到12月，他们一直在打压矿工，只要某个主要工业部门的其他任何一个工人团体（尤其是铁路、交通、电力供应等行业）一旦遭到攻击，他们肯定会站到这样的立场上。既然每个产业的斗争都会日益影响到整个资本家阶级的利益，那么，每个工人团体都会认识到，他们争取体面生存条件的斗争已经不是经济斗争，而是政治斗争了。

工人运动中的右翼及左翼领导人暴露无遗的投降主义，以及他们不但拒绝参加工人争取解放的斗争，而且也不保护工人提出的保持最起码生存条件的要求，这些都用事实向英国工人证明，改良主义已经遭到彻底失败。

另一方面，工人们事实上已经认识到，只有共产党才有勇气和信念正确领导工人实现迫切要求的斗争，因为共产党拥有领导工人投入更大战役、从而最终推翻资本主义的革命前途和可行性计划。

（4）与第二国际和阿姆斯特丹国际相比，联共（布）领导的苏联工人和农民行动与其他国家改良派领导人的行动之间的区别，以及共产国际和红色工会对矿工的支持之间的区别,这一切都用事实证明统一的工会国际对工人阶级也具有相当重要的意义。

还证明这样一个事实,真正从国际主义出发领导工人反对资本家的斗争,不在于发表礼节性讲话,或者领导人之间互相恭维,而是要参加工人的日常斗争。矿工罢工表明,除了共产国际和共产党,没有、也不可能有作为唯一确保无产阶级最终战胜资本主义这样的领导了。

(5) 联共(布)领导的苏联工会成为英俄委员会成员,并继续批评和揭露总理事会及其在英俄委员会中的代表的背叛和暗中破坏行为,在几个港口组织支持英国煤炭禁运和由法国共产党领导的劳动总联合会组织的24小时联合罢工行动,英国共产党与挪威共产党联手在地方组织支持禁运活动取得进展,这些都用事实向英国乃至全世界共产党员证明了统一战线策略的重要性,这是团结工人与资本家进行斗争并使改良派领导人暴露真实面目的手段。

六、前景

32. 英国工业的衰落和工业活动由帝国中心转向边缘地区,使寄生生活这种英国资本主义所特有的生活方式加速发展,也扩大了食利阶级这个英国资本家的主要阶层。这个主要倾向不可避免地会加剧英国的阶级斗争,首先是通过对工人阶级生活水平的长期进攻,以及广泛的政治进攻,这是依靠工人使生产合理化的主要企图。尽管这种进攻一旦成功会使贸易暂时有所改善(像1922年那样),贸易也只会使工人运动重新活跃起来,而这种短暂的改善,就目前英国在世界上的地位来说,使英国失去了重新建立改良主义社会基础的任何可能性。

33. 矿工的失败为资本家向工资、工作日和工人阶级其他阶层的劳动条件发起进攻开辟了道路。作为直接决定着英国作为出口国和世界贸易中转站地位的铁路和交通运输,也要以"与外国竞争和降低杂费开支"为借口,拿工人的工资开刀。工业企业中面向出口的工人,尤其是炼钢工人和纺织工人,也要面临降低工资的打击。

34. 既要拿工资开刀,同时还要减轻开刀的力度,这表现在,政治层面的阶级斗争在不经意间激化,资本家阶级广泛利用1926年宪章日以前他们从未用的手段来对付工人。

企图侵犯组织和罢工权、征集政治捐款权、工人选举权、言论自由和出版工人报刊权,权力越来越集中到中央政府手中,取代地方选举机构的权力,对反对政府的上院进行重组,以对抗选举产生的下院,组织反对无产阶级的叛徒和法西斯分子"志愿者队伍",以便由工人组成的武装力量不可靠时派上用场,这些已不是遥远未来的事情,而是眼前的事情,尽管表现为上面所说的一般特征。

35. 在国内反动势力得到加强之际,巩固大英帝国世界地位的必要性会在对外政策上引发新一轮反动浪潮,尤其是在支持新的反苏联盟、反对中国民族革命斗争的同盟方面。

在殖民地人民的解放运动风起云涌的大英帝国内部,也会从英国无产阶级斗争中产生新的力量,英帝国主义必将加强他们的镇压措施。

这其中的每一个原因,加上帝国主义本身固有的矛盾(首先是英美帝国主义在世界各地的对峙状态,英法的对抗,等等),随时会把英国和全世界的工人阶级引向战争的危险。

36. 难以挽回的资本主义衰落,经济雪上加霜(尤其是高物价),金融资本的利益与小资产阶级利益分歧日益加深(尤其是企图通过征收个人所得税把国家公务负担转嫁到小资产阶级身上);保守党最反动分子影响的增加,可能大范围实施保护关税政策(很可能要面临"早茶涨价"的危险),所有这些因素都只能加快小资产阶级队伍社会分化的过程,并把大部分小资产阶级从大资产阶级那里赶出来。我们已经从自由党和工党队伍中资产阶级分子底层的转化看到这一过程的开端。

37．英国工人"向左转"，即他们的阶级意识的加强和政治积极性提高的过程会不可避免地继续下去。自由党彻底丧失对工人的影响力，保守党组织保守派工会运动的企图失败，这个预示着工人阶级从资产阶级思想桎梏中解放出来的过程将继续加快。与这一过程密切相关的工人队伍的分化也将继续，与此同时，无产阶级向左倾即向共产党和革命方面的转化，而改良派领导人和小资产阶级的社会党人向右倾即公开转向资本主义和反革命方面。局势比以往任何时候都有利于大规模的左翼革命运动，这一运动可能在共产党领导下、由少数派运动、工党左翼和保护被压迫者同盟等组织起来。

38．英国工业的下降、英国岌岌可危的世界地位、大英帝国的日趋衰落，工人及部分小资产阶级的革命化，所有这些都是英帝国主义衰落这个过程的不同表现方面。这种衰落不可避免地加深政治危机，这将使工人面临掌握政权这一问题。这一危机的第一阶段即将来临，并再现为资本在经济和政治领域对工会的进攻。

英国的工人阶级只有与殖民地人民携起手来、吸取1926年重大事件的教训，并组织起来进行反击，才能在应对资本进攻和推翻资本主义的斗争中变得更加强大。英国共产党的义务是，吸取这些教训并在工人阶级队伍中加强斗争，并以相应方式把工人阶级组织起来。

七、英国共产党的任务

39．全会根据矿工罢工后出现的形势以及对未来所作的分析认为，英国共产党第八次代表大会制定的任务是党刻不容缓的任务。

政治任务

（1）向工人解释当前资本主义衰落的政治意义及当前阶级斗争的意义，这场斗争的顶点将是工人阶级掌握政权，因此要告诉他们，不但要完善和巩固工会，而且要让他们了解经济斗争的局限性；还要告诉他们，必须最大限度地用革命手段利用议会和议员这个舞台，而且还要把他们的无能作为解放工人阶级的工具。

（2）支持动员全体工人阶级参加解散议会、推翻鲍德温政府、建立真正的工人阶级政府的斗争，以应对当前和今后保守派对工人阶级最低生活条件、权利和自由结社的攻击。

（3）支持组织工会运动（包括失业者的工会运动），与对工资、工作日及劳动条件的种种侵犯行为作斗争，并与全体工人阶级及其受到侵犯的团体团结起来。

（4）成立统一的工会国际，以防止世界经济和政治的反作用和新的战争危险；红色工会国际会同阿姆斯特丹国际，尤其是和世界团结代表大会一道揭露英俄委员会改良派分子的破坏行为，同时立刻进行恢复委员会活动的工作，发动不同行业的工人与苏联相关工会团结起来，也是这方面的一个步骤（建立英俄矿工委员会、派工人代表团到苏联，等等）。

（5）与工人阶级最可靠的联盟——殖民地国家的工人和农民以及受英帝国主义压迫和为争取独立和自由、直接反对帝国主义剥削的各族人民团结起来。

（6）反对工党内的机会主义，贯彻和落实1925年制定的左派纲领，这是在群众中传播的左翼情绪所应遵循的指针；用具体事实解释真正的工人阶级政府所应承担的责任。

（7）要密切注意反对军阀的群众性斗争，以确保穿军装的工人与尚未摆脱百姓生活的工人之间的团结。

（8）广泛向工人宣传共产党在总罢工和矿工罢工一些主要问题上的立场：国家、君主制、使用武力问题、总罢工、共产党的必要性、苏联的意义、无产阶级专政问题。

组织任务

（1）最大程度上在组织上巩固共产党，尤其是要发展新党员，在工厂支部的基础上进行改组，支部工作，改善地区组织，加强党员培养和报刊，加强在妇女中的工作，在农业工人和纺织工人中间开展工作，对青年团组织给予支持。

（2）在组织上巩固和扩大少数派运动，这是对工会运动在生产基础上重组和用革命的革命者取代改良派工会领袖的必要前提条件。

（3）尤其是要将现在的矿工联合会重组到统一的矿工联盟，并把奥德热斯、斯潘塞这样工人阶级的真正战士推举出来。

（4）在组织上巩固和扩大工党左翼运动，这是在工党内建立真正的无产阶级领导的主要手段，把共产党争取到工党里面来。

（5）发动工人通过成立工人阶级群众组织监督下的工人自卫队与日益猖獗的法西斯进行斗争。

（6）各支部在合作化组织中和基尔特（同业公会）中进行组织工作，从而引导合作化企业中的无产阶级与资产阶级的监督进行斗争，从而使这些组织也像本国的联合体和国际联合体一样，执行积极的无产阶级政策，使合作化运动和工会运动在阶级斗争中真正做到相互支持。

（7）在当前日益激烈的阶级斗争中对国际革命战士救济会这个工人红十字会给予最大限度的支持；对失业者运动全国委员会这个群众组

织给予支持,这在当前经济危机和工会遭到攻击的情况下有着特别重要的意义。

国际无产阶级应吸取的教训

(1)矿工的罢工斗争表明,资产阶级使资本主义稳定的种种努力必然导致大规模的战役,其结果也危及到资本主义的稳定。

(2)在当前局势下,每个国家工人运动队伍中的每一个事件都具有国际性质,因此成为无产阶级在国际团结基础上发起进攻的基础。

(3)在资本主义衰落的条件下,每一次重要的经济斗争都会变成政治斗争。

(4)矿工罢工和总罢工同样显示了群众罢工在无产阶级武器库中的重要性。

(5)矿工罢工表明,在原来的改良派领导人的领导下,工人是不可能在大规模战役中取得胜利的。无论是英国右的和"左的"改良派分子,还是第二国际、阿姆斯特丹和矿工国际,在领导这次斗争时都显示了他们令人讨厌的无能。工人阶级只能根据自身的体验得出这样的结论。无论是在无产阶级的决战中,还是在无产阶级为保持自己富裕生活的斗争中,共产党革命领导的必要性都是矿工罢工主要的和最重要的教训和成就。

关于中国局势的决议

一、帝国主义和中国革命

1. 中国革命是破坏资本主义稳定的最重要和最强大的因素之一。在近两年的时间里,帝国主义在中国遭到沉重打击,这对世界资本主义危机的激化产生了极大的影响。中国革命军队向北胜利推进,事实上已经使帝国主义在中国一半的领土上丧失统治权。

受到中国广大群众支持的广东革命军的胜利将进一步促进对帝国主义的胜利,促进中国的独立,并在极大程度上促成抵制帝国主义影响力的革命联合。

孙传芳无力抵抗广东革命军使帝国主义列强感到,利用中国当地的军阀来消灭民族革命的传统办法已经不适应形势发展的需要。当时双方的对抗不允许帝国主义列强联合起来进行公开的武装干涉。帝国主义就要寻找新的办法,以适应新的形势。他们采取的新政策是承认广东政府,这是美帝国主义首先提出的政策。甚至英国和日本也认为,承认广东政府是一个可以接受的政治手段。但这仅仅是一种外交手腕而已,其背后隐藏着帝国主义反革命的狼子野心。

2. 帝国主义在中国的主要力量就在于,对国家的整个金融和工业生活全面垄断(食盐税、关税、铁路、水运、煤矿、重工业——所有这些大都属于外国资本)。假如帝国主义能保住这个强大的基础,他们就会在中国找到稳定资本主义的强大支撑。中国由于人口众多而成为一个有着无限可能性的市场。在提供必要的政治保证的条件下，中国可能是一个最佳投资地点。巨大的资源才刚刚在中国探到。因此，帝国主义就要竭尽全力围剿中国革命，把它扼杀在摇篮中。假如帝国主义不能依靠他们传统的挑起国内战争或者通过可能的武装干涉的办法达到他们的目的，他们就会企图破坏向革命方向发展的民族解放运动。

与帝国主义列强之间存在的相互对立不同，武装干涉的可能性仍然存在。外国武装干涉在中国采取了独特的形式。在当前形势下，帝国主义更希望通过发动国内战争和扶植反革命势力的办法实现武装干涉。现在，他们正打算把张作霖、吴佩孚和孙传芳的武装联合起来，打压革命军队。很明显，这个反革命的统一战线正是在帝国主义的领导和扶持下建立的。中国革命的胜利将给世界资本主义以沉重打击，帝国主义也将以一切手段粉碎这场革命。

3. 从当前形势来看，中国革命由于其反对军阀的性质，已经成为世界革命不可分割的一部分。在中国，这种情况是与以下有助于中国革命进一步发展和巩固的最重要方面联系在一起的：

（1）帝国主义列强在中国的相互竞争，正削弱世界帝国主义的阵地；

（2）世界资本主义危机；

（3）西欧无产阶级运动的高涨。对中国的武装干涉必定会遭到帝国主义国家工人阶级的反抗；

（4）殖民地民族革命运动的发展无疑会促使中国革命的进一步发展。

4. 随着民族革命运动的迅速发展，加入其中的社会力量也更加迅速地进行着重组；

中国民族革命的发展有其独特的条件，这使它从本质上迥异于19世纪西欧资产阶级革命和1905年的俄国革命。中国依附于外国帝国主义的半殖民地地位是最主要的特点。中国革命区别于资产阶级民主革命之处还在于，中国革命发端于世界革命阶段，是消灭资本主义制度的世界运动不可分割的一部分。这个因素决定着中国革命的历史和参与其中的社会力量的重组。

中国革命的阶级力量是在极其落后的经济条件下形成的，这是由于中国工业资本主义发展缓慢，农业技术水平低下，民众生活水平极低，存在大量半封建社会的余毒，对革命军队起着破坏作用，并吸引城市和农村的劳动群众加入到斗争中来。

当前中国经济形势的最主要特点是，多种经济成分并存，从金融资本到家族式经营的经济残余，同时还存在各种形式的贸易资本、城乡小手工业和小作坊。

这是由中国居民的差异较小以及民族革命的基本社会政治力量组织程度不高造成的。

因此，1911年革命之后出现的、去年表现尤为强烈的国家中心权力机构的瓦解，以及中国军阀的国家军事组织对大部分中国的统治的确立就具有了至关重要的意义。

中国军阀是当今统治大半个中国的社会政治力量。中国军阀的特点是，它既是军事组织，同时又是一个依靠整个半封建的国家机构系统在中国进行资本原始积累的渠道之一。中国存在军阀这样的国家组织是由于中国半封建的性质、国土被瓜分、经济极其落后以及农村存在大量农业人口所决定的。

现在，中国民族革命运动的发展依靠的是农村革命。中国农村的经济呈现出大量封建残余与发展中的资本主义成分混合的景象。

中国经济整体上极端落后，同时，土地所有制被摧毁，出现许多佃农和半佃农，大小规模的农业技术低下，出现大量农业人口的转移，与此同时，农村贸易的发展和农村的阶级分化，都使农村的局势变得复杂，使中国的土地革命面临重重障碍。

由于存在这些客观情况，中国农村的阶级斗争具有向以下方面发展的趋势：反对国外帝国主义，反对中国军阀，反对大规模的占有土地，反对土豪劣绅，反对放高利贷，部分地反对农民中的富裕上层。

5. 中国革命运动发展各阶段的特点是社会力量发生大规模的分化和重组。在革命的第一阶段，在无产阶级和小资产阶级队伍中找到支柱的民族资产阶级和资产阶级的知识分子成为最重要的动力之一。

在革命的第二阶段，运动性质发生变化，其社会基础也转到另外的阶级集团。工人阶级作为首要的阶级政治因素出现在中国的舞台上。

对帝国主义的经济罢工转化为政治斗争，并具有至关重要的世界历史意义。无产阶级与积极争取自身利益的农民，与城市小资产阶级和一部分资本家阶级结成联盟。这种力量的联合在政治上表现在国民党和广东政府的相应改组中。当前，运动正在走向第三阶段，即各阶级的重组。在这一发展阶段，运动的主要力量是更加革命的联盟，是没有了大资产阶级的、由无产阶级、农民和城市小资产阶级组成的联盟。但这并不意味着，作为阶级的资产阶级从民族解放斗争的舞台上消失了。除了中小资产阶级，甚至一些大资产阶级力量也会在某一时候参加革命。

但在这一阶段，无产阶级日益成为运动的主力军。

大资产阶级在民族解放运动向新的革命阶段转化的这一时期看到，无产阶级领导下的帝国主义斗争摆脱了他们的控制，在客观上威胁到他们的阶级利益。

为了推翻革命，大资产阶级会竭尽全力夺取领导权。他们企图依靠与阶级斗争思想对立的资产阶级民族主义思想来对革命运动施加影响。

6. 随着革命阶级力量的重组，也出现了反革命力量。这一过程与帝国主义的政策密切相关，在帝国主义政策的影响下，革命力量的发展与世界革命密切相关,在他们政策的影响下,出现了苏联和西方无产阶级。

张作霖、吴佩孚和孙传芳极力联合自己的势力,来对抗不断取得胜利的革命运动。这个反革命集团是在帝国主义的影响和作用下建立的。大的工业资产阶级暴露了自己的不坚定性,转而与外国资本妥协,把主动权拱手相让。在确认军阀已经不是剿灭革命运动的利器后,帝国主义转而通过绥靖政策在民族运动内部寻找同盟军。帝国主义极力唆使民族资产阶级与革命联盟断绝联系。为了加强帝国主义代理人在民族运动队伍中的力量,一些大资产阶级阶层,还有迄今为止仍远离乃至敌视民族革命斗争的军阀者,甚至开始转向广东政府方面。他们这种动机的目的在于,使无产阶级、农民和小资产阶级的革命联盟丧失对民族革命运动的领导权,并进而遏制革命的发展。这一反革命动机的主谋就是世界帝国主义。

在这个大资产阶级必然历史地脱离革命的转折时刻,无产阶级当然要广泛利用那些在当下仍然进行着反帝国主义和反军阀斗争的资产阶级阶层。

另一方面,无产阶级及其政党要策略地运用资产阶级脱离了革命的阶层的矛盾,以及各帝国主义集团之间的矛盾,绝不要忘记自己的主要目的,并使其为自己的战略动机和策略步骤服务。

二、中国革命的总的前景

7. 如果从这一角度来看两个阵营的力量对比的话,中国革命的前景是相当清楚的。从历史的角度来看,中国革命尽管在目前发展阶段仍具有资产阶级民主革命的性质,但它应该拥有更加广泛的社会运动。中国革命的结果不应该是建立使国家向资本主义发展的社会政治条件。发端于资本主义衰落时期的中国革命是消灭资本主义、建立社会主义的全部斗争的一部分。革命国家的结构决定着这个国家的阶级基础。这个国家不会是纯粹的资产阶级民主国家,应该是无产阶级、农民和其他被剥削阶级的民主专政的国家。这将是向非资本主义(社会主义)发展的、革命的反帝政府。

中国共产党应尽全力使这一革命的前景最终纳入非资本主义发展的轨道。否则,假如资产阶级战胜无产阶级并取得领导权的话,国家事实上的领导权就会重新落到外国帝国主义手中,尽管掌权的形式不同。

8. 中国革命的进一步发展及其前景首先取决于无产阶级的作用。近年来的事态表明,战斗的革命的民族统一战线,只有在无产阶级的领导下才能建立。反对外国资本垄断的斗争只有在无产阶级的领导下才能进行。这是决定中国革命策略的基本原则。

在大半个中国掌握政权的封建军阀是反对的力量,是帝国主义的代理人。作为阶级的本国资产阶级发展极慢,力量相当薄弱。经济上较为强大的资产阶级阶层(金融资产阶级和买办资产阶级)也以贸易和金融为纽带与外国资本主义勾结在一起,他们从未参加过任何反帝斗争。只要民族革命运动仍然是纯粹的资产阶级民主的性质,工业资产阶级就会与这一运动在一起,只是他们脱离了革命最初的属性。小资产阶级(小资产阶级的知识分子、大学生、手工业者、小生意人,等等)在中国这样的国家是革命的因素。他们过去起了重要作用,将来仍然会起作用,但是,他们还不能独立行动:他们或者是与资产阶级在一起,或者是与无产阶级在一起。当资产阶级脱离革命或者暗中反对革命的时候,中间剥削阶层就会受到无产阶级的革命影响。在这种情况下,中国革命在当前阶段的动力就是无产阶级、农民和小资产阶级的革命联盟,同时无产阶级在这一联盟中应起主导作用。

三、民族革命与农民

9. 农民问题在目前革命发展的过渡时期开始表现出尖锐的形式。这是当下的中心问题。坚定地去解决这个主要问题并能够提供根本性答案的那个阶级将成为革命的领导人。在中国这种局面下，无产阶级是唯一能够从根本上解决农民问题的阶级，是战胜帝国主义和革命进一步发展的前提。

中国军阀的力量在于，他们一方面有外国的帝国主义撑腰，另一方面有土豪劣绅的支持。军阀者的统治是依靠半封建的奴役制度，通过军事—官僚的权力机构、地主、乡绅、放高利贷者来压迫和剥削千百万农民大众，这个制度寄生在无地和少地的农民身上，他们被迫去服徭役，去城里当苦力，到军队充壮丁。推翻帝国主义压迫、消灭一切旧的封建关系残余，实现民族解放，争取对有机结合在一起的国内关系和社会关系进行革命改造，这是中国革命的唯一任务。为了彻底推翻军阀，作为斗争的一部分，必须与帝国主义开展占人口多数的农民的经济和政治斗争。认为农村阶级斗争的激化会削弱统一的反帝联盟的担心是毫无根据的。导致国民革命第二军失败的并不是反革命的力量，而是不满农民的起义，这证明局势本身的危险性。对革命来说，最危险的莫过于缺少大胆的、能够满足农民群众所有客观的政治和经济要求的解决农民问题的办法。拒绝在民族解放运动的纲领中把农民革命问题放到显著位置，是由于害怕资本家阶级的某个阶层的摇摆不定和不诚实合作，这是不对的。这不是无产阶级的革命政策。共产党人决不要犯这样的错误。

10. 目前局势的根本特征是过渡性，在这个时候，无产阶级要在两个前途之间进行选择：或者与资产阶级的大多数阶层联合，或者进一步巩固与农民的联盟。如果无产阶级提不出一个彻底的农民纲领，它就不能够把农民吸引到革命斗争中来，就会在民族解放运动中丧失领导权。受到帝国主义直接或间接支持的资产阶级就会重新扮演领导角色。在当前局势下，这种可能性会使外国资本在中国的地位得到巩固，并进而促使资本主义的稳定。

只要不把农民问题与民族解放事业联系起来，广东国民政府就不能掌握革命政权，也不能取得对外国帝国主义和本国反动势力的全面胜利。农村地区日益加速的阶级分化过程使农民与剥削阶级之间的斗争激化。这种阶级分化以及由此引发的激烈斗争要求共产党给予密切关注，共产党应该领导农民运动并通过提出相应的经济和政治口号开展运动。

11. 我们承认，作为农民纲领的基本要求，中国共产党应该提出土地国有化的要求，现在必须针对中国不同地域的经济和政治特点，把农民策略突出体现出来。

有关农民运动中提出的政权问题，中国共产党应该支持乡绅和农村官吏自治的要求，用基层革命政权机构代替旧的半封建官吏制度，通过这些机构执行国民政府的法令，保护农民大众的利益，并让农民参与乡镇政权机构的建立。

在国民政府统治区，农民革命纲领必须赋予其具体的形式。中国共产党和国民党必须采取下列措施，把农民引向革命方面：

（1）最大程度地降低地租；

（2）取消农民负担的各种苛捐杂税，代之以一种累进的农业税；

（3）最大限度地调整并降低基本农民群众的税务负担；

（4）没收那些与国民革命军进行内战的军阀者和土豪、地主、劣绅霸占的教会和教堂的土地；

（5）确保借贷者无限期租赁其所耕作的土地，并由农会与革命政权的代表确定地租的上限。

（6）广东政府尽全力保护农民的利益，尤其是保护农民免遭土豪、地主、劣绅的压迫和剥削；

（7）解散民团和其他地主武装；

（8）把贫苦农民武装起来，使所有的农村武装力量全部服从于革命的政权机关；

（9）政府方面要最大限度地支持包括农会在内的农民组织；

（10）实施低廉的国家借贷，与土豪劣绅作坚决的斗争，支持相关的农民互助组织；

（11）政府对合作社和农民互助组织提供帮助。

12. 中国共产党的任务就在于，使广东政府采取的这些过渡性措施引向更高的农民革命阶段。这项至关重要的任务将通过建立共产党领导下的农民委员会来实施。在开展革命的过程中，农民委员会将拥有执行上述措施的威信和力量，提出更彻底的要求。农民委员会将是国民政府和国民军队在农村地区的基础。

在军阀仍然统治的那些地方，共产党的任务在于，领导农民与封建势力、军阀和帝国主义进行斗争。在这些地区，农民中的革命工作将有着特别重要的意义，因为这项工作是消灭反对军队最可靠的途径。

13. 农民对待革命的立场在很大程度上取决于国民革命军的行为。农民会根据他们行为的优劣来评价新政权。他们会根据军队的行为，根据军队对农民和地主的态度以及军队是否准备帮助农民决定自己对新政权的态度。的确，军队所到之处，都受到农民的热烈欢迎。但还有一个事实，这种热情在降温。漫长而艰难的军事行动所提出的需要往往给农民带来新的负担。如果领导运动的共产党人和其他革命分子善于通过正确而大胆的政策减轻农民负担，那农民就会给予国民革命军以更热情的支持。革命军将作为农民革命的旗手在广大农民中间扎下根。

四、共产党和国民党

14. 在农民中间获得影响的迫切必要性也决定着共产党与国民党和广东政府的关系。国民革命政府机构要给出一条真正与农民接近的路，共产党也应该利用这个机构。在前不久刚刚解放的省份，要按照广东政府的模式建立国家机构。共产党人及其革命同盟者的任务是，深入到机构中去，使国民革命的农民纲领得到实际体现。要做到这一点，就要利用国家机构没收土地，降低赋税，赋予农民委员会以实际的权力，从而在革命纲领的基础上进行改革。

15. 由于这个原因，以及许多其他重要的原因，认为共产党似乎应该放弃国民党的观点是错误的。整个中国革命发展过程、中国革命的性质及其前途都要求共产党人留在国民党中，在国民党里加强自己的工作。为了加强自己在国民党里的活动，从而促进革命运动进一步发展，共产党人应该加入广东政府。广东政府成立后，实权已经掌握在国民党的右翼分子手中（六位委员中有五位是右翼）。尽管没有工人阶级的支持广东政府就不能存在，但广东的工农运动甚至也遇到了种种障碍。最近的事态表明，共产党人要进入广东政府，以支持革命的左翼进行反对软弱无能和摇摆不定的右翼政策的斗争。广东政府把权力覆盖到大半个中国就会比以往任何时候都坚决地提出共产党人参加国民政府的问题。

16. 中国共产党应该把国民党发展成为真正的人民党，发展成为一个与帝国主义及其代理人进行坚决斗争的无产阶级、农民、城市小资产阶级和其他受压迫阶层的革命联盟。为此，共产党应该在下列方面行动起来：

（1）系统而坚定地与国民党右翼分子、戴季陶的思想以及想把国民党变成资产阶级政党的想法进行坚决的斗争；

（2）形成左翼，并与左翼紧密合作，不要企图用共产党员代替他们的领导工作，并且

（3）不断对在右翼和左翼之间、在革命未来发展和与帝国主义妥协之间摇摆不定的中央政府进行批评。

五、中国革命的任务及革命政府的特点

17．列宁说过："在世界革命到来之前，争取民族的解放运动是全部民主运动的一部分，然而现在，在俄国的苏维埃革命取得胜利和世界革命阶段开始之前，争取民族解放的运动就成了世界无产阶级革命的一部分。"

中国革命的纲领和革命所建立的革命国家就应该从这个观点的角度来确定。伴随着革命运动发展的阶级分化过程就证明了这个观点。广东政府尽管是资产阶级民主性质的政府，但基本上在客观上仍包含着由无产阶级、农民和城市小资产阶级组成的革命的、小资产阶级国家—民族专政的萌芽。小资产阶级民主运动在中国是革命性质的，因为它是反对帝国主义的运动。说广东政府是革命的政府，首先是由于它的反帝性质。中国革命和革命政府既然是反对帝国主义的，就应该首先捣毁帝国主义政权在中国的根基。拒绝签订不平等条约，取消领土租让并不足以削弱帝国主义的地盘。要打击帝国主义政权的经济基础。也就是说，革命的政府要逐步地将外国资本权属的铁路、租让地区、工厂、煤矿、银行和企业收归国有。此举会使政府立即拓宽资产阶级民主的狭窄界限，进入到向革命专政的过渡时期。这样一来，仅仅把中国革命局限于以下的任务就是错误的：（1）消灭帝国主义和（2）消灭封建残余，因为这个革命在第一阶段具有小资产阶级的性质。中国革命不能消灭帝国主义，也不会超越资产阶级民主的界限。在现有条件下，无产阶级将领导

农民进行革命斗争。无产阶级领导下的消灭封建主义的运动必将变成农民的革命。

有鉴于这些特点,中国革命面临下列任务:

(1) 将铁路和水陆交通收归国有;

(2) 没收外国租借的大企业、煤矿和银行,同时

(3) 将革命的国家要进行彻底改革的土地收归国有。

六、共产党和无产阶级

18. 为了在革命中担任领导角色,中国的无产阶级应巩固自己的阶级组织——政治组织和经济组织。共产党最重要的任务是组织和培养无产阶级承担起这个重任。中国无产阶级人数精干且朝气蓬勃,应该能够成为一支组织严明、思想明确的队伍。

拥有数千万产业工人的全国总工会,以及全国铁路员工和海员联合会,都是共产党的基础。吸引广大工人群众参加这些组织是共产党的迫切任务。在近些年的国民革命斗争中,工人阶级发展成为一支规模庞大的力量。他们在实际斗争中取得了革命运动的主导权。在工人阶级这些传统和成就基础上,要着力在以下方面取得进展:(1) 建立强大的生产联合体,在生产的基础上把这些联合体结合起来,加强中国的工会联合会;(2) 加强在群众中间的工作,加强工会领导机构与中国广大工人群众的联系,同时与产业工人一起吸引小企业的工人和文化工作者参加工会;(3) 更加关注有可能转化为政治斗争的工人的经济斗争;制定罢工运动的策略,组织互助,筹集罢工基金;帮助组建合作社,等等;(4) 通过与改良主义手段作斗争的方式加强对工人的培训工作;(5) 加强中国工会运动与世界工会运动尤其是远东国家工会运动的联系。

19. 为吸引工人群众参加运动并巩固工人在国民革命中的地位，中国共产党应致力于积极促进完成下列要求：

（1）确保革命农民和工人组织的完全自由，工会的合法性，实施先进的有关工会法和罢工法的法律；

（2）工人法律方面：八小时工作制，每周有休息日，最低工资；

（3）社会法律方面：卫生机构和劳动条件，住宅问题，疾病、残疾、失业保险，保护女工和童工，禁止女工上夜班，禁止工厂招收14岁以下童工；

（4）设立工厂检查机构；

（5）取消惩罚制和体罚；

（6）取消工厂内的一切军队和警察部队；

（7）反对失业：通过工会的影响来杜绝失业，组织隶属工会的劳动仲裁所。

20. 在革命的这一阶段，尚未被革命的热情所鼓舞、受帝国主义侵害而破产而敌视外国资本的城市手工业者是最大的源泉。中国无产阶级的共产主义先锋队的任务就是，把他们组织和吸引到民族革命运动的洪流中来，为此中国共产党尤其要在以下两个方面做到：（1）减轻税赋；（2）组织手工业者联合会；（3）组织劳动合作社。

七、中国共产党的组织任务

21. 中国共产党是一支有组织的力量。它有自己的领导人，建立了自己的队伍，拥有自己的群众基础。共产党当前的工作已经拥有相当的规模和稳定的组织形式。共产党在近半年已经在扩大自己的队伍方面有相当的进展，同时，这种进步也主要是由于工人支持的因素。

农民在共产党中间的数量不大，但共产党在当前仍然不断在农民中间开展广泛的工作。

中国共产党当前最重要的任务是扩大、深化、改善和巩固党内的培训工作。

党在组织共青团方面做了大量工作。近来，中国共青团数量有所增长，地方工作比较活跃。青年是中国革命的生力军。如果革命的大学生、工农青年能够在思想上和政治上受到共产党的影响，那他们将在很大程度上加速革命的到来。没有人会像青年人那样深刻而敏锐地感受到帝国主义的压迫，也没有人会像他们那样深切地感受到反对帝国主义压迫的迫切性。中国共产党应全面研究这种情况，也应促使中国共产党加强青年工作。

党的主要任务是争取青年人公开的生存状态。

22. 要进行发展新党员尤其是在工业区发展新党员的工作。发展新党员的工作，既可能通过组织他们参加短期培训，就纲领和策略问题进行专门谈话，也可以通过让他们参加支部日常工作并通过支部参加全部党的工作来进行。

在党组织中要坚决执行集体领导，从党中央到工厂和街道的基层支部。

要更多地让优秀的工人党员参加党的领导工作。最坚定地巩固和扩大党的干部队伍。尤其要注重培养支部书记、群众党团组织的领导、区委和州委的领导班子。中央委员会和区委会要有由优秀的党的地方工作者组成的常设巡视员。

培养开展农村工作的巡视组织干部。

加强基层有积极性的组织、支部、党委全体会议的积极性和自觉性，等等。

巩固党团尤其是工会中、农民联合会中和国民党组织中的党团。

确保党对党团领导的系统性和坚定性。

关于"俄国"问题的决议[1]

共产国际第七次扩大全会讨论了联共(布)反对派联盟并作出如下决议:

1. 联共(布)反对派就其思想内容来说,实质上就是联共(布)党内左的词句掩盖下的右倾危险。

2. 这一危险的主要特征是对苏联发展的内在动力估计不足,表现在否认苏联建成社会主义的可能性。共产国际执行委员会第七次扩大全会认为,苏维埃国家在客观上是国际革命的组织中心。扩大全会明确指出,联共(布)过去和现在的全部工作不是以语言,而是以行动证明了自己的国际主义,为国际主义作出了最伟大的榜样。扩大全会还认为,说联共(布)存在民族局限性纯属诽谤。联共(布)认为,鉴于其全部工作以国际革命为目标,社会主义的最终胜利只能是世界革命的胜利,也只有这一革命才能确保苏联摆脱战争和武装干涉,并进一步加速苏联社会主义建设的速度,联共(布)正确地执行社会主义建设的政策并完全相信,苏联国内拥有建设完全社会主义的"必要的和足够的"条件。否认这一可能性在反对派来说不是别的,而是否认俄国社会主义革命的前提即社会民主倾向。

3. 由于这种否认的态度即这种机会主义的倾向,必然会导致错误评价新经济政策这种系统的撤退——仅此而已(当时,苏联正沿着新经

---

[1] 在第二十七次会议(1926年12月15日)上通过。

济政策的轨道向社会主义方面前进),错误评价苏联的国有企业和整个经济,夸大富农的危险,曲解社会主义在农村的发展,错误评价国家政权的性质(托洛茨基同志的"还远远不是无产阶级国家",以及加米涅夫同志的发言,等等),最终得出无产阶级专政蜕变以及认为联共(布)的恐怖已经达到令人发指的地步,已经濒临反革命的边缘。对联共(布)的所有这些不实之词乃至诽谤,在客观上起到了支持无产阶级专政的敌人和共产主义叛徒(科尔施、马斯洛夫、鲁特·费舍、苏瓦林,孟什维克和社会党人,社会民主党)企图在无产阶级队伍中散布不相信无产阶级革命和建成社会主义可能性的意图的作用。

4. 共产国际执行委员会第七次扩大全会明确提出,实际上,一些反对派头号领导人在社会主义建设最重要的一些问题上的观点已经动摇了无产阶级专政,破坏了对国内资产阶级分子的实际帮助。这些观点包括:实际上意味着降低工资的工业品的高价政策,毁掉切尔文①,打击农村的贫农,帮助富农,国家经济机构官僚化;建议在贸易中取消国有资本,原因是要加强工业建设,这就意味着私人资本可能进入流通,并直接与农民对接,过度**盘剥农民**,这样会破坏社会主义工业的原料基地,破坏工人阶级与农民的联盟,等等。

5. 扩大全会查明施略普尼科夫—梅德维捷夫一伙日益突出的机会主义倾向(反对派集团的组成部分),他们在为社会民主党领导人恢复名誉,在消灭共产国际、工会国际和击退苏联社会主义建设方面都达成了一致。

施略普尼科夫和梅德维捷夫发表声明,删去了纲领中更加露骨的机会主义内容,这再一次证明,联共(布)反对右倾的政策是完全正确

---

① 切尔文:苏联1922年至1947年流通的面额为10卢布的货币,相当于旧俄时期的十个金币,每个金币含有7.74234克黄金。——编者注

的，反对派及其同盟者是联共（布）党内右倾危险的策源地。

6. 扩大全会明确提出，这样，联共（布）党内的反对派实质上是党内的右倾危险。他们破坏党的最基本原则并反对党，在理论上和实践上偏离了列宁有关组织问题的学说，在联共（布）党内被彻底粉碎后，甚至在投降后（见10月16日的声明）他们还极力把斗争矛头指向其他的党，这一切都表明，反对派最终是为共产主义的敌人效力的。

7. 综上所述，共产国际执行委员会扩大全会责成共产国际各支部，既要坚决与联共（布）党内反对派和其他党内追随者各种破坏共产国际的思想团结和组织团结的企图作斗争，又要与反对派利用我们的对手所进行的宣传对我们各国党争取广大无产阶级群众参加革命和社会主义工作所造成的极其恶劣的后果和影响作斗争。在帝国主义国家企图进攻苏联、在社会民主党打着和平主义的幌子支持这种倾向以及共产主义的叛徒（科尔施、施瓦尔茨，等等）公开鼓吹苏联反对帝国主义有害无益的时候，这场与反对派的斗争就显得尤为重要。

共产国际执行委员会扩大全会还责成各支部尤其是联共（布）支部，采取一切手段确保列宁党这个世界上第一个无产阶级国家领导者的团结。

8. 扩大全会通过了联共（布）第十五次代表会议关于反对派集团的决议，决议谴责了反对派集团的纲领和活动，认为这是社会民主主义倾向的表现，是对联共（布）团结的威胁，并建议将联共（布）第十五次会议决议作为共产国际执行委员会第七次扩大全会的决定作为本决议的附录。

关于联共（布）党内的反对派集团

联共（布）中央委员会一致通过并批准的全苏第十五次党代表大会决议①

过渡时期的本质特征是帝国主义国家与我们国家之间的斗争以及我们国内社会主义成分与资本主义成分之间的斗争复杂化。

如果说，世界资本对我国的经济围困、政治孤立、伪装下的封锁，以及它们借助苏联工人对西方参加斗争的工人和东方被压迫民族直接报复的各种企图对我们的国内秩序造成困难的话，那么，我们国家从恢复时期向依靠高技术进行的工业和经济改革的过渡时期，以及由此引发的我国社会主义成分与资本主义成分之间的斗争就会给我们的国内秩序造成困难。

党已经看到这些困难，并有能力克服这些困难。在数百万无产阶级大众支持下的党已经在克服这些困难，并坚定地领导全国人民走在社会主义的道路上。但并不是所有的党的成员都相信我们有进一步前进的能力。的确，我们党还有少数人畏惧困难，有些疲惫和动摇，垂头丧气，甚至产生悲观和失望情绪，他们不相信无产阶级的创造力，产生了投降主义思想。

从这一意义上说，当前这种转折阶段在某种程度上有点像1917年十月革命的转折阶段。1917年10月的时候，情况相当复杂，处于从资产阶级革命向无产阶级革命过渡的困难时期，党内有些人产生了动摇和

---

① 根据1926年12月召开的共产国际执行委员会第七次全体会议决议，本决议作为《关于"俄国"问题决议》的附录。

悲观情绪，不相信党能够夺取政权，也不相信无产阶级能够巩固政权（加米涅夫和季诺维也夫）。现在也是这样，处于过渡时期，处于向社会主义建设的新阶段过渡时期，我们党内有些人不相信我国社会主义成分能够战胜资本主义成分的可能性，不相信苏联胜利建设社会主义的可能性。

反对派集团的出现就是我们党内这些悲观失望情绪的表现。

党看到了这些困难并有能力克服这些困难。但为了与这些困难作斗争，首先就是要克服我们党内这些悲观失望情绪和投降主义思想。

反对派集团在他们1926年10月6日的一份文件中表示放弃派性，与联共（布）党内明显的孟什维克划清界限并声称，他们仍然坚持以前的根本立场，不改正他们的根本错误，并在党章范围内捍卫他们的这些错误观点。由此可见，反对派集团仍然想在党内坚持悲观失望和投降主义观点，仍然想在党内宣传他们这些错误观点。

因此，党目前的任务是揭露反对派集团，他们这些基本观点是完全站不住脚的，是与列宁主义观点不相符的，并且要在思想上与反对派的根本错误进行坚决斗争直至最终完全改正这些错误。

1. "新反对派"在有关我国革命性质和前途问题上向托洛茨基主义的转变

我们党认为，我国革命是社会主义革命，十月革命不但是西方社会主义革命的信号、动力和开端，而且还首先是世界革命进一步发展的基础；其次是开创了向苏联从资本主义向社会主义的过渡时期（无产阶级专政）。当然，在这一阶段，只要国际无产阶级运动和苏联无产阶级的力量足够强大，足以抵抗帝国主义的武装干涉，只要无产阶级执行正确的农民政策，我们就能够成功建成完全的社会主义社会。

托洛茨基主义对我国革命的性质和前途问题上完全持另一种观点。尽管1917年托洛茨基主义与党同路，但他们认为并仍然这样认为，我国革命**本身就其实质来说**不是社会主义革命，认为十月革命**仅仅**是西方社会主义革命的信号、动力和开端，说如果世界革命推迟爆发，西方节节胜利的社会主义革命在最近阶段仍不成熟的话，俄国的无产阶级政权就会垮台，或者在无产阶级和农民不可避免的冲突压力下发生彻底改变（两者都有可能）。

作为组织十月革命的党当时认为，"社会主义可能首先在少数甚至在单独一个资本主义国家内获得胜利，这个国家的获得胜利的无产阶级既然剥夺了资本家并在本国组织了社会主义生产，就会奋起同其余的资本主义世界抗衡，必要时甚至用武力去反对各剥削阶级及其国家。"①相反，在十月革命期间与布尔什维克合作的托洛茨基主义却认为，"比如说，革命的俄国能够在保守的欧洲面前支持下来"，是不切实际的……②

党当时认为，苏联具备"建成完全的社会主义"所"必需的"和"足够的"一切③（列宁《论合作社》），相反，托洛茨基主义认为，"俄国社会主义经济的真正高潮只有无产阶级在欧洲几个最重要的国家内获得胜利以后，才会是可能的。"④

党当时认为，"只要在10—20年内和农民保持正常的关系，就能保证全世界范围内的胜利"⑤，相反托洛茨基主义认为，在世界革命取得

---

① 《列宁选集》中文第3版第2卷第554页。——编者注
② 托洛茨基：《和平纲领》第3卷第1章第90页，1917年8月第1版。
③ 《列宁选集》中文第3版第4卷第768页。——编者注
④ 参见托洛茨基1922年为他本人所著《世界和平》一书写的跋，见托洛茨基《世界和平》第3卷第1章第93页。
⑤ 《列宁选集》中文第3版第4卷第378页。——编者注

胜利之前，无产阶级不可能与农民保持正常的关系，掌握政权后的无产阶级"不但会与革命斗争初期支持自己的所有资产阶级集团发生敌对冲突，而且还会与他们夺取政权时支持自己的农民发生冲突"，因为"在落后国家，工人政府与大多数农民的矛盾状态只能在无产阶级革命的世界舞台这一国际范围内得到解决"。①

代表会议明确提出，托洛茨基同志及其志同道合者在我国革命性质和前途问题上的这些观点与我们党的观点和列宁主义的观点没有任何共同之处。

代表会议认为，这些观点贬低了我国革命作为世界革命运动发展基础的历史地位和分量，削弱了苏联无产阶级继续建设社会主义的意志，并进而阻碍国际革命力量的发展，因此是与共产国际真正的国际主义原则和基本方针相悖的。

代表会议认为，托洛茨基同志及其志同道合者的这些观点与以奥托·鲍威尔为代表的社会民主党的观点相当接近，后者认为，"俄国的无产阶级只占全国的一小部分，他们掌握政权只能是暂时的"，认为"只要农民群众在文化方面成熟到足以将政权掌握到自己手中后，俄国无产阶级就会重新失去政权"，认为"农业俄国所搞的工业社会主义的临时统治仅仅是引导西方工业社会的无产阶级进行斗争的旗帜而已"，认为"只有俄国工业社会主义保持长期统治，才能确保西方工业社会的无产阶级掌握政权"。②

因此，代表会议将托洛茨基同志及其志同道合者的此类观点定义为我们党在关于我国革命性质和前途问题上的**社会民主主义倾向**。

第十四次代表大会（讨论了"新反对派"的基本观点）后联共

---

① 参见托洛茨基1922年为他本人所著《1905年》一书写的序。
② 奥·鲍威尔《布尔什维主义还是社会民主主义》（德文版）。

（布）党内关系发展的实际状况是：过去反对托洛茨基主义和我们党内社会民主主义倾向的"新反对派"（季诺维也夫同志和加米涅夫同志）转向托洛茨基的思想立场上，他们彻底放弃了自己过去坚持的全党立场而向托洛茨基主义投降，现在完全用当时**反对**托洛茨基主义的那一套来**拥护**托洛茨基主义。

"新反对派"转向托洛茨基主义表明了两种情况：一是面对过渡时期出现的新困难，"新反对派"的志同道合者中间出现了不同于无产阶级的疲惫、动摇等悲观失望和投降主义情绪，同时，加米涅夫同志和季诺维也夫同志的这种动摇，作为十年前1917年十月革命期间面对当时过渡时期的困难出现的反复和动摇如出一辙；二是"新反对派"在第十四次代表大会上的全面失败，以及同时出现的决议与托洛茨基分子联合，目的是把托洛茨基分子和"新反对派"这两个团伙联合起来，以弥补他们弱于无产阶级群众的差距和不足，从而使托洛茨基主义的思想立场与"新反对派"当前的悲观失望情绪完全吻合。

这也可以解释为，反对派集团变成了遭到党和共产国际批判的联共（布）党内外形形色色反动思潮——从联共（布）党内的"民主集中派"和"工人反对派"到德国极左派机会主义分子和法国苏瓦林派的取消派分子——的大本营。

这是构成托洛茨基派和"新反对派"基础的政治上的不择手段和无原则，没有这些，他们是不可能把各类反党集团聚到一起的。

这样一来，托洛茨基分子为一方，"新反对派"为另一方，他们必然在社会民主主义倾向和无原则地联合各类反党分子的这个**共同的**舞台上相遇，以一种类似八月联盟派分子（1912—1914年）那样的新形式组成反对派集团。

2. 反对派集团的实际纲领

反对派集团的实际纲领是他们在我国革命性质和前途问题上主要错误的直接继续。

反对派集团的实际纲领的最重要特征主要表现在以下几个方面：

(1) **国际运动问题**。党认为，发达的资本主义国家总体上正经历着部分的和暂时的稳定，当前时期是国际革命时期，共产党人的责任是领导无产阶级准备即将到来的革命，徒劳地企图筑牢稳定根基的资本的进攻不能不引起相应的斗争和工人阶级反对资本的力量的联合，共产党应加入到如火如荼的阶级斗争中，要把资本的进攻变成无产阶级反进攻、争取无产阶级专政的工具，为达到这一目的，共产党应把日益接近改良派工会和第二国际的工人阶级争取过来，这样一来，统一战线政策对共产党来说，就成为必要的和必须的政策。

反对派的出发点是截然不同的。反对派集团不相信我国革命的内在力量，在世界革命推迟爆发之际陷入悲观失望的情绪，他们从马克思主义分析革命力量对比的基础滑向"极左"的自欺欺人和"革命的"冒险主义，否认资本主义存在部分的稳定，从而滑向盲动主义。

反对派因此要求重新研究统一战线策略，解散英俄委员会，他们不理解工会的作用，提出用杜撰的无产阶级"革命"组织来代替工会的口号。

反对派因此支持共产国际中那些极左派夸夸其谈的人和机会主义分子（如德国共产党）。

代表会议认为，反对派在国际方面的政策不符合国际革命运动的利益。

(2) **苏联无产阶级和农民问题**。党认为，"专政的最高原则是维护无产阶级同农民的联盟，使无产阶级能够保持领导作用和领导权"，①无产阶级能够并且应该像1917年十月革命中在政治上、在推翻资产阶级政权和确立无产阶级专政方面领导农民一样，在经济上、在社会主义建设方面领导农民群众，国家的工业化也只有依靠大多数农民（贫农和中农）物质条件的逐步改善才能实现，因此，应该执行能够巩固农业与农民经济结合、巩固工人阶级与基本农民群众的联盟的经济政策。

反对派的出发点是截然不同的。他们背弃了列宁主义在农民问题上的基本路线，不相信无产阶级在社会主义建设事业中对农民的领导作用，把农民看做是主要敌对阶层，因此，反对派提出的经济和金融措施只能破坏城乡的结合，摧毁工农联盟，从而破坏真正工业化的可能性。比如，他们建议：①提高工业品出厂价格，这样的话，不能不引起批发价格提高、贫农和大部分中农的贫困化、国内市场容量缩小、无产阶级与农民出现分歧、切尔沃涅茨汇率下降，最终导致实际工资下降；②反对派建议最大限度地向农民征税，这不可能不在工农联盟之间造成裂痕。

代表会议认为，反对派对待农民的政策不符合国家工业化和无产阶级专政的利益。

（3）打着反对党内社会主义的幌子来反对党的机构。党认为，党的机关和党员群众是一个统一的整体，党的机关（中央委员会、中央监察委员会、党的地方组织、省委、市委、县委、基层支部，等等）全面体现了党的领导成分，党会把无产阶级的优秀分子安排到党的机关，他们犯了错误就要批评，要"泼冷水"，但是绝不能冒着瓦解党、解除党的武装的危险姑息迁就他们的错误。

相反，反对派根据党员群众与党的机关对立这一点，竭力贬低党的

---

① 《列宁全集》中文第2版第42卷第49—50页。——编者注

机关的领导作用，认为党的功能是收发员和宣传员，唆使党员群众反对党的机关，诋毁党的机关，从而削弱党的机关在国家领导中的地位。

代表会议认为，反对派的这种政策与列宁主义毫无共同之处，它只能在党反对国家机关官僚主义的斗争中把党搞垮，因为这个机构真真正正做了实事，更因为它巩固了无产阶级专政。

（4）打着反对党内民主的幌子来反对党的制度。党认为，"谁哪怕是把无产阶级政党的铁的纪律稍微削弱一点（特别是在无产阶级专政时期），那他事实上就是在帮助资产阶级来反对无产阶级"，[①] 实行党内民主不是为了削弱和破坏党的无产阶级纪律，而是为了巩固和加强党的纪律，没有党的铁的纪律，没有得到数百万无产阶级群众理解和支持的党的严格制度，就不可能有无产阶级专政。

相反，反对派根据党内民主与党的纪律的对立，混淆派别自由与党内民主的关系，竭力利用这种民主来破坏党的纪律，制造党内分裂。当然，反对派号召反对党的"制度"，事实上是号召保护党内的派别自由，更是国内反对无产阶级专政分子用来摆脱无产阶级专政制度的救命稻草。

代表会议认为，反对派反对党的"制度"的斗争与列宁主义的组织原则毫无共同之处，它只能破坏党的团结，削弱无产阶级专政，给极力削弱和破坏专政的反无产阶级势力以充分自由。

反对派集团硬要在今年10月进行全苏大讨论，以此作为破坏党的纪律、激化党内斗争的手段之一。代表会议认为，必须在我们党的理论杂志上对有分歧的问题进行自由讨论，认为每一位党员都有权对我们党的工作中的不足进行批评，但同时引用列宁的话指出，我们党不是清谈馆，是无产阶级的战斗组织。代表会议认为，只有在下列情况下才有必

---

① 《列宁选集》中文第3版第4卷第155页。——编者注

要进行全苏大讨论：（1）假如中央委员会在党的政策这样一些最重要的问题上没有达成多数一致意见时；（2）尽管从一定观点上来说达成多数一致的意见，但中央委员会仍然认为有必要通过党内讨论的方式来检验政策是否正确时。在这两种情况下，在中央委员会作出相应决定后，才能进行全苏大讨论。

代表会议明确指出，在反对派集团提出进行全苏大讨论时，上述两种情况均不存在。

代表会议因此认为，党的中央委员会认为讨论不可行，并谴责反对派集团在党已经对问题作出决定后仍让全党进行讨论，党中央的这样做法是完全正确的。

代表会议对反对派集团的行动纲领分析后认为，这个纲领表明，反对派在一些最重要的国际和国内问题上已经偏离了无产阶级革命的阶级路线。

3. 反对派集团的革命语言和机会主义行动

反对派集团的本质特征是，他们其实是我们党内社会民主主义倾向的代表，事实执行着机会主义政策，然而却极力在自己的讲话中使用革命的词语，尽量"从左面"批评党，竭力披着"左的"外衣。这可以解释为，反对派主要想拉拢的共产主义无产者是最革命的无产者，他们拥有良好的无产阶级传统，根本不会听那些明目张胆的右翼分子的话，因此，反对派为了推销自己机会主义商品，不得不给它贴上革命的标签，他们很清楚，只有在这种伪装下，才能吸引革命无产者的注意。

但反对派毕竟是社会民主主义倾向的执行者，他们实际上捍卫的是机会主义的政策，所以机会主义倾向的语言和行为必然会发生冲突。这就是机会主义倾向的内在矛盾所在。这就是语言和行为之间、革命话语和机会主义行为之间的冲突。

反对派大吵大嚷地"从左边"批评党和共产国际，同时建议重新研究统一战线政策，解散英俄委员会，脱离工会，代之以新的"革命的"组织，希望以此推进革命，事实上是通过这些来帮助托马斯和乌德格斯特，使共产党脱离工会，削弱世界共产主义的地位，也许是延缓革命运动。在语言上是"革命的"，而事实上是托马斯和乌德格斯特的帮凶。

反对派大吵大嚷地"从左边"对党进行"痛骂"，同时要求提高工业品价格，以为这样就会加快工业化，事实上，这样只会造成国内市场的无序，工业与农民经济的背离，切尔文汇率下降，实际工资的降低，甚至也许是对整个工业化造成破坏。口头上叫喊支持工业化，实际上是破坏工业化的帮凶。

反对派指责党不愿意与国家机关的官僚主义作斗争，同时建议提高出厂价格，显然是以为，提高出厂价格与国家机关的官僚主义问题没有关系，事实上，这样做会导致国家经济机构的全面官僚化，因为高的出厂价格是工业和经济机构衰败的最有效手段。口头上叫喊反对官僚主义，实际上是国家机构官僚化的执行者。

反对派叫嚷反对私人资本，同时建议从流通领域中抽出国有资本，以利工业，认为这样就可以打垮私人资本，实际上，这样做只能全面加强私人资本，因为从作为私人资本的主要活动范围的流通领域抽出国有资本后，贸易就要由私人资本全面掌控。口头上叫喊与私人资本作斗争，实际上是在帮助私人资本。

反对派叫嚷党的机构存在腐败，事实上，当中央委员会提出开除一名真正腐败的党员奥索夫斯基先生时，反对派却对这位先生表现出极大的同情，反对开除他。口头上反对腐败，实际上是腐败的帮助和庇护者。

反对派叫嚷党内民主，同时要求进行全苏大讨论，认为这就是实现了党内民主，实际上，他们是以一小撮反对派的名义把讨论强加给全党的大多数，实施了摧毁一切民主的最卑劣的行径。口头上叫喊党内民主，实际上是破坏一切民主的原则。

在我们所经历的工人运动激烈的阶级斗争阶段，在两种可能的政策中，只能有一种政策：或者是少数派政策，或者是列宁主义政策。反对派打着"左的"、"革命的"的幌子，在批评联共（布）的声浪高涨之际，他们想在两种对立的路线之间搞中间路线的种种企图必将使反对派集团滑向反对列宁主义的阵营。

联共（布）和共产国际的敌人非常清楚反对派"革命"词句的分量。因此，他们根本没有理睬反对派说的话，他们一致夸赞反对派的反革命行为，把反对派反对联共（布）和共产国际基本方针的口号作为他们自己的口号。这个事实绝非偶然，社会革命党和立宪民主党，俄国的孟什维克和德国的"左翼"社会民主党，他们都认为可以公开对反对派的反党斗争表示支持，他们同时还希望，反对派联盟的斗争会分裂，让革命的敌人欣喜的是，分裂会把我国反无产阶级的势力发动起来。

代表会议认为，党应该密切关注揭露他们的"革命"面具，揭穿反对派集团的机会主义本质。

代表会议认为，党要像保护自己的眼睛那样来保持队伍的团结，认为我们党的团结是反对形形色色革命的敌人的反革命谰言的主要措施。

4. 结 论

总结上一阶段党内斗争，联共（布）第十五次代表会议明确指出，党在这场斗争中思想上有了很大提高，对反对派的主要观点进行了批驳，迅速而坚决地取得了对反对派的胜利，迫使反对派公开放弃派别，与联共（布）党内外的机会主义团伙划清了界限。

代表会议明确指出，鉴于反对派集团迫使党进行大讨论，破坏党的团结，广大党员更要紧密团结在中央的周围，与反对派集团划清界限，确保我们党的队伍的团结和统一。

代表会议明确指出，只有在联共（布）广大党员的积极支持下才能取得这些成绩，广大党员在反对反对派的破坏活动的斗争中的良好表现证明，党是在真正的党内民主基础上生存和成长的。

代表会议完全同意中央委员会在争取团结斗争中的政策，认为党在今后工作中应做好以下工作：

（1）要确保党的团结所必须的基础措施得到真正的落实；

（2）要与我们党内的社会民主倾向作坚决的斗争，要把反对派的主要观点向群众作解释，要把这些观点的机会主义内容摆出来，不管他们用怎样"革命的"词句作掩盖；

（3）要让反对派集团承认这些观点是错误的；

（4）尽全力确保党的团结，要消除一切恢复派性和破坏纪律的种种企图。

共产国际向荷兰无产阶级发出的呼吁书[①]

在荷兰共产党上一次党代表大会上被开除的怀恩科普,冒用共产国际的名义,把前不久他自己建立的新党说成是共产国际的一个支部。共产国际执行委员会扩大全会认为,自己有义务提醒荷兰无产阶级警惕怀恩科普、拉维斯泰因之流的虚假手段。怀恩科普的机构刊物称,他和拉维斯泰因是被"强力"开除的。实际上,怀恩科普、拉维斯泰因之流在一些主要问题上早就与世界上的共产党发生了重大分歧。怀恩科普、拉维斯泰因近些年在政治上的全部演化进程已经逐渐脱离了共产国际的革命原则和实践。1922年底,怀恩科普在荷兰议会上把社会民主党这个背叛的党说成是我们的兄弟党,并问道:"难道我们这两个致力于工人运动、信奉马克思主义学说的社会主义政党,就不能找到一个纲领?没有任何政治理由,没有任何重大理念妨碍我们这两个反对资本主义的政党找到组成政府的共同纲领。"

在怀恩科普的这个讲话中已经很清楚地昭示了他未来的政治目标。的确,当前没有任何统一的政治理念,没有任何统一的重大动机把怀恩科普、拉维斯泰因与社会民主党分开;怀恩科普赞同麦克唐纳政府的一切和平主义幻想;1923年他以纯粹的社会民主党人的口气说,无论是苏联还是德国的无产阶级,对德国革命都不关心。

怀恩科普和拉维斯泰因从来没能摆脱社会民主党对待被压迫民族的

[①] 第二十八次会议上通过(1926年12月16日)。

那种帝国主义的高傲姿态。拉维斯泰因在议会中的一次讲话中（1925年1月）还假惺惺地劝告荷兰帝国主义政府："我要对政府说：别走这条路了，现在还不晚；我们也认为，面对即将爆发的风暴，政府还是以和平手段预防为好。"

拉维斯泰因企图阻止荷兰资本主义插手印度尼西亚起义，他这样做并不是为了保护印度尼西亚人民的独立。拉维斯泰因在议会表决时不同意取缔将进一步严重剥削印度尼西亚的这个可耻的法令。他和社会民主党一起在议会上表示："十分清楚的是，不能立即取缔这个法令，这还需要两到五年的时间。"

怀恩科普以其错误的工会政策、在极端机会主义和极端宗派主义之间摇摆不定，在领导党的事业中表现出的悲观失望情绪，阻碍了荷兰共产党与广大无产阶级群众接近的过程，阻碍了无产阶级了解共产国际思想发展的过程。荷兰共产主义运动的停滞不仅是由于客观存在的困难，还有被怀恩科普和拉维斯泰因所宣传的党中央的消极和宗派主义行为。的确，怀恩科普几十年前就与社会民主党分道扬镳了，但实际上他根本没有摆脱社会民主党的基本观点。他还不是一个革命者，还不是一个忠诚于世界革命的党——共产国际——的党员。他在荷兰共产党内经历了真正的专制制度，当时他们根本不服从共产国际的国际主义原则和民主集中制。

公开背叛共产国际后，怀恩科普以此表明了他反对共产主义的真实嘴脸。在怀恩科普负责的机关刊物上，拉维斯泰因负责谩骂共产国际，指责共产国际执行委员会排挤迫害"犹太人"，大谈莫斯科的"指令"，厚颜无耻地诋毁共产国际，说共产国际是"一座有严格教规、有明确信仰、有传教士和教徒的新教堂"。拉维斯泰因甚至在有德国人工作的机关刊物上以极其恶毒的语言攻击共产党，简直是无耻之极。他们希望以此来向"广大公众"解释他们攻击谩骂的理由，但实际上他们在诋毁无产阶级革命政党的同时，是在向资产阶级发出呼吁。怀恩科普和拉维斯泰因的报纸还把苏联的无产阶级专政与意大利墨索里尼的法西斯专政相提并论，说什么，"在政治教堂（共产国际）根本不可能有独立的观点"。

共产国际声明，在世界革命政党的队伍中不可能有独立于无产阶级和革命的"独立"观点。

当怀恩科普和拉维斯泰因必须在他们虚假的观点、危险的机会主义观点、宗派主义立场和共产国际的特征之日作出选择时，他们选择了背叛。一开始他们还有些胆怯，在关系破裂后还成立了一个委员会用于"向共产国际申诉"。但他们从未向共产国际就自己经扩大全会批准被荷兰共产党开除一事发出过任何申诉。尽管多次请他们去莫斯科，但他们都没有去。他们也没有利用扩大全会的会议进行申诉。他们很快就从胆怯转向了无耻。他们组建了自己的"政党"，开始出版自己的机关刊物，还在选举中提出了与我们党候选人对立的候选人。

共产国际执行委员会扩大全会声明，共产国际与怀恩科普和拉维斯泰因没有任何共同之处。我们向被怀恩科普和拉维斯泰因之流蒙骗却仍然执迷不悟的所有工人呼吁，请你们相信共产国际。这些工人是被蒙骗的。怀恩科普的阵营是叛徒的阵营，革命的责任会使他们放弃，怀恩科普，回到荷兰共产党中来。

我们兄弟的芬兰共产党虽然人数不多，但它仍然要克服重重困难，他们面对的不但有强大的国家政权，还有强大而危险的芬兰社会民主党。我们向全体荷兰工人呼吁，希望他们跟着荷兰共产党参加到被压迫的和在英勇的起义中流血牺牲的印度尼西亚人民争取自由和独立的斗争中来，并在斗争中支持荷兰共产党。

荷兰共产党万岁，荷兰共产国际统一支部万岁！

芬兰无产阶级的革命团结万岁！

为印度尼西亚的解放，同荷兰帝国主义进行斗争吧！

关于德国共产党党内状况的决议[①]

1. 极左派领导人进行的无情的派别斗争使德国共产党在近一年内付出极大的精力来保护党的团结，使正确的列宁主义党的路线不受极左路线的破坏。在这次党内斗争中，德国共产党在现在的党中央的领导下，还是取得了下面一些决定性的成绩：

（1）消除了党的敌对派别分裂党的威胁，因此，现在组成新的极左政党的想法本身已经是极其荒谬的。

（2）企图在左的词句掩盖下分裂党并公开散布反党言论的卡茨、科尔施、施瓦尔茨、鲁特·费舍、马斯洛夫、肖勒姆之流破坏分子在政治上已经被摧毁，在被开除出党后，他们已经失去全体共产主义工人的信任。

（3）大多数党员都能全面认识中央委员会和执行委员会路线的正确性。许多以前相信极左派领导人讲话的诚实的革命的左派工人，现在都被争取到了党和共产国际方面。

在全体党员群众和基层组织中间，在最小的生产单位的支部，都进行了广泛的解释工作，在讨论中，苏联无产阶级专政的基本问题以及德国革命和德国共产党当前的紧迫任务比以往德国共产党历次讨论中提出得都更加明确和尖锐。

2. 如此说来，德国共产党战胜极左翼反对派的任务就成了党最艰

[①] 受全会委托，共产国际执行委员会主席团1927年1月7日通过。

巨的任务。最终的结果已经很清楚。现在大家都看到，德国共产党内的极左翼反对派在不远的将来将被彻底铲除。但现在，尽管极左翼反对派已经相当虚弱、溃不成军，尽管数量不多，但在反对派中的工人成员中仍存在着极左倾的和不切实际的观点。尽管这些工人不相信那些极端的派别分子，无论如何都不想与党决裂，但他们还是没有与一些左右摇摆的反对派团伙彻底决裂。这些同志的主要错误在于，他们错误地认为，韦伯和克特等人所极力维护的反对派纲领其实是完全不同的、甚至是好于马斯洛夫—鲁特·费舍或者科尔施的纲领的东西。

3. 韦伯和克特这伙人与马斯洛夫—鲁特·费舍团伙只是在策略上和一些个别次要问题上的观点不同而已，从根本上都是在为他们彻底的反共产主义的虚假观点作辩护。"韦丁反对派"领导人在一些最重要的问题上进行着派别蛊惑宣传，这种宣传就其内容来说，与被党开除的这些敌人的反共宣传没有什么区别。比如说，他们散布的一个众所周知的谎言是关于苏联的无产阶级专政"腐化"和对富农和耐普曼分子的"软弱"。他们还传播谣言，说共产国际正在执行"消灭"政策，背叛了英国的罢工，甚至背叛了世界革命。他们把德国共产党的政治方针说成是机会主义的和取消主义的；他们蛮横无理地说，德国共产党的领导就是要消灭社会民主党。很清楚，反对派领袖自己都不能相信这些无稽之谈和恶毒诽谤。他们还不至于如此蛮横无理。但是去年夏天和秋天，一方面是受到俄国反对派盲目的派别讲话的影响，另一方面也是受到科尔施、施瓦尔茨、鲁特·费舍和马斯洛夫这伙党的敌对分子反共宣传的影响，他们倾向于认为，在对党和共产国际发起的派别战争中，进行任何诽谤都是可以的，使用任何武器都没有问题。假如韦伯和克特没有提出俄国二次革命的口号，得出这一结论所必需的材料就会出现在他们的纲领中。

4. 当然，韦丁反对派在一些方面还是与鲁特·费舍、乌尔班斯、科尔施和施瓦尔茨这伙人有些不同。后面这些人是明目张胆地破坏德国共产党，变成了党纯粹的叛徒和敌人。"韦丁反对派"至少是原则上承认党章的基本内容，至少还遵守党的纪律。这里最重要的意义在于，"韦丁反对派"中间还有一些诚实的革命的（尽管被蒙骗）工人，他们根本不想离开党，或者说不想给党造成损失，他们根本不相信科尔施、马斯洛夫、鲁特·费舍之流。看不到这个区别是错误的。正是由于这些区别，党对"韦丁反对派"的态度就要有别于对待党的敌人和叛徒的态度。党的任务首先是尽一切努力向韦丁反对派说明他们在立场上的错误。德国共产党应该在党章框架内的同志式的讨论中，把这一派中的工人同志拉到列宁主义的观点上来。

5. 同时，"韦丁反对派"中的所有同志都要作一下认真的总结，他们如果继续进行派别斗争的话，在客观上只能给共产主义运动带来损失，因为党的所有敌人，从资产阶级和右翼的社会民主党，到极左翼领导人，他们都在竭力利用韦丁反对派的派别鼓动宣传来打击德国共产党，这就像社会民主党的领导人极力把俄国反对派托洛茨基主义的观点（韦丁派也在传播的）作为反苏和反共诽谤的"论据"一样。维护托洛茨基主义的极左分子的"结盟讲话"，除了给苏维埃俄国和共产国际的敌人以外，不能给任何人带来好处。极左派的派别活动造成（与发起人的愿望相背）极右的后果。首先来说，极左翼反对派的活动阻碍了共产党争取广大无产阶级并使之革命化的斗争进程。

6. 因此，"韦丁反对派"的首要的共产主义任务就是，把派别活动融入德国共产党的统一战线。没有党的战斗队伍的团结，没有严格的革命纪律，就不可能战胜我们的阶级敌人。

"韦丁反对派"的领导人要把永远断绝与那些被党开除的和与党敌对的分子的联系。他们要公开地反对被开除的叛徒的取消派立场，他们认为德国共产党不是一个统一的政党，而是一个东拼西凑的团体和政党的大杂烩，这和社会民主党对党的看法是一致的。假如"韦丁反对派"领导人不与这些破坏分子决裂，不服从德国共产党和共产国际的决议，一切行为的后果将由他们自己承担。

德国共产党面临的任务是，通过同志式的教育工作向这一派别的所有追随者证明，共产国际和共产国际的敌人之间不可能达成任何重大的方针，不可能有任何中间立场，在这两个阵营之间必须有彻底而明确的选择。

7. 彻底巩固德国共产党这项工作取得成效的最重要前提是，提高党的积极性，与资产阶级作斗争，包括德国社会党左翼领导人在内的德国社会党实际上只是用左的词句掩盖其反革命的本质（就像被开除的共产主义的叛徒一样）。

近来，德国共产党进行了三次大规模群众性活动：党领导1500万劳动者无偿剥夺贵族财产，组织失业工人的工作，其中党首先确保了对数百万失业工人的领导，筹备和组织劳动者代表大会，工作相当富有成效。

尽管党的工作遭到极左翼领导人的破坏，德国共产党的影响和组织能力近年来并未损失，相反，德国共产党对无产阶级的影响相当大，其组织能力至少是部分地增强了。党员人数增加；在一些最重要的工厂委员会选举、工会机构选举和议会选举中，党员获得选票的人数大大增加。支持党的无党派群众组织尤其是红色战士联盟迅猛发展。

党不但要继续扩大党员队伍，加强对无产阶级群众革命化的工作，而且要大力巩固和加强这项工作，全力克服党在各项工作中的缺点和不足。

8. 巩固德国共产党工作取得成效的第二个必要前提是，党在反对极左倾向的斗争中，时刻不要忘记右的倾向，这一倾向还远未肃清，资本主义局部稳定和社会民主党主义的影响仍将继续存在，而且会更加危险。在这种情况下，仅仅是抽象地进行反对机会主义的斗争是错误的，由于害怕可能出现的机会主义危险而不敢大胆执行正确的政治路线就更加错误了。但是，在出现右的倾向和右倾团伙时，党就应该让以前支持右派团伙的人在机会主义倾向和布兰德勒—塔尔海默的错误及中央委员会和共产国际的政策之间作出明确而清晰的选择。同时，中央委员会还应该同那些曾经是右派，但彻底与自己的错误决裂并无条件支持党的领导的同志合作。只有那样，党才能在党内讨论中彻底战胜极左翼这个对手。

9. 即将召开的党的第十一次代表大会将是一次党的团结的大会，我们要从使党认识到共产国际路线的党内讨论转向进行实际的群众工作。代表大会要确保党的团结、统一和革命纪律，要坚决巩固团结的党组织及其领导机构的革命威信，要坚决改正党自己已经承认的错误，为完成德国共产党和德国全体无产阶级的伟大革命任务开辟道路。

关于将马斯洛夫、鲁特·费舍、乌尔班斯和施万开除出德国共产党的决定①

鉴于收到被德国共产党开除的马斯洛夫、鲁特·费舍、乌尔班斯、肖勒姆和施万1926年11月16日的书面抗议书,第七次扩大全会成立了五人案件调查委员会。委员会会议邀请德国代表团参加,委员会由以下同志组成:库西宁(会议主席)、安贝尔-德罗(书记)、贝尔奇(美国)、贝尔(英国)、谢马尔(法国)、加肯(捷克斯洛伐克)、菲吕博滕(挪威)、皮亚特尼茨基(苏联)、普鲁赫尼亚克(波兰)、埃尔科利(意大利)、片山潜(日本)、斯图契卡(执行委员会主席)。委员会听取了除马斯洛夫以外的到会申诉者的口头证词,审议了有关开除他们的书面材料。在认真研究案件后,委员会向第七次扩大全会提交审议下列决定:

1. 几位申诉人组成的政治集团已经与共产国际发生过几次冲突。且不谈以往的斗争,本次冲突已经在1925年秋天由共产国际执行委员会指定的专门委员会进行过特别讨论,根据该委员会的建议,共产国际执行委员会又向德国共产党全体党员和各组织发出了一封公开信。当时一些最重要共产党的代表指出,马斯洛夫—鲁特·费舍集团已经走上了与共产国际斗争的道路。不过,当时季诺维也夫同志也谈过这个集团的

---

① 第七次扩大全会委员会提交并在全会第二十八次会议(1926年12月16日)上通过。

领导人，说他们"是一群疯子，有些人明天就可能出现在街垒战中"。1926年3月召开的第六次扩大全会在关于德国马斯洛夫—鲁特·费舍问题的决议中指出，这个集团"是被打倒的小资产阶级悲观失望情绪的表现"，它"在政治上有组织，但在道德上却已经沦丧"。

2. 马斯洛夫—鲁特·费舍集团上一届全会以来的表现，尤其是他们在第七次扩大全会委员会的发言完全印证了这些结论。申诉人没有放弃他们的反共观点，也没有放弃他们的反党行为。委员会认为，申诉企图通过一系列系统的反党活动达到其瓦解党、在革命工作中破坏党和在群众运动中摧毁党（指全民公决和劳动者代表大会）的目的。申诉者与科尔施集团在政治上和组织上勾结在一起，搞垮了德国共产党。申诉人在被德国共产党开除后，违背诺言，没有交出代表证，而是从德国共产党那里窃取了代表证，目的是在形式上与科尔施、施瓦尔茨和卡茨用"左派共产党"这个假名称组成派别。申诉人在委员会的发言再清楚不过地表明，他们不是共产党员，也不是工人运动的战士，而是对共产国际、苏联和德国共产党的政策进行恶毒攻击的无产阶级革命的叛徒。申诉人还在委员会厚颜无耻地说什么，马斯洛夫不能去苏联，因为无论是他本人，还是他们一伙人，都根本不相信苏维埃政权机关。最后，这些叛徒还跑到扩大全会委员会恶狠狠地威胁说，要通过"揭秘一些事实"来诋毁德国共产党。

3. 马斯洛夫—鲁特·费舍集团的反共表现绝非偶然，它是与日益猖獗的德国帝国主义在对外政策上的转变、与德国加入国际联盟以及与他们制定的外国武装干涉时军队行进的路线均有关系，德国资产阶级的政策明显变得与苏联更加敌对。德国社会民主党右翼和"左翼"领导人立即迎合了资产阶级政策的转变，不过，此举和他们以往恶毒攻击苏维埃共和国和布尔什维克的所作所为如出一辙。在资产阶级这一倾向的影响下，无产阶级中一些不坚定分子也出现了反苏和反共产国际集团的基础，这些集团出于他们恶意蛊惑革命工人队伍这一专门的目的，企图在伪共产主义的"左"的词句伪装下，掩盖他们反对共产主义运动的反革命斗争。

从客观上的利益来讲，最适于这一活动的人就是那些共产主义的小资产阶级同路人，他们在革命的高潮时加入德国共产党，1923年10月失败后有一段时间他们是在共产党的领导下，但是在他们的宗派主义政策失败后，由于资本主义出现暂时的稳定，无产阶级革命出现困难，他们又背叛了革命战线。这些人成分复杂、相互间进行着激烈斗争，今年陆续离开了德国共产党。同时，早于其他集团离开的卡茨集团也完全陷入了资产阶级腐败的泥潭，而施瓦尔茨集团几乎与半无产阶级的德国共产主义工人党相差无几，科尔施集团则是最公开和彻底地站在帝国主义帮凶的"左"的立场上：他们否认苏联的无产阶级专政，利用一切手段反对苏维埃政权，阻碍无产阶级反对打着似乎这是"走向新的8月4日"旗号的武装干涉，分裂共产国际，成立新的国际，破坏德国共产党。

4. 在这些脱离德国共产党的集团中最没有原则的是马斯洛夫—鲁特·费舍—乌尔班斯—肖勒姆，这使他们与共产主义的斗争有着特殊的灵活性。这个集团与科尔施集团和所有左的反布尔什维主义的派别有以下共同点：

（1）诽谤苏联，他们认为，苏联的政策是农民—资本主义利益的体现，是国际无产阶级革命的障碍；

（2）诽谤共产国际，并与之进行斗争，他们指责共产国际是"机会主义"、"取消主义"、"始终迎合社会民主党"、"消极和腐败"（马斯洛夫集团的备忘录）；

（3）诽谤德国共产党并与之进行斗争，企图破坏即消灭它，而鲁特·费舍和马斯洛夫则是通过从内部破坏的手段来达到这一目的。申诉人只是从这一点出发,才在他们致第七次扩大全会的公开信中说,"德国共产党员没有共产主义原理的概念",党暴露了"巨大缺陷和不足","党的生活如死水一潭",正是从这一取消主义的动机出发,马斯洛夫—鲁特·费舍集团才不断地贬低和诋毁所有党的干部。同时,作为这个集团的观点,与科尔施的观点只是在细微之处有所不同,为了更好地掩盖他们政策的反共本质,最终保持自己的影响,这个集团在形式上与科尔施集团和其他极端派别还是存在差别的,假如他们的反共意图不可避免地彻底暴露的话,他们注定要这样做。马斯洛夫—鲁特·费舍在这种情况下利用联共(布)党内反对派的观点和声明,是为自己的反党活动找到合法的伪装。这样就形成了一种很有特点的两面派行为,使得这个集团回避任何明确的立场,所宣传和鼓吹的都是相互矛盾、模棱两可、天天变化的观点,并且演变为对共产国际、对德国共产党员和支持自己的人有意识的欺骗的机制。

5. 第七次扩大全会委员会的讨论再一次证明,申诉人对于革命运动和工人运动来说已经迷失方向。有全世界最主要的共产党代表参加的委员会一致认为,申诉人的观点和行为违背了共产国际的纲领和原则(与德国共产党、共产国际和苏联敌对)。委员会还认为,申诉人的行为还违背了共产国际章程。像拒绝德国共产党中央委员会提出的停止派别运动这一最低条件的乌尔班斯、肖勒姆和施瓦尔茨一样,申诉人也公然声称,他们根本不想停止派别活动。他们的观点是,共产党员没有义务听从中央监察委员会传唤,为遭到诋毁的名誉(马斯洛夫在资产阶级的法庭面前以不正当行为对革命运动造成损害)进行辩护。申诉人以自己的行为证明,促使共产国际执行委员会主席团作出将他们开除出党的决定的动机完全是有理由的。

6. 委员会根据这些事实决定向第七次扩大全会提出下列建议:(1) 批准将马斯洛夫、鲁特·费舍、乌尔班斯、肖勒姆和希万开除出德国共产党和共产国际;(2)号召所有忠诚于共产主义事业的党员与这些阶级敌人的代理人断绝任何政治上和组织上的联系,并像与所有其他社会主义的叛徒一样,与他们进行无情的斗争。

莫斯科

1926年12月16日

关于取消共产国际主席制的决定

共产国际执行委员会第七次扩大全会认为，共产国际主席制已不适宜继续存在下去，同时注意到全会作出的关于解除季诺维也夫同志共产国际主席的决定，认为，现在必须取消这一制度。

不过，这一决定应提交共产国际第六次代表大会审议，相应地，也要对共产国际章程的第9节和第18节①加以修改。

第七次全会责成共产国际执行委员会根据这一决定对共产国际执行委员会的关键机构进行改组（成立政治秘书处、确定组成人员及其职能、由谁选出，等等）。

---

① 第9节和第18节的内容是：
§9："由全体代表大会选出共产国际主席"。
§18："……共产国际执行委员会主席和主席团主席，也是共产国际主席"。

关于布兰德勒和塔尔海默案件的决定[①]

布兰德勒同志和塔尔海默同志1926年10月20日提交了一份声明，提出取消共产国际执行委员会第五次扩大全会的决定，这一决定谴责了布兰德勒同志和塔尔海默同志的错误，并因为他们参加派别活动而脱离德国共产党和共产国际的工作将他们开除，共产国际执行委员会第七次扩大全会建议共产国际监察委员会作出下列决定：

共产国际执行委员会第七次扩大全会根据第五次扩大全会对布兰德勒同志和塔尔海默同志错误的评价，认为，在共产国际执行委员会第五次全会直至第七次全会以来的时间内，布兰德勒同志和塔尔海默同志没有从事任何派别活动，这样的话，就像他们在共产国际监察委员会上所作的声明那样，他们今后不再从事任何派别活动。

因此，共产国际执行委员会第七次扩大全会决定取消共产国际执行委员会第五次扩大全会相应决定最后一部分第2条和第4条，关于给布兰德勒同志和塔尔海默同志提供在共产国际中工作机会的内容。关于安排他们在德国工作的问题，提交德国共产党中央委员会。

说到拉狄克同志，该决定不适用于他，因为拉狄克同志在第五次扩大全会后没有停止派别活动。

[①] 在第二十八次会议（1926年12月16日）上通过。

关于鲍里斯·苏瓦林问题的决定[①]

第七次扩大全会决定:

1. 因从事反革命宣传，彻底将鲍里斯·**苏瓦林**开除出共产国际的队伍。

2. 鲍里斯·**苏瓦林**所在的莫纳特—罗斯默集团、《革命无产者》杂志被定性为反革命报纸。

3. 建议联共（布）中央委员会在形式上禁止每一位联共（布）党员与鲍里斯·**苏瓦林**进行任何形式的合作。

4. 全体党员不得以文字或其他任何形式支持莫纳特—罗斯默集团或者《革命无产者》杂志。

---

① 在第二十八次会议（1926年12月16日）上通过。

附　录

第八次全会

（1927年5月18—30日）

共产国际执行委员会第八次全会是在资本主义各国的反动势力极端嚣张、帝国主义反苏战争的危险空前加剧、中国革命的发展出现新转折（中国资产阶级转入反革命阵营，帝国主义阵营）、反革命托洛茨基主义对联共（布）以及共产国际的布尔什维克领导猖狂进攻的条件下举行的。托洛茨基分子在全会上就这些主要问题发表了自己的反动纲领，遭到全体代表的一致反对。全会建议联共（布）中央采取有力措施，制止联共（布）中反对派的宗派活动。

全会于1927年5月18—30日举行。共召开17次会议。有25个国家的71名代表出席全会（33名代表有表决权，38名代表有发言权）。

全会议程：（1）共产国际在反对战争和战争危险的斗争中的任务；（2）中国革命问题；（3）英国共产党的任务；（4）关于日本政治局势和日本共产党任务的通报；（5）关于召开第六次世界代表大会；（6）关于共产国际执行委员会的纲领委员会；（7）关于接受古巴共产党加入共产国际的问题；（8）托洛茨基同志和武约维奇同志在共产国际执行委员会全会上的发言问题；（9）撤换共产国际执行委员会主席团成员；（10）关于战争危险的宣言。

在全会上工作的分别有以下各委员会：（1）共产国际在反对战争和战争危险斗争中的任务委员会；（2）中国问题委员会；（3）英国问题委员会。

共产国际在反对战争和战争危险的斗争中的任务

(提纲)

去年12月召开的共产国际执行委员会第七次扩大全会向国际工人阶级发出了新帝国主义即将发动战争的警告。后来发生在中国和英国的事件完全证实了共产国际执行委员会的这一警告。国际资本在中国集结军队，炮击中国的城市，发起开始了针对正在争取自身解放的中国劳动群众的战争。张作霖按照伦敦的指示，在全体资本主义国家外交使团的支持下袭击苏联驻北京大使馆，攻击苏联驻伦敦的商务代表处，以及随之而来的英国同苏联断绝关系——这一切都是挑动战争的恶棍行为。

全世界的工人群众应当更加提高警惕。一切国家的共产党员面对业已在中国开始的战争和正在酝酿中的反苏战争，应当更紧密地团结自己的队伍，发动一切力量。

资本主义的矛盾和战争

1. 1914—1918年的世界大战将全世界劳动群众投入最残酷的屠杀战争中，最肆无忌惮、最残酷无情地进行殖民掠夺，对工人阶级最粗暴地使用暴力。成千上万的人被杀，1900万致残，靡费大量经济资源，世界经济联系持续多年遭到破坏，货币贬值，人民贫困化，各国反动势力在世界范围内趾高气扬，资本疯狂向工人阶级进攻，欧洲巴尔干化，世界大战后更加尖锐的资本主义矛盾——这就是1914年—1918年世界大战的结果。

2. 战争刚一结束，就因为"确定"边界而开始了"小"战的时代；德国和波兰之间争夺上西里西亚的斗争，意大利法西斯分子武装占领阜姆①，希腊和土耳其因士麦那而开战，巴尔干各国之间的军事冲突。匈牙利建立了无产阶级专政，却招致资本主义国家捷克和罗马尼亚的进攻。与此同时，资本主义世界动员力量来扼杀苏维埃俄国的无产阶级革命。开始了1918—1919年的武装干涉，然后"演变为"波兰对苏维埃国家劳动者的进攻。再往后是军事占领鲁尔，紧接着是法国对摩洛哥起义的里夫人的殖民远征。1914—1918年大战后的十年以法帝国主义者在叙利亚对德鲁兹人的战争而告结束。整个战后时期都充斥着作为大战前奏的帝国主义争斗和局部战争。

3. 虽说资本主义近几年来出现了某种稳定，但这种稳定只是相对的。俄国无产阶级革命给予世界资本主义最沉重的一击。殖民地的民族革命运动又在它身上打开新的缺口。这两种因素的存在，还有世界工人阶级对资本进攻的反抗消除了资本主义秩序稳定的可能性。战后的年代是资本主义特别深刻的"腐化"的岁月。世界经济局势的动荡失去了战前的周期性；危机不时在世界经济的某个环节上出现，极其短暂的狂热性增长已经被长期的萧条所取代。帝国主义豺狼战后对世界的再次瓜分带来的是帝国主义列强之间新的疯狂竞争和不断酝酿的冲突。对原料产地和外国资本输入地展开了顽强的争夺。资本主义各国纷纷用压缩原有商品流通渠道的新关税壁垒相互隔绝。各个资本主义大国中群众的消费减少，过去是外国商品销售市场的殖民地和海外国家的民族工业的成长，极其尖锐地向世界资本主义提出了市场问题。争夺市场的斗争也采取了战前资本主义经济从未使用过的新形式。而这种经济斗争会导致武装冲突。

---

① 里耶卡，又名阜姆。位于亚得里亚海瓦内尔湾畔，是克罗地亚第三大城市和主要的海港城市。二战后意大利被迫把阜姆割让给南斯拉夫（今克罗地亚）。——编者注

4. 近年来，一方面在帝国主义列强之间，另一方面在帝国主义列强同苏联，以及争取解放的半殖民地（中国）之间取得的相对平衡，越来越经常地因为公开的军事冲突而遭到破坏，表明这种平衡已经接近尾声，新的帝国主义战争的条件正在成熟。世界各地都在积蓄可燃物质，遇到火种就会爆炸。意大利和南斯拉夫的冲突、意大利帝国主义对阿尔巴尼亚的侵略及对土耳其的威胁、意大利和法国关系紧张、波兰同德国之间的经济战争、英法之间在小亚细亚的矛盾、英国争夺通往非洲殖民地的道路、争夺对地中海的统治权、美帝国主义在太平洋上的侵略角色、它为扫清奴役墨西哥和南美洲的道路而镇压尼加拉瓜、日本帝国主义给亚洲各族人民构成的威胁——这些不过是日益迫近的战争这本血迹斑斑的书籍中的个别章节。但是毫无疑问，对世界和平最具威胁性的因素目前是英国。国际局势的新特点是英国重新取得了掌控欧洲事务的霸权。它掌握着国际殖民地政策的主动权，控制着国际联盟，目前领导着反对中国和苏联的资本主义统一战线。

苏联和中国是战争的关键因素

5. 在将整个世界划分为苏联和革命的中国——整个资本主义世界两个阵营的这个主要分水岭面前，资本主义各国彼此之间的所有矛盾都退居次要了。中国和苏联是整个国际局势中的两个关键因素。现在，战争的乌云正在这里最强烈地汇聚着。中国和苏联占据亚洲的大部分和半个欧洲，拥有尚未被利用的经济资源，有几亿人口，这是两个原料取之不尽的储藏地和两个巨大的市场。争夺这两个辽阔无垠的市场对于国际资本而言是生死的问题。这场斗争将填满所有的岁月，直到世界无产阶级摧毁国际资产阶级的统治。

6. 中国革命对于世界无产阶级具有巨大的意义。中国革命的工农道路取得胜利将是世界工人运动，首先就是英国工人阶级革命化的强大推动力。工人运动在先进的资本主义国家中将达到前所未有的高度。可以在客观上为全世界最深刻的群众运动创造革命形势。同时，如果无产阶级不能将帝国主义的绞索从革命的中国移开，那么帝国主义者在中国的胜利就将意味着：第一，资本主义制度在全世界获得了新的、暂时的巩固；第二，帝国主义国家中出现反对工人阶级的最猖狂的反动势力；第三，帝国主义集团对苏联的进攻。因此，反对帝国主义分子镇压中国革命同时也是欧洲、美洲和日本的工人阶级反对资本进攻的自卫，是反对欧洲战争的斗争，争取他们本国社会革命成功的斗争。

"大战"的时代

7. 帝国主义政策新阶段的特点是资本主义打算将"小战"转变为大战。中国的战争就目前的形式而言类似于1918—1919年对苏维埃国家的干涉，标志着大战的开端。帝国主义势力对中国的干涉就其国际意义而言已经是一场大战了。说它是大战，因为它是由几个资本主义大国在英国领导下进行的，针对4亿中国劳动群众。这场战争直接关系到四大洲（亚洲、欧洲、美洲和澳洲）的命运。如果不能在开始阶段就被扑灭，它将转变成新的战争。这场战争正在转变为反对苏联的战争。英国保守报刊反对苏联所使用的语言很像是一个正在作战的大国的语言。对于诸如攻击苏联驻北京大使馆、抓捕外交信使、袭击苏联驻伦敦商务代表处这类事件，资本主义大国在国际上通常以孕育着战争的镇压来回答。虽然英国不断挑衅，但苏联政府原则上奉行和平政策，才暂时挽救了英国和苏联的劳动群众，避免了反苏战争。

8. 可是这场战争有波及整个亚洲和太平洋沿岸地区的危险：

（1）显而易见，中国革命的工农道路取得的胜利迫使帝国主义者企图疯狂地扼杀中国劳动群众的胜利进军和它可能在印度、法属印度支那、印度尼西亚、菲律宾和朝鲜唤起的那些革命运动。这将是一场主要资本主义国家的帝国主义者组成的联合集团,反对由革命中国领导的亚洲劳动群众的起义。

(2)另一方面,中国革命的失败将化解英国、日本和美国在中国的矛盾,必然导致帝国主义各国之间的太平洋战争。

9. 同中国的战争最紧密地联系在一起的是在欧洲和亚洲大陆其他地方加紧推行的包围苏联的政策。英国的外交活动不停地为建立从芬兰经过波兰直达罗马尼亚的波罗的海沿岸反苏统一阵线而卖力;英国外交机构在立陶宛组织了法西斯政变,企图将它拉进这条阵线。在法西斯的意大利协助下,它试图将匈牙利拉进反苏联盟,在巴尔干站稳脚跟。它指望借此成立广泛的多瑙河沿岸反苏阵线。反苏阵线中最积极的角色之一应当是波兰,但是一旦开战,就必须保护它的后方。英帝国主义的全部努力都将用于把德国纳入自己的势力范围,并调整德波关系,以便共同反对苏联。这正是德国的"西方定位"和洛迦诺公约的含义所在,近来英国试图保证与法国合作合围苏联。在中亚(阿富汗、波斯)、近东、土耳其、远东,英帝国主义到处织造一张反对苏联的阴谋大网。英国外交机构试图利用国际经济会议,造成对苏联的经济封锁。与此同时,苏联的一些邻国,特别是波兰和罗马尼亚,正在加紧准备战争。

为了战争,巩固后方

10. 共产国际执行委员会最近一次扩大全会以来,许多国家发生了一系列典型事件,表现了所有资本主义大国生活于其中的战争准备气氛。我们看到,在所有资本主义国家中反动势力有所加强,镇压工人阶级的法西斯恐怖手段在不同程度上国际化。国内的反动势力同国外的侵略势力齐步前进。为了进行战争,资本主义需要一个"安宁的"后方。现代战争的性质要求在前线有众多人员,同时还需要一支为庞大的战争机器服务的工厂大军。这些人应当做战争的螺丝钉,他们心中应当消灭斗争的意志,他们的职业团体应当变成带动整个战争机器的主要杠杆之一。由此产生了将工会国家化、军事化,取消他们经过几十年顽强奋斗获得的最起码权利的企图。

11. 走这条道路的首当其冲的是英国。它现在领导着世界反动势力。英国资本对矿工罢工的镇压向全体国际资产阶级发出了进攻的信号。对中国的战争、对苏联的进攻、进攻尼加拉瓜和打击英国矿工都是一个链条上的不同环节。英国实际上已经取消了罢工权。新工会法力求在战争时期剥夺无产阶级作为斗争手段的总罢工,而且连一般罢工也在禁止之列。政府甚至在和平时期也可以宣布任何罢工为非法。在意大利,在对工人阶级采取最残酷的恐怖行动同时,还在改良主义领导人(阿拉贡之流)的支持下推行工会的"国家化",这实际上标志着完全取消劳动群众的独立阶级组织。资产阶级在世界大战期间不敢做的事情,现在由法西斯主义在我们眼前实现了。"国内和平"的做法已经被发挥到极致。最后,法国正在制定"全民武装"的法律,其本质在于实施渗透到政治和经济生活各个环节的、骇人听闻的军国主义化。按照新的法律,一旦发生战争,全体民众,不分年龄和性别,不问宗主国还是殖民地,都应当动员起来。企业中的工人就是士兵。工会的军国主义化,犹如一切协会被军国主义化一样。因此,罢工权被终止。每个参加罢工的工人都将受到军事法庭的威胁。日本正在实施学校的军国主义化,一旦发生战争,对工人罢工将采用苦役法。德国取消了德国革命的成果之———八小时工作制,正在制定反对罢工的新法律。法西斯分子逐步从内部渗透到国家和行政机关。波兰国内的反动势力对工人所采用的方法,令沙皇时期的管理制度都望尘莫及。白俄罗斯人和其他少数民族的民族组织正在被摧毁。皮尔苏茨基正在通过收买和腐蚀的办法建立特务机构，其任务是在反苏战争期间保证"少数民族"中的后方安全。罗马尼亚也采用类似的方法加强自己在比萨拉比亚的后方。这种种措施都不过是同一个战争动员计划的各个部分。

12. 在这方面，资产阶级的武装队伍扮演了重要角色。1914年世界大战前，资本主义不懂得大规模推广这种纯阶级形式的反革命军队。他利用"国家"机关、常备军、警察和宪兵来对付群众运动。战后阶级斗争的尖锐化揭掉了资产阶级"民主主义"的最后一层面纱。资本到处都在建立自己的战斗组织，其数量在许多国家中已经超过常规军。这些队伍的任务在和平时期是支持国内反动势力，在战时则是：

（1）作为一支可靠的镇压战时或战争即将结束时可能出现的革命运动的后备队伍；

（2）在征兵时，用刺刀将群众驱赶上战场；

（3）一旦发生帝国主义战争，为现代化军队准备骨干。

巩固资本主义后方的一个重要因素是各个民族主义政党和法西斯团体开展的妇女工作，因为他们认识到妇女在战时的经济机构（军工厂、农业、交通运输），以及行政等机构中的作用。

13. 任何一场帝国主义战争都是反对工人阶级和劳动群众的战争。战争将他们置于最残暴的资产阶级专政铁钳之中。战争"取消了"一切自由权，大大加强了压迫和镇压工人阶级斗争的机器。但是反对苏联的战争将是一场特殊的战争。战争将是世界范围内首先是在欧洲反对工人阶级和共产主义的一场直接战争。资产阶级现在就利用针对共产党的一些特别法律努力清洗战争的土壤，放松自己的手脚。资产阶级力求从肉体上消灭最积极的无产阶级骨干分子。它现在开展的反对共产主义的斗争就证明了这一点。它借张作霖和蒋介石之手在中国扼杀和处死这些人；它在意大利和拉丁美洲暗杀他们；它在巴尔干、罗马尼亚、保加利亚、波兰和立陶宛处决他们；它在捷克斯洛伐克设立反共法庭，指控他们从事间谍活动；它在法国诬陷他们是别国的间谍；它迫害共产党人，将数十人送往德国和匈牙利服苦役。如果说资产阶级在帝国主义战争中践踏在战争中限制采用野蛮手段的一切"国际协定"，那么在纯粹的帝国主义战争中，在阶级战争（反苏战争和反对殖民地人民起义的战争）中，它不惜使用最可怕的手段屠杀劳动群众。现在工人群众应当清楚地认识到，资产阶级的备战活动所具有的反革命性质。

军国主义的增长

14. 在采取措施巩固后方的同时，正在动员供应前线的一切资源。军国主义与日俱增，战争预算也在增长（军费开支增加近一倍）。军事工业发展到了惊人的规模。资本主义的现代军队用尽了人力资源，现在将全部注意力用于从技术上改进战争机器。军队使用机关枪的数量越来越多，火炮的射程越来越远，飞行器的载重能力越来越强，炸弹的威力和半径日益增加，采用了单人坦克，正在研制新型毒气和能够消灭整个师团的专用燃烧物，正在准备使用在敌军中传播传染病的所谓细菌战等等。

15. 未来的战争是机械化战争。每个国家都将变成生产毁灭性武器的巨大工厂。机械化的杀戮中发动机占有决定性位置。可是正因为军事技术发展到了最高阶段，资本主义各国不得不将大量群众投入作战地区。为此，资本主义各国大量扩展常备军，通过使全体居民军事化来改组军队。同时由于广泛使用空军，在新炸弹的破坏力和远程火炮的威力之下，前线和后方之间的差别将消失。未来的战争就其后果而言将超过1914年—1918年间劳动群众参与过的那场灾难。

由于战争的这种性质，工人阶级及其组织，首先就是工会的角色加重了,因为没有他们参加,战争就不能设想。他们的反战行动,同军队反对战争的革命行动协调一致,对帝国主义的司令部将是致命的打击。

战争的思想准备

16. 1914年—1918年大战后,第二国际和阿姆斯特丹国际的主要作用在于,他们充当了国际资产阶级的某种宣传部,其职责是从思想上为资本主义制度的卑鄙肮脏辩护。资本主义和社会民主主义之间有分工。资本主义继续武装,从技术装备上准备战争,而社会民主党则从思想上做准备。这种准备工作沿着两条路线进行:

(1) 为帝国主义者彼此之间的战争辩护。希法亭关于超级帝国主义是"和平主义"时代的理论,其特点是将联合成卡特尔的方法,以及"民主原则"移植到对外政策上。同这种理论相适应的是各个社会民主党的实践:宣传国际联盟是能够预防战争的机构,支持威尔逊主义、道威斯计划、洛迦诺公约等等。社会民主党企图用这种政策麻痹群众的警惕性,向他们灌输幻想,仿佛战争的时代已经结束。

(2) 与此同时,社会民主党积极准备反对苏联和殖民地劳动群众的战争。这种准备的一些因素有:第二国际马赛代表大会的决议,指出"世界布尔什维主义"(无产阶级革命和殖民地)是最严重地威胁和平事业的因素,虚伪而卑鄙地宣传反对"赤色帝国主义",反对苏联恐怖活动,反对苏联的社会主义建设,手榴弹事件,最后还有第二国际执行委员会新近的决议,提出"为了反对法西斯主义,必须消灭布尔什维主义"的口号。

无政府主义和工团主义领导人采取的同样是背叛和公然反革命的立场,他们打着反对苏联无产阶级领导人"专政"、反对经济和政治集中制的招牌,在准备进攻处于帝国主义敌人四面包围之中的、世界上第一个工人国家中，同资产阶级实行阶级合作。

17. 整个叛变活动只是为了在资本主义国家一旦发生反苏战争时，替社会民主党借布赖特沙伊德之口向德国工人建议的"保持中立"的立场辩护。

德国社会民主党老奸巨猾的骗子们非常清楚，这种"中立"不可能存在，德国的化学工业将最有可能为反对苏联而战的各国效劳，德国的运输业将为他们从英国和意大利运来炮弹，德国工人也同其他国家的无产阶级一样为反对苏联的劳动人民而作战。

如果说中立的立场会得到德国社会民主党的支持，是因为它符合德国帝国主义的立场，那么第二国际的其他各党，如波兰社会党，则连同全部资产阶级和地主，都是反苏战争的急先锋。社会民主党的立场到处都遵循着本国民族资产阶级的利益。不过社会民主党近来有些新进展。它表现在，一些国家的社会民主党将推行帝国主义政策和武装政策的主动权从资产阶级那里夺回到自己的手中。保罗-彭吉尔提出的新战争法表明，法国社会民主党的立场是社会民主党这种最新"进展"的最鲜明例证。

18. 所谓"极左派"也为从精神上瓦解无产阶级发挥了不小作用。如果说社会民主党在反苏活动中只是资产阶级的应声虫，那么对社会民主党而言，极左派也是这样的应声虫。现在，当进攻苏联的准备活动已经昭然若揭的时候，当苏格兰的职业小蟊贼抢劫苏联驻伦敦代表处后，"极左派"背叛活动的客观含义和价值是十分明确的。这种背叛从反苏活动来看，是一旦发生战争瓦解苏联后方的因素之一。由于这个宗派集团企图取得国际性，它同时也是瓦解共产国际反战斗争的因素。

19. 第二国际和阿姆斯特丹国际在中国问题上的背叛活动并不亚于在对待苏联问题上的背叛活动。第二国际在阻止向中国集结外国军队问题上无动于衷。他的领导者们厚颜无耻地主张对中国开战。他的领导人如托马斯，即便在中国问题上同本国政府的政策有些分歧，也仅仅认为政府派去的军队太少，应多派些。第二国际的另一个领导人麦克唐纳声称，保护英国的在华利益要求在"租界"中保存相应的武装力量。第二国际在上海屠杀之后，公开支持中国的哈里发蒋介石[①]。中国无产阶级试图将民族革命运动的领导权掌握在自己手中，却遭到整个国际社会民主派的反击。

20. 社会民主党的所谓"左翼"（奥托·鲍威尔、保尔·莱维等）在战争问题上的立场也同样卑鄙可耻：

（1）社会民主党的左翼用抽象的词句，谈论一般的帝国主义战争危险，借以掩盖自己对中国业已开始的战争的罪恶态度。

（2）他们伙同希法亭支持最有害的幻想，说帝国主义本身并不危险，只是在同反动势力结合时，才构成危险[②]。

（3）在反苏活动中，他们也采用和社会民主党右翼相同的诽谤手法。社会民主党左翼危害最大，因为它的领导人们实际上是用"左的"词句，掩饰社会民主党右翼的立场，在危急时刻始终拯救他们和资产阶级，同时欺骗工人，便于资产阶级实现自己的帝国主义计划。

21. 共产党在反对帝国主义对革命的中国进行武装干涉，主张同苏联保持和平的斗争中不能放弃统一战线的策略。相反，在斗争中尽可能广泛地采用统一战线策略无疑是发动工人、农民和被压迫民族，也是揭露和平主义幻想所必需的。时刻不能忘记，社会民主党的所谓"左翼"领导人们（如德国的保尔·莱维、法国的布拉克、英国工党的代表马克斯顿、惠特利，还有工会的左翼领导人珀塞尔、希克斯）都是工人运动中共产主义最危险的敌人。甚至社会民主党内左翼反对派最真诚的领导

---

① 参见4月19日《汉堡回声报》。
② 参见奥地利社会民主党机关报《斗争报》。

人仅仅因为动摇，喜欢饶舌，但拒绝从组织上同社会民主党的领导断绝关系，共产党就有责任在支持他们的工人面前对他们进行最尖锐的批评，揭露他们骗子的角色。可是，对于革命的无产阶级统一战线来说，争取左派社会党人及其他左派工人（如无政府主义—工团主义者）在目前形势下是同样重要的任务。

关于裁军及和平主义

22. 在加紧准备帝国主义战争的情况下，资产阶级政府和小资产阶级和平主义者谈论裁军是十足的伪善和嘲弄（1922年华盛顿关于限制海军的协议实际已被撕毁、柯立芝关于"裁军"的建议失败、1927年3月国际联盟召开的日内瓦会议失败）。共产党员应当大力揭露资产阶级及其代理人、社会民主党人在保存资本主义制度的前提下提出的裁军口号的虚伪和反动实质。拥护这种口号只不过是散布幻想，仿佛不消灭资本主义就可以消灭战争。资产阶级和社会民主党的任何裁减军备和减少军费开支的建议都不能降低帝国主义时代战争的危险性。

已经实际上将自己的军队减少到最低限度的唯一国家就是苏联。在所有现存的国家中，苏联是唯一坚定的和平堡垒。诞生于十月革命、以反对帝国主义战争为标志的苏联十年来是悬挂在欧洲帝国主义分子脖子上一副沉重的哑铃，阻碍着他们将劳动群众投入互相残杀。如果国际工人阶级拥护它的政策，苏联未来还将扮演这个角色。苏联的裁军政策是无产阶级掌握了政权，为消灭战争的新社会奠定基础的一个国家的政策。因此，世界无产阶级对待苏联在裁军问题上的立场原则上应当持不同于对资本主义国家在裁军问题上的伪善方案。

23. 毫无疑问，经历过1914—1918年帝国主义大战的千百万劳动群众不希望新的战争。战争带给他们的伤痕和伤疤尚未愈合。这些工人真心诚意地反对战争,可是他们受到社会民主党的欺骗,看不到明确的道路,也感觉不到脚下有坚实的革命土壤。这正是模糊的"和平主义",困扰着工人阶级的情感和平主义产生的根源。这种和平主义同资产阶级和平主义者、牧师及其他招摇撞骗者自觉的欺骗毫无共同之处,后者的任务就是磨去和美化资本主义社会的各种棱角。

24. 应当对这两种和平主义加以区分。如果说共产党员——布尔什维克愿意耐心地向工人解释他们的错误,吸引他们参加有工人阶级先锋队的"工人统一战线",帮助这些阶层的工人在斗争过程中改正错误,那么,对待那些利用无产阶级模糊不清的和平主义情绪,将这种和平主义包装为一种"立场"并进行某种虚假的原则论证的"领导人们"就不该手下留情了。

1915年,列宁在战争时期说过,"和平主义和抽象地宣扬和平,是愚弄工人阶级的形式之一。在资本主义制度下,特别是在其帝国主义阶段,战争是不可避免的。……在今天,宣扬和平而不同时号召群众采取革命行动,那只能是散布幻想,腐蚀无产阶级,使他们相信资产阶级的仁爱,使他们充当交战国秘密外交的玩物。"①

25. 属于"宣扬和平却不号召群众采取革命行动"的糊涂和平主义者之列的,首先是英国独立工党。它没有采取任何发动英国工人阶级、士兵和水兵起来反对英帝国主义的步骤。独立工党一直拒绝同共产党结成统一战线。它谴责中国劳动群众对外国帝国主义者实施"暴力"和武装斗争,主张"谈判",目的是使中国的民族革命运动瘫痪,难以发展。

这种"社会主义和平主义"的另一个变种也同样有害。这就是自成一统的宗教——神秘主义的"反军国主义",它同兰斯伯里的名字联

---

① 《列宁全集》中文第2版第26卷第167—168页。——编者注

系在一起，受到独立工党的支持。它仅限于投票反对军事贷款，鼓吹单独或集体拒绝服兵役和为了战争而运送武器。不过这个集团越来越受到工党的影响，向英帝国主义投降。这种假社会主义的和平主义的危害在于它给工人制造幻想，宣扬社会民主主义，即使其和平主义部分也主张反对战争。实际上，它只是混淆了真正发动群众反战的方法问题。

反对帝国主义战争斗争中的策略问题

26. 列宁关于战争问题的提法确定了共产党在整个帝国主义战争这一历史时期的策略。直到今天，诸如"以战争对付战争"、"将帝国主义战争转变为国内战争"、"让本国的（资产阶级）政府在帝国主义战争中遭到失败"等口号，依然是真正革命的国际主义的经典范例。列宁主义的功绩在于根据历史条件具体地提出了战争问题，确定了战争的三种类型：

（1）帝国主义各国彼此之间的战争；

（2）反对帝国主义的民族革命战争，其中包括殖民地战争（中国）；

（3）资本主义的反革命势力反对无产阶级革命和正在建设社会主义的国家的战争。

共产国际现在只需要按照布尔什维主义对帝国主义各国彼此之间战争的最完整的提法，将对后两类战争的一般提法加以具体化。

27. 布尔什维克首先要驳斥：

（1）对战争问题的轻率提法。列宁在给海牙会议俄国代表团的指示草稿中强调指出，在制定反对战争的各种手段时，要特别注意防止轻率。他建议所有共产党都应当考虑到战争发生的实际情况：战争准备的秘密性、战争爆发的突然性、"自称是革命的普通工人组织面对日益迫近的战争时"的无奈——还有下述事实:"由于掌握着全部信息的资产阶级国家机器的压力,绝大部分劳动者在保卫祖国的问题上都将做出有利于本国资产阶级的决定等等"。

列宁写道:"抵制战争,这是一句蠢话。"

(3) 布尔什维主义根据1914年战争的经验,揭露了以空洞无物的词句来代替认真而顽强进行反战斗争人们的叛卖行径。大家知道,列宁和卢森堡共同起草了对巴塞尔代表大会决议的修改,建议一旦发生战争,就"按照公社和1905年10月(总罢工)和12月(莫斯科起义)的精神,加速促进资本主义的垮台"。但是布尔什维主义也反对虽然号称"总罢工"、"起义"、"抵制动员",却不曾采取任何实际步骤来准备反对战争,以免在宣战时,处于完全无能为力状态的无政府——工团主义和老爱尔威派别。世界大战证实了对于这类"革命者"最坏的预测。

28. 列宁提出的"将帝国主义战争转变为国内战争"问题后来得到俄国革命经验的证实。这个问题可以归结为以下基本原理:

Ⅰ. 为保证革命成功,首先就需要存在由于进行帝国主义战争的各个资本主义政府遭到的许多战争挫折和失败等等而形成的革命形势,也就是:

(1) 统治阶级已经不可能按照原来的方式维持其统治——"最上层"的某种危机;

(2) 被压迫阶级的贫困和苦难已经达到了前所未有的程度;

(3) 上述因素大大提高了群众的积极性。

Ⅱ. 但是仅仅具有上述客观原因,还不足以保证革命成功。还必须加上主观的"革命阶级能够发动足以摧毁(或打垮)本国政府的强大的革命群众行动,因为这个政府,如果不去'推'它,即使在危机时代也绝不会'倒'的"。①

Ⅲ. 此外,革命**阶级**应当拥有一个能够训练、组织这个阶级的群众性革命行动的布尔什维克司令部(先进的共产党)。在群众性革命行动的准备时期,这个司令部应当利用每一个"合法的"机会,在群众中不断开展反对帝国主义战争的宣传,口号是将帝国主义战争转变为国内战争。而且列宁估计到,这种宣传会遭到统治阶级的疯狂抵抗。

他说:"不仅在战时,而且无疑在政治形势尖锐化的任何时刻(更不用说群众起来采取某些革命行动的时刻),**最自由的**资产阶级国家的政府也总是要用解散合法组织,没收经费和逮捕领导人以及诸如此类的'实际后果'来进行威胁的。那该怎么办呢?"

对这个问题,列宁回答说,与工人政党的合法主义同时……"必须建立秘密的基地,即秘密的组织和秘密的社会民主党(应读作:如今的共产党。原编者注)组织,同时也不放弃任何一个合法的阵地。"②

同时,列宁还批评了那些试图用抵制或者个人拒绝服兵役之类的个别行动来取代群众性的反战斗争的人。

"不是抵制战争,不是个别人的单独行动,而是将战争变为国内战争的群众性宣传。"

他准确地预见到今天,世界大战开始后的13年,法国统治阶级正在准备推行的那种骇人听闻的军国主义化制度。

"今天帝国主义资产阶级不仅使全体人民,而且使青年军事化。明天他也许要使妇女军事化。"③

因此他建议工人阶级:

---

① 《列宁全集》中文第2版第23卷第230页。——编者注
② 《列宁全集》中文第2版第23卷第230页。——编者注
③ 《列宁全集》中文第2版第28卷第176页。——编者注

"人家会给你枪。你要拿起枪来，好好地学习军事方面的东西——这种本领是无产阶级所需要的，这并不是为了去打自己的兄弟，去打其他国家的工人，像社会主义的叛徒劝你去做的那样，而是为了反对'自己'国家的资产阶级，为了不是靠着善良的愿望，而是用战胜资产阶级和解除它的武装的办法来消灭剥削、贫困和战争。"①

29. 列宁就是这样教导共产党人为反对帝国主义战争，进行革命而斗争的。

根据目前形势，共产党应当由此得出哪些结论呢？

（1）布尔什维主义反对战争的工作重心应当转移到群众运动和群众斗争上来。在群众中、工厂中、工会中、农村中、军队中开展工作——这就是共产党在战前和战争中应当做的事情，以便将它转变为国内战争。

（2）战争将工人组织置于其中的那些极端困难的条件（列宁：《给海牙代表团的指示》）要求共产党随时准备迎接战争。共产党人必须不是在战争爆发以后，在政府的恐怖行动暂时压制了群众的时候，而首先是在战争的准备时期，就开展反对战争的斗争。

（3）共产党无论在战前，还是在战争中都应当顽强地建立地下工作机构，同时不能局限于地下活动，只要有可能，就用革命的"夺取"方法实现自己的宣传自由，带领群众走上街头，开展将帝国主义战争转变为国内战争的斗争，使无产阶级夺得政权，推翻资产阶级并建立无产阶级专政。

（4）布尔什维克不能将自己反战斗争的全部问题仅仅归结为"总罢工"问题。仅仅有总罢工，而不转变为武装起义，是不能粉碎帝国主义战争的。为了顺利实施自己的罢工——起义，也就是国内战争，必须

---

① 《列宁全集》中文第2版第28卷第176页。——编者注

有革命形势、革命阶级能够开展群众行动、以共产党为代表的坚强领导司令部、系统顽强的周密准备工作，保证反对统治阶级的起义成功。因此，第二国际可怜的"英雄们"用总罢工来"回答"战争的保证只是一句空话，或者是故意的欺骗。反战斗争并不是一次性的举动，它要求工人阶级作出巨大牺牲，开展许多群众活动（游行、军用工厂罢工等等），而以无产阶级胜利起义为终结。共产党应当竭尽全力，日益广泛地开展这些群众性行动，更坚决地执行总罢工的方针。共产国际认识到，如果是两个帝国主义强国之间发生战争，那么在战争爆发时要实行总罢工是很困难的，但是各个资本主义国家的共产党毫无疑问必须在战前和战争中经常开展总罢工的宣传。不过这时不应当忽略，什么时候提出总罢工作为行动口号，也就是什么时候有可能实际上实施总罢工，决定于革命形势的发展。共产党员在总罢工期间应当坚定地执行将总罢工转变为起义的方针。

30. 反对中国和苏联的战争不是一场普通的帝国主义战争，这是一场彻头彻尾的帝国主义战争；进行战争的条件，对苏联而言，则是一旦爆发战争，其条件是有别于1914年的。

（1）首先，这场战争的特殊性在于它是一场鲜明的阶级战争。不是帝国主义者在人民的帮助下彼此厮杀，而是帝国主义的远征军在镇压工农。这一点是帝国主义各国每一个正直的劳动者都有清醒认识的。

（2）对"保卫祖国"的盲目崇拜，尤其在现时针对中国的战争中，对帝国主义各国的人民而言已经不复存在。世界上没有一个理智的人会相信，中国会威胁到英国的各个岛屿。因此，资产阶级及其仆从不得不放弃"保卫祖国"的口号，而代之以诸如"保卫财产"、"保卫利益"、"保卫威望"、"保卫旗帜"、保卫文明、反对布尔什维主义等诡辩言辞。

（3）工人群众有了1914—1918年流血的经验。无产阶级的先锋队——共产党也拥有了这种经验。他们认清了资产阶级战争的各种手段,尽管还很薄弱,可是在这方面已经受到了"锻炼"。

(4)最后,与1914年帝国主义战争不同的是,无产阶级的先锋队已经组成共产党,联合成为共产国际,这是13年前所没有的。

31. 因此,现在反对战争的可能性远远大于1914—1918年。

共产党由此可以得出以下结论:

(1)在这场彻头彻尾的反对中国和反对苏联(未来)的帝国主义战争中,参战的各资本主义国家的工人应当和在任何一场帝国主义战争中一样,使本国的资本主义政府遭到失败。

(2)如果说在两个资本主义国家之间进行的一场普通的帝国主义战争中,工人主张本国的政府遭到失败,而不能主张交战的任何一方取胜,那么在反对中国革命(今天的武汉)或者苏联的彻头彻尾帝国主义和彻头彻尾的反革命战争中,工人应当为中国和苏联的劳动群众取得胜利而积极斗争。

(3)布尔什维克为帝国主义战争的士兵提出结为兄弟的口号,作为对帝国主义陆海军士兵中反帝工作的一个重要口号现在依然适用。可是它的意义首先是用于两个帝国主义国家之间的战争,在帝国主义反对革命的中国(今天的武汉)和苏联的战争中,它应当同号召帝国主义军队的士兵在适当时机转投革命军队联系起来。

(4)无产阶级应当竭尽全力阻止帝国主义者镇压革命的中国。运输工人、军工厂工人的罢工、总罢工等等都是国际无产阶级在保卫革命的中国和苏联中应当采用的手段。

32. 历史为国际工人阶级提供了许多共产党人反战的例证。这首先就是俄国布尔什维克在1914—1918年帝国主义大战中的经验;德国斯巴达克派的丰富经验;各国工人在1918—1919年武装干涉时期的斗争经验;敖德萨法国水兵的起义;南斯拉夫和奥地利的同志们1919年反对干涉匈牙利的斗争经验;1920年苏波战争期间英国的行动委员会;

英国、德国、意大利的工人不允许运送武器;波兰工农在波军后方的游击活动;俄国在军队中开展非法活动,反对占领的经验;法国共产党和共青团在摩洛哥战争和叙利亚战争时期的经验。最后还有青年共产国际的丰富经验。在当前针对中国的战争中,采用这些丰富的经验是共产国际一切支部最基本的义务。

关于"人民民警"的口号和局部军事要求

33. 近来许多共产党都放弃了过去民主的口号"人民民警",而代之以"劳动者民警"(工农民警)的口号或者武装无产阶级的口号。这样的替换是否正确?"人民民警"的口号是否已经过时了?我们知道,列宁早在1917年4月就在一篇文章《论无产阶级民兵》中,针对当年革命的俄罗斯支持"全民武装"的旧口号。

当时,在4月份,士兵群众是支持孟什维克,主要是社会革命党的,同处于前线的帝国主义军队针锋相对的"全民武装"有两层含义:

(1) 作为对抗可能出现的军事反革命的保证;

(2) 作为反对帝国主义战争的口号。

资产阶级民主革命在这个时期转变成了社会主义革命。

34. 从那以后发生了哪些变化?首先,一些欧洲国家(奥匈帝国、德国)的资产阶级革命时代结束,犹如它在欧洲和美洲绝大多数国家早已结束那样;第二个变化是阶级斗争最近十年来达到空前激烈的程度;各个阶级都公开武装起来:一方是法西斯分子,另一方是无产阶级的自卫团体(德国的红色百人团等团体);第三,无产阶级在取得胜利的情况下应当运用俄国革命的经验,从工人赤卫队转向建立红军。因此,将"人人是民警"的口号推广到所有国家是错误的。这完全是机械地决定问题。

35. 关于消灭常备军问题、"人人是民警"、"武装无产阶级"、"劳动者民警"问题应当根据具体的历史情况来提出：

（1）在结束了资产阶级革命的现代资本主义国家中，共产党在提出消灭常备军这一要求的同时，通常应当提出武装无产阶级的口号。这个口号具有最现实的意义：

①在直接准备国内战争，以求建立无产阶级专政的时期，正如在国内战争时期一样；

②在国内存在资产阶级法西斯军队的时候。

（2）红军的口号具有意义是在无产阶级取得了政权之后，为了消灭资产阶级反革命在国内的最后残余势力，保卫革命成果免遭资本主义世界的侵害。

（3）以消灭常备军为前提的建立劳动者民警的口号在现阶段具有宣传价值。实现这个口号是同无产阶级革命在许多重要的资本主义国家取得胜利联系在一起的。共产党在宣传这个口号时，应当将重点放在解除资产阶级、法西斯军队、警察、宪兵的武装上。

（4）人人是民警的口号并未过时，而应当被提出来：

①在尚未完成资产阶级民主革命阶段的殖民地国家（叙利亚、摩洛哥、埃及等）；

②在资本主义国家，其中有些国家由于存在封建主义残余势力，而资产阶级民主革命受益于有利的国际条件，有些国家则由于军事寡头搞政变，而有可能发展成社会主义革命，如希腊、西班牙；

③甚至在完成了资产阶级革命却沦为世界资本主义的半殖民地的资本主义国家，如果存在反对压迫者的民族革命运动。

36. 共产党员必须支持士兵和水兵的部分要求，诸如：选举军官，执行军事勤务的辖地制度，按民族组建部队，积极和消极的选举权，改善士兵的物质待遇，保障婚姻家庭，增加假期等等。

共产党员在宣传这些要求时，都应当将其同总的口号（武装无产阶级、建立劳动者民警等）联系起来。

共产党的错误和过失

37. 整个共产国际及其各支部，要想承担起反战斗争的任务，就必须毫不留情地揭露自己的错误，改正过失。

（1）共产国际几乎所有支部都存在的共同现象就是对战争危险估计不足。所有共产党的行动路线都表明，战争似乎是较为遥远未来的一段音乐，而不是今天血腥的现实。有些国家的共产党受到广大非党群众的影响，对遥远的中国战争并没有切身的感受，另一些国家置身于世界政治之外，宁愿采取由这些国家的国际角色所决定的"中立"立场（斯堪的纳维亚诸国），还有一些国家在一定程度上受到资产阶级报刊的影响，仿佛中国并不存在战争，有的仅仅是预防性地派遣军队去保卫民族利益。

（2）共产国际许多支部的缺点是不能将自身内部的问题和国际性问题联系起来。有时候采取了小地方的狭隘形式。（捷克："在重大国际政治问题中，小国无能为力。"）

（3）属于我们共产党的弱点的还有一些同志对本国帝国主义的作用估计不足（法国和日本有这种情况），抽象地提出战争问题，却不能明确地回答工人群众，他们在这场帝国主义的反华战争中究竟应当做什么，应当怎样反对本国的帝国主义。比如说，必须指出荷兰共产党的错误，它在印度尼西亚爆发起义后的初期，只是要求派出一个调查小组，却并不曾提出从印度尼西亚撤出荷兰军队，承认印度尼西亚的"分离权"这样的基本要求。这种"过错"客观上意味着向帝国主义投降。

（4）思想混乱也是年轻共产党的一种毛病。一些知名的同志迷失在庸俗的和平主义的立场上（英国）。许多人从苏联是处于资本主义包围中的工人国家这一事实出发，提出了限制军备的倡议，愿意将这个要求视为正在为争夺本国的政权而斗争的共产党的口号。

（5）从列宁的战争观中得出完全错误的结论。给海牙代表团的指示被解释成完全放弃了作为反战斗争的手段之一的罢工。

（6）对群众团体的作用，对工会、军队和舰队工作的作用估计不足。

共产党的任务

38. 共产国际及其各个支部在现时反对对华战争和反苏战争危险的斗争中，有哪些基本任务呢？

（1）现在反战运动的中心口号应当是"保卫中国和俄国革命"，应当将群众的注意力集中到这两个口号上来。共产党应当向群众说明，没有革命的群众行动，就不可能有真正的争取和平的斗争，和平主义不过是对群众的欺骗，争取真正和平，消灭战争的斗争就是要推翻资产阶级政府并建立无产阶级专政。

（2）在报刊上、会议上和议会中不断宣传帝国主义的对华战争，揭露其侵略和劫掠的性质，揭露社会民主党领导人和改良主义工会领导者的背叛行为。彻底揭露英美帝国的作用，极力反对本国统治阶级的掠夺野心。毫不留情地批判和平主义幻想和思潮。揭露资产阶级政府"裁军"的每个步骤。为此应当公布资产阶级政府之间的秘密条约和军事协定。

（3）共产党在开展反战活动时，应当使它的口号同军事冲突的现阶段相适应。反华和反苏战争将来可能采取各种形式：经济封锁、海军封锁海岸线、从邻国向苏联派遣武装匪徒、组织国内暴动等等。因此共产党在宣传中必须考虑到正在进行的战争的这些特点,将它同资本主义国家集中打击苏联和中国的整个战争准备联系起来。

(4) 揭露正在编织的、针对苏联的国际阴谋大网,举起"国际无产阶级保卫自己的无产阶级祖国"的旗帜,发动群众,团结群众起来保卫苏联,反对帝国主义的进攻。

(5) 首先在英国和在积极参与讨伐中国的远征的其他国家中宣传反对战争的总罢工。

(6) 在参与讨伐中国,以及威胁向苏联开战的各国使馆前举行群众性游行示威。

(7) 妇女和儿童在运送远征部队的铁路线上和港口游行,还有战争伤残军人在议会大楼、陆军部和外交部大楼前的游行。

(8) 在无产阶级和小资产阶级的妇女团体中宣传反对战争。召开妇女代表大会、地区和全国的代表大会,开展反战活动。

(9) 在"斩断伸向中国和苏联的魔爪"的口号下,成立行动委员会,吸收工会组织参加。较之过去更加坚定地采用工人统一战线的策略,与资本家之间的统一战线相抗衡。

(10) 大力开展同反革命武装队伍之一的法西斯主义的斗争。在一切有条件的地方,成立与之对抗的、类似红色前线士兵协会的群众团体。

(11) 在体育运动团体中开展反对法西斯主义和反对战争的活动。

(12) 青年团与党密切配合,在不曾参加过世界大战,但已入党的青年工农中开展最积极的工作。

(13) 建立战争伤残军人组织,吸引现有的伤残军人团体参加反战斗争。

(14) 各国共产党都应当十分关注建立非党类型的辅助团体(例如:反对殖民压迫斗争联盟),吸收那些同情无产阶级解放事业的人、殖民地的劳动者和真诚地仇视资本主义制度及其暴力、战争和剥削的人。

（15）加强陆海军中的工作，加强农民中的反战工作。

（16）加强殖民地的工作。在反对战争的斗争中建立无产阶级和被压迫民族的统一战线。召开殖民地劳动群众的代表大会，说明他们的利益同苏联的利益和为争取自身解放而奋斗的中国劳动群众的利益是相同的。

（17）在共产党内严肃地提出布尔什维克反对战争策略的原则问题。在党的刊物上，在党的会议上阐述这些原则。

（18）共产国际各个支部的进一步国际化，将群众的注意力引导到国际性质的问题上来，善于将这些问题同国内的阶级冲突联系起来。共产国际各个支部在反战斗争中建立彼此更密切的接触。

中国革命问题

1. 中国革命的意义

共产国际执行委员会全体会议指出，最新的事态发展完全证实了共产国际关于中国革命的观点，全面证明了列宁关于中国革命的国际作用的预见。

中国大革命日益成为反对国际帝国主义的整个制度及其主要世界中心的极为重要的因素。

因此，社会民主党和阿姆斯特丹国际的政策、抹杀中国革命的意义和帝国主义干涉的意义的政策、直接为刽子手扼杀中国革命的战争辩解的、柏拉图式的空洞口号和平主义不切实际的措施的政策（托马斯、麦克唐纳等人）都是帝国主义的直接帮凶。

共产国际执行委员会指出，中国革命的巨大国际意义将日益彰显，因为帝国主义对中国人民采取的反革命战争和扼杀战争、帝国主义在中国集结军队（外国舰队、步兵、日本实际占领满洲、英美实际上夺取了重要港口等等），伴随着针对苏联的挑衅举动，在帝国主义现阶段结成的反华阵线中正在酝酿强大的冲突。

因此，只有积极参与思想上准备战争的社会民主党令人憎恶的角色，只有掩饰其社会帝国主义面目的资产阶级和平主义才能说明社会民主党和阿姆斯特丹国际的领导人们对中国革命问题的立场。

共产国际认为，自称为工人的政党及其他团体，如果不最坚决地反对针对中国的干涉，麻痹工人阶级的警惕性，宣扬无所作为，那就是在客观上（有时是主观上）帮助帝国主义。他们不仅帮助帝国主义扼杀中国的工农，从而巩固帝国主义制度，而且支持帝国主义准备反苏战争，准备世界大战。

共产国际执行委员会一致责成所有支部发动群众，组织群众行动，制止向中国运送军队、武器等等积极支持中国革命，最积极地反对针对中国的干涉。共产国际执行委员会责成所有支部向最广大的无产阶级和劳动群众说明中国革命的国际意义和价值，对中国的反革命干涉同准备新战争首先是反苏战争，以及同国内向工人阶级进攻（英国的工会法案、法国的战争法、意大利的法西斯恐怖等等）之间的关系。

共产国际执行委员会认为，与此同时必须努力工作，揭露社会民主党和阿姆斯特丹国际抵制积极反对帝国主义及其政府的每项步骤的政策。

2. 中国民族革命运动的危机和新形势

共产国际执行委员会指出，中国革命事态的进程证实了上次（第七次）扩大全会对革命动力的估计。共产国际执行委员会特别指出，事态的发展完全证明了第七次扩大全会对资产阶级必然脱离民族革命统一战线，转而投向反革命一边的预见。

这个过程表现为，蒋介石及其他军阀的反革命政变，成立南京政府，国民党右翼分离出去，打着国民党的旗号成立自己的反革命组织。

蒋介石的政变使中国形成新的政治局势，主要阶级力量进行重新配置。蒋介石政变标志着阶级阵线的改组，因此共产国际的策略也必须以这种新形势为出发点。

指望同蒋介石或者国民党右派妥协，并据此决定策略的任何意图不过是径直向蒋介石投降，并公然背叛中国革命的利益。

资产阶级背叛，其军事领导人蒋介石叛变的主要原因，一方面是工农群众运动的不断高涨和中国共产党取得的成绩，另一方面则是国际帝国主义的联合势力施加的强大压力。民族资产阶级对群众运动的发展和革命—阶级方面的要求和口号感到害怕，它必然宁愿同帝国主义和军阀相勾结，而不愿看到革命斗争的进一步发展。因此，民族资产阶级将自己排除在民族革命阵线之外，转而投入反革命阵营。虽然革命遭受部分失败，但有了蒋介石一伙的反革命行动，革命却转入更高的阶段：资产阶级、小资产阶级的同盟发展，并开始转变为无产阶级、农民和小资产阶级的同盟，无产阶级的领导作用日益增大。

业已结束的这一中国革命发展阶段的特点是存在两个阵营：一个是外国帝国主义、封建军阀和大资产阶级中的买办阶层的阵营，另一个则是革命的民族资产阶级、农民、手工业者、工人的阵营。这个阶段的趋势是将两个阵营变成三个阵营：将民族资产阶级分割出去，将它同"左翼同盟"：无产阶级、手工业者和农民对立起来。

现在的特点是存在三个阵营：蒋介石已经在枪杀工农，但仍在与北洋军阀作战。

不过斗争的全部逻辑正在将这三个阵营变为两个，但却是两个全新的阵营，因为大资产阶级（以蒋介石、白崇禧等为首）必然会日益靠近反动封建势力和外国帝国主义，而且这个过程将不断加速。

中国革命的危机和目前社会—阶级力量的组合表明，而且证明反对封建主义（包括土地革命）和反对帝国主义的资产阶级民主革命，只有在反对已演变为反革命的资产阶级的斗争中才能够实现。彻底的民族解放斗争与工农群众运动或者要求土地革命不但不冲突，反而成为广大劳动群众运动的增长、直接推翻帝国主义的前提。

共产国际执行委员会认为，在业已结束的革命时期同民族资产阶级结盟的策略是完全正确的。单单北伐就足以证明这项策略是正确的，它到处伴随着工农群众运动的高涨，工会、农民协会和农会的成长，共产党的壮大。

共产国际执行委员会还认为，主席团同时发出关于揭露蒋介石、控制政府和国民党机关要害部门、孤立国民党右派、依靠群众等指示也是正确的。

共产国际执行委员会也赞成主席团在蒋介石政变之后立即采取措施，并赞成在政变后发表的号召书中阐述的立场。

共产国际执行委员会再次强调，蒋介石的政变及其表现出的急剧阶级重组是今后全部策略的出发点，它排除了同资产阶级的统一和妥协，因为后者背叛了民族革命运动，成了积极的反革命势力。

共产国际执行委员会指出，社会民主党和阿姆斯特丹国际在中国革命"国内"问题上的路线，直接来源于它对待帝国主义的对华政策的态度。"左翼"社会民主党人口头上"保卫"上海工人，实际上却用一道长城将社会主义革命同资产阶级民主革命隔开，反对中国共产党员的先锋队，反对无产阶级对民族革命的领导权，从而支持资产阶级和帝国主义的同盟取得胜利。社会民主党的官方机构和阿姆斯特丹国际越来越采取支持蒋介石的方针，同那些企图建立对抗革命工会的反革命势力——黄色"工人"团体沆瀣一气。社会民主党人右派指责共产党人分裂中国的民族革命运动，社会民主党人"左翼"则虚伪地指责他们不能坚决保卫中国无产阶级的特殊利益，国际孟什维克分子实际上不仅成了外国帝国主义，而且也是它的中国代理人——屠杀工人阶级的南京刽子手的直接同盟者。

3. 中国革命的部分失败和主要反革命力量

共产国际执行委员会指出，资产阶级一系列反革命政变（上海、南京、广州等地）标志着中国革命的部分失败和反革命集团势力的某种增长。

但是，共产国际执行委员会认为，那种以为这次失败将决定革命整个命运的观点是错误的。

这种观点认为，中国革命的主要威胁在于中国资产阶级，但没有认识到资产阶级同帝国主义势力的联系，同时又对劳动群众强大的自发运动估计不足。只要指出这一点就足以说明这种观点的错误了。

如果主要的反革命据点不曾得到把民族革命阵线的动摇分子作为代理人的**国际帝国主义**势力的支持，蒋介石的全部军队本来是可以被胜利推进的革命军队消灭的。

共产国际执行委员会责成所有支部，必须向工人阶级和农民说明一个基本事实：恰恰是实际占领着中国几乎所有重要工业中心的帝国主义军队才是中国主要的反革命势力。

如果相对软弱的中国资产阶级不能得到外国干涉者的直接或间接支持，它就不能对中国革命群众构成重大威胁。外国干涉者集中自己的武装力量，封锁港口，孤立革命中心，向反革命军队提供经费，企图瓦解革命军队，直接施加外交压力，支持革命政府所在地的资产阶级阴谋分子，外国和本土的资产阶级抵制生产、贸易和贷款等等。

应当特别指出帝国主义的疯狂努力，他们企图击溃工人和共产党人，镇压农民运动，孤立苏联。与革命部分失败相反，它转到了更高的阶段，更加紧发动群众。农民运动的发展，暴动队伍中建立起武装力量，自发组织起来的武装战胜军阀的部队，在反革命恐怖中保存下来的工人组织，共产党和左翼国民党的不断壮大——这都是中国革命进一步发展和深化的重要信号。

武汉政府同左翼国民党就其基本倾向而论，是城乡小资产阶级群众和无产阶级的革命联盟。尽管个别将军、将军集团、国民党"左派"的个别政治家及其集团今后有可能，甚至必然会背叛，阶级斗争的发展一定会唤起群众，而群众运动正是未来胜利的保证。

共产国际执行委员会因此认为，取消派将中国革命目前的危机看成决定其失败，从而确立新的国际形势的观点是完全错误的。这种实质上错误的观点不可能不成为瓦解无产阶级队伍的工具，而现在，当要求共产国际和革命无产阶级的意志和行动高度统一的时候，这种瓦解是特别有害的。

4. 组织工农群众和中国共产党的主要任务

中国革命道路上的巨大困难，首先就是帝国主义联合势力及其武装干涉造成的困难，还有动摇的社会集团中必然发生的背叛和投向敌人阵营所造成的这种斗争环境，这就要求吸引大量劳动群众投入斗争，以保证革命的胜利发展。只有吸引这些群众积极加入斗争，才能形成足以摧毁国内反革命和帝国主义干涉者的力量，战胜帝国主义瓜分中国的企图，摧毁封建关系的残余，完成资产阶级民主革命，并为中国转到社会主义发展轨道创造条件。

只有在农村实行土地革命，满足城市工人阶级的需求及其政治要求的基础上，才有可能吸引群众加入斗争。坚决废除向富人缴纳的租金，重新分配土地，没收地主、满蒙贵族、寺院等的全部土地，禁止奴役性买卖，废除贫苦农民欠下的高利贷债务，坚决降低税负，将负担转移给最富裕的阶层等口号应当在全中国，首先在武汉政府的辖区内加以实施，发动群众抵抗资产阶级叛徒和北洋军阀。

土地革命，包括没收土地和土地国有化，——这就是中国革命新阶段的主要社会—经济内容。现在主要是亿万农民在底层用"平民的"革命办法解决土地问题，共产党应站在运动的前列并领导运动。而且共产党在政府**内部**也应当实行由政府促进土地革命的政策。只有这样才能在现阶段将政府切实转变成工农革命的组织—政治中心、无产阶级和农民的革命—民主专政的机构。另一方面，只有上下一起执行这种政策，才有可能建立真正可靠的武装部队，在坚定的革命基础上组成全部军队。

必须努力提高城市工人群众的物质生活水平，彻底改善他们在工厂和社会生活中的法律地位，坚决清除将工人置于无权"阶层"的所有法律，实行八小时工作制，提高工资，承认工人团体的权利，等等。

与此同时，必须迅速、勇敢而坚定地实行大规模武装工农，首先是有组织的和自觉的工农政策。这项政策必须坚定不移地加以实施。

共产国际执行委员会认为，中国共产党应当尽一切努力直接或者同国民党左派联合大力发动并组织群众。最积极地吸收工人入党，最积极地在城市和农村吸收劳动群众加入国民党，将国民党尽快变为最广泛的群众组织，这就中国共产党目前的主要任务。

共产国际执行委员会要求中国共产党，最密切地注意全力巩固并扩大各种工农群众组织，如：工会、罢工委员会、工厂委员会、工人纠察队等等；农会、农民协会、贫农委员会、农民武装卫队；城市小资产阶级、小手工业者、手工艺人等的组织。在所有这些团体中都必须开展加入国民党的宣传，将这个组织变成革命小资产阶级民主派和工人阶级的强大群众团体。

共产国际执行委员会坚决驳斥将民族革命的任务同无产阶级阶级斗争的任务对立起来的观点。执行委员会认为，欧洲的极左集团和社会民主派所持的这种观点正是放弃无产阶级对中国民主革命的领导权，仿佛有利于工人的行会习气（它在政治上是一种机会主义，将无产阶级变为民主阵营的尾巴）。而在资产阶级转投反革命阵营后，无产阶级日益成为整个民族革命运动公认的领导者和领导人。中国革命如果不能提高工人阶级作为整个民主革命领导人的地位，中国革命就不能进一步发展，它也只有在反对资产阶级的斗争中才得以完成。

5. 共产党和国民党

中国共产党能够完成它所肩负的任务，因为它作为工人阶级的先锋队，不同于甚至是最左翼的小资产阶级革命者，它具有自己的政治面貌。

共产党在任何政治环境中都不应当溶化在某个政治组织里。它应当是一支独立的力量，是一个特殊阶级——无产阶级，国内最彻底的、最革命的阶级的组织。因此共产党在宣传自己的观点时，在打出自己的旗号发动群众时，不能缩手缩脚；党不应当放弃批评革命的小资产阶级民主派的动摇和犹豫不决的权利。相反，只有这样的批评，才能推动小资产阶级革命者向左转，保证工人阶级在革命斗争中的领导权。

但是，不能将中国共产党的独立性解释成它的封闭性和脱离非无产阶级劳动阶层，首先就是农民。按照这个观点，共产国际执行委员会坚决驳斥退出国民党的要求,或者实际上必然导致退出的立场。现在提出"暂时无须退出国民党"的口号,也和**退出**国民党的口号一样荒唐,因为现在要求无产阶级政党做的正是保证发挥无产阶级在**国民党内**的领导作用。中国的国民党恰恰是无产阶级直接同小资产阶级和农民合作的中国特殊方式。在目前的形势下,如果工人阶级的政党——共产党不要求**在国民党内**发挥领导作用,无产阶级就不能要求发挥国内领导者的作用。

共产国际执行委员会认为,对于作为革命运动的独特组织形式的国民党评价不足实际上会导致国民党的旗帜被右派篡夺,因为国民党的旗帜在中国是一个很有分量的政治因素,以蒋介石为首的资产阶级领导人企图打出国民党的旗帜。共产党的策略不应当是掩盖蒋介石的这种政治手腕(如果执行退出国民党的方针,就必然导致这样的结果),而在于揭露资产阶级政客背叛民族革命、背叛国民党、背叛孙文主义的反帝传统,向帝国主义阵营投降。共产国际执行委员会认为,断言民族—解放(反对帝国主义)革命"结束了",而另一个新的、工农的阶级革命"开始了",这种观点是错误的。蒋介石政变之后,连广大群众都明白,只有在工人阶级领导下,民族解放革命才能够发展。正因如此,国民党的旗帜、民族解放斗争的旗帜就不能让给这场斗争的**叛徒**。

共产国际执行委员会认为,中国共产党按照勇敢而坚决地开展群众运动的任务,应当勇敢而坚决地努力将国民党改造成吸收城乡劳动群众的、名副其实的群众组织。

共产国际执行委员会认为,国民党面临的任务要求其组织形式与这些任务相适应。必须尽快按照更加接近群众,广泛吸收工人、农民和手工业者入党,集体接受工人、农民、士兵和手工业团体[工会、工厂委员会、农会、农民协会、手工业保险团体、军队组织、农民"红缨枪"、游击队(清除其中的反革命分子)、工人纠察队]入党,国民党的地方和中央各级机构完全由选举产生等等的方针改组国民党。

只有坚决按照上述方针将国民党变成的确是群众性的、选举产生的、广泛的、革命—民主的组织，才能为巩固和顺利发展中国的民主革命创造条件。

只有实行这样的方针，才能针对左翼国民党员中的动摇集团可能而且必然出现的逃跑行为（如广州发生的那样），针对军阀及其他军事领导人的叛变采取最大限度的反措施。共产党有责任及时揭露各种企图与蒋介石结盟或与帝国主义分子结盟的动摇分子，并在宣传及组织方面采取相应的反措施。

中国共产党应当保存并发展自己的组织，同时在更大程度上影响国民党的工作。只有充分认识到自身的无产者的阶级立场，坚信自身的思想路线和政治路线的正确，加强并巩固自己的组织，吸收工人党员参加党的领导，提高党对工农群众的影响力，提高党在他们心目中的威望，共产党才能完成这项任务。

共产国际执行委员会指出，中国共产党正是在这一点上表现出许多摇摆不定，党在批评国民党的领导人时，并不是始终都很坚定，党内有时对开展群众运动首先就是对农民夺取土地、驱逐士绅和地主等等的运动表现出某种恐惧。

在革命的现阶段，这种特别有害的摇摆不定表明，不是中国共产党的所有同志都充分理解了共产国际对中国革命的路线。共产国际执行委员会认为，必须在中国共产党内广泛解释上述种种错误和摇摆不定，不这样做，必然会使中国革命在具体问题上出现动摇的危险。作为工人阶级的政党，中国共产党应当领导农民的土地运动，最不留情面地反对各种缩小这种运动规模的企图。

共产国际执行委员会深信，年轻的中国共产党已经成长、壮大起来，表现了革命英雄主义的范例，将很快纠正由于事态极其复杂和中国共产主义运动的年轻而出现的这些错误。

6. 武汉政府，关于政权和军队问题，中国共产党的任务

共产国际执行委员会认为，对武汉政府评价不足，实际上否认其巨大的革命作用的看法是错误的。武汉政府和左翼国民党上层就其阶级成分而言，不仅代表农民、工人和手工业者，而且代表部分中产阶级。因此，武汉政府作为国民党左翼的政府，还不是无产阶级和农民专政，但是在走向这种专政，只要无产阶级的阶级斗争取得胜利，它失去了自己激进的资产阶级同路人，拒绝种种背叛行为，就必然会向这种专政发展。

共产国际执行委员会认为，中国共产党应当积极参加武汉"临时革命政府"的工作。拒绝参加或者对它持怀疑态度，虽然看起来"非常革命"，实际上却是重犯俄国孟什维克1905年的错误，当时他们认为，参加临时革命政府是不可能的，而宁愿作为"极左翼的反对派"，实际上却做了自由资产阶级的尾巴。

孟什维克的立场中引人注目的正是他们**拒绝**参加革命政府，却参加了**反革命**的联合。

参加武汉革命政府与欧洲的资产阶级—社会党联合毫无共同之处，因为武汉实际上在进行反对帝国主义、封建主义，现在又加上反对本国很大一部分资产阶级的革命战争。

因此，共产国际执行委员会认为，共产党应当最积极地在中央和地方政府机构中工作，批评自己哪怕是最亲近的同盟者的动摇立场，保证政府政策方针的正确性。

共产国际执行委员会要求中国共产党特别注意，现在比过去任何时候都更需要革命政府保持同人民群众的紧密联系。只有依靠首先通过国

民党实现的这种紧密联系,只有坚定地执行**群众方针**,才能不断巩固革命政府的威信和它作为革命组织核心的作用。

中国共产党的任务是保证武汉政府的这种方针得到执行。不履行这项任务,不开展群众运动,不开展土地革命并彻底改善工人阶级的状况,不将国民党转变成真正劳动群众的最广泛组织,不进一步巩固工会并发展共产党,武汉政府不保持同群众的最紧密联系,就不可能将革命引向胜利。

共产国际执行委员会认为,只有采取这样的策略才能证明共产党员参加政府是正确的。不执行这样的政策,参加政府就具有必将被生活及伟大的阶级斗争进程所推翻的上层勾结和政治图谋的性质。将政府工作同群众工作联系起来,而且是经常联系起来是中国共产党的首要职责。

共产国际执行委员会认为,根据目前条件,实行国民党的广泛民主化,吸收尽可能多的群众,尽快发展各种工农群众团体是符合革命要求的。不能对中国发展的特点视而不见。中国创造了像革命的国民党这样独具一格的组织,它可以直接组成政府。国民党广泛吸收群众加入,由这些群众来选举国民党的领导机构并由选举产生的机构组成民族—革命政府,——这就是劳动群众同革命政权之间联系的特殊形式,它同中国革命的现阶段相适应。武汉政府辖区内各省的形势千差万别,这就决定了初期地方政权("农民协会"和"农会"的政权、国民党委员会的政权等等)的多种组织形式。在组织地方政权中,共产党员的主要任务就是吸收大批劳动者,吸收千百万工农加入政府,参加工作。

共产国际执行委员会认为,现在提出工农代表苏维埃的口号是不恰当的,这个口号(在武汉政府辖区内)就是宣布成立苏维埃**政权**。

立即成立工农兵代表苏维埃的口号在中国革命发展的现阶段意味着不可避免地出现两个政权,推翻武汉政府的方针,在中国跨过组织群众和国家政权的国民党,直接建立作为无产阶级专政国家形式的苏维埃政权。

革命的进一步发展意味着民主革命开始转向社会主义革命，这时必须成立工农兵代表苏维埃，而成立苏维埃的口号就成了党的中心口号。

共产国际执行委员会还认为，现在改组军队、建立绝对忠实于革命的军队、军队同工农组织的关系、保证军队干部、将雇佣军转变成革命的常备军等问题都显得相当尖锐。必须特别注意在革命工农中建立绝对可靠的部队，让共产党员和坚定的左派国民党员打入军队，清除军队中的反革命分子，建立工人赤卫队。

7. 当前中国革命政策中的一些主要策略问题

中国共产党面临着非同寻常的复杂任务。反对帝国主义和军阀的斗争同反对民族资产阶级的斗争交织在一起；中国领土上驻扎着大量帝国主义的武装力量；中国实际上被瓜分为三部分；极其纷繁复杂的经济和政治关系；内部矛盾重重的帝国主义的共同阵线；革命在中国各个地区成熟的程度极不平衡；革命特殊的"战争"方式和军队内部的矛盾；国民党左派自身内部的矛盾等等，——这些都给革命的发展造成了极大困难。

共产国际执行委员会认为，处于这些困难中的武汉政府，在对付外国帝国主义时完全可以采取**灵活手段，随机应变**。

共产国际执行委员会驳斥那种以为随机应变、灵活机动的"布列斯特和约"策略，由于政权的非无产阶级性质而原则上应当被排除在外的观点。

共产国际执行委员会认为，这类观点是基于理论上和政治上的严重错误。

当无产阶级革命还在酝酿的时期，无产阶级政党对政府处在革命反对派的地位，它往往**反对**这个政府所进行的战争，它主张**推翻**这个政府，而完全**不赞成**减轻这个政府的责任。

在中国目前的局势下，中国共产党赞成武汉进行的战争；它直接参加了武汉政府，对武汉的政策是**负有责任**的；它主张尽力**减轻**政府的任务。因此共产党完全不在"原则上"反对灵活机动的策略。共产党对政府的政策**负有责任**，如果**不论条件如何**，就拒绝妥协的策略，也就是说必须在各条战线上同时作战，那它就非常愚蠢了。

因此共产国际执行委员会认为，这个问题应当根据相当具体的条件相当具体地加以解决，事先要预见到这些条件是不可能的，因为事先不可能准确地预见，而且绝对准确地估计到斗争各方的力量对比。

允许采用灵活机动的策略也适用于政府的经济政策，政府完全不需要立即没收一切外国企业。在这方面原则上也同样允许妥协。

另一方面，共产国际执行委员会认为，民族资产阶级和外国资产阶级对许多企业（工业企业、贸易企业、信贷企业）的消极怠工导致失业，企图制造经济混乱以至经济瘫痪，可能迫使政府没收这类企业并实行国有化。国民革命政府现在不能允许革命的敌人破坏经济生活，在这种情况下，政府必须通过自己的机构，借助无产阶级团体，采取坚决措施将企业的管理权控制在自己手中。

什么时候需要妥协，什么时候应当转入进攻，这取决于具体条件。特别是，共产国际执行委员会认为，一些同志由于蒋介石的上海政变而提出的策略是极其荒诞的。这种策略要求尽早发动武装起义，反对帝国主义和蒋介石，向他们开展广泛的武装战斗。起义的策略是通过起义开展**进攻**。而只是在有一定的**成功机会**时，才可以展开进攻。"玩弄起义"是不行的。起义的策略**无论如何**都不是列宁的策略。如果工人在上海发动广泛的武装进攻，他们就会被蒋介石和帝国主义的武装所包围，切断联系，而中国无产阶级的精英就会在毫无取胜机会的战斗中被消灭。

现在中国总的形势要求共产党采取以下军事—政治战略：共产党支持北伐战争，同时必须在武汉政府控制区内深入开展土地革命，加紧进行瓦解蒋介石的后方和军队的工作，以便消灭他，这样做自然并不排除在恰当的时候对他展开直接的军事行动。指望群众在国内战争中也会见到成效。正确的政策将保证革命取得胜利。

共产党应当将大力巩固工农和小资产阶级的阵线作为自己的任务。在全力发展土地运动同时，必须保证小资产阶级的劳动财产不受侵犯，帮助他反对高利贷资本等等。共产党应当用这样的办法，在武汉政府的辖区内巩固工人阶级领导下的真正革命力量的同盟，大力团结这些阶级力量，组成强大的团体。在被反革命势力占据的土地上，共产党也应当站在群众运动的前列。

建立坚强的地下组织，从党的组织直到农民协会，组织并领导农民运动和工人运动，准备群众性的行动，开展士兵工作，——所有这些任务都应当是党的首要任务。

8. 共产国际各党和中国革命

基于对中国革命的意义和作用的总体评价。共产国际执行委员会指出：

1. 共产国际的多数支部对这种意义认识不足，表现为对中国革命的支持不够积极。

2. 参加"反帝大同盟"的共产党员的积极性也不够。

共产国际执行委员会认为尽快改正这些错误是完全必要的，为此建议所有的支部采取以下坚决措施：

（1）在报刊上进行宣传；

（2）在工会及其他工人群众组织中开展工作；

（3）在本国的殖民地和附属国中开展工作；

（4）在被派往中国的士兵中开展工作。

共产国际执行委员会提请注意，必须认真地准备，不是口头上，而是切实地阻止向中国运送部队和武器。共产国际执行委员会责成各个支部在帝国主义军队中进行强有力的工作，劝导它们投向中国人民的革命军队一边。

共产国际执行委员会委派个别支部的中央委员会依照上述方针制定具体措施。

共产国际执行委员会向中国支部致敬，保证最热烈地支持他们伟大的革命斗争。

英国共产党的任务

1. 共产国际执行委员会全体会议批准共产国际执行委员会主席团关于总罢工的六月提纲，提纲中将值得纪念的英国工人1926年5月斗争评价为英国工人运动史的转折点，以及共产国际执行委员会第七次扩大全会关于因矿工失败而形成的英国局势的决议。扩大全会预言，矿工失败将是反动势力在英帝国主义的内外政策上开始进攻的信号，这个预言已经得到完全的证实。英帝国主义在矿工失败后，不仅加强了对革命中国的武装干涉，而且疯狂地准备新的反对苏联的战争，同时组织对工联的进攻，以削弱并破坏英国工人阶级的这些主要团体。

2. 同盟歇业结束后工业和贸易略有改善，这是因为矿工英勇斗争期间受到损害的工业得到恢复。现在这种活跃已接近尾声，但主要工业部门并没有出现真正复苏的前景。资产阶级竭尽全力寻找摆脱困境的出路，对工人阶级发起新的进攻，加紧对中国的武装干涉并准备进行反苏战争。

3. 英国政府针对苏联的一系列挑衅行动，尤其是攻击苏联的贸易代表处并断绝同苏联的贸易和外交关系，同时挑唆苏联邻国进攻苏联，疯狂组织反苏神圣同盟，——这些都暴露了英帝国主义的真正面目，今天它是世界和平的主要危险。这种危险由于英帝国主义反对中国的战争而变得日益增大。英国政府为世界大战所做的思想准备和技术准备得到工党领导人，如斯诺登和麦克唐纳以及"总委员会"的领导人如托马斯的支持。他们依靠所谓的和平主义者和"左派"来麻醉工人阶级，还宣传什么，似乎资本主义报刊大肆鼓吹的反苏运动以及军事干预中国，只是一小撮顽固分子所为，根本没有对和平构成威胁。然而，英帝国主义的所作所为证明，共产国际和英国共产党所持的立场是正确的，它们告诫英国和全世界的工人，英帝国主义的冒险战争政策是英帝国主义持续瓦解过程的结果。

4. 英国预算出现巨额赤字，政府又不敢增加自己支持者的税负，因此没有资金实施或多或少可以改善工人阶级处境的社会改革。政府也没有给小资产阶级支持者以减轻税负和恢复商业的希望，尽管在最近的选举中，执政党的代表有过信心十足的保证。

近来由于同苏联断绝关系，立即从工商界传来越来越激烈的声音，他们指责鲍德温政府对工商界造成接二连三的打击。工商界正确地作出判断，一旦同苏联断交，就会丢掉市场，并会造成更大的萧条和失业率的提升。

政府不仅拒绝向工人阶级和小资产阶级提供任何优惠待遇，而且还激烈攻击那些工人阶级通过斗争所获得的社会救助组织。政府规定的关于改革贫困法律的法案、布连斯博格关于失业保险的报告都足以说明，统治阶级实行的政策都是致力于牺牲无产阶级和小资产阶级来稳定英国的资本主义制度。

5. 总罢工和煤矿同盟罢工唤醒了千百万工人的认识，使他们丧失了对资本主义政党的信任。政府不能满足小资产阶级的需求，使它丧失了许多支持者，甚至丧失了那些在1924年大选确保其获胜的那些支持者。

广大居民群众的情绪表现为在选举中支持政府的票数不断下降。国内阶级斗争的尖锐化使自由党恢复在工人中失去的影响和制止工人群众加入工党的愿望化为泡影。同时，也不能排除自由党在下次选举中获得部分小资产阶级支持的可能性，因为后者对保守党越来越失望。甚至从议会民主的观点来看，英国现在的保守党政府能代表的选民也不超过三分之一。而这个政府的政策也日益明显地体现出法西斯主义的形式。

6. 英国阶级斗争的尖锐化也表现为工人运动的加速分化。工人运动吸引着越来越多的新群体，工人群众明显向左转，工党和工会领导人则在内外政策的所有热点问题上（矿工斗争、关于工会的新法律、对中国的武装干涉、准备反苏战争、工业和平、美国化）公然走上了向统治阶级靠拢的道路。

7. 工会执行委员会一月会议批准了总委员会关于总罢工的报告，报告谴责了矿工的英勇斗争，这是工会上层第一次在必须减少工资以稳定英国工业的基础上表现出的团结一致。

8. 应当将一月会议看做是工会和工党领导人反对作为阶级斗争武器的总罢工，看做是主张"工业和平"总行动的一部分。这个行动为新的工会法创造了条件，其目的在于将改良主义者建议自愿执行的那种政策以法律的形式强加于人。面临资本的进攻，工会上层宣传的工业和平不过是表明，工会上层的政策同统治阶级的政策是完全一致的。这种宣传妨碍了工人阶级捍卫自己组织的愿意，加速了新工会法的起草。

9. 工会上层和工党领导人一面呼吁对资本家保持和平，一面疯狂反对工人共产党员以及少数派和左翼运动的支持者。由于拒绝执行利物浦代表大会针对共产党员的决议，工党的地方组织被该党取消。工会上层和工党的改良主义领导人合作，否认共产党员、工会会员有权参加工党，一个工会执行委员会还禁止共产党员和少数派运动成员在工会正式职位选举中提出候选人名单。

10. 独立工党企图使用左派语言与右翼改良主义者划清界限。事实上，它在所有实际问题上都公开支持改良主义者。独立工党提出的"我们时代的社会主义"的口号，指望的是工党执政的时代。这个口号同工人的日常斗争毫无关系。它只不过是让独立工党有机会使用一些左的词句，同时积极支持右翼与共产党员及左翼支持者进行斗争。独立工党最近一次大会决定，不把麦克唐纳列入工党大会的代表团名单，这并不意味着，它同麦克唐纳主义在政治上的决裂（顺便提一下，可以作证的是大会主席声称，党将支持麦克唐纳作为工党领导人），而是独立工党的领导人们试图安抚一下党内的无产阶级分子。阶级斗争的迅速发展和工人运动本身的分化使独立工党越来越难以扮演它所承担的共产党员和改良主义者之间的中间角色。经验表明，它不能使那些在工会和工党内拥有重要职位的党员支持它不时抛出的那些左的口号。在工党和工会里占据重要职位的独立工党党员宁愿要公开的麦克唐纳主义，也不要用左的词句做掩护的麦克唐纳主义。

英国阶级斗争的发展进程令人信服地证明，尽管独立工党提出了左的口号，实际上它是按照右的精神在开展活动，在所有最重要的阶级斗争问题——总罢工失败和矿工失败的责任问题、反对干涉中国运动问题、反对共产党员等问题上，都同工会上层以及工党的改良主义领导人站到了一起。阶级斗争尖锐化使独立工党越来越难以维持它过去在工人运动中扮演的独立角色，使它日益变成改良主义上层的左翼奴仆。独立工党在工人运动中的这种角色转换丝毫没有减轻它对工人阶级构成的危险，反而增加了这种危险。对于那些反感托马斯的帝国主义语言，但不明白，不同帝国主义进行真正斗争的左派言辞，只能阻碍切实的反战斗争的工人来说，独立工党发出的左的和平主义言辞，也和"左翼"工会的领导人如希克斯、珀塞尔等的左派言辞一样，仍然是一种欺骗的根源。共产党应当予以揭露，左派言论和改良主义行动的这种结合向工人证明，站在共产党和工人贵族之间的独立工党，在英国阶级斗争的现阶段确实没有起到独立的作用，它实质上扮演的是反动上层的工头的角色。

11. 对英帝国主义在中国以及印度和其他殖民地国家的统治基础形成威胁、引发英帝国主义军事干预的中国革命的发展揭露了改良派领导人作为英帝国主义同盟者的面目。改良主义者赞成派遣后续部队，拒绝撤出军队的要求，反对成立"滚出中国"委员会，极力阻止工人反对干涉中国的群众运动。最后，当工人阶级的压力迫使他们要求从中国撤军后，他们利用种种机会无限期地拖延这一要求。改良主义的领导人按张伯伦的意志行事，要求"谈判"，而不是撤出全部军队。"要求"谈判的目的是支持帝国主义的主张，说英帝国主义在中国拥有某些权利，可以作为讨价还价的筹码。他们掩盖了一个事实：英帝国主义进入中国是强制入侵的结果，英国工人面临的问题不是迫使英国政府进行谈判，而是迫使它撤出中国。独立工党和工党及工会中的其他和平主义集团口头上要求撤出军队，但并没有采取任何措施来实现这一要求，拒绝同共产党员结成反对干涉的统一战线，散布和平主义幻想，宣扬通过个人拒绝服兵役、拒绝去军工厂工作和运输武器就足以反对战争。

12. 英国共产党积极反对工党的帝国主义政策，反对独立工党散布的和平主义诡辩。党的口号，如"帮助中国击败鲍德温"、"英帝国主义的失败就是英国工人阶级的胜利"和"从中国撤出全部陆海军"，将英国工人反对鲍德温政府的斗争同保卫中国革命正确结合起来。党建立了许多"滚出中国"委员会，在军队中散发传单，在港口中开展强有力的工作。

13. 一方面我们看到，英帝国主义没有能力解决它面临的任务，从而遏制自身的衰落，除了它直接进攻英国工人的工资和劳动条件、加紧对殖民地人民的剥削而取得的某些"成功"之外，另一方面我们还看到，苏联的形势在不断改善和加强。这种反差加深了英帝国主义对苏联的仇恨，而且这种仇恨由于英国工人的革命性不断增长，殖民地特别是中国人民的起义浪潮不断高涨使英国资本主义感到恐惧，而且日益增强。而苏联工人对英国矿工强有力的支持，苏联对中国革命的积极同情更加深了这种仇恨。这种仇恨表现为一再进攻苏联，从而以撕毁英国同苏联签订的所有条约，断绝外交关系告终。工党的领导人实际上支持鲍德温政府的全部对苏政策，只是对保守党政府的方式方法做一些批评。

14. 从矿工同盟罢工到劳工联合会相关法律出台的这段时间里，我们一方面看到，群众运动日益向左转，另一方面也看到，劳工联合会的上层同企业家日益接近。工党内部由普通党员组成的左翼增加，对少数派运动代表大会号召的积极响应，党和少数派运动在煤矿地区工会选举中取得的胜利都证明工人左翼运动的壮大。

但是，工党左翼和工会少数派运动所取得的这些不容争辩的成绩都不应当掩盖这一事实，即这两种运动相对于强大的工党和工会上层仍旧是比较薄弱的。工会少数派的运动尽管在全国范围内，尤其在矿工中已经在政治上产生了很大影响，还产生了几个公认的领导人，但它在组织方面的力量还远远落后于其全面的影响力。

由于工人反对上层人物将工党变成资产阶级自由派政党的企图而在工党地方组织中发展起来的左翼运动表现出生命力和进步性。试图围绕一定的**纲领**而不是空洞的"左派"言辞在工党内组成左翼的尝试使左翼工人积极分子团结起来，尽管上层对这一运动的敌视使议会中兰斯伯里之类的左派言论提供者离开了运动。改良派企图将这一运动描绘成共产党的阴谋，但没有对左翼工人产生太大影响，左翼工人依旧在这个运动内部同共产党人合作。还有许多事情要做：

（1）必须使运动具有政治的明确性；

（2）支持它在全国范围内的发展。

共产党将全力支持这一必要的工作并用事实向工人证明，共产党是工人反对工党的帝国主义和腐化上层斗争中的真正领导人。

15. 针对工会的法律草案标志着英国资本家彻底放弃了他们过去对工会运动采取的老办法。这一法案与其他许多措施相关，如布连斯博格激烈反对的有关失业报告、政府草拟中的修改贫民法草案，其目的在于取消诸如贫民庇护所之类的资产阶级民主机构，将其职能移交给受工人阶级压力和监督较小的郡议会机构。工党和工会的上层坚决拒绝反对这些措施，他们只是打算通过同保守党政府达成妥协来减缓这些措施。这样一来，他们就帮助保守党政府走上了与工人运动进行无情斗争的道路。

16. 工会法案是资本向工人阶级进攻的最高点，也是进一步降低工资、延长劳动时间、恶化劳动条件、加紧进攻中国和准备对苏战争的前奏。在资本家建设囊括不同工业部门的庞大联合工厂、资本主义国家公开显示自己是垄断资本家和金融资本家手中针对工人的工具、不容置辩地要求最大限度集中自己的全部力量时，——在这样的时刻却禁止工会使用同强大的托拉斯化的企业家和资本主义国家斗争的唯一有效手段。在拥有巨大资源的国际卡特尔正在发展、英国资本家毫不掩饰地要与这些卡特尔联合起来时，英国的工会却被禁止使用较19世纪使用过更有效的办法来反抗资本的这些庞大组织。

总罢工被宣布为非法，群众性同情罢工被宣布为非法，反对战争的抗议罢工，不论其规模大小都被宣布为非法。政府是在侵犯工会在和企业主的斗争中建立纪律和联合的权利。政府正在削弱市政和国家职员的工会，企图将国家职员与整个工人阶级分割开来，阻止工会收取用于政治目的的费用，从而打击改良派使用议会外行动与之抗衡的议会斗争，向最高检察官提供监督工会活动的无限权力，保证工会法得以实施。

工会法案的目的在于使工会组织瘫痪，让政府放开手脚在三条主要战线上执行自己的政策：

（1）对英国工人的工资、工作时间和劳动条件进攻；

（2）进一步反对中国革命；

（3）准备对苏战争。

鲍德温政府一面反对大多数居民，反对工人阶级，摧残工人在斗争中赖以维护自身权利的工会，一面却居然敢装腔作势地宣称自己代表社会的利益。它摆出一付与自由、和平为友的面孔，同时却在进行反对中国的战争和准备对苏联的战争。

17．法案体现了保守党政府新的、公开的法西斯政策。直到最近为止，英国资本家阶级还指望借助浸透了资本主义思想、基本上维护资本主义观点的上层人士从内部控制工会。工会中少数派领导的左翼的发展在总罢工期间达到了最高峰，它使政府相信，不可能指望通过上层来实现对工会的完全控制，它必须采取复杂的镇压制度来捆住工会的手脚。鲍德温声称，法案之所以必须实施，是由于工会中少数派运动的影响扩大，这反映了政府的真实心态。它故意夸大工会中少数派运动的作用，旨在吓唬小业主和改良派领导人，推动他们进一步攻击共产党员和左派工人，可是鲍德温正确地断定，少数派运动的影响在增长，而且随着英国经济状况的恶化将更加增长，它将鲜明地表明工会运动的改良派领导人的破产。

18．针对工会的法案唤醒了整个工人阶级起来反对政府，尽管改良主义者极力扼杀无产阶级的主动性，企图将它的觉醒引向安全的方向。"五·一"大游行的规模就可以作证，今年的规模超过了以往的总罢游行。工人表达了团结起来、共同反对法案的强烈愿望,而一些被工党开除的团体和工会委员会,由于开展了反对法案的积极行动而提高了在当地的威信。工人们支持共产党员关于必须实行罢工来反对法案的提议。如果工会屈服于他们的压力,宣布总罢工,工人会比1926年5月更加团结。改良派领导人组织的针对法案的活动,其性质不仅从他们对待总罢工的态度中,还可以从他们拒绝将斗争同反对在中国的战争联系起来中可以看到,这种拒绝放开了帝国主义战争政策的手脚,削弱了反对法案的实际斗争。

工会上层反对法案的人虽然大吵大嚷,却缺乏诚意。法案规定的那些措施,除了一些例外,遵循的依然是法案出台前工会上层执行的那些政策。劳工联合会执行委员会会议表明,工会上层领导并不倾向于采取总罢工或者其他某种反对法案的行动,只满足于对法案表示反对的态度,以确保在未来的选举中获得工人的选票。工党领导人拒绝在取消法案或者工党议员被逐一开除出下议院之前采取妨碍议事的办法。他们满足于对法案采取在议会中投反对票的常规做法。他们事先向工人宣布,法案肯定将在议会获得通过,但工人可以在下次普选之后推翻它。但是他们并没有对工人说明,法案仅仅是指望工党失败的各种措施(包括改组上院)之一。工党欺骗工人说,下次普选之后,他们可以轻而易举地推翻法案。工党和工会的领导人采取这种欺骗的手法,暴露了他们反革命的面目。

反对工会法案和反对干涉中国的斗争经验完全证明了第七次扩大全会提纲的正确性,提纲指出了工会上层纠结在一起,以及一些前"左派"公然为右派领导人效劳。辛克斯和珀塞尔这样的领导人还在继续玩弄假左派的角色,使用左的语言,可是他们在至关重要的问题上却都是右派的走狗。

19. 无论是工会领袖,还是工党领袖都拒绝在反对工会法案的斗争中和共产党结成统一战线，甚至在反对法案的时候，继续执行分裂工人运动的政策，将左派组织开除出工党。他们考虑到总罢工之前几个月的经验，反对建立行动委员会，说是这些委员会必将变成发动工人对领导人施压的一种手段。

他们扼杀了运动中群众的主动性，将运动领导权交给领取工资、拒绝听取下层意见的工会和工党的工职人员。他们召开地方代表大会的目的是向工人解释法案的意义，召开的办法则是剥夺下层群众表达意见的权利。工会和工党领导者建立的、反对这项法案的组织旨在扼杀工人的主动性，制止他们采取积极行动。

20. 执行委员会肯定英国共产党4月12日在中央全会特别会议上制定的政治路线是正确的。这次中央全会确定了党对法案的以下任务：

（1）向英国工人说明，法案的意义在于向工人进攻，是准备新战争的一个阶段；

（2）突破上层设置的种种障碍，发动各地工人成立代表工人运动所有阶层的委员会，以便开展反对法案的积极活动；

（3）组织群众对工党施加压力，以便在议会内开展反对法案的妨碍议事行动；

（4）组织真正的群众示威，也就是工人上街游行；

（5）揭露那些断言法案似乎一定会获得通过，而工人的唯一希望似乎就在于下一次普选的人；

（6）加紧宣传，成立工人自卫队；

（7）集中力量宣传反对法案，要求宣布全体工人拥有实行真正总罢工的权利，以防止议会通过法案并迫使政府辞职。

总罢工应当由有基层代表参加的劳工联合会执行委员会特别会议组织，而且为了召开特别会议，必须组织企业工会和工人党地方机构等等中的工人群众，施加压力。

21. 反对法案的斗争加速了工人运动队伍的分化，将使大部分上层人士更紧密地勾结在一起反对工党以及工会运动中的共产党员和左派工人。另一方面，左派工人尤其是工会和工党中的许多基层工作者倾向共产党的趋势将日益鲜明。如果英国共产党能够解决面临的困难而复杂的各种问题，它将获得很多机会。这些问题在英国共产党的许多次中央全会和各区的代表会议上都曾经仔细讨论过。

22. 英国共产党在确定自己对待工会法案的政策时，正确地提出了实行真正的总罢工反对法案，要求政府辞职的口号。

23. 执行委员会认为，关于工党被取消的组织及其争取在当地的保留地位的问题应由我们党积极同左派工人合作，协助被取消的地方组织开展斗争。执行委员会赞成英国共产党中央2月2日决议中阐述的、后来得到共产国际政治书记处的决议批准的党中央对劳动党被取消的组织的态度。

24. 执行委员会批准党在反对军国主义化工作中的路线。执行委员会提醒英国党，向它指出和平主义和半和平主义倾向和趋势的危险性，尤其是在保守党政府在英国积极准备新战争之际。

25. 执行委员会全会审议了总委员会3月25日对各个工会的最后通牒，要求签署与少数派运动断绝一切关系的文件，认为它一方面是企图从组织上和精神上瓦解工会，要对它们在总罢工和矿工同盟罢工期间的所作所为进行惩罚；另一方面是改良主义上层孤立共产党员和少数派运动追随者行动的一个环节，目的在于帮助鲍德温政府推行工会法，并实施其对华战争及准备对苏战争的帝国主义政策。

全会建议英国共产党继续大力开展揭露总委员会前所未闻的、可耻的最后通牒活动，在工会委员会和工会中采取行动，一旦时机成熟就要废除这份文件。

26. 执行委员会宣布，英国共产党现阶段的全面任务都应当服从反对英帝国主义侵略政策的需要，其侵略政策表现为反对工会的法案、对华战争、准备新战争，以及改良主义领导人对这种政策的支持。为了发动群众，顺利开展反对鲍德温政府的斗争，英国共产党应当积极反对工党和工会改良派的政策，反对分裂主义的、反共产党的决议。现在的任务是：

（1）极力反对反共产党的决议，特别在工会运动、工党的地方组织和工会等等中开展强有力的活动，争取废除反共决议，为反对帝国主义将工党变为反对工人阶级的有效工具、瓦解工党的斗争扫清道路。

（2）共产党员和左派工人积极分子加紧合作。

27．工会上层对工会委员会以及共产党员和少数派运动支持者权利的攻击应当遭到回击，方法是把建立少数派的群众运动作为改组工会运动的主要手段，用革命工人取代改良派领导者。全会同时指出，迄今为止，党对少数派运动的支持是不够的。

28．鉴于战争危险，英国共产党应当：

（1）在本党报刊和出版物中更全面地揭露英帝国主义对苏联的阴谋，说明英国断绝同苏联的关系只是作为对苏战争前奏的挑衅活动的一个环节；

（2）启发工人运动将自己反对工会法的斗争同反对对华战争、反对英国政府对待苏联的好战立场的运动联系起来，提出"对苏联开战就是对英国工人开战"、"鲍德温的失败就是英国人民的胜利"、"向正在准备战争，削减工资，威胁工会的政府宣战"、"准备开展群众性行动，粉碎战争组织者"、"争取恢复同苏联的外交关系"等口号；

（3）党应当更加细致地向党员说明共产党在反战斗争中的作用；

（4）党应当揭露和平主义的口号，尤其是独立工党和所谓工会左派领导人的政策；

（5）党应当向工人说明反对战争危险的主要方法。

29. 共产党应当一如既往地向工人说明英国工人和苏联无产阶级团结一致的重要性，由于英国政府执行的军国主义政策，这样的团结完全是必须的。党应当告诉工人，由于从辛克斯和珀塞尔到托马斯的总委员会消极怠工，英俄委员会未能实现自己的任务。总委员会在同俄国工人团结的问题上一贯采取两面手法。它在口头上维护团结，可是却阻碍两国工人之间建立真正的联合。总委员会的这种策略明显地表现在英俄委员会最近几次会议上，尤其是在总罢工、矿工的斗争和反对干涉中国等问题上。共产党应当特别说明最近的柏林会议的真实意义，总委员会在会上不主张扩大英俄委员会的职能，坚持缩小委员会章程且如愿以偿。

共产国际完全赞同英国党的声明，声明指出，总委员会必须对柏林会议的结果负责。英俄委员会近一年来的工作进程完全证实了英国共产党的立场正确，它向工人说明，总委员会应当对俄国工会作出的让步负责，而且这种让步再次证明，苏联的工会运动真诚地追求真正的团结一致。

全会同时赞同共产党在矿工中开展的英国矿工和苏联矿工团结起来的活动。党对矿工领导人实际上阻碍成立英俄矿工委员会的批评是完全正确的。这些领导人不仅拒绝成立矿工联合委员会，而且向英国矿工隐瞒了苏联矿工的相关建议。

30. 英帝国主义对苏联所持的好战立场、它对中国的军事干涉、它对所辖殖民地人民的野蛮压迫使英国共产党必须加强反对帝国主义的斗争，向工人揭露英帝国主义的政策，同工人运动中的帝国主义倾向作斗争，具体地向工人展示，殖民地人民反对的资本主义敌人也就是他们所反对的同一个敌人，所以工人运动同殖民地人民的斗争联合起来才能保证双方的胜利。英国共产党应当一如既往，致力于建立英国工人同殖民地工人、农民和民族运动之间最紧密的相互关系，同时尽力促进殖民地人民的独立斗争。

鉴于青年在反对帝国主义、战争和军国主义的斗争中的重大作用，党应当更积极地支持共产主义青年团，帮助它完成自己的任务。

英国共产党在组织方面的主要任务是改善英国采矿业与其他主要工业部门中党员人数不相适应的状况，并把党转变成一个强大的、群众性的工人政党。执行委员会全体会议肯定第七次扩大全会的决议就妇女工作、共青团和工厂支部工作所表述的组织任务。应当特别致力于增加工厂支部和工厂报纸的数目。党应当尽最大努力对新党员进行政治培训，以便使这些新入党的工人能够在党内稳定下来。反对工会法案和战争危险的斗争应当是积极吸纳新党员的基础。

执行委员会认为，由于断绝关系而造成的局势使人数不多的共产党承担着重大责任。执行委员会相信，英国党一定能保持并不断扩大同工人群众的联系，能够像上次危机时一样，积极执行共产党的政策，带领群众开展反对鲍德温政府的斗争，迫使它下台。

与上述口号相关，党应当进行以下工作：

（1）认真揭露英国政府针对苏联的造谣和挑衅活动，对英国政府奉行包围苏联政策和所采取的军事和政治措施加以解释；

（2）说明苏联建设社会主义事业取得的成就和苏联工人阶级力量增长的重要性，苏联工人因此才能够援助其他一切国家工人的反压迫斗争；

（3）具体地说明，政府支持企业主削减工资，采用了以瓦解工会为宗旨的法案，现在转向破坏国家贸易，已经引起失业；

（4）党应当将反对断绝外交关系，反对战争危险的运动同反对工会法案的运动联系起来，坚持要求工党和劳工联合会代表大会共同开展运动，既反对工会法案，也反对和苏联断绝外交关系；

（5）党应当强调必须让工人在各地建立行动委员会，准备开展反对法案及反对战争危险的斗争，党应当加紧宣传总罢工，迫使政府下台。

全会相信，英国共产党在英国无产阶级和世界无产阶级经受严峻考验的时刻，能够发动起群众，开展积极有效的运动，反对向英国工人和中国人民进攻的政策，反对挑起骇人听闻的新战争首先就是反苏战争的反动政府。

关于托洛茨基同志和武约维奇同志在共产国际执行委员会全体会议上的讲话

共产国际执行委员会全体会议要向全世界的共产主义工人指出，现在正是敌人进攻的最严峻局面，一些此前担任领导职务的共产国际委员居然最粗暴地、最不能令人容忍地攻击布尔什维主义的世界政党。这些反对派领袖的所作所为都是为了给当前革命任务——动员一切革命力量，唤醒全体国际工人阶级起来反对帝国主义战争——的解决制造麻烦，制造障碍。

共产国际第五次世界代表大会谴责托洛茨基主义是"小资产阶级倾向"。共产国际执行委员会第七次扩大全会（1926年12月）在决议中就苏联问题谴责反对派集团，体现了旨在"今后向党内灌输颓废情绪和投降主义思想"的"社会民主主义倾向"。全会指出，"这些观点同列宁主义基础是不相容的"，而且反对派的纲领"同真正国际主义的原则和共产国际的基本路线是矛盾的"。第七次扩大全会还指出，"反对派集团汇集了联共（布）内外业已破产了的、遭到党和共产国际谴责的形形色色思潮"。全会特别谴责了反对派集团的"瓦解活动"。

托洛茨基同志和季诺维也夫同志违背他们在1926年10月16日声明中的庄严承诺，违反联共（布）党员群众和第十五次全联盟代表会议的明确决议,违反共产国际第七次扩大全会的决定,不仅没有停止,反而继续加紧了他们针对共产国际路线的宗派活动。

根据第七次扩大全会的决定,季诺维也夫同志已被解除所担任的共产国际全部职务,因此他不能参加这次全会,由托洛茨基同志代表反对派集团发言。托洛茨基同志以前所未见的明确态度重复了反对派集团在革命的全部基本问题上对列宁主义路线的攻击。

在共产国际执行委员会这次全体会议上,由托洛茨基同志和武约维奇同志辩护、季诺维也夫同志和拉狄克同志完全赞同的政治路线,同列宁论证的共产国际路线存在着尖锐的、不可调和的、根本性矛盾。反对派的这条反共路线的主要特点如下:

1. 破坏和丑化共产国际反对战争危险的斗争。托洛茨基分子并未将自己的主要精力用于反对挑唆战争的帝国主义者,可是托洛茨基同志却声称,"在各种危险中,最大的危险就是党的制度。"托洛茨基同志高喊这个口号,实际上是鼓吹反动的失败主义,将它同无产阶级的革命事业对立起来。与此同时,众所周知,他一意孤行,对他在第一次世界帝国主义大战期间在革命策略的主要问题上反对列宁的立场只字不提。实际上,当时恰恰是托洛茨基主义同列宁的分歧(拒绝革命的失败主义、拒绝变帝国主义战争为国内战争的口号、拒绝结为兄弟的口号)在世界大战期间构成了布尔什维主义和形形色色的社会民主主义的分水岭。列宁指示,要尽最大努力开展真正切实的工作,反对战争危险,托洛茨基同志抵制这个指示,在共产国际执行委员会的全体会议上没有提出任何反对帝国主义战争的建议。他只是提出一再遭到共产国际拒绝的破坏英俄委员会的要求,在目前,这只能让英国工人阶级的改良主义叛徒便于实现他们共同的诡计。

2. 对中国革命本质的评价是完全错误的,它与列宁关于落后的半殖民地国家中处于资产阶级民主革命时期的共产党员任务的主要思想是完全矛盾的。失败主义地利用中国革命的个别失败和局部失败，尤其是蒋介石的政变，散布小资产阶级取消主义的惊慌失措情绪。诽谤联共（布）和共产国际在上海政变前后的政策，指责它们背叛了中国革命。托洛茨基同志在1923年德国无产阶级革命前夕曾经反对在当地成立苏维埃，现在却在全会上要求立即成立以苏维埃为形式的两个政权，并立即采取推翻左翼国民党政府的方针。这从表面看是极左，而实际上却不过是重复托洛茨基的原有立场，要求跨越革命的小资产阶级—农民阶段——这是托洛茨基同志早在1905年就伙同孟什维克分子坚持的与列宁同志对抗的立场。

3. 在政治上和组织上与被德国共产党开除的马斯洛夫—鲁特·费舍集团的叛徒结盟。托洛茨基同志建议立即恢复他们在共产国际的地位，反对派领袖经常向他们的《新闻简报》提供材料。因此，通过反对派的领导人，不仅被开除的极左派集团，还有一切阶级敌人都可以通过不正当手段了解到无产阶级政党领导人的最核心机密。托洛茨基分子同马斯洛夫之类的叛徒结盟完全是一种瓦解的性质，因为马斯洛夫集团打算出版一张反共日报，筹建一个反共产国际的党，而且争取成立反革命的"第四国际"。

4. 要求共产国际在反战斗争中依靠无政府—工团主义分子。这样一来，当前就出现了直接的战争危险，因而在更加需要革命的统一战线的策略和争取无产阶级群众的布尔什维克方针的时候，却被靠近国际无政府—工团主义（它用最肮脏的手段，站在最坏的白卫分子一边反对共产国际和苏联）的宗派政策所取代。

5. 蓄意诽谤、败坏共产国际的声誉。托洛茨基同志指责共产国际对中国无产阶级犯下了刽子手的罪行，他污蔑共产国际的领导是"民族集团"的资产阶级—自由主义"代言人"，其路线是"可耻的政策"。托洛茨基同志蓄意诽谤、败坏苏联的声誉，指责苏联的政策有"民族—

保守主义的局限性"。这些谎言直接证明了资产阶级——社会民主主义反对所谓苏联"红色帝国主义"的活动。

托洛茨基同志对列宁主义的这些攻击与遭到第五次世界代表大会和第七次扩大全会谴责的、打着从孟什维克分子那里借来的"见解自由"的虚假旗号进行的反对联共（布）党内"制度"的斗争结合成一个整体。托洛茨基同志的这些攻击完全是为了撼动革命无产阶级的布尔什维克组织的纪律，破坏它的统一，在工人阶级面前损伤它的威望，在帝国主义的、社会—叛徒敌人面前削弱它的稳定性。

托洛茨基同志妄图用一些貌似激进的左派"革命"词句，伪善地声称自己愿意服从已通过的决议和关于"调解冲突"的虚伪建议，掩盖其孟什维克式的攻击，向共产主义的工人掩饰他们的临阵脱逃行径。这些毫无根据的举动特别明显地表现在托洛茨基同志最近的声明中，他公然宣称："我们将同这种方针斗争到底"。托洛茨基同志妄图掩盖自己的分裂政策，通过一些令人发笑的虚伪词句，打算造成一种印象，仿佛不是他在保卫社会民主主义的阵地，而是共产国际在执行机会主义路线。

托洛茨基同志和武约维奇同志试图破坏共产国际执行委员会全体会议的工作，不断散发敌视党的宗派主义材料并使用其他手段，企图有计划地破坏全会的工作。

共产国际执行委员会全体会议是在国际局势极其严重、危急的情况下召开的。目前国际局势的特点不仅是阶级斗争的全面尖锐化，而首先是英帝国主义及其附庸对苏联发动直接的、强盗般的武装进攻的危险，以及帝国主义对中国民族解放斗争的干涉已经达到顶点，各种反动势力对共产国际疯狂地共同进攻，资产阶级企图在各个主要资本主义国家镇压和摧毁工人运动和共产党。

托洛茨基同志及其追随者正是在这个时刻开始了对世界无产阶级的

唯一领导机关——共产国际和世界革命的唯一国家形态——苏联的猖狂攻击。托洛茨基分子正是在这个时刻指责世界共产主义政党有背叛行为，指责无产阶级专政的国家蜕化堕落。托洛茨基反对派的这种攻击客观上遵循的是资产阶级及其代理人指望消灭无产阶级世界革命有决定意义的强大中心的进攻路线。

目前局势迫切要求整个共产国际必须坚决击退反对派集团的攻击，保证自身队伍最牢固的、最不可动摇的团结，集中全部力量准备反对帝国主义战争，积极保卫世界上唯一的无产阶级专政国家，竭尽全力支持中国大革命。

共产国际执行委员会全体会议认为，托洛茨基同志的突然袭击是个别政治逃兵反对全世界共产党人的一场疯狂斗争，必须坚定不移地粉碎这种分裂阴谋。反对派领袖的原则路线也和他们发言的性质一样，都是在暗中直接对抗共产党人反对帝国主义战争的斗争。托洛茨基同志及其思想上的同伙满心希望同叛徒结合在一起，满心希望在无产阶级革命阵营和帝国主义反革命阵营之间取孟什维克的中间立场。托洛茨基主义的这种典型的中间立场在目前阶级斗争尖锐化的情况下是犯罪行为。共产国际认识到，自己有责任毫不妥协地彻底消除这种极左的社会民主主义思潮，彻底粉碎几个已经破产、日益远离无产阶级运动的领导人不断发起的敌对性攻击。

有鉴于此，共产国际执行委员会全体会议决定：

1. 共产国际执行委员会指出，托洛茨基同志和武约维奇同志无论其原则路线，还是所作所为都同他们共产国际执行委员会委员和候补委员的地位不相适应。

2. 共产国际执行委员会坚决禁止托洛茨基同志和武约维奇同志继续进行宗派活动。

3. 共产国际执行委员会全体会议全权委托共产国际执行委员会主

席团,会同共产国际监察委员会,如果托洛茨基同志和武约维奇同志仍不停止宗派活动,立即将他们正式开除出共产国际执行委员会。

4. 共产国际执行委员会建议联共(布)中央,采取坚决措施制止托洛茨基同志和季诺维也夫同志的宗派活动,保卫联共(布)。

(原文刊载于《共产国际文件集(1919—1932)》莫斯科党的出版社1933年版第699—745页。)

第九次全会

(1928年2月9—25日)

托洛茨基反对派

共产国际执行委员会全体会议满意地指出，联共（布）第十五次代表大会坚决消灭了托洛茨基反对派，将其开除出党。全会完全赞同联共（布）的决议和联共（布）通过苏维埃机关实施的、制止反对派反苏维埃活动的各种措施。

共产国际执行委员会全会认为，第十五次代表大会的决议对于苏联进一步巩固无产阶级专政和建设社会主义具有重大意义。

第十五次党代表大会无疑正确地拟定了苏联今后在加强无产阶级国家有计划地影响经济发展，进一步排挤私人资本主义成分，农民经济广泛合作化，改善工人阶级和广大劳动群众的物质状况的基础上，实现苏联经济社会主义工业化的道路。

在所有资本主义国家的资本都在向工人阶级进攻，——表现为延长工作日的时候，苏联却在转向实行七小时工作日，并且日益广泛地开展提高劳动群众文化水平的工作。

全会欢迎联共（布）代表大会旨在改善和简化无产阶级专政机关，以及更广泛地吸收工农群众参与管理国家的决议。在反对派同联共（布）的斗争最尖锐的时刻，10万名在岗工人加入联共（布）证明，联共（布）及其领导和政策获得了工人阶级广大群众的绝对信任和支持，他们认识到自己的党的列宁主义的统一和路线是无产阶级专政得以巩固和取得胜利的保证。

共产国际执行委员会全会认为，联共（布）第十五次代表大会对国际经济和政治形势的分析是正确的，它指出了现在历史时期中的以下典型趋势。

（1）各资本主义集团之间为争夺统治范围和重新瓜分世界的矛盾日益尖锐化，帝国主义同殖民地被压迫民族的斗争日益尖锐化，帝国主义反对苏联的斗争日益尖锐化，发生新的帝国主义战争的先决条件不断增加。

（2）资本主义托拉斯的威力不断壮大，它们越来越同资产阶级国家融为一体，社会民主党和改良主义者的上层人士越来越融入帝国主义组织的经济和政治制度，资本对工人阶级的压迫日益加强。

（3）由于资产阶级对无产阶级的进攻，工人群众正在向左转，表现为罢工斗争的增长，工人阶级政治积极性的提高，国际无产阶级对苏联更加同情，欧洲新革命高潮的因素不断增长。

（4）企业家团体、资产阶级国家和社会民主党对共产党人的总攻击；社会改良派力图将共产党员开除出工人阶级的群众组织；改良主义分子加紧对共产党人尤其对世界上第一个无产阶级专政的诽谤和诬蔑活动。

发展新阶段的标志是工人阶级同资产阶级之间的新冲突，以及社会民主主义同共产党人之间为争夺对工人群众的影响力而展开的残酷斗争。国际社会民主主义早已转向同资产阶级结盟并完全支持它有利于阶级和平的帝国主义政策，支持资本主义的合理化，企图克服工人阶级的向左转过程，将工人阶级引导到他们背叛政策的轨道上。服从于这个宗旨的一方面是反对共产党员的残酷斗争，将他们开除出工会，协助资产阶级专政机关迫害共产党员，散布谎言，进行恶毒诽谤。另一方面，国际社会民主党疯狂地污蔑苏联和联共（布），认为工人阶级向左转的最重要形式之一就是它对苏联的同情不断增长。

社会民主党开动这一整套诽谤和谎言活动，目的是破坏国际无产阶级对苏联和共产主义同情的增长，诋毁世界上第一个无产阶级专政国家社会主义建设的成就，使工人远离推翻资本主义的斗争，吸引他们支持资产阶级以牺牲工人阶级利益为基础的资本主义合理化政策，以及"工业和平"的叛徒政策。

在这场反对苏联和联共（布）的斗争中，社会改良主义的所谓"左翼"领导人，如马克斯·阿德勒、鲍威尔、莱维、龙格、兰斯伯里、马克斯顿之流，扮演着伪善和狡猾的角色。他们考虑到左倾工人对苏联的同情，采用更为狡猾的方法反对无产阶级专政，用同情苏联并"有条件地"支持苏联的虚伪词句掩饰他们的反苏斗争。这种策略的意义在于，全力阻止工人群众转向共产主义一边并保持他们对社会民主党的支持。从争取左倾工人群众的观点来看，机会主义的这些所谓"左翼"领导人是共产主义、共产国际和苏联最危险的敌人。在我们经历的现阶段，托洛茨基主义对国际工人运动的危险在于，托洛茨基分子直接支持改良主义的"左派"仆役的思想和政策，加强了机会主义"左派"领导人反对共产主义和苏联的斗争，增加了改良主义分子用以反对共产主义的欺骗和诽谤手段，使托洛茨基主义成了鲍威尔之流和类似改良主义代理人的变种。托洛茨基反对派在所有主要问题上都完全站到了机会主义"左派"奴仆的立场上，表现出明显的反革命性质。托洛茨基分子用忠于革命和苏联的词句作掩护，诽谤共产国际、联共（布）和无产阶级专政，他们同社会民主党一样虚假而歪曲地描述它们的内外政策。托洛茨基分子也和国际社会民主党一样，将赌注押在苏联垮台上。

托洛茨基反对派从联共（布）党内派系斗争转到建立第二个党，

转向**街头斗争**和公开的反苏行动，假如无产阶级广大群众不对他们进行毁灭性反击，就可能对无产阶级专政构成一定威胁，围绕着托洛茨基反对派的旗帜聚集起仇视无产阶级专政的阶级敌人。以萨普龙诺夫为首的集团更具有反革命性质，这个集团直接反对列宁主义，公开号召开展反对苏维埃政权的斗争，而无论就其纲领，还是策略而言，这个集团都和反革命分子，如科尔施、卡茨、伊斯特曼、苏瓦林等人毫无区别。无产阶级专政不能、也不应容忍反革命行动，无论它们来自何方，也无论打出什么旗号。

企图从内部破坏联共（布）的托洛茨基反对派，由于联共（布）和苏联工人阶级原则上坚定不移和钢铁般的团结，已经在思想上和组织上被粉碎，而分化成若干小集团，一部分人（加米涅夫和季诺维也夫）开始（摇摇晃晃地）转到党的立场，逐渐脱离托洛茨基主义，［这再次证明联共（布）和共产国际政治路线的正确性］，一部分人在党和托洛茨基分子之间动摇。现在，还有为数不多的托洛茨基拥护者在联共（布）和苏联遭到失败后，企图将工作的重心转移到共产国际的其他支部。托洛茨基反对派的真实机会主义面目最鲜明地反映在托洛茨基反对派提出的、旨在团结其他国家中与之有亲缘关系的集团的纲领中。托洛茨基反对派呼吁的对象首先就是那些显而易见的机会主义分子和反革命分子，如法国的苏瓦林和巴扎。它同德国马斯洛夫的反对无产阶级的小资产阶级集团，同法国的特伦和苏桑·吉罗集团以及现在谈论苏联转向"法西斯主义"和"沙皇主义"的那些集团结盟。德国的这个集团是托洛茨基反对派在苏联以外的国家中最强有力的支持者。这个集团一方面同科尔施反革命集团有联系（在汉堡的选举中共同行动），另一方面又同社会民主党的左翼有联系。如今它已经转向公开成立一个名为"列宁同盟"的独立的党。它指望成为团结一切反对派集团的国际中心，开展反对共产国际和苏联的斗争。

托洛茨基反对派企图将叛徒罗斯默和莫纳特拉到自己一边。集合在托洛茨基反对派周围的是一些反对无产阶级的机会主义分子，如捷克斯洛伐克的古拉集团，荷兰的罗兰-霍尔斯特，以及比利时的"左翼"社会民主党人。和托洛茨基分子走在一起的，还有一群法国赞同科尔施反革命纲领的意大利流亡者，最后是被美国共产党开除、但得到德国社会民主党支持的美国右翼分子洛尔等。

工人运动中的所有坏分子、共产主义运动中公开的机会主义分子、被共产国际开除了的所有叛徒集团，如今全都在托洛茨基反对苏联、联共（布）和共产国际纲领的基础上联合起来，在国际社会民主党对抗共产党人广泛争取工人阶级群众的斗争中扮演着一个令人憎恶的角色。

共产国际执行委员会全会认为，托洛茨基反对派向社会民主主义的演化、其鲜明的反对苏联、全面敌视无产阶级专政的立场、其在各共产党中使用的分裂主义手法，使得托洛茨基反对派的拥护者和赞同其观点的人今后不可能继续留在共产国际。

各共产党都应当开展最猛烈的斗争，清除托洛茨基集团，首先集中打击它的上层。同时必须继续进行思想斗争，争取那些动摇，但还没有和反对派彻底决裂的工人。

各共产党还应当大力加强在工人阶级群众中揭露托洛茨基集团的工作，因为共产党员反对国际社会民主党的斗争尖锐化，必然意味着苏联和其他国家中反对托派分子反共集团斗争的尖锐化。

工会问题

一、经济斗争和共产党员的任务

1. 在现阶段资本特别迅速地集中、资本家的组织（托拉斯、康采恩等等）日益壮大、这些组织同资产阶级的国家政权机关不断结合的条件下，罢工斗争迅速出现了政治性趋势，斗争中无产阶级力量同资产阶级国家的力量发生了冲突。在这种情况下共产党员的任务在于向群众说明斗争的前景，发动最广泛的工人阶层，全力促进他们的革命团结，将整个斗争提到空前的高度。

2. 共产党员以及一般革命工人应当将反对所谓的"工业和平"作为自己坚决而毫不留情的斗争策略的基础，"工业和平"无非是资产阶级制服工人阶级的最新方式之一。因此，发动群众时应当首先同时对工资和工作时间的要求，提出"**罢工自由**"、"**反对强制仲裁**"、"**反对社会民主党遵守税率条约**"，作为总要求，主张短期税率条约。

3. 为了比以前更为广泛地发动群众，必须最迅速地打入大型集中化企业。工人阶级最大限度的战斗**团结**，**将尚未组织起来的人组织起来，将最广泛的非熟练群众组织起来，改变大企业中有组织的工人不受重视的局面，**——这些都应当是共产党先锋队的**中心**任务。

4. 在资产阶级采用新方式向工人阶级进攻的同时，社会民主党政客们和工会领袖们向右转，积极支持工业和平策略，阻碍罢工斗争或者在最紧要的时刻叛变。因此，共产党员的任务就是采取从改良派手中夺取罢工领导权的策略。必须竭尽全力，主动建立，并且领导罢工委员会。

5. 共产党先锋队在每一次罢工中的任务是根据**本阶段的具体口号**，发动广大群众。这就是说，共产党员不必让自己提出的要求"超过"改良主义者，而是要用自己斗争的决心向广大工人群众揭露改良主义工会上层的失败主义举动。**每一次罢工都应当成为共产党员同改良主义分子争夺领导权的场所。**

因此，共产党员的行动路线应当是保证共产党员对罢工斗争的领导权。必须按照共产党的口号发动群众，力求通过工会组织推行自己的策略，在斗争的每个阶段上揭露改良主义分子的叛徒立场，在条件允许时，违反工会上层的意志组织罢工；为此必须成立罢工委员会，将对罢工委员会的领导权夺取到自己手中，并通过罢工委员会领导整个罢工斗争。

6. 做一名优秀的共产党员完全不是要求他在任何条件下都一贯主张立即罢工。这里指的尤其是滥用总罢工的口号。共产党员应当善于选择斗争时机，清醒地认识力量对比，既不做群众的尾巴，也不要向前跑得太远，不要玩弄罢工，但是一旦罢工开始了，就应当利用斗争的一切机遇和可能性。

现在，资产阶级已经组织起来，各个已经托拉斯化的部门也彼此建立了联系，这就使得**局部罢工**十分困难，——共产党员就应当集中注意于准备罢工，将一些相关企业和生产部门的工人组织起来。根据具体情况确定罢工的规模。一般而言，当前的罢工规模应当大于过去，所以应当进行相应的准备工作。不过断言不能容许任何局部罢工那就错了。局部罢工也可能导致胜利，因此应当充分加以利用。如果局部罢工能够冲破改良主义分子包围和扼杀群众运动的防线，如果它是群众情绪激昂的信号，是整个运动活跃的启动点，它甚至可能扮演革命的角色。一切都取决于具体的环境，清醒地认识环境是在经济斗争中采取任何行动的前提条件。共产党员应当坚决反对政府借口工会组织薄弱进行镇压以阻碍局部罢工的种种企图。

7. 为了在罢工期间能够领导群众，罢工之前就应当进行强有力的工作。共产党员必须随时和群众站在一起，并以自己的日常工作，巧妙而积极地捍卫工人利益证明自己比改良主义分子优秀。工人不是根据语言，而是根据行动来评判共产党员的。因此，企业中日常琐碎的政治和组织工作是前提条件，没有这个条件，争取对罢工的领导权就仅仅是一句空话。如果共产党员能够罢工之前在企业中发动广泛的运动来争取成立工厂委员会，或者在已经有了工厂委员会的地方占据稳固的阵地，那就较为容易将罢工运动的领导权抓在自己手中。这些工厂委员会就会成为建立由广大工人群众选举，而且得到他们承认的罢工中心的最好基础。

二、反对将共产党员开除出工会的斗争

由于工人运动向左转，罢工浪潮日益高涨，阿姆斯特丹的人就全面展开了工会运动中疯狂反对共产党员的行动。在共产党人获得了优势的地方，开除出工会、分裂工会组织已经成了日常的、国际的现象（德国、法国、瑞士、爱沙尼亚等国）。然而共产党员对这个问题却有些漫不经心。

共产党员应当：

1. 在维护工会运动团结的口号下，开展坚决和公开的斗争，反对开除出工会；

2. 这场斗争应当首先在**基层**进行，方法是组织群众抗议集会，要求工会民主等等；

3. 党的出版物应当对这个问题给予最大关注；

4. 力使那些规避按照上级改良主义工会中心的命令开除共产党员的工会组声援被开除的人，并积极开展争取团结，反对开除的斗争；

5. 争取继续留在工会内部的愿望**绝对不能**使共产党员放弃在工会内开展积极的革命—政治工作。

三、共产党员在工会中的组织任务

I

共产国际执行委员会第九次全会认为，国际革命工会运动最紧迫的

任务之一就是认真讨论共产党和革命工会在争取群众站到革命的阶级斗争一边时在组织工作中的缺点。应当特别注意革命的群众性工会运动正在壮大，而组织工作较为薄弱的殖民地国家中工会运动的组织任务。

组织工作是革命工会运动最为薄弱的环节。近来随处都可以见到共产党员在工会中政治影响的巨大增长。但是共产党的组织工作完全不能适应这种巨大增长的影响力。各个共产党应当在克服革命工会运动组织上的弱点中坚决前进一步。

在讨论革命工会运动的组织问题时，应当再次强调组织工作必须表现出最大限度的灵活性，善于利用各国的具体特点，根据工作条件的变化，企业家及其改良主义代理人的组织和策略的改变，迅速改变组织工作的方式。任何时候都不能忽略，革命工会和少数派错误的组织工作主要是由于共产党在工会运动中的工作薄弱，而且会导致脱离争取群众切身利益的斗争，从而削弱同群众的联系。

II

尽管组织工作在不同国家和不同工业部门应当用不同方式进行，可是仍旧可以为一切国家确定组织工作的主要路线。共产党员在**所有**国家的工会运动中的组织工作任务如下：

（1）夺取最重要的工业部门、工业区和大工厂。

（2）在每个企业中吸收最大数量的工人参加工会工作。

（3）以企业为基础建立工会机构，为此必须夺取基层工会机构。

（4）在有工厂委员会的地方，夺取工厂委员会；在没有的地方，建立工厂委员会，并将工厂委员会转变成生产工会的机构。

（5）将工会运动的全部重要问题都直接提交企业讨论。

（6）共产党应当特别注意保持工厂委员会的阶级属性，抵抗企业主和社会民主党人将工厂委员会转变成阶级合作工具的企图。

（7）开展反对官僚主义的集中制，争取扩大工会民主，也就是尽可能扩大地方工会组织的权利，按比例选举工会机构，每年改选工会管理机构和责任人员等等。

（8）为各国的革命工会运动奠定稳固的经费基础。经费征收的方式和方法应当按照各个国家、运动的性质和情况来决定。

（9）在革命少数派和独立工会系统内坚持**自下而上地**建立我们的全部组织的原则。

（10）开展反对中央机构官僚化的斗争，争取将全部工作的重心转移到地方，直接转移到工厂中去。

（11）在权利完全平等的基础上吸收外籍移民工人加入工会，坚决反对敌视外国工人。同时工会应当通过对外籍会员的广泛教育，促使这些工人在迁入国内不再是无组织的人，不变成当地的企业主和改良主义上层手中盲从的工具。

（12）加紧组织失业工人，开展反对将失业工人开除出工会的斗争，要求让被开除的失业工人同他们原先的组织保持联系。

（13）吸收妇女和青年加入工会，提拔他们参加积极的工会工作。

（14）工作中通常应当从日常的具体要求转到普遍性问题，而不是相反。

（15）坚决克服所有国家中仍存在的忽视革命工会和改良主义工会中的党团工作，以及党委所属的工会部门工作的不足。集中所有共产党的注意力于切实贯彻共产国际执行委员会第二次组织工作会议的相关决议。

III

下面谈谈工会运动已经发生分裂的那些国家中共产党员的任务。首先必须谈谈工会运动已经发生分裂的那些国家（法国、捷克斯洛伐克等）中独立革命工会的工作及其缺点。

在这些国家中必须：

（1）抓紧吸纳新会员，首先要吸纳不加入过工会的工人，尤其要利用群众运动的时机。

（2）要设立战斗基金、互助基金等等，以防会员流失。

（3）按照生产原则改造工会，但不得机械地建立或加以合并。

（4）将参加同一康采恩或托拉斯的全部企业的工厂委员会联合起来，开展共同行动反对资本集中，但必须在每个企业保留单独的工厂委员会。

（5）特别注意在企业和工会的基层环节中建立各种混合委员会、行动委员会和统一战线的其他机构，既要团结改良主义工会的工人，也要团结未曾参加组织的工人，完成具体任务。

（6）发展战斗的工会刊物，创立专门的革命工会出版物，推动成立团结俱乐部等等。

IV

在存在有组织的少数反对派的国家（英国），最重要的组织任务是：

（1）吸收尽可能多的工会组织和工会委员会完整地加入反对派运动。

（2）就工资政策、工业和平等问题在基层展开斗争。

（3）不厌其烦地说明近来经济活动失败的原因，由此得出必须更换领导者的结论。

（4）开展顽强的斗争，反对破坏工会民主、开除等等。

V

在不存在有组织的反对派,仅仅由党团开展工作的那些国家(德国、奥地利等)中,应当集中全力,以求:

(1)按照生产单位、地区和全国的原则成立党团。

(2)为每个大企业配备工会的专职干部,对没有参加工会和组织的工人进行经常工作。

(3)反对工会运动中的官僚主义集中制,要求扩大地方工会和联合会的权利。

VI

美国现有的工会主要从熟练工人(工人贵族)中吸纳会员,因此一些最重要的工会正在经历瓦解的危机,而绝大部分工人都没有参加工会。共产党在工会中的全部工作的中心应当是,尽最大努力将没有参加工会的非熟练工人和半熟练工人群众组织起来。"将没有组织起来的人组织起来"的口号不应当是向拒绝组织工人群众的、卖身投靠的工会上层发出的号召;同样,它也不是向现有工会发出的单方面的号召,而是共产党自身的基本活动。共产党的任务是,在工人完全或者几乎没有组织起来的生产部门(钢铁、汽车、橡胶、制鞋和纺织工业、航运等部门)中成立工会。

同时,共产党员绝对必须继续并加强在各个依附反动的美国劳工联合会工会中的工作,以便形成强大的左翼。

鉴于许多工会拒绝接纳黑人工人入会,共产党应当主动成立黑人工人工会,同时继续进行允许黑人工人加入现有工会的斗争。共产党员应当努力使同一个生产部门中的黑人工会同白人工会联合起来。

尽管卖身投靠的上层使用种种欺诈狡猾的手段和暴力行动，企图阻止左翼夺取矿工工会，共产党员不应当退出这个工会。但是由于矿工工会日渐衰弱，左翼人士应当在工人没有组织起来以及矿工的组织被破坏或瓦解的煤矿工业地区主动成立新的地方性工会。

VII

整个组织工作的意义在于有计划、有步骤地争取群众。从这个角度看，应当重视每一项组织措施以及我们实际工作的每个步骤。正因如此，组织工作的途径和方法才这样丰富多彩，也正因如此，不可能为一切国家规定一些不可动摇的普遍规则。组织工作要求对工会运动有深刻的认识，在革命策略上有巨大的灵活性。

英国问题

1. 面对日益尖锐的国际竞争和主要工业部门的长期萧条，英国资产阶级将继续在国内执行资本主义合理化政策，不断加大对工人阶级的压力，全面镇压工人阶级最自觉的那一部分，压迫殖民地人民，扼杀民族解放的革命运动尤其是工农运动的政策。英国资产阶级在对外政策方面将一如既往，继续准备对付苏联的战争。无产阶级对统治阶级政策的反抗必然会使英国的阶级斗争尖锐化。

2. 尽管工人阶级坚决抵制，英国统治阶级的政策仍然企图控制主要的工人组织、工党和英国的工会。这些机构的领导者不顾工人的反对，曾经背叛过总罢工和矿工罢工，协助过推行反对工会的法案，现在又竭力将自己的组织变成资产阶级国家和企业主协会的辅助机构。

3. 因此，这些组织的思想方针及其对资产阶级国家的政治和经济机构的态度也在改变。工党和工会改良主义领导人**在思想上**更加公开，而且恬不知耻地支持"工业和平"的观点，并积极同资本家合作，反对革命的无产阶级。**在组织上**，他们企图通过上层人物同资产阶级组织的融合，将形式上独立的工人组织转变成资产阶级的附属机构。这个总方针就决定了口号的整个体系：支持资本主义的合理化，支持反对工会的法案，消灭和出卖罢工的策略，用"皇室委员会"、资产阶级的"仲裁"法官及其他使工人阶级听命于资产阶级的方式取代工人的阶级斗争。

4. 在资产阶级与改良主义结合的同时，右翼同革命工人之间的斗争也在开展，而且变成了工党和工会的领导者大肆攻击工人运动中的左派人士，首先就是攻击唯一的无产阶级革命政党——共产党。工党日益变成了以工会为基础的联合会性质的组织，成了一个平庸的社会民主党，毫不留情地将一些共产党员和左派工人连工会会员统统开除；而这些工会的领导者则越来越系统地对少数派运动和共产党的工作人员进行攻击，实行迫害政策，企图切断共产党员同无产阶级群众的一切联系。

5. 另一方面，同样的客观环境加剧了广大工人群众的不满情绪，不仅对国内总形势不满，而且对工党和工会正式领导人的改良主义政策不满。如果说，不应当对工人群众向左转的速度估计过高，那么，看不到英国工人运动发展的这条基本路线就更错了；整个工人阶级继续向左转变的过程是不平衡的，而且是曲折前进的。英国工人运动发展的前景决定了阶级斗争的不断尖锐化，其中改良主义领导人日益紧密地向资产阶级靠拢，共同反对革命。

6. 在这种情况下，共产党只能依靠群众不断增长的左转情绪，采取更为明确和坚定的策略，反对工党和工会领导者，提高左派工人反对官僚主义上层的积极性，在同资本主义的斗争中争夺对工人阶级的领导权。只有明确而坚定地说明自己特殊的政治路线，无论在普遍性政治问题（战争，对苏联、中国、印度、埃及等的态度）上，还是工人阶级日常斗争问题（反对仲裁，反对削减工资，反对延长工作日，反对在合理化中帮助资本家，反对"工业和平"等）上都和改良主义者的路线有根本区别，共产党才能巩固自己在群众中的影响力，将他们组织起来，向资本主义及其走狗展开斗争。

7. 现在共产党不再是工党的一个组成部分，在该组织中也不再拥有任何权利，但由于工会和工党之间的特殊关系，它往往又受到工党纪律的约束（例如，在"以全劳工联盟"的名义决定议会候选人名单的工会和工党代表会议上等）。现在必须开展坚决斗争，反对自由主义—工党上层强加给工人运动的这种压抑工人意志、限制共产党自由的条例，推动工党地方组织在包括共产党员在内的、有工党全体工人平等参与的基础上召开新的竞选会议；如果被官僚主义机构控制的工党地方组织拒绝召开竞选会议，或者用官僚主义的办法召开会议的话，就召集非正规的竞选会议。

8. 现在取消加入工党的口号是不恰当的，因为工党按其组织结构而论，还没有完全变成社会民主党。但是争取加入工党的斗争应当变成进攻工党领导人叛变的斗争。

9. 应当在工会的地方组织中开展监督以政治目的为由的会费支出的强大运动，以便向得到工会普通会员支持的候选人提供经费。

10. 确定总政治方针的出发点应当是：共产党面对的不是一类敌人，而是两类敌人。一方面是保守党，它领导着政府，在社会上依靠大地主和大部分大资产阶级；另一方面，自由主义分子、工党和工会的上层人士的联盟，它依靠的是部分资产阶级、小资产阶级和工人贵族。仅仅为与一个（保守）阵营对抗而制定策略是错误的：斗争必须针对两个阵营，采取各种方法。

11. 无论如何都不能将列宁提出的支持工党、推动它掌握政权的策略的1918年和1920年的形势同现在的形势混为一谈。1918年—1920年时，工党政府还能够起到摇摆不定的克伦斯基政府的作用。也不能将它同1922—1923年的形势相比较，当时工党将遭到资本家激烈反对的要求（资本税、失业、苏联）写进了自己的纲领。也不能将它同1924年的形势相比较，当时麦克唐纳政府由于两个客观的革命问题而被迫辞职。如今的所谓工人政府从一开始就是进攻工人的赤裸裸的工具。麦克唐纳政府的教训、对总罢工和矿工罢工的背叛、工党和工会上层对战争问题、苏联、中国、印度和埃及态度问题转变立场、在国内主要问题（合理化、工会法案、"工业和平"等）上转变立场，——这一切都要求共产党必须明确而坚定地以独立政党的面目出现，转变自己对工党和"工人政府"的态度，并用革命的工人政府的口号取代工人政府的口号。

12. 策略的上述种种改变是由党的选举策略决定的：党要一如既往地以独立组织的身份在选举中出现，要有自己的纲领、口号等等，要同所有参加竞选的力量相抗衡。而且党力求提出尽可能多的、独立的共产党候选人。共产党将全力支持与工党正式组织提出的"工贼"候选人对抗的、工党被开除组织提出的候选人。同时必须加紧活动，要求工党地方组织在共产党员和左翼运动的拥护者平等参加的基础上召开新的竞选代表会议。如果工党机关无视工人的愿望，拒绝召开这样的会议，或者不允许共产党员和左派工人参加会议，党就应当同左派工人一起召开非正规的竞选会议。如果上层将他们自己的候选人强加给竞选会议，共产党就有责任将这些会议的左派组织起来，以便借助他们提出候选人，而与上层强加于会议的官方候选人向对抗。在一些地区积极支持那些保证投票赞成工人阶级的紧迫要求，主张接受共产党加入工党的工党党员。

13. 提出与工党和总委员会的**领导者们**相抗衡的候选人是绝对必要

的。中央委员会应当立即着手在这些选区中酝酿。鉴于许多工人群众阶层还跟着改良主义的领导走，因此无论在全国，还是在地方上都完全有必要提出统一战线，以便再次揭露那些主张同资本家组成统一战线，而不愿同革命工人统一的工党和工会领导者的嘴脸。

14. 在其他选区（参见第12节）如何对工党候选人投票，只能在提出自己的候选人和左派工人候选人的准备工作全部完成之后，再最后决定。

15. 必须立即在群众中开展广泛的运动，要求出版一张日报，并为之筹措经费。

16. 鉴于英国发生的变化具有重大意义，为了有组织地实施新策略，英国共产党中央委员会应当就与这种策略相关的所有问题开展广泛讨论。

法国问题

1. 战后法国经济和政治体制中发生的深刻变化（1926年春季，共产国际执行委员会的决议曾经指出过这些变化），迫使大资产阶级及其"民族团结"政府改变了经济和社会政策。停止实施通货膨胀政策显示了一系列经济困难，虽说这些困难并没有导致深刻的危机，却迫使法国资本主义开始实行生产合理化。生产积聚的过程、排挤小企业、对工人工资和对八小时工作制的进攻、对殖民地的剥削仍将继续，因为这些都牵涉到法国资本主义的切身利害。伴随着这些现象和合理化的进程，法国的社会政治力量也在重新组合。业已实现的法郎币值稳定促使很多小资产阶级赞同大资本家的政策。小资产阶级的经济作用日益减退，阶级力量表现出日益明显的分化为两个阵营：无产阶级阵营和大资产阶级阵营。

资本主义合理化的后果和对工资的进攻激化了阶级矛盾，推动无产阶级为捍卫自身的生活条件而展开斗争。群众向左转迫使资产阶级撕下民主的假面具，企业主加紧压迫，国家机器对无产阶级及其组织加强了镇压。

最近两年的社会经济变化特别深刻地反映在国内政治力量的对比，尤其是法国小资产阶级各个传统政党的政治路线上。1924年以反对大资产阶级政策的面目出现的小资产阶级和部分工人阶级组成的左翼反对派同盟，背叛了自己的纲领和承诺，仅仅保留了"左"的词句，目的是保持自己在支持它的一些小资产阶级和无产阶级阶层中的影响力，实际上，无论在国内还是国外，它都积极支持法国帝国主义的剥削和压迫政策。社会党和改良主义的总工会出于和"左翼联盟"相同的考虑，也采取了形式上反对"民族团结"政府的策略，却积极合作并支持法国大资产阶级的所有政策：改组军队、剥削殖民地、合理化等等。

总工会公然宣称自己愿意实行阶级合作，通过参加全国经济委员会，成为资产阶级国家的一个组成部分。它支持牺牲工人利益的合理化，不断背叛无产阶级的经济斗争。与此同时，它伙同社会党人将斗争的矛头指向苏联和革命工人。

法国社会党中的所谓"左"翼在这段时期并没有表现出是忠于社会主义基本原则的、坚定不移的反对派，他们只是企图通过花言巧语维持住社会党对工人的影响，阻碍工人走向共产主义的一群人。

法国经济、社会和政治生活中的这些变化应当促使我们党彻底改变策略，特别是对待社会党及其"左"翼的方针。法国共产党1924年对这个"左"翼采取的政策已经不适用，因为当年"左"翼举着坚决反对"全国同盟"政策的面具，用自己的纲领吸引了大量工人阶级；而如今，除了指望欺骗群众的一些花言巧语，这个纲领已经什么都没有了，他们全部政策的实质就是支持大帝国主义资产阶级的意图。根据

"左翼联盟"的政策业已破产,以及社会党和改良主义总工会对大资产阶级经济纲领的支持,法国共产党应当改变自己的策略,加紧对这些政治团体的进攻,更加鲜明地表示自己的革命面目,以便将丧失了对这些团体的幻想的工农群众,更多地吸引到自己这边来。

法国共产党全国代表大会根据已经改变了的形势,在"公开信"和决议中深刻地改变了自己的策略。

2. 法国共产党一月全国代表大会在"公开信"和决议中承认并认识到,共产国际最近一年中就法国共产党的策略落后于具体形势提出的批评是正确的。共产国际对法国共产党工作中的以下几方面提出了批评:

(1)对资本家和政府的镇压估计不足,这种镇压来自法国阶级斗争发展的前景;由于估计不足,产生了服从资产阶级法律的策略。

(2)对法国资产阶级的各个"左翼"政党估计不足,以及由此产生的暂时妥协和向民主党人发出呼吁的错误策略。其结果是在参议院选举中举措失误。

(3)就对待社会党,特别是对待社会党所谓"左翼"的立场来说,法国共产党不认为"左翼"是妨碍社会主义工人走向共产主义的障碍,而视之为能够将工人吸引到共产党一边的共产主义团体;对其机械执行的统一战线的理解错误,没有有计划地在社会主义工人中开展实际工作;没有在反对社会党的斗争中主动地揭露其帝国主义代理人和反动派支柱的角色;没有划清社会党和共产党之间的界限(提出共同的候选人名单,谈判统一等等)。

(4)最后一次罢工运动期间党对工会的错误策略,党在阻止斗争的机会主义策略和无政府—工团主义的"革命"词句之间摇摆不定,如宣布了总罢工,却不认真进行准备。

(5)对反苏战争的危险估计不足,表现在,例如党就拉柯夫斯基案件组织的活动软弱无力；对法帝国主义在扼杀中国革命中的作用估计不足。

（6）倾向于放弃未经当局同意的巴黎游行，这也是屈从于资产阶级法律的一种表现形式。在美国军团游行时，党必须撤退，因为不曾进行相应的准备，而政府手中握有强大的武装力量。不过，这次撤退中的主要错误是轻率地在《人道报》上开展活动，以及党声称要阻止游行，却不曾采取任何措施来实现这个声明。

党在十一月的"公开信"和一月代表大会的决议中和共产国际执行委员会一致承认，新形势下的这些错误和缺点要求，坚决按照全国代表大会的决议纠正党的路线。

3. 执行委员会满意地着重指出，在执行委员会表态的同时，党的基层组织尤其是巴黎省的各个区委和支部以及青年团，都对党的领导和《人道报》的错误作出了积极的、基本上正确的反应。

4. 执行委员会认为，"公开信"和党代表大会的决议是纠正党的路线的出发点和前提。对所犯错误的批评和拟定的政治路线应当向全党做广泛的解释，使党的方针的改变得到全体党员的理解，得到自下而上的执行。这种解释不应当是就已经通过的、应当一致执行的决议的问题开展讨论，而应当是向党和法国工人群众说明这些决议的重要性的一种活动，使劳动者准备参加竞选斗争，争取自身的经济利益。

5. 执行委员会指出，在"公开信"和全国代表大会之间曾经重犯过早先的某些错误：机关报《人道报》错误地估计了最近一次社会党代表大会，机械地采用了统一战线策略，没有明确在我们党同社会党之间划清界限，大会代表和党在议会豁免权被取消和《人道报》被查封后发出的呼吁书，采用类似于改良主义的方法终止了摩泽尔葡萄酒产地的罢工，反对社会民主党的斗争中缺乏主动精神，等等。

旧错重犯说明，中央委员会十一月全会所坚持的改变策略是完全必要的，但是党的各级领导和全党并没有认识到这种必要性。

执行委员会完全赞同全国代表大会的决议，要求中央委员会坚定而灵活地采用新路线；执行委员会建议中央委员会为此采取必要的组织措施，保证全党，特别是它的机关报《人道报》执行党的新方针。

党的领导机构和全党都应当在中央委员会的领导下贯彻全国代表大会通过的党的路线。

6. 执行委员会认为，全国代表大会制定的竞选策略是对新路线正确而具体的诠释。竞选运动不是一件仅仅具有次要政治意义的事件，它从政治观点看是极为重要的运动，因此党在最近几周内必须给予特殊的关注，将它同党的新政治路线、工人阶级的经济斗争，以及反对合理化后果的斗争联系起来。这个运动将是对党的一次考验，它将表明，党是如何改正自己的错误的。执行委员会赞成全国代表大会制定的竞选策略。

正当法国资产阶级着手使自己的生产机构合理化、准备向工人阶级的工资和无产阶级的阶级组织进攻的时候，正当包括社会党在内的所谓"左翼"资产阶级政党奉行支持帝国主义的政策，改良主义的工会支持资本主义的合理化，逐渐变成资产阶级国家的组成部分的时候，执行委员会毫不怀疑，如果代表大会制定的能更好展示法国共产党革命面目的策略得到正确执行，它将帮助法国共产党成为唯一正确的政党，受到工人群众和劳动农民的信任，带领他们在革命斗争的道路上前进。

7. 执行委员会赞成并批准全国代表大会开除托洛茨基集团领导人特伦、苏桑·吉罗等的决议。他们对共产国际和俄国革命的攻击助长了我们最凶狠的敌人帝国主义和社会民主党的活动，他们公开承认自己不受纪律约束，——这来自他们同共产主义格格不入的社会民主主义思想，所以代表大会有充分的根据将他们清洗出党。

8. 法国共产党即将面临重大的任务；它工作的重点一方面是选举

运动，另一方面是无产阶级的经济斗争，——这是无产阶级反对资产阶级及其在工人运动中的代理人的统一斗争的两种形式。

这段时期应当特别注意农村工作和宣传鼓动。在矛盾深化、阶级斗争尖锐的时期，争取作为无产阶级同盟军的农民的任务，使农民摆脱资产阶级和法西斯主义的影响具有特别重要的意义。党应当大力建立真正群众性的农民组织。这项任务不能被说成是仅仅由专家完成的，它是全党必须完成的最重要的任务之一。

我们党应当利用群众性的政治运动和经济斗争来加强自身的组织，加强统一工会。这些运动和经济斗争必须有坚定的、统一的党的领导，才能保证贯彻全国代表大会的决议。

共产党十一月和一月的决议证明自己在建立真正布尔什维克政党的道路上取得了巨大成绩。全党讨论严肃的策略问题和批评自身的错误是党的政治成熟和积极性日益提高的表现。它改正了自己的政治路线，没有使事态发展到危机的程度，也没有停止在群众中的积极宣传鼓动工作。它在议会中和全国孤军奋斗，反对镇压政策，反对日益猖獗的反动派、军国主义和对殖民地的压迫，顽强地捍卫工人、农民、士兵和水兵的切身利益，得到广大劳动群众的同情和积极支持。政府的打击纯洁了它的队伍，清除了落后分子和以"左翼反对派"面目掩盖自己、临阵脱逃的野心家。一次次打击加强了党的战斗性，锻炼了它的革命精神，扩大了它在工农中的影响。

法国正在形成有利于党未来将要开展的斗争的客观条件。党在反对军国主义的斗争中所取得的成绩是它在其他领域中也能开展真正的革命工作，发动群众起来反抗资本和政府进攻中取得重大成绩的保证。

中国问题

1. 现阶段的中国革命是资产阶级民主革命，这个革命无论从经济的角度（土地革命、消灭封建关系），还是从反对帝国主义的民族解放角度（统一中国、民族独立），或者从阶级斗争的角度（无产阶级和农民专政）来看，都还没有完成。将中国革命的现阶段说成已经进入社会主义革命是不正确的。说它是"不断的"革命（共产国际执行委员会代表的立场）同样也是错误的。认为它跨越了资产阶级民主革命的阶段，同时又说它是"不断的"革命，这种倾向是错误的，这种错误同托洛茨基在1905年所犯下的错误相类似。这个错误之所以特别危险，是因为它排除了作为半殖民地革命的中国革命最重要的民族特点。

2. 主要在共产党的号召下并且在很大程度上在共产党的领导下进行的工农大革命运动的第一个高潮已经过去。这次高潮的结局是，在许多革命运动中心，工农遭受了惨重的失败，部分共产党干部（也包括一般意义上的革命干部）在工农运动中被杀害，社会力量发生了急剧的两极分化，形成了各个阶级相互斗争的政治口号，国民党军阀的领导被揭露为窃取了广大劳动群众革命果实的反革命领导，最后是中国的整个群众性革命运动转向一个新阶段——苏维埃革命的阶段。毫无疑问，由于阶级力量的重新组合，反革命势力在一定程度上结合起来：资产阶级不仅同反革命的封建主和军阀完全结合在一起，而且实际上同热衷于抢占主要经济阵地和加强自己的政治势力范围的外国帝国主义签订了协议。这三股主要的反革命势力共同反对工农，反对革命，反对共产党。与此同时，在反革命阵营内部也存在激烈的内部争斗，它一方面反映了互相争斗的中国各集团的利益矛盾，另一方面也反映了帝国主义列强的不同集团之间的利害冲突。

3. 现在并不存在全国范围的群众革命运动的新高潮。但是许多征兆显示，工农革命正在发展成这样的新高潮。表明这一点的不仅是广州工人的英勇起义，而首先是许多省份所开展的农民运动（广东许多县的苏维埃运动，该省革命运动的扩大，湖南、江西、湖北、河南、山东、满洲及北方各省中革命运动的发展），以及军阀部队中日益频繁的士兵骚动。群众经济境况不断恶化、财政危机、军阀无休无止的混战造成的破产、闻所未闻的政治压迫必然推动群众走上革命斗争的道路。

4. 中国革命的经验凸显出它的特点，就是运动的发展极不平衡。由于历史形成的斗争条件不同，革命运动在各个省的发展是不平衡的，直到今天，运动的发展在城市和农村中也是不平衡的。目前的情况是，**农民**运动在许多省里仍在继续发展，在许多工业中心，遭到白色恐怖疯狂压迫而受到重创的**工人**运动正经历着萧条的阶段。

5. 这样的总形势决定了党在现阶段的基本策略路线。党应当准备迎接新的革命高潮。这个高潮必然向党提出组织和开展大规模武装起义的实际任务，因为只有通过起义推翻现政权，才能解决革命的各种任务。正因如此，现在党的全部工作中心就是争取千百万工农群众，对他们进行政治教育，围绕着党及其口号（没收地主土地、八小时工作制、全国团结、挣脱帝国主义的桎梏、推翻现政权、工农专政、建立苏维埃）将他们组织起来。现在整个局势的最大危险在于，工农运动的先锋队由于错误地估计形势，对敌人的力量估计不足，有可能脱离群众，走得太远，分散自己的力量而被各个击破。如果共产党不明白争取群众和将他们组织起来的必要性，如果它不反对使它脱离作为当前中心任务的训练千百万群众准备迎接革命新高潮的种种企图，那它就必然被击溃而瓦解。

6. 共产国际执行委员会因此提醒党要特别注意加强对工农的群众工作。必须尽力加紧建立工人的工会组织，为此应当利用工人的"结拜兄弟",向多少算是群众组织的合法工会,甚至是黄色工会渗透(为的是反对其中的警察和国民党机构),以便从阶级敌人手中夺回工人。同时,在工会运动中必须永远放弃对党有致命危险的恐怖活动。必须最坚决地反对强迫罢工。只有让群众相信党所领导的道路是正确的,只有得到群众毫无保留的支持和充分信任才能领导运动。还必须加紧建立和扩大农民组织(农民协会、农会等)的网络,特别要注意贫农工作,将这些农村中的无产阶级分子特别组织起来;日复一日地、系统地进行唤醒群众阶级意识的工作;中国共产党现在比以往任何时候都更有责任领导他们的日常斗争并将他们组织起来。

7. 必须坚决反对工人阶级某些阶层中的盲动主义,反对在城市和乡村中不经准备,不加以组织就开展行动,反对拿起义做**赌注**。拿起义做**赌注**,而不是组织群众性的工农起义是扼杀革命的有效手段。

党在领导各省中自发的农民游击活动时应当想到,这些活动只有同无产阶级中心的新革命高潮联系在一起时,才有可能变成全民起义的开端。党在这方面的主要任务也仍然是在农村和**城市**,还有在邻近的若干省份中准备共同的协调行动,而且是有准备的、有组织的**大规模**行动。因此,必须反对醉心于分散的、彼此之间并无关联、因而是注定要失败(这种危险曾经出现在湖南、湖北等地)的游击战。在组织农民行动(今后党对这种行动也应当特别关注)时,党必须经常地、坚持不懈地考虑到中国不同省份、不同地区的不同斗争条件,首先在苏维埃政权领导的地区就应当考虑到这种差别,而且共产国际执行委员会认为,即使在已经建立了苏维埃的农村地区,党的主要任务依然是进行土地革命和建立红军部队,然后使这些部队逐渐联合成一支全中国的红军。

8. 革命进一步发展的最重要条件就是大力巩固中国共产党自身,巩固党的干部、它的地方组织和中央。虽说中国共产党已经基本上改正了共产国际过去的决议中指出的、早先的机会主义错误(1927年中国共产党的八月会议），但它还没有完全适应目前的形式，无论在策略方面（对盲动主义的危险估计不足、工会中的恐怖主义斗争方法、农村中醉心于游击习气等），还是在组织方面都表现出动摇。巩固党的组织，吸纳新党员，巩固中央和各地党组织的联系，建立牢固的党的机构，保持正确的党员和党外群众的比例，既反对机会主义残余，也反对玩弄"左"的词句（"先锋主义"、成立"少年共产党"的想法、恐怖主义、盲动主义、强迫罢工等等）——应当是目前的任务。

9. 共产国际执行委员会认为，中国共产党应当开展毫不留情的斗争，反对一些前共产党员（谭平山等）组建一个新的仿佛是"真正共产主义的"、"工农的"，而实际上是资产阶级—改良主义的党的企图。实际上这是一个孟什维克主义的、反对工人、反对农民的党，是听命于蒋介石和屠杀工农的刽子手的工具。同工农运动中的这种右倾反革命危险作斗争是党当前的任务，而且共产党越是坚定地克服自己队伍中的"左"倾盲动主义，而对机会主义的残余毫不退让，这场斗争就越是能够取得胜利。

10. 共产国际执行委员会认为，必须认真研究中国革命运动的全部经验，而且在所有党支部中加以分析，特别是必须研究广州起义的经验。广州起义是无产阶级在中国建立苏维埃的英勇尝试，对发展工农革命起了巨大作用，但仍出现了许多领导方面的错误：在工农中以及在敌方的军队中事前的准备工作做得不够；对待工人——黄色工会会员的态度不正确；党组织本身和共青团对起义的准备不足；党的全国中心对广州事件毫不知情；对群众的政治动员薄弱（缺少广泛的政治罢工，缺少作为起义机关的**选举产生的**广州苏维埃），向共产国际政治上负有责任的直接领导人应当承担部分责任。尽管有这些领导上的错误，广州起义应当被视为中国工人伟大的英雄主义的典范，他们能够担当起中国大革命领导者的历史重任。

11. 共产国际执行委员会责成共产国际的所有支部揭露社会民主党和托洛茨基分子说中国革命已经被消灭的诽谤。这种诽谤不过是为企图扼杀正在准备迎接革命新高潮的中国工农运动的帝国主义者效劳。共产国际执行委员会责成所有支部全力支持中国革命。现在，帝国主义加紧了反革命的干涉，特别需要这种支持。共产国际在帝国主义各国的支部应当更积极地开展斗争，要求从中国召回全部军队，反对吞并和瓜分中国领土，反对扼杀中国革命运动的一切企图。共产国际执行委员会号召所有工人，首先是共产党员，履行自己支持和援助英雄的中国无产阶级的国际主义义务。

西乌克兰共产党的分裂

共产国际执行委员会全体会议听取并讨论了关于西乌克兰共产党分裂的报告，决定：

指出已经分裂出去的瓦西里基夫—图良斯基集团体现了小资产阶级上层、富农和小资产阶级民族主义知识分子的政治情绪。

指出该集团的政治纲领（民族主义、诽谤苏联和乌克兰苏维埃社会主义共和国、放弃没收土地的口号、实际上支持毕苏斯基的土地政策、同资产阶级的乌克兰民主派结盟，以及所谓的"亲西方"等等）将它变成了波兰帝国主义的工具。该集团不仅同无产阶级决裂，而且背叛了乌克兰人民的民族利益，因为它客观上帮助了乌克兰最凶恶的敌人——波兰帝国主义。

指出已经分裂出去的集团（其领导者只是暂时从彼得留拉式的反革命资产阶级民主派阵营投入无产阶级阵营）现在已构成严重危害，因为整个国际资产阶级在同苏联的各个无产阶级共和国的斗争中把赌注都押在波兰帝国主义身上。

指出已经分裂出去的集团组成了独立的政党，提出了自己的候选人名单，有意或无意地听从在波兰执行分裂反对派政策的毕苏斯基的指挥；它已经分裂了农村，而且走上了全面反对共产国际的道路。

因此，共产国际执行委员会全体会议认为，已经分裂出去的集团的行为是对无产阶级革命的直接背叛，决定将该集团开除出共产国际的队伍，号召全体乌克兰无产阶级和全体劳动农民坚决回击毕苏斯基的应声虫和国际无产阶级革命事业的叛徒。

（原文刊载于《共产国际文件集（1919—1923）》
莫斯科党的出版社1933年版第746—767页。）

图书在版编目(CIP)数据

共产国际执行委员会第七次扩大全会文献(2)/邢艳琦主编.
— 北京:中央编译出版社,2013.12
(国际共产主义运动历史文献/王学东主编;44)
ISBN 978－7－5117－1949－2

Ⅰ.①共…
Ⅱ.①邢…
Ⅲ.①共产国际－扩大会议－会议文献
Ⅳ.①D165

中国版本图书馆 CIP 数据核字(2013)第 292007 号

共产国际执行委员会第七次扩大全会文献(2)

出 版 人:	刘明清
出版统筹:	薛晓源
责任编辑:	李媛媛
责任印制:	尹 珺
装帧设计:	田晗工作室
出版发行:	中央编译出版社
地 址:	北京西城区车公庄大街乙 5 号鸿儒大厦 B 座(100044)
电 话:	(010)52612345(总编室)　(010)52612335(编辑室)
	(010)52612316(发行部)　(010)52612315(网络销售)
	(010)52612346(馆配部)　(010)66509618(读者服务部)
传 真:	(010)66515838
经 销:	全国新华书店
印 刷:	北京印刷一厂
开 本:	787 毫米×960 毫米　1/16
字 数:	620 千字
印 张:	48
版 次:	2013 年 12 月第 1 版第 1 次印刷
定 价:	280.00 元
网 址:	www.cctphome.com　邮 箱:cctp@ cctphome.com
新浪微博:@中央编译出版社	微 信:中央编译出版社(ID:cctphome)

本社常年法律顾问:北京市吴栾赵阎律师事务所律师　闫军　梁勤
凡有印装质量问题,本社负责调换,电话:(010)66509618